司馬溫公
資治通鑑

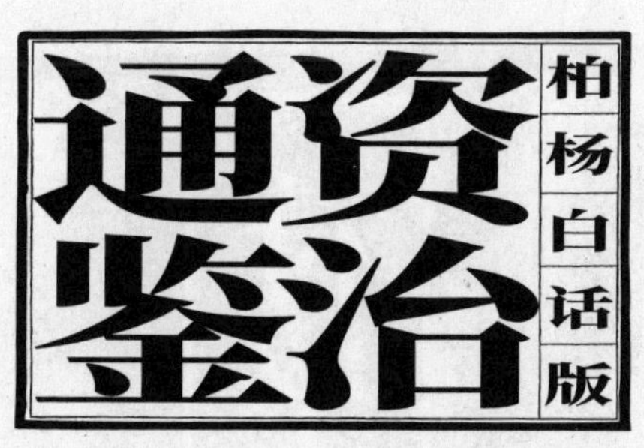

柏杨 著

第七部

苻坚大帝

淝水之战

参合杀俘

王始帝国

人民东方出版传媒
東方出版社

苻坚大帝

导读

我们用“苻坚大帝”作为本册的书名，感到兴奋和荣耀，中国历史上最多的是所谓圣人，最缺乏的是真正英明的政治领袖——从神话时代直到今天，英明的政治领袖寥寥可数，这正是中国人的悲哀。万万想不到，就在大分裂时代中，苻坚大帝以超时代的睿智之姿，出现舞台。为苦难的北中国（他所统治的版图）人民，带来一个太平盛世。

柏杨　一九八五·九·一五

◎ 苻生暴行。

◎ 苻坚登极。

◎ 罗马吞并罗马尼亚，作为一省。

三五五年 乙卯

晋	永和	十一年
前凉	和平	二年
	建兴	四十三年
	太始	元年
前燕	元玺	四年
前秦	皇始	五年
	寿光	元年

（代王拓跋什翼犍建国十八年）
（齐王段龛六年）
（安国王吕护四年）
（李俨永和十一年）

1 春季，正月，晋帝国（首都建康〔江苏省南京市〕）所封故仇池公杨毅的老弟杨宋奴，派他姑妈的儿子梁式王，刺死“氐王”（首府仇池〔甘肃省西和县南〕）杨初。杨初的儿子杨国，诛杀梁式王跟他的幕后主使人杨宋奴，自称仇池公。

晋帝国征西大将军桓温，上疏（奏章）推荐杨国当镇北将军、秦州州长（刺史）。

2 二月，前秦帝国（首都长安〔陕西省西安市〕）蝗虫成灾，原野青草，全被吃光，牛马饥饿难忍，互相啃吃对方身上的毛（牛马尚且如此，人何以堪，悲惨世界）。

3 夏季，四月，前燕帝国（首都蓟城〔北京市〕）皇帝（二任景昭帝）慕容儁（本年三十七岁），从和龙（龙城·辽宁省朝阳市）返蓟城（北京市）。

之前，幽州（河北省北部）、冀州（河北省中部）人民，认为慕容儁势将把首都迁回和龙（龙城·辽宁省朝阳市），惊恐骚动，各地纷纷武装自保（恐怕强迫移民）。文武官员请求派军队讨伐，慕容儁说："那些小人物因为我出外巡查，心中疑惑，才起兵作乱，我既然回来，人心自然安定，用不着动用兵力。"

4 晋帝国所属兰陵郡（山东省兰陵县西南兰陵镇）郡长孙黑、济北郡（山东省东阿县东）郡长高柱、建兴郡（河北省威县东）郡长高瓮；及前秦帝国所属河内郡（河南省沁阳市）郡长王会、黎阳郡（河南省浚县）郡长韩高，都献出本郡，投降前燕帝国（后赵帝国覆亡引起的大乱，至今尘埃落定。但新崛起的政权之间的战争，却刚刚开始）。

5 前秦帝国（首都长安）淮南王苻生，自幼一只眼睛失明，性情粗鲁。祖父苻洪（蒲洪）曾经开他的玩笑，说："我听说瞎娃儿哭的时候，只一只眼流泪，是不是这样？"苻生大怒，抽出佩刀刺自己的肌肉，鲜血直流，说："这是另一只眼流泪！"苻洪对这个孙儿的凶暴反应，大吃一惊，用鞭打他，苻生号叫说："我能忍受刀砍枪刺，不能忍受鞭打。"苻洪对苻生的老爹苻健说："这娃儿狂妄荒谬，没有理性，应该早日铲除，不然，会家破人亡。"苻健打算杀掉他。

苻健的老弟苻雄劝阻说："娃儿长大了，自会改过，怎么可以这样急躁！"苻生长大后，力气大得可以举起千钧重的东西，赤手空拳可以格杀猛兽，健步如飞，能追赶到飞奔中的马匹。无论短兵攻击或骑马射箭，都闻名当世。太子苻苌（参考去年〔三五四〕七月）逝世，强皇后打算命幼子晋王苻柳当太子，前秦帝（一任景明帝）苻健（本年三十九岁）因神秘预言书上有"三羊五眼"字句（三羊应有六眼，三羊只有五眼，是一眼已盲），遂封苻生当太子。任命最高监察长（司空）、平昌王苻菁，当全国武装部队总司令（太尉）；国务院总理（尚书令）王堕，当最高监察长（司空）；京畿总卫戍司令（司隶校尉）梁楞，当国务院总理（尚书令）。

6 去年（三五四），投降前燕帝国的羌民族酋长姚襄（时驻盱眙〔江苏省盱眙县〕），部属们多劝他仍回北方，姚襄同意。

五月，姚襄攻击晋帝国冠军将军高季所据守的外黄（河南省杞县东北）；正巧，高季逝世，姚襄进军占领许昌（河南省许昌市东）。

柏杨曰

姚弋仲临终时，谆谆告诫他的儿子回归晋帝国（参考三五二年三月）。姚襄禀承遗命，带着老爹棺柩，率众南下，一心一意，为晋帝国效力。想不到以殷浩为首的当权鲨鱼集团，虽然对外没有能力，但对内化友为敌的本领，可是非常杰出（凡是对外无能的政府，往往精于窝里斗）。姚襄北上之日，距南下之日，不过三年。三年岁月，殷浩硬把一支忠心耿耿的劲旅逼反，他的罪恶，不应原谅。而效忠祖国的英雄眼泪，也洗不完心路历程上所受的创伤。这种悲哀，充满史册，岂止姚襄一人而已。

7 六月六日，前秦帝国皇帝苻健患病。

六月十日，平昌王苻菁，率军突击太子宫，准备诛杀太子苻生，由自己继位。当时苻生正在西宫（正宫）侍奉老爹的病，苻菁认为苻健已经死亡，遂攻击西宫东掖门。苻健听到政变消息，立刻登上端门，集结武士，戒严自卫。政变军看见苻健仍然健在，立刻惊慌起来，把武器抛掉，四散逃跑。苻健逮捕苻菁，一桩桩一件件责备他，然后斩首，其他人全都不追究。

六月十二日，任命最高指挥官（大司马）、武都王苻安，当全国各军区总司令长官（都督中外诸军事。苻雄死〔参考去年【三五四】六月〕，苻菁接任；苻菁死，苻安接任）。

六月十四日，苻健召见太师（上三公之一）鱼遵、丞相雷弱儿、太傅（上三公之二）毛贵、最高监察长（司空）王堕、国务院总理（尚书令）梁楞、国务院左执行长（左仆射）梁安、国务院右执行长（右仆射）段纯、及国务院文官部长（吏部尚书）辛牢等人，同时接受遗诏，辅佐继任的君王。苻健对苻生说："六夷酋长，和掌握权柄的大臣，如果有不听你命令的，应该逐渐除掉。"

接受遗诏的高级官员，所以能完成辅导继位皇子的使命，因为他们是他的翅膀。然把这些高级官员，当作他的翅膀，却又去教他把自己的翅膀剪掉，怎么能够不倒毙？知道某人不忠，不加以信任就够了。交付给他大权，再对他猜忌，很少不引起变乱！

六月十五日，苻健逝世（年三十九岁），绰号景明皇帝，祭庙称高祖。

六月十六日，太子苻生（本年二十一岁）登极（二任帝），大赦，改年号寿光（之前是皇始五年，之后是寿光元年）。文武官员奏称："没有等到下一个年度，就改年号，不是古代的礼仪！”苻生大怒，穷追猛查谁是第一个发表这种议论的，结果查出是国务院右执行长（右仆射）段纯；于是，斩段纯（段纯身为托孤大臣，为此小事竟被首先开刀）。

8 秋季，七月，晋帝国（首都建康）国务院文官部长（吏部尚书）周闵，被擢升当国务院左执行长（左仆射）。

曾经有人告诉会稽王司马昱说：“武陵王（司马晞）在王府中大肆制造武器，行将发动政变。”司马昱询问祭祀部长（太常）王彪之，王彪之说：“武陵王（司马晞）的最大愿望不过是东奔西跑，捕鱼打猎罢了。盼望你用沉默的态度处理这件事，永不再提及，就可以使谣言消失。”司马昱认为对极。

9 前秦帝苻生，尊奉娘亲强女士当皇太后，封正妻梁女士当皇后。梁皇后，是国务院左执行长（左仆射）梁安的女儿。苻生任命马屁精、太子宫警卫指挥官（太子门大夫）、南安郡（甘肃省陇西县东南）人赵韶，当国务院右执行长（右仆射）；太子宫随从官（舍人）赵诲，当中央军事总监（中护军）；国史编撰官（著作郎）董荣，当国务院执行官（尚书。赵韶、赵诲、董荣，苻生的三大亲信）。

10 前凉王国（首都姑臧〔甘肃省武威市〕）国王（五任威王）张祚，荒淫暴虐，完全超越常轨，上下贵贱，一齐怨恨愤怒。张祚讨厌河州（州政府设枹罕〔甘肃省临夏市〕）州长（刺史）张瓘的力量强大，遂命张掖郡（甘肃省张掖市）郡长索孚，接替张瓘，镇守枹罕（河州州政府所在县。枹罕，音fú hǎn〔浮喊〕）。而派张瓘率军讨伐叛变的匈奴部落。然后，张祚派出将领易揣、张玲，率步骑兵一万三千人，袭击张瓘。张掖郡（甘肃省张掖市）

人王鸾，深知算命占卜，告诉张祚说：“这次军队出动，一定不会回来，王国危险。”并指出张祚三大罪状。张祚暴跳如雷，认为王鸾妖言惑众，斩首示众。王鸾被处决时，说：“我死，大军在外被击败，国王在内被暗杀，千真万确，一定如此。”张祚屠灭王鸾全族。

张瓘得到消息，诛杀索孚，率军反击张祚，传令各州郡政府：罢黜张祚的王位，命张祚仍保持他长宁侯的封号，返回私宅；拥护凉宁侯张曜灵复位（张曜灵被罢黜事，参考前年〔三五三〕十二月）。易揣、张玲大军刚刚渡过黄河，张瓘迎战，易揣等大败，抛弃残军，单身匹马逃回。张瓘乘胜，尾追而至，首都姑臧（甘肃省武威市）震动恐惧。

骁骑将军敦煌郡（甘肃省敦煌市）人宋混的老哥宋修，跟张祚有过不愉快，恐惧张祚报复。

八月，宋混跟老弟宋澄，向西逃走，集结一万余武装部众，响应张瓘，回军向姑臧挺进。

张祚派他的将领杨秋胡，把张曜灵带到东苑，拉腰扑杀（对一个不过十二岁的娃儿，一刀斩首够了，却用此酷刑），把小尸体埋在沙坑中，绰号哀公。

11 前秦帝国皇帝苻生，封卫大将军苻黄眉当广平王、前将军苻飞当新兴王，跟二人十分要好。征召最高指挥官（大司马）、武都王苻安，回京（首都长安）兼任全国武装部队总司令（太尉）；任命晋王苻柳当征东大将军、并州（山西省中部）全权州长（牧），镇守蒲阪（山西省永济市）；魏王苻廋（音sōu〔搜〕）当镇东大将军、豫州全权州长（牧），镇守陕城（河南省三门峡市）。

立法院总立法长（中书监）胡文、立法院最高立法长（中书令）王鱼对苻生说：“最近，大角星旁，出现孛星，荧惑星进入东井星座。大角星，是皇帝的座位；东井星座，是古秦王国地区。占卜算卦的结果显示，不出三年，帝国将举行巨大的丧礼，高级官员将被杀害。盼望陛下砥砺品德，把灾难化解。”苻生说：“皇后跟我共同面对天下，可以应验‘巨大丧礼’；太傅（上三公之二）毛贵、车骑将军梁楞、国务院执行长（仆射）梁安，接受遗诏辅佐执政，可以应验‘高级官员’。”

九月，苻生斩梁皇后、毛贵、梁楞、梁安（梁皇后的老爹）。毛贵，是梁皇后的舅父。

国务院右执行长（右仆射）赵韶、中央军事总监（中护军）赵诲，都是洛州（州政府设宜阳〔河南省宜阳县西〕）州长（刺史）赵俱的堂弟。二人深受苻生宠爱，苻生任命赵俱当国务院总理（尚书令），赵俱声称身有重病，坚决辞让，对赵韶、赵诲说：“你们连祖宗都不管了，竟做出满门抄斩的事！毛贵、梁楞、梁安，有什么罪，竟被诛杀？我又有什么功劳，而取代他们（寥寥数语，可看出心情沉痛，人如都有赵俱见识，窝里斗自然停止）？你们自己好好去干，我却注定一死。”忧虑过度，逝世。

12 前凉王国（首都姑臧）骁骑将军宋混，率军进抵武始大泽（今地不详，依地望推测，应在首都姑臧〔甘肃省武威市〕西），发布四任王（哀王）张曜灵死讯，举行祭悼大典。

闰九月，宋混大军抵达首都姑臧（甘肃省武威市）。前凉王张祚下令逮捕张瓘的老弟张琚，和张瓘的儿子张嵩，打算诛杀。张琚、张嵩得到消息，紧急招募壮士数百人，对外宣称：“张祚凶暴，我家老哥（张瓘）大军，已到城东，胆敢举手对抗的，屠灭三族。”大开西门，迎接宋混大军入城。

已经擢升到中央禁军总监（领军将军）的赵长等，大为惊恐（赵长等事，参考前年〔三五三〕十一月），入宫逼迫三任王（桓王）张重华的娘亲马女士升殿，宣布另行拥戴张重华的幼子、凉武侯张玄靓。张祚亲信部将易揣等，率军闯入，逮捕赵长等，当场诛杀。张祚在金殿之上，手按剑柄，厉声呐喊，督促左右卫士，奋战抗拒。可是，张祚早已失掉军心，事到紧急，更没有人肯为他拼命，在混乱中，被士卒诛杀（年龄不详）。宋混砍下张祚人头，悬挂高竿，显示已经伏诛，又把张祚尸首拖到路旁示众，首都姑臧（甘肃省武威市）一片欢呼万岁之声。张祚的两个儿子也被处死，用平民的礼节把张祚埋葬。宋混、张琚，尊奉张玄靓当最高统帅（大将军）、凉州全权州长（牧）、西平公，赦免全国，年号改为“建兴四十三年”（建兴，晋王朝六任帝司马邺年号）。本年（三五五），张玄靓七岁。

张瓘返抵姑臧（甘肃省武威市），推举张玄靓当国王（六任冲王）；张瓘“使持节”（一级权力），当全国各军区总司令长官（都督中外诸军事）、国务院总理（尚书令）、凉州（甘肃省中部西部）全权州长（牧），封张掖郡公；任命宋混当国务院执行长（尚书仆射）。陇西郡（甘肃省陇西县）人李俨，占领郡城，拒绝张瓘领导，改用晋帝国现任帝（十一任穆帝司马聃）年号（本年永和十一年），有很多人归附。张瓘派他的部将牛霸讨伐，大军还没有抵达，西平郡（青海省西宁市）人卫綝也占领郡城叛变，牛霸的军队溃散，狼狈逃回。张瓘再派老弟张琚攻击卫綝，把卫綝击败。酒泉郡（甘肃省酒泉市）郡长马基，聚众起兵，响应卫綝；张瓘派军政官（司马）张姚、王国，击斩马基。

13 冬季，十月，晋帝国擢升豫州州长（刺史）谢尚，当并冀幽军区司令官（督并冀幽三州诸军事），镇守寿春（晋帝国定都建康之初，祖逖当豫州州长〔刺史〕，州政府设谯城〔安徽省亳州市〕。三二二年十月，祖约退到寿春〔安徽省寿县〕；三二九年三月，庾亮当豫州州长，州政府设芜湖〔安徽省芜湖市〕。三三九年三月，毛宝当豫州州长，州政府设邾城〔湖北省黄冈市黄州区〕。同年〔三三九〕九月，庾怿当豫州州长，州政府再设芜湖。据《宋书·州郡志》，三四五年，赵胤当豫州州长，州政府设牛渚〔安徽省马鞍山市西南采石矶〕。三四六年，谢尚当豫州州长，州政府设历阳〔安徽省和县〕。直至本年〔三五五〕十月，迁往寿春）。

14 接受晋帝国授官封爵的镇北将军、自称齐王的段龛（时驻广固〔山东省青州市〕；参考三五〇年七月），仗恃跟前燕帝国（首都蓟城）皇帝慕容儁是表兄弟的关系，写信给慕容儁，指摘他不应该当皇帝。慕容儁大为愤怒。

十一月，慕容儁任命太原王慕容恪，当总司令官（大都督）、抚军将军；阳骛当慕容恪的副总司令官，进攻段龛。

15 前秦帝国（首都长安）擢升国务院文官部长（吏部尚书）辛牢代理国务院总理（守尚书令），国务院右执行长（右仆射）赵韶当国务院左执行长（左仆射），国务院执行官（尚书）董荣当国务院右执行长（右仆射），中央军事总监（中护军）赵诲当京畿总卫戍司令（司隶校尉）。

16 十二月，高句骊王国（首都丸都〔吉林省集安市〕）国王（十六任故国原王）高钊，派使节向前燕帝国（首都蓟城）进贡，并请送还他的娘亲（参考三四二年十一月）。前燕帝国皇帝慕容儁允许，派殿中将军刁龛，送高钊的娘亲周女士返国。任命高钊当征东大将军、营州州长（刺史），封乐浪公；但仍保持高句骊国王头衔，跟过去一样。

17 前燕帝国上党郡（山西省黎城县西南）人冯鸯，驱逐郡长段刚，占领安民城（山西省襄垣县北），自称上党郡郡长，派人到晋帝国

（首都建康）投降。

18 前秦帝国（首都长安）丞相雷弱儿，性情刚直，因赵韶、董荣制造混乱，破坏秩序，常常在政府中公开抨击；看到二人，每次都咬牙切齿。赵韶、董荣向皇帝苻生打小报告，暗中诬陷。苻生遂下令斩雷弱儿，跟雷弱儿的九个儿子、二十七个孙儿。于是，各羌部落生出叛离之心（雷弱儿是南安郡〔甘肃省陇西县东南〕羌人领袖）。

苻生虽然在守丧期间，但是游乐饮食，仍跟平常一样。接见政府官员时，左右侍卫都箭上弦、刀出鞘，铁锤、铁钳、铁锯、铁凿等，凡是可以使人受伤或使人残废的凶器，都放在身旁。登上皇帝宝座没有多久，皇后、小老婆群、三公、部长以下，直到奴仆差役，已诛杀五百余人，而且手段残忍，有的砍断双腿、有的拉断肋骨、有的用锯把脖子锯断、有的剖开肚子取出胎儿，暴行一连不停。

19 前燕帝慕容儁，认为段龛（时驻广固〔山东省青州市〕）武力正在巅峰，对太原王慕容恪说："如果段龛派出军队，沿黄河布防，我们不能过河，则不妨放弃段龛，改变计划，回军攻击吕护（时驻野王〔河南省沁阳市〕），再行班师。"慕容恪分别派出轻装备部队，到黄河西岸集结，并建造船舰，试探段龛的反应。段龛的老弟段罴，骁勇善战，又有谋略，向段龛建议说："慕容恪一代良将，精于指挥作战，现在他的士卒又十分众多。如果任由他们渡过黄河，大军抵达城下，恐怕就是要求投降，也得不到。请你固守城池，容我率领精锐，沿黄河阻截，幸而战胜，你率大军随后赶到，定成大功。如果不能战胜，不如早日投降，仍可以封一个千户人家的侯爵。"

段龛不接受，段罴再三再四请求，段龛大怒，斩段罴。

三五六年 丙辰

晋　永和　十二年
前凉　太始　二年
　　建兴　四十四年
前燕　元玺　五年
前秦　寿光　二年
（代王拓跋什翼犍建国十九年）
（齐王段龛七年）
（安国王吕护五年）

1 春季，正月，前燕帝国（首都蓟城〔北京市〕）太原王慕容恪率军渡过黄河，挺进到距广固（齐王段龛根据地·山东省青州市）一百余里；齐王段龛率部众三万人迎战。

正月三十日，慕容恪在淄水大破段龛军，生擒段龛的老弟段钦，击斩段龛的右秘书长（右长史）袁范等；段龛的“王友”（官称）辟闾蔚（辟闾，复姓）身受重伤；慕容恪听人说他是一位贤人，派人寻觅，而辟闾蔚已经死亡，士卒投降的数千人。段龛逃出一命，回广固城

(山东省青州市) 坚守；慕容恪层层包围。

2 前秦帝国 (首都长安〔陕西省西安市〕) 最高监察长 (司空) 王堕，性情刚直严厉。国务院右执行长 (右仆射) 董荣、高级咨询官 (侍中) 强国，都用拍马功夫，取得官位。王堕厌恶他们像厌恶仇敌一样。每次金銮宝殿上朝见皇帝时，董荣从不跟王堕说一句话。有人警告王堕说："董荣先生地位尊贵，而又得到皇上宠爱，没有人能跟他相比；你应该稍稍委屈一点，跟他交往。"王堕说："董龙 (董龙是董荣的乳名) 是什么鸡狗？却打算教国家栋梁跟他说话？"

正巧，天际星象发生变异，董荣跟强国向前秦帝 (二任) 苻生 (本年二十二岁) 建议说："上天的谴责严重，应该转嫁给尊贵的高官们承受。"苻生说："尊贵的高官，只有最高指挥官 (大司马苻安) 跟最高监察长 (司空王堕)。"董荣说："大司马 (武都王苻安) 是皇上的至亲 (苻安是苻生的叔父)，不可以杀。"苻生遂杀王堕。把王堕绑到法场，将行刑时，董荣对他说："你今天还敢不敢把我董龙，比成鸡狗？"王堕对董荣怒目咆哮，大声叱责。洛州 (州政府设宜阳〔河南省宜阳县西〕) 州长 (刺史) 杜郁，是王堕的外甥，国务院左执行长 (左仆射) 赵韶，十分讨厌他，向苻生打小报告，在背后诬陷杜郁罪状，认为杜郁将投降晋帝国 (首都建康〔江苏省南京市〕)。于是，斩杜郁。

正月壬戌日 (正月丁卯朔，没有壬戌)，苻生在太极殿大规模宴请全体文武百官，命国务院总理 (尚书令) 辛牢当"酒令官"，大家饮到半醉时，苻生忽然大怒说："怎么不灌他们酒？竟然仍有人清醒地坐在那里，没有躺下？"举弓照辛牢射出一箭，辛牢立即毙命。文武百官大为恐惧，没有人敢推辞饮酒，于是横七竖八，躺满一地，帽子全都滚落，苻生大为愉快。

3 匈奴部落酋长刘务桓逝世（刘务桓继位及娶代王拓跋什翼犍的女儿，参考三四一年十月）。老弟刘阏头继位，打算背叛代国（首府盛乐〔内蒙古和林格尔县〕）。

二月，代王拓跋什翼犍，率军向西巡视边界，接近黄河，刘阏头恐惧，请求投降。

4 前燕帝国太原王慕容恪，向齐王段龛（时驻广固）所属各城池招降。

二月己丑日（二月丁酉朔，没有己丑），段龛任命的徐州州长（刺史）阳都公王腾，率军归附。慕容恪命王腾仍保持原来官职，回到原防地阳都（山东省沂南县南）。

5 前秦帝国（首都长安）征东大将军、晋王苻柳（时驻蒲阪〔山西省永济市〕），派军事参议官（参军）阎负、梁殊，出使前凉王国（首都姑臧〔甘肃省武威市〕）。苻柳写信给前凉王（六任冲王）张玄靓（本年八岁），诱导张玄靓归附。阎负、梁殊到了姑臧（甘肃省武威市），前凉王国全国各军区总司令长官（都督中外诸军事）张瓘，接见他们，声明说："我，是晋国（晋帝国）的臣属，而臣属不能在国境之外结交朋友，二位来此有什么见教？"阎负、梁殊说："晋王（苻柳）跟阁下相邻，虽然千山万水，从中隔绝；可是，风向相通，道路相接，所以特别派我们前来伸出友谊之手，你何必奇怪？"张瓘说："我们君王，已历六世（张轨、张寔、张茂、张骏、张重华、张曜灵），都尽忠晋国（晋帝国），如果跟苻大将军互相交往，恐怕对上违背先王的本意，对下败坏知识分子和庶民们的气节，难道可以？"阎负、梁殊说："晋国（晋帝国）衰弱，失去天命，为时已久，所以贵国从前的两位国王，向两个赵国（汉赵帝国及后赵帝国)，低头称臣，这是面对危机时的智慧反应（一任王〔成王〕张茂向汉赵帝国称臣，二任王〔文王〕张骏向后赵帝国称臣)。而今，我们大秦帝国（前秦帝国）的威势和恩德，正达高峰，凉王（张玄靓）如果想在河西（甘肃省中部西部）当皇帝，则一定不是我们大秦帝国（前秦帝国）的敌手。如果打算保持以小国事奉大国的立场，那么，为什么不舍弃晋国（晋帝国)，而事奉秦帝国（前秦帝国)，长期的保持荣华富贵？”张瓘说：“中州（中原）喜欢说话不算话。从前，赵国（后赵帝国）使节的车辆刚刚回去，他们的大军已经开到（指三四六年，三任王张重华时事)，使我不敢相信。”阎负、梁殊说：“自古以来，身居中州（中原）的帝王，教育文化，都不一样。赵国（后赵帝国）喜爱奸诈，大秦帝国（前秦帝国）坚守信义，怎么能一概而论？张先、杨初，都曾经起兵抵抗，不肯臣服，先帝（一任帝苻健）讨伐，生擒活捉（擒张先事，参考三五〇年九月，但仅击败杨初)，赦免他们的罪行，赐给他们爵位官职，不是石家班（后赵帝国）能比得上的！”张瓘说：“果然像你所说，大秦帝国（前秦帝国）威势恩德，天下无敌，为什么不先去夺取江南（晋帝国)？到时候天下自然全属你们（前秦帝国)！今天，苻将军何必多此一举？”阎负、梁殊说：“江南（长江以南）人民，头发截断，身体刺花。不知道道理的人，首先叛逆；教化推广之后，才肯臣服。主上（苻生）认为：江南（晋帝国）必须用武力征服，而河右（前凉王国）可以用大义沟通，所以先派出使节，表达善意。如果阁下不能了解上天意旨，则江南（晋帝国）得以延长数年寿命，而河右（前凉王国）恐怕不会再是阁下的领土。”张瓘说：“我们地跨三州（凉州、河州、沙州，参考三四五年十二月)，武装部队十万，西到葱岭（帕米尔高原)，东到黄河，攻击别人，绰绰有余，何况仅只防守？为什么要害怕你们？”阎负、梁殊说：“贵国山河坚固，比崤山和函谷关如何？人民财富丰饶，比秦州（甘肃省南部)、雍州（陕西省中部）如何？杜洪、张琚，继承赵国（后赵帝国）现成的基业，兵强马壮，财富如山，有把关中（陕西省中部）装入口袋，像卷席一样，统一天下的大志。先帝（一任帝苻健）军旗指向西方，十天半月之间，对方就像冰块一样消失、浮云一般飘散，不知不觉，大局换了主人（参考三五〇年八月）。主上（苻生）如果认为贵国不肯臣服，赫然震怒，战斗部队一百万人，擂鼓西上，不知道贵国怎么应付？”张瓘笑说：“这种事应由大王（张玄靓）裁决，我本身不能做主。”阎负、梁殊说：“凉王（张玄靓）虽然天生英明，但年龄还小。阁下身居伊尹、霍光的重任，国家安危，全看阁下一句话。”

张瓘大为恐惧，遂宣称：奉张玄靓之命，派使臣前往前秦帝国称臣。前秦政府依照张玄靓所称官爵，重作一次加授任命。

6 晋帝国（首都建康〔江苏省南京市〕）将军刘度，攻击前秦帝国（首都长安）青州州长（刺史）王朗驻守的卢氏（河南省卢氏县）。前燕帝国（首都蓟城）将军慕舆长卿，穿过轵关（河南省济源市西），攻击前秦帝国幽州州长（刺史）强哲驻守的裴氏堡（山西省垣曲县东南）。

前秦帝国皇帝苻生，派前将军、新兴王苻飞，抵抗刘度；建节将军邓羌，抵抗慕舆长卿。苻飞还没有到，而刘度已经撤退。邓羌跟慕舆长卿会战，击败前燕军，俘虏慕舆长卿及武装士卒二千余人。

7 晋帝国征西大将军桓温，上书中央，请求还都洛阳（河南省洛阳市东白马寺东），重建皇帝墓园，奏章呈上十余次，中央一律不准。仅任命桓温当征剿总司令官（征讨大都督）、司冀军区司令官（督司冀二州诸军事），讨伐姚襄（时驻许昌〔河南省许昌市东〕）。

8 三月，前秦帝国皇帝苻生，征发三辅（大长安地区）民夫，修筑渭水河桥。最高国务官（金紫光禄大夫）程肱规劝，认为妨碍农民耕种。苻生大怒，斩程肱。

9 夏季，四月，前秦帝国首都长安（陕西省西安市），狂风大作，掀起房盖，拔掉树木，皇宫惊恐，一片扰动。有谣言说盗贼将发动攻击，宫门白天紧闭，历时五天，才恢复正常。皇帝苻生追查谣言，凡是说过："盗贼将发动攻击"的，一律剖胸挖心。左特级国务官（左光禄大夫）强平劝解说："上天降下灾异，陛下应爱护人民，敬奉神祇，刑法宽大，培养恩德，作为因应，然后才可以消除灾祸。"苻生大怒，用铁锤敲碎强平的头顶，然后诛杀。

首都卫戍司令（卫将军）广平王苻黄眉、前将军新兴王苻飞、建节将军邓羌，因为强平是强太后的老弟，再三叩头劝阻，苻生不理，外放苻黄眉当冯翊郡（陕西省大荔县）郡长（左冯翊），苻飞当扶风郡（陕西省眉县）郡长（右扶风），邓羌代理咸阳郡（陕西省咸阳市）郡长；因对三人的骁勇，仍很珍惜，所以免死。

五月，强太后忧愁悔恨交集，逝世；绰号明德皇后。

无限权力的毒素一旦发作，连亲娘都不认，专制独裁的可怕在此。

10 背叛晋帝国的姚襄，从许昌（河南省许昌市东）进攻同样背叛晋帝国的周成（参考前年〔三五四〕正月）驻守的洛阳（河南省洛阳市东白马寺东）。

11 六月，前秦帝国皇帝苻生下诏，说：“我接受上天的命令，担任君王，统治万邦，自从登极以来，有什么地方不对，而诽谤的声音，竟被人煽风点火，传播天下？我所诛杀的，到今天为止，还不满一千人，却被人恶毒的咬定我残忍暴虐！路上行人肩并着肩，怎么能算减少！我仍要继续使用严刑峻法，谁又能把我怎么样！”

自去年（三五五）春天以来（现在已是六月），潼关（陕西省潼关县）跟首都长安（陕西省西安市）之间（航空距离一百三十公里）发现大批豺狼虎豹，白天出没大道之上，徘徊咆哮，夜晚则攻击住户人家，摧毁门窗。不吃牛羊猪狗鸡鸭之类的家畜，专门吃人，大人儿童，被吞杀的有七百余人。农民不敢前往农田，耕耘采桑全都停止，互相集结成村落，构筑堡寨自卫，可是野兽的灾害，仍不能停止。

秋季，七月，文武官员请求皇帝苻生祭祀神灵，化解灾难，苻生说：“野兽肚子饥饿，当然吃人，吃饱了自然就不再吃，有什么可以祭祀化解？上天岂有不爱人的，只因为犯罪的人太多，所以帮助我诛杀铲除。”

柏杨曰

世间常有所谓“伪君子”与“真小人”之辩，由于人们对“伪君子”的轻蔑痛恨，遂使有些文痞流氓，以“真小人”自居，招摇登台，希望大家产生“他不是伪君子”的印象，而从中获得利益，这正是许多“真小人”比“伪君子”更可怕的原因。因“伪君子”有时被逼到墙角上，他的良心还有萌芽可能，“真小人”则根本没有墙角。圣洁的道理，能使“伪君子”醒悟，却无法使“真小人”醒悟，“伪君子”有所顾忌，不敢太过堕落。“真小人”肆无忌惮，玩权弄法，就跟一个自认为具备了奇异钢甲的车辆，开进了密集的布雷区一样，难逃爆炸结局。苻生虽贵为帝王，命运也不能例外。

12 七月十二日，前燕帝国（首都蓟城）皇太子（献怀太子）慕容晔逝世。

13 姚襄一支孤军，进攻洛阳（河南省洛阳市东白马寺东），一月有余，还不能攻克，秘书长（长史）王亮劝阻说："你英名盖世，兵力强大，民心归附，而今却被困在坚城之下，实力受到打击，威望受到顿挫。如果被其他盗贼乘机下手，可是危亡之道。"姚襄不理。

晋帝国征西大将军桓温，从江陵（荆州州政府所在县 · 湖北省江陵县）再率大军北伐，派大营指挥官（督护）高武，进驻鲁阳（河南省鲁山县），辅国将军戴施，进驻黄河，自己率主力随后出发。跟属官们登上座舰高楼，北望中原，叹息说："使中国陆沉，变成像百年无人居住的废墟，王衍那批人，不能不承担责任！"（指王衍等只知道清谈〔穷嚼蛆〕，参考三一一年四月。）记录官（记室）陈郡（河南省周口市淮阳区）人袁宏说："命运有兴有废，怎么能肯定是某人过失？"桓温拉下脸来，态度严肃的说："从前，刘表有一千斤重的大牛，吃的草粮比平常的牛多十倍，可是驮东西、走远路，还不如一头瘦弱的老母牛。曹操到了荆州（当时荆州州政府设襄阳〔湖北省襄阳市〕，参考二〇八年九月），杀掉它慰劳将士。"（胡三省原注："桓温把袁宏比作千斤大牛，只会浪费国家俸禄，并没有实质用处。"）

世界上假使有"混淆视听"这种事，袁宏就提供一个样版。桓温追踪的是天下大乱的第一因，袁宏那么一和稀泥，天下大乱不过是魔鬼的陷阱，在魔鬼的设计下，谁都没有责任，也谁都有责任！这是一个有毒的反应程式。千载之下，我们仍感痛心。

八月六日，桓温挺进到伊水，姚襄解除洛阳包围，回军抵抗，把精锐部队埋伏在伊水北岸树林中，派使节对桓温说："想不到你亲自率领大军北征，我愿意投降，请下令大军稍稍后退，我当在道路旁边，伏身下拜。"桓温说："我奉命恢复中原，祭祀皇家坟墓，跟你毫不相干。你如果愿意来，就请前来，马上见面，不必再派使节。"姚襄在伊水北岸据守迎战，桓温集结阵势，发动攻击，桓温身披铠甲，亲自督战，姚襄部众大败，被杀数千人。姚襄率部下数千骑兵，逃到邙山（洛阳城北）。当天夜半，民众抛弃妻子，追随姚襄的有五千余人。姚襄骁勇而爱护部属，所以，虽然屡战屡败，人民只要知道他在什么地方，就扶老携幼，前往投靠。晋帝国远征军中，谣传姚襄重伤身死，被俘虏的许昌（河南省许昌市东）、洛阳一带男女，都面向北方，痛哭流涕。姚襄向西逃走，桓温追赶已来不及。弘农郡（河南省灵宝市东北）人杨亮，从姚襄那里，归降桓温，桓温向他询问姚襄是一个什么样的人？杨亮说："姚襄的智慧和胸襟，是孙策一级人物，而雄健英明，还超过孙策（孙策，参考一九五年十月）。"

据守洛阳的周成，率众出城投降。桓温把司令部设在故宫太极殿前，不久，再迁到金墉城（洛阳城西北角，杨芷、贾南风婆媳死处）。

八月己丑日（八月甲午朔，没有己丑），桓温晋谒晋帝国皇家墓园（分布在洛阳城北邙山一带），有损坏的地方，加以修复，每一个墓园，都设立一个管理官（陵令）。上疏推荐并任命镇西将军谢尚，当司州军区司令长官（都督司州诸军事），镇守洛阳。因谢尚还没有抵达，遂留下颍川郡（河南省许昌市东）郡长毛穆之、大营指挥官（督护）陈午、河南郡（郡政府设洛阳）郡长戴施，率两千人驻防洛阳，保护皇家墓园，把投降的民众三千余家，强迫迁到长江、汉水之间。逮捕周成，班师而归。

姚襄投奔平阳（山西省临汾市·汉赵帝国故都），前秦帝国并州（州政府设蒲阪〔山西省永济市〕）州长（刺史）尹赤，率领部众，再投降姚襄（尹赤叛姚襄事，参考三五二年三月），姚襄遂占领襄陵（山西省襄汾县。襄陵属平阳郡）。前秦帝国最高统帅（大将军）张平（参考三五一年二月），攻击姚襄。姚襄战败，跟张平和解，结为异姓兄弟，各自休兵。

14 齐王段龛（时驻广固）派他的部属段蕴，去晋帝国求救。晋帝国皇帝（十一任穆帝）司马聃（本年十四岁）下诏（司马昱诏），命徐州州长（刺史）荀羡（时驻下邳〔江苏省睢宁县北古邳镇〕）随段蕴北上增援。荀羡进抵琅邪郡（山东省临沂市），畏惧前燕兵团强盛，不敢再进。前燕帝国徐州州长（刺史）王腾（本年〔三五六〕二月背叛段龛）攻击鄄城（山东省鄄城县北），荀羡攻击王腾的根据地阳都（山东省沂南县南），正巧大雨连绵，城墙崩坏，生擒王腾，斩首。

15 冬季，十月一日，日蚀。

16 前秦帝国（首都长安）皇帝苻生，夜间吃了很多枣，早上起床时，发现生病；召唤御医管理官（太医令）程延诊治。程延说：“陛下没有别的病，只是吃枣太多罢了。”苻生冒火说：“你不是圣人，怎么知道我吃枣！”斩程延。

17 前燕帝国（首都蓟城）最高指挥官（大司马）慕容恪，包围齐王段龛根据地广固（山东省青州市），各将领要求加强攻击，慕容恪说：“军事行动，有的应该缓慢，有的应该迅速，不可以不作分辨。如果敌我势均力等，敌人外面又有强大的援军，我们腹背有受到夹击的危险，攻势就不可不急。如果我们强，敌人弱，敌人又没有外援（慕容恪压根没有把晋帝国的战斗力看到眼里），完全在我们的控制之下，就应该把他套牢，等待他精力枯竭，自行毙命。《孙子兵法》说：‘十围五攻’，正是指我们目前的情况（兵力超过敌人十倍，包围敌人；兵力只超过敌人五倍，就需要发动攻击）。段龛的军队还多，军心还没有瓦解，济南（古济河之南）那次会战，段龛部队的战斗力并不是不强，只是他在指挥上犯了错误，为自己制造失败。而今他仗恃坚固的城池，上下同心合力，我如果用精锐攻击，计算起来，几天工夫，就能夺取；然而，死亡一定惨重。自从进入中原，战争征伐，从没有停息，我常感到哀伤，每一次想起，夜间都难以入睡，怎么可以轻率的要士卒死亡？我们只要求攻克，不要求成功的速度。”各将领都说：“这不是我们所能想得到的。”军中传播这项消息，人人感动欢欣。于是，挖更深的壕、筑更高的墙，包围圈更为严密。当地人民争着捐赠粮食给围城部队。

段龛固守城池，砍柴割草的路径，都被断绝，城中饥饿，居民互相格杀吞吃（人间惨事）。段龛率全军出战，慕容恪就在围墙内击败段龛的突击，并派出骑兵封锁所有城门，切断守军退路。段龛亲自冲锋，勉强冲进城门，其他部队全都覆没。城中残余守军精神崩溃，不能再守。

十一月十四日，段龛双手反绑在背后，出城投降；同时，交出朱秃（朱秃杀慕容钩叛，参考前年〔三五四〕七月），送到首都蓟城（北京市）。慕容恪安抚新归降的居民，古齐王国地区（山东省北部）全部平定。把本地鲜卑人、匈奴人、羯人三千余户人家，强迫迁到首都蓟城（北京市）。前燕帝（二任景昭帝）慕容儁（本年三十八岁），用“五刑”把朱秃残酷

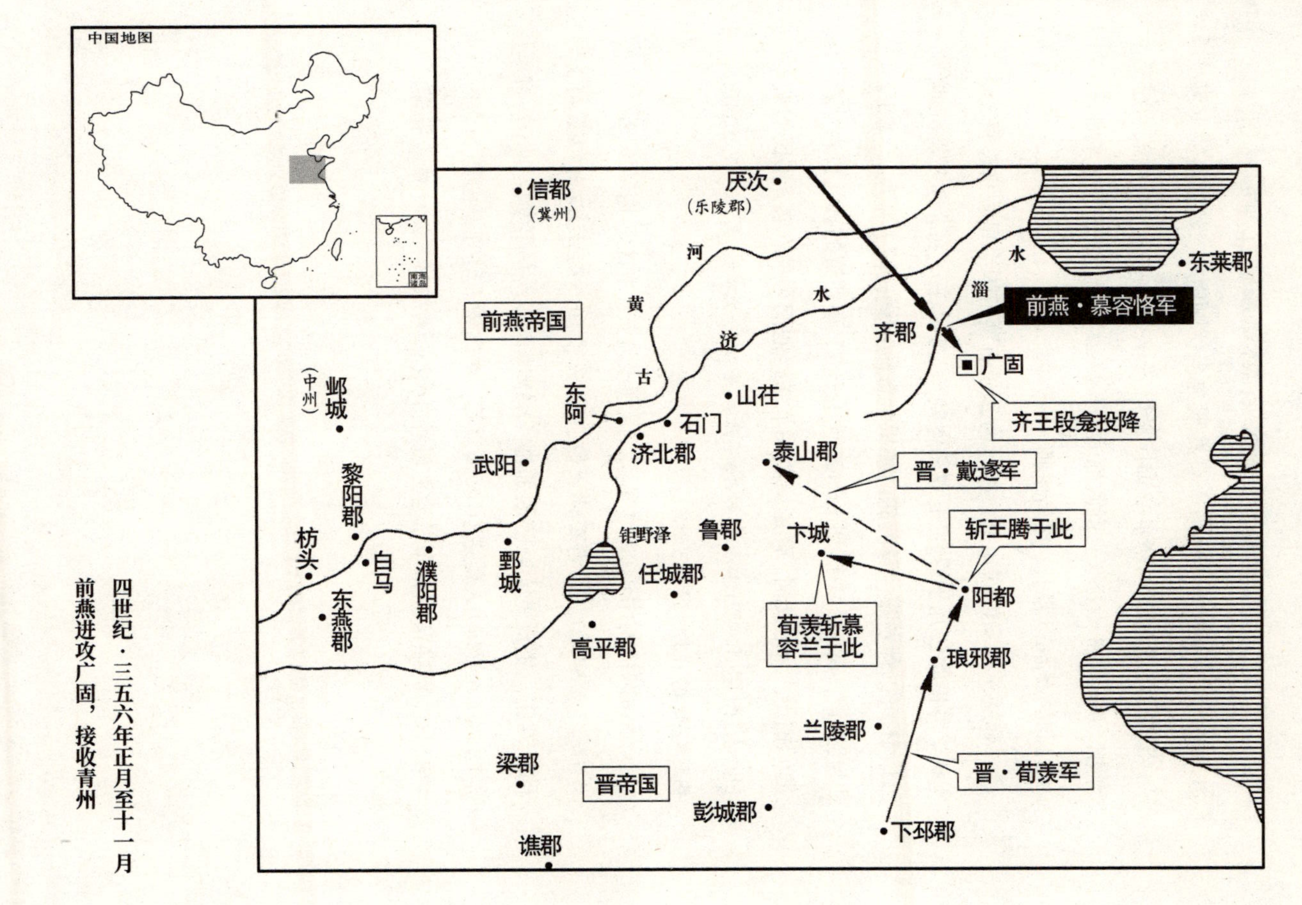

四世纪·三五六年正月至十一月
前燕进攻广固，接收青州

处死（“五刑”：一、先在面上刺字。二、削鼻。三、砍下双脚脚趾。四、用鞭抽死。五、斩首、剁成肉酱。参考前二〇八年八月）。任命段龛当伏顺将军。慕容恪留下慕容尘镇守广固（山东省青州市），命国务院左秘书长（尚书左丞）鞠殷当东莱郡（山东省莱州市）郡长，章武郡（河北省大城县）郡长鲜于亮当齐郡（山东省淄博市东临淄区）郡长；然后班师。

鞠殷，是鞠彭的儿子。当时鞠彭在前燕帝国当皇后宫总管（大长秋），写信警告儿子说：“王弥和曹嶷，一定还有子孙，你要善待他们，不可以翻老账、寻旧怨，那只会鼓励灾祸，培养叛乱。”鞠殷用心查访，在深山中找到王弥的侄儿王立，和曹嶷的孙儿曹岩，请他们相见，深结友情。鞠彭更派使节送给他们车马衣裳，郡民们从此一团和睦（鞠彭受曹嶷压力，投奔慕容廆事，参考三一九年十二月，迄今三十八载。鞠彭寥寥数语，提供一个政治家形象）。

晋帝国徐州州长（刺史）荀羡，得到段龛失败消息，退回下邳（江苏省睢宁县北古邳镇），留将军诸葛攸、高平郡（山东省巨野县东南大谢集镇）郡长刘庄，率三千人驻守琅邪郡（山东省临沂市）；军事参议官（参军）谯国（安徽省亳州市）人戴逯（音dùn〔盾〕）等，率二千人驻守泰山郡（山东省泰安市东）。前燕帝国将军慕容兰驻扎卞城（山东省泗水县东泉林镇），荀羡击斩慕容兰。

18 晋帝司马聃下诏（司马昱诏），派兼任最高监察长（司空）、散骑侍从官（散骑常侍）车灌等，“持节”（二级权力），前往故都洛阳（河南省洛阳市东白马寺东），整修皇家五座坟墓（司马懿墓、司马师墓、司马昭墓、一任帝司马炎墓、二任帝司马衷墓）。

十二月十九日，司马聃和全体文武官员，都穿上孝服，在太极殿遥祭祖先，追悼三天。

19 晋帝国司州军区司令长官（司州都督）谢尚，因病不能去洛阳（司州州政府所在县）到职；政府因而改命首都建康（江苏省南京市）市长（丹阳尹）王胡之接替。王胡之，是王廙的儿子（王廙是王敦的堂弟，参考三一五年八月）。

20 本年（三五六），“氐王”仇池公（首府仇池〔甘肃省西和县南〕）杨国，被堂叔杨俊谋杀；杨俊自称仇池公。杨国的儿子杨安，投奔前秦帝国（首都长安）。

三五七年 丁巳

晋	升平	元年
前凉	建兴	四十五年
前燕	元玺	六年
	光寿	元年
前秦	寿光	三年
	永兴	元年

（代王拓跋什翼犍建国二十年）

（安国王吕护六年）

1 春季，正月一日，晋帝国（首都建康〔江苏省南京市〕）皇帝（十一任穆帝）司马聃（本年十五岁），举行加冠礼。皇太后褚蒜子下诏：交还政权，大赦，改年号（升平）。褚蒜子迁到崇德宫居住。

2 前燕帝国（首都蓟城〔北京市〕）皇帝（二任景昭帝）慕容儁（本年三十九岁），征召幽州（州政府设龙城〔辽宁省朝阳市〕）州长（刺史）乙逸，当左特级国务官（左光禄大夫）。乙逸夫妇共挤在一辆窄小得仅可载一只鹿的小车上。他们在中央政府任官的儿子乙璋，却带着侍从、骑兵卫士数十人，衣裳华丽，在首都蓟城郊外迎接。乙逸气得发昏，关起车门，不跟他说一句话。进城之后，对乙璋严厉责备，乙璋不能改过。乙逸时常担心乙璋难免失败，可是乙璋不但没有失败，反而步步高升，历任立法院最高立法长（中书令）、总监察官（御史中丞）。乙逸叹息说："我从少年时修身敬业，严厉要求自己奉公守法，也不过仅能免除犯罪受刑而已。乙璋对自己从不检点，一心一意奢侈放纵，反而擢升到高位，这并不仅仅是乙璋的侥幸，也实在是这个世界已经败坏，没有公理！"

3 二月二十三日，前燕帝慕容儁，封皇子中山王慕容暐（本年八岁）当太子，大赦，改年号光寿（之前是元玺六年，之后是光寿元年）。

4 太白星进入东井星座，前秦帝国（首都长安〔陕西省西安市〕）有关官员奏称："太白星是一个罪恶之星，东井星座的辖区是古秦王国地区（陕西省中部），表示京师（首都长安）将发生暴动。"前秦帝（二任）苻生（本年二十三岁）说："太白到东井，是他自己口渴，想喝点什么，何必大惊小怪！"

5 独立作战的姚襄，图谋夺取关中（前秦帝国）。

夏季，四月，姚襄从北屈（山西省吉县）进驻杏城（陕西省黄陵县），派辅国将军姚兰，前往敷城（陕西省洛川县东南）夺取土地，曜武将军姚益生、左将军王钦卢，各率军队出发，招收羌部落跟匈奴部落。姚兰，是姚襄的堂兄。姚益生，是姚襄的老哥。羌人跟匈奴人，以及前秦帝国所属的汉人，归附的有五万余户。

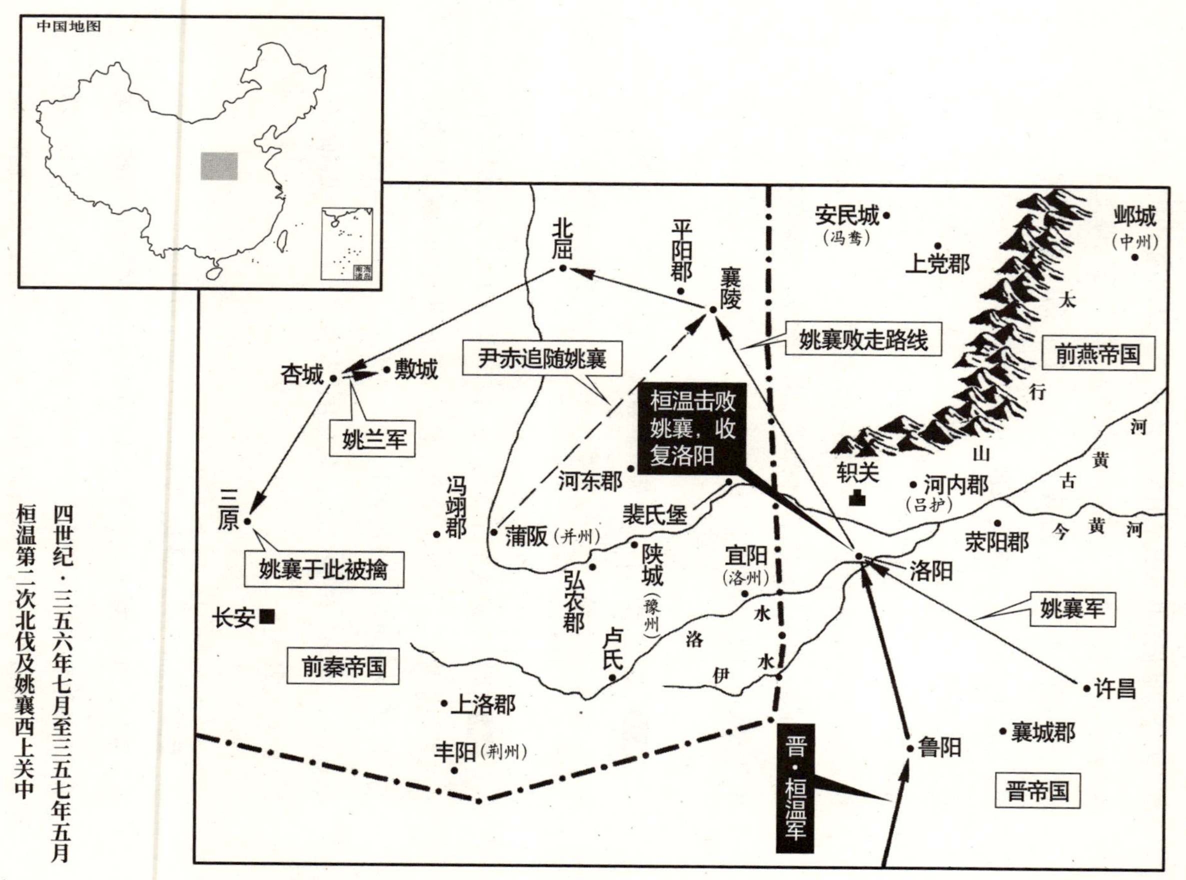

四世纪·三五六年七月至三五七年五月

桓温第二次北伐及姚襄西上关中

前秦帝国开始反击，将领苻飞龙，生擒姚兰。姚襄率军进据黄落（今地不详），前秦帝（二任）苻生派卫大将军广平王苻黄眉、平北将军苻道、龙骧将军东海王苻坚（苻雄的儿子）、建节将军邓羌，率步骑兵混合兵团一万五千人，投入战场。姚襄坚守营垒，不肯出战，邓羌对苻黄眉说："姚襄先后被桓温、张平击败（参考去年〔三五六〕八月），锐气已完全丧失。然而，他这个人倔强好胜，我们如果擂起战鼓，遍举军旗，直逼他的营门，他忍受不住这种侮辱，羞愤交加，一定大怒出战，可以在一场会战中，把他擒获。"

五月，邓羌率三千人的骑兵，直压姚襄大营，筑垒布阵。姚襄果然怒不可遏，全军出战。邓羌假装无法取胜，向后撤退，姚襄追击，追到三原（陕西省三原县），邓羌迂回攻击，苻黄眉等大军，随后攻击，姚襄军大败，他所骑的战马名黧眉騧（音guā〔瓜〕。黑嘴黄马），忽然栽倒，姚襄从马上跌下，前秦军生擒姚襄，斩首（年二十七岁）。老弟姚苌不能再战，率所有部众投降。

姚襄一直运载老爹姚弋仲的灵柩，随军行动。前秦帝国皇帝苻生，用国王的礼仪，把姚弋仲安葬在孤磐（甘肃省甘谷县境），并用公爵的礼仪埋葬姚襄。

苻黄眉等返首都长安，苻生不但没有赏赐，反而当着大家的面，很多次侮辱苻黄眉。苻黄眉大怒，阴谋诛杀苻生，事情被发觉，处死，牵连王爵公爵，皇亲国戚，很多人被诛杀。

6 五月十九日，前燕帝慕容儁，派抚军将军慕容垂（慕容霸）、中军将军慕容虔、中央军事总监（护军将军）平熙，率步骑兵八万人混合兵团，远出塞北，攻击敕勒部落（蒙古国北部），大破敕勒军，俘虏及斩杀十余万人，得到马十三万匹，牛羊亿万头。

7 匈奴民族的一支贺赖部落酋长贺赖头，率部众三万五千人，向前燕帝国（首都蓟城）投降。前燕帝国把他们迁移到代郡（河北省蔚县）的平舒城（山西省广灵县）。

8 前秦帝苻生，梦见一条大鱼，在吃蒲草（苻生祖宗本姓蒲，参考三五〇年正月）。同时首都长安（陕西省西安市）有谣言说："东海大鱼变成龙／男的变成王／女的变成公。"苻生下令逮捕太师（上三公之一）、主管政府机要（录尚书事）、广宁公鱼遵，连同他的七个儿子、十个孙儿，一齐斩首。最高国务官（金紫光禄大夫）牛夷，恐惧大祸临头，请求当荆州（州政府设丰阳〔陕西省山阳县〕）州长（刺史）。苻生不准，任命他当中军将军，召见时，苻生调侃说："牛的性情迟钝，很会拉车，虽然没有骏马的腿脚，仍可以承当得住一百石的重担。"牛夷说："虽然拉的是大车，但没有走过悬崖绝壁，我愿意试一试拉得更多，才知道有没有成果。"苻生笑说："痛快！你嫌责任太轻，是不是？我就要把鱼遵的位置让给你。"牛夷大为恐惧，回家后即行自杀。

苻生不分昼夜的饮酒，有时候一连几个月烂醉如泥，足不出宫。臣属所上奏章，苻生看都不看，到了最后，往往石沉大海，没有下文。有时沉醉中裁决国事，左右侍从人员遂从中为非作歹。所做的奖赏处罚，毫无标准。有时到了傍晚，才登上金銮宝殿，主持会报，醉眼惺忪中，诛杀了很多人。苻生因为自己瞎了一只眼，自卑感十分严重，特别忌讳"残""缺""偏""只""少""无""不具"等字和这一类的话，犯了这项错误而被诛杀的，不可胜数。性情残忍，喜爱活剥牛、羊、驴、马的皮，又喜爱用滚水褪除鸡、鸭、鹅、小猪的毛，让它们在金銮宝殿前，数十只成为一群，痛苦哀号，挣扎奔跑。有时更活剥人的脸皮，再教他唱歌跳舞。对这些惨剧，苻生都要亲自驾临观看，大为欢乐。曾经询问他的左右官员，说：“自我当皇帝以来，你听到民间有什么评论？”左右官员有人回答：“天子圣明，赏罚公平，天下人齐声歌颂太平盛世。”苻生大怒说：“你拍我的马屁呀！”下令处死。过了些时，又提出同样问题，左右官员有人作相反回答：“陛下刑罚稍微重了一点。”苻生照样大怒说：“你说我的坏话呀！”也下令处死。对国家有过贡献的功臣和故旧亲戚，快诛杀净光，文武官员，熬过一天，如同熬过十年。

东海王苻坚（苻生堂弟）一向受世人赞美，跟故姚襄的军事参议官（参军）薛赞、权翼，有深厚的友谊。薛赞、权翼向苻坚秘密建议说：“皇上（苻生）猜忌残忍，十分暴虐，无论中央或地方，人心已经离去。而今，能够主持帝国皇家祭祀香火的，除了你，还有谁？请早作打算，不要使政权落到其他姓氏人的手里！”苻坚问国务院执行官（尚书）吕婆楼，吕婆楼说：“我，挂到刀柄环上的人（胡三省原注：“曹魏帝国及晋帝国时代，流行用刀柄把人筑死。吕婆楼的话，表示随时会被筑杀。”），恐怕不能成大事。我乡下邻居有位叫王猛的隐士，他智谋之高，超过这个时代，殿下应请他来，向他讨教（王猛隐居华山，参考三五四年五月）。”苻坚遂透过吕婆楼召请王猛。二人一见如故，谈到对时事的看法和掌握，苻坚大为高兴，自认为是刘备遇到了诸葛亮（参考二〇七年十一月）。

六月，天文台长（太史令）康权，报告皇帝苻生说：“昨天夜间，天际同时出现三个月亮，而孛星又进入太微星座，跟东井星座相连。自从上月（五月）上旬，天气阴沉，直到今天，没有下雨，这是显示地位卑微的人，将谋害地位尊贵的人！”（根据神秘预言书之一的《洪范五行传》，天气久阴不雨，表示臣下对在上位的人，有不利的阴谋。夏侯胜曾警告过西汉王朝九任帝刘贺，参考前七四年六月。）苻生认为妖言惑众，勃然大怒，扑杀康权。

特进（朝会时位置仅次于三公），兼总监察官（御史中丞）梁平老等，对苻坚说："皇上（苻生）丧失理性，官员和庶民，无不愁苦哭喊，每人都怀着背叛的心，燕国（前燕帝国）和晋国（晋帝国），一直寻找机会，准备挑起战争。恐怕灾难爆发的那天，家与国同时灭亡。这是殿下的责任，应该早日下手。"苻坚同意他的判断，但畏惧苻生的骁勇，不敢发动。

一天晚上，苻生对宫女说："阿法兄弟也不可信赖，明天就把他们除掉。"宫女秘密通知苻坚，跟苻坚的老哥清河王苻法。苻坚、苻法立即采取断然行动。苻法跟梁平老，以及"特进"（朝会时位置仅次于三公）、特级国务官（光禄大夫）强汪，率武士数百人，暗中进入云龙门（皇宫正南门）；苻坚跟吕婆楼，率亲军三百人，擂动战鼓，大声呐喊，在后追随，发动攻击，担任皇家卫士的官兵，都放下武器，归附苻坚。苻生仍醉醺醺的躺在那里，苻坚亲军冲进去时，苻生蓦地惊醒，问左右侍卫说："他们是谁？"左右侍卫说："他们是贼！"苻生说："既然是贼，你们为什么不叩头？"苻坚亲军忍不住大笑。苻生又叫："为什么不跪下？再不跪下，斩首！"苻坚亲军把苻生拉到另一个房间，罢黜他的皇帝头衔，贬作越王。不久，把他格杀（年二十三岁），绰号厉王。

苻坚把皇帝宝座让给老哥苻法，苻法说："你是嫡子（苻坚的娘亲苟女士是苻雄的正妻），而且贤能，应该继位。"苻坚说："大哥的年纪比我大，应该继位。"苻坚的娘亲苟女士向文武官员流泪说："国家大事，责任沉重，我儿子自己知道不能担当，如果将来大家后悔，应是各位的过错。”文武官员都叩头请求苻坚登极。苻坚（本年二十岁）遂撤销“皇帝”名号，改称天王（大秦天王），在太极殿正式登极（三任宣昭帝）。诛杀苻生的亲信马屁精：立法院总立法长（中书监）董荣、国务院左执行长（左仆射）赵韶等二十余人。大赦，改年号永兴（之前是寿光三年，之后是永兴元年）。追尊老爹苻雄绰号为文桓皇帝，尊娘亲苟女士当皇太后，封正妻苟女士当皇后、世子苻宏当皇太子。任命清河王苻法当全国各军区总司令长官（都督中外诸军事）、丞相、主管政府机要（录尚书事），改封东海公。各亲王都降封公爵。苻坚任命叔祖父右特级国务官（右光禄大夫）、永安公苻侯，当全国武装部队总司令（太尉）；晋公苻柳，当车骑大将军、国务院总理（尚书令）。封皇弟苻融当阳平公、苻双当河南公；皇子苻丕当长乐公、苻晖当平原公、苻熙当广平公、苻叡当钜鹿公。任命汉阳郡（甘肃省礼县）人李威当国务院左执行长，梁平老当国务院右执行长（右仆射），强汪当中央禁军总监（领军将军），吕婆楼当京畿总卫戍司令（司隶校尉），王猛当立法院主任立法官（中书侍郎）。

苻融喜爱文学，聪明才智，都超人一等，耳朵听一遍就可以背诵，眼睛看一遍就不会忘记；力大如牛，可以对抗一百个人，擅长骑马射箭，和戈矛冲刺，从小就有美好的声誉。苻坚对这位杰出的老弟深为喜爱，常常跟他共同磋商国家大事。苻融主持中央政府，处理内外业务，行政刑法，十分严明，推荐有才干的人，擢升命运坎坷的人，对政府贡献很多。

苻丕也有文武才干，无论处理民政和审理诉讼，都不亚于苻融。

李威，是苟太后姑妈的儿子，跟当时的魏王苻雄（苻坚的老爹）友善。苻生曾经屡次起意要杀苻坚，都靠李威从中解救，得免一死。

李威受苟太后的宠爱（依普通情形推测，苟太后本年不过四十岁左右），苻坚把李威当作老爹一样侍奉。李威深知王猛的贤能，常常劝苻坚把国家大事交给王猛处理。苻坚对王猛说："李先生了解你，就好像鲍叔牙了解管仲。"（纪元前七世纪时，鲍叔牙和管仲在中国历史上，留下名垂千古的传奇友情，管仲在鲍叔牙坚强支持下，出任齐国宰相，使齐国国君姜小白成为春秋时代"五霸"中的第一霸，也是最杰出的一霸。管仲说："我当初非常穷困，跟鲍叔牙一起做生意，结账时我故意把我应得的算得特别多，鲍叔牙不认为我贪财卑鄙，知道我穷。我曾经跟鲍叔牙一起共事，我的判断和计划总是失败，鲍叔牙不认为我愚昧，知道时机还没有到。我三次做官，三次都被开革，鲍叔牙不认为我是无能之辈，知道我还没有遇见英明的主管。我曾经入伍从军，打了三次仗，三次我都逃走，鲍叔牙不认为我胆小懦弱，知道我要活着奉养娘亲。公子姜纠失败，召忽死节，而我宁愿接受囚禁的屈辱，鲍叔牙不认为我寡廉鲜耻，知道我不在意小节，只恐怕不能使名声显扬天下。生养我的是爹娘，了解我的是鲍叔牙。"）王猛把李威当作老哥般事奉。

9 前燕帝（首都邺城）慕容儁，诛杀前齐王段龛，坑杀追随段龛投降的士卒三千余人。

10 秋季，七月，前秦帝国最高统帅（大将军）、冀州全权州长（牧）张平（根据地晋阳〔山西省太原市〕），派人向晋帝国（首都建康）投降（张平原为后赵帝国并州州长，参考三五一年二月）。晋帝国任命他当并州（山西省中部）州长（刺史）。

11 八月十九日，晋帝司马聃（本年十四岁）正式迎娶何法倪当皇后。何法倪，是故散骑顾问官（散骑侍郎）庐江郡（安徽省舒城县）人何准的女儿。礼仪完全依照三三六年，九任帝（成帝）司马衍前例（参考三三六年二月），但不举行贺礼。

12 前秦帝国天王苻坚，任命权翼当禁宫咨询官（给事黄门侍郎），薛赞当立法院主任立法官（中书侍郎），跟王猛同时处理机密事件。

九月，追赠太师（上三公之一）鱼遵等官爵，用隆重礼仪，重新改葬，子孙还有生存的，依照他们的才干，分别选拔任用。

13 归降晋帝国的张平（根据地晋阳〔山西省太原市〕），占据新兴郡（山西省忻州市）、雁门郡（山西省代县）、西河郡（山西省吕梁市离石区）、太原郡（山西省太原市）、上党郡（山西省黎城县西南）、上郡（故郡·陕西省榆林市东南鱼河镇）等广大地区，民间自卫用的营寨就有三百余个，夷族和汉人十余万户。设置军区司令（征镇），打算跟前燕帝国、前秦帝国（首都长安）同时抗衡。

冬季，十月，张平攻击前秦帝国，前秦天王苻坚任命晋公苻柳当并冀军区司令长官（都督并冀诸军事），加授并州全权州长（牧），镇守蒲阪（山西省永济市）抵御。

14 十一月十七日，前燕帝慕容儁，把首都从蓟城（北京市）迁到邺城（河北省临漳县西南邺城镇）。

15 前秦帝国苟太后去宣明台游玩，看到东海公苻法门前，车如春水、马如蛟龙，恐怕他势力成长，对她的亲生儿子不利，于是跟李威暗中定谋，下令苻法自杀。

苻坚跟苻法在东堂诀别，哀痛悲哭，口吐鲜血。给苻法绰号献哀公。封苻法的儿子苻阳当东海公、苻敷当清河公。

16 十二月十九日，前燕帝慕容儁，住进邺宫，大赦，再修铜雀台（邺城西北角）。

17 晋帝国擢升祭祀部长（太常）王彪之当国务院左执行长（左仆射）。

18 前秦天王苻坚，前往国务院视察，发现公文一团混乱，下令免除左秘书长（左丞）程卓官职，由王猛接替。

苻坚选拔有特别才能的人，恢复政府正常的行政功能，督促农民耕田种桑，救助贫苦，礼敬神灵，设立学校，表扬志节操守；对没有后裔的人，都给他们找到适当人选过继。全国人民，大为欢悦。

三五八年 戊午

晋 升平 二年
前凉 建兴 四十六年
前燕 光寿 二年
前秦 永兴 二年
（代王拓跋什翼犍建国二十一年）
（安国王吕护七年）

1 春季，正月，晋帝国（首都建康〔江苏省南京市〕）宰相（司徒）司马昱，在金殿上叩头，缴还政权，皇帝（十一任穆帝）司马聃（本年十六岁）不准。

2 最初，上党郡（山西省黎城县西南）人冯鸯，献出上党郡，归降晋帝国（参考三五五年十二月）。后来，又归降自成局面的张平（时驻晋阳〔山西省太原市〕。参考去年〔三五七〕九月）。不久，再归降前燕帝国（首都邺城〔河北省临漳县西南邺城镇〕）。不久，再叛离前燕。

二月，前燕帝国宰相（司徒）上庸王慕容评讨伐冯鸯，不能攻克。

3 前秦帝国（首都长安〔陕西省西安市〕）天王（三任宣昭帝）苻坚（本年二十一岁），御驾亲征张平（参考去年〔三五七〕九月），任命邓羌当前锋大营指挥官（前锋督护），率骑兵五千人，在汾水沿岸布防，张平命养子张蚝（音háo〔豪〕）抵御，张蚝英勇矫健，能把一条牛倒拖着走，城墙无论多高，他都可以跳过。跟邓羌僵持十余天，双方都无法取胜。

三月，苻坚抵达铜壁（山西省太原市西南），张平出动所有部队，投入战场。张蚝单枪匹马，大声呼叫，对前秦兵团阵地，杀入复杀出，前后四五次之多。苻坚悬出赏格，定要生擒张蚝，鹰扬将军吕光，直刺张蚝，刺中，邓羌遂俘虏张蚝，呈献苻坚。张平军完全溃散，张平大为恐慌，请求投降。苻坚命张平当右将军、命张蚝当虎贲警卫指挥官（虎贲中郎将）。张蚝，本姓弓，上党郡（山西省黎城县西南）人。苻坚对他十分宠爱，特别厚待，常教他跟随在自己身旁。前秦帝国都认为邓羌、张蚝全可力敌万人。吕光，是京畿总卫戍司令（司隶校尉）吕婆楼的儿子。

苻坚把张平部众三千余人，强迫迁移到首都长安（陕西省西安市）。

4 三月二十日，前燕帝国（首都邺城）皇帝（二任景昭帝）慕容儁（本年四十岁），派中央禁军总监（领军将军）慕舆根，率军支援宰相（司徒）慕容评，攻击冯鸯。慕舆根打算发动猛烈攻击，慕容评说："冯鸯的城池坚固，不如作长期围困。"慕舆根说："不然，阁下围城已一个多月，还没有交战。盗匪（冯鸯）会认为政府的力量，不过如此，因而团结在一起，希望发生万一的变化。而今我率领部队刚到，锐气正盛，盗匪心里正在恐惧，已各有离散的念头。乘他们还没有作最后决定之时发动攻击，没有攻不克的可能。”下令急攻，冯鸯跟他的党羽，果然互相猜忌，冯鸯出奔野王（河南省沁阳市），投靠安国王吕护（参考三五四年三月），部众全体投降前燕帝国。

5 夏季，四月，前秦天王苻坚，前往雍城（陕西省宝鸡市凤翔区），祭祀五色帝（青帝、白帝、黄帝、赤帝、黑帝；参考前一三三年）。

六月，苻坚前往河东郡（山西省夏县），祭祀后土神（参考前一一三年）。

6 秋季，八月，晋帝国豫州（州政府设寿春〔安徽省寿县〕）州长（刺史）谢奕逝世。谢奕，是谢安的老哥（谢安，参考三三四年六月）。宰相（司徒）司马昱，命建武将军桓云接替；桓云，是桓温的老弟。司马昱把这个决定征求国务院执行长（仆射）王彪之的意见，王彪之说：“桓云并不是没有才干，可是，桓温位居长江上游，已割据了帝国的一半疆土（桓温根据地在江陵〔湖北省江陵县〕），老弟再在首都西门掌握重要据点，兵权集中在一个家门，不是稳固国家根基的适当措施。对于人才，我们无法预测他将来的动向，但应该用不跟你唱反调的人。”司马昱点头说：“你说得对。”

八月二十一日，任命吴兴郡（浙江省湖州市）郡长谢万，当西翼警卫指挥官（西中郎将）、司豫冀并军区司令（监司豫冀并四州诸军事）、豫州（州政府寿春）州长（刺史。晋帝国政府南迁之后，北方流亡难民聚集之处，侨设州郡。谢万所辖军区各州，都是侨州，跟各州本土无关）。

右军将军王羲之递一份备忘录给桓温，说：“谢万的才干是第一流的，教他在中央供职，固然是后起之秀；可是，如果把他送到兵荒马乱之后的残破地区，他的才干无法施展，工作也无法完成。”又写信给谢万说：“以你那种高视阔步，不屑于处理世俗事务的态度，却坐在非处理世俗事务不可的职位之上，不能想象会有什么后果。所谓‘通达’和‘见识’，在于有所为，有所不为。盼望你能够跟阶级最低的士卒们，生活在一起，同甘共苦，才能尽善尽美。”谢万不接受（他仍坚持用穷嚼蛆手段，处理战士生死）。

徐、兖二州州长（刺史）荀羡（时驻下邳〔江苏省睢宁县北古邳镇〕）患病，中央任命总监察官（御史中丞）郗昙（音tán〔谈〕），担任参谋长（军司）。郗昙，是郗鉴的儿子（郗鉴，参考三三九年八月）。

7 九月庚辰日（九月壬午朔，没有庚辰），前秦帝国天王苻坚返首都长安（陕西省西安市），命全国武装部队总司令（太尉）苻侯，兼国务院总理（尚书令）。

前秦帝国大旱，苻坚减少饮食，撤销音乐队，命皇后妃妾以下的宫女，不再穿绫罗绸缎，开发山上矿产林木，以及解除限制河流湖泊渔业的禁令，使政府跟人民共同享用。停止一切军事行动，使人民获得休养，虽然大旱，却没有造成大的灾难。

立法院主任立法官（中书侍郎）、兼国务院左秘书长（尚书左丞）王猛，受到苻坚支持，逐渐掌握实权，皇亲国戚以及当初建国时的老干部都妒恨交加。特进（朝会时位置仅次于三公）、姑臧侯樊世，本是氐部落中的豪门，辅佐一任帝（景明帝）苻健，打下关中（陕西省中部），不能忍受王猛的直线上升。有一天，对王猛说：“我们耕田，你来吃米，是不是！”王猛反击说：“不但教你耕田，还要教你烧柴煮饭。”樊世大怒说：“看我把你的人头挂在长安城门下！办不到这一些，我就不活在世！”王猛报告苻坚，苻坚说：“一定要诛杀这个老氐（樊世跟苻坚同族），然后才能够建立纪律。”正巧，樊世进宫讨论事情，在苻坚面前，跟王猛发生剧烈争执，樊世跳起来，打算攻击王猛；苻坚大发雷霆，斩樊世。文武官员看到王猛，遂连气都不敢出。

8 后赵帝国亡国时（参考三五一年三月），将领张平、李历、高昌都派出使节，投降前燕帝国（首都邺城）；不久，又投降晋帝国（首都建康）。不久，又投降前秦帝国（首都长安）。每投降一次，就接受一次封赏的爵位官职，但一直打算保持独立状态，不隶属任何一方（参考三五一、三五二年）。

前燕帝慕容儁，命宰相（司徒）慕容评，讨伐张平据守的并州（山西省中部）；最高监察长（司空）阳骛，讨伐高昌据守的东燕郡（河南省延津县东北）；乐安王慕容臧，讨伐李历据守的濮县（应是濮阳，河南省濮阳市西南）。阳骛攻击高昌部将据守的黎阳郡（河南省浚县），不能攻克。李历逃到荥阳（河南省荥阳市），部众全部投降晋帝国。并州（山西省中部）民间自卫营寨，有一百余个，都投降前燕帝国；慕容儁命国务院右执行长（右仆射）悦绾，当并州（山西省中部）州长（刺史），安抚人民。张平所任用的征西将军诸葛骧等，率领民间自卫营寨一百三十八个投降前燕帝国，慕容儁都恢复他们原来的官职爵位。

张平率军三千人，逃奔平阳（山西省临汾市），向前燕帝国再次请求投降。

9 冬季，十月，晋帝国泰山郡（山东省泰安市东）郡长诸葛攸，攻击前燕帝国所属的东郡（山东省鄄城县北），侵入武阳（山东省莘县南）。前燕帝慕容儁，派最高指挥官（大司马）慕容恪，率最高监察长（司空）阳骛、乐安王慕容臧，统军阻截。诸葛攸大败，撤退，返回泰山郡（山东省泰安市东）。

慕容恪渡黄河南下，夺取河南（黄河以南）土地，分别委派郡长、县长。

10 前燕帝慕容儁，打算征服前秦帝国、晋帝国。

十二月，慕容儁下令各州郡政府，调查辖区内所有役男。每家只准留下一个青年，其余的全体征召入伍。打算使步兵人数满一百五十万，明年（三五九）春季在洛阳（河南省洛阳市东白马寺东）集合。武邑郡（河北省武邑县）人刘贵，上疏陈述："人民贫穷悲苦，已到极点，这种'留一发兵'的征召办法，千古从来没有，一定会引起土崩瓦解的巨变。"慕容儁认为他说得有理，于是下令改为"三五发兵"（参考三四二年十二月），并宽限时间，到明年（三五九）冬季，在首都邺城（河北省临漳县西南邺城镇）集结。

当时，前燕帝国不停的征兵征伕，和抽捐抽税，各机关纷纷派出催促委员，道路上马不停蹄，郡政府和县政府无法应付，苦不堪言，全国武装部队总司令（太尉）兼立法院总立法长（中书监）封奕，请求："从今以后，除非是国防上有限期的紧急军令，任何机关，不可派出委员。至于民政上的赋税，都应交给州郡政府办理，各单位派到外地负责监督催促的委员，一律撤回。"慕容儁批准。

11 前燕帝国泰山郡（山东省泰安市东）郡长贾坚（参考三五〇年九月），驻防山茌（山东省济南市长清区东南）。晋帝国徐、兖二州州长（刺史）荀羡（时驻下邳），率军北伐，贾坚部众只不过七百余人；荀羡部众比贾坚多出十倍。贾坚将出城迎战，将领们都说："我们人数太少，不如守城。"贾坚说："守城也不能免死，不如出战。"遂出战。贾坚身先士卒，杀晋军一千余人，然后回城。荀羡遂攻城，贾坚叹息说："我自从把头发束到头顶那天起，就立定志向，要建立功名，可是却不断受到绝望的打击，岂不是天意如此，与其委曲求生，不如守节而死。"对将士们说："现在，我们的处境恶劣，已没有希望。你们可以早早逃生，我要留在这里，等待死亡。"将士哭泣说："你如果不肯出城，我们就跟你死在一起。"勉强把贾坚扶到马上，贾坚说："我如果想逃，一定不会教你们先走。现在，我当为你们决一死战。实在不能支持时，你们就应该快点脱离险地，不要管我！"大开城门而出，荀羡军四面八方冲上来，贾坚骑马站在河桥上，左右射击，弦声起处，敌人应声倒地。晋军太多，暗中进入壕沟，砍断桥柱，河桥崩塌，贾坚人马同时下陷，被晋军生擒，山茌（山东省济南市长清区东南）遂被晋军占领。荀羡对贾坚说："你的父亲、祖父，世代都是晋王朝的臣属，为什么忘本，拒绝投降？"贾坚说："晋国（晋帝国）自己抛弃中原，不是我们背叛。人民陷于无政府状态，遇到强有力的人物，只有接受他保护。既然当了人家的部下，怎么可以不忠？我自从求学读书以来，此身经历了赵（后赵帝国）、燕（前燕帝国）两个政府，从不改变，阁下怎么能匆匆忙忙教我投降（贾坚曾任后赵、冉魏、前燕三个政权的官员，参考三五〇年九月）？"荀羡仍责备他，贾坚吼叫说："你这个小丑，把我当成小娃了！"荀羡老羞成怒，把贾坚推到大雨中，数日之后，贾坚愤怒怨恨而死。

荀羡不过是依靠裙带关系当官的花花公子，贾坚则是血汗培养出来的职业军官。可是，形势比人强，职业军官却栽倒在花花公子之手。贾坚的反驳，义正词严，掌权大爷抛下孤苦无告的人民，逃到江南，重享荣华富贵。偶尔派出一支脆弱的军队，俘虏了几个被遗弃的孤臣孽子，不但没有半点歉意，请求原谅宽恕，反而诟骂他们忘本，责备他们不肯投降。无能无耻，集于一身。荀羡的嘴脸，正是晋帝国流亡政权下官员的嘴脸。在这种嘴脸上，看不出复兴的火花，只看出堕落的幽灵。

12 前燕帝国青州（山东省北部）州长（刺史）慕容尘，派军政官（司马）悦明，救援泰山郡（贾坚是泰山郡郡长）；荀羡军大败，前燕帝国克复山茌（山东省济南市长清区东南）。前燕帝慕容儁，命贾坚的儿子贾活，当任城郡（山东省济宁市东南）郡长。

13 晋帝国徐、兖二州州长（刺史）荀羡病重，中央征召返回京师（首都建康）。任命郗昙当北翼警卫指挥官（北中郎将）、徐兖青冀幽军区司令长官（都督徐兖青冀幽五州诸军事），兼徐、兖二州州长，镇守下邳（江苏省睢宁县北古邳镇）。

14 前燕帝国吴王慕容垂（慕容霸），娶段家部落酋长段末柸的女儿（段末柸，参考三二五年三月），生儿子慕容令、慕容宝。段女士才华极高，性情刚烈，而又自认为姓氏高贵（段家跟慕容家本处于平等地位），对现任皇帝慕容儁大老婆可足浑皇后，不太尊敬，可足浑皇后含恨在心。而慕容儁对慕容垂，又一向猜忌厌恶（参考三五四年四月）。寝殿侍奉宦官（中常侍）涅浩（涅，姓），迎合高阶层的意思，打小报告指控段女士勾结吴国（慕容垂封国）王府图书管理官（典书令）、辽东郡（辽宁省辽阳市）人高弼，从事巫蛊诅咒，打算把慕容垂牵连进去。

慕容儁逮捕段女士跟高弼，交给皇后宫总管（大长秋）、司法部（廷尉）调查讯问。苦刑拷打下，段女士跟高弼，意志坚强，不肯招认；因为得不到坦承不讳的口供，拷打更为惨酷。慕容垂怜悯妻子的悲遇，暗中派人通知段王妃说："人，总有一天会死，何必忍受这种荼毒，不如诬服。"段王妃叹息说："我岂是怕死的人，可是，我一旦自诬，就成了叛逆，上对不起祖宗，下还要连累大王（慕容垂），后果严重，我绝不做。"在审问时，段王妃慷慨答辩，条理分明。慕容垂竟得以逃躲这场灾难。可是，段王妃仍不得不死在监狱之中。

段女士出身名门，又身为王后，正是世间所谓真正的金枝玉叶，却能在丧尽自尊、苦刑拷打下，坚决拒绝自诬，这种刚毅和见识，可敬可哀。

在专制的体制下，冤狱，不是小民的专利。

慕容儁任命慕容垂当平州（辽宁省）州长（刺史），镇守辽东（辽宁省辽阳市）。慕容垂娶段王妃的妹妹当新王妃，可足浑皇后下令罢黜小段王妃，而把自己的妹妹，封爵长安君的小可足浑，嫁给慕容垂。慕容垂虽不敢拒绝，但十分不高兴，可足浑皇后对他也就更加讨厌。

15 匈奴部落（黄河河套地区）酋长刘阏头（参考前年〔三五六〕正月）领导无方，部众很多背叛，刘阏头大为恐惧，率领残余部众向东逃走，乘天气寒冷，黄河结冰之时，踏冰渡河。想不到只渡过一半，河冰即行融解，走在后边的部众，全都归降另一酋长刘悉勿祈。刘阏头投奔代国（首府盛乐〔内蒙古和林格尔县〕）。刘悉勿祈，是刘务桓的儿子（刘阏头是刘务桓的老弟。参考前年〔三五六〕二月）。

三五九年 己未

晋 升平 三年
前凉 建兴 四十七年
前燕 光寿 三年
前秦 永兴 三年
甘露 元年
（代王拓跋什翼犍建国二十二年）
（安国王吕护八年）

1 春季，二月，前燕帝国（首都邺城〔河北省临漳县西南邺城镇〕）皇帝（二任景昭帝）慕容儁（本年四十一岁），封皇子慕容泓当济北王、慕容冲当中山王。

2 前燕帝国政府诛杀段勤，段勤老弟段思投奔晋帝国（段勤事，参考三五二年四月二十日）。

3 前燕帝慕容儁，在蒲池（邺城内）大宴文武百官，谈到周王朝太子姬晋（周王朝二十七任王〔灵王〕姬泄心的太子姬晋，非常聪明，却早早逝世。老弟姬贵〔二十八任景王〕继位，国势更衰)，忍不住流下眼泪，说："有才气的儿子，难以得到；自从景先（太子慕容晔别名）去世（参考三五六年七月），使我头发半白，你们认为他怎么样？"宰相府左秘书长（司徒左长史）李绩回答说："献怀太子（慕容晔）在东宫（太子宫）时，我当他的顾问官（中庶子），太子（慕容晔）的志向和事业，怎么能不知道？他伟大的品德可以归纳成八项：一、非常孝顺。二、聪明而又反应迅速。三、沉着稳重。四、讨厌拍马屁，喜爱听到正直的批评。五、喜爱读书。六、学问渊博。七、对人谦虚恭敬。八、慷慨仁慈。"慕容儁说："你赞美他虽然过分，然而，这个孩子如果还在，我死了也可放心。你看，景茂（慕容暐别名）怎么样？"当时，太子慕容暐正在老爹身旁，李绩说："皇太子（慕容暐）天纵英明，虽然八种品德完全具备（八德：忠、孝、仁、爱、信、义、和、平），但仍有两项缺点，需要检讨，那就是：爱好打猎，和喜欢音乐。这对国家大计都有伤害。"慕容儁对慕容暐说："李绩的话，是苦口的良药，你应该自己警惕。"慕容暐（本年十岁）从此恨透了李绩。

慕容儁梦见故后赵帝国皇帝石虎，咬了他手臂一口，惊怒交集，于是，挖掘石虎的坟墓（显原陵 · 今地不详），可是却只见空棺，不见尸体。悬赏二千两黄金，购买消息。邺城（河北省临漳县西南邺城镇）一位名叫李菟的女子，知道石虎的尸体在哪里，报告慕容儁；就在东明观下边，把石虎尸体掘出。尸体已经僵硬，但没有腐烂（三四九年四月石虎死，迄今十年，尸体竟不坏）。慕容儁践踏石虎尸体，诟骂说："你这个死匈奴，怎么敢吓唬天子？"一条条列举石虎的罪状，用皮鞭抽打尸体，投进漳水（流经邺城西北）。可是，石虎的尸体却停在桥柱那里，没有顺水流走。等到前秦帝国消灭前燕帝国（参考三七〇年十一月），王猛特地为石虎诛杀李菟，收拾石虎尸体安葬。

石虎死后十二年，尸体才受鞭打；尸体受鞭打后十二年，前燕帝国才亡。石虎尸体肯定的只剩下一堆骨骼，却一直漂荡桥柱，既没有被水冲走，也没有被鱼鳖虾蟹吃掉，更没有被人发现，这是绝不可能的怪事。所以，王猛的安葬，是一项明显的谎言。不是王猛说谎，就是史书说谎。

4 前秦帝国（首都长安〔陕西省西安市〕）西羌军事总监（平羌护军）高离，在略阳郡（甘肃省天水市东）叛变。永安公（威公）苻侯率军讨伐，没有攻克，逝世。

夏季，四月，骁骑将军邓羌、秦州（州政府设上邽〔甘肃省天水市〕）州长（刺史）啖铁，继续讨伐，平定高离（高离是死？是降？是逃？这种说不清楚的特征，随时都会出现）。

5 匈奴部落（黄河河套地区）酋长刘悉勿祈逝世（参考去年〔三五八〕十二月），老弟刘卫辰，诛杀刘悉勿祈的儿子，自己继位。

6 五月，前秦帝国（首都长安）天王（三任宣昭帝）苻坚（本年二十二岁）前往河东郡（山西省夏县）。

六月，前秦帝国大赦，改年号甘露（之前是永兴三年，之后是甘露元年）。

7 前凉王国（首都姑臧〔甘肃省武威市〕）凉州全权州长（牧）张瓘，猜疑嫉妒，凶暴苛刻，完全看自己的喜欢不喜欢，去施行赏罚。国务院助理官（郎中）殷郇规劝他，张瓘说：“老虎生下来三天，自己就会吃肉，用不着人教！”因此，人心对他背弃。辅国将军宋混，性情忠直，张瓘畏惧，打算诛杀宋混和宋混的老弟宋澄，顺便罢黜前凉王（六任冲王）张玄靓（本年十一岁），自己登位。于是，征召武装部队数万人，到姑臧集合。

宋混得到消息，跟宋澄率壮士杨和等四十余骑兵，秘密进入南城，号召各大营："张瓘谋反，我们接到太后（马女士）的诛杀命令。"一会工夫，煽动二千人。张瓘也得到消息，率军出击，被宋混击败。张瓘麾下将领玄胪（玄，姓），直刺宋混，宋混身穿厚甲，不能刺穿。宋混反击，遂生擒玄胪；张瓘的部众全体投降。张瓘跟他的老弟张琚，一齐自杀；宋混屠灭张瓘三族。

前凉王张玄靓，任命宋混"使持节"（一级权力）、全国各军区总司令长官（都督中外诸军事）、骠骑大将军，封酒泉郡侯，代替张瓘辅政。宋混遂请求张玄靓撤销国王称号，仍称凉州全权州长（牧。前凉王国一任王张茂于三二〇年六月继位，三二三年后赵帝国封他当凉王〔参考该年八月〕，直到今天，才正式不再称王，但政权独立仍旧，不称国王，不过一种政治运用，使更为有力）。宋混对玄胪说："你用矛刺我，我幸而没有受伤，而今我掌握权柄，你是不是害怕？"玄胪说："我身受张瓘厚恩，刺你的时候，唯恐怕不能刺穿，其他没有任何畏惧。"宋混欣赏他的侠义，把他当作心腹。

8 故后赵帝国将领高昌（参考去年〔三五八〕九月），不能承受前燕帝国军事上的压力。

秋季，七月，高昌放弃最后据点白马（河南省滑县），投奔荥阳（河南省荥阳市）。

9 前秦帝国天王苻坚，从河东郡（山西省夏县）返首都长安。任命骁骑将军邓羌当总监察官（御史中丞）。

八月，擢升咸阳郡（陕西省咸阳市）郡长（内史）王猛，当高级咨询官（侍中）、立法院最高立法长（中书令），兼首都长安市长（京兆尹）。

特进（朝会时位置仅次于三公），兼特级国务官（光禄大夫）强德，是一任帝（景明帝）苻健正妻强太后的老弟，酗酒闹事、凶恶横暴，抢劫别人的财产和子女，成为人民的一大灾祸。王猛兼首都长安市长（京兆尹），刚一到职，就逮捕强德，上奏章控告他的罪行，还没有得到批示，强德的尸首已陈列在闹市上示众。苻坚派使节骑快马赦免，已来不及。王猛跟邓羌同心合力，痛恨邪恶，纠举罪犯，丝毫没有顾忌，数十天之间，权贵豪门、皇亲国戚，诛杀或免职的多达二十余人，政府官员，上下颤栗，奸人恶棍，几乎连呼吸都不敢，社会秩序迅速建立，治安良好，东西遗落在路上，都没有人捡。苻坚叹息说："我到今天才知道法治的重要。"

10 晋帝国（首都建康〔江苏省南京市〕）泰山郡（山东省泰安市东）郡长诸葛攸，率水陆联军二万人，攻击前燕帝国（参考去年〔三五八〕十月），穿过石门（山东省平阴县北古济水南岸），进驻黄河一座小岛。前燕帝国上庸王慕容评、长乐郡（河北省衡水市冀州区）郡长傅颜，率步骑兵五万人，在东阿（山东省阳谷县东北阿城镇）迎击，诸葛攸大败。

冬季，十月，晋帝（十一任穆帝）司马聃（本年十七岁）下诏（司马昱诏），命豫州（州政府设寿春〔安徽省寿县〕）州长（刺史）谢万，进驻下蔡（安徽省凤台县），北翼警卫指挥官（北中郎将）郗昙（时驻下邳〔江苏省睢宁县北古邳镇〕），进驻高平郡（山东省巨野县东南大谢集镇），共同攻击前燕帝国。谢万自认为才华盖世，对谁都看不起，态度至为傲慢。平日唱歌吟诗，非常欣赏自己的纵横才气，高高在上，不肯接触将士。他的老哥谢安，深感忧虑，对谢万说："你身为大军统帅，应该跟将领们生活在一起，使他们感到亲切，天下岂有像你这种骄傲怪诞，而能成事的？”谢万遂召集各将领相聚，可是相聚时又什么话都不说，只举起“如意”，指点四周，嘉勉说：“你们都是精兵！”将领们对他越发痛恨。谢安恐怕谢万难逃厄运，从部队长开始，直到下面最低级军官，谢安都亲自前往，一一拜托。不久，谢万率军进入涡水、颍水，逆流而上，救援洛阳（河南省洛阳市东白马寺东）。郗昙因中途患病，退守彭城（江苏省徐州市）。谢万却认为：一定是前燕兵团强大，所以郗昙退却！因之也立即率军退却，于是刹那之间，军队在惊慌中崩溃；谢万狼狈不堪，只剩下单身一人逃走，将领士卒们打算利用混乱形势，把谢万干掉，但因念及谢安的情谊，才饶谢万一命。

谢万奔回京师（首都建康），晋帝司马聃下诏，罢黜谢万，废作平民；郗昙降号建武将军。

于是，许昌（河南省许昌市东）、颍川郡（郡政府设许昌）、谯郡（安徽省亳州市）、沛郡（安徽省淮北市）各城池，陆续落到前燕帝国之手。

11 前秦帝国（首都长安）天王苻坚，任命王猛当国务院文官部长（吏部尚书），不久，擢升当太子宫总管（太子詹事）。

十一月，擢升王猛当国务院左执行长（左仆射），其他官职仍然保留。

12 十二月，晋帝国（首都建康）封武陵王司马晞（皇帝司马聃的叔祖父）的儿子司马璡（音jīn〔金〕）当梁王。

13 中国全境大旱。

14 十二月十七日，前燕帝慕容儁病重，对最高指挥官（大司

四世纪·三五九年十月　谢万之溃

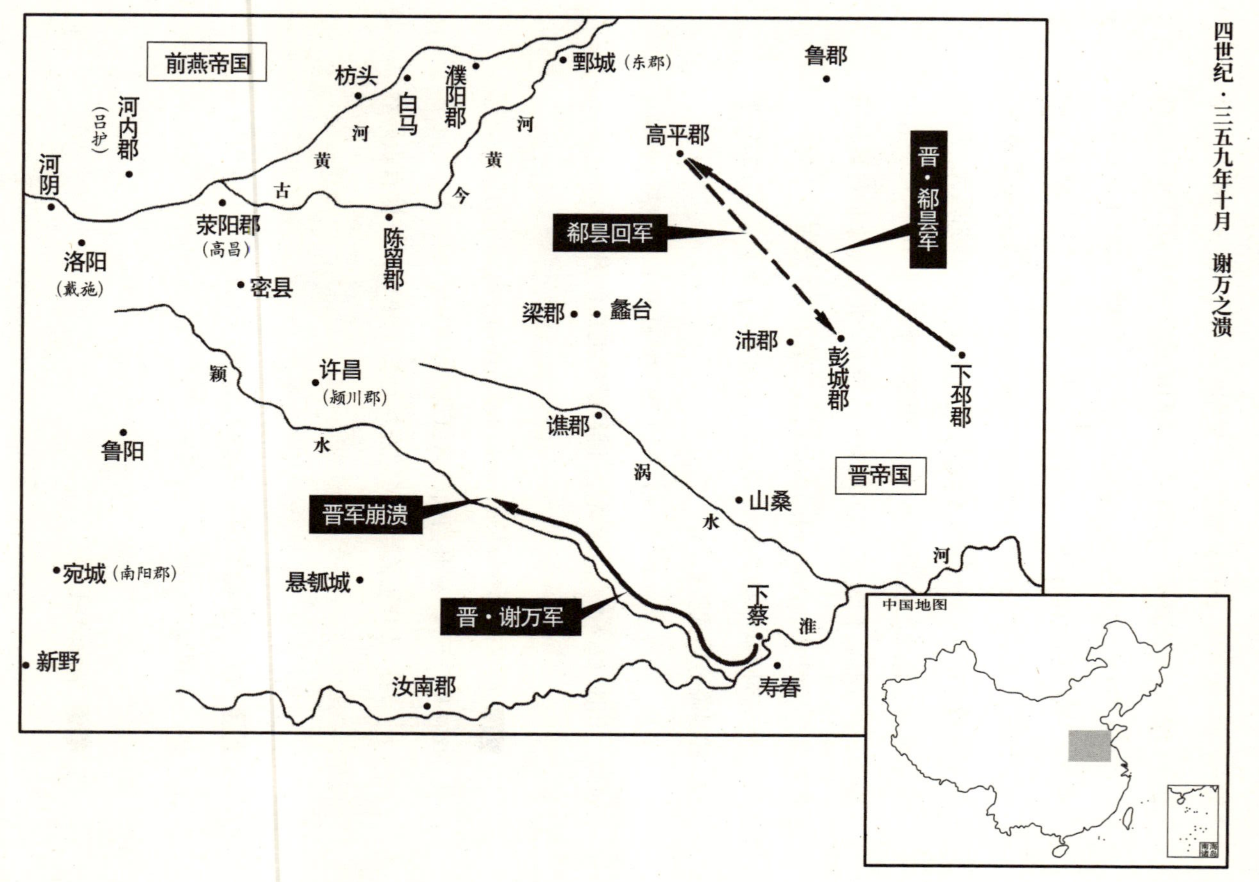

马）太原王慕容恪说："我的病不可能痊愈，而今，两方面都没有平定（西方前秦帝国、南方晋帝国），景茂（太子慕容暐别名）年幼，国家多难，我打算效法子力（春秋时代宋国十三任国君〔宣公〕），把国家交给你（前七二九年，子力逝世，放弃自己的儿子，而传位给老弟子和〔十四任穆公〕），你认为如何？"慕容恪说："太子年纪虽小，却是能够克服残暴，使政府治理的君王。我是什么人，怎么能扰乱正统？"慕容儁大怒说："至亲兄弟，我难道骗你！"慕容恪说："陛下既认为我的能力可以担负天下重任，为什么又认为我没有能力辅佐少主？"慕容儁转怒为喜，说："你能当姬旦（周公），我还忧虑什么。李绩清廉忠贞，你要善待他。"

征召吴王慕容垂（时驻辽东〔辽宁省辽阳市〕）回京（首都邺城）。

15 前秦帝国（首都长安）天王苻坚，擢升王猛当辅国将军、京畿总卫戍司令（司隶校尉），特准留宿宫廷，兼国务院执行长（仆射）、太子宫总管（詹事）、高级咨询官（侍中）、立法院最高立法长（中书令），负责遴选官员的授权，仍然保持（高级咨询官〔侍中〕、立法院最高立法长〔中书令〕，八月间已经任命，不知为什么再作任命。难道因诛杀强德事，曾被免除）。王猛上疏辞让，并推荐散骑侍从官（散骑常侍）阳平公苻融、特级国务官兼散骑侍从官（光禄散骑）西河郡（山西省吕梁市离石区）人任群、隐士京兆郡（首都长安）人朱彤（音tóng〔同〕），接替自己的官职。苻坚拒绝，而另行任命苻融当高级咨询官（侍中）、立法院总立法长（中书监）、国务院左执行长（左仆射），任群当特级国务官（光禄大夫），兼太子内宅管理官（太子家令），朱彤当国务院助理官（尚书侍郎），兼太子宫侍从官（太子庶子）。

王猛，本年三十六岁，一年之内，五次升迁（一、由国务院左秘书长〔尚书左丞〕，升迁咸阳郡〔陕西省咸阳市〕郡长〔内史〕。二、再升迁高级咨询官〔侍中〕、立法院最高立法长〔中书令〕，兼首都长安市长〔京兆尹〕。三、再升迁国务院文官部长

〔吏部尚书〕。四、再升迁太子宫总管〔太子詹事〕、国务院左执行长〔左仆射〕。五、本次升迁)，权势急剧膨胀，随时可以处置政府内外任何一个官员。有人向苻坚打他的小报告，苻坚立即对那人惩罚，于是文武百官，没有一个人敢再开口。

苻坚任命国务院左执行长（左仆射）李威，兼军事总监（护军）；国务院右执行长（右仆射）梁平老，“使持节”（一级权力），兼北方沿边军区司令长官（都督北陲诸军事）、镇北大将军，驻防朔方（黄河河套地区）西部。丞相府军政官（丞相司马）贾雍，当云中（内蒙古托克托县）军事总监（云中护军），驻防云中南方。

16 前燕帝国征召全国役男（参考去年〔三五八〕十二月），全部集中首都邺城（河北省临漳县西南邺城镇）。

晋帝国

- 前凉王国政变。
- 张天锡弑君自立。
- 晋帝国连死二帝（穆帝司马聃、哀帝司马丕）。
- 桓温第三次北伐大败。
- 慕容垂受忌逃亡。

- 罗马皇帝君士坦丁逝世，朱利安继位。
- 朱利安伐波斯，被杀。军队拥立朱维安继位，定基督教为国教。
- 朱维安逝世，发兰提尼安继位，分罗马为东西二帝国。

三六〇年 庚申

晋　　升平　　四年
前凉　　建兴　　四十八年
前燕　　光寿　　四年
　　　　建熙　　元年
前秦　　甘露　　二年
（代王拓跋什翼犍建国二十三年）
（安国王吕护九年）

1 春季，正月二十日，前燕帝国（首都邺城〔河北省临漳县西南邺城镇〕）皇帝（二任景昭帝）慕容儁（本年四十二岁），在首都邺城，举行阅兵大典，打算派最高指挥官（大司马）慕容恪、最高监察长（司空）阳骛，向晋帝国（首都建康〔江苏省南京市〕）发动总攻。不巧，病势转重，遂召唤慕容恪、阳骛以及宰相（司徒）慕容评、中央禁军总监（领军将军）慕舆根等，接受遗诏，共同辅政。

正月二十一日，慕容儁逝世。

正月二十五日，太子慕容暐登极称帝（三任幽帝），年十一岁。大赦，改年号建熙（之前是光寿四年，之后是建熙元年）。

2 前秦帝国（首都长安〔陕西省西安市〕）天王（三任宣昭帝）苻坚（本年二十三岁），划出京畿卫戍区（司隶）一部分郡县，设立雍州（甘肃省东部）。任命河南公苻双，当雍河凉军区司令长官（都督雍河凉三州诸军事）、征西大将军、雍州州长（刺史），改封赵公，镇守安定郡（甘肃省镇原县东南屯字镇）。

封皇弟苻忠当河南公。

3 半独立的“氐王”（首府仇池〔甘肃省西和县南〕）仇池公杨俊逝世，儿子杨世继位。

4 二月，前燕帝国尊奉皇后可足浑为皇太后。任命太原王慕容恪当太宰（上三公之一），全权处理政府政务；上庸王慕容评当太傅（上三公之二），阳骛当太保（上三公之三）；慕舆根当太师（上公级），做慕容恪助理。

慕舆根性情朴实刚强，仗恃是几代元老（慕容皝、慕容儁在位时，慕舆根都建立大功），对年轻的慕容恪，心里不服，所以，言谈举止，十分傲慢。

《资治通鉴》史实，叙述到今天，已七百余年，超过全书所包括时间（一千三百六十二年）的二分之一，我们有一个发现：任何人，无论英雄豪杰或奸滑恶棍，有一天，在他的名下忽然出现“倨骄”或“傲慢”之类字样，用不着读下去，

就可以肯定下文是什么。他已踏动陷阱的机关，下一步就是翻滚而下，轻则事业失败，重则生命不保。慕舆根一代人杰，也跳不出这项定律。

当时，可足浑太后常常干预政治，慕舆根想要利用机会夺取政权，遂对慕容恪说：“皇上（慕容暐）年纪太轻，母后又总插手政府。殿下应防备出乎意外的变化，考虑自己如何保全。而且，平定天下，是殿下的功劳。老哥去世，老弟继承，古代也好，现代也好，都有现成的前例。等到先帝（慕容儁）安葬之后，最好把皇上（慕容暐）罢黜，而由殿下登极，为我们大燕帝国（前燕帝国）图谋无穷幸福。”慕容恪吃惊说：“你酒醉了，不然，为什么胡说八道？我跟你同时接受先帝（慕容儁）遗诏，怎么你忽然发出这种议论？”慕舆根惭愧，道歉告辞。慕容恪告诉吴王慕容垂，慕容垂劝慕容恪诛杀他，慕容恪说：“帝国刚有巨大丧事（皇帝之死），两个邻居（晋帝国及前秦帝国）在一旁虎视眈眈，要找机会，而我们高阶层核心，却先自相残杀，恐怕使远近人士失望，不妨暂时忍耐。”皇家图书馆长（秘书监）皇甫真对慕容恪说：“慕舆根不过平庸之辈，受到先帝（慕容儁）过分的宠爱，被列入受命辅政大臣名单。平庸就是没有见识，自从国家大丧（皇帝之死）以来，慕舆根骄傲恶毒，一天比一天升高，一定会发生祸事。你现在居于姬旦（周公）的地位，当为帝国着想，深刻考虑，早日决定处理。”慕容恪不肯。

慕舆根报告皇太后可足浑、前燕帝慕容暐，说：“太宰（慕容恪）和太傅（慕容评），阴谋叛变，请准许我率禁卫军讨伐。”可足浑打算准他行动，慕容暐说：“二位叔父，是帝国的亲属贤才，先帝（老爹慕容儁）特别选拔，把孤儿寡妇托付给他们，绝不可能发生这种怪事，怎么知道不是太师（慕舆根）图谋叛变？”事情遂停止。慕舆根思念北方故乡，又告诉可足浑及慕容𬀩说：“现在，全国一片萧条，境外的盗寇又不止一个（至少有二：晋帝国及前秦帝国），而帝国领土过于庞大，使人忧虑，不如北返。”慕容恪听到报告，遂跟太傅（上三公之二）慕容评磋商，秘密弹劾慕舆根罪行，命首都西区卫戍司令（右卫将军），傅颜进入国务院（内省），诛杀慕舆根，以及慕舆根的妻子、儿女、同党、亲信，然后大赦。这时，帝国新死君王，紧接着又是内部屠杀，尸首纵横。无论中央及地方，一片恐怖，而只太宰（上三公之一）慕容恪，不慌不忙，跟平常一样，没有人看到他露出忧愁的面容；每次出入，只有一个仆人徒步相随。也有人建议：最好是严密戒备，慕容恪说：“人心浮动，需要宁静稳重来镇压安抚，为什么要自己先吓自己，大家还依靠谁！”因此，人心稍稍安定。

慕容恪虽然掌握大权，但对政府的法令规章，没有一件不兢兢业业，严谨遵守，每项决定，都要跟宰相（司徒）慕容评事先商议，从来不独断专行。对人十分谦虚，喜爱听取别人对治理国家的建议；选拔人才，依照他们的能力，委任官职，人人都有适当的岗位。部属或政府官员如果犯了过失，慕容恪从不宣布，只在恰当的时候，把他调动另一个位置，不教他们失去原来身份，而只是表示贬谪。受到调动的官员，都十分惭愧，没有人敢再犯罪。偶尔有点小的错误，都互相责备说：“你打算请太宰（慕容恪）调动你的官位呀！”晋政府最初听到慕容儁死讯，认为中原不久就可以收复，只征西大将军桓温说：“慕容恪仍然活着，我们的灾难恐怕比从前更大。”

三月六日，慕容儁的尸体在龙城（前燕故都·辽宁省朝阳市）的龙陵安葬，绰号景昭皇帝，祭庙称烈祖。集合在首都邺城（河北省临漳县西南邺城镇）参加检阅的各郡县征来的士兵，因政府一连串发生变故（皇帝死亡及慕舆根事件），全国不安，军心震动，很多人开始逃亡，各自奔回故乡。于是，邺城（河北省临漳县西南邺城镇）以南，道路阻塞，有些地方交通更完全断绝。太宰（上三公之一）慕容恪，命吴王慕容垂“使持节”（一级权力），当征南将军、黄河南军区司令长官（都督河南诸军事）、兖州全权州长（牧）、荆州州长（刺史），镇守梁国（河南省商丘市睢阳区）所属的蠡台（河南省虞城县）。命孙希当并州（山西省中部）州长（刺史），傅颜当中央军事总监（护军将军）；率骑兵二万人，到黄河以南新征服地区，展示军事威力，挺进到淮河才返。国境之内，人心始告安定。孙希，是孙泳的老弟（孙泳曾任朝鲜县长，参考三三八年五月）。

5 匈奴部落（黄河河套地区）酋长刘卫辰，派使节到前秦帝国（首都长安）请求归降，并请求到塞内打猎，春天南来，秋季北返，前秦天王苻坚批准。

夏季，四月，云中（内蒙古托克托县）军事总监（云中护军）贾雍，派军政官（司马）徐赟，率骑兵突袭刘卫辰，俘获大量人口家畜而返。苻坚大怒说：“我正用恩德诚信，对待蛮族，你竟为了贪图一点小利，破坏这项政策，是什么意思？”撤除贾雍所有官爵资格，以平民身份，担任职务。派人送回俘获的人口家畜，道歉安慰。刘卫辰遂居住在塞内，进贡不断。

六月，代国（首府盛乐〔内蒙古和林格尔县〕）代王拓跋什翼犍正妻慕容女士逝世（拓跋什翼犍再娶慕容女士，参考三四四年正月）。

秋季，七月，刘卫辰前往代国参加葬礼，乘势请求结为姻亲之邦，拓跋什翼犍把女儿嫁给刘卫辰。

6 八月一日，日全蚀。

7 晋帝国（首都建康）平民身份的谢安，自幼就有很高的名望，前后几次受政府征召，都不肯出任官职。定居会稽郡（浙江省绍兴市），游山玩水，读书写字，自得其乐。虽然是一介平民，当时人却把对宰相的期望，期望谢安。高级知识分子甚至互相说："谢安如果不出来领导政府，谁救天下苍生！"（晋帝国时代，真正平民出身的官员很少，除非建立战功。殷浩固不是真正平民，谢安亦然，都有他们的"门第"，谢安的堂兄谢尚当首都卫戍司令〔卫将军〕，封咸亭侯。老爹谢裒，当祭祀部长〔太常〕。老弟谢万，更掌握军权。如果没有如此烜赫背景，他的名声怎能倾动政府？谢安跟殷浩一样，建立"声望"之后，用它敲开官场大门，不必经历低层或中层阶段，就可一举当上高官。）谢安每次出游东山（浙江省绍兴市上虞区西南），常常带着妓女。宰相（司徒）司马昱听到报告，说："谢安既然跟别人同安乐，就不得不跟别人同患难，征召他，他一定出来。"谢安正妻，是刘惔的妹妹，看到家门尊贵，权势鼎盛，只谢安恬淡退避，对他说："一个大丈夫，不应是这个样子。"谢安掩住鼻子说："我不怕不当官，只怕非当官不可。"（因为有这种仗恃，所以才摆出不受征召架势。）等到老弟谢万被政府罢黜（参考去年〔三五九〕十月），谢安才想到必须当官。当时年已四十有余（本年四十一岁），征西大将军桓温延聘他当军政官（司马），谢安立刻前往，桓温非常高兴，对他十分礼遇。

8 冬季，十月，乌桓民族独孤部落、鲜卑民族没弈干部落（所在地皆不详），各率数万人，投降前秦帝国（首都长安）。前秦天王苻坚把他们迁到塞内。阳平公苻融建议说："蛮夷都是人面兽心，不知道什么是仁义。他们所以把头叩到地上，要求迁到塞内，只是贪图塞内肥沃的水草，并不会感激我们的宽厚。不侵犯边界，实在是恐惧我们的军事力量，并不是回报我们对他的恩德。现在，把他们弄到我们的国境之内，跟我们人民混杂一起，他们正好利用这个机会，调查郡县的实力，一定引起边疆动乱，最好是让他们仍停留塞外，防止灾难发生。”苻坚采纳。

9 十一月，晋帝国封征西大将军桓温当南郡公、桓温老弟桓冲当丰城县公、桓温儿子桓济当临贺县公。

10 前燕帝国太宰（上三公之一）慕容恪，打算任命李绩当国务院右执行长（右仆射），前燕帝慕容暐拒绝，慕容恪屡次推荐，慕容暐说：“国家大事，全由叔父裁决；只李绩这个人，由我做主。”把李绩外放当章武郡（河北省大城县）郡长；李绩忧愁过度而死。

去年（三五九），慕容暐对李绩，在老爹慕容儁面前，没有在他头上戴光圈，没有把他形容得完美无缺，恨入骨髓。今年（三六〇），他不过十一岁，仍是一个小娃，竟如此记仇，其顽劣的程度，使我们为他的帝国颤栗。

李绩所以仍能保住老命，只不过慕容暐此时还没有完全掌握权力，否则，不可避免的会出现诛杀场面。六世纪七〇年代北周帝宇文赟，便是用诛杀回报忠心直言。

堕落的社会，鼓励诈欺，胆敢说实话，祸就不可预测，中国人的道德，因之日益堕落。唯一的挽救，只有先行消除专制封建，别无他法。任何他法，都只是枝枝节节。

三六一年 辛酉

晋	升平	五年
前凉	建兴	四十九年
	升平	五年
前燕	建熙	二年
前秦	甘露	三年

(代王拓跋什翼犍建国二十四年)
(安国王吕护十年)

1 春季，正月一日，晋帝国（首都建康〔江苏省南京市〕）大赦。

2 匈奴部落（黄河河套地区）酋长刘卫辰，掠夺前秦帝国（首都长安〔陕西省西安市〕）沿边居民五十余人，当作奴隶婢女，呈献前秦天王（三任宣昭帝）苻坚（本年二十四岁），苻坚责备刘卫辰，命送他们各返故乡。于是刘卫辰背叛，投降代国（首府盛乐〔内蒙古和林格尔县〕。掠夺别国人民，呈献别国君主，这种怪异的行为，不知道是怎么想出来的）。

3 晋帝国徐、兖二州州长（刺史）、东安伯（简伯）郗昙（时驻下邳〔江苏省睢宁县北古邳镇〕）逝世（年四十二岁）。

二月，晋帝国政府擢升东阳郡（浙江省金华市）郡长范汪，当徐兖冀青幽军区司令长官（都督徐兖冀青幽五州诸军事），兼徐、兖二州州长（刺史）。

4 前秦帝国（首都长安）右将军张平所属的平阳郡（山西省临汾市）郡民，聚众叛变，归降前燕帝国（首都邺城〔河北省临漳县西南邺城镇〕）。前燕帝国任命建威将军段刚当郡长，并派大营指挥官（督护）韩苞，率军协助段刚，共同保卫平阳郡。

5 前燕帝国（首都邺城）皇帝（三任幽帝）慕容暐（本年十二岁）对法术师丁进，至为喜爱。丁进打算谄媚太宰（上三公之一）慕容恪，遂劝慕容恪诛杀太傅（上三公之二）慕容评。慕容恪大怒，奏报慕容暐，逮捕丁进，斩首。

6 逃到荥阳郡（河南省荥阳市）的高昌（参考三五八年九月）逝世，前燕帝国河内郡（河南省沁阳市）郡长吕护，吞并高昌的部众，派人到晋帝国（首都建康）请求投降。晋帝国任命吕护当冀州州长（刺史）。吕护打算引导晋帝国军队，袭击前燕帝国首都邺城（河北省临漳县西南邺城镇）。

三月，前燕帝国太宰（上三公之一）慕容恪，率军五万人，冠军将军皇甫真，率军一万人，联合讨伐吕护。前燕兵团抵达野王（河内郡郡政府所在县·河南省沁阳市），吕护登城防守。前燕兵团中央军事总监（护军将军）傅颜，请求发动急攻，用以节省军费。慕容恪说："吕护这个老贼，经历的艰难和变化太多了，看他的守卫情形，不容易马上攻克，反而增加士卒伤亡。最近进攻黎阳（阳鹜攻高昌不克，参考三五八年九月），死亡惨重，最后仍不能夺取，反而自取其辱。吕护内没有粮秣，外没有救兵，我们只要挖深壕沟，筑高围墙，坐在这里等待，使将领士卒，都获得休息，在吕护党羽中挑拨离间，使他们发生内斗，我们一点也不劳累，盗贼的势力却日益萎缩，不过一百天，一定瓦解，为什么不顾士卒死伤，而去追求早晚一定可以到手的功劳？”遂兴筑长墙，团团包围。

7 夏季，四月，晋帝国征西大将军桓温（时驻江陵〔湖北省江陵县〕），任命他的老弟、禁宫咨询官（黄门郎）桓豁，当沔水（汉水）七郡军区司令长官（都督沔中七郡诸军事。七郡：魏兴郡〔陕西省安康市〕、新城郡〔湖北省房县〕、上庸郡〔湖北省竹山县西南上庸镇〕、襄阳郡〔湖北省襄阳市〕、义城郡〔湖北省丹江口市〕、竟陵郡〔湖北省钟祥市〕、江夏郡〔湖北省云梦县〕。司令部设襄阳），兼新野郡（河南省新野县）、义城郡（湖北省丹江口市）二郡郡长。率军攻击许昌（河南省许昌市东），击破前燕帝国将领慕容尘（慕容尘是青州州长〔刺史〕，参考三五八年十二月）。

8 前凉王国（首都姑臧〔甘肃省武威市〕）骠骑大将军宋混病重。刚取消国上称号（参考前年〔三五九〕六月）的张玄靓，本年十二岁（应是十三岁），跟祖母马太后，亲到宋家探望，问说：“将军万一逝世，孤儿寡妇，依靠何人？你的儿子宋林宗继承你的位置，如何？”宋混说：“我的儿子宋林宗，年纪既小，人又懦弱，没有能力承担大任。殿下如果不弃我们宋家一门，我的弟弟宋澄，办事能力要比我强，可是他反应迟钝，不能应付变局，在殿下的监督下用他，大概还可以。”宋混警告宋澄，以及自己的儿子们说：“我们宋家，世世代代，蒙受国恩，当拚一死回报，万万不可仗恃官位权柄，骄傲待人。”又接见政府官员，都告诫他们对国尽忠。

宋混不久逝世，连路上的行人，都悲哀落泪。张玄靓任命宋澄当中央禁军总监（领军将军），辅佐政府。

9 五月二十二日，晋帝（十一任穆帝）司马聃逝世（年十九岁），没有儿子，皇太后褚蒜子下令：“琅邪王司马丕（司马聃的堂兄），是帝国中兴以来皇家嫡子正统（司马丕是九任帝司马衍的嫡子，司马衍死时传弟不传子，参考三四二年六月），无论是大义、声望、人心归向，没有人能跟他相比，应由琅邪王（司马丕）入继大统。”

文武百官备妥法驾（皇家二级仪仗；参考前一八〇年闰九月），前往琅邪王府，迎接司马丕。

五月二十五日，司马丕（本年二十一岁）登上皇帝宝位（十二任哀帝），大赦。

五月二十七日，改封东海王司马奕（司马丕亲弟）当琅邪王（入继大宗）。

秋季，七月二十三日，把司马聃埋葬在永平陵（建康城北幕府山南麓），绰号穆皇帝，祭庙称孝宗。

10 前燕帝国（首都邺城）兵团包围野王（河南省沁阳市）数月，安国王吕护派他的将领张兴出战，前燕中央军事总监（护军将军）傅颜，击斩张兴。围城中人情困急，前燕冠军将军皇甫真，警告他的部将说：“吕护穷途末路，势将突围逃走，一定攻击我们最脆弱的阵地。我自己直属的部队，多数是老弱残兵，武器又不精良，应该做周全的戒备。”征集无数长枪盾牌，亲自巡查夜间值勤卫士。吕护粮食吃完，果然在夜间出动所有精锐，直扑皇甫真阵地，猛烈攻击，希望突破，但无法突破；太宰（上三公之一）慕容恪率军反击，吕护部众死伤惨重，几乎全军覆亡，吕护抛弃妻子儿女，逃奔晋帝国所属的荥阳（河南省荥阳市）。

慕容恪安抚新归降的居民，发给他们粮食救饥；把知识分子及将领强行迁到首都邺城（河北省临漳县西南邺城镇），其他的人则各人从事各人的行业。任命吕护的军事参议官（参军）、广平郡（河北省邯郸市永年区东南广府镇）人梁琛，当立法院国史编撰官（中书著作郎）。

11 九月十四日，晋帝司马丕，封他的王妃妻子王穆之当皇后。王穆之，是王濛的女儿（王濛，参考三三五年三月）。前任帝（十一任穆帝）司马聃的皇后何法倪，称穆皇后，住永安宫。

12 前凉王国（首都姑臧）右军政官（右司马）张邕，讨厌宋澄专权，发动政变，斩宋澄，屠灭宋澄三族（宋混死后才五个月，全族一团血腥）。

张玄靓命张邕当中央军事总监（中护军），叔父张天锡当中央禁军总监（中领军），共同辅政（张天锡是二任王文王张骏的幼子、三任王桓王张重华的幼弟）。

13 投降前燕帝国的张平（参考三五八年九月），袭击平阳郡（山西省临汾市），斩前燕帝国守将段刚、韩苞。又进攻雁门郡（山西省代县），斩前燕帝国郡长单男（单，姓）。

然而，不久，受到前秦帝国攻击，张平不能抵御，再次向前燕帝国道歉投降，请求救援。前燕政府认为张平反复无常，拒绝。张平遂被前秦帝国诛杀（张平原是后赵帝国并州〔山西省中部〕州长〔刺史〕，三五一年二月投降前秦，三五二年十月投降前燕，三五七年七月投降晋，三五八年三月再投降前秦；同年〔三五八〕九月，再投降前燕。即令在大分裂时代乱世，反复无常也是一种恶德）。

14 九月乙亥日（九月乙未朔，没有乙亥），前秦帝国（首都长安）大赦。

15 晋帝国（首都建康）征西大将军桓温对徐、兖二州州长（刺史）范汪（时驻下邳），最是厌恶。桓温准备北伐，命范汪率军从梁国（河南省商丘市）出击。

冬季，十月，范汪不能在指定时间内抵达，免职，贬作平民。从此被排出政府，后来在家逝世（年六十五岁）。

范汪的儿子范宁，喜爱儒家学派经典，性情朴实正直，常说："王弼、何晏的罪恶，比姒履癸（桀）、子受辛（纣）更为严重。"有人认为这种指摘有点过分，范宁说："王弼、何晏轻视儒家学派典章制度，摒弃仁义道德，一味崇拜油腔滑调，和不切实际的虚浮言辞，影响下一代青年，使知识分子和官员士绅，完全改变方向。最后，社会秩序瓦解，中原陷落，残留下来的风气，到今天仍在伤害国家。姒履癸（桀）、子受辛（纣）的凶暴，不过限于一个短暂时间，最多使他们身死国灭，作为后世的鉴戒，却没有影响后世，形成引人效法的力量。所以，我以为，为害一个世代的祸首罪轻，为害数个世代的祸首罪重。自己埋葬自己的罪小，迷惑众人的罪大。"

16 逃到荥阳（河南省荥阳市）的安国王吕护，再背叛晋帝国（首都建康），逃往前燕帝国（首都邺城）投降。前燕帝国政府赦免前罪，任命他当广州州长（刺史。前燕帝国不设广州，不过一个空头官衔）。

17 前凉王国中央军事总监（中护军）张邕，日渐骄傲，架子很大，而又淫乱放纵，建立私人党羽，专权独裁，不断诛杀，贵族官员恐惧而又忧虑。中央禁军总监（中领军）张天锡的亲信、敦煌郡（甘肃省敦煌市）人刘肃，对张天锡说："国家事恐怕难以预料！"张天锡说："这是什么意思？"刘肃说："张邕出入行动，很像张祚（五任王威王）。"张天锡吃惊说："我心里也有点不安，但不敢出口，我们应该怎么办？"刘肃说："唯一的办法是早日把他除掉。"张天锡说："谁去除掉他？"刘肃说："我！"时刘肃年龄不满二十岁，张天锡说："你这么年轻，应该再找一个助手。"刘肃说："我跟赵白驹，两个人足够。"

十一月，张天锡、张邕，一同入朝，刘肃跟赵白驹紧随张天锡左右，在宫门相遇。刘肃举刀直砍张邕，没有砍中，赵白驹继续出手，又没有砍中，二人惊恐，随同张天锡奔入皇宫。张邕逃走，率武装部队三百人，进攻宫门。张天锡站在城楼上，向外大叫说"张邕凶恶叛逆，既屠灭宋混三族，又要屠灭张姓皇家，你们将士，世代都是王国的臣属，怎么忍心用兵器对待？今天要铲除的，只张邕一人，其他全不追究。"张邕部队一闹而散，张邕自刎而死，家族党羽，全被屠杀（张邕当权三个月）。张玄靓任命张天锡"使持节"（一级权力）、冠军大将军、全国各军区总司令长官（都督中外诸军事），辅佐政府。

十二月，取消"建兴四十九年"年号（晋王朝六任帝司马邺年号），改用晋帝国"升平"年号。晋帝司马丕下诏，任命张玄靓当总司令官（大都督）、陇右（陇山以西）军区司令官（督陇右诸军事）、凉州州长（刺史）、西羌保安司令（护羌校尉），封西平公。

18 前燕帝国（首都邺城）大赦。

19 前秦帝国（首都长安）天王苻坚，下诏各州长、郡长、县长：保荐“孝悌”“廉直”“文学”“政事”人才，考察实质内容，如果保荐的真是人才，一律奖赏，如果不是人才，一律处罚。因此，没有人敢随便保荐；请托贿赂，人情面子，全告停顿，知识分子都能勉励自己；即令是皇亲国戚，没有才能的人全被摒弃，不能当官。在这个时候，无论中央或地方官员，都有才干而且尽责任。农田深耕，荒田开垦，仓库粮食积储，十分充实，盗贼绝迹。

中国人向往的太平盛世，不过是官员不贪污、社会有公论。在一个英明领袖苻坚和一个法治派学者王猛主持的政府下，只几年工夫，太平盛世出现。

王猛跟樊世强烈的冲突，和对强国强烈的反应，使人想到公孙鞅，他们二位治理国家的方法，几乎完全一样，用法律手段，建立法律尊严。这跟儒家学派的明哲保身哲学，完全不同，儒家的改革所以不能成功，最后终于反对任何改革，在这个不同上，可找出原因。只因儒家学者都是聪明伶俐之辈，他们恐惧“后果”。王猛幸亏在平安和荣耀中逝世，假使他也步上公孙鞅后尘，儒家学派反对改革的理由，就更多了一个例证。

历史上，英明领袖属稀有动物，法治学派的政治家，在儒家学派长期而阴暗的压制下，更寥寥可数！没有法律保护自己，没有伸张公义的管道，是中国人的厄运。我们相信这厄运有一天会自动停止，那就是，当中国人有成熟的鉴赏能力，和有权选择国家元首之时。

20 本年（三六一），晋帝国（首都建康）归义侯李势（成汉帝国末任帝），逝世（被擒至今十五年，参考三四七年三月）。

三六二年

壬戌

晋	升平	六年
	隆和	元年
前凉	隆和	元年
前燕	建熙	三年
前秦	甘露	四年

（代王拓跋什翼犍建国二十五年）

（安国王吕护十一年）

1 春季，正月二十日，晋帝国（首都建康〔江苏省南京市〕）大赦，改年号（之前是升平六年，之后是隆和元年）。

正月二十二日，减低田赋，每亩仅征收二升（三三〇年，政府每亩征取收割的十分之一，每亩大约征收三升）。

2 前燕帝国（首都邺城〔河北省临漳县西南邺城镇〕）豫州（州政府所在不详）州长（刺史）孙兴，请求进攻晋帝国（首都建康）驻防的洛阳（河南省洛阳市东白马寺东），说："守将陈祐，只有一千余人的老弱残兵，独守一座孤城，一下子就可以到手。"前燕帝国政府批准，派宁南将军吕护（参考去年〔三六一〕十月）进驻河阴（河南省洛阳市孟津区东北）。

3 二月十日，晋帝国任命吴国（江苏省苏州市）郡长（内史）庾希，当北翼警卫指挥官（北中郎将），兼徐、兖二州州长（刺史），镇守下邳（江苏省睢宁县北古邳镇）。龙骧将军袁真，当西翼警卫指挥官（西中郎将），兼豫司并冀军区司令（监护豫司并冀四州诸军事）、豫州州长（刺史），滇守汝南郡（河南省息县）。二人都"假节"（三级权力）。庾希，是庾冰的儿子（庾冰，参考三二七年十月）。

二月十五日，晋帝（十二任哀帝）司马丕（本年二十二岁）尊娘亲周贵人为皇太妃，仪仗衣服、日常生活，跟皇太后一样（司马丕嫡母杜陵阳，早于三四一年三月逝世）。

4 前燕帝国宁南将军吕护，进攻洛阳（河南省洛阳市东白马寺东）。

夏季，四月二十五日（原文误置于三月，据《晋书·哀帝纪》改），晋帝国任命的河南郡（郡政府设洛阳）郡长戴施（桓温留戴施镇守洛阳，参考三五六年八月），放弃职守，逃奔宛城（河南省南阳市）。冠军将军陈祐，向政府报告情况紧急。

五月二十七日，征西大将军桓温派庾希，跟竟陵郡（湖北省钟祥市）郡长邓遐，率水军陆战队三千人，协助陈祐，保卫洛阳（河南省洛阳市东白马寺东）。邓遐，是邓岳的儿子（邓岳，参考三二二年三月二十三日）。

桓温上疏，请求把首都迁回洛阳；并请求把四世纪〇〇年代（五任帝司马炽在位）以后，流亡到长江以南的难民，一律迁回北方，使黄河以南地区户口充实。中央政府接到这项奏章，大为惊恐，但畏惧桓温权势，不敢表示反对意见。问题是，中原地区，已非当年，一望千里，荒芜萧条，民心恐惧，猜忌不安，虽然人人都知道绝对不可以这样做，却没有人敢第一个表示意见。散骑侍从官兼国史编撰官（散骑常侍领著作郎）孙绰，上疏说：

“从前，中宗（七任帝元帝司马睿）真龙兴起（古人认为君王都是龙变的或龙投胎的），不仅仅是他的诚信蒙受上帝和臣民的祝福，同时也实在是依靠万里长江，隔绝敌人，保护自己。自从天下大乱，迄今已六十余年（自二九一年“八王之乱”爆发，至今七十二年）。黄河、洛水一带，全成废墟，中原人烟稀疏，知识分子和普通平民，逃难到长江以南，已有几世（十二年为一世）。活着的人，儿子已老，孙儿已大；死亡的人，坟墓垒垒，纵横排列。虽然对北方故土的怀念，常存心中，然而眼前生离死别的哀痛，更为切身。

“如果决定迁都，则车马回转之日，中兴以来的五座皇家坟墓（七任帝司马睿之建平陵、八任帝司马绍之武平陵、九任帝司马衍之兴平陵、十任帝司马岳之崇平陵、十一任帝司马聃之永平陵），都会远远的被抛弃到江南（长江以南）。迁都之后，以常理推测，洛阳不可能有泰山般那么坚固平安；而怀念祖先的孝思，又会一直使陛下烦恼。桓温建议迁都，实在心胸伟大，见识高超，为帝国谋取久远利益。可是人民震动惊恐，全都畏惧，岂不是因为：返回故乡的欢乐还看不到，而死亡的忧虑，已经逼面！

“为什么这个样子？只因为当时的流亡难民，在江南（长江以南）安家立业已数十年，一旦强行拔起，驱逐到穷苦荒芜之地，又要从头扶老携幼，跋涉万里，越过大山险径，渡过深水危溪，抛弃亲人坟墓，丢下赖以生存的产业；田地房屋，一时之间卖不出去，舟船车辆，更无法仓猝制造。离开平安富庶的国土，投入习惯于战争混乱的乡里，势将被贫困抓住，倒毙在道途之上，或淹死在大河小溪之中，能够返抵目的地的，为数有限。这是仁爱的人应该哀怜，政府官员应该深思的事。

"依我愚昧的见解，认为：应该派遣素有威名、有声望的将领，先到洛阳（河南省洛阳市东白马寺东）驻防，把梁国（河南省商丘市）、许昌（河南省许昌市东）一带，完全扫平，黄河以南敌寇，彻底肃清。则水陆粮食运输的道路畅通，开荒垦田的积蓄，也都丰富。豺狼野兽（指蛮族）既逃窜到远方，中原稍微平定，然后再慢慢商议迁都大事。为什么要放弃百战百胜的正常轨道，而把帝国命运，像押赌注一样，押到只掷一次的骰子上？"

孙绰，是孙楚的孙儿（孙楚，参考二九〇年五月）。从小羡慕名人的高贵节操，曾经写《遂初赋》，表达他的志向。桓温看到孙绰的奏章，大不高兴，说："告诉孙绰，为什么不照着他的《遂初赋》所说的去隐居，管别人国家大事干什么？"

这时，政府对桓温的迁都主张，既忧虑又恐慌，打算派高级咨询官（侍中），去阻止桓温行动。京畿总卫戍司令（扬州刺史）王述说："桓温不过想用几句大话空话，教当权官员头大而已，并没有真心这么蛮干。只要顺着他说，他就束手无策。"于是，皇帝司马丕下诏（司马昱诏）给桓温："自从国家爆发战乱，直到今天，已经五'纪'（一纪十二年）。蛮族凶暴横行，代代相传。我一直回头向北眺望，感慨悲怆，充满胸怀。现在，我知道将军（桓温）打算亲自率领三军，扫荡妖魔，清除京畿，光复旧都，除非是把生命当作身外之物，立志杀身报国的英雄，谁肯如此牺牲？一切应有措施，在你英明的领导之下，由你全权决定。只是黄河、洛水一带，城池荒芜，需要经营的地方太多，工作刚刚开始，恐怕你要辛苦偏劳。"

迁都的事，桓温果然不再提及（这是一场需要高度智慧的政治上斗智：有时候，顺从不是屈服，反而是激烈的反击；沉默不是接受，反而是严厉的轻蔑。至少，把烫山芋抛了回去）。

桓温又打算把洛阳的巨钟和钟架，迁到首都建康（江苏省南京市），王述说："四世纪〇〇年代之乱（永嘉之乱），国势衰颓，首都暂时迁到江南（长江以南），大家所努力的，正是平定天下，凯还旧日京师（洛阳）。如果办不到，也应该考虑把皇家祖先坟墓迁过来，不应该先考虑巨钟、钟架。"桓温遂停止。

政府因交州（越南北部）、广州（广东、广西），幅员辽阔，距中央太远，改授桓温增加并司冀三州军区（桓温原当荆司雍益梁宁交广八州军区司令长官，而司州于本年〔三六二〕二月划归袁真。此建议改授荆司雍益梁宁并冀八州军区司令长官），桓温上疏，不肯接受。

5 前秦帝国（首都长安〔陕西省西安市〕）天王（三任宣昭帝）苻坚（本年二十五岁），亲自到国立大学（太学）考试学生们儒家学派经典，跟国立大学教授（博士）讨论课程。从此，每月都来一次。

6 六月十五日，前燕帝国（首都邺城）征东将军府军事参议官（征东参军）刘拔，在信都（河北省衡水市冀州区）刺死征东将军、冀州（州政府设信都）州长（刺史）、范阳王慕容友。

7 秋季，七月，攻击洛阳的前燕帝国宁南将军吕护，退到小平津（河南省洛阳市孟津区东黄河渡口），被流箭射中，身死。前燕帝国将领段崇，集结残军，渡黄河北上，驻防野王（河南省沁阳市）。晋帝国将领邓遐，进驻新城（河南省洛阳南）。

八月，晋帝国西翼警卫指挥官（四中郎将）袁真，进驻汝南郡（河南省息县），运米五万斛前往洛阳。

8 冬季，十一月，代国（首府盛乐〔内蒙古和林格尔县〕）代王拓跋什翼犍，把女儿献给前燕帝国宫廷；前燕帝国（首都邺城）也把皇女嫁给拓跋什翼犍。

9 十二月一日，日蚀。

10 晋帝国（首都建康）徐、兖二州州长（刺史）庾希，从下邳（江苏省睢宁县北古邳镇）撤退到山阳（江苏省淮安市）。豫州州长（刺史）袁真，从汝南郡（河南省息县）撤退到寿阳。（寿春·安徽省寿县。胡三省原注："因洛阳已经解围之故，想不到敌人不久再来。"）

三六三年 癸亥

晋	隆和	二年
	兴宁	元年
前凉	隆和	二年
	太清	元年
前燕	建熙	四年
前秦	甘露	五年

(代王拓跋什翼犍建国二十六年)

1 春季，二月己亥日（二月丁巳朔，没有己亥），晋帝国（首都建康〔江苏省南京市〕）大赦，改年号（之前是隆和二年，之后是兴宁元年）。

三月十七日，皇太妃周女士，在琅邪王府逝世。

三月十八日，晋帝（十二任哀帝）司马丕（本年二十三岁）前往琅邪王府，办理丧事。下诏："宰相（司徒）会稽王司马昱，总管内外大事。"司马丕打算给娘亲穿丧服三年，国务院执行长（仆射）江彬报告说："礼教规定，丧服只能穿三个月。"司马丕又打算穿丧服一年，江彬说:“克制自己的私情，就是为了尊敬祖宗。”司马丕遂穿丧服三个月。(儒家礼教:嫡母才是娘，庶母即令是亲娘，也不是娘，而仍是庶母；婢女即令是亲娘，也不是娘，而仍是婢女；所以司马丕不能穿三年丧服。)

2 夏季，四月，前燕帝国(首都邺城〔河北省临漳县西南邺城镇〕)宁东将军慕容忠，攻击晋帝国荥阳郡(河南省荥阳市)，郡长刘远放弃城池，逃奔鲁阳(河南省鲁山县)。

3 五月，晋帝国政府加授征西大将军桓温高级咨询官(侍中)、最高指挥官(大司马)、全国各军区总司令长官(都督中外诸军事)、主管政府机要(录尚书事)，“假黄钺”。

桓温延聘抚军将军府军政官(抚军司马)王坦之当秘书长(长史)。王坦之，是王述的儿子(王述时任京畿总卫戍司令〔扬州刺史〕)。又延聘征西将军府秘书(征西掾)郗超当军事参议官(参军)，王珣当主任秘书(主簿)。每件事都跟郗超、王珣磋商后才定案。司令部官员传出谚语说:“胡子参军／矮子主簿(郗超胡子多，而王珣身材短小)／能使桓公喜／能使桓公怒。”桓温意气高傲，见解超人一等，很少佩服别人。只有跟郗超谈话时，常说:“不能预测郗超的反应。”所以推心置腹的相待，而郗超也诚心诚意回报。王珣，是王导的孙儿(王导，参考三三九年七月)，跟谢玄同时担任桓温的秘书，桓温对二人同样尊重。桓温说:“谢玄四十岁时一定门竖大旗，手握军符；王珣头发还乌黑时，就会升到三公高位。二人都是不容易得到的英才。”谢玄，是谢奕的儿子(谢奕，是谢安的老哥；参考三五八年八月)。

4 晋帝国任命西翼警卫指挥官(西中郎将)袁真，当司冀并军区司令长官（都督司冀并三州诸军事）；北翼警卫指挥官（北中郎将）庾希，当青州军区司令长官（都督青州诸军事）。

5 五月十九日，前燕帝国（首都邺城）军攻陷密城（河南省新密市），晋帝国（首都建康）荥阳郡（河南省荥阳市）郡长刘远，逃往江陵（荆州州政府所在县·湖北省江陵县）。

6 秋季，八月，角星、亢星之旁，出现孛星。

7 前凉王国（首都姑臧〔甘肃省武威市〕）国王（六任冲王）张玄靓的祖母马女士逝世，张玄靓尊奉庶母郭女士当太妃。郭太妃因张天锡专断独行，跟高级官员张钦等，阴谋诛杀张天锡；事情泄露，张钦等全被处死。张玄靓大为恐惧，把王位让给张天锡，张天锡拒绝（这是石虎拒绝石弘让位模式，参考三三三年七月）。

右将军刘肃等，劝张天锡夺取政权。

闰八月，张天锡命刘肃等，在夜间率军突入皇宫，杀害张玄靓（年十五岁），对外宣称张玄靓急病身死，绰号冲公。张天锡自称“使持节”（一级权力）、总司令官（大都督）、最高统帅（大将军）、凉州全权州长（牧）、西平公。本年（三六三），张天锡十八岁。尊奉娘亲刘美人当太妃。派军政官（司马）纶骞（纶，姓），带着奏章前往晋帝国首都建康（江苏省南京市），请求任命，并把羁留长达十七年的晋帝国监察官（御史）俞归，一块送返（俞归被羁留事，参考三四七年十月）。

8 九月十一日（原文误置于闰八月，据《晋书·哀帝纪》改），晋帝国大赦。

9 冬季，十月，前燕帝国（首都邺城）镇南将军慕容尘，攻击晋帝国（首都建康）陈留郡（河南省开封市东）郡长袁披据守的长平（河南省西华县东北）。晋帝国汝南郡（河南省息县）郡长朱斌，利用敌人后方空虚，攻击许昌（河南省许昌市东），夺取。

10 代国（首府盛乐〔内蒙古和林格尔县〕）代王拓跋什翼犍，出塞攻击高车部落（即敕勒，以车轮高大，闻名于世。在今蒙古国北部），大破高车，俘获一万余人，百余万头马、牛、羊。

11 晋帝国任命征虏将军桓冲当江州（江西省及福建省）州长（刺史）。

十一月，姚襄从前的将领张骏，击杀江州大营指挥官（江州督护）赵毗，（《晋书·桓冲传》："桓温破姚襄时，俘虏姚襄部将张骏、杨凝等，安置寻阳〔江西省九江市〕。"）率领他的部众叛变，向北逃走；桓冲击斩张骏。

三六四年 甲子

晋 兴宁 二年
前凉 太清 二年
前燕 建熙 五年
前秦 甘露 六年
（代王拓跋什翼犍建国二十七年）

1 春季，正月六日，前燕帝国（首都邺城〔河北省临漳县西南邺城镇〕）大赦。

二月，太傅（上三公之二）慕容评、龙骧将军李洪，进军黄河以南，夺取土地。

2 三月一日，晋帝国（首都建康〔江苏省南京市〕）实施全国户口总调查，重新整理户籍。流亡的北方侨民所保持的旧籍贯，一律撤销，而把现在所居郡县，作为新籍贯。法令规定严格，称《庚戌诏书》(三月一日干支是“庚戌”)。

3 晋帝（十二任哀帝）司马丕（本年二十四岁）相信法术师的话，不吃饭，只吃药，以求长生（司马丕本年才二十四岁，距“老”还远，距“死”更遥不可及）。高级咨询官（侍中）高崧规劝说：“这种事情，身价高贵的帝王，不适合去做。陛下这项过失，像日蚀月蚀一样，天下人全都知道。”司马丕不接受。

三月二十二日，司马丕药毒发作，患病卧床，不能处理政务，皇太后褚蒜子再度临朝摄政。

4 夏季，四月二十五日，前燕帝国（首都邺城）龙骧将军李洪，进攻许昌（河南省许昌市东）、汝南郡（河南省息县），在悬瓠（河南省汝南县）击败晋军。晋帝国颍川郡（郡政府设许昌）郡长李福战死；汝南郡郡长朱斌，逃往寿春（安徽省寿县）；陈郡（河南省周口市淮阳区）郡长朱辅，退保彭城（江苏省徐州市）。

最高指挥官（大司马）桓温（时驻江陵〔湖北省江陵县〕），派西翼警卫指挥官（西中郎将）袁真（时驻寿春）等阻截，桓温率舰队进驻合肥（安徽省合肥市）。前燕兵团攻取许昌、汝南、陈郡，把居民一万余户，强迫迁到幽州（河北省北部）、冀州（河北省中部），留下镇南将军慕容尘，镇守许昌。

5 五月二十日，晋帝国政府擢升京畿总卫戍司令（扬州刺史）王述，当国务院总理（尚书令）。加授最高指挥官（大司马）桓温京畿总卫戍司令（扬州牧）、主管政府机要（录尚书事）。

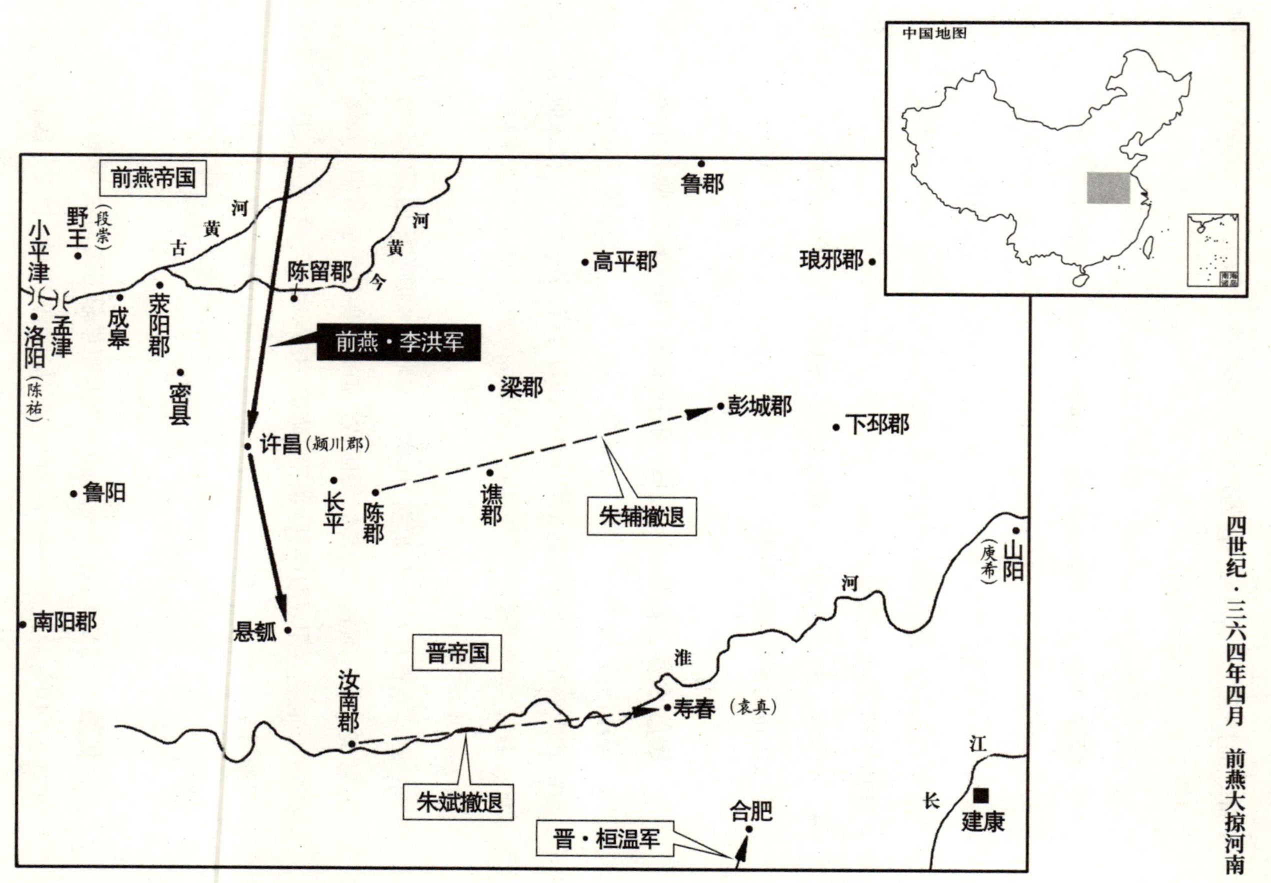

四世纪・三六四年四月　前燕大掠河南

五月二十四日，晋帝司马丕派高级咨询官（侍中）征召桓温到中央亲自主持政府，桓温推辞不肯。

王述每次接受新的官职，从不虚情假意的表示谦虚；但是，凡他辞让的，一定不会辞让了一阵之后，仍去接受。擢升国务院总理（尚书令）时，他的儿子王坦之说："依照惯例，应该表示辞让。"王述说："你认为我的能力，不足以胜任？"王坦之说："当然不是，而是觉得谦让是一件美事。"王述说："我既然有能力担任这个工作，为什么要假装没有能力担任这个工作？人家都说你比我强，实际上你赶不上我。"

6 六月，前秦帝国（首都长安〔陕西省西安市〕）天王（三任宣昭帝）苻坚（本年二十七岁），派藩属事务部长（大鸿胪）到前凉王国（首都姑臧〔甘肃省武威市〕），任命前凉首领（七任）张天锡（本年十九岁）当最高统帅（大将军）、凉州全权州长（牧），封西平公。

7 秋季，七月二十日，晋帝司马丕下诏再征召最高指挥官（大司马）桓温，到中央政府。

八月，桓温应召东下，抵达赭圻（安徽省芜湖市繁昌区西北黄河南岸）。第二次诏书由国务院执行官（尚书）车灌送达军中，撤销前令。桓温遂停止前进，就在赭圻筑城，坚决辞让主管政府机要（录尚书事），而只遥兼京畿总卫戍司令（遥领扬州牧）。

8 前秦帝国（首都长安）汝南公苻腾，叛变，被逮捕诛杀。苻腾，是前任帝（二任）苻生的老弟。当时，苻生的老弟，还有五人（淮南公苻幼、晋公苻柳、魏公苻廋、燕公苻武，以及刚被诛杀的汝南公苻腾），王猛警告苻坚说："不铲除这五个公爵，可是将来的后患！"苻坚不听从。

9 前燕帝国（首都邺城）高级咨询官（侍中）慕舆龙，前往龙城（前燕故都·辽宁省朝阳市），把皇家祭庙，以及留守在龙城的文武百官，全部迁到首都邺城（河北省临漳县西南邺城镇）。

10 前燕帝国太宰（上三公之一）慕容恪，打算夺取仍在晋帝国据守中的洛阳（河南省洛阳市东白马寺东），先派人去招收接纳当地人民，附近所有的自卫堡寨，全都归降。遂命军政官（司马）悦希，进军盟津（孟津·河南省洛阳市孟津区东黄河渡口）；豫州州长（刺史）孙兴，进军成皋（河南省荥阳市西北汜水镇），大战一触即发。

最初，晋帝国沈充的儿子沈劲，因老爹死于谋反（沈充是王敦同党，兵败后误逃到旧部属家，被杀；参考三二四年七月），立志要为国家建立功勋，洗刷耻辱。年已三十有余，因是叛乱犯家属，不能进入政府当官。吴兴郡（浙江省湖州市）郡长王胡之，升任司州（州政府设洛阳）州长（刺史），上疏推荐沈劲的才能品行，请求恢复政治权利，担任他的军事参议官（参府事）；政府批准。但王胡之忽然患病，不能到职。现在，前燕帝国大兵团节节进逼，洛阳最高军事首长、冠军将军陈祐，孤军据守，武装部队不过二千人。沈劲上疏，自愿隶属陈祐，为国效力。晋帝司马丕下诏任命沈劲当冠军将军府秘书长（冠军长史），沈劲自己招兵买马，集结一千余人，北上洛阳。沈劲不断出击，用少数部队，攻击前燕帝国的强大兵团，每次都有斩获。可是，洛阳只是一座孤城，内没有粮草，外没有救兵，陈祐知道不能长期支持，遂宣称要救援许昌（河南省许昌市东）。

九月，留下沈劲率五百人继续据守洛阳，陈祐率军往南下。沈劲兴奋说：“我唯一的盼望就是死。现在，总算达到目的。”陈祐在中途听到许昌陷落消息，遂投降新城（洛阳城南）。

前燕兵团军政官（司马）悦希，率军攻击晋帝国河南郡（郡政府设洛阳）所属各城，全部夺取。

11 前秦天王苻坚，命公爵府一律设立三个部长（晋王朝制度：亲王府：王府禁卫官司令〔郎中令〕、首府警备区司令〔中尉〕、农林官〔大农〕；前秦帝国完全仿效）。首长和其他官属，全由公爵自己任用，中央只派王宫禁卫官司令（郎中令）。

富商赵掇（音duō〔多〕）等，车马服装，豪华奢侈，超过商人的身份，各公爵像抢宝贝一样，抢着延聘他们当封国部长。禁宫咨询官（黄门侍郎）安定郡（甘肃省镇原县东南屯字镇）人程宪，请求整肃。天王苻坚下诏，说：“我本来的意思，是要各位公爵，延聘贤明的儒家学派学者，想不到竟拆烂污到如此地步。应该交给有关单位调查严办，凡延聘不恰当人选的公爵，全都贬成侯爵。从此之后，封国所有官属，统统由国务院文官部长遴选派任。除非是政府官员，不准坐车骑马。京师（首都长安）一百华里之内，从事工业、商业的人，以及政府机关低级雇员（皂隶），不准佩戴金银首饰，不准穿绸缎衣服，违犯这项规定的人，绑赴刑场，斩首示众。”于是，平阳公、平昌公、九江公、陈留公、安乐公（五公爵的名字不详），都降成侯爵。

三六五年 乙丑

晋	兴宁	三年
前凉	太清	三年
前燕	建熙	六年
前秦	甘露	七年
	建元	元年

（代王拓跋什翼犍建国二十八年）

1 春季，正月十六日，晋帝国（首都建康〔江苏省南京市〕）皇后王穆之（晋帝司马丕正妻）逝世。

2 代国（首府盛乐〔内蒙古和林格尔县〕）所属的匈奴部落酋长刘卫辰（刘卫辰降代事，参考三六一年正月），再背叛代国。代王拓跋什翼犍渡黄河西征，把刘卫辰跟他的部众（时驻黄河河套地区）逐走。

拓跋什翼犍，性情宽厚，王府禁卫官司令（郎中令）许谦，偷窃绸缎两匹，拓跋什翼犍知道了却替他隐瞒，对左秘书长（左长史）燕凤说："我不忍心看许谦的脸色，假如他惭愧自杀，是因为我爱钱的缘故，害死贤才。"拓跋什翼犍在讨伐西部叛乱集团战役中，被流箭射中眼睛，不久，捉到那个射箭的人，部属们要使用最残忍的酷刑——把他身上的肉，片片割下，拓跋什翼犍说："他为他的主人战斗，有什么罪？"把那人释放。

3 晋帝国（首都建康）最高指挥官（大司马）桓温，自赭圻（安徽省芜湖市繁昌区西北黄河南岸）移驻姑孰（安徽省当涂县）。

二月二十一日，桓温命他的老弟、右将军桓豁，当荆州，以及扬州义城郡、雍州京兆郡军区司令（监荆州、扬州之义城、雍州之京兆诸军事。义城郡郡政府设湖北省丹江口市，京兆郡流亡郡政府〔侨郡〕设襄阳〔湖北省襄阳市〕），兼荆州（州政府设江陵〔湖北省江陵县〕）州长（刺史）；加授江州（州政府设寻阳〔江西省九江市〕）州长（刺史）桓冲，当江州，及荆豫八郡军区司令（监江州及荆豫八郡诸军事）；二人都"假节"（三级权力）。

宰相（司徒）司马昱，得到冠军将军陈祐逃出洛阳（河南省洛阳市东白马寺东）消息，跟最高指挥官（大司马）桓温，在洌洲（安徽省当涂县长江中小岛）举行紧急军事会议，讨论对前燕帝国（首都邺城〔河北省临漳县西南邺城镇〕）反击。

二月二十二日，晋帝（十二任哀帝）司马丕，在太极殿西堂逝世（年二十五岁），军事行动遂被耽搁。司马丕没有儿子。

二月二十三日，皇太后褚蒜子下诏，命琅邪王司马奕（司马丕的老弟），入继大统。文武百官前往琅邪王府迎接。当天（二月二十三日），司马奕（本年二十四岁）登极（十三任废帝）。大赦。

4 前秦帝国（首都长安〔陕西省西安市〕）大赦，改年号建元（之前是甘露七年，之后是建元元年）。

5 前燕帝国（首都邺城〔河北省临漳县西南邺城镇〕）太宰（上三公之一）慕容恪、吴王慕容垂，向洛阳（河南省洛阳市东白马寺东）发动总攻。慕容恪对各将领说："你们过去总是抱怨我不作猛烈的攻击，现在，洛阳城墙虽高，可是守卫的兵力很弱，容易夺取，不要畏惧胆怯。"于是，开始攻击。

三月，前燕军攻克洛阳，俘虏晋帝国扬武将军沈劲。沈劲神色跟平常一样，慕容恪打算把他赦免。中军将军慕舆虔说："沈劲虽然是一个奇才，使人动心。但是观察他的志向见识，绝不会死心塌地归服，今天释放他，一定会有后患。"遂杀沈劲。

慕容恪夺取土地的军事行动，深入崤谷（崤山东方谷口）、渑池（河南省洛宁县西北）。关中（陕西省中部）大为震动，前秦帝国天王（三任宣昭帝）苻坚（本年二十八岁），亲自率军进驻陕城（河南省三门峡市）戒备。

前燕帝国任命左翼警卫指挥官（左中郎将）慕容筑，当洛州州长（刺史），镇守金墉（洛阳城西北角）；吴王慕容垂当荆扬洛徐兖豫雍益凉秦十州军区司令长官（都督荆扬洛徐兖豫雍益凉秦十州诸军事）、征南大将军、荆州全权州长（牧），配属武装部队一万人，驻守鲁阳（河南省鲁山县）。

太宰（上三公之一）慕容恪返首都邺城（河北省临漳县西南邺城镇），对僚属说："我从前攻克广固（山东省青州市），不能救辟闾蔚（参考三五六年正月）；今年平定洛阳，又使沈劲被杀，虽然都不是我的本意，可是，身为大军元帅，实在对全国人民，深感惭愧。”

晋帝国政府嘉勉沈劲的忠烈，追赠东阳郡（浙江省金华市）郡长。

沈劲，可以说是一个贤能的儿子。对老爹（沈充）叛逆的罪行，深深感到羞耻，而用一死洗涤，使叛逆之族，变成忠义之门。《易经·蛊卦》说：“消除父亲的恶迹，全靠自己美好声誉。”（“干父之蛊，用誉。”）《尚书·蔡仲之命》说：“要想掩盖前人的罪过，只有一个方法，就是忠孝。”（“尔尚盖前人之愆，惟忠惟孝。”）大概是指此而言。

6 前燕帝国太宰（上三公之一）慕容恪当大军统帅，不依赖刑杀威严，只依赖恩德诚信。安抚士卒，提纲挈领，总览全局，从不苛刻繁琐，每人都感觉秩序井然，受到保护。平常日子，大营中军纪宽大，看起来没有组织纪律，好像可以一举把它击溃。事实上警备极为细密森严，敌人根本不可能接近，所以，从来没有失败过。

7 三月二十九日，晋帝国把十二任帝（哀帝）司马丕，及静皇后王穆之（司马丕正妻），安葬安平陵（江苏省南京市北鸡笼山南）。

8 夏季，四月九日，前燕帝国全国武装部队总司令（太尉）、武平公（匡公）封奕逝世。任命最高监察长（司空）阳骛，当全国武装部队总司令（太尉）；高级咨询官（侍中）、特级国务官（光禄大夫）皇甫真，当最高监察长（司空），兼立法院总立法长（中书监）。

阳骛一连事奉四代君王（慕容廆、慕容皝、慕容儁、慕容暐），德高望重，包括太宰（上三公之一）慕容恪在内，以下所有官员，都向他下拜。可是，阳骛谦虚谨慎，待人恭敬有礼，十分敦厚，远超过他年幼还没有官职的时候。严格教育和约束他的子孙，所以虽然子孙中有高官贵爵，也没有人敢违犯他的家法。

9 六月十六日，晋帝国益州（四川省中部）州长（刺史）、建城公（襄公）周抚逝世。

周抚在益州（州政府设成都〔四川省成都市〕）三十余年（三四七年灭成汉帝国，到本年〔三六五〕才十九年。但在灭成汉帝国之前，晋帝国仍保持益州州政府，设在巴东郡〔重庆市奉节县东〕，周抚早就担任州长〔刺史〕，此言三十余年，包括巴东郡时代在内），对人有威信恩德。晋帝司马奕下诏，命周抚的儿子、犍为郡（四川省眉山市彭山区）郡长周楚，接任老爹官职。

秋季，七月七日，改封会稽王司马昱再当琅邪王（司马昱本来封琅邪王，三二七年十二月改封会稽王）。

七月十日，晋帝司马奕，封他的正妻庾道怜当皇后。庾道怜，是庾冰的女儿（庾冰，参考三二七年十月）。

七月甲申日（七月癸卯朔，没有甲申。《建康实录》载于七月七日），封琅邪王司马昱的儿子司马昌明当会稽王。司马昱代儿子坚决辞让，同时自己也辞让琅邪王，而仍自称会稽王（七任帝司马睿以琅邪王身份，登极称帝，以后琅邪王封号，遂成为万王之王。一旦帝系中断，如没有太子之时，就由琅邪王入继大统，不会发生争议）。

10 匈奴部落（黄河河套地区）右贤王曹毂、左贤王刘卫辰，一齐背叛前秦帝国（首都长安）。曹毂率部众二万人，攻击杏城（陕西省黄陵县）。前秦帝国天王苻坚亲率大军讨伐，命卫大将军李威、国务院左执行长（左仆射）王猛，辅佐太子苻宏，留守首都长安（陕西省西安市）。

八月，苻坚攻击曹毂，大破曹毂部众，斩曹毂的老弟曹活，曹毂投降；把曹毂部落中有强大影响力的豪门六千余户，迁到首都长安。建节将军邓羌讨伐刘卫辰，在木根山（内蒙古鄂托克前旗南）会战，生擒刘卫辰。

九月，苻坚巡视朔方（黄河河套地区），安抚各胡人部落。

冬季，十月，征北将军、淮南公苻幼（苻生老弟），率领杏城（陕西省黄陵县）的军队，乘虚袭击首都长安。李威迎击，斩苻幼。

11 鲜卑部落酋长秃发椎斤（时驻青海省东北部一带）逝世，年一百一十岁，儿子秃发思复鞬继位接管部众。秃发椎斤，是秃发树机能堂弟秃发务丸的孙儿（此是追溯南凉王国始源。秃发树机能起兵抗暴事，参考二七〇年）。

12 晋帝国梁州（州政府设南郑〔陕西省汉中市〕）州长（刺史）司马勋，性情凶暴，刑罚残酷。人事官（治中）、总务官（别驾），和本州有地位的士绅，言谈之间，稍微有点不合心意，司马勋立即下令，当场从座位上拉出去斩首，或亲自用箭射杀。一直阴谋占领巴蜀（四川省），因只对益州（州政府设成都〔四川省成都市〕）州长（刺史）周抚，心怀顾忌，不敢行动。而现在周抚逝世，司马勋认为时机已经成熟，遂起兵叛变。总务官（别驾）雍端、西戎保安司令部军政官（西戎司马）隗粹，恳切劝阻，司马勋把他们二人诛杀，自称梁、益二州全权州长（牧）、成都王。

十一月，司马勋率军南下，进入剑阁（四川省剑阁县北剑门关镇），攻击涪城（四川省绵阳市），晋帝国西夷保安司令（西夷校尉）毌丘晞，弃城逃走。

十一月十五日，司马勋包围新任益州州长（刺史）周楚所在的成都（四川省成都市）。最高指挥官（大司马）桓温，上疏推荐鹰扬将军、江夏郡（湖北省云梦县）郡长（相）、义阳郡（河南省新野县）人朱序，当征剿大营指挥官（征讨都护），救援成都。

13 前秦帝国天王苻坚，返首都长安（陕西省西安市）。擢升李威代理全国武装部队总司令（守太尉），加授高级咨询官（侍中）。

封曹毂当雁门公、刘卫辰当夏阳公，仍回去统御旧部。

14 十二月二十九日，晋帝国（首都建康）擢升国务院执行官（尚书）王彪之，当国务院执行长（仆射）。

三六六年 丙寅

晋 太和 元年
前凉 太清 四年
前燕 建熙 七年
前秦 建元 二年
（代王拓跋什翼犍建国二十九年）

1 春季，三月，晋帝国（首都建康〔江苏省南京市〕）荆州（州政府设江陵〔湖北省江陵县〕）州长（刺史）桓豁（时驻襄阳〔湖北省襄阳市〕），派大营指挥官（督护）桓罴，讨伐司马勋，攻击司马勋的根据地南郑（陕西省汉中市）。

2 前燕帝国（首都邺城〔河北省临漳县西南邺城镇〕）太宰（上三公之一）、最高指挥官（大司马）慕容恪，太傅（上三公之二）、宰相（司徒）慕容评，在金銮宝殿上叩头，缴还政权，并缴还前燕帝过去所颁发赏赐的印信，请求解除所有官职，返回家宅。前燕帝（三任幽帝）慕容暐（本年十七岁）不许。

3 夏季，五月十二日，晋帝国皇后庾道怜逝世。

4 晋帝国江夏郡（湖北省云梦县）郡长（相）朱序、益州（州政府设成都〔四川省成都市〕）州长（刺史）周楚，攻击叛将司马勋，大破司马勋军，生擒司马勋跟他的党羽，押送给最高指挥官（大司马）桓温（时驻姑孰〔安徽省当涂县〕）。桓温把他们全部斩首，人头送到首都建康示众。

5 代国（首府盛乐〔内蒙古和林格尔县〕）代王拓跋什翼犍，派左秘书长（左长史）燕凤，到前秦帝国进贡。

6 秋季，七月八日，晋帝国把皇后庾道怜，安葬敬平陵（晋帝司马奕预设墓地·今地不详）。

7 前秦帝国（首都长安〔陕西省西安市〕）辅国将军王猛、前将军杨安、扬武将军姚苌等，率军二万人，攻击晋帝国（首都建康）荆州所属的南乡郡（河南省淅川县南），荆州（州政府设江陵）州长（刺史）桓豁赴援。

八月，桓豁军到达新野（河南省新野县）。前秦军把汉水北岸居民一万余户，据掠而去。

8 九月二十九日，晋帝国特别赦免梁、益二州（陕西省南部及四川省）罪犯（赦免司马勋之乱的党羽及被胁从人士）。

9 冬季，十月，晋帝国政府擢升宰相（司徒）司马昱当丞相、主管政府机要（录尚书事），入朝时不必碎步慢跑，奏事时不传报姓名，上殿时不解佩剑、不脱木屐（入朝不趋，赞拜不名，剑履上殿）。

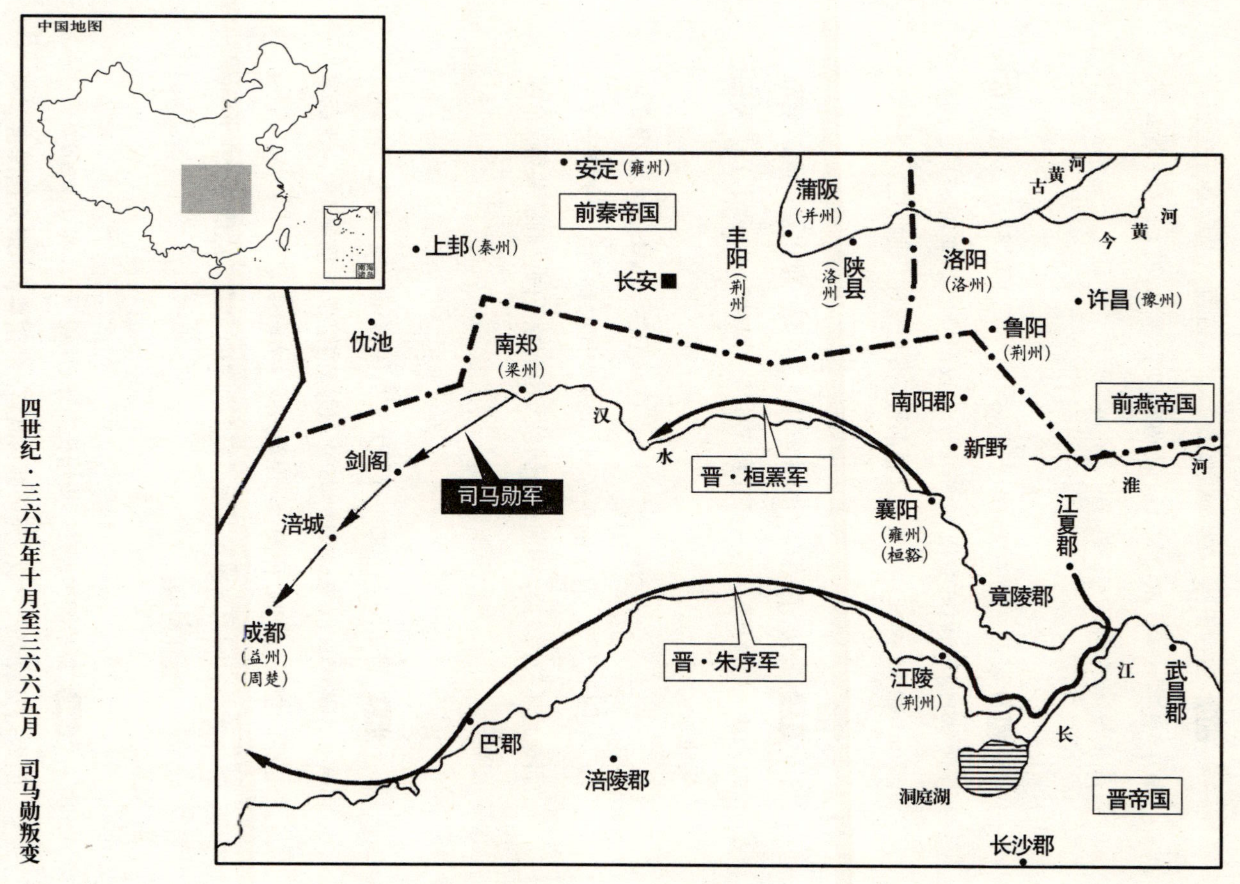

四世纪・三六五年十月至三六六年五月　司马勋叛变

10 前凉王国（首都姑臧〔甘肃省武威市〕）首领（七任）、西平公张天 100
锡（本年二十一岁），派使节到前秦帝国（首都长安）边境上，宣告断绝关系（前凉王国当前秦帝国的藩属，始于三五六年二月）。

11 前燕帝国（首都邺城）抚军将军、下邳王慕容厉，攻击晋帝国（首都建康）所属的兖州（山东省西部），攻陷鲁郡（山东省曲阜市）、高平郡（山东省巨野县东南大谢集镇），选派郡长、县长管理，班师。

12 最初，陇西郡（甘肃省陇西县）人李俨，献出全郡向前秦帝国（首都长安）投降。不久，又跟前凉王国（首都姑臧）西平公张天锡交通。

十二月，羌人敛岐（敛，羌人姓），在略阳郡（甘肃省天水市东）聚众起兵，率四千人家，背叛前秦帝国，向李俨屈膝称“臣”。李俨于是分别选派郡长、县长；跟前秦帝国以及跟前凉王国之间的关系，全部切断。

13 晋帝国（首都建康）南阳大营指挥官（南阳督护）赵亿，占领宛城（南阳郡郡政府所在城 · 河南省南阳市），投降前燕帝国（首都邺城），晋帝国委派的郡长（南阳郡）桓澹，退保新野（河南省新野县）。

前燕帝国派南翼警卫指挥官（南中郎将）赵盘，从鲁阳（河南省鲁山县）南下，进驻宛城。

14 晋帝国徐、兖二州州长（刺史）庾希（时驻山阳〔江苏省淮安市〕），因为是皇后家族之故，兄弟都当高官，名望尊贵。最高指挥官（大司马）桓温，深为嫉妒。

三六七年 丁卯

晋　太和　二年
前凉　太清　五年
前燕　建熙　八年
前秦　建元　三年
（代王拓跋什翼犍建国三十年）

1 春季，正月，晋帝国（首都建康〔江苏省南京市〕）徐、兖二州州长（刺史）庾希，被指控不能援救鲁郡（山东省曲阜市）、高平郡（山东省巨野县东南大谢集镇），使它们终于陷落（二郡陷落，参考去年〔三六六〕十月）；庾希被免除官职。

2 二月，前燕帝国（首都邺城〔河北省临漳县西南邺城镇〕）抚军将军、下邳王慕容厉，镇北将军、宜都王慕容桓，出塞袭击敕勒部落

（即高车部落·蒙古国北部）。

3 前秦帝国（首都长安〔陕西省西安市〕）辅国将军王猛，陇西郡（甘肃省陇西县）郡长姜衡，南安郡（甘肃省陇西县东南）郡长、南安郡人邵羌，扬武将军姚苌等，率军一万七千人，讨伐敛岐（参考去年〔三六六〕十二月）。

三月，前凉王国（首都姑臧〔甘肃省武威市〕）首领（七任）、西平公张天锡（本年二十二岁），派前将军杨遹，向金城郡（甘肃省兰州市）推进；征东将军常据，向左南（地望应在青海省化隆县西）推进；游击将军张统，向白土城（青海省循化县）推进。张天锡亲率三万人，驻防仓松（甘肃省武威市南）；向据守陇西郡的李俨，发动总攻。

据守略阳郡（甘肃省天水市东）的敛岐，所有部众，原来都是姚弋仲的旧属，所以听到姚苌前来消息，全都投降。王猛遂克服略阳郡；敛岐向白马（甘肃省成县）逃亡。前秦帝国天王（三任宣昭帝）苻坚（本年三十岁），任命姚苌当陇东郡（甘肃省平凉市西北）郡长。

4 夏季，四月，前燕帝国镇南将军慕容尘，攻击晋帝国所属的竟陵郡（湖北省钟祥市），竟陵郡郡长罗崇，击破慕容尘的攻势。

5 前凉王国首领、西平公张天锡，进攻李俨所属的大夏（甘肃省广河县）、武始（甘肃省临洮县）二郡，全都攻克。征东将军常据在葵谷（应在甘肃省临夏市东）击败李俨军。张天锡乘胜进驻左南（青海省化隆县西）。李俨大为恐惧，退守枹罕（音fú hǎn〔浮喊〕。甘肃省临夏市），派侄儿李纯，到前秦帝国认罪，请求宽饶，并且请求救兵。天王苻坚派前将军杨安、建威将军王抚，率骑兵二万人，跟王猛会师，救援李俨。

王猛派邵羌追击敛岐，王抚进占侯和（甘肃省卓尼县），姜衡进占白石城（甘肃省临夏市西南）。王猛跟杨安联军救援枹罕（甘肃省临夏市）。张天锡派前将军杨遹，在枹罕东迎击会战，王猛大破杨遹兵团，俘虏及斩杀一万七千人，遂跟张天锡在枹罕城下僵持。邵羌在白马生擒敛岐，押解大营。王猛写信给张天锡说："我奉诏来救李俨，并没有奉诏跟凉州（前凉王国）作战，我现在当增高城垒，加厚墙堡，等待下一个命令。如果对抗太久，恐怕双方都筋疲力尽，不是上等策略。如果将军撤退，我就带着李俨转回东方，而将军也可以把居民迁到西方，岂不两便。"张天锡对将领们说："王猛的信如此，我本来也只是讨伐叛逆，不是跟秦军（前秦帝国军）作战。"遂班师。

李俨并不肯让前秦兵团进入枹罕（甘肃省临夏市），王猛身穿平民常穿的白色衣服，乘坐软轿，只带数十个侍从，到城门请李俨相见，李俨开城邀请，仓猝之间，前秦军闯入城门，王猛遂逮捕李俨。任命立忠将军彭越当平西将军、凉州州长（刺史），镇守枹罕。

张天锡西返时，李俨的部将贺肫建议李俨说："明公一代英雄，将士骁勇剽悍，为什么教人绑住双手？王猛一支孤军，千里跋涉，远道而来，士卒疲惫。而且，他们自认为前来援救我们，对我们一定不会防备，如果乘他们懈怠，发动突击，可以达到目的。"李俨说："求人家救命，希望免除灾难。等到灾难免除后，反而掉头攻击，天下会说我们什么？不如坚守城池，等他们疲惫不堪，丧失斗志，自会撤退。"王猛既逮捕李俨，责问他为什么不马上出城迎接？李俨供出贺肫的阴谋。王猛遂斩贺肫，把李俨押回京师（首都长安）。到长安后，天王苻坚任命李俨当宫廷禁卫官司令（光禄勋），封归安侯。

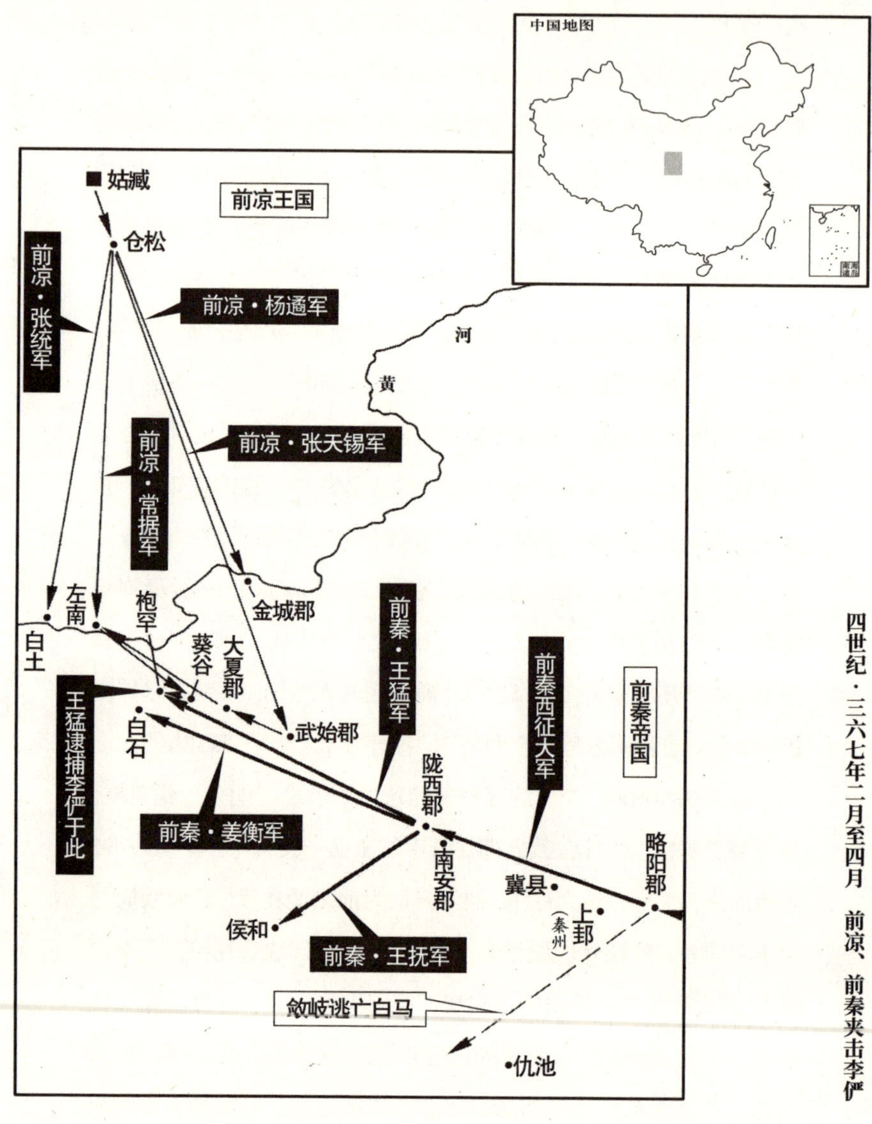

四世纪·三六七年二月至四月　前凉、前秦夹击李俨

6 前燕帝国（首都邺城）太宰（上三公之一）、太原王（桓王）慕容恪，建议前燕帝（三任幽帝）慕容暐（本年十八岁），说："吴王慕容垂，具有宰相大将才干，超过我十倍。先帝（二任帝慕容儁）因我的年龄较长，才先用我。我死之后，但愿陛下把帝国全交给他。"

五月壬辰日（五月壬戌朔，没有壬辰），慕容恪病势沉重，慕容暐亲自前往探视，询问身后之事。慕容恪说："我曾经听说，报答大恩，莫过于推荐贤才。贤才纵然是个筑墙工人，仍可以擢升他当宰相，何况是陛下的至亲（慕容垂是慕容暐的叔父）；吴王（慕容垂）文武双全，是管仲、萧何之流。陛下如果能交给他重责大任，帝国可保平安。不然的话，秦晋（前秦帝国及晋帝国）定有阴谋。"说罢逝世。

前秦帝国（首都长安）天王（三任宣昭帝）苻坚，听到慕容恪逝世消息，暗中准备吞并前燕帝国。为了观察有没有可能，命匈奴右贤王曹毂（前年〔三六五〕八月归降），派使节前往前燕帝国朝贡。然后，命西戎保安司令部主任秘书（西戎主簿）郭辩，当副使节。

前燕帝国最高监察长（司空）皇甫真的老哥皇甫腆，堂侄皇甫奋、皇甫覆，都曾在前秦帝国，担任过官职。皇甫腆当时是散骑侍从官（散骑常侍）。郭辩到了邺城（前燕首都 · 河北省临漳县西南邺城镇），依照层次，拜见三公及部长级官员，对皇甫真说："我本是秦地（陕西省中部）居民，而家人被秦国（前秦帝国）诛杀，所以把性命交给曹王（曹毂），阁下老哥皇甫腆，以及皇甫奋、皇甫覆兄弟，我们都是多年的老友。"皇甫真大怒说："臣属从不允许跟外国人建立友谊，你为什么对我说这种话？看起来你真像奸邪之辈！是不是想寻找机缘，有什么请托？"报告前燕帝慕容暐，请穷追细查；太傅（上三公之二）慕容评不准。郭辩回国后，报告苻坚，说："燕国（前燕帝国）政治混乱，没有人遵守法纪规章，可以图谋。眼光远大，有见识而能掌握机会的，只有一个皇甫真。”苻坚说：“他们拥有六个州的土地和人民（此时前燕帝国设十一州，“六州”应指西汉王朝十三州中之六州：幽州、并州、冀州、司州、兖州、豫州），岂能连一个智慧人物都没有？”

曹毂不久逝世，前秦帝国把他的部落分割为二，使曹毂的两个儿子，分别统御，号称东曹、西曹（长子曹玺统西曹部落，二万余篷帐。幼子曹寅统东曹部落，也有二万余篷帐）。

7 晋帝国荆州（州政府设江陵〔湖北省江陵县〕）州长（刺史）桓豁、竟陵郡（湖北省钟祥市）郡长罗崇，反击宛城（河南省南阳市），攻取。叛将赵亿（参考去年〔三六六〕十二月）逃走，前燕协防将领赵盘，退回鲁阳（河南省鲁山县）。桓豁追击赵盘，追到雉城（河南省南召县东南），生擒赵盘。留下一部分军队在宛城，班师。

8 秋季，七月，前燕帝国（首都邺城）下邳王慕容厉等，击破塞外敕勒（高车·蒙古国北部）部落，俘获马牛数万头。

最初，慕容厉远征军经过代国（首府盛乐〔内蒙古和林格尔县〕）领土，践踏他们的高粱庄稼（穄田），代王拓跋什翼犍大怒。前燕帝国平北将军、武强公慕容泥，率幽州（河北省北部）兵团，驻防云中（内蒙古托克托县）。

八月，拓跋什翼犍猛攻云中，慕容泥放弃城池逃走；振威将军慕舆贺辛战死。

9 九月，晋帝国擢升会稽郡（浙江省绍兴市）郡长（内史）郗愔（音yīn〔音〕），当徐兖青幽，以及扬州晋陵郡（京口·江苏省镇江市）军区司令长官（都督徐兖青幽、扬州之晋陵诸军事），兼徐、兖二州州长（刺史），镇守京口（江苏省镇江市）。

10 前秦帝国淮南公苻幼叛变时（参考前年〔三六五〕十月），征东大将军、并州（州政府设蒲阪〔山西省永济市〕）全权州长（牧）、晋公苻柳（二任帝苻生弟）；征西大将军、秦州（州政府设上邽〔甘肃省天水市〕）州长（刺史）、赵公苻双（苻坚弟），都跟苻幼有秘密盟约。天王苻坚认为：苻双跟自己一母同胞，而苻柳，又是一任帝（景明帝）苻健最心爱的儿子，遂完全保密，不再追究。然而，苻柳、苻双，再跟镇东将军、洛州（州政府设陕城〔河南省三门峡市〕）州长（刺史）、魏公苻廋（苻生弟）；安西将军、雍州（州政府设临泾〔甘肃省镇原县东南屯字镇〕）州长（刺史）、燕公苻武（苻生弟），阴谋叛变。镇东将军府主任秘书（镇东主簿）南安郡（甘肃省陇西县东南）人姚眺，劝苻廋（苻廋是镇东将军）说："你跟皇上（苻坚）血缘至亲，身份跟姬旦（周公）、姬奭（邵公）一样，接受独当一面的托付重任，国家有灾难时，还应该同心合力排除，怎么反而自己制造灾难？"苻廋不接受。苻坚得到消息，下诏征召苻柳等，返回京师（首都长安）。

冬季，十月，苻柳在蒲阪（山西省永济市）、苻双在上邽（甘肃省天水市）、苻廋在陕城（河南省三门峡市）、苻武在安定（郡政府设临泾 · 甘肃省镇原县东南屯字镇），起兵叛变。苻坚派使节向他们解释："我对你们，恩德无微不至，何苦做出这种谋反的事情？我现在撤回前令，不再征召你们回京（首都长安），你们应早日复员，各守岗位，我保证一切跟从前一样。"把咬过的梨由使节送给苻柳等，作为盟誓，苻柳等一口拒绝（咬梨盟誓，大概是氐人的一种示信习惯，犹如咬臂盟誓，是汉人的一种示信习惯）。

11 代国（首府盛乐〔内蒙古和林格尔县〕）代王拓跋什翼犍，攻击匈奴左贤王刘卫辰（刘卫辰叛前秦又降前秦，参考前年〔三六五〕七月）。黄河结冰，还没有合拢，拓跋什翼犍用苇草搓成粗大的绳索，放到河面上，拦阻顺流而下的冰块，不久，河冰开始冻结，可是仍不太坚固，又把苇草撒到冰面上，冰草纠缠在一起，霎时间黄河出现一条用冰建成的浮桥，代国大军遂渡黄河。刘卫辰想不到代军突然在面前出现，率领全体贵族，向西逃走，拓跋什翼犍俘虏被抛弃的匈奴部落十分之六七，班师。

刘卫辰投奔前秦帝国，前秦帝国天王苻坚，把刘卫辰送回朔方（黄河河套地区），派军驻屯协防。

12 十二月甲子日（十二月戊子朔，没有甲子），前燕帝国（首都邺城）全国武装部队总司令（太尉）、建宁公（敬公）阳骛逝世。任命最高监察长（司空）皇甫真，当高级咨询官（侍中）、全国武装部队总司令（太尉）；特级国务官（光禄大夫）李洪，当最高监察长（司空）。

三六八年 戊辰

晋　太和　三年
前凉　太清　六年
前燕　建熙　九年
前秦　建元　四年
（代王拓跋什翼犍建国三十一年）

1 春季，正月，前秦帝国（首都长安〔陕西省西安市〕）天王（三任宣昭帝）苻坚（本年三十一岁），派后将军杨成世、左将军毛嵩，分别进攻上邽（甘肃省天水市）、安定郡（甘肃省镇原县东南屯字镇）；辅国将军王猛、建节将军邓羌，进攻蒲阪（山西省永济市）；前将军杨安、广武将军张蚝，进攻陕城（河南省三门峡市）。

苻坚下令进攻蒲阪（山西省永济市），和进攻陕城的两支大军，在距城三十华里处，安营扎寨，不主动出战，也不应战；要等到上邽（甘肃省天水市）这一军取得胜利，然后回军会师，集中力量对付。

2 最初，前燕帝国（首都邺城〔河北省临漳县西南邺城镇〕）太宰（上三公之一）慕容恪患病时，知道前燕帝（三任幽帝）慕容暐年纪还小，还不能掌握权力（去年〔三六七〕，慕容暐十八岁），而太傅（上三公之二）慕容评又十分猜忌，恐怕最高指挥官（大司马）的人选，不能恰当。于是，特别嘱咐慕容暐的老哥、乐安王慕容臧说："现在，南方有残留下来的晋国（晋帝国），西方有正在茁壮的秦国（前秦帝国），他们都有进入中原的志向，只因我们内部没有裂痕，才没有动手。国家的兴衰，全看宰相级的辅佐干部，最高指挥官（大司马）统率全国所有武装部队，不可以由一个不恰当的人选担任。我死之后，就亲疏来说，一定会由你或由慕容冲（慕容暐的老弟）接替，你们虽然聪明敏捷，然而年纪太小，还不能应付多灾多难的时局。吴王（慕容暐叔父慕容垂）天赋英明，才干杰出，谋略超过当世，你们如果能把最高指挥官（大司马）推让给他，一定可以统一中国，难道大门外几个强盗，还用得着担心？千万不可以贪图小利，忘记大害，要把国家利益放在心上，念念不忘。"又把同样的话，告诉太傅（上三公之二）慕容评。然而，慕容恪逝世后，慕容评不接受慕容恪的见解。

二月，擢升车骑将军、中山王慕容冲当最高指挥官（大司马）。慕容冲（本年十岁），是慕容暐的老弟。而仅擢升荆州（州政府设鲁阳〔河南省鲁山县〕）州长（刺史）、吴王慕容垂，当高级咨询官（侍中）、车骑大将军、仪同三司（宰相级）。

每一个王朝政权，甚至，每一个公司或一个家庭，在崩溃之前，都会先进入一个"无力感时期"，除了掌权首领，人人都知道崩溃迫在眉睫，可是人人都束手无策。并不是真的无策，而是掌权首领拒绝任何可拯救国家的策略，千

言万语，惊不醒木牛流马，在前燕帝国末期，更是分明。皇太后可足浑和亲王慕容评，这一对断送国家和自己命脉的糊涂男女，恰恰是前燕帝国的掌权首领，一个多么使人震骇的讽刺！但他们在历史上也留下病历：无力感来自最高阶层的颟顸。

3 前秦帝国魏公苻廋，向前燕帝国献出他所据守的陕城（河南省三门峡市），投降前燕，请求派军协防。陕城是前秦帝国东方门户，于是全国震恐，紧急集结大军，进驻华阴（陕西省华阴市）戒备。

前燕帝国首都邺城市长（魏尹）范阳王慕容德，上疏说："先帝（二任帝慕容儁）承受天命，立志扫平天下，统一中国。陛下继承大统，自当继续完成。而今，苻姓家族，骨肉之间，分崩离析，分成五个独立王国（苻坚在长安，苻柳在蒲阪，苻双在上邽，苻廋在陕城，苻武在安定），向我们投降请援的，前后相继，正是上天把秦国（前秦帝国）赏赐给我们，我们如果拒绝上天的赏赐，一定反过来受到谴责。当初，吴王国不灭越王国的后果，足以证明（越王国在对吴王国作最后一击时，吴王夫差请求降格当尾巴国〔附庸〕，越王国大臣范蠡说："从前，上天把越国赏赐给吴国，吴国不肯接受；今天，上天把吴国赏赐给越国，越国不敢违背。"遂灭吴王国。参考前四七三年）。应该命皇甫真率并州（山西省中部）、冀州（河北省中部）的部队，开往蒲阪（山西省永济市）；吴王慕容垂率许昌（河南省许昌市东）、洛阳（河南省洛阳市东白马寺东）的部队，解除苻廋的包围；太傅（上三公之二）慕容评统御京师（首都邺城）禁卫军，作为两军的后继。把文告送到三辅（大长安地区）传播，指出祸福利害，公开宣布奖励和悬赏，一定有人望风响应。统一天下的日期，可以确定。"当时，很多人认为应该立即出军援救陕城（河南省三门峡市），并乘势夺取关中（陕西省中部），太傅（上三公之二）慕容评说："秦国（前秦帝国）是一个强大的国度，现在虽有灾难，但并不表示容易征服。皇上（慕容暐）虽然英明，不能超过先帝（慕容儁），而我们的智慧谋略，又比不上太宰（慕容恪）。但能闭关自守，保持国境平安，于愿已足，削平秦国（前秦帝国），不是我们的事。”

魏公苻廋，写信给吴王慕容垂，以及全国武装部队总司令（太尉）皇甫真说：“苻坚、王猛，都是人中豪杰，阴谋侵略燕国（前燕帝国），为时已久，今天如果不能利用机会攻取，恐怕贵国君臣，将有甬东（浙江省宁波市甬江南岸）模式的后悔。”（越王国消灭吴王国后，打算把吴王夫差放逐到甬东〔浙江省宁波市甬江南岸〕，吴夫差叹息说：“我已经老了，怎么能再去侍奉你！”上吊自杀。参考《左传》前四七三年。）慕容垂对皇甫真说：“当代只有秦国（前秦帝国）才是我们的灾祸，皇上年纪太轻，可是观察太傅（慕容评）的见识和气度，怎能抵挡得住苻坚、王猛？”皇甫真说：“问题是，我虽然知道，但我的建议不被采纳，有什么办法！”

4 三月一日，日蚀。

5 三月七日，晋帝国（首都建康〔江苏省南京市〕）大赦。

6 前秦帝国后将军杨成世，被叛变的赵公苻双的部将苟兴击败，左将军毛嵩也被燕公苻武击败，二人逃回京师（首都长安）。天王苻坚再派武卫将军王鉴、宁朔将军吕光、将军冯翊郡（陕西省大荔县）人郭将、翟傉等，率军三万人讨伐。

夏季，四月，苻双、苻武，乘胜挺进到榆眉（陕西省千阳县），由苟兴担任前锋。王鉴准备立即迎头痛击，吕光说：“苟兴刚刚打了一次胜仗，锐气正不可当，应该用稳重的态度待他，当他粮食吃完，非撤退不可时，再行出击，事情没有不顺利的道理。”僵持二十天后，苟兴果然撤退，吕光说："攻击的时候已到。"遂即追击，苟兴战败，王鉴兵团立即向苻双、苻武，发动大规模进攻，大败苻双、苻武联军，格杀及俘虏一万五千人。苻武放弃安定（甘肃省镇原县东南屯字镇），跟苻双一齐投奔上邽（秦州州政府所在县·甘肃省天水市）。王鉴等急攻上邽。

晋公苻柳，不断从蒲阪（山西省永济市）出军挑战，辅国将军王猛闭营不作反应，苻柳认为王猛心怀畏惧。

五月，苻柳命世子苻良，留守蒲阪（山西省永济市），自己率军二万人，打算渡过黄河，直接攻击首都长安。在离开蒲阪一百余华里的地方，建节将军邓羌率精锐骑兵七千人，乘夜袭击，大败苻柳军。苻柳撤退，王猛再于半途突击，把所有军队全部俘虏。苻柳只率残余骑兵数百人退回蒲阪，王猛、邓羌遂即攻城。

秋季，七月，王鉴等攻陷上邽（甘肃省天水市），斩苻双、苻武，但赦免他们的妻子儿女。中央任命首都东区卫戍司令（左卫将军）苻雅，当秦州（甘肃省南部）州长（刺史）。

八月，任命长乐公苻丕，当雍州（州政府设安定郡）州长（刺史）。

九月，王猛等攻陷蒲阪（山西省永济市），斩晋公苻柳，跟他的妻子儿女。王猛进驻蒲阪，派邓羌跟王鉴，南下和前将军杨安会师，进攻陕城（河南省三门峡市）。

7 前燕帝国亲王、公爵、皇亲国戚，把人民大量的纳入"贵族包庇户"（荫户。晋帝国官吏，根据他们官职资格大小高低，规定他们可以包庇若干亲属，不但可以包庇同族，还可以包庇朋友、佃户。这些"包庇户"，不向国家纳税，也不供应政府差役，而只对封建主负责），以致全国总人口，远少过"包庇户"（荫户），国库空虚，财政困难。国务院左执行长（左仆射）、广信公悦绾说："而今，三国鼎立（没有把前凉王国〔首都姑臧〕看到眼里），互相有吞并的野心。我国法令规章和政治制度，都还没有建立，豪门贵族，横行霸道，以致民穷财尽，再没有余物，缴纳政府。低级雇员常常领不到薪俸，将领士卒常常吃不到粮食，官员们靠借钱借米维持生活。这些丑事，既不可以教敌人知道，又不是治理国家的方法。应撤销所有'包庇户'，全部交回郡县。"前燕帝慕容暐批准，命悦绾负责主持这项业务。悦绾纠正过去错误，揭发隐藏的奸邪之辈，没有人胆敢藏匿，于是国家凭空多出二十余万人口，但政府官员却对悦绾十分痛恨，怨声载道。悦绾本来早有疾病，自从亲手主持户籍校正，病势加重。

冬季，十一月，悦绾逝世。

柏杨曰

悦绾不过小小改革，已怨声载道，像公孙鞅、王猛那种惊天动地般的旋乾转坤，自然更没有好评。不知其人观其友，然而，更精确的判断方法，不如不知其人观其敌。反对人数的多少，不能作为评鉴标杆，而要看友是什么人？敌是什么人？只有伪装的朋友，没有伪装的敌人，所以从一个人的敌人身上，容易反射出正确信息。一个人受抨击是常事，重要的是抨击的内容，和谁对他抨击？

我们用这个方法评估公孙鞅、王猛、悦绾，以及以后的王安石、张居正，结论都不太离谱。

8 十二月，前秦帝国辅国将军王猛等，攻陷陕城（河南省三门峡市)，生擒魏公苻廋，押送首都长安(陕西省西安市)。天王苻坚，询问苻廋为什么叛变，苻廋说："我本来没有叛变的念头，可是弟兄们不断出乱子，我怕跟他们一齐处死，所以才反。"苻坚流泪说："你素来是个忠厚长者，我早就知道不是你的本心，你虽然要对你的行为负责，但高祖(一任帝苻健)不可以没有后代。"下令苻廋自杀，赦免苻廋的七个儿子，由长子继承魏公爵位，其他六子都封县级公爵，过继给苻生(二任帝)和苻生其他没有儿子的弟弟。苟太后问："苻廋和苻双同时叛变，却不给苻双留下根苗？那是为了什么？"苻坚说："秦国(前秦帝国)是高祖(一任帝苻健)建立，他的儿子不可以没有后代。至于苻双(苻坚亲弟)，既不管娘亲，又危害国家，天下的大法，不可以用私情扭曲。"任命范阳公苻抑，当征东大将军、并州州长(刺史)，镇守蒲阪(山西省永济市)；擢升邓羌当建武将军、洛州州长(刺史)，镇守陕城(河南省三门峡市)，擢升姚眺当汲郡(河南省卫辉市)郡长(空头官衔)。

9 晋帝国把特殊的礼节加授给最高指挥官(大司马)桓温：金銮宝殿朝见时，位置在亲王之上。

10 本年(三六八)，晋帝国任命"氐王"仇池公(首府仇池〔甘肃省西和县南〕)杨世，当秦州州长(刺史)；杨世的老弟杨统，当武都郡(甘肃省成县)郡长。

杨世同时也向前燕帝国称臣，前燕帝国任命杨世当南秦州州长(刺史)。

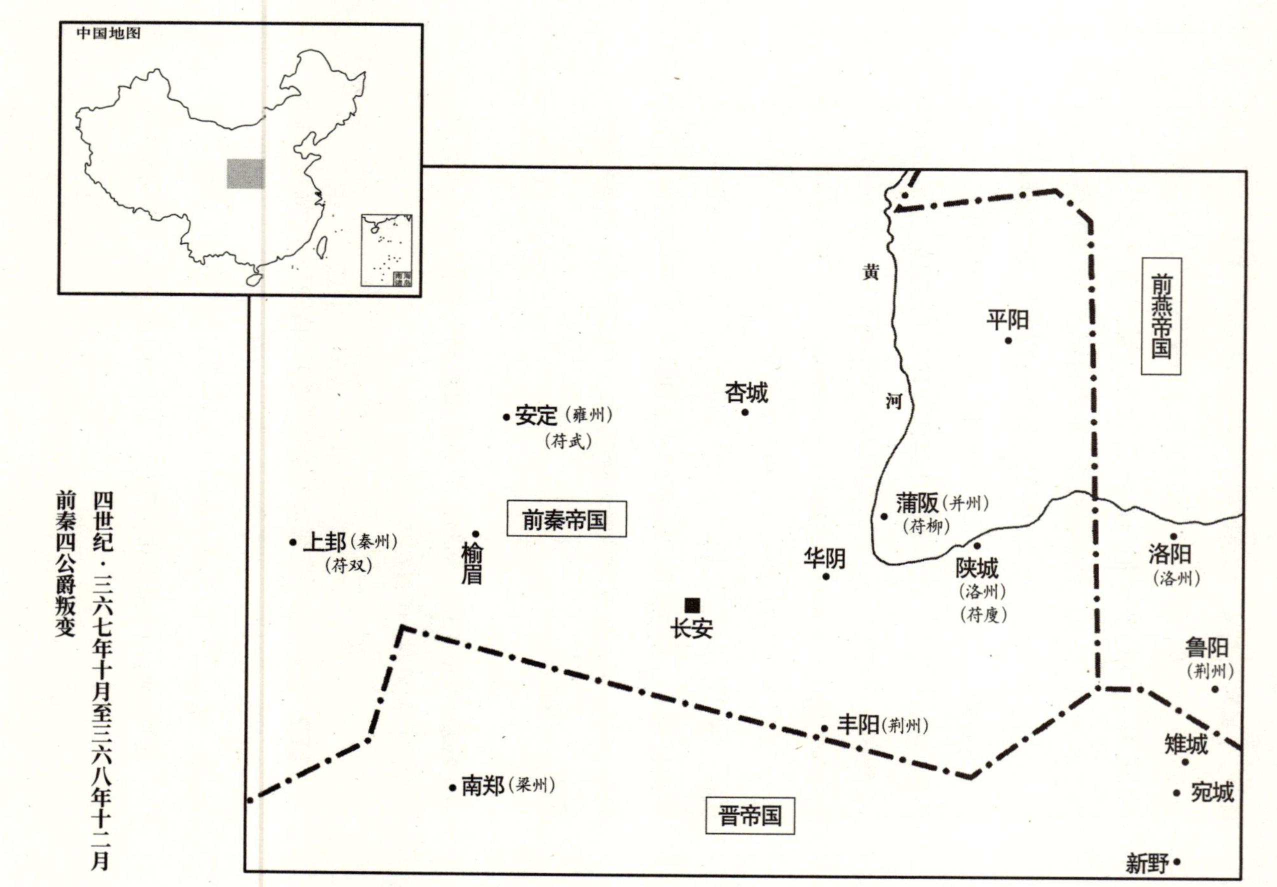

四世纪·三六七年十月至三六八年十二月
前秦四公爵叛变

三六九年 己巳

晋 太和 四年
前凉 太清 七年
前燕 建熙 十年
前秦 建元 五年
（代王拓跋什翼犍建国三十二年）

1 春季，三月，晋帝国（首都建康〔江苏省南京市〕）最高指挥官（大司马）桓温，邀约徐、兖二州（州政府设京口〔江苏省镇江市〕）州长（刺史）郗愔、江州（州政府设寻阳〔江西省九江市〕）州长（刺史）桓冲、豫州（州政府设寿春〔安徽省寿县〕）州长（刺史）袁真等，同时出军，联合讨伐前燕帝国（首都邺城〔河北省临漳县西南邺城镇〕）。

最初，郗愔在北府（京口·江苏省镇江市）时，桓温常说："京口（江苏省镇江市）酒可以饮，兵可以用。"所以很不愿意郗愔长久留在那里。而郗愔不了解政治行情，还写信给桓温，打算同心合力，拥护皇家；自愿率所属部队，向黄河推进。郗愔的儿子郗超，是桓温的军事参议官（参军），发现这封信，把它撕得粉碎，用郗愔的语气，另写一封信给桓温，信中承认自己并没有将帅才能，对军队的事，无法承担，而且年老多病，请求调任一个闲散官职，并建议桓温接管自己的部队。桓温看到这封信，大喜过望，立即擢升郗愔当冠军将军、会稽郡（浙江省绍兴市）郡长（内史），桓温遂自兼徐、兖二州（州政府京口）州长（刺史）。

夏季，四月一日，桓温开始北伐（第三次北伐），率步骑兵五万人，从姑孰（安徽省当涂县）出发。

2 四月十五日，前燕帝国（首都邺城〔河北省临漳县西南邺城镇〕）皇帝（三任幽帝）慕容暐（本年二十岁），娶可足浑女士当皇后（可浑足，三字姓）。可足浑皇后，是可足浑太后堂弟、国务院总理（尚书令）、豫章公可足浑翼的女儿。

3 晋帝国最高指挥官（大司马）桓温，从兖州（江苏省中部）出发。郗超警告说：“从兖州出发，道路又远，而汴水又浅，水运困难。”桓温不理。

六月辛丑日（六月庚戌朔，没有辛丑），桓温抵达金乡（山东省金乡县北），正逢大旱，河床干枯，水运断绝。桓温命冠军将军毛虎生，在钜野（山东省巨野县）挖掘运河（洪水，又称桓公渎）三百华里，使汶水跟清河（济水）互相连接。毛虎生，是毛宝的儿子（毛宝战死，参考三三九年九月）。桓温率舰队从清河进入黄河，船舰前后相连，长达数百里。郗超警告说：“从清河进入黄河，运输困难，如果盗寇（前燕帝国）拒不接战，

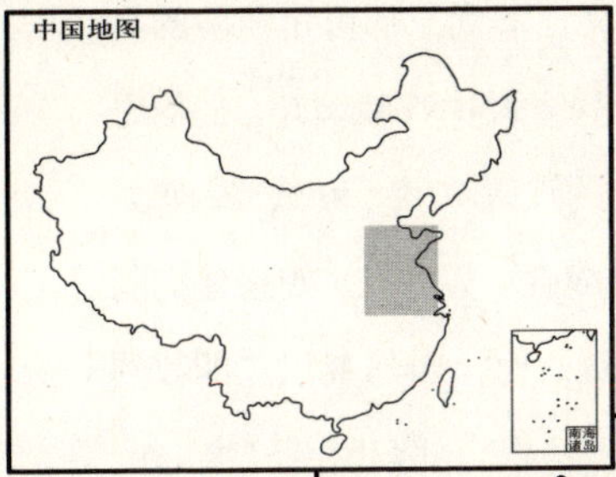

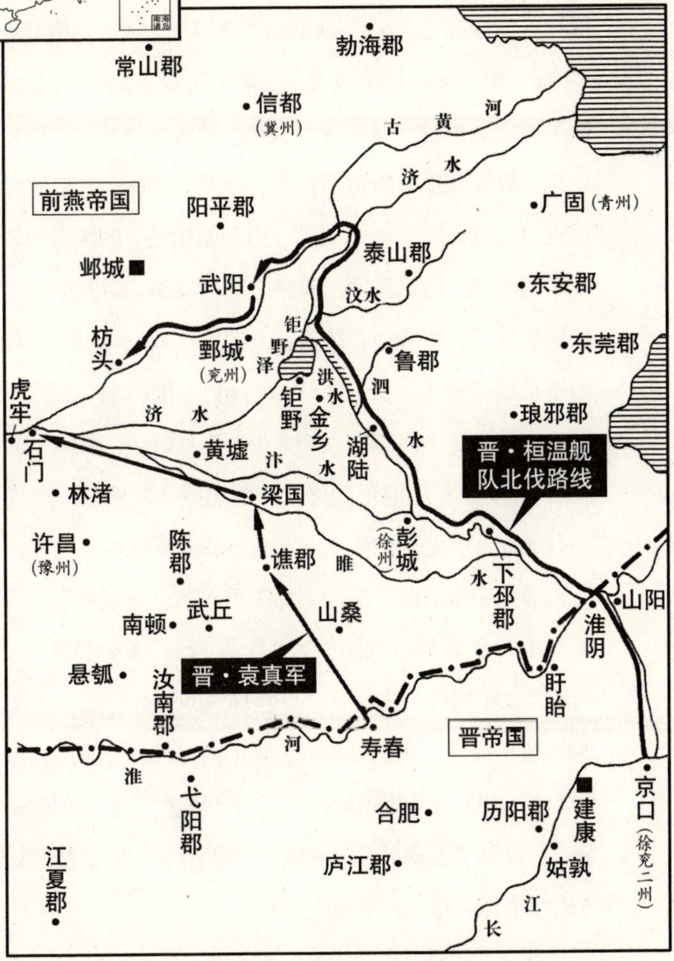

四世纪·三六九年四月至十月　桓温第三次北伐

中国地图
南海诸岛
勃海郡
常山郡
信都
（冀州）
古　黄　河
济　水
前燕帝国
阳平郡
广固（青州）
泰山郡
邺城
武阳
汶水
东安郡
钜
野
泽
枋头
鄄城
（兖州）
鲁郡
东莞郡
洪
水
泗
虎牢
钜野
金乡
济　水
琅邪郡
湖陆
水
石门
黄墟
汴
水
晋·桓温舰队北伐路线
林渚
梁国
许昌
（豫州）
陈郡
谯郡
睢
（徐州）
彭城
水
下邳郡
山阳
淮阴
武丘
山桑
南顿
悬瓠
晋·袁真军
汝南郡
盱眙
河
寿春
晋帝国
淮
弋阳郡
京口
（徐兖二州）
建康
合肥
历阳郡
姑孰
庐江郡
江夏郡
江
长

而我们的粮道断绝，抢夺敌人的粮秣又抢不到，那可是危险的局面。不如用我们所有部队，直扑邺城（河北省临漳县西南邺城镇），他们恐惧你的声威，一定望风溃逃，逃回他们的辽碣（辽西走廊）故乡。如果不逃走而出来决战，那就更好，一次会战就可以解决。如果他们固守邺城（河北省临漳县西南邺城镇），当此盛夏之时，虽然难以立即收到战果，但散布在田野之间的居民农夫，势将全部归附，易水（幽州〔河北省北部〕南州界）以南人民，一定举起双手，愿为国家效命。我想，阁下可能认为这个战略太过激烈，胜败难以预料。那么，如果稳扎稳打，则最好是驻防黄河、济水一带，控制水上粮秣运输，等到辎重充分，到明年（三七〇）夏季，再开始出击。虽然行动较为迟缓，但成功的希望，可以预期。舍弃这两个谋略，却挥军北上，挺进时不能速战速决，撤退时必然狼狈，盗匪（前燕帝国）以空间换取时间，不知不觉到了秋冬，水位降低，河床更不能行船。北方气候，寒冷将提前来临，将士们有皮衣的太少，到那时候，所忧虑的，不仅是没有食物而已。”桓温不能接受。派建威将军檀玄，进攻湖陆（山东省鱼台县东南），攻克，生擒前燕帝国宁东将军慕容忠。

前燕帝慕容暐，任命下邳王慕容厉，当征剿总司令官（征讨大都督），率步骑兵混合兵团二万人，在黄墟（河南省兰考县境）迎战晋军，大败，全军覆没，慕容厉单身匹马逃回。高平郡（山东省巨野县东南大谢集镇）郡长徐翻，向晋军投降。晋军前锋邓遐、朱序，在林渚（河南省新郑市境）击败前燕将领傅颜。慕容暐再派乐安王慕容臧率各路军阻截，但晋军势如破竹，慕容臧无法抵挡。慕容暐遂派散骑侍从官（散骑常侍）李凤，前往前秦帝国求救。

秋季，七月，桓温进驻武阳（山东省莘县南），前燕帝国故兖州（州政府设鄄城〔山东省鄄城县北〕）州长（刺史）孙元，率他的家族和党羽，起兵响应桓温。桓温继续挺进，抵达枋头（河南省淇县东南淇门渡）；慕容暐跟太傅（上三公之二）慕容评，大为恐惧，打算逃回故都和龙（龙城·辽宁省朝阳市）。吴王慕容垂说："让我作一次攻击，如果不能胜利，再走不迟。"慕容暐遂命慕容垂接替慕容臧的官职："使持节"（一级权力）、南方征剿总司令官（南讨大都督），率征南将军、范阳王慕容德等五万人，抵抗桓温。慕容垂上疏请求派遣宰相府左秘书长（司徒左长史）申胤、禁宫咨询官（黄门侍郎）封孚、国务院助理官（尚书郎）悉罗腾（悉罗，复姓）到前方参与军事行动。申胤，是申钟的儿子（申钟，参考三三四年十一月）。封孚，是封放的儿子（封放，参考三五一年四月）。

慕容暐再派散骑顾问官（散骑侍郎）乐嵩，到前秦帝国，二度求发救兵，并且承诺割让虎牢（河南省荥阳市西北汜水镇）以西土地，作为酬劳。前秦天王（三任宣昭帝）苻坚（本年三十二岁）在太极殿东堂，举行御前会报，征求意见，所有官员都说："从前，桓温攻击我们，先头部队抵达霸上（陕西省西安市东灞河畔，参考三五四年四月），燕国（前燕帝国）不来相救。而今桓温攻击燕国（前燕帝国），我们何必多此一举？而且，燕国（前燕帝国）又不是我们藩属，为什么要救它！"王猛向苻坚秘密建议，说："燕国（前燕帝国）虽然强大，但慕容评不是桓温的对手。如果桓温占领全部山东（崤山以东），大军推进到洛阳（河南省洛阳市东白马寺东），征召幽州（河北省北部）、冀州（河北省中部）的武装部队，聚集并州（山西省中部）、豫州（河南省东部）的粮食米谷，进击崤山、渑池（河南省洛宁县西北），则陛下大势就去了。现在不如跟燕国（前燕帝国）联合作战，先击退桓温。桓温退走，燕国（前燕帝国）经过如此严重打击，势将疲惫不堪，然后我们乘虚夺取，岂不是上策！"苻坚同意。

八月，苻坚派将军苟池、洛州（州政府设陕城〔河南省三门峡市〕）州长（刺史）邓羌，率步骑兵二万人的援军，进入前燕帝国国土，穿过洛阳，挺进到颍川郡（河南省许昌市东）。一面派散骑侍从官（散骑常侍）姜抚，到邺城（前燕首都·河北省临漳县西南邺城镇）报告前燕帝国皇帝慕容暐。苻坚任命王猛当国务院总理（尚书令）。

前燕帝国太子师傅（太子太傅）封孚（官衔跟前不符，可能是兼职）问申胤说："桓温部队训练有素，战斗力量强大，利用河流，直接进攻。可是现在的情况是，桓温大军徘徊在高耸的堤岸之下，并不挑战，看不出他有什么必胜之道，你以为事情会有什么演变？"申胤说："桓温现在的声望威势，正达巅峰，似乎能够有所作为。可是，在我看起来，绝不会成功。为什么？晋国（晋帝国）中央政府力量衰微，完全在桓温控制之下，但官兵们未必跟他同心。所以，桓温消灭燕国（前燕帝国）这件事，大家并不愿意它实现，一定暗中百般阻挠破坏。同时，桓温仗恃他的人多，态度骄傲轻慢，已经丧失应变能力。率大军深入敌境，而又正逢可以利用的良机，反而在黄河中游，逍遥自在，不出军争取胜利，竟然打算长期对抗，不冒一点危险，坐在那里等待大获全胜。一旦粮秣供应不上，情势逆转，用不着战斗，一定自己崩溃，这是必然的趋势。"

桓温命前燕帝国投降过来的段思，作为向导。前燕帝国国务院助理官（尚书郎）悉罗腾，跟桓温会战，生擒段思。桓温派故后赵帝国将领李述，率军夺取赵魏地区（河北省中部南部及河南省东部北部）一带土地，悉罗腾跟虎贲警卫指挥官（虎贲中郎将）染干津（染干，复姓），击斩李述。晋军士气，受到顿挫。

最初，桓温下令豫州州长（刺史）袁真，攻击谯郡（安徽省亳州市）、梁国（河南省商丘市），开凿石门（河南省荥阳市北），修筑连接睢水跟黄河的运河，用以运输粮秣。袁真攻陷谯郡及梁国，但一时之间，无法凿开石门，渠道不通，水运计划遂成泡影。

九月，前燕帝国范阳王慕容德，率骑兵一万人，执法监察官（兰台侍御史）刘当，率骑兵五千人，紧逼石门（河南省荥阳市北），阻扰袁真开凿工程；豫州（州政府设许昌〔河南省许昌市东〕）州长（刺史）李邽，率本州民兵五千人，切断晋军粮道。刘当，是刘佩的儿子（刘佩，参考三三八年五月）。慕容德派将军慕容宙，率骑兵一千人当前锋，跟晋军发生遭遇，慕容宙说："晋国（晋帝国）士兵，轻浮急躁，面对敌人时，没有胆量冲锋陷阵；一旦敌人失败，他们的勇气可就出来了，无不奋勇追击。等我给他们设下陷阱。"命骑兵二百人，向前挑战，而把其他骑兵，三路埋伏。挑战骑兵还没有等到接触，就急急撤退，晋军追击，慕容宙发动埋伏，晋军死亡惨重。

桓温屡战屡败，而粮食又快吃完，又听到前秦帝国的援军即将抵达的消息。

九月十九日，桓温下令焚烧舰队，抛弃辎重，甚至铠甲武器，从陆路向南撤退；任命毛虎生当东燕四郡军区司令长官（都督东燕等四郡诸军事），兼东燕郡（河南省延津县东北）郡长。

桓温从东燕到仓垣（河南省开封市东北），沿途开凿水井，饮用泉水（胡三省原注："恐惧前燕在上游施毒"），跋涉七百余华里。前燕兵团将领争着追击，吴王慕容垂说："不可以。桓温初撤退时，内心惶恐，戒备一定森严，会把最精锐的部队，作为殿后，我们攻击，未必胜利，不如把脚步放慢。他一旦庆幸我们并没有进击，为了迅速脱离战场，一定日夜不停的行军南下，等到他们士卒力气消耗罄尽，然后攻击，没有不胜之理。"遂率骑兵八千人，遥遥的尾随在晋军之后。桓温果然在认为已经安全的时候，下令加强撤退速度，兼程前进。几天之后，慕容垂宣布："攻击桓温的时机已到。"急行追击，追到襄邑（河南省睢县），终于捕捉到桓温主力。而事先范阳王慕容德早已率精悍骑兵四千人，在襄邑（河南省睢县）东方山涧中埋伏，于是，跟慕容垂前后夹击，大破晋军，杀三万人（可怕的覆没）。前秦帝国将军苟池在谯郡（安徽省亳州市）拦腰攻击，再大破晋军，杀的人以万作计算单位。前燕帝国故兖州州长（刺史）孙元，据守武阳（山东省莘县南），跟前燕对抗，前燕首都东区卫戍司令（左卫将军）孟高讨伐，生擒孙元。

冬季，十月二十二日，晋帝国最高指挥官（大司马）桓温，集结残兵败将，驻防山阳（江苏省淮安市）。桓温认为这次惨败是他最大的羞辱，为了掩饰，于是把责任全推给豫州州长（刺史）袁真（指控他不能凿开石门，致使军粮不继），上疏免除袁真官职，贬作平民，同时也免除冠军将军邓遐官职。袁真认为受桓温诬陷，心里不服，上疏指控桓温，中央政府不作回答（此时，中央即桓温，桓温即中央）。袁真遂据守寿春（安徽省寿县）叛变，投降前燕帝国（首都邺城），请求支援；同时也派使节前往前秦帝国（首都长安）。

桓温命毛虎生兼淮南郡（安徽省寿县）郡长（空头官衔），镇守历阳（安徽省和县）。

4 前燕帝国及前秦帝国，既建立亲密邦交，使节遂不断来往。前燕帝国散骑顾问官（散骑侍郎）郝晷（音guǐ〔轨〕）、禁宫咨询官（给事黄门侍郎）梁琛，先后前往前秦帝国。郝晷跟前秦帝国国务院总理（尚书令）王猛，原是旧友。王猛用当年平民时代的感情，接待郝晷，向他探询前燕帝国内情，郝晷看到自己国家的腐败混乱，日益加重，而前秦帝国却生气勃勃，一切都上轨道，预感到亡国之悲，也打算跟王猛结交，所以，泄露了不少国家机密。

梁琛既到长安，前秦帝国天王苻坚，正在万年（陕西省西安市临潼

四世纪·三六九年七月至十月　枋头之战

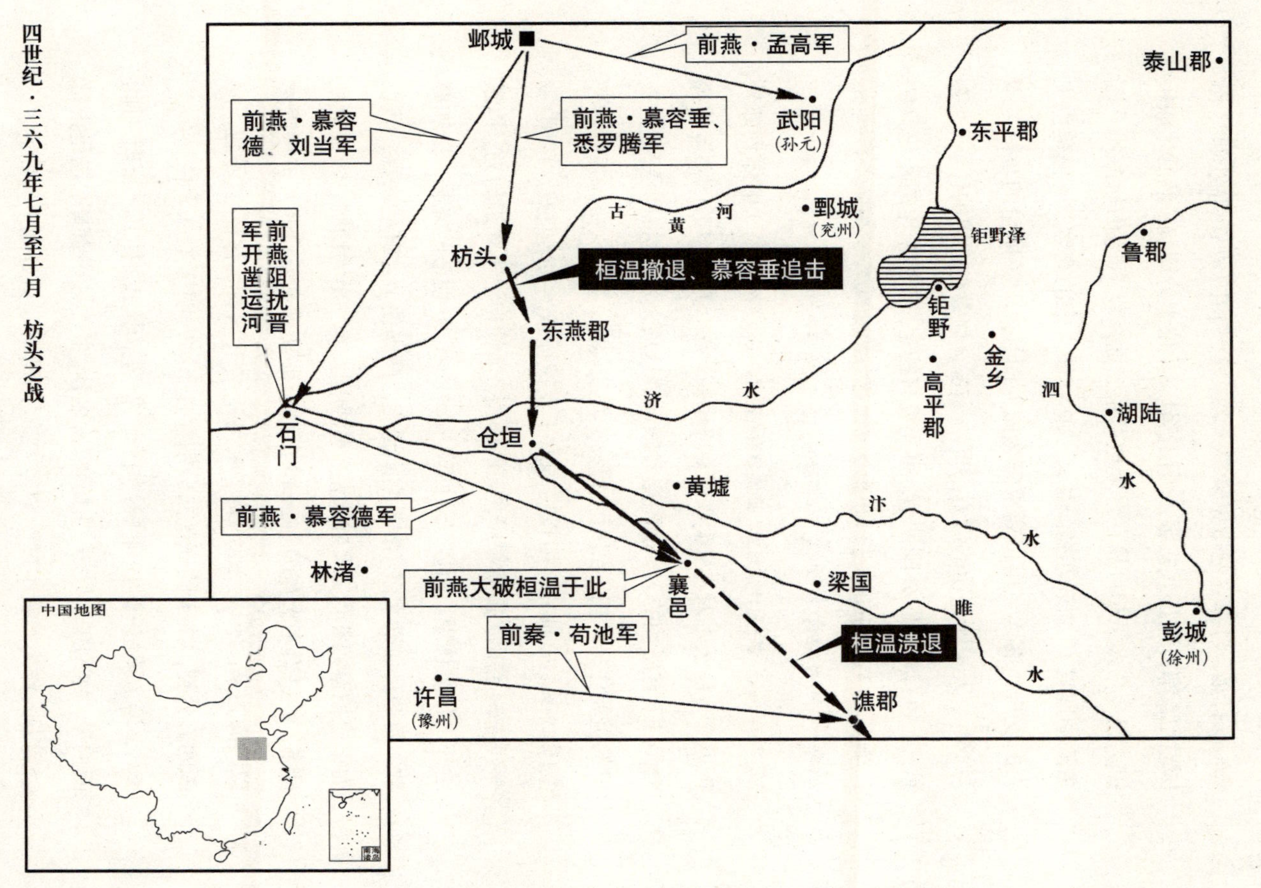

区东北）打猎，打算立刻接见梁琛。梁琛说："贵国使节到敝国时，敝国君臣，都身穿正式官服，洒扫宫廷，礼仪十分周到，然后才敢接见。而今，大王却打算在野地里草草会面，我不敢服从命令。"国务院助理官（尚书郎）辛劲，对梁琛说："做人家的宾客，应该尊重主人的安排，客人岂可以要求怎么做？而且，天子所坐的车辆，叫'乘舆'；天子所停留的地方，叫'行在'，何尝有固定的住所？《春秋》上也有君王跟外国使节，事先没有约定，猝然相见的礼仪。（《春秋》前七一九年："鲁国国君〔十四任隐公〕姬息姑，跟宋国国君〔十五任殇公〕子与夷，在清邑〔山东省东阿县南〕相遇。"《穀梁传》说："没有事先约定而猝然会面，称'遇'。"《公羊传》说："'遇'是什么意思？遇就是事先没有约定而猝然会面。"）请你到郊外相见，有什么不对？"梁琛说："晋国（晋帝国）政治腐败，神圣的福分，归于有恩德的人；贵国跟我国承受这项大运，同时负起上天交付的重要任务。想不到桓温猖狂，发动侵略。燕国（前燕帝国）危险，秦国（前秦帝国）孤立，所以贵国君王支援拯救，共结盟好。东国（前燕帝国在东）君臣，提着领子，向西遥望，惭愧自己不知道努力，以致给邻国带来忧患。所以，对西国（前秦帝国在西）使节的光临；倍加尊敬。而今，强梁大盗（晋军）刚刚退走，两国使节才开始来往，我以为正应该遵照礼仪，严守规范，使两国友谊，更为稳固。如果轻视使节，就是看不起燕国（前燕帝国），怎么能达到亲善目的？天子固然以四海为家，所以走路时称'乘舆'，停止时称'行在'。不过，海内四五分裂，上天的光芒，分别在几个地方照耀（言天下并不止有一个天子），怎么能够强调'乘舆''行在'？《礼记》上说，没有约定时间而相见，称'遇'，只是一时的权宜之计，礼节十分简略，岂是正常轨道下的作为？我不过一个客人，力量单薄，只好向主人屈膝。可是，如果不遵守礼教，我也不敢服从。"苻坚遂在郊外设立行宫，文武百官陪伴下接见梁琛，跟前燕接见前秦使节的礼仪一样。

仪式礼成之后，苻坚摆下私人筵席，宴请梁琛，因问："东国（前燕帝国）著名的大臣有谁？"梁琛说："太傅（上三公之二）、上庸王慕容评，光明正大，皇家至亲，主持政府。车骑大将军、吴王慕容垂，谋略盖世，有效的抵御外侮。其他官员，有的是文官，有的是武官，各以文武才能进取，全都尽到职务上的责任，民间并没有隐居的贤才。"梁琛的堂哥梁奕，在前秦帝国当国务院助理官（尚书郎），苻坚命外宾接待署（典客）把梁琛送到梁奕家下榻，梁琛说："从前，诸葛瑾代表东吴帝国出使蜀汉帝国，跟蜀汉丞相诸葛亮，只在金銮宝殿朝会时相见，退朝之后，私下从不会面，我一直羡慕这种高尚行为。而今，却教我一下子就跟堂兄私下会面，不敢接受。"终于改变住所。梁奕常到宾馆，跟梁琛生活在一起，偶尔询问一下前燕帝国的事情，梁琛说："两国分割天下，各据一方，兄弟同时受到宠信和荣耀，但因立场不同，各有各的效忠对象。我打算赞扬东国（前燕帝国）美好，恐怕西国（前秦帝国）听不进去。我如果宣扬东国（前燕帝国）丑恶，又不是一个使节所应做的事，你何必问这些！"

苻坚命太子苻宏接见梁琛，礼宾官员打算请梁琛行叩拜大礼，先行试探说："友邦的君王，等于自己的君王；友邦的太子，岂不一样？"梁琛说："天子的儿子，地位跟平民相等，目的就是训练他们从低贱升到高贵（《礼记·郊特牲》："天子的儿子，也是普通人民，天下没有一个人是生下来就富贵的。"）。太子连他老爹的臣属，都不敢当自己的臣属，何况别国的臣属？假定不能从内心生出敬意；那么，礼尚往来，我岂会忘记恭敬？问题是，以后你们官员出使我们那里，会凭空增加屈膝的麻烦。"最后仍是不肯叩拜。

王猛劝苻坚留下梁琛，苻坚不许。

5 前燕帝国皇帝慕容暐，派藩属事务部长（大鸿胪）温统，前往寿春（安徽省寿县），加授袁真“使持节”（一级权力）、淮南军区司令长官（都督淮南诸军事）、征南大将军、扬州（州政府设寿春）州长（刺史），封宣城公。

温统还没有渡过淮河，即行逝世。

6 前燕帝国吴王慕容垂，自襄邑（河南省睢县）返首都邺城（河北省临漳县西南邺城镇），威名更高，太傅（上三公之二）慕容评越发嫉妒。慕容垂奏请：“所征调的将士，舍身忘命，报效国家。将军孙盖等，冲锋陷阵，应受特别丰厚的赏赐。”慕容评把奏章搁置在档案中，不闻不问。慕容垂屡次请求，甚至跟慕容评在金銮宝殿，当着皇帝慕容暐的面，发生争执，怨恨反而越来越深。可足浑太后一向讨厌慕容垂（参考三五八年十二月），把慕容垂的战功，评论得一钱不值，为了永绝后患，跟慕容评阴谋诛杀慕容垂。故太宰（上三公之一）慕容恪的儿子慕容楷，及慕容垂的舅父兰建，得到消息，警告慕容垂说：“先下手为强，只要除掉慕容评和乐安王慕容臧，其余的人毫无作为。”慕容垂说：“骨肉互相残杀，而我领头作乱，宁愿一死，也不忍如此。”不久，二人又告诉他进一步消息：“太后心意已定，不可以不早日发动。”慕容垂说：“一定没有办法挽救的话，我宁愿出京（首都邺城）躲避，其他的方法，全不考虑。”

慕容垂内心十分忧愁，但一直不敢告诉他的儿子们，世子慕容令问说：“老爹近来面色沉重，是不是因为皇上（慕容暐）年纪还小（本年，慕容暐二十岁），太傅（慕容评）嫉妒贤才，你的功劳越大，威望越重，他就也越是猜忌？”慕容垂说：“对的，我竭尽全力，不顾性命，击破强大贼寇（晋军），只在保卫家国，怎么知道大功告成之后，反而连个容身之处都没有！你既看出我的困境，有什么建议？”慕容令说：“皇上微弱，把国家大权，交给太傅，一旦大祸爆发（像：太后下诏逮捕），势如闪电。为了保全家门，争取生存，而又不违背大义，不如逃到龙城（前燕故都·辽宁省朝阳市），用最卑微的词句，上奏章请求恕罪，等待皇上（慕容暐）明察。好像当初姬旦（周公）住在东方一样，希望感动他们醒悟，允许再回首都，这是幸运中最大的幸运（《尚书》：周王朝一任王〔武王〕姬发有病，姬旦〔周公〕上书给祖宗三代的神灵，愿代替老哥一死。姬发于前一一一六年逝世，十二岁的儿子姬诵继位〔二任王成王〕，姬旦辅政。管国国君姬鲜、蔡国国君姬度、霍国国君姬处等，武装起兵，指控：“姬旦将对侄儿小娃有不利的行动。”姬旦率军东征，在东方停留二年，叛乱完全平息。姬旦写《鸱鸮》一诗，送给姬诵，姬诵不表示意见。正巧，天上有大雷雨，又有闪电暴风，姬诵打开石屋铜柜，看到姬旦愿代姬发一死的奏章，流下眼泪，遂迎接姬旦从东方回京〔首都镐京〕）。如果不能如此，我们对内巩固燕（河北省北部）、代（山西省北部），对外结纳各个蛮夷，南方把守肥如（卢龙塞·河北省迁西县北）要塞，用以自保，这是第二条路。”慕容垂说：“好极！”

十一月一日，慕容垂请求前往大陆（河北省隆尧县东）打猎，遂改穿平民衣服，秘密逃出首都邺城（河北省临漳县西南邺城镇），打算向北直奔龙城（辽宁省朝阳市。邺城与龙城航空距离八百公里），走到邯郸（河北省邯郸市），慕容垂最小的儿子慕容麟，一向不受慕容垂宠爱，乘机逃回邺城告发，慕容垂左右侍从，很多也都逃走。太傅（上三公之二）慕容评立即奏报皇帝慕容暐，派西平将军慕容强，率精锐部队追赶，一直追到范阳郡（河北省涿州市）。世子慕容令率部队断后，慕容强不敢逼近。正巧黄昏日暮，慕容令对老爹慕容垂说：“本来打算据守故都（龙城），保全家门，而今事情泄露，原定计划，已没有时间实施。而秦国（前秦帝国）天王苻坚，正在招请天下英雄豪杰，不如前往向他投靠。”慕容垂说：“到了今天这种地步，除此之外，还有什么办法？”大家遂四散分开，湮灭逃亡的踪迹，然后，沿着太行山麓，秘密返回邺城（河北省临漳县西南邺城镇），躲藏在后赵帝国的显原陵（后赵帝国三任帝石虎墓，参考三四九年六月）。刚刚藏好，忽然有打猎的数百人，骑马奔驰，从四面八方向墓园包围，慕容垂发现，抵挡一定抵挡不住，逃走已无路可逃，情势十分危急，不知道如何是好。想不到，数百名骑马猎人的猎鹰，一霎时工夫，纷纷飞走，大家追逐，越追越远，危机竟得以化解。慕容垂遂宰杀白马，祭祀上天，跟追随他逃亡的人盟誓。

柏杨曰

猎鹰之飞，就是“命运”。命运的意义，就是没有人可以预知，没有人可以控制的机缘变数。一个行为的介入或不介入，能使历史和人生转变方向。不相信命运的人，无法了解历史。然而，命运是一个残忍无情，而又诡谲无常的女神，你必须相信她存在，但你千万不可相信她会爱上你，也千万不可相信她会憎恨你！绝对不可以把自己全部都交付给她，任何一个把自己全部都交付给她的人，一定被她撕碎。

世子慕容令向老爹提出惊人建议：“太傅（慕容评）嫉妒贤能，诛杀阴谋泄露之后，人心无不愤怒怨恨。现在，邺城（河北省临漳县西南邺城镇）之中，没有人知道你在什么地方，好像婴儿之思念娘亲，无论蛮夷跟中华人，都是一样。如果能顺从大家的盼望，乘当权派还没有防备，发动突击，夺取政权，易如反掌。尘埃落定之后，改革弊端，选拔人才，把政治纳入正轨，用来辅佐皇上（慕容暐），保卫家国，这应是最大的功业。现在正是天赐良机，不可放弃，请给我数名骑兵，就足可把大事办妥。”慕容垂说：“你所说的计谋，成功自然是天大幸福，可是万一失败，后悔已来不及。不如向西逃亡，可以有万全的保障。”另一儿子慕容马奴，打算暗中逃回邺城（河北省临漳县西南邺城镇），遂斩慕容马奴，继续南下。抵达河阳（河南省孟州市），被黄河渡口的官员发觉，禁止他们行动，于是斩渡口官员，强渡黄河，到洛阳（河南省洛阳市东白马寺东）后，全家大小，包括段夫人、世子慕容令、慕容令老弟慕容宝、慕容农、慕容隆，慕容垂的侄儿慕容楷、舅父兰建，王府禁卫官司令（郎中令）高弼，一齐投奔前秦帝国（首都长安），只留下王妃可足浑女士一个人在邺城（段女士是慕容垂前妻的妹妹，可足浑女士是可足浑太后的妹妹，参考三五八年十二月）。乙泉（河南省洛宁县东北）城防司令（乙泉戍主）吴归追击，追到阌乡（河南省灵宝市西），世子慕容令把吴归击退。

最初，前秦帝国天王苻坚，得到前燕帝国太宰（上三公之一）慕容恪逝世消息，便计划如何消灭前燕帝国，但是畏惧慕容垂的威名，不敢发动。而就在这时候，得到慕容垂前来投奔的消息，大喜过望，亲自到首都长安郊外迎接，握住慕容垂的手，说：“天生的英雄豪杰，一定要集合在一起，才能建立大功，这是自然法则。我正盼望跟你共同合力，平定天下。到时候，我会去泰山禀告天神，把你送回故乡，世世代代，封到幽州（河北省北部），使你虽然逃出本国而不失为祖宗的孝子，投奔邻国，而不失对故君的效忠，岂不是美事！”慕容垂答谢说：“流亡在外的人，能够免除刑罚，已经万幸，把我封到故乡，不敢有此奢望。”苻坚也喜爱世子慕容令跟慕容楷的才能，都厚重相待，赏赐数万万之多，每次朝会，苻坚都忍不住对他们凝神注视。关中（陕西省中部）知识分子及平民，平常都听说慕容垂父子的大名，非常仰慕，以结交他们为荣。王猛警告苻坚，说："慕容垂父子好比水中蛟龙，山上狼虎，不是一个可以驯服的人物，一旦有了风云变化，就没有一个人能对他们控制，不如早早除掉。"苻坚说："我正在招收天下英雄豪杰，肃清四海，怎么能够随意诛杀？而且他们刚来的时候，我已经推心置腹的接受，一个平民还不轻言离弃患难中的朋友，何况国家领袖！"任命慕容垂当冠军将军，封宾徒侯；慕容楷当积弩将军。

前燕帝国首都邺城市长（魏尹）范阳王慕容德，一向跟慕容垂感情亲密；以及车骑大将军府参谋指挥官（车骑从事中郎）高泰，都因此被免除官职。国务院右秘书长（尚书右丞）申绍，告诉太傅（上三公之二）慕容评说："吴王（慕容垂）出奔国外，人民议论纷纷，应该征召吴王（慕容垂）僚属中有贤能的人，擢升他们的官职，多少可以减少一点诽谤。"慕容评说："哪一位可以？"申绍说："高泰是群龙之首。"遂任命高泰当国务院助理官（尚书郎）。高泰，是高瞻的侄儿（高瞻，参考三一九年十二月）。申绍，是申胤的儿子（申胤，参考本年〔三六九〕七月）。

前秦帝国挽留前燕帝国使节梁琛，长达一月有余。现在送他返国。梁琛不分昼夜赶路，等到抵达首都邺城（河北省临漳县西南邺城镇），吴王慕容垂已经出奔。梁琛告诉太傅（上三公之二）慕容评说："秦国每天操练兵马，在陕城（河南省三门峡市）以东大量聚集粮秣，以我的观察，两国之间的和平，不可能持久。而今，吴王（慕容垂）又投奔过去，他们一定有侵略的阴谋，我们应早日准备。"慕容评说："秦国（前秦帝国）怎么能够接受我们的叛徒，而破坏两国邦交？"梁琛说："两国割让中原（华北大平原），每国都有吞噬对方的野心。桓温大军入侵的时候，秦国（前秦帝国）计算利害得失，才发兵相救，并不是喜爱燕国（前燕帝国）。一旦我们弱点暴露，他们怎么忘掉当初的打算？"慕容评问："苻坚是个什么样的人？"梁琛说："英明决断。"

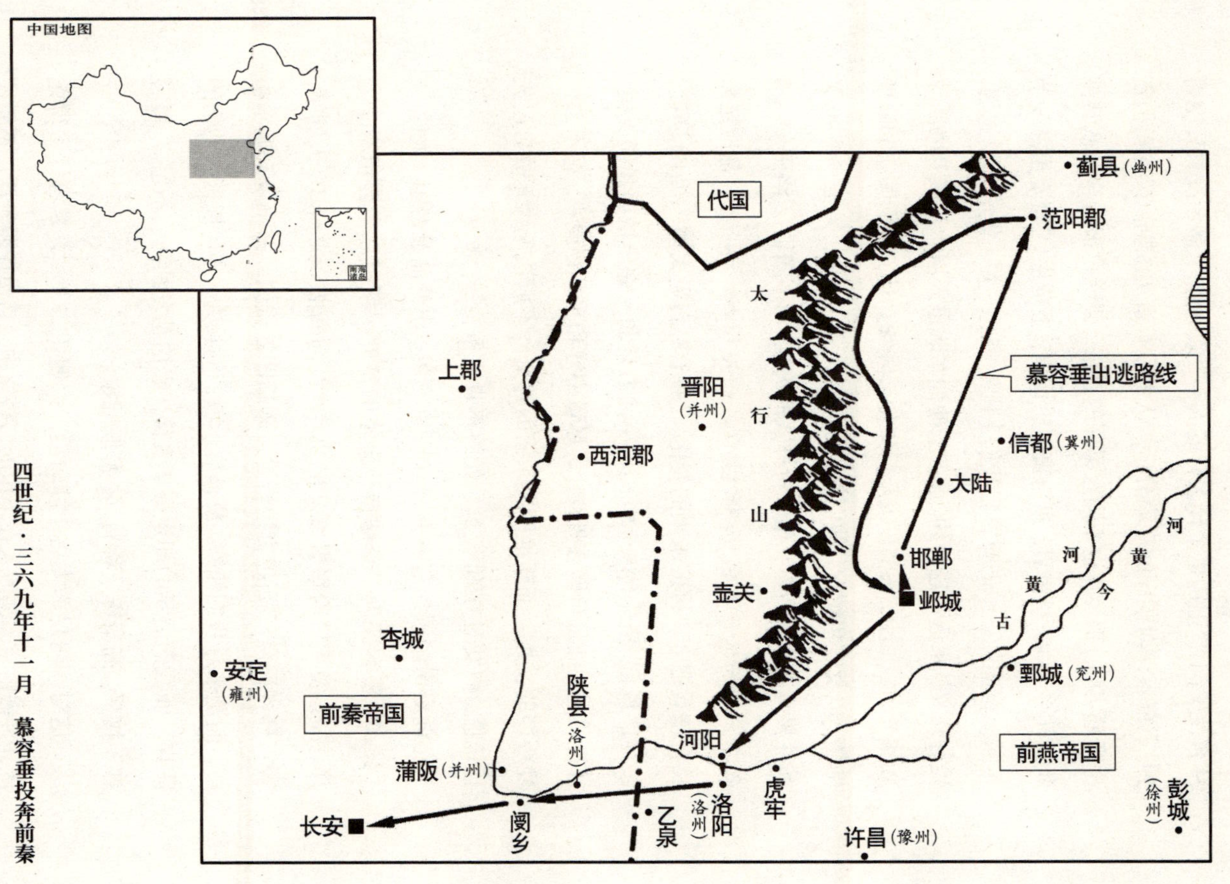

四世纪·三六九年十一月　慕容垂投奔前秦

慕容评又问："王猛是个什么样的人？"梁琛说："盛名没有凭空得到。"慕容评对梁琛的观察分析，认为没有事实根据。梁琛再报告皇帝慕容暐，慕容暐也不同意梁琛的看法。梁琛再报告全国武装部队总司令（太尉）皇甫真，皇甫真深感忧虑，上疏说："苻坚虽然使节不断，但实际上，仍有冒犯我们上国的野心，并不能够仰慕恩德，爱好仁义，永远不忘盟约。上次，他们军队进入洛水流域（指荀池、邓羌，参考本年〔三六九〕八月），以及后来使节陆续到达，我们国家的险要地势，以及虚实情况，他们都已经知道无遗。而今，吴王（慕容垂）又前往投奔，作为智囊；伍子胥样式的灾难，不可不防。洛阳（河南省洛阳市东白马寺东）、太原（山西省太原市）、壶关（山西省长治市北），都应选派良将精兵把守，因应未来的变化。"慕容暐召见太傅（慕容评）磋商，慕容评说："秦国（前秦帝国）面积小而力量弱，完全依靠我们支援，才能维持，而且苻坚在外交上，尽量遵守和平共存原则，绝不会接受叛徒的挑拨，而断绝两国亲密的邦交，不应该无缘无故自己先行惊慌，触发对方的邪念。"始终不肯戒备。

前秦帝国派禁宫咨询官（黄门郎）石越，出使前燕帝国。太傅（上三公之二）慕容评为了夸耀自己国家的富庶，所以尽量显示豪华奢侈。高泰及太傅府军事参议官（太傅参军）河间郡（河北省献县）人刘靖，警告慕容评说："石越言语奇异，眼睛四处张望，并不是来追求和好，而是来对我们侦察，应该展示我们的兵力，才可以摧毁他们的阴谋。而我们展示的却是豪华奢侈，恐怕越发瞧我们不起。"慕容评不接受。高泰遂宣称有病，辞职回家。

这时，可足浑太后干涉政治，太傅（上三公之二）慕容评贪得无厌，金银财宝，都流入在上位的口袋之中，官员任职升迁，不靠才干，只靠贿赂，人民怨恨愤怒。国务院左秘书长（尚书左丞）申绍上疏，认为：“郡长县长，是政府的基层官员，可是今天的郡长县长，往往不是适当人选。有的是识字不多，从军队中转业从政；有的是皇亲国戚，生长富贵之家。既不是本郡本县的杰出乡亲，又从来没有担任过政府职务。加上升降奖惩，没有法令制度，贪赃枉法，悠忽混世的，不惧怕刑罚；清官循吏，品德高洁的，又没有丝毫赏赐。于是，民穷财尽，遍地盗贼，法律败坏，秩序混乱，机关林立，却没有一人肯负责任。而官员和雇员（吏），数目又特别庞大，超过从前任何时代，公私混乱，骚扰无穷无尽。大燕帝国（前燕帝国）户口的数目，比两个盗匪集团（前秦帝国和晋帝国）加起来还要多，兵强马壮，四方都赶不上。可是，最近以来，却屡战屡败，为什么？都为了郡长县长田赋不公，差役不平，侵夺剥削，永没有完，出征的和耕田的，全都陷于穷苦，所以，没有人再肯为国家牺牲性命。陛下皇宫之中，美女就有四千余人，宦官之类奴仆，还都在这四千余人之外，一天的费用，就需要黄金两百万两，知识分子和普通平民，受这种豪华奢侈风气的影响，互相比赛浪费，看谁花得最多！秦国（前秦帝国）是一个僭伪政权，晋国（晋帝国）又远处于荒僻的江南（长江以南），但他们仍然把内部治理得井井有条，有吞并其他国家的野心。反而，我国上上下下，因循苟且情况，一天比一天严重。我们政治腐败，正是他们由衷的盼望。所以，应该严格的挑选郡长县长，裁官并职，优待武装部队官兵的家属，使公私两方，都能精益求精，节省开支，珍惜金钱，对有功的人才赏，对有罪的人才罚。如果能够这样，则桓温、王猛的人头可以砍下，两个敌国可以消灭，岂仅仅限于保境安民！又，拓跋什翼犍部落，既老且病，昏庸狂悖，虽然没有经常进贡，但对我们并没有冒犯；我们大军远远北调，对自己只有损害，没有益处（当时，前燕帝国军进驻并州〔山西省中部〕北境，防备拓跋什翼犍）。不如移驻并州（山西省中部），控制西河（山西省吕梁市离石区），南方保护壶关（山西省长治市北），北方捍卫晋阳（山西省太原市）；西方盗寇（前秦帝国）来时用以拒守，去时用以截断他们的殿后部队。总比远在塞外，驻守一座孤城，保卫一块毫无用处的土地，要好得多。”

奏章呈上去后，如石沉大海，没有反应。

7 十一月二十五日，晋帝国丞相司马昱，跟最高指挥官（大司马）桓温，在涂中（滁河流域）举行会议，计划下一次北伐行动。任命桓温的世子桓熙，当豫州（时州政府应在历阳〔安徽省和县〕）州长（刺史），“假节”。

8 最初，前燕帝国在情势紧急时，承诺把虎牢（河南省荥阳市西北汜水镇）以西割让给前秦帝国，换取救兵（参考本年〔三六九〕七月）。晋军败退之后，前燕帝国对这项承诺，十分后悔，告诉前秦帝国说：“我们并没有说过这种话，定是使节词不达意，才生出这个误会。有国有家的人，互相救灾救祸，应是人之常情。”前秦帝国天王苻坚，听到这种回答，怒不可遏，决心采取军事行动，下令动员。

苻坚派辅国将军王猛、建威将军梁成、洛州（州政府设陕城〔河南省三门峡市〕）州长（刺史）邓羌，率步骑兵混合兵团三万人，向前燕帝国发动攻击。

十二月，苻坚进攻洛阳（河南省洛阳市东白马寺东）。

9 晋帝国最高指挥官（大司马）桓温，征调徐、兖二州（江苏省中部）居民，兴筑广陵城（江苏省扬州市），把大营迁此（广陵郡郡政府自三国时代迁至淮阴〔江苏省淮安市淮阴区〕，至本年迁回广陵城）。这时，征兵征差，从没有停止，加上瘟疫流行，人民死亡，占全国人口十分之四五（人间惨事），一片嗟叹怨恨。皇家图书馆长（秘书监）孙盛，作《晋春秋》，毫不隐瞒避讳的，记述当时发生的时事。桓温看到后，暴跳如雷，对孙盛的儿子说："枋头之役，军事上确实失利，但何至于像你老爹说的那样！这部史书如果流传市面，可是跟你全家满门有关（灭族）！"孙盛的儿子急忙道歉，请老爹删改。这时孙盛年纪已老，在家安度晚年，性情方正严厉，遵守法度，子孙中有的头顶已经长出白发，但孙盛对待他们仍然像对待孩子一样。这件事情发生之后，儿子们围绕着他，叩头痛哭，请他想到一百余口的性命。孙盛大发雷霆，拒绝删改。儿子们不得已，就私下删改。想不到孙盛早已另抄一份，传到外国。后来，晋帝国十五任帝（孝武帝）司马昌明在位时（本〔四〕世纪八〇、九〇年代），搜购天下奇书，辽东（辽宁省）人呈献出来，跟当时流行的删改本不同。于是两种版本，同时并存。

晋帝国

- ◉ 前燕帝国亡。
- ◉ 桓温立威，罢黜晋帝司马奕。
- ◉ 王猛逝世。
- ◉ 前凉王国亡。
- ◉ 前秦帝国统一北方。

- ◉ 高句骊王国制定中国式太学，用中国儒家经典教育子弟。
- ◉ 欧洲民族大迁移（历时百余年才定）。

三七〇年 庚午

晋 太和 五年
前凉 太清 八年
前燕 建熙 十一年
前秦 建元 六年
（代王拓跋什翼犍建国三十三年）
（圣王李弘凤凰元年）

1 春季，正月二十四日，投降前燕帝国（首都邺城〔河北省临漳县西南邺城镇〕）的豫州州长（刺史）袁真（时驻寿春〔安徽省寿县〕），因梁国（河南省商丘市）郡长（内史）沛郡（安徽省淮北市）人朱宪，及朱宪的老弟汝南郡（河南省息县）郡长（内史）朱斌，秘密跟晋帝国（首都建康〔江苏省南京市〕）最高指挥官（大司马）桓温通谋，斩朱宪、朱斌。

2 前秦帝国（首都长安〔陕西省西安市〕）辅国将军王猛，送信给洛阳（河南省洛阳市东白马寺东）守将、前燕帝国荆州（州政府设鲁阳〔河南省鲁山县〕）州长（刺史）武威王慕容筑，说：“帝国（前秦帝国）现在已堵住成皋（河南省荥阳市西北汜水镇）的险要，切断盟津（即孟津·河南省洛阳市孟津区东黄河渡口）的退路，圣驾（苻坚）亲统猛虎一样的百万精锐部队，从轵关（河南省济源市西）直接扑向邺城（河北省临漳县西南邺城镇）。金墉（洛阳城西北角）守军，穷途末路，外没有救援，而围城部队的声势，将军亲眼看到，岂是你手下那三百个疲惫的士卒能支持得住！”慕容筑恐惧，献出洛阳；王猛严密戒备，接受投降。前燕帝国卫大将军乐安王慕容臧，兴筑新乐城（河南省新乡市），在石门（河南省荥阳市北，袁真无法凿通之地）击败前秦兵团，生擒前秦兵团将领杨猛。

王猛在首都长安出发时，请慕容令当他的军事参议官（参军事），担任向导。临走，王猛拜会慕容垂，筵席上酒过三巡，菜过五味，王猛从容不迫的对慕容垂说：“今天就要告辞，一去千里，老友送给我什么礼物，使我看到礼物，便想起老友。”慕容垂解下佩刀，送给王猛。王猛到洛阳后，用重金收买慕容垂的亲信金熙，由金熙以佩刀为凭，传达慕容垂的话，对慕容令说：“我们父子到此，只为了逃命，可是王猛却把我们当作仇人盗寇，恨入骨髓，挑拨陷害，一天比一天严重。秦国（前秦帝国）天王（苻坚）虽然外表上待我们恩重如山，可是心里想的什么，谁也不知道。大丈夫想逃死而终不免一死，徒使天下人失笑。我听说东国（前燕帝国）近来有点醒悟，开始后悔，皇上（慕容暐）跟太后（可足浑）互相抱怨，所以我决定回国，特别命金熙通知你，我已出发，你一有机会，就应脱离。”慕容令怀疑这话的真实性，犹豫踌躇，整整一天，苦于没有地方求证。最后，无可奈何，只好率领旧部骑兵侍卫，假装到郊外打猎，直奔石门（河南省荥阳市北），投靠前燕帝国乐安王慕容臧。王猛立即上疏报告慕容令叛变。慕容垂大为恐惧，率领家属，再度逃亡，逃到蓝田(陕西省蓝田县)，追兵赶到，全体被捕。

天王(三任宣昭帝)苻坚(本年三十三岁)在太极殿东堂亲自接见慕容垂，安慰说："你的家庭跟政府失去和睦，前来投奔，把身家性命托付给我。你那位贤明的儿子，心里念念不忘根本，仍依恋故国。人各有志，不应该深加责备(包括慕容垂和苻坚在内，都认为慕容令是主动逃走)。燕国(前燕帝国)灭亡就在眼前，一个慕容令，不能使它生存，可惜他白白跳进虎口。而且，父子兄弟，各人行为的后果，由各人承担，罪恶互不牵连，你为什么怕成这个样子，狼狈到如此程度！"待慕容垂跟过去一样。然而前燕帝国政府认为，慕容令既逃亡而又突然返回，老爹慕容垂仍受到前秦帝国尊重推崇，怀疑慕容令从事反间工作。于是，把他放逐到沙城——位于故都龙城(辽宁省朝阳市)东北六百华里。

司马光曰

从前，周王朝因得到子启(微子)，而斩断商王朝命脉(子启，是商王朝末任帝〔纣帝〕子受辛的老哥，子受辛暴虐，子启屡次规劝，都被拒绝，遂抱着祭祀祖先的器具，投奔周部落。周部落酋长姬发，于纪元前一一二二年，消灭商王朝，建立周王朝)；秦国因得到由余，而称霸西戎(巴蜀〔四川省〕戎部落酋长，于纪元前六二五年，派智囊由余出使秦国，秦国九任国君〔穆公〕嬴任好，回赠戎部落酋长美女和乐队，酋长大为高兴。由余回去后，屡屡规劝，不蒙采纳，最后投降秦国，秦国遂开拓疆土一千华里)；吴王国因得到伍子胥，而制服强大的楚王国(纪元前六世纪七〇年代，楚王国十二任王〔平王〕芈弃疾派使节费无极前往秦国，给太子芈建迎娶秦国十四任国君〔哀公〕的女儿孟嬴。返国后，费无极竭力称赞孟嬴的美丽，芈弃疾遂自己收做妻子。费无极恐惧太子芈建登极后报复，遂诬告芈建谋反，芈弃疾诛杀太子师傅伍奢，以及伍奢的儿子伍尚。又要诛杀芈建，伍尚的老弟伍子胥，陪同芈建，投奔郑国。在郑国，芈建被卷入一次失败的政变，丧失性命，伍子胥带着芈建的儿子芈胜，投奔吴王国。前五〇六年，吴王国大军在伍子胥的谋略下，攻陷楚王国首都郢都〔湖北省江陵县〕，楚王国国务官〔大夫〕申包胥，向秦国求得救兵，才勉强逐走吴军，但楚王国再不能恢复原状）；西汉王朝因得到陈平，而诛杀项羽（参考前二〇五年至前二〇三年）；曹操因得到许攸，而大破袁绍（参考二〇〇年十月）。敌国的人才，前来投靠效力，正是我们进取时最可贵的资本。王猛固然知道慕容垂的心越久越不可信赖。可是，为什么不考虑到前燕帝国还没有消灭，慕容垂才华盖世，功勋盛大，无罪却受到猜忌？他穷途末路，投奔前秦帝国，并没有一点不轨的心意，只不过猜忌而竟把他诛杀，是帮助前燕帝国行凶，而堵住前来投奔者的大门，怎么可以！所以前秦帝国天王苻坚：礼遇他，用以加强对前燕人民的号召；亲近他，用以得到前燕帝国更多的情报；宠爱他，用以瓦解前燕帝国的军心士气；信任他，用以使前燕帝国官民诚实回报；所做的并不过分。王猛却为什么要急急于向慕容垂下手？完全是街头巷尾、菜市场上做小买卖的行为！难道是嫉妒慕容垂受到恩宠，因而在那里吃醋陷害？有雅量的正人君子，岂可以有这种行为。

柏杨曰

一般人的判断习惯是：有事实结果做证据，就很难接受和结果相反的原始动机。慕容垂最后终于叛变，好像人们就可以一口咬定他当初早有叛变之心。这种思考方式，是一种受结果影响的成见。王猛不是神仙，怎么能预知十四年后（三八四）发生的事？而在本年（三七〇），慕容垂不但没有叛变行迹，反而如婴儿之投入慈母怀抱，对苻坚由衷的感激涕零。如果不根据证据，而仅根据预知，就可诛杀，那可是野蛮的巫师社会，是有权杀人的人的乐园。

我们十分清楚王猛没有预知能力（而且，即令有预知能力，也不可以作预防性的诛杀）。他之所以下手恶毒，似乎只有一个解释是合理的，那就是妒火中烧。王猛不过一介平民，全靠苻坚慧眼识英雄，才攀登高位；慕容垂以亲王之尊，拥有盖世勋业，突然出现，苻坚亲自到郊外迎接，可看出慕容垂的声势，咄咄逼人。王猛虽然有诸葛亮的能力，却没有受到诸葛亮所受到的礼遇。王猛可是自己晋见苻坚，请求录用的。英雄固不在乎如何进身，但相比之下，王猛如果感受到慕容垂已经严重威胁到他的前途，并不能算神经过敏。我们无法证明：如果苻坚先遇到慕容垂，还会不会那么重视王猛？

王猛是中国历史上杰出的人物，然而，杰出的人物也是人，人有人的软弱，对于慕容垂的栽赃诬陷，是王猛人格上的一个污点，幸亏苻坚是一位累世难寻的英明君王，没有跳进圈套，使王猛的罪恶，减到最低。

3 前燕帝国乐安王慕容臧，挺进到荥阳（河南省荥阳市），王猛派建威将军梁成、洛州（州政府设陕城〔河南省三门峡市〕）州长（刺史）邓羌，击退慕容臧。王猛命邓羌留下来镇守金墉（洛阳城西北角），命辅国将军府军政官（辅国司马）桓寅，当弘农郡（河南省灵宝市东北）郡长，接替邓羌，驻防陕城（河南省三门峡市）。然后，王猛才班师而返。

前秦天王苻坚，擢升王猛当宰相（司徒）、主管政府机要（录尚书事），封平阳郡侯。王猛坚决不肯接受，说：“而今，燕国（前燕帝国）、晋国（晋帝国），还没有铲平，战车仍在奔驰，只不过刚刚夺到一座城池，就一连接到三项赏赐（三项：宰相、主管政府机要、封侯），如果把两个盗匪集团消灭，那将再赏赐什么！”苻坚说：“如果你不这样抗拒我的旨意，又怎能显出你谦让的美德！我已命有关单位暂时且听你的，但酬谢你功劳的爵位，你应该勉强接受。”

4 二月二十八日，投降前燕帝国的袁真（参考去年〔三六九〕十月）逝世。陈郡（河南省周口市淮阳区）郡长朱辅，拥立袁真的儿子袁瑾，继位老爹遗留下来的建威将军、豫州州长（刺史），固守寿春（安徽省寿县），派他的儿子朱乾之，跟军政官（司马）爨亮，前往首都邺城（河北省临漳县西南邺城镇），请求任命。

前燕帝国政府任命袁瑾当扬州（州政府设寿春）州长（刺史）、朱辅当荆州（州政府设鲁阳〔河南省鲁山县〕）州长（刺史）。

5 三月，前秦帝国天王苻坚，擢升国务院文官部长（吏部尚书）权翼，当国务院右执行长（右仆射）。

夏季，四月，再擢升王猛当宰相（司徒）、主管政府机要（录尚书事），王猛仍坚决拒绝，才算停止。

6 前燕帝国及前秦帝国，分别派出军队，援救寿春（安徽省寿县），协防袁瑾。晋帝国（首都建康）最高指挥官（大司马）桓温，派大营指挥官（督护）竺瑶等抗拒。前燕兵团先到，竺瑶等在武丘（河南省沈丘县东南）迎战，击破前燕兵团。晋帝国南顿郡（河南省项城市）郡长桓石虔，攻克寿春的南城。桓石虔，是桓温的侄儿。

7 前秦帝国天王苻坚，将对前燕帝国发动强大的灭国性攻击；命王猛统御镇南将军杨安等十位将领，率步骑兵混合兵团六万人出发。

8 被放逐到沙城（辽宁省朝阳市东北三百公里）的慕容令，自己知道最后仍是难逃一死，遂秘密准备叛变；沙城中被放逐的犯兵犯将，有数千人，慕容令厚待他们，倾心建立友谊。

五月庚午日（五月甲戌朔，没有庚午），慕容令击斩营门官（牙门）孟妫（音guī〔归〕），沙城县长（城大）涉圭（涉，姓），大为恐惧，投降；慕容令信任他，把他留在自己左右，遂率领那些被放逐的官兵，向东袭击威德城（即宇文涉夜干所住，参考三四四年正月），击斩守将慕容仓，占领城池，部署各种事务，派人召集东西要塞驻扎的边防军，大家一致响应。镇东将军、勃海王慕容亮，镇守龙城（辽宁省朝阳市），慕容令准备对龙城发动袭击，老弟慕容麟却通知慕容亮，慕容亮紧急戒备，闭城守卫。

五月癸酉日（五月甲戌朔，没有癸酉），轮到涉圭值班，遂突击慕容令，慕容令单人匹马逃走，党羽崩溃。涉圭追击，直追到薛黎泽（今地不详），生擒慕容令，诛杀。

涉圭前往龙城（辽宁省朝阳市）报告慕容亮，慕容亮为慕容令报仇，斩涉圭；收拾慕容令的尸首埋葬。

慕容令被命运拨弄，身不由己，挣扎失败，使人叹息。而涉圭最后竟被诛杀，这个结局，更使人叹息不已。中国历史读得稍多时，就会发现：一个人面对是非黑白，要作重大选择时，是多么困难。

9 六月十二日，前秦帝国天王苻坚，到霸上（陕西省西安市东灞河畔）给远征军统帅王猛饯行，苻坚说："我把函谷关（河南省新安县）以东广大地区的征服任务，交付给你。应该先攻破壶关（山西省长治市北)，平定上党郡(山西省黎城县西南。壶关县属上党郡)，然后长驱直入，径取邺城(前燕首都·河北省临漳县西南邺城镇)，这正是'迅雷来不及掩耳'！我当亲自率领一万人的精锐，在你之后，连夜出发，粮食草料，舟船车辆，水陆同时并进，你不要担忧后勤不继。"王猛说："我仗恃陛下的威望和神灵，遵守精密的作战计划，势将一举铲平残余的蛮族，如同秋风之扫落叶！不需要御驾出征，亲自承受雨雾沾衣，尘土扑面！只请陛下立刻训令主管机关，迅速兴建鲜卑收容所(前燕帝国皇族是鲜卑人)。"苻坚大为高兴。

10 秋季，七月一日，日蚀。

11 前秦帝国辅国将军王猛，猛攻壶关(山西省长治市北)；镇南将军杨安，猛攻晋阳(前燕并州州政府所在县·山西省太原市)。

八月，前燕帝国皇帝(三任幽帝)慕容暐(本年二十一岁)，命太傅(上三公之二)、上庸王慕容评，率中外精锐武装部队三十万人，抵抗前秦帝国六万人的东征兵团。慕容暐对前秦帝国的进犯，深为忧惧，召见散骑顾问官(散骑侍郎)李凤、禁宫咨询官(黄门侍郎)梁琛、立法院主任立法官(中书侍郎)乐嵩，问他们说："秦国(前秦帝国)军队有多少？大军既已出动，他们会不会接受挑战？"李凤说："秦国(前秦帝国)国小兵弱，不是我们王师的对手。王猛更是一个庸碌之辈，不能跟太傅(慕容评)相比，没有什么可担心的。"梁琛、乐嵩说："事情成败，只在将帅谋略，不在人数多寡。秦国(前秦帝国)遥远的前来侵犯，怎么可能不接受挑战？而且，我们应该用计策取得胜利，又怎么可以把希望寄托在他们不接受挑战上？"慕容暐大不高兴(他喜欢听到秦军不敢接受挑战的证词)。

王猛攻陷壶关，生擒前燕帝国上党郡郡长、南安王慕容越。前秦东征兵团深入前燕帝国国土，所经过的郡县，都望风投降，前燕帝国大为震动。禁宫咨询官（黄门侍郎）封孚，问宰相府秘书长（司徒长史）申胤说："你看事情有什么发展？"申胤叹息说："邺城（前燕首都·河北省临漳县西南邺城镇）必定陷落，我们都会被秦国（前秦帝国）生擒活捉。然而，天上的福星正是越王国的岁星，而吴王国却非讨伐越王国不可，结果吴王国反而大祸临头。（《左传》前五一〇年：吴王国攻击越王国，这是第一次攻击，史墨说："不满四十年，越王国一定消灭吴王国。因为，今年天上的福星正笼罩越王国，而吴王国却去冒犯，定有凶险的后果。"）而今，福星正笼罩燕国（前燕帝国），秦国（前秦帝国）虽然达到目的，而燕国（前燕帝国）的复国，不会超过十二年。"

史墨和申胤之流，所做的这类未卜先知的胡说八道，明显的，是事情过去之后，为了某种目的，硬行制造出来的鬼话，写上史册。三流江湖郎中的诈欺勾当，史学家不应该传播这种诈欺，除非跟史墨、申胤二位有仇，要他们丢丑。

12 晋帝国最高指挥官（大司马）桓温，从广陵郡（江苏省扬州市）率军二万人，讨伐袁瑾。任命襄城郡（侨郡·安徽省芜湖市繁昌区）郡长刘波当淮南郡（安徽省寿县）郡长（内史·空头官衔），率五千人驻防石头城（建康城西北）。刘波，是刘隗的孙儿（刘隗，参考三三三年十月）。

八月十一日，桓温在寿春（淮南郡郡政府所在县·安徽省寿县）近郊击败袁瑾防御部队，遂包围寿春。

前燕帝国首都东区卫戍司令（左卫将军）孟高，率骑兵援救袁瑾，已进抵淮河北岸，还没有渡河，正巧，前秦帝国对前燕帝国总攻击已经发动，前燕帝国命孟高回军。

13 晋帝国益州（四川省中部）广汉郡（四川省广汉市）变民首领李弘，冒充故成汉帝国末任帝（五任）李势的儿子，集结部众一万余人，自称“圣王”，改年号凤凰。陇西郡（甘肃省陇西县）人李高，冒充故成汉帝国一任帝（武帝）李雄的儿子，攻取涪城（四川省绵阳市），把梁州（州政府设涪城）州长（刺史）杨亮赶走。

九月，益州（州政府设成都〔四川省成都市〕）州长（刺史）周楚，派儿子周琼，讨伐李高，又派周琼的儿子、梓潼郡（郡政府亦设涪城）郡长周虓（音xiāo〔消〕），讨伐李弘。全部平定。

14 前秦帝国镇南将军杨安，进攻晋阳（山西省太原市）。晋阳兵广粮多，一时无法攻下。辅国将军王猛，留下骑兵指挥官（屯骑校尉）苟苌，驻防壶关（山西省长治市北），自己率军增援杨安，加强对晋阳（山西省太原市）攻击，最后，挖掘地道，命虎牙将军张蚝率壮士数百人，由地道进入城中，高声呐喊，砍开城门，迎接围城军入城。

九月十日，王猛、杨安，进入晋阳（山西省太原市），生擒前燕帝国并州（州政府设晋阳）州长（刺史）、东海王慕容庄。前燕帝国太傅（上三公之二）慕容评，畏惧王猛，不敢继续向前推进，遂停留潞川（潞水，今名浊漳河〔漳水上游〕；潞川，浊漳河流域，流经山西省黎城县南）。

冬季，十月十日，王猛留将军武都郡（甘肃省成县）人毛当，镇守晋阳（山西省太原市）；自己率大军进抵潞川（山西省黎城县南），跟慕容评对峙。

十月二十一日，王猛派将军徐成，前往侦察前燕兵团阵地，限定中午返营，而徐成延误到黄昏才回，王猛大怒，要斩徐成。洛州

(州政府设洛阳)州长(刺史)邓羌请求宽恕,说:“贼寇(前燕军)人多,我们人少,而明天就要决战!徐成,是一员大将,最好是赦免一死。”王猛说:“如果不斩徐成,军法尊严不能建立。”邓羌坚持,说:“徐成,是我的老郡长、老长官,虽然违犯军令,应该处决,但我愿跟徐成用战功赎他的罪。”王猛仍不允许。邓羌怒不可遏,飞马回营,下令备战,擂动战鼓,将向王猛攻击。王猛询问原因,邓羌说:“我奉皇上诏书,讨伐远处贼寇(前燕帝国)。现在发现眼前就有贼寇,在那里自相残杀,我打算先把他除掉。”王猛认为邓羌义薄云天,而又骁勇盖世,派人告诉他:“将军不必动气,我放了徐成就是。”徐成既保命回营,邓羌晋见王猛叩谢,王猛握住他的手,说:“我所以非杀徐成不可,只是对你试探,你对老长官都不辜负,又怎么会辜负皇上(苻坚)?我不再担心贼寇(前燕帝国)!”

前燕帝国太傅(上三公之二)慕容评,认为王猛一支孤军,深入敌人国土,势不能久留;打算用持久战消耗前秦东征军的战力。慕容评这个人,卑鄙龌龊,贪婪吝啬;他下令封锁所有山路河道,不是为了军事上的攻防目的,而是为了发财,无论人民或士卒要想上山砍柴,或到河中捕鱼,都必须缴纳规定的金钱或绸缎。于是,不久,金钱绸缎堆积起来,如同大山,士卒愤怒怨恨,失去战斗意志。王猛听到消息,失笑说:“慕容评真是奴才,他就是有亿兆大军,都不能构成威胁,何况只不过区区数十万!我击破他是注定的了。”派游击将军郭庆,率骑兵五千人,在夜色掩护下,绕到前燕大营背后,焚烧前燕粮食草料;火光上冲云霄,连首都邺城(河北省临漳县西南邺城镇)都看得见(潞川〔山西省黎城县南〕大营跟邺城之间,航空距离九十公里,当中还隔一座高达一千五百公尺的太行山)。前燕帝慕容暐,惊惶失措,派高级咨询官(侍中)兰伊,责备慕容评说:“大王是高祖(慕容廆）的儿子，应该忧虑国家的安危才对，为什么竟然不照顾战士，却去卖柴卖水，专心做起生意？国家仓库里的金银财宝，我跟大王共同享受，何必担心贫穷？如果贼寇（前秦帝国）发动攻击，家破国亡，大王，你带着那么多钱，往哪里逃？”下令把所有金钱绸缎，全部散发给将士；命慕容评迎击。慕容评大为恐惧，派人向王猛下达战书。

十月二十三日，两国生死存亡大会战爆发，王猛在渭源誓师（渭源今地不详，或许是“涅源”，涅水出自山西省黎城县西），对大家宣布说：“我王猛，身受国家恩德宠爱，担负内外重责大任，而今跟大家深入贼寇土地，当竭力死战，只有前进，没有后退，共同建立大业，报答国家。在圣明的君王驾下，接受爵位；在温暖的家乡故里，向父母敬酒祝福，岂不至为美好。”将领们欢欣鼓舞，砸碎锅碗，抛弃粮秣，喊声震天，投入战场。

王猛发现前燕兵团人数太多，对邓羌说：“今天面临大事，除非是你，不能击破强敌。成败契机，在此一举，你要好好掌握。”邓羌说：“如果能保证我当京畿总卫戍司令（司隶校尉），你就不必担心。”王猛说：“这不是我权力和职务所能办到的事，我可以承诺你当安定郡（甘肃省镇原县东南屯字镇）郡长，封万户侯爵。”邓羌大不高兴，退出。不久，两军短兵相接，王猛传令邓羌进帐，邓羌假装没有听见，王猛骑马到邓羌大营探视，接受他的要求。邓羌遂在虎帐中放怀大饮美酒，跟张蚝、徐成等，跨上战马，舞动戈矛，大声呼喊，一直冲入前燕阵地，三番四次，杀进杀出，旁若无人，杀伤数百人之多。决战到中午，前燕兵团崩溃，阵亡及被俘的有五万余人，前秦东征大军乘胜追击，又斩杀及俘虏十万余人。慕容评单人匹马，逃回首都邺城（河北省临漳县西南邺城镇）。

崔鸿曰

邓羌为他的老郡长请求赦免，是破坏法令，满足私欲。动员军队，打算攻击王猛，是目中没有长官。面对战场，要求当京畿总卫戍司令（司隶校尉），是要挟君王。三者有一，已不可恕；三者同时并发，罪恶无以复加。王猛却能包容他的短处，发挥他的长处，好像驯兽师一样，克制猛虎，控制野马，终于完成大功。《诗经》说："采蔓菁 / 采息菜 / 只要叶子好 / 不管根部坏不坏。"（《诗经·谷风》："采葑采菲，无以下体。"）正是王猛的写照。

15 前秦帝国东征兵团长驱直入，越过太行山（经滏口陉〔河北省武安市西南〕），向邺城挺进。

十月二十六日，包围邺城（前燕首都·河北省临漳县西南邺城镇）。王猛上疏说："我在二十三日那天，歼灭丑类（前燕兵团），执行陛下仁爱的心愿，使六个州（前燕帝国疆域）的人民，不觉得主人已经更换。除非是执迷不悟和违犯命令之徒，对任何人都不会有丝毫伤害。"天王苻坚回答说："将军出兵还没有超过三个月，首恶（指慕容评）就被拔除，功勋之高，超过古人。我今亲自率领六军，凌晨出发，当尽快赶往。将军不妨休养将士，等我抵达，然后攻城。"

王猛还没有包围邺城（河北省临漳县西南邺城镇）时，邺城近郊秩序已乱，盗匪抢劫，公开动手。王猛抵达后，远近一片平静。前秦的武装部队，号令严明，对人民私有财产，没有丝毫冒犯（以邓羌等骄兵悍将，而能接受这种严格军纪的约束，显出王猛才智非凡），立法简单，执法宽大，人民安居乐业，互相告诉庆幸："想不到今天又遇见太原王（慕容恪）。"王猛听到，叹息说："慕容恪，真是天下奇士，有古代爱民的遗风。"用太牢（牛羊猪各一）祭祀慕容恪。

十一月，天王苻坚，命李威辅佐太子苻宏，留守首都长安；

阳平公苻融，镇守洛阳（河南省洛阳市东白马寺东），自己亲率精锐部队十万人，前往邺城（前燕首都·河北省临漳县西南邺城镇），只七天时间，便抵达安阳（河南省安阳市），摆下盛大筵席，欢宴祖父苻洪时代的长辈父老。王猛秘密前来晋见，苻坚说："从前，周亚夫不亲自迎接刘恒（参考前一五八年）。而今在敌人阵前，你却抛下大军，这是怎么回事？"王猛说："周亚夫用拒绝人主的手段，建立声名，我不太赞成。而且，我是在陛下威望神明领导之下，攻击灭亡在即的盗匪（前燕帝国），好像已放到锅子里的鱼，没有什么可以担心。监国年纪还小（太子主持政府，称"监国"），陛下远远离开京师（首都长安），万一有什么变化，后悔已来不及。陛下难道忘记我在霸上的警告（参考本年〔三七〇〕六月）！"

最初，前燕帝国宜都王慕容桓，率武装部队一万余人，进驻沙亭（河北省大名县东北），作太傅（上三公之二）慕容评的后继部队；得到慕容评失败消息，率军再进驻内黄（河南省内黄县西）。苻坚命邓羌进攻信都（前燕冀州州政府所在县·河北省衡水市冀州区）。

十一月六日，慕容桓率鲜卑部众五千人（汉人士卒全被遗弃），向北逃奔故都龙城（辽宁省朝阳市）。

十一月七日，前燕帝国散骑顾问官（散骑侍郎）夫余蔚（应是夫余王国充当人质的王子），率领夫余王国（大兴安岭东东北平原）、高句骊王国（首都丸都〔吉林省集安市〕）人质，以及上党军团（慕容恪所统）留在京师（首都邺城）的人质，有五百余人，乘夜，打开邺城北门，迎接前秦帝国东征军。前燕帝慕容暐、上庸王慕容评、乐安王慕容臧、定襄王慕容渊、首都东区卫戍司令（左卫将军）孟高、殿中将军艾朗等，逃出邺城，打算投奔故都龙城（辽宁省朝阳市）。

十一月十日，天王苻坚，进入邺城皇宫。

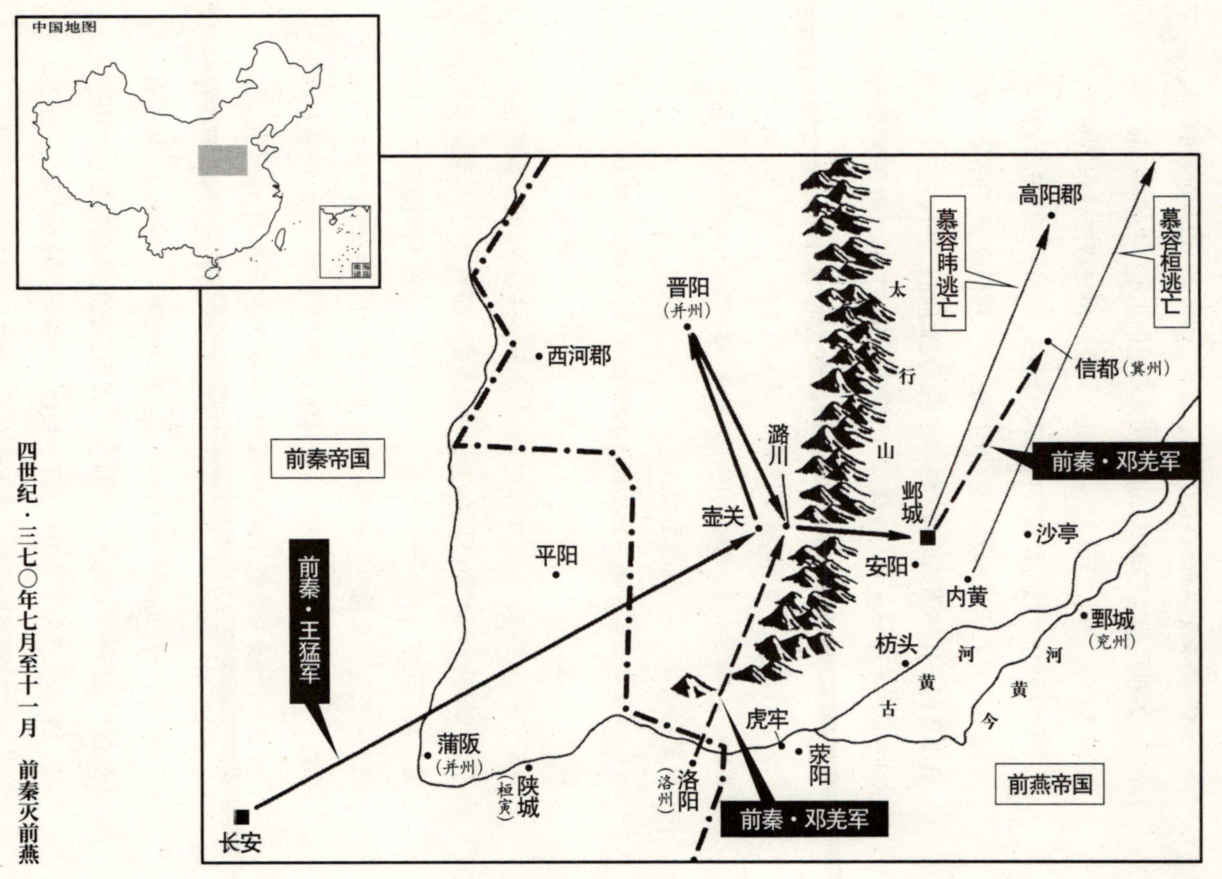

四世纪·三七〇年七月至十一月　前秦灭前燕

慕容垂看见从前邺城的三公、部长、国务官，以及过去的部属官员，对他们过去的表现，毫不掩饰脸上的恚恨。高弼告诉慕容垂说："大王凭借祖先累积下来的资产，身怀英雄豪杰盖世的韬略，受到困难挫折，暂时寄居异国外邦。现在，祖国虽然倾覆，又怎么知道不是复兴机运的开始？我的意思是，对待故国的旧人老友，应用江海一样的恢弘度量，包容他们，安慰他们，并成为他们团结的中心，像造一座大山一样，先在簸箕上建立根基，再逐渐累积，成为高峰。何必因一时的愤怒，把一切抛弃？我内心对大王的行为，不敢赞同。"（高弼追随慕容垂逃亡，关系至亲，才敢出此逆耳之言。然而，有资格进言的未必敢进言，敢进言的未必有见识进言，像高弼，才是千金难买的朋友。）慕容垂茅塞顿开，采纳他的建议。

前燕帝慕容暐逃出邺城时（河北省临漳县西南邺城镇），骑兵卫士还有一千余人。然而，出城之后，大家一哄而散（在城里时，帝王余威及纪律仍在，出城后景象一变，便无法维持），只剩十余个骑兵追随。苻坚派游击将军郭庆缉捕。当时道路艰难，孟高照顾着慕容暐，以及乐安王慕容臧、定襄王慕容渊，辛辛苦苦，向北前进。沿途不断受盗匪狙击，他们不得不一面战斗，一面赶路。走了数日，走到福禄（今地不详），躲在一处坟地，靠着坟墓，解开马鞍，使马匹获得休息。而就在这时候，二十余个强盗，霎时出现，向这群衣服华丽、身份高贵，身上定有金银财宝的逃亡客，发动突击。强盗装备齐全，每人都挟有弓箭。孟高挥刀应战，杀伤几个人，而自己精力全都使尽，料想难逃此劫，于是扑上去一把抱住一个强盗，把他摔倒在地，大声呼喊："男子汉已出了全力！"其他强盗一箭射来，射死孟高。艾朗发现孟高单独跟强盗决斗，也上前攻击，跟孟高同时被杀。慕容暐已无马可骑，徒步逃亡。郭庆率军追到高阳郡（河北省博野县东南），发现慕容暐，部将巨武（巨，姓）遂把他生擒，要用绳子捆绑，慕容暐说："你是什么东西，怎么敢捆绑天子？"巨武说："我接到命令，捉拿强盗小偷，你算他妈的什么天子！"（一个落魄的人，在不适当的时候，对别人轻视，或炫耀自己高贵身份，唯一的收获是自取羞辱。本年，慕容暐二十一岁，还是大学生年龄，一生顺境，不知道在这个时候，最不应该说这种话。）把慕容暐押送给苻坚，苻坚问他为什么不降而逃？慕容暐说："狐狸死时，头还要朝向它出生的土丘，我不过想死到先人坟墓上罢了。"（《礼记·檀弓》："姜子牙封到营丘〔山东省淄博市东临淄区〕当齐国国君，可是一连五世，逝世后，尸体都运回首都镐京〔陕西省西安市西镐京社区〕安葬。君子说：'礼义的精神，在于不忘根本。古人有句俗话：狐狸死，头仍朝向狐穴，这是爱心。'"慕容部落崛起辽东，祖先全都埋葬昌黎郡〔辽宁省义县〕。）苻坚感到凄怆，把慕容暐释放，教他回到邺城皇宫，率文武官员，正式出来投降（前燕帝国是五胡乱华十九国中第五个兴起的短命王国，也是第五个灭亡的短命亡国。立国三十四年〔三三七至三七〇〕，共三任君王。本年，中国境内三国并立：晋帝国、前凉王国、前秦帝国）。慕容暐向苻坚报告孟高、艾朗的忠勇事迹，苻坚下令厚葬，任命他们的儿子当国务院助理官（郎中）。

游击将军郭庆率军抵达龙城（前燕故都·辽宁省朝阳市），太傅（上三公之二）慕容评，投奔高句骊王国（首都丸都〔吉林省集安市〕），高句骊逮捕慕容评，送回前秦。宜都王慕容桓，诛杀镇东将军、勃海王慕容亮，吞并他的部众，投奔辽东郡（辽宁省辽阳市）。辽东郡郡长韩稠，早已向前秦帝国投降；慕容桓到达时，不能进城；攻城，又无法攻克。郭庆派将军朱嶷讨伐，慕容桓抛弃军队，单身匹马逃走，被朱嶷擒获诛杀。

故前燕帝国各州州长、郡长，以及六个蛮夷首领，全向前秦帝国投降。共计一百五十七郡，二百四十六万户，九百九十九万人。

把前燕帝国皇宫中的美女和金银财宝，分别赏赐给将士。天王苻坚下诏大赦，说："我恩德少而才干不足，承受上天的旨意，不能怀柔远人，感化四方，以至于战车屡次出动，贻害苍生，虽然是人民的错误，但也是我的罪过。现在，大赦天下，一切从头开始。"

最初，梁琛出使前秦帝国（参考去年〔三六九〕十月），由车轿管理官（侍辇）苟纯，担任副使节。梁琛每次应对回答，都不跟苟纯商量，苟纯极为痛恨。回国后，苟纯报告皇帝慕容暐，说："梁琛在长安（前秦首都·陕西省西安市），跟王猛感情至为亲密，恐怕有别的阴谋。"而梁琛又不断赞扬苻坚、王猛，警告说前秦帝国一定侵略，应该戒备。不久，前秦帝国果然大举进攻，跟梁琛所预料的完全一样，慕容暐疑心梁琛知道前秦帝国的军事计划。等到慕容评在潞川（山西省黎城县南）战败，遂逮捕梁琛，羁押监狱。前秦帝国天王苻坚进入邺城（前燕故都·河北省临漳县西南邺城镇）之后，释放梁琛，任命他当立法院国史编撰官（中书著作郎），召见他，问说："你当时曾经说过，上庸王（慕容评）、吴王（慕容垂）都是担任宰相元帅的奇才，为什么他们拿不出办法，反而使自己的国家灭亡？"梁琛说："上天已决定谁兴谁废，两个人的力量，怎么能够转移？"苻坚说："你不能够把握机会，却说了很多燕国（前燕帝国）如何美好的谎言，只靠一片忠心，不知道保护自己，甚至招来杀身之祸，怎么能叫作睿智？"梁琛回答说："我曾经听说：'预兆是呈现到表面上的一小部分，可以提前看到吉凶。'（《易经·大传》："幾者动之微，吉凶之先见者也。"）像我这样愚昧的人，实在看不出有什么预兆。然而，最好的臣属是忠臣，最好的儿子是孝子，如果不能全心全意去做，就无法始终如一。所以，古代的烈士，在面对危险时，不改变节操；面对死亡时，不苟且逃走；全心全意，为君王献出生命。而那些看出预兆的人，心里了解什么是安，什么是危。早就选择了退路，不管国家兴亡。我即令看出预兆，也不忍心利用，何况我并看不出。”

苻坚听说悦绾的忠心（参考前年〔三六八〕九月），深恨不能见到他，任命悦绾的儿子当国务院助理官（郎中）。

苻坚加授王猛“使持节”（一级权力）、关东（函谷关以东）军区司令长官（都督关东六州〔即前燕帝国故疆〕诸军事。前燕原设十一个州，当是其中五个州被撤销）、车骑大将军、开府仪同三司（宰相级）、冀州（河北省中部）全权州长（牧），镇守邺城（河北省临漳县西南邺城镇），晋封清河郡侯；把慕容评王府中所有百般搜括来的金银财宝，全部赏赐给王猛。加赐镇南将军杨安当博平县侯。加授邓羌“使持节”、征虏将军、安定郡（甘肃省镇原县东南屯字镇）郡长，加赐真定郡侯。郭庆“持节”（二级权力）、幽州（河北省北部）军区司令长官（都督幽州诸军事），兼幽州州长（刺史），镇守蓟城（北京市），加赐襄城侯（“封爵”有采邑；“赐爵”没有采邑）。其他将士封爵任官，各依等级。

苻坚任命京兆郡（首都长安）人韦钟当魏郡（郡政府设邺城）郡长；彭豹当阳平郡（河北省馆陶县）郡长。其余所有的州长、郡长、县长，都由原来的州长、郡长、县长担任。擢升前燕帝国常山郡（河北省正定县）郡长申绍当散骑顾问官（散骑侍郎），命申绍跟散骑顾问官（散骑侍郎）、京兆郡（首都长安）人韦儒，同时担任“绣衣戒严官”（绣衣使者。参考前九九年）。巡察关东（函谷关以东）州郡（前燕帝国旧土），考察风俗习惯，勉励从事耕田种桑，救济穷困，掩埋无主尸体，表扬有节操的人士。前燕帝国扰民的法令规章，全都修改或取消。

十二月，天王苻坚把慕容暐，以及前燕帝国的皇后妃妾、亲王公爵，以及文武百官，和鲜卑民族四万余户人家，全迁到首都长安（陕西省西安市）。

王猛上疏请求任命梁琛当主任秘书（主簿），兼主任记录官（记室督）。有一天，王猛跟僚属们宴会，谈到前燕帝国的使节，王猛说："人心不同，从前，梁琛到长安，只一味说祖国是如何之好；乐嵩只强调桓温军力强大；郝晷则多少透露一点祖国的毛病。"军事参议官（参军）冯诞说："现在这三位都是政府的官员，请问：用人的时候，哪一位最为优先？"王猛说："郝晷能洞察细微，应该优先！"冯诞说："那么，你可是奖励丁固，而诛杀季布了（参考前二〇二年五月）。"王猛大笑（王猛大笑，笑冯诞之流的见识迂阔，刘邦所以诛杀丁固，是在全国统一之后；现在王猛面对的还有两个强敌——晋帝国和前凉王国，正需要有更多的丁固）。

苻坚从邺城（河北省临漳县西南邺城镇）前往枋头（河南省淇县东南淇门渡），设筵欢宴父老，下令：把枋头改名永昌；在自己有生之年，免除枋头人民全部田赋捐税（苻坚的祖父苻洪〔蒲洪〕，自关中〔陕西省中部〕迁徙至枋头，参考三三三年十月，到了十七年后的三五〇年八月，后赵帝国内乱，氐部落才回到原居住地关中。所以苻坚把枋头当成他的第二故乡）。

十二月十四日，苻坚返首都长安（陕西省西安市），封慕容暐当新兴侯，任命前燕帝国太宰（上三公之一）慕容评当御前监督官（给事中）；全国武装部队总司令（大尉）皇甫真当御车总监（奉车都尉）；最高监察长（司空）李洪当御马总监（驸马都尉），"奉朝请"（特准参加御前会报）；李邽当国务院执行官（尚书）、封衡当国务院助理官（尚书郎）、慕容德当张掖郡（甘肃省张掖市）郡长（空头官衔）、燕国（北京市）人平叡当宣威将军、悉罗腾当皇家警卫官（三署郎）。其余官员，依照等级，都有任命。封衡，是封裕的儿子（封裕，参考三三七年九月）。

故前燕帝国天文台长（太史）黄泓叹息说："燕国（前燕帝国）一定会中兴，大概在吴王（慕容垂）身上。只恨我年纪已老，来不及看到。"汲郡（河南省卫辉市）人赵秋说："上天的福星正笼罩燕国（前燕帝国），用不到十五年，秦国（前秦帝国）将被燕国（前燕帝国）占有。"

慕容桓的儿子慕容凤，才十一岁，暗中有为国复仇的大志，鲜卑部落和丁零部落（指散落在河北省的鲜卑和丁零民族）中有器宇、有才干的英雄豪杰，都倾心结交。国务院右执行长（右仆射）权翼看到，问他说："娃儿应该发挥你的才干，使自己名满天下，不要跟老爹一样，违背上天的旨意。"慕容凤板下面孔说："我老爹效忠祖国，志愿虽没有完成，然而这正是当人臣属的节操。照先生所说，岂是勉励后生的办法！"权翼用充满敬意的面色，表示道歉。然后，告诉天王苻坚说："慕容凤意气轩昂，有才干气度，但是狼子野心，恐怕不会对我们效忠。"

16 前秦帝国撤销雍州（并入京畿卫戍区〔司隶〕）。

17 本年（三七〇），"氐王"仇池公（首府仇池〔甘肃省西和县南〕）杨世逝世，儿子杨纂继位，跟前秦帝国（首都长安）断绝关系。杨纂的叔父、武都郡（甘肃省成县）郡长杨统，争夺继承权，率军攻击。

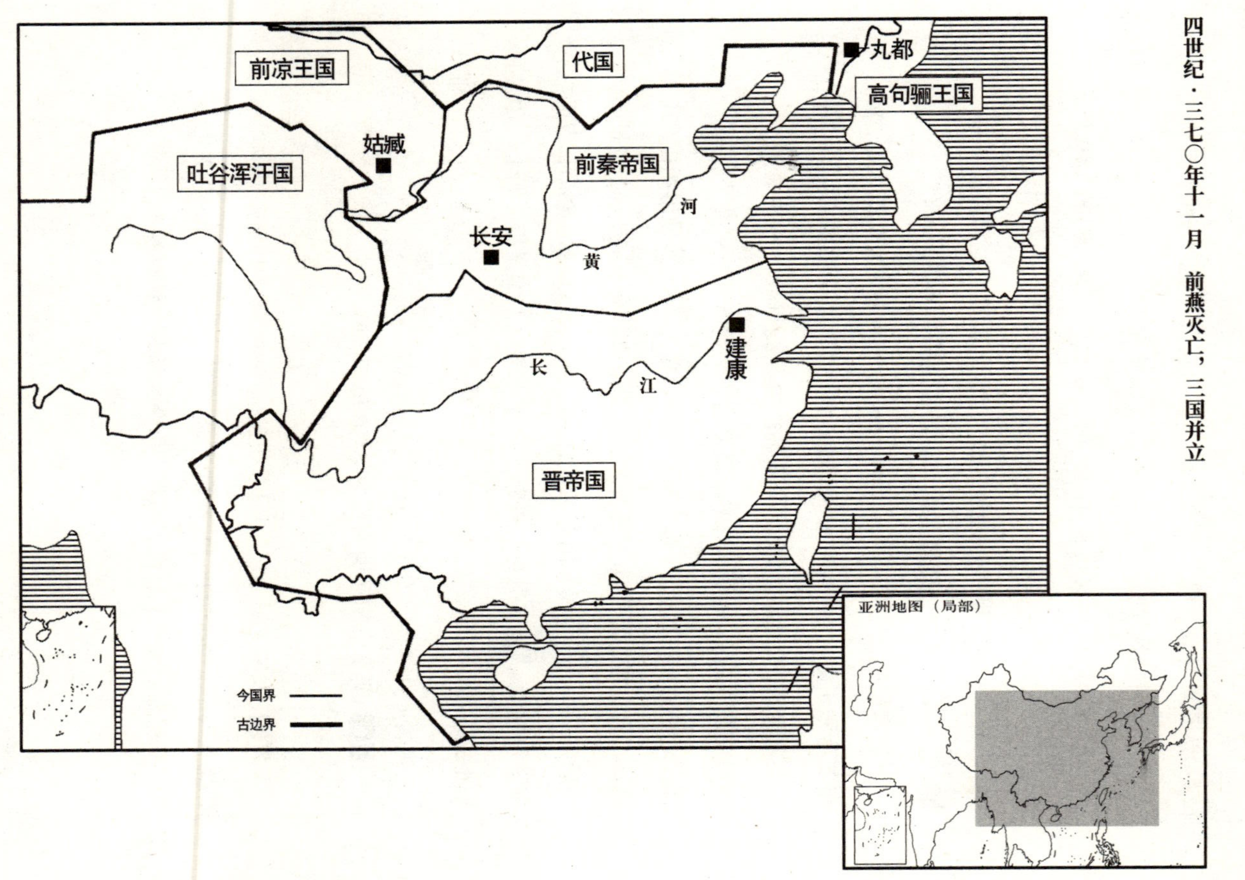

四世纪·三七〇年十一月　前燕灭亡，三国并立

三七一年 辛未

晋	太和	六年
	咸安	元年
前凉	太清	九年
前秦	建元	七年

（代王拓跋什翼犍建国三十四年）

1 春季，正月，被晋帝国（首都建康〔江苏省南京市〕）军队包围在寿春（安徽省寿县）的袁瑾、朱辅（参考去年〔三七〇〕八月），向前秦帝国（首都长安〔陕西省西安市〕）求救。前秦帝国天王（三任宣昭帝）苻坚（本年三十四岁），任命袁瑾当扬州州长（刺史），朱辅当交州州长（空头官衔）；派武卫将军、武都郡（甘肃省成县）人王鉴，前将军张蚝，率步骑兵二万人，前往救援。晋帝国最高指挥官（大司马）桓温，派淮南郡（安徽省寿县）郡长桓伊、南顿郡（河南省项城市）郡长桓石虔等，在石桥（淮河、淝水之间）迎战，大破王鉴、张蚝，前秦兵团遂退到慎城（安徽省颍上县）。桓伊，是桓宣的儿子（桓宣，参考三四四年八月）。

正月十七日，桓温攻陷寿春（安徽省寿县），生擒袁瑾及朱辅，连同他们的家族，押送首都建康，全体诛杀。

2 前秦帝国（首都长安〔陕西省西安市〕）天王苻坚，把关东（函谷关以东）强大的家族和豪门，跟各种夷族十五万户人家，强迫迁到关中（陕西省中部）；乌桓人住冯翊郡（陕西省大荔县）、北地郡（陕西省铜川市耀州区）；丁零人翟斌部落住新安（河南省渑池县）、渑池（河南省洛宁县西北）。各地人民因战乱流亡迁徙，打算回乡重执旧业的，可以自由行动。

3 二月，前秦帝国任命魏郡（邺城·河北省临漳县邺城镇）郡长韦钟，当青州（州政府设广固〔山东省青州市〕）州长（刺史）；中垒将军梁成，当兖州（州政府设仓垣〔河南省开封市东北〕）州长（刺史）；射击兵团指挥官（射声校尉）徐成，当并州（州政府设晋阳〔山西省太原市〕）州长（刺史）；武卫将军王鉴，当豫州（州政府设洛阳〔河南省洛阳市东白马寺东〕）州长（刺史）；左将军彭越，当徐州（州政府设彭城〔江苏省徐州市〕）州长（刺史）；全国武装部队总司令部军政官（太尉司马）皇甫覆，当荆州（州政府设鲁阳〔河南省鲁山县〕）州长（刺史）；骑兵指挥官（屯骑校尉）天水郡（甘肃省天水市）人姜宇，当凉州（州政府设上邽〔甘肃省天水市〕）州长（刺史）；扶风郡（陕西省眉县）郡长（内史）王统，当益州（州政府设郿县〔陕西省眉县〕）州长（刺史）；秦州（州政府设上邽）州长（刺史）、西县侯苻雅“使持节”（一级权力），兼秦晋凉雍军区司令长官（都督秦晋凉雍州诸军事。此时雍州已经撤销；晋州州政府所在不详）、秦州全权州长（牧）；国务院文官部长（吏部尚书）杨安“使持节”，兼益梁军区司令长官（都督益梁州诸军事）、梁州（州政府所在不详）州长（刺史）；恢复雍州，州政府设蒲阪（山西省永济市。原并州州政府设于此），任命长乐公苻丕"使持节"、征东大将军、雍州州长（刺史）。

梁成，是梁平老的儿子（梁平老，参考三五四年六月）。王统，是王擢的儿子（王擢投降前秦帝国，参考三五四年十一月）。苻坚认为，刚刚平定关东（函谷关以东），郡长县长都应有适当的人选。特别加授王猛全权，不受任何拘束，可以任命杰出人才，担任六州（故前燕帝国版图）郡长县长；先行到职，再通知国务院正式委派。

4 三月二十三日，晋帝国（首都建康）益州（州政府设成都〔四川省成都市〕）州长（刺史）、建成公（定公）周楚逝世。

5 前秦帝国后将军金城郡（甘肃省兰州市）人俱难（俱，姓），攻击晋帝国兰陵郡（山东省兰陵县西南兰陵镇）郡长张闵的儿子所驻守的桃山（山东省滕州市东南十公里）。晋帝国最高指挥官（大司马）桓温，派兵击退。

6 前秦帝国秦州全权州长（牧）、西县侯苻雅，梁州州长（刺史）杨安，益州州长（刺史）王统，并州州长（刺史）徐成，以及羽林警卫军东翼总监（羽林左监）朱肜（音róng〔融〕），扬武将军姚苌，率步骑兵七万人混合兵团，攻击"氐王"仇池公杨纂（参考去年〔三七〇〕十二月）所在地仇池（甘肃省西和县南）。

7 代国（首府盛乐〔内蒙古和林格尔县〕）将领长孙斤（此时尚姓拔拔，后来才改姓长孙；参考四九六年正月），阴谋刺杀代王拓跋什翼犍；世子拓跋寔挺身保护，胸部受伤，但终于逮捕长孙斤，斩首。

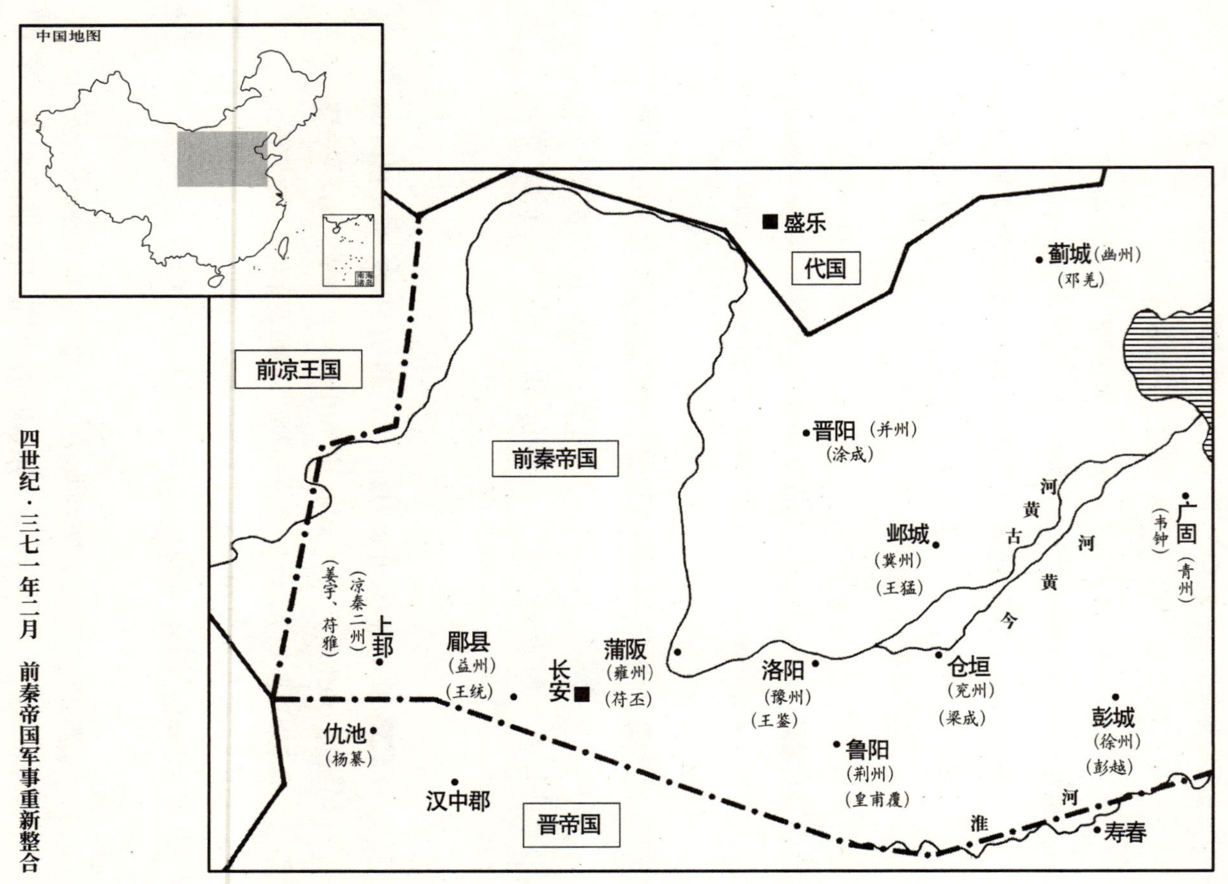

四世纪·三七一年二月　前秦帝国军事重新整合

8 夏季，四月二十日，晋帝国（首都建康）大赦。

9 前秦帝国混合兵团向仇池（甘肃省西和县南）推进，抵达鹫峡（仇池北），仇池公杨纂率五万人大军抵抗。晋帝国梁州（州政府设南郑〔陕西省汉中市〕）州长（刺史）弘农郡（河南省灵宝市东北）人杨亮，派大营指挥官（督护）郭宝、卜靖，率一千余骑兵，协助杨纂，在鹫峡深谷会战，杨纂军大败，阵亡十分之三四，郭宝等也战死，杨纂收拾残兵败将逃回。秦州全权州长（牧）、西县侯苻雅，进攻仇池（甘肃省西和县南）；武都郡（甘肃省成县）郡长杨统，率军投降前秦帝国（杨统争权事，参考去年〔三七〇〕十二月）。杨纂大为恐惧，反绑双臂，出面投降。苻雅把杨纂送到长安。中央任命杨统当南秦州州长（秦州州政府设上邽〔甘肃省天水市〕，仇池在南，所以称南秦州）。加授杨安，南秦州军区司令长官（都督南秦州诸军事），镇守仇池（甘肃省西和县南）。

王猛在枹罕（音fú hǎn〔浮喊〕。甘肃省临夏市）击败前凉王国（首都姑臧〔甘肃省武威市〕）的时候（参考三六七年四月），曾俘虏前凉军将领、敦煌郡（甘肃省敦煌市）人阴据，以及武装士卒五千人。天王苻坚既攻克杨纂，遂命阴据率领他的部队，返回前凉王国；派国史编撰官（著作郎）梁殊、阎负护送（三五六年二月，二人曾经出使，这是二次出使）；命王猛写信给前凉王国首领（七任）张天锡（本年二十六岁），说："从前，贵祖先曾经向刘家（汉赵帝国）、石家（后赵帝国），自称藩属，为什么？在于贵祖先了解强弱的形势。现在，评估你的实力，已不如昔日，而大秦帝国（前秦帝国）的恩德，两个赵政权（汉赵帝国及后赵帝国）根本没有资格相比。在这种情形下，将军却忽然改变态度，跟我们断绝关系（参考三六六年十二月），恐怕不见得是你家祭庙的福！以大秦帝国（前秦帝国）的威力，笼罩世界，可以使弱水（发源于祁连山，向北注入居延海）东流，也可以命长江、黄河，向西灌注。关东（前燕帝国）既已平服，势将把大军投入河右（前凉王国），恐怕六郡人民，无法抵抗（六郡，指四世纪〇〇年代张轨任凉州州长〔刺史〕时郡数：武威郡〔甘肃省武威市〕、张掖郡〔甘肃省张掖市〕、酒泉郡〔甘肃省酒泉市〕、敦煌郡〔甘肃省敦煌市〕、西郡〔甘肃省永昌县西北〕、西海郡〔内蒙古额济纳旗〕）。刘表（东汉王朝末年荆州〔湖北省及湖南省〕全权州长〔牧〕）曾经说：‘河南（汉水以南）可以自保！’将军也曾经说：‘西河（黄河以西）可以自保！’是吉是凶，掌握在自己之手，预兆明确，就在身旁，最好是仔细考虑，自求多福。不要使六世相传的君王大业，一旦堕到地上跌碎（六世：一任成王张茂、二任文王张骏、三任桓王张重华、四任哀王张曜灵、五任威王张祚、六任冲王张玄靓）。”张天锡大为恐惧，马上派使臣前往长安（陕西省西安市）道歉，请求归降，愿作臣属。苻坚加授张天锡，“使持节”（一级权力）、河西（河西走廊 · 甘肃省中部西部）军区司令长官（都督河右诸军事）、骠骑大将军、开府仪同三司（宰相级）、凉州州长（刺史），封西平公。

吐谷浑汗国（青海省）国王（四任）慕容辟奚，得到杨纂兵败消息。

五月，慕容辟奚派使臣向前秦帝国进贡战马一千匹、金银五百斤。前秦帝国政府加授慕容辟奚：安抚将军，封漒川侯。慕容辟奚，是慕容叶延的儿子（慕容叶延事，参考三二九年十二月），喜爱读书，仁慈宽厚，但没有威严，优柔寡断。排行老三的弟弟（名不详），仗势专权，引起反感。秘书长（长史）钟恶地，是漒川（甘肃省卓尼县）羌部落的豪族，对军政官（司马）乞宿云说：“三弟横行霸道，比国王还要不可一世，可能把国家弄亡，我们二人身为首要的辅佐大臣，怎么可以坐在这里，瞪着眼呆看！明天十五日，文武百官都要在清晨早朝，我要利用这个机会惩治他。大王左右侍卫，都是我们羌人子弟，只要使一个眼神，当时就可以拿下。”乞宿云请先报告国王，钟恶地说："大王仁爱，没有决断能力，报告他，他一定不同意，万一事情泄露，我们一个活人都留不下。事情既已出口，怎么可以中途改变？"于是，就在早朝座位上，逮捕三弟，斩首。慕容辟奚惊骇惶恐，从床上跌到地下。钟恶地、乞宿云急跳过去扶住他，报告说："我们昨天晚上，梦见先王（老爹三任王〔河南王〕慕容叶延）下令：'三弟就要叛乱，不可不杀。'所以才处决他！"但慕容辟奚却受惊过度，不能平复，从此精神恍惚；告诉世子慕容视连说："我害死了同胞兄弟，死了之后，有什么面目在地下见他？国家大事，全交给你，随你治理，我剩下来的几年生命，苟且的活下去罢了。"终于因过度忧虑，逝世。

慕容视连继位（五任王），不饮酒、不打猎，长达七年之久，国家军政大事，全部交付辅佐大臣和将领。钟恶地规劝：认为人主应该自己寻找快乐，建立权威，传播恩德。慕容视连流泪说："我家自从祖先以来，仁爱孝顺，忠厚宽恕，一脉相传，先王（四任王慕容辟奚）想到手足之情，不能有美好的终结，悲愤而死。我虽然继承大业，不过像一具尸体一样，声色犬马的享受，怎能安心？至于立威布德，只有等到未来。"

柏杨曰

慕容辟奚父子行径，十分怪诞，因而我们怀疑它的真实。老弟被杀，老哥忧虑而死，有这个可能；但侄儿怀念叔父，不但七年不理国政，甚至要一辈子不理国政，就没有可能。任何忧伤的情绪，都无法维持如此之久，连所谓圣人，对老爹亲娘之死的哀悼，都不得不以"三年"为限。更重要的是，君王对"三弟"的强烈忧伤，势将激起凶手的反击。如果凶手势力太弱，不敢反击；那么，身为国王的苦主，不去执法，不去复仇，却只一味坐在那里哭泣得天下皆知，岂不反常？

10 代国（首府盛乐）世子拓跋寔，伤重逝世（格拒长孙斤受伤，不能痊愈）。

11 秋季，七月，前秦帝国（首都长安）天王苻坚，前往洛阳（河南省洛阳市东白马寺东）。

12 最初，代国世子拓跋寔娶东部总监（东部大人）、贺兰部落酋长贺野干的女儿，已身怀六甲。

七月七日，贺野干的女儿生下一个男孩。代王拓跋什翼犍特别为这个孙儿，大赦天下，命名拓跋涉珪。

13 晋帝国（首都建康）最高指挥官（大司马）桓温，因梁州（四川省东北部及陕西省南部）、益州（四川省中部），盗匪遍地，而周姓家族，世代都有威名（从周访、周抚，到周楚）。

八月，命宁州（州政府设滇池〔云南省昆明市晋宁县东晋城街道〕）州长（刺史）周仲孙，兼益梁军区司令（监益梁二州诸军事）、益州（州政府设成都〔四川省成都市〕）州长（刺史）。周仲孙，是周光的儿子（周光是周抚的老弟，参考三二四年七月）。

14 前秦帝国政府任命宫廷禁卫官司令（光禄勋）李俨，当河州州长（刺史），镇守武始郡（郡政府设狄道〔甘肃省临洮县〕）。

15 前秦帝国车骑大将军王猛，呈报潞川（山西省黎城县南）消灭前燕帝国主力军战功，请求任命邓羌当京畿总卫戍司令（司隶校尉），天王苻坚下诏说："京畿总卫戍司令一职，负责京师社会治安，行政上例行的工作太多，负担很重，不是优待礼遇名将的岗位。刘秀（东汉王朝一任帝光武帝）从不把繁琐的行政工作，交付给功臣，实在是尊重功臣（参考五七年二月）。邓羌有廉颇、李牧大将之才，我正要把征讨大事，交给他去完成；北方平定匈奴（指代国），南方扫荡扬越（指晋帝国），这才是邓羌的责任。京畿总卫戍司令是个小位置，怎么可以麻烦他？现在，晋升邓羌当镇军将军，加授'特进'（金銮宝殿朝见时位置仅次于三公）。"

九月，苻坚返长安。河州（州政府设狄道〔甘肃省临洮县〕）州长（刺史）、归安侯（元侯）李俨，在上邽（甘肃省天水市）逝世。苻坚命李俨的儿子李辩，继任河州州长。

冬季，十月，苻坚前往邺城（冀州州政府所在城·河北省临漳县西南邺城镇），去西山打猎，一去十几天，乐而忘返。戏剧演员王洛，拉住苻坚的马头，劝阻说："天下人的希望，集中在陛下一人身上，而陛下却长期在野外打猎，一旦有突发事件，皇太后和国家，将怎么办？"苻坚为了这番话，结束狩猎回宫。王猛乘机建议说："打猎虽然不是重要的国家大事，但王洛的话，不应忘记。"苻坚赏赐王洛绸缎一百匹，擢升当格言官（官箴左右）。从此，苻坚不再打猎。

16 晋帝国最高指挥官（大司马）桓温，仗恃他的才干智略、地位威望，暗中有夺取政权的企图，曾经抚摸枕头叹息说："大丈夫如果不能流芳百世，也当遗臭万年。"法术士杜灵，能看出人的贵贱，桓温向杜灵询问自己的官位最高可到什么地步。杜灵说："你的事业大如宇宙，官位升到臣属的最高层。”桓温大不高兴（因他希望突破“臣属”）。桓温本来准备先在河朔（黄河以北）建立大功（消灭前燕帝国），获得盛大的威望，回到京师（首都建康），接受“九锡”（参考四年）。想不到枋头（河南省淇县东南淇门渡）败退下来（参考前年〔三六九〕九月），受到很大打击。一直拖到本年（三七一），克复寿春（安徽省寿县），对军事参议官（参军）郗超说：“这一仗，能不能消除枋头之战的耻辱？”郗超说：“不能。”

很久之后，有一天，郗超去桓温那里住宿，彻夜长谈，郗超说：“你难道一点也不忧虑？”桓温说：“你一定有话要告诉我！”郗超说：“你身负天下重任，而今，以六十岁的年龄，却在北伐大事上栽了筋斗，如果不能建立当世最震撼的勋业，就不足以提高你在人民心目中的地位。”桓温说：“那应该怎么办？”郗超说：“你如果不能采取伊尹、霍光二人的行动，就不可能建立绝对权威，控制全国。”桓温一向就有这种想法，十分同意，遂共同计划实施步骤。只因晋帝（十三任废帝）司马奕（本年三十岁），一向谨慎小心，从没有过失；于是，决定作人身攻击，在男女关系上把司马奕斗臭，因为这种事无法证实。就有计划的散播谣言说：“皇上（司马奕）早就患有阳痿之症，不能人道，他宠幸的男子相龙（相，姓）、计好（计，姓）、朱灵宝等，负责寝室打扫工作；两位美人（小老婆群第十三级）田女士、孟女士，却生了三个男孩，正打算先封他们当亲王，然后继承帝位，转移皇家基业。”谣言开始在民间秘密流传，人们无法判断真假。

十一月九日，桓温从广陵（江苏省扬州市）准备返回姑孰（安徽省当涂县），先到白石（安徽省马鞍山市采石矶西南）。

十一月十三日，桓温抵达京师（首都建康），暗示皇太后褚蒜子：

罢黜司马奕，而由丞相、会稽王司马昱继位；并事先拟好“皇太后令”草稿，进呈褚蒜子。褚蒜子正在佛堂烧香，宦官报告说：“外面有紧急奏章。”褚蒜子出来，接过奏章，靠着门框观看，只看了几行，就说：“我本来也怀疑这件事。”看到一半，不再看下去，教侍从拿笔来，加添几句说：“未亡人（寡妇自称）不幸，受到百种忧患。想到死去的，挂念仍在人世的，心如刀割。”（司马岳死时〔参考三四四年九月〕，褚蒜子不过二十一岁，木鱼青灯二十余年，本年四十八岁，经历临朝听政，历经亲生儿子死亡〔十一任帝司马聃，参考三六一年五月〕。）

十一月十五日，桓温在金銮宝殿召集文武百官。罢黜皇帝这件事，多少年代都没有过，因之没有一个人知道这方面的典故和程序，大家被恐怖抓住，口呆目瞪。连桓温面对这种可能引起风暴的场面，也心神不安，脸色明显的露出极度紧张，不知道如何是好。国务院左执行长（尚书左仆射）王彪之，知道事情既已发动，绝不可能中途停止，遂对桓温说：“明公辅佐皇家，古代自有前例可以遵守。”下令拿出《汉书·霍光传》，于是，礼仪程序，一时之间，全部制定（霍光罢黜西汉王朝九任帝刘贺事，参考前七四年六月）。王彪之身穿正式官服，挺身而出，神采坚定，一点也不恐惧，文武官员行事规章，都请他裁定，因此对王彪之，都十分佩服（顺着当权派的指挥棒，手舞足蹈，只有辛苦，何来恐惧）。最后，宣布太后褚蒜子命令：罢黜皇帝司马奕，改封东海王；由丞相、主管政府机要（录尚书事）、会稽王司马昱（本年五十二岁），继承帝位。文武百官在太极前殿集合，桓温派大营指挥官（督护）竺瑶、散骑顾问官（散骑侍郎）刘亨，入宫取出皇帝印信。司马奕头戴平顶帽巾，身穿单层布衣，从西堂步行走下台阶，坐上牛车，出神虎门（建康宫城〔台城〕西门），群臣叩拜送别，无不唏嘘叹息。执法监察官（侍御史）、宫廷事务管理官（殿中监），率军一百人，护送到东海王府。桓温率文武百官，带着法驾（参考前一八〇年闰九月），到会稽王府迎接会稽王司马昱，司马昱就在大厅上改穿衣服，同样的头戴平顶帽巾，身穿单层布衣，面向东方，流泪哭泣，向皇帝印信下跪叩头，双手接受。当天（十一月十五日），司马昱登极（十四任简文帝），改年号（之前是太和六年，之后是咸安元年）。桓温出来到太极殿中堂，分别派出部队戒严。桓温脚部有病，皇帝司马昱下诏，请桓温坐轿进殿。桓温拟妥了一篇文稿，打算仔细陈述所以罢黜及所以拥戴的本意。想不到司马昱和他一见面，便流泪不止，桓温惊愕惶恐，竟说不出一句话，即行辞出。

太宰（上三公之一）、武陵王司马晞（七任帝元帝司马睿的儿子，现任帝司马昱的老哥），喜爱军事，桓温对他十分忌惮，打算一齐罢黜。询问王彪之的意见，王彪之说："司马晞在皇族中，辈分最高，而又没有明显的罪状，不可以只仅仅因为猜忌怀疑，就对他处罚。阁下拥立圣明的皇上（司马昱），自应尊重和帮助皇家，跟伊尹、姬旦媲美。这是一件大事，请再作考虑。"桓温说："这件事已成定案，你不必再提。"

十一月二十一日，桓温上疏指控："司马晞聚集地痞流氓，他的儿子司马综傲慢残忍。袁真叛乱（参考前年〔三六九〕十月），他们互相勾结，近日来他猜疑恐惧，将发动政变。请免除司马晞官职，以亲王身份，返回王府。"新坐上宝座的皇帝司马昱批准，连同世子司马综、梁王司马璲等官职，一并免除。桓温派魏郡（侨郡·郡政府设首都建康）郡长毛安之，率他的直属部队，接管皇宫警卫。毛安之，是毛虎生的老弟。

十一月十六日，皇帝司马昱尊皇太后褚蒜子为崇德太后（在辈分上，褚蒜子是司马昱的侄媳）。

最初，殷浩逝世（参考三五四年正月），最高指挥官（大司马）桓温，派人带着信件，前去吊丧；殷浩的儿子殷涓，既不答礼，事后也没有晋见桓温道谢，却跟武陵王司马晞来往交游。广州（州政府设番禺〔广东省广州市〕）州长（刺史）庾蕴，是庾希的老弟（庾希，参考三六二年二月），一向跟桓温结有私怨。桓温对殷、庾两大家族的强势影响力，深为厌恶，打算铲除，于是，一连串合法的屠杀——冤狱开始。

十一月十七日，桓温派老弟桓秘，胁迫新蔡王司马晃，前往太极殿西堂，叩头自首，招认跟司马晞、司马晞的儿子司马综、国史编撰官（著作郎）殷涓、太宰府秘书长（太宰长史）庾倩、秘书（掾）曹秀、随从官（舍人）刘彊、散骑侍从官（散骑常侍）庾柔等，阴谋叛变。晋帝司马昱面对着司马晃，悲从中来，忍不住痛哭流涕。桓温下令，全体逮捕，交付司法部（廷尉）调查审判。庾倩、庾柔，都是庾蕴的老弟。

十一月十九日，桓温诛杀逊位皇帝司马奕的三个儿子跟儿子们的娘亲（即田美人、孟美人，母子同时毕命，史书上没有记载一句他们的遗言）。

十一月二十日，总监察官（御史中丞）谯王司马恬，接受桓温的指示，上疏请依法行事，诛杀武陵王司马晞。司马昱下诏说："我心中悲痛，不忍心听这种事，何况要我出口，最好是再做讨论。"司马恬，是司马承的孙儿（司马承死于王敦之难，参考三二二年四月）。

十一月二十一日，桓温再次上疏，坚持诛杀司马晞，措辞凌厉粗暴。司马昱亲笔写一份情意委婉的诏书给桓温："如果晋王朝的大运还可延续，请您接受上一次诏书；如果大运已去，我请求避开贤能上进的道路。"桓温看到，汗流浃背，脸色大变（此时的皇帝，已没有使桓温"汗流浃背，脸色大变"的威力，以桓温的骄悍，怎么会有这种反应？几个字就使他"汗流浃背，脸色大变"，他岂敢罢黜皇帝）。最后只好让步，奏请撤销司马晞父子三人所有爵位，贬作平民，连同家属，全体放逐新安郡（浙江省淳安县）。

十一月二十二日，把新蔡王司马晃，也贬作平民，放逐衡阳郡（湖南省湘潭县西石潭镇）。而殷涓、庾倩、曹秀、刘彊、庾柔，一齐斩首，屠灭全族。庾蕴服毒酒自杀。庾蕴的老哥、东阳郡（浙江省金华市）郡长庾友的儿媳，是桓豁的女儿，所以桓温特别赦免庾友全家。前徐、兖二州州长（刺史）庾希，听到家人遭到大祸，跟老弟会稽郡（浙江省绍兴市）军事参议官（会稽参军）庾邈，以及儿子庾攸之，逃到海陵（江苏省泰州市）的荒村乱湖之中。

桓温既诛杀殷、庾两大强势家族，声威烜赫，高级咨询官（侍中）谢安，看到桓温，都远远的下跪叩头，桓温吃惊说："安石（谢安别名），你这算干什么？"谢安说："岂有君王叩拜，臣属反而作揖之理！"

十一月二十四日，大赦，文武百官官阶，各擢升二级。

十一月二十五日，桓温离开京师（首都建康），前往白石（安徽省马鞍山市采石矶西南），上疏请求返回姑孰（安徽省当涂县）。

十一月二十六日，晋帝司马昱下诏：擢升桓温当丞相，仍兼最高指挥官（大司马），留在京师（首都建康）辅政。桓温坚决辞让，请求返回基地。

十一月二十七日，桓温从白石（安徽省马鞍山市采石矶西南）抵达姑孰（安徽省当涂县）。

前秦帝国天王苻坚听到桓温罢黜旧帝，另立新帝消息，对文武官员说："桓温从前在霸上吃了败仗（参考三五四年五月），后来在枋头又吃了败仗（参考三六九年九月），不能自我检讨，向全国人民请罪；反而变本加厉，更罢黜君王，用来自我娱乐。六十岁的老家伙，举

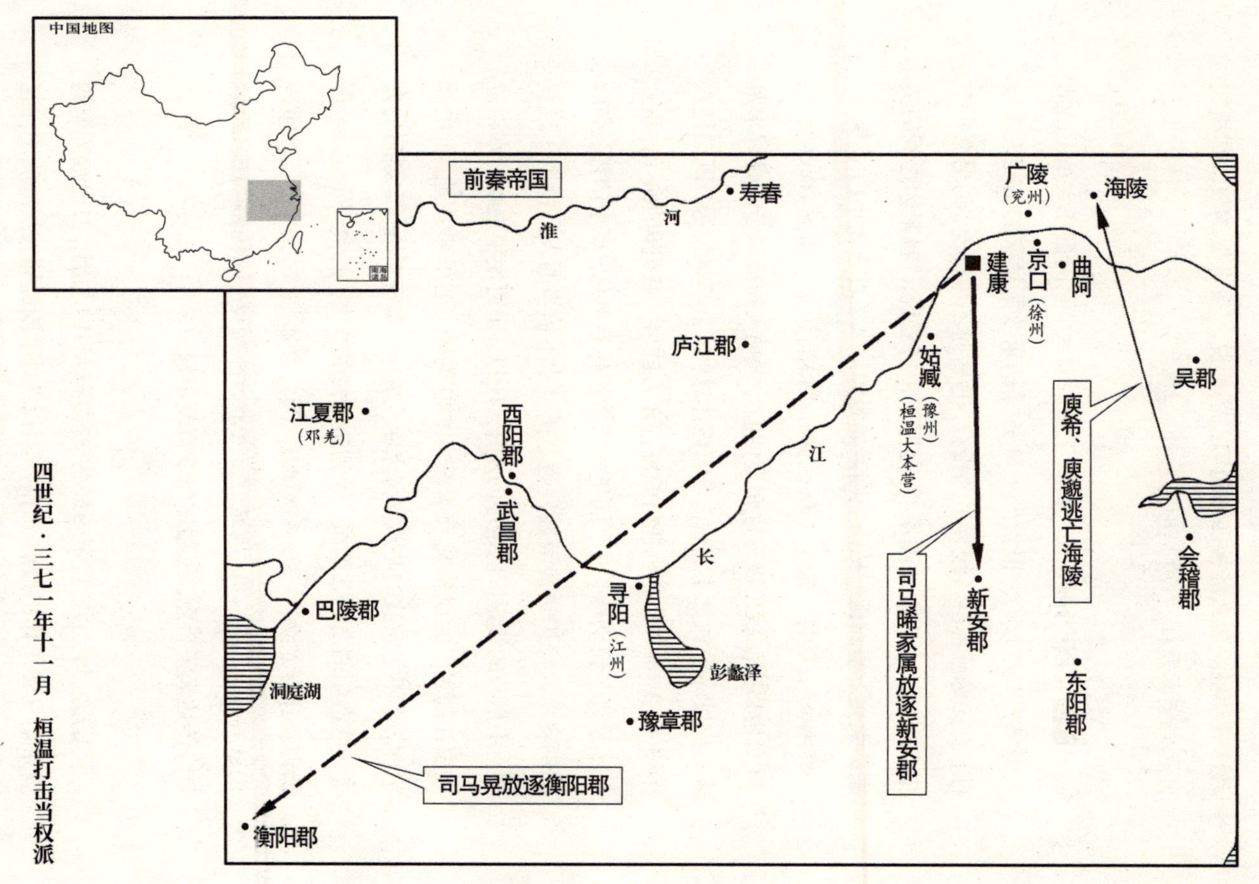

四世纪·三七一年十一月 桓温打击当权派

动这般幼稚，怎么能被四海包容？俗话说：‘受老婆的气，却板起面孔向老爹发作。’就是桓温这种人。”

17 前秦帝国车骑大将军王猛，因六个州的责任太重（王猛当关东六州军区司令长官），报告天王苻坚：“请求改派皇家的贤能人才接任；直接选派郡县各级官员的授权，也暂时不再行使；请另派一个州当州长，用以报效国家。”苻坚下诏答复说：“我跟你之间的关系，大义上是君臣，私情上则亲如骨肉，纵然过去姜小白（齐国十六任国君桓公）有管仲，姬平（燕王国四任王昭王）有乐毅，刘备（蜀汉帝国一任帝）有诸葛亮，我自以为远超过他们。领袖人物最辛苦的是寻求贤才，一旦寻求到贤才之后，自应该休息休息，享享清福。既然把六个州（前燕帝国旧疆）完全托付给你，东方的事，我就再也不用担心，并不是为了特别尊崇你，而是为了我想休息休息，享享清福。夺取固不容易，守护也很困难。假定托付给不恰当的人，祸患一旦发生，不是我的忧虑，也是你的责任。所以，宁可使中央政府宰相位置空在那里，而以陕城（河南省三门峡市）为界，把东部中国，分给你治理。你不了解我的心意，有点使我失望。实行新政，需要新的人才，应选派的请迅速选派。等到东方接受教化，社会安定之后，再请你身穿衮龙绣袍（衮，音gǔn〔滚〕），荣归京师（首都长安）。”派高级咨询官（侍中）梁谠，前往邺城（关东六州军区司令部所在·河北省临漳县西南邺城镇），传达天王旨意，王猛才继续行使职权。

18 十二月，晋帝国最高指挥官（大司马）桓温，对已被罢黜的晋帝司马奕，作出最后一击，奏称：“对于放逐的人，应放逐得越远越好，不可以跟人民接近。东海王（司马奕）应该依照刘贺（西汉王朝九任帝）前例（参考前七四年六月）在吴郡（江苏省苏州市）另建住宅。”崇德太后褚蒜子下诏：“教他当一介平民，我于心不忍，可特别封他一个王位。”桓温又奏：“可以封海西县侯。”

十二月二十六日，封司马奕当海西县公。

桓温威震内外，晋帝司马昱虽然坐在极端尊贵的最高宝座上，也只能点头听命；而且，时常恐惧罢黜放逐。最初，荧惑星移到太微星座前（天文，不懂），过了一个多月，十三任帝司马奕被罢黜。

十二月二十七日，荧惑星反轨道运行，进入太微星座（荧惑逆行入太微），司马昱心里大不高兴。正巧，立法院主任立法官（中书侍郎）郗超，在左右值班，司马昱问郗超说：“寿命长短，我并不在意，只在意还会不会再发生近来的这种事？”郗超说：“最高指挥官（大司马）桓温，对内安定国家，对外正在筹划恢复中原！近来那种非常的举动，我愿用全家一百人性命担保，绝对不会发生。”后来，郗超休假回家探望老爹郗愔，司马昱说：“代我向你父亲致意，国家之事，竟到今天这个地步，由于我不能以君王的力量，维护政权正常运转，深切惭愧叹息，千言万语，也说不尽。”遂朗诵庾阐的诗句：“志士痛心国家面临危难／忠臣哀恸主上受到羞辱！”流泪不止，衣襟都被沾湿。司马昱有优美的仪表风度，也有善良的容貌举止，喜爱读书，即令桌上满是灰尘，也怡然自得。不过，虽然神情安详，见识开通，却没有救国救民的抱负和韬略。谢安认为他跟司马衷（二、四任惠帝）是一类人物，只不过在清谈（穷嚼蛆）上，比司马衷要高（司马衷是一个智力不足的智障儿，司马昱是一个性情懦弱的老纨绔，比司马衷的智慧，高出千倍，看他如何保护司马晞，便知他智商不低。司马衷时，皇帝权威仍在，有司马昱一半清醒，至少可保住亲生之子）。

郗超因为后台有桓温的缘故，政府文武百官，都对他十分敬畏。高级咨询官（侍中）谢安曾经跟首都东区卫戍司令（左卫将军）王坦之，一块拜访郗超；等到天色已晚，仍没有轮到接见，王坦之生气，打算拔腿就走，谢安说："你难道不能为了保命，多忍一忍！"

19 前秦帝国政府，命河州（州政府设狄道〔甘肃省临洮县〕）州长（刺史）李辩，兼兴晋郡郡长，移驻枹罕。而把凉州州政府，从上邽（甘肃省天水市），移驻金城（甘肃省兰州市）。

前凉王国（首都姑臧〔甘肃省武威市〕）首领、西平公张天锡，发现前秦帝国有吞并的企图，大起恐慌，在首都姑臧（甘肃省武威市）西郊，兴筑祭坛，宰杀三种家畜（牛羊猪），率领他的部属，跟航空距离一千六百公里外的晋帝国政府三公，遥遥结盟；派参谋指挥官（从事中郎）韩博，送上奏章及盟文，并写信给最高指挥官（大司马）桓温，约定明年（三七二）夏季，在上邽（甘肃省天水市）会师。

20 本年（三七一），前秦帝国益州（州政府设郿县）州长（刺史）王统，攻击陇西郡（甘肃省陇西县）鲜卑民族酋长乞伏司繁（参考三二九年九月）的根据地度坚山（甘肃省靖远县西）。乞伏司繁率骑兵三万人，据守苑川（甘肃省榆中县东北），抵抗王统。王统秘密袭击度坚山，乞伏司繁部落五万余篷帐，全部投降。前方战士得到后方妻子儿女已被俘虏消息，军心瓦解，一时溃散。乞伏司繁没有地方可以投降，只好也投降王统。

苻坚任命乞伏司繁当南单于，留在长安（陕西省西安市）供职。而命乞伏司繁的堂叔乞伏吐雷，当勇士堡（甘肃省榆中县北）军事总监（护军），监护部众。

三七二年 壬申

晋　咸安　二年
前凉　太清　十年
前秦　建元　八年
（代王拓跋什翼犍建国三十五年）

1 春季，二月，前秦帝国（首都长安〔陕西省西安市〕）任命清河郡（山东省临清市）人房旷，当国务院左秘书长（尚书左丞）；征召房旷的老哥房默，以及清河郡（山东省临清市）人崔逞、燕国（北京市）人韩胤，当国务院助理官（尚书郎）；北平郡（河北省遵化市）人阳陟、田勰、阳瑶，当国史编撰助理官（著作佐郎），郝略当清河郡（山东省临清市）郡长（相）。以上都是关东（函谷关以东）有名望人士，王猛推荐给天王（三任宣昭帝）苻坚（本年三十五岁）。阳瑶，是阳骛的儿子（阳骛，参考三六七年十二月）。

冠军将军慕容垂对苻坚说："我的叔父慕容评，是燕国（前燕帝国）的恶来（恶来是商王朝末任帝〔纣帝〕子受辛的宠臣。精于打小报告和挑拨离间，促使众叛亲离），不应该再污染圣明的王朝，请求陛下替燕国报仇，把他诛杀。"苻坚遂贬逐慕容评当范阳郡（河北省涿州市）郡长；前燕帝国各亲王，都派到偏远地区当郡长。

司马光曰

古时候，灭亡别人的国家，而那个国家的人民，反而欢乐，为什么？为的是他们替人民铲除旧政府的祸害。像慕容评这种人，蒙蔽君王，专权横行，嫉妒贤能，毒害功臣，贪赃枉法，终于亡国。国亡了还不死，还逃得远远的而终于被捕。前秦帝国天王苻坚，不但不把他当作罪魁元凶，首先诛杀，反而宠信他，命他继续担任官职。是爱一个人，而不爱一国之人，反而丧失更多的人心。结果：苻坚给人恩惠，人不认为那是恩惠，给人诚意，人不认为那是诚意。终于，功业名望，不能完成，天下之大，连容身的地方都没有。由于他处理事情，没有把握正常轨道。

2 三月二十五日，晋帝国（首都建康〔江苏省南京市〕）派高级咨询官（侍中）王坦之，前往姑孰（安徽省当涂县），邀请最高指挥官（大司马）桓温，到京师（首都建康）辅政。桓温再次辞让。

3 前秦帝国天王苻坚下诏："关东（函谷关以东）知识分子，五经中只要能通晓一经（五经：《诗经》《尚书》《礼经》《易经》《春秋》），六艺中能通晓一艺（六艺：礼、乐、射、御、书、数），他所属的郡县政府，就应把他礼敬的送到中央。凡是俸禄一百石以上的官员，如果学问不能通晓一经，或才能不能通晓一艺的，一律免职，恢复平民身份。”

4 夏季，四月，晋帝国把海西公司马奕，押送到吴县（江苏省苏州市）西柴里。下令吴国（首府吴县）郡长（内史）刁彝，严密戒备，再加派监察官（御史）顾允，加强戒备。刁彝，是刁协的儿子（刁协，参考三二二年三月）。

5 六月十二日，前秦帝国天王苻坚，征调王猛（时驻邺城〔河北省临漳县西南邺城镇〕）返京（首都长安），任命他当丞相、总立法长（中书监）、国务院总理（尚书令）、太子师傅（太子太傅）、京畿总卫戍司令（司隶校尉）；其他官职特进（朝会时位置仅次于三公）、散骑侍从官（散骑常侍）、“持节”（二级权力）、车骑大将军、清河郡侯等官爵，一律继续保持（苻坚对王猛至为倚重，从历次擢升，可看出巴不得把所有官职，都由王猛一人兼理）。任命阳平公苻融：“使持节”（一级权力）、六州军区司令长官（都督六州诸军事）、镇东大将军、冀州全权州长（接替王猛的职务，镇守邺城）。

6 晋帝国（首都建康）逃亡的前徐、兖二州州长（刺史）庾希（参考去年〔三七一〕十一月），及老弟庾邈，跟前青州（侨州）州长（刺史）武沈的儿子武遵，集结武装部众，深夜攻入京口（江苏省镇江市）；晋陵郡（郡政府设京口）郡长卞眈（音dān〔丹〕），翻城逃走，投奔曲阿（江苏省丹阳市）。庾希对大家宣称：接到新被罢黜的晋帝司马奕秘密训令：诛杀最高指挥官（大司马）桓温。首都建康大为震动，城内城外一齐戒严。卞眈征集附近各县武装部队两千人，攻击庾希；庾希战败，紧闭京口（江苏省镇江市）城门守卫。桓温派东海郡（侨郡·郡政府设京口）郡长（内史）周少孙讨伐。

秋季，七月一日，周少孙攻陷京口，生擒庾希、庾邈，以及他们的亲属党羽，全部诛杀（庾亮后代屠灭无遗）。卞眈，是卞壶的儿子（卞壶死于苏峻之难，参考三二八年正月）。

7 七月二十三日，晋帝国皇帝（十四任简文帝）司马昱身体不安，紧急召见最高指挥官（大司马）桓温来京（首都建康），一日一夜，连发四道诏书，桓温全都推辞，不肯动身。最初，司马昱当会稽王时，娶王述的堂妹当王妃，生世子司马道生跟次子司马俞生。司马道生性情疏阔暴躁，没有品德，母子都被罢黜囚禁，死在囚室。其余还有三个儿子：司马郁、司马朱生、司马天流，也早夭亡。小老婆群没有一个怀孕，长达十年之久。司马昱请一位资深的面相学专家，到后院观察所有小老婆，都摇头说："不是这个人。"又请他观察所有婢女，一位婢女名李陵容，在纺织室供职，皮肤较黑而身材修长，宫中人称之为昆仑（昆仑，指马来人，从这个形容词，说明至迟在四世纪，马来人已进入中国）。面相学专家吃惊说："就是她！"司马昱就教她上床陪宿，连生二子：司马昌明及司马道子。

七月二十八日，命司马昌明当皇太子，本年十岁（事实上本年十一岁）；命司马道子当琅邪王，兼管会稽国（浙江省绍兴市），奉祀祖母郑阿春的香火。司马昱留下遗诏说："最高指挥官（大司马）桓温，可依照姬旦（周公）当摄政王的前例，处理公务。"又说："娃儿（司马昌明）能辅佐就辅佐，不能辅佐，你可以自己取而代之（此是刘备语，参考二二三年三月）。"高级咨询官（侍中）王坦之手拿诏书进宫，在司马昱面前撕毁，司马昱说："天下，是意料外得到的东西，你何必不满意？"王坦之说："天下，是宣帝（司马懿）、元帝（七任帝司马睿）的天下，陛下怎么可以专断独行！"司马昱遂命王坦之改写："家国大事，完全秉承最高指挥官（大司马桓温）的意思行事，仿照诸葛亮、王导前例。”当天（七月二十八日），司马昱逝世（年五十三岁）。

文武百官心情疑惧，不敢接受帝位继承人，有人甚至说：“这需要等候最高指挥官（大司马桓温）处理！”国务院执行长（尚书仆射）王彪之严肃说：“天子逝世，太子即位，最高指挥官（大司马桓温）怎么会有异议！如果先行请示，恐怕反而会受到他的责备。”大家才得出结论，太子司马昌明登上皇帝宝座（十五任孝武帝），大赦。崇德太后褚蒜子认为：司马昌明年纪还小，而且又在为老爹服丧穿孝期间，不能说话；下令桓温，依照姬旦当摄政王前例，接管政府。诏书已经写好，王彪之说：“这是一件非常大事，最高指挥官（大司马桓温）一定坚决辞让，反而使政府的运转功能，完全停顿，先帝（司马昱）灵柩的安葬日期，也会拖延搁置。不敢接受这项命令，恭敬缴还。”事情遂没有实施。

桓温本来盼望司马昱临死时把宝座禅让给自己，不能的话，至少也要摄政。既然不能满足自己的盼望，遂十分愤怒怨恨，写信给老弟桓冲时，说：“遗诏只教我当诸葛亮、王导罢了。”疑心是王坦之、谢安捣鬼，恨在心头。

新皇帝司马昌明征召桓温入朝辅政，桓温再度推辞。

8 八月，前秦帝国（首都长安）丞相王猛，返抵首都长安（陕西省西安市），天王苻坚对王猛再加授：全国各军区总司令长官（都督中外诸军事）。王猛辞让说：“丞相责任巨大，储君师傅（太子太傅）地位尊贵，行政领袖（尚书令）事务繁多，京师首长（司隶校尉）工作沉重，三军总司令（都督中外诸军事）掌握国家命脉，而又承受并传达陛下命令（中书监、散骑侍从官）。我同时兼任文武两种官职，管理大小各项业务。

就是伊尹、姜子牙、萧何、邓禹那样贤能大才，都不能集中一个人身上，何况我的能力，又跟他们相差很远。”奏章呈上三四次，天王苻坚不准，说：“我正要统一天下，除了你，找不到第二个人可以倚靠。你之不能辞职不干宰相，犹如我之不能辞职不干天子。”

王猛当宰相，苻坚高坐宝座，无所事事。王猛主持政府，文武百官全体听命，无论国内国外、内政外交、军事政治，没有一件事不由王猛决定。王猛刚烈英明，正直果断，清廉严肃，对善恶是非，分辨得十分清楚，免除无能的官员，擢拔没有人事关系，被埋没在低阶层的人才，督促人民耕田播种，种桑养蚕，加强武装部队战斗训练；每个官员对他所担任的职务，都能胜任愉快；每项刑罚，一定都有犯罪证据。因此国家富裕，武力强大，攻无不胜，战无不克，前秦帝国完全治理。

柏杨曰

从史书上有关王猛政绩的记载，看出一个成功的政治家，即令在战时，也可以创造出来一个善恶是非分明的太平盛世！“每个官员对他所担任的职务，都能胜任愉快；每项刑罚，一定都有犯罪证据，国家富裕，武力强大”，三百余年大分裂时代中，中国像一块血腥的沙漠，到处狂风滚石，禽嚎兽奔，人们互相吞食，只有王猛治理下的前秦帝国是沙漠中的唯一绿洲，每人都享有安富尊荣。这正是中国人一直追求的理想世界，显现出法治的奇迹。

法治是唯一的治国途径，不管什么种族、不管什么时代，也不管开发到什么程度，只要踏上这个途径，社会就会日臻健康。问题在于，人民必须担任苻坚大帝的角色，有能力和决心铲除樊世（参考三五八年九月）、强德（参考三五九年八月）之辈。

天王苻坚下令给太子苻宏，及长乐公苻丕等，说："你们事奉王猛先生，应跟事奉我一样。"阳平公苻融，在冀州全权州长（牧）任内（时驻邺城），左右辅佐的官员，都是名重当时的人选；国务院助理官（尚书郎）房默当人事官（治中），河间郡（河北省献县）郡长（相）申绍当总务官（别驾），清河郡（山东省临清市）人崔宏当州参谋官（州从事），负责主持机要。苻融年轻，处理政事，喜欢用新奇的方法，在小的地方挑剔毛病。申绍屡次规劝，引导他用宽大和平手段；苻融虽然尊重申绍，却不能完全听从。后来，申绍被派出当济北郡（山东省东阿县东）郡长，苻融不断因为犯错，屡被中央责备，苻融才后悔没有接受申绍的建议。

苻融曾经被人控告：擅自修建学校，有关单位提出弹劾。苻融派主任秘书（主簿）李纂前往长安（陕西省西安市）为自己答辩，李纂忧虑恐惧，死在半道之上。苻融问申绍说："还有谁可以去？"申绍说："燕国（前燕帝国）国务院助理官（尚书郎）高泰，口才流利，有胆量、见识、智谋，可以派他。"之前，丞相王猛跟苻融，几次延聘高泰当官，高泰都不接受；现在，苻融对高泰说："君子救人急难，你不能再推辞。"高泰遂前往，到了长安，王猛接见他，笑说："高先生今天才来，怎么这样慢？"高泰说："有罪的人前来受刑，有什么快慢？"王猛说："你说什么？"高泰说："从前，姬申（春秋时代鲁国十九任国君僖公）因建立学校，而受到赞扬（《诗经 · 泮水篇》，就是歌颂姬申兴学）。田辟彊（战国时代齐王国二任王宣王）因尊重稷下学者专家，而留名后世（田辟彊在首都临淄稷山之下，兴建宾馆，接纳各国高级知识分子，诸如驺衍、淳于髡、田骈、慎到、环渊、孟轲，都受到尊重）。而今，阳平公（苻融）建立学校，只不过希望跟古代鲁国和齐王国看齐，不但没有得到皇上的褒奖，反而劳动有关单位出马，提出纠举。阁下辅导圣明王朝，惩罚奖励的标准，竟是如此，我们当小官的，怎么能不犯罪？”王猛说：“这是我的错。”事情遂告化解。王猛叹息说：“高泰岂能委屈在阳平公（苻融）手下？”报告天王苻坚，苻坚召见高泰，大为高兴，向他询问：治理国家的根本法则是什么？高泰回答说：“要想国家治理，必须得到适当的人才。要想得到适当的人才，必须慎重遴选。要想慎重遴选，必须认真考核。从来没有官员人选恰当，而国家还不能治理之事。”苻坚说：“你说的话简单，但道理深入。”任命他当国务院助理官（尚书郎）；高泰坚决请求返回冀州（州政府设邺城），苻坚允许。

9 九月，晋帝国（首都建康）皇帝司马昌明，追尊故会稽王王妃王简姬为顺皇后，尊娘亲李陵容为淑妃。

10 冬季，十月八日，晋帝国把前任帝（十四任简文帝）司马昱，埋葬高平陵（建康城东蒋山西南）。

11 晋帝国彭城郡（侨郡·江苏省镇江市）变民首领卢悚，自称“大道总监”（大道祭酒），追随他的有八百余家。

十一月，卢悚派弟子许龙，前往吴郡（江苏省苏州市），凌晨，抵达海西公司马奕家门，宣称有太后褚蒜子密诏，命司马奕迎接大驾，回朝复位。司马奕最初相信他的话，打算跟他出发。但后来接受乳娘的规劝，才改变主意。许龙说：“大事就要成功，怎么能听一个女人的话？”司马奕说：“我犯了罪，被放逐到这里，有幸蒙受赦免宽恕，怎么敢轻举妄动？而且，太后如果颁下诏书，一定有文武官员以及法驾等，前来迎接，怎么只派你一个人，定是乱党！”喝令左右拿下。许龙恐慌，拔腿逃走。

十一月五日，卢悚率党徒三百人，于拂晓时攻击广莫门（首都建康城〔都城〕北门），宣称海西公（司马奕）回京，从云龙门（宫城〔台城〕东门）突入金銮宝殿，夺取军械库的盔甲武器，云龙门警卫部队对这种突变，惊骇得呆在那里，不知道如何反应。游击将军毛安之得到消息，率军攻入云龙门，亲自格斗；首都东区卫戍司令（左卫将军）殷康、中央禁军总监（中领军）桓秘，攻入止车门，跟毛安之会师，联合进击，斩卢悚，连同党羽共数百人，全体诛杀。

海西公司马奕深恐遭到横祸，所以一味饮酒，沉湎在音乐和美女之中；生下儿子，不敢养育，即行扼死，世人对他都十分哀怜。政府（指桓温）知道他并没有大的志向，甘心接受罢黜后的屈辱生活，所以对他的戒备也逐渐松懈。

12 前秦帝国（首都长安）塞北军区司令长官（都督北蕃诸军事）、镇北大将军、开府仪同三司（宰相级）、朔方侯（桓侯）梁平老逝世。

梁平老在军区（司令部设朔方郡〔内蒙古杭锦旗北黄河南岸〕）十余年之久，鲜卑人、匈奴人，对他都畏惧敬爱。

13 晋帝国（首都建康）三吴地区（江苏省南部及浙江省北部）大旱成灾（三吴：吴郡〔江苏省苏州市〕、吴兴郡〔浙江省湖州市〕、会稽郡〔浙江省绍兴市〕），人民多半饿死（人间惨事）。

三七三年 癸酉

晋　宁康　元年
前凉　太清　十一年
前秦　建元　九年
（代王拓跋什翼犍建国三十六年）

1 春季，正月一日，晋帝国（首都建康〔江苏省南京市〕）大赦，改年号宁康。

2 二月，晋帝国最高指挥官（大司马）桓温，进京（首都建康）朝见皇帝（十五任孝武帝）司马昌明（本年十二岁）。

二月二十四日，司马昌明下诏，命国务院文官部长（吏部尚书）谢安、高级咨询官（侍中）王坦之，前往新亭（建康城西南）迎接。这时，京师（首都建康）谣言纷纷，人心惶恐，有人说桓温要诛杀王坦之和谢安，夺取司马皇家政权。王坦之恐惧到极点，而谢安镇静一如平常，脸色都没有改变，说：“帝国存亡，全看我们这一趟。”桓温到了城外，文武百官都在道路两边，下跪叩头。桓温大肆展示他的实力和威风，在森严戒备下，接见各级官员，平常有地位有名望的人，都战战兢兢，脸色苍白。王坦之汗如雨下，内衣全被沾湿，连手里的笏板，都拿颠倒。谢安却十分镇定，悠闲的坐上座位，坐定之后，对桓温说：“我曾经听说，封国国君有恩德于民时，应防止四方入侵，阁下似用不着在墙后埋伏人马！”桓温笑说：“因为不得不如此。”命左右传令撤出，跟谢安谈笑良久。

郗超是桓温的智囊，谢安跟王坦之晋见桓温时，桓温教郗超躺在帷帐里窃听。忽然间，一阵风吹来，掀起帷帐一角，谢安笑说：“郗先生可真是‘入幕之宾’！”此时，晋帝司马昌明年幼力弱，外面有强横的大臣；幸而依赖谢安、王坦之，尽忠辅佐，晋帝国总算渡过难关。

桓温追查卢悚突入后宫事件，逮捕国务院执行官（尚书）陆始，交付司法部（廷尉）；免除桓秘官职；连坐被处罚的人很多，贬降毛安之当首都东区卫戍司令（左卫将军）。桓秘因之怨恨桓温。

三月，桓温患病，在建康停留十四日。

三月七日，返回姑孰（安徽省当涂县）。

3 夏季，代国（首府盛乐〔内蒙古和林格尔县〕）代王拓跋什翼犍，派燕凤（燕，姓）到前秦帝国（首都长安〔陕西省西安市〕）进贡。

4 秋季，七月十四日，晋帝国最高指挥官（大司马）、南郡公（宣武公）桓温逝世（年六十二岁）。

柏杨曰

桓温被称为一代枭雄，见识和才干，在晋帝国群官中，出乎其类，拔乎其萃。但这只能证明当时将相，全是草包，不能证明桓温真是第一流人才。他最大的缺点是在需要做出最后决定时，他却丧失孤注一掷的胆量。克劳塞维茨说过:“有人以为战争理论常劝人选择‘最谨慎的’，这种想法，完全错误，如果理论确有所劝，以战争本质而言，它必劝人选择最有决定性的，也就是‘最大胆的’。永远勿忘:没有胆量，绝不会成为伟大的统帅。”诸葛亮太过谨慎，所以永远不能够大胜，但也不致大败。桓温似乎只有一次大胜，但征服成汉帝国时的那次大胜，却出于部属对号令执行的错误，当他下令撤退时，部属竟击起进攻的战鼓。虽然因错得福，可是，错永远是错，说明他在面对难以预测的情况时，总是逃避。以后的霸上之役、枋头之役，无不失利，原因全都在此。如果了解身为统帅的桓温的性格，几乎可以预料他的结局。

在霸上，跟长安相距咫尺，他不敢挺进；在枋头，跟邺城也相距咫尺，他也不敢挺进。两次溃败，都不是因为攻击，而都是因为撤退。为什么他不敢攻击？理由当然可以装一卡车，但主要的是，他的胆量不够，在必须冒险时，却出奇的畏缩。

同样，这种性格反映在桓温的政治行为上，他显然渴望篡夺政权，无奈，他虽有篡夺政权的决心，却不敢篡夺。十四任帝司马昱卧病，一夜之间，发出四次诏书，征召桓温进京，这是上天赐下的篡夺良机，桓温竟然拒绝，使人怀疑他的智力商数。他之所以拒绝，由于他的恐惧，恐惧掉进陷阱。因为他无胆，所以在节骨眼上，也就无能。桓温终于放弃晋帝国帝位，不是力量不够，而是他对自己的必胜把握，没有自信；而自信，正是英雄事业的必要条件。所以，桓温不能称为枭雄，不过一个较王敦略高一筹的饭桶军阀而已。

5 最初，桓温病重，暗示中央应加授他“九锡”（参考四年），并且屡次派人催促。而谢安、王坦之故意推托，命袁宏起草加授九锡的诏书。袁宏草稿拟妥后，先拿给王彪之过目，王彪之对文辞的华丽，大为赞美，特别嘱咐说：“你正是第一等才华，怎么可以把这类文章教别人看？”谢安见到这项草稿，一连删改很多次。于是，删改誊清，誊清删改，十几天都不能做出最后决定。袁宏惊恐，不知道如何是好，跟王彪之秘密磋商，王彪之说：“听说那家伙（桓温）病势日重，不可能支持得太久，不妨稍稍延误一点时间。”

桓温的老弟、江州（州政府设寻阳〔江西省九江市〕）州长（刺史）桓冲，向桓温询问怎么处理谢安、王坦之。桓温说：“他们不会听你处理！”意思是说，自己如果仍存，二人不敢违背，自己如死，二人不可能接受桓冲控制。如果把二人诛杀，则对桓冲一点帮助都没有，反而更失人心。桓温因为世子（爵位合法继承人）桓熙，才干平庸，才命桓冲接管自己所率的武装部队。桓秘跟桓熙的弟弟桓济，阴谋击斩桓冲，桓冲接到密报，不敢进入大营。转眼之间，桓温逝世，桓冲先派强力卫士，逮捕桓熙、桓济，然后才进去主持丧事。桓秘遂被摒弃，桓熙、桓济，被软禁在长沙郡（湖南省长沙市）。皇帝司马昌明下诏（王谢诏），埋葬桓温的礼节，完全援用当年埋葬霍光（参考前六八年三月）、司马孚（参考二七二年二月）前例。桓冲宣称：奉桓温临终遗命，由幼子桓玄，当爵位合法继承人。本年（三七三），桓玄五岁，袭位南郡公。

七月二十五日，加授右将军、荆州（州政府设江陵〔湖北省江陵县〕）州长（刺史）桓豁（桓温老弟，桓冲老哥）征西将军，荆梁雍交广军区司令官（督荆梁雍交广五州诸军事）。加授桓冲中军将军、扬豫江军区司令长官（都督扬豫江三州诸军事），兼扬、豫二州州长（刺史），镇守姑孰（安徽省当涂县）。

加授竟陵郡（湖北省钟祥市）郡长桓石秀宁远将军、江州州长（刺史），镇守寻阳（江西省九江市。把桓温原辖地区，分割为三，分别交给桓姓家族。虽然仍在桓姓家族之手，但势已分）。桓石秀，是桓豁的儿子。桓冲既接替老哥桓温的官职权柄，但效忠中央。有人曾经鼓动桓冲诛杀当时有名望的高官，彻底控制政府，桓冲不接受。最初，桓温在位时，死刑判决，都由自己裁定，桓冲既就职视事，认为生杀大权，应缴回中央。遇到死刑判决，一定先行呈报，等到中央批示回来，然后执行。

谢安认为皇帝司马昌明幼弱，而首相（桓温）又死，打算请崇德太后褚蒜子临朝主持政府。王彪之反对说："从前，人主太小，还在襁褓之中，母子不能分离，娘亲怀抱幼儿，所以可以临朝听政。即令如此，太后也不能独断专行，裁决国家大事，必须大臣们同意。今上皇帝（司马昌明）年已超过十岁，马上就要加冠结婚，反而由堂嫂临朝，主持会报，显示出人主年幼识弱，怎么能够传扬皇家圣德？你们一定要如此，我当然无法阻止，只可惜有失大体。"但谢安的用意是，不想把政府权柄交给桓冲，所以坚持太后褚蒜子临朝，这样的话，谢安就可以自己提建议，自己再代表褚蒜子裁决，所以拒绝王彪之的意见。

八月壬子日（八月丙辰朔，没有壬子），崇德太后褚蒜子临朝，摄政。

6 晋帝国梁州（州政府设南郑〔陕西省汉中市〕）州长（刺史）杨亮，派他的儿子杨广，攻击前秦帝国（首都长安）所属的仇池（甘肃省西和县南），跟前秦帝国梁州（州政府设仇池）州长（刺史）杨安会战，杨广军大败，沮水（汉水上游支流）两岸很多前进指挥所的军队，霎时崩溃，纷纷抛弃堡塞逃走。杨亮大为恐惧，退守磬险（今地不详）。

九月，杨安向前推进，攻击汉川（陕西省南部）。

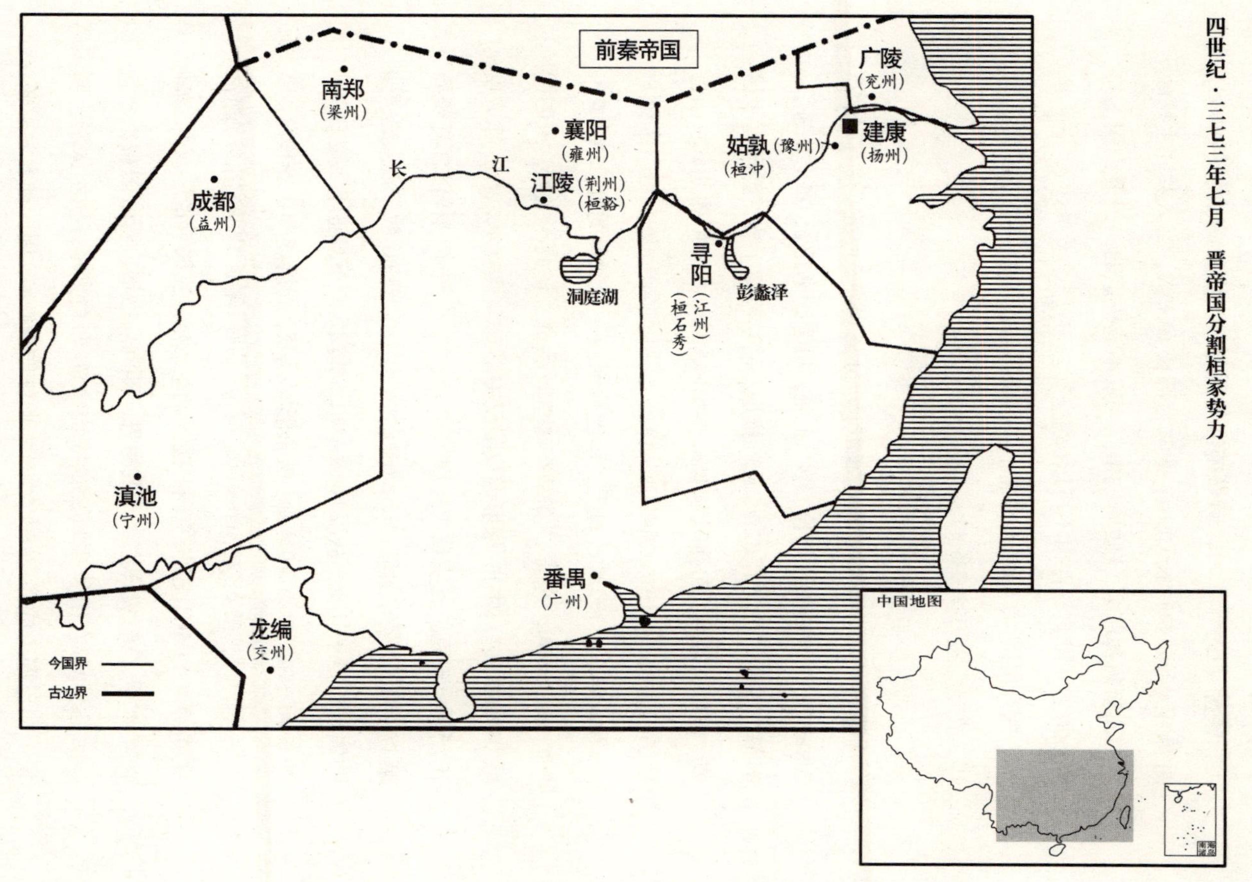

四世纪·三七三年七月 晋帝国分割桓家势力

7 九月十二日，晋帝国擢升王彪之当国务院总理（尚书令），谢安当国务院执行长（仆射），兼文官部长（领吏部），二人共同主持政府。谢安每每叹息：“政府大事，大家不能决定的，只要去问王先生（王彪之），没有一件事不可以决定。”

擢升吴国（江苏省苏州市）郡长（内史）刁彝，当徐、兖二州州长（刺史），镇守广陵（江苏省扬州市）。

8 冬季，前秦天王（三任宣昭帝）苻坚（本年三十六岁），派益州（州政府设郿县〔陕西省眉县〕）州长（刺史）王统、皇家图书馆长（秘书监）朱肜，率军二万人，向汉川（陕西省南部）推进；前禁将军毛当、鹰扬将军徐成，率军三万人，向剑门（即剑阁 · 四川省剑阁县北剑门关镇）推进，攻击晋帝国的梁州（四川省东北部及陕西省南部）、益州（四川省中部）。晋帝国梁州（州政府设南郑）州长（刺史）杨亮，率巴獠部族一万余人抵抗（巴獠部族事，参考三四六年冬季），在青谷（陕西省洋县西北）会战，杨亮军大败，逃回西城（陕西省安康市）固守，朱肜遂攻陷汉中郡（南郑 · 陕西省汉中市）。徐成攻击剑阁，攻克。杨安攻击梓潼（四川省绵阳市），晋帝国梓潼郡郡长周虓（音xiāo〔消〕）坚守涪城（梓潼郡郡政府所在城），派步骑兵数千人，护送他的娘亲和妻子儿女，从汉水（注入涪江的西汉水）南下，前往江陵（晋帝国荆州州政府所在县 · 湖北省江陵县），被朱肜军捕获，周虓遂向杨安投降。

十一月，杨安攻克梓潼郡。晋帝国荆州州长（刺史）桓豁，派江夏郡（湖北省云梦县）郡长竺瑶，援救梁益二州。竺瑶听说广汉郡（四川省广汉市）郡长赵长阵亡，不敢再进，即向后撤退。晋帝国益州州长（刺史）周仲孙在绵竹（四川省德阳市北黄许镇）布置大军，抗拒朱肜，听说毛当已逼近成都（益州州政府所在县 · 四川省成都市），周仲孙大为震骇，率骑兵五千人，逃奔南中（云南省）。前秦帝国遂完全占领晋帝国的梁益二州；邛都国（四川省西昌市）、筰都国（四川省汉源县。二国事，参考前一一一年）、夜郎国（贵州省关岭县），也都归附。天王苻坚任命杨安当益州全权州长（牧），镇守成都（四川省成都市）；毛当当梁州州长（刺史），镇守汉中（南郑·陕西省汉中市）。姚苌当宁州州长（刺史），镇守垫江（重庆市合川区）。王统当南秦州州长（刺史），镇守仇池（甘肃省西和县南）。

天王苻坚打算任命周虓当国务院助理官（尚书郎），周虓说："我受晋王朝的厚恩，本不可以投降，只因娘亲被俘，才不得不失节归附。母子都能平安，是帝国（前秦帝国）政府的大恩。即令给我公爵侯爵，我都不会认为荣耀，何况一个助理官（郎官）？"遂不再进入仕途，每次晋见苻坚，有时候甚至伸直两腿，坐在席位上，称苻坚"氐贼"（苻坚是氐民族）。有一次，元旦朝会，仪式庄严盛大，苻坚问他："晋国（晋帝国）的元旦朝会，比我们的如何？"周虓卷起袖子，厉声说："犬羊挤在一起，怎么敢比天朝！"官员们认为周虓无理取闹，屡次要求把他处决，苻坚都不允许，反而对他更加优待。

晋帝国益州州长（刺史）周仲孙，被控丧失国土，免除官职。桓冲任命冠军将军毛虎生继任益州州长（刺史），兼建平郡（重庆市巫山县）郡长；任命毛虎生的儿子毛球当梓潼郡（四川省绵阳市）郡长。毛虎生与毛球父子联合反击前秦帝国，抵达巴西郡（四川省阆中市），粮秣不继，退回巴东郡（重庆市奉节县东）。

9 晋帝国擢升高级咨询官（侍中）王坦之当立法院最高立法长（中书令），兼首都建康（江苏省南京市）市长（丹阳尹）。

10 本年（三七三），鲜卑部落酋长勃寒，掠夺陇右（陇山以西）。前秦帝国天王苻坚，命鲜卑部落南单于乞伏司繁讨伐（乞伏司繁归降，参考前年〔三七一〕十二月）；勃寒请求投降。苻坚遂命乞伏司繁，迁往勇士川（甘肃省榆中县北）。

11 天际星辰，发生变化。尾星、箕星旁，忽然出现彗星，光芒长十余丈，经过太微星，扫过东井星。四月间就看到，直到秋季冬天，仍然存在，并不消失。前秦帝国天文台长（太史令）张孟报告苻坚，说："天上的尾星、箕星，反映地下燕国地区（河北省北部）；东井星，反映地下秦国地区（陕西省中部）。而今尾星、箕星旁边出现彗星，扫过东井星，十年之后，燕国会灭秦国；二十年后，代国会灭燕国。慕容暐（前燕帝国末任帝）父子兄弟，是我们的仇敌，竟然布满政府，享尽荣华富贵，我感到十分忧虑，应该把他们中间桀骜不驯的人，加以诛杀，来化解天变所做的警告。"苻坚不接受（天文学被如此解释，就成了政治谋杀工具）。

阳平公苻融（时在邺城）上疏说："鲜卑（前燕帝国），曾经占领六个州的土地，面向南方，自称皇帝。陛下劳师动众，多少年下来，才把他们平定；并不是他们仰慕仁义，而向我们投降。如今，陛下对他们亲信宠爱，使他们父子兄弟，塞满政府，权力和威势，远在旧有的干部之上。我愚昧的认为，有狼虎之心的人，怎么都不可能成为善良的朋友，星象的变异如此巨烈，请稍加留意。"苻坚回答说："我努力的目标是，把天下四方，混合成一个大的家庭，把夷狄当作我怀抱中的婴儿（这才真正是像中国这么大国家的领袖，应有的胸襟！千古以来，只苻坚等数人而已）。你不要担心，不要念念不忘。天地之间，只有增进自己的品德，才可以化解灾难，只要经得住自我考验，怕什么外患！"

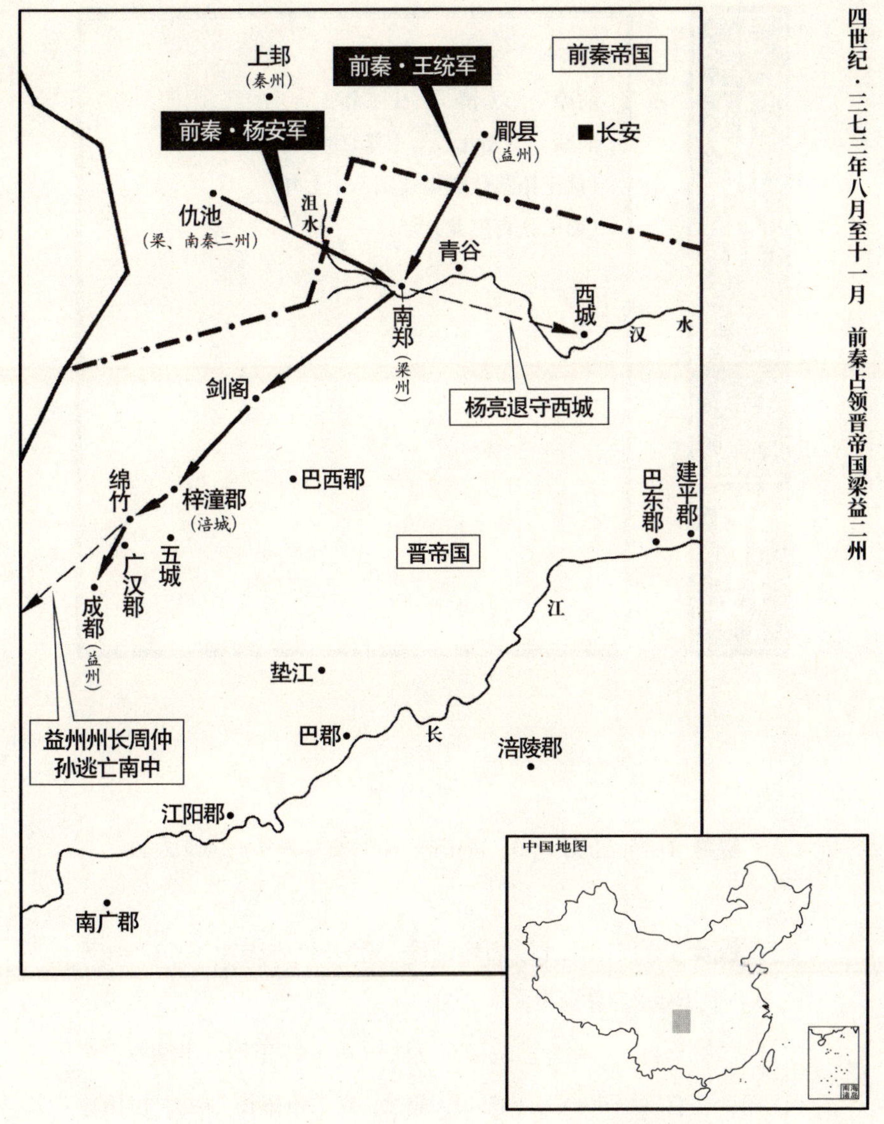

四世纪·三七三年八月至十一月　前秦占领晋帝国梁益二州

三七四年 甲戌

晋　宁康　二年
前凉　太清　十二年
前秦　建元　十年
（代王拓跋什翼犍建国三十七年）
（蜀王张育黑龙元年）

1 春季，正月一日，晋帝国（首都建康〔江苏省南京市〕）大赦。

2 正月二十七日，晋帝国徐、兖二州（州政府设广陵〔江苏省扬州市〕）州长（刺史）刁彝逝世。

二月一日，任命立法院最高立法长（中书令）王坦之当徐兖青军区司令长官（都督徐兖青三州诸军事），兼徐、兖二州州长（刺史），仍镇守广陵（江苏省扬州市）。晋帝（十五任孝武帝）司马昌明（本年十三岁）下诏（谢安诏），命谢安接任立法院最高立法长（总中书）。谢安喜爱音乐，家族中血缘比较疏远一点的亲属们丧事时，他照常演奏。高级知识分子纷纷仿效，遂成为当时一种风俗。王坦之不断写信苦劝，说："礼教是天下的宝物，应该为天下人珍惜。"谢安不能接受。

3 三月，前秦帝国（首都长安〔陕西省西安市〕）全国武装部队总司令（太尉）、建宁公（烈公）李威逝世。

4 夏季，五月，前秦帝国所属蜀郡（四川省成都市）人张育、杨光，起兵反抗前秦帝国统治，有部众二万人，派人到晋帝国（首都建康）请求救兵。

前秦帝国天王（三任宣昭帝）苻坚（本年三十七岁），派镇军将军邓羌，率武装部队五万人讨伐。晋帝国益州（州政府设巴东郡〔重庆市奉节县东〕）州长（刺史）竺瑶、威远将军桓石虔，率军三万人，进攻垫江（重庆市合川区）；前秦宁州（州政府设垫江）州长（刺史）姚苌战败，退守五城（四川省中江县）。竺瑶、桓石虔进驻巴东郡（重庆市奉节县东）。张育自称蜀王，跟巴獠酋长张重、尹万，一万余人，包围成都（前秦益州州政府所在县·四川省成都市）。

六月，张育改年号黑龙。

秋季，七月，张育跟巴獠酋长张重等争权，互相攻击。前秦帝国益州（州政府设成都）州长（刺史）杨安、镇军将军邓羌，奇袭张育，大败张育军；张育跟杨光，退保绵竹（四川省德阳市北黄许镇）。

八月，邓羌在涪西（今地不详）击败晋军。

九月，杨安在成都城南，击败张重、尹万，张重阵亡，死二万三千人。邓羌攻击张育、杨光据守的绵竹（四川省德阳市北黄许镇），斩张育、杨光。

益州（四川省中部）再成为前秦帝国版图。

5 冬季，十二月，前秦帝国首都长安，有人闯进皇宫明光 200
殿，大声呼喊：“甲申（三八四年）乙酉（三八五年），鱼羊吃人！可怜，不剩一人！”（“鱼羊”合成“鲜”字，指鲜卑民族。）天王苻坚下令搜捕那个人，却搜捕不到。皇家图书馆长（秘书监）朱肜、皇家图书馆管理员（秘书侍郎）略阳郡（甘肃省天水市东）人赵整，坚决请求诛杀鲜卑官员，苻坚拒绝。赵整，是一位宦官，学问渊博，记忆力很强，能写文章，喜欢直言直语，呈递奏章或口头报告，前后多达五十余件事。慕容垂夫人段女士，受苻坚宠爱，苻坚跟她同坐辇车，在后宫游乐，赵整唱歌说：“看不见麻雀飞到燕子窝／倒看见浮云遮住太阳光！”苻坚严肃的向赵整道歉，命段女士下车。

6 本年（三七四），代王（首府盛乐〔内蒙古和林格尔县〕）拓跋什翼犍，攻击匈奴部落（黄河河套地区）酋长刘卫辰，刘卫辰向南撤退。

三七五年 乙亥

晋　宁康　三年
前凉　太清　十三年
前秦　建元　十一年
（代王拓跋什翼犍建国三十八年）

1 春季，正月五日，晋帝国（首都建康〔江苏省南京市〕）大赦。

夏季，五月二日，徐、兖二州（州政府设广陵〔江苏省扬州市〕）州长（刺史）、蓝田侯（献侯）王坦之逝世（年四十六岁）。临死时，写信给立法院最高立法长（中书令）谢安、中军将军桓冲，只担忧国家前途，没有谈及私事。

中军将军桓冲，因谢安一向有重大声望，打算把京畿总卫戍司令（扬州刺史）让给他，自己请求出外镇守。桓姓家族和党羽，都认为这是一项错误的决定，全都劝阻，郗超也沉痛阻止。桓冲都不接受，把权势看得十分平淡。

五月十日，诏书（谢安诏）任命桓冲当徐豫兖青扬军区司令长官（都督徐豫兖青扬五州诸军事），兼徐州州长（刺史），镇守京口（江苏省镇江市）。任命谢安兼京畿总卫戍司令（扬州刺史），加授高级咨询官（侍中）。

2 六月，前秦帝国（首都长安〔陕西省西安市〕）丞相、清河侯（武侯）王猛，患病；天王（三任宣昭帝）苻坚（本年三十八岁）亲自到南郊、北郊，以及皇家祭庙、天神农神祭坛，焚香祷告，祈求痊愈。分别派使臣前往黄河、华山（西岳·陕西省华阴市南），祈求河神、山神，保佑王猛康复。王猛病情稍微减轻，苻坚立刻下令赦免斩刑以下的罪犯。王猛上疏说："从没有想到，陛下为了拯救我的生命，竟去干预天地运转的法则，开天辟地以来，君王对待臣属，没有一个如此。我曾经听说，报答恩德，说实话是最好的礼物。现在以将死之身，冒昧献上最后忠诚。念及陛下：威望震撼八荒，声名教化，普及天地宇宙。全中国共有九个州（指《禹贡》九州），和一百个郡，陛下已拥有十分之七。击平燕国（前燕帝国），夺取巴蜀（四川省），容易得好像弯腰捡一根草。但会创业的不一定会守成，会开始的未必能坚持到结束。是以，古代圣明的君王，知道建立大业，并不是那么容易，所以战战兢兢，好像走在山径之上，脚下就是深谷。敬请陛下，追随从前圣贤之后，天下人都将受到福分。"苻坚看到，十分悲恸。

秋季，七月，苻坚亲自去王猛家，向王猛探问病情，并请教王猛身后之事，王猛说："晋国（晋帝国）虽然处在遥远荒凉的江南（长江以南），然而他们皇家却仍保持中国的正统，一脉相传，上下和睦，我死之后，希望陛下把它放过。鲜卑人、西羌人，才是我们的仇敌，终有一天要爆发灾难，应逐渐排除，这对帝国有益。”言毕逝世（年五十一岁）。

王猛是中国成功的伟大政治家之一，在他之前有诸葛亮，在他之后有王安石，诸葛亮欠缺军事上的成就，王安石欠缺强大的支持力量，所以王猛得以独展长才，把一团乱糟糟的流氓地痞、土豪恶霸，硬是凝结成为金钢；不但国泰，而且民安。距今虽已一千余年，但仍使我们对于那个辉煌的时代怦然心动。

可惜王猛早逝，假使上苍延长他十年二十年寿命，他带给社会的政治轨道，会更稳固。

苻坚从王猛逝世那天，到王猛入殓，三次亲自前来哀哭。对太子苻宏说：“莫非是上天不允许我混一四海，统一中国？为什么这么快就夺去我的王猛！”依照安葬霍光前例（参考前六八年三月），安葬王猛（王猛墓在陕西省华阴市东北四十公里。六三六年，唐王朝政府还派人致祭，并禁止砍柴及放牧）。

3 八月二十日，晋帝国皇帝（十五任孝武帝）司马昌明（本年十四岁）娶皇后王法慧（本年十七岁），大赦。王法慧，是王濛的孙女（王濛以穷嚼蛆〔清谈〕跟刘惔同时闻名于世，参考三三五年三月）。任命王法慧的老爹、晋陵郡（江苏省镇江市）郡长王蕴，当特级国务官（光禄大夫），兼军事部长（五兵尚书），封建昌侯。王蕴坚决辞让，不肯接受。

九月，司马昌明读《孝经》，开始阅览儒家学派经典，接见儒家学派学者。立法院最高立法长（中书令）谢安，推荐东莞郡（山东省莒县）人徐邈，担任立法官（中书舍人）；司马昌明每次向他提出问题，都会得到裨益，改正错误。司马昌明有时候举行宴会，热闹欢乐之后，喜爱亲笔写下他自己所作的诗赋，赏赐给侍从人员，这些诗赋都草草成章，油腔滑调，淫荡杂乱；徐邈总是想办法把它们收集起来，拿到立法院删改修正，使它们都具备相当的水准；呈请司马昌明看过，再发出去。当时舆论，因此事对徐邈至为称赞。

4 冬季，十月一日，日蚀。

5 前秦帝国天王苻坚下诏，说："贤能的首相（王猛）新近弃我们而去，文武官员处理事务，或许不太合乎我的心意。不妨在未央宫南，设立'听讼观'，我每隔五天，前往一次，探讨人民无法上达的痛苦。现在，天下虽然还没有全部平定，但也可以暂时停止军事行动，推动教育文化，用以符合首相高雅的盼望。我们应该尊崇儒家，禁止《老子》《庄子》、'神秘预言书'的传播，违犯这项规定的，绑到闹市斩首。"仔细的挑选学生；太子苻宏，以及公爵、侯爵、文武百官的儿子们，全到学校中读书；"中外、四禁、二卫、四军、长上"将士，也都接受教育（"中外"：中军将军、外军将军。"四禁"：前禁将军、后禁将军、左禁将军、右禁将军。"二卫"：左卫将军、右卫将军。"四军"：卫军将军、抚军将军、镇军将军、冠军将军。"长上"：金銮宝殿禁卫军官）。每二十人，由一位对"五经"有研究的学者，担任教师，教他们诵读断句（中国文言文古书，直到二十世纪一〇年代，还没有标点符号，所以"断句"成为一项沉重的负担和课程）。后宫则设立教师管理官（典学），教授宫中男女；挑选宦官及聪明的宫女，到国立大学教授（博士）那里，学习五经（《诗经》《书经》《礼经》《易经》《春秋》）。

国务院助理官（尚书郎）王佩，阅读"神秘预言书"（谶），苻坚斩王佩。从此再没有人读神秘预言书。

三七六年 丙子

晋	宁康	四年
	太元	元年
前凉	太清	十四年
前秦	建元	十二年

（代王拓跋什翼犍建国三十九年）

1 春季，正月一日，晋帝国（首都建康〔江苏省南京市〕）皇帝（十五任孝武帝）司马昌明（本年十五岁），行加冠礼。皇太后褚蒜子下诏，交还政权（褚蒜子摄政，参考三七三年八月），仍称崇德皇后。

正月三日，大赦，改年号（之前是宁康四年，之后是太元元年）。

正月五日，司马昌明正式主持早朝。任命会稽郡（浙江省绍兴市）郡长郗愔，当镇军大将军、浙东（浙江〔钱塘江〕以东）五郡军区司令长官（都督浙东五郡诸军事）。徐州（州政府设京口〔江苏省镇江市〕）州长（刺史）桓冲，当车骑将军、豫江二州所属六郡军区司令长官（都督豫江二州之六郡诸军事。豫州五郡：历阳郡〔安徽省和县〕、淮南郡〔安徽省寿县〕、庐江郡〔安徽省舒城县〕、安丰郡〔安徽省霍邱县〕、襄城郡〔侨郡 · 安徽省芜湖市繁昌区〕；江州一郡：寻阳郡〔江西省九江市〕）；从京口（江苏省镇江市）迁到姑孰（安徽省当涂县）。因国务院执行长（仆射）谢安，打算任命王蕴（皇后王法慧老爹）当方面大员（一方之长），所以先解除桓冲徐州（州政府设京口）州长（刺史）职务。

正月十四日，加授谢安立法院总立法长（中书监），主管政府机要（录尚书事）。

2 二月二十一日，前秦帝国（首都长安〔陕西省西安市〕）天王（三任宣昭帝）苻坚（本年三十九岁），下诏说："我曾经听说，君王在寻求贤能人才的时候，最为辛苦；而在寻求到贤能人才之后，十分悠闲，可以安心享乐；这话是何等的灵验！从前，我得到丞相（王猛）作为助手，常认为当君王是件最简单最容易的事。可是，自从丞相（王猛）弃世，我的头发已被工作压得一半变白，每一思及，不觉衷心悲恸。而今，天下没有丞相，政治教化，可能有松懈之处，应该分别派出官员，前往各郡县视察，探求人民疾苦。"

柏杨曰

君臣之相得，世称刘备与诸葛亮，实际上刘备在世之日，诸葛亮并没有受到超越常人的重视。五千年来，君臣相得史迹，姜小白与管仲、姬平与乐毅、嬴渠梁与公孙鞅、苻坚与王猛，屈指可数，如此而已。在此之后，君臣距离越来越远，君王的儒家系统作风越来越重，使改革成为绝不可能，更不要说突破。回头瞻仰苻坚大帝与王猛的公私情谊，和为人民带来的福祉，无限依依。

3 三月，前秦帝国部队攻击南乡郡（河南省淅川县南），攻克。山蛮部族（湖北省襄阳市之西山区部族）三万余户人家，投降前秦帝国。

4 夏季，五月十五日，晋帝国（首都建康）大赦（半年之内，两次大赦，法纪已破，社会秩序难再维持）。

5 前凉王国（首都姑臧〔甘肃省武威市〕）首领（七任）、西平公张天锡（本年三十一岁），当初诛杀张邕时，刘肃及安定郡（甘肃省镇原县东南屯字镇）人梁景，都有功劳（参考三六一年十一月），二人从此受到宠爱，张天锡还把尊贵的“张”这个姓，赏赐给二人，作为自己的儿子，使他们参与政治（三六一年，张天锡夺取政权时十六岁，刘肃年未满二十岁，应是十八九岁。而张天锡竟收他当儿子，刘肃也甘以儿子自居，两个恬不知耻的政治无赖）。张天锡把所有时间都用到饮酒和美女身上，不去处理国家大事。罢黜世子张大怀，而把最宠幸的小老婆生的娃儿张大豫，封作世子；焦女士封“左夫人”，人心对张天锡愤怒怨恨。堂弟、参谋指挥官（从事中郎）张宪，抬着棺材，准备用死来规劝，张天锡不理。

前秦帝国（首都长安）决定抓住机会，把前凉王国并入版图。天王苻坚下诏：“张天锡虽然向我们称臣，接受我们的任官，但是内心并不彻底服从。兹派武卫将军苟苌，‘使持节’（一级权力）；左将军毛盛、立法院最高立法长（中书令）梁熙、步兵指挥官（步兵校尉）姚苌等，率军向黄河西岸挺进。另派国务院助理官（尚书郎）阎负、梁殊，携带诏书，前往姑臧（甘肃省武威市），征召张天锡，前来京师（首都长安）朝见。如果张天锡拒绝，大军即行讨伐。”当时，前秦帝国动员兵力，步骑兵十三万人，参谋长（军司）段铿对降将周虓说：“用这个庞大的军团作战，谁能抵挡！”周虓说：“自有蛮族以来，从没有见过。”苻坚又命秦州（州政府设上邽〔甘肃省天水市〕）州长（刺史）苟池、河州（州政府设枹罕〔甘肃省临夏市〕）州长（刺史）李辩、凉州（州政府设金城〔甘肃省兰州市〕）州长（刺史）王统，率三州的武装部队，支援苟苌。

秋季，七月，阎负、梁殊，抵达姑臧。张天锡召集文武百官，共同磋商。张天锡说：“我今天前往长安（前秦首都）入朝，一定不会放我回来。如果不肯接受，秦国（前秦帝国）军队一定行动，将怎么办？”禁宫记录官（禁中录事）席仂建议说：“送爱子去当人质，再用贵重的金银财宝作为贿赂。先使他们的军队撤退，然后再慢慢想出因应办法，这是能屈能伸的谋略。”于是，文武百官义愤填膺，说：“我们世世代代，事奉晋王朝司马皇家，忠贞节义，四海之内，著有声名。一旦屈身盗匪的大庭之上，连祖宗都受到侮辱，真是最大的丑事。而且，河西走廊（甘肃省中部西部），有天然险要，守一百年都守得住。如果动员全国所有的武士，西方邀请西域（新疆及中亚东部），北方邀请匈奴，支援我们作战，凭什么就认为我们不能传出捷报？”张天锡卷起袖子，舞动手臂，呐喊说：“我已下定决心，再敢提议投降的事，斩首。”派人询问阎负、梁殊说：“你们打算活着回去？还是死后回去？”阎负等理直气壮，不肯屈服。张天锡大怒若狂，把二人捆绑到军营大门之外，下令士卒交叉射击，说：“射不中他们，就是跟我不一条心。”娘亲严女士哭泣说：“秦国（前秦帝国）君王以一个州（雍州）作为根据地，纵横天下，控制四海，东方击平鲜卑（前燕帝国），南方夺取巴蜀（四川省），攻击凌厉，势如破竹。你如果投降，或许还可以延长几年的命脉。现在用小小的一个角落的地方，对抗大国，而又诛杀它的使臣，距灭亡的日子，恐怕没有几天！”张天锡命龙骧将军马建，率军二万人，抵抗前秦兵团。

《伊索寓言》上有则故事说：一只螃蟹在水底傲然独步，渔夫用竹竿在它背上轻轻一敲，它就暴怒起来，喊说："什么东西，胆敢对我冒犯！"举起前螯，钳住竹竿不放，一直到渔夫把它提出水面，它还气冲斗牛。

张天锡十八岁时，竹竿敲到他背上，靠着一阵热血沸腾，夺取政权。现在，竹竿再度敲到背上，他再度乞灵于另一阵热血沸腾，张天锡现在的处境，类似三世纪〇〇年代赤壁之战前的孙权。不同的是，孙权心情恐惧沉重，而张天锡却认为只要用别人的血展示自己的决心就够了。

张天锡和他的党徒刘肃之类，不过一群恶少暴徒。我们对前凉王国的覆灭，毫不关心，而只关心：在这群恶少暴徒治理下，人民过的是什么日子，前凉王国应该亡得越早越好。

6 前秦帝国听到张天锡射杀阎负、梁殊消息，开始发动总攻。

八月，立法院最高立法长（中书令）梁熙、步兵指挥官（步兵校尉）姚苌、凉州（州政府金城）州长（刺史）王统、河州（州政府枹罕）州长（刺史）李辩，从清石津（甘肃省兰州市西北黄河渡口）渡过黄河，攻击前凉王国骁烈将军梁济所据守的河会城（甘肃省兰州市西河口镇），梁济投降。

八月十七日，前秦西征军总指挥官、"使持节"（一级权力）、武卫将军苟苌，在石城津（兰州市北黄河渡口）渡过黄河；跟梁熙会师，攻击缠缩城（甘肃省永登县境），攻克。前凉兵团龙骧将军马建，大为恐惧，不敢对抗，从杨非（缠缩城西北）撤退到清塞（甘肃省武威市东南）。张天锡派征东将军常据，率军三万人，进驻洪池（洪池岭·甘肃省天祝县西北乌鞘岭）；张天锡亲率全部主力五万人，进驻金昌城（应在洪池岭北）。安西将军敦煌郡（甘肃省敦煌市）人宋皓对张天锡说："我白天观察人事，夜间观察天象，秦国（前秦帝国）兵团的攻势，无法抵挡，不如投降。"张天锡大怒，把宋皓贬作宣威军事总监（宣威护军）。广武郡（甘肃省永登县）郡长辛章说："马建出身军旅，一定不会效忠于你。"（这两句话难解，或许是：马建是职业军人，平常就对张天锡那群毛头小伙不满。）苟苌派姚苌率三千人武装部队作前锋。

八月二十三日，马建率领部属一万人，向前秦兵团投降，其他士卒纷纷逃亡。

八月二十四日，苟苌跟常据在洪池（甘肃省天祝县西北乌鞘岭）会战，常据大败，战马被乱兵砍死，部将董儒把坐骑让给常据，常据说："我前后三次统率全国武装部队，两次加授君王符节黄钺，八次率领宫廷禁卫，十次主持政府直辖兵团，受到的宠爱和信任，已到极点。而今被困在这里，正是我死节之地，还往哪里逃？"进入虎帐，脱下头盔，向西叩拜，举剑自杀。前秦兵团进击，斩常据的参谋长（军司）席仂。

八月二十六日，前秦兵团进入清塞（姑臧东南）。张天锡再派国防部长（司兵）赵充哲率军抵御，前秦兵团跟赵充哲在赤岸（金昌东南）会战，大破赵充哲军，斩杀和俘虏三万八千人，赵充哲阵亡。张天锡亲自出战，而城里人民起而叛变，张天锡惶恐，率数千骑兵，逃回姑臧（甘肃省武威市）。

八月二十七日，前秦西征军抵达姑臧，张天锡坐上白马拉的简单车辆，双手捆绑在背后，带着棺木，亲到前秦大营营门投降。苟苌解开他的捆绑，把棺木焚烧，送张天锡到长安（陕西省西安市），前凉王国各郡县，全降前秦帝国（前凉王国是五胡乱华十九国中，第四个兴起的短命王国，和第六个灭亡的短命王国，自三二〇年至三七六年，共七任君王，立国

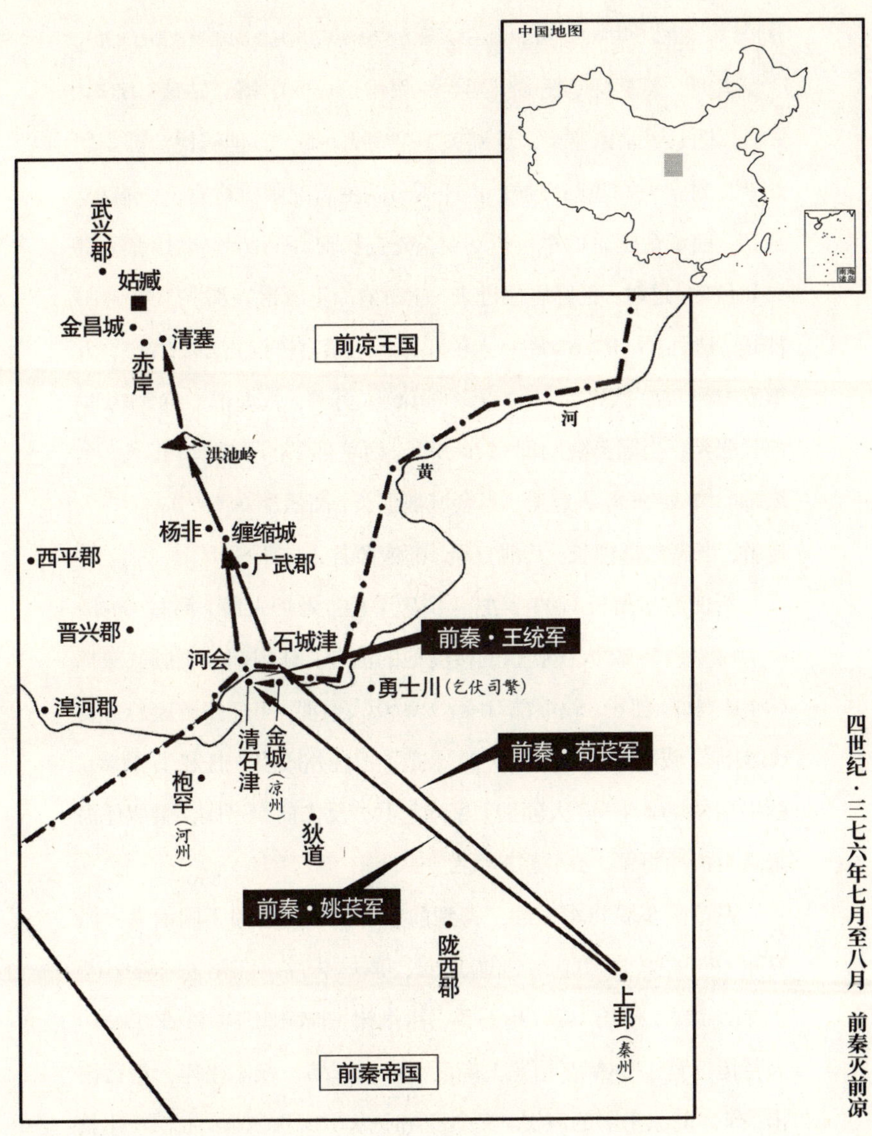

四世纪・三七六年七月至八月　前秦灭前凉

五十七年。现在，中国境内，两国南北对峙，北方前秦帝国，南方晋帝国；对决即行开始）。

九月，天王苻坚任命梁熙当凉州州长（刺史），镇守姑臧（甘肃省武威市）。把七千余家富豪，迁到关中（陕西省中部），其他居民全都安居如昔。封张天锡当归义侯，担任国务院主管北疆执行官（北部尚书）。最初，前秦帝国采取军事行动时，先在长安（陕西省西安市）给张天锡兴建住宅；这时，正好居住进去。任命前凉王国晋兴郡（青海省民和县）郡长、陇西郡（甘肃省陇西县）人彭和正，当禁宫咨询官（黄门侍郎）；人事官（治中从事）武兴郡（甘肃省武威市西北）人苏膺，敦煌郡（甘肃省敦煌市）郡长张烈，当国务院助理官（尚书郎）；西平郡（青海省西宁市）郡长、金城郡（甘肃省兰州市）人赵凝，当金城郡郡长；高昌郡（新疆吐鲁番市东）人杨幹，当高昌郡郡长。其他官员，都依照各人才干任用。

新任凉州州长（刺史）梁熙，清廉节俭，爱护人民，河右（河西走廊·甘肃省中部西部）人民欣慰的接受他的治理。任用前凉王国武威郡（甘肃省武威市）郡长、敦煌郡（甘肃省敦煌市）人索泮，担任州政府总务官（别驾）；宣威军事总监（宣威护军）宋皓，担任州政府主任秘书（主簿）。西平郡（青海省西宁市）人郭护，聚众起兵，反击前秦帝国，梁熙任命宋皓当折冲将军，击平郭护叛乱。

晋帝国车骑将军桓冲，得到前秦帝国攻击前凉王国消息，派兖州（州政府设广陵〔江苏省扬州市〕）州长（刺史）朱序、江州（州政府设寻阳〔江西省九江市〕）州长（刺史）桓石秀，跟荆州（州政府设江陵〔湖北省江陵县〕）大营指挥官（荆州督护）桓罴，向沔水（汉水上游）、汉水沿岸，进行游击，作为前凉王国的声援。又命豫州（州政府设姑孰〔安徽省当涂县〕）州长（刺史）桓伊，率军向寿阳（安徽省寿县）挺进；淮南郡（郡政府设寿阳）郡长刘波，率舰队从淮河向泗水挺进；打算向前秦帝国发动阻挠性攻击，减少前凉王国所受的压力。不久，听到前凉王国沦亡消息，各军全都撤回。

7 最初，晋帝国十二任帝（哀帝）司马丕在位时，减少田赋，每亩只收二升（参考三六二年正月）。

九月八日，晋政府撤销以田亩为单位征税制度，改为以人口为单位征税制度，自亲王公爵以下官员，每人每年缴纳稻米三斛，免除差役。

8 冬季，十月，晋帝国把淮河以北居民，大量迁到淮河以南（畏惧前秦帝国南下）。

9 匈奴部落酋长刘卫辰，受到代国（首府盛乐〔内蒙古和林格尔县〕）压力（参考前年〔三七四〕十二月），向前秦帝国（首都长安）求救。前秦帝国天王苻坚，命幽州（州政府设蓟县〔北京市〕）州长（刺史）、行唐公苻洛，当北方征剿总司令官（北讨大都督），率幽州（河北省北部及辽宁省）、冀州（河北省中部南部）武装部队十万人，攻击代国。命并州（州政府设晋阳〔山西省太原市〕）州长（刺史）俱难，镇军将军邓羌，国务院执行官（尚书）赵迁、李柔，前将军朱彤，前禁将军张蚝，右禁将军郭庆，率步骑兵混合兵团二十万人，东方由和龙（即龙城·辽宁省朝阳市。和龙之名，参考三四五年正月），西方由上郡（陕西省榆林市东南鱼河镇），分别出发，跟苻洛会师；用刘卫辰当向导。苻洛，是苻菁的老弟。（苻菁，参考三五〇年八月）。

苟苌进攻前凉王国时，派扬武将军马晖、建武将军杜周，率骑兵八千人，向西方迂回到恩宿（甘肃省永昌县西），企图切断张天锡逃亡路线。约定日期在姑臧（前凉故都·甘肃省武威市）会师。马晖等穿过沼泽地带，正巧遇到雨水不止，不能在规定的时刻内抵达。依照军法，应处斩刑，有关机关奏请逮捕马晖等下狱。天王苻坚说："春冬两季，雨水干涸，夏秋两季，雨水充足，这是苟苌对天时地利不太了解，因之调度失当的缘故，不是马晖等的罪。天下正在有事，应该宽恕过失，鼓励建功。现在，派马晖等前往北方，攻击索头盗匪（代国），用以赎罪。"参谋官员认为，从万里之外，抽调部队，绝赶不上前方的需要。苻坚说："马晖等正高兴免于死刑，一定全力以赴。不可以用平常情理去判断此时的反应。"马晖等率军一天走两天路程，急行军挺进，竟赶上东路大军（应是"西路大军"才对）。

10 十一月一日，日蚀。

11 代王（首府盛乐）拓跋什翼犍，命白部落、独孤部落，向南抵抗前秦帝国大军，都不能战胜，又命南部总监（大人）刘库仁率十万骑兵迎击。刘库仁跟刘卫辰，都是匈奴民族（拓跋是鲜卑人），但刘库仁是拓跋什翼犍的外甥，跟前秦帝国大军在石子岭（内蒙古乌审旗北）会战，刘库仁大败。拓跋什翼犍病重，已不能率军行动，只好放弃盛乐（内蒙古格林格尔县），率领各部落，逃到阴山之北。于是，高车（敕勒・蒙古国北部）等部族，一时间全都叛变，四面八方逃窜劫掠，人民放牧砍柴等日常生活，全部停顿。拓跋什翼犍遂再回到漠南（瀚海沙漠群以南），听到前秦帝国大军略微向后撤退消息。

十二月，拓跋什翼犍返抵云中（内蒙古托克托县）。

当初，拓跋什翼犍把一半国土，分封给老弟拓跋孤（回报他的让国，参考三三八年十月），拓跋孤早逝，儿子拓跋斤不能继承老爹的权位，心怀怨恨。拓跋什翼犍的世子（合法继承人）拓跋寔，拓跋寔老弟拓跋翰，也都早逝（拓跋寔伤重而死，参考三七一年四月）；拓跋寔的儿子拓跋珪（即拓跋涉珪），年纪还幼（本年六岁）。慕容妃生的儿子拓跋阏婆、拓跋寿鸠、拓跋纥根、拓跋地干、拓跋力真、拓跋窟咄，年龄已大（拓跋什翼犍娶前燕帝国皇女，参考三四四年正月），但合法继承人是谁，老爹一直没有指定。当时，前秦帝国大军仍驻君子津（内蒙古托克托县东南黄河渡口），拓跋什翼犍儿子们每天夜晚，都全副武装，环绕寝宫，警戒守卫。拓跋斤乘机游说拓跋什翼犍的庶长子拓跋寔君说："大王准备选立慕容妃生的儿子，打算先把你杀掉，所以，近些日子，他们弟兄每晚都手拿兵器，在寝帐四周巡逻，为的是抓住机会，立即发动。"拓跋寔君相信，遂率军突击，把所有老弟，连同老爹拓跋什翼犍，一齐诛杀（拓跋什翼犍年五十七岁）。当晚，弟媳们跟部落其他残存的部众，逃奔前秦帝国大营。前秦帝国将领李柔、张蚝等，战备行军，直指云中（内蒙古托克托县），代王大营溃散，拓跋珪的娘亲贺女士，抱着拓跋珪小娃，投奔贺讷。贺讷，是贺野干的儿子（也是贺女士的兄弟。参考三七一年七月）。

前秦帝国天王苻坚召见代国秘书长（长史）燕凤，询问内乱原因，燕凤据实报告。苻坚说："只要是罪恶，到什么地方都是罪恶。"逮捕拓跋寔君跟拓跋斤，押解首都长安，用车裂酷刑，把二人处死。苻坚要把拓跋珪接到长安，燕凤再三请求说："代王（拓跋什翼犍）刚刚去世，部属纷纷叛变，四散逃亡，只有这个孙儿，年纪还小，没有领导中心。部落酋长刘库仁，勇敢而有智谋；另一酋长刘卫辰，狡猾而变化多端，都不可以把代国单独交给他们。不如把代国一分为二，由他们分别统率，这两个人有深仇大恨，所以谁也不敢先发动吞并对方的战争。等到拓跋珪长大，再教他恢复代王王位，是陛下对代国有使亡者复存、断者复续的恩德，将使他们子子孙孙，成为永远不背弃陛下的臣属，这是安定边疆的最好策略。”苻坚接受。

于是，把代国分为两部，黄河以东属刘库仁，黄河以西属刘卫辰，各人设立各人的官属，统率各人的部众。贺兰部落把拓跋珪母子送到独孤部落，跟南部总监（南部大人）长孙嵩、元佗等，都投靠刘库仁。前秦帝国行唐公苻洛，因为拓跋什翼犍的儿子拓跋窟咄，年纪较大，把他送到长安。苻坚命拓跋窟咄进国立大学（太学）读书。

苻坚下诏：“张天锡（前凉王国末任首领）继承祖先的基业，累积有一百年之久的恩德，盘踞河右（河西走廊·甘肃省中部西部），独霸一方。索头部落（代国）世世代代，横跨朔北（黄河河套以北），位居要冲，东到濊貊（朝鲜半岛东北部），西接乌孙（首都赤谷城〔中亚伊赛克湖东南〕），武装部队多达一百余万，像猛虎一样，控制云中（内蒙古托克托县）。我曾经派出两支部队（指荀苌及苻洛），分别讨伐狡猾的丑类，速战速决，都没有超过一年，即行扫平元凶（前凉王国及代国），投降的俘虏，有一百万人之多。开疆拓土，九千余华里，五帝所没有臣服的部落（五帝：黄帝姬轩辕，玄帝姬颛顼，俈帝姬夋，唐帝伊祁放勋，虞帝姚重华），周、汉两大王朝势力，所没有到达的地方，都仰望圣明的风俗教化，经过几次翻译，前来投效进贡。有关单位应迅速依照秩序，升官封爵，所有战士，都免除五年的田赋差役，并赏赐每人美酒三杯。”加授行唐公苻洛征西将军，任命邓羌当并州（山西省中部）州长（刺史）。

阳平国（河北省馆陶县）侍从官（常侍）慕容绍，暗中对他的老哥慕容楷说：“秦国（前秦帝国）仗恃他的强大，贪图战场上的胜利，无休无止。北方驻军云中（内蒙古托克托县），南方据守蜀汉（四川省中部北部及陕西省南部），粮秣运输，辗转万里，道路上的坟墓，累累相连。军队

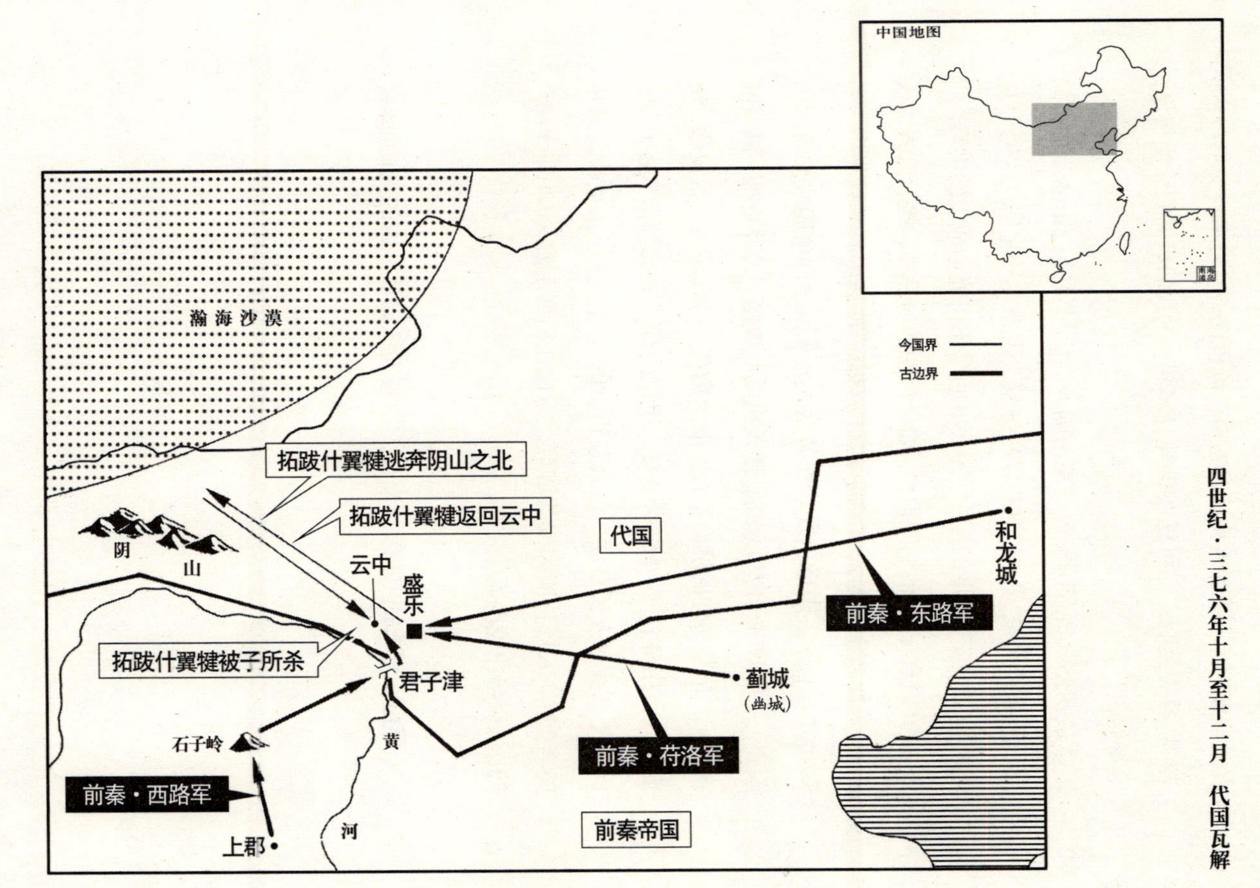

四世纪・三七六年十月至十二月　代国瓦解

在外筋疲力尽，人民在内困苦贫穷，危亡已近。冠军叔父（冠军将军慕容垂）睿智英明，定可复兴燕国（前燕帝国），我们只需要爱惜自己，等待时机！”

最初，前秦帝国既灭前凉王国，商议讨伐西边氐部落及羌部落。天王苻坚说：“他们这些零星部落，混杂在一起居住，号令并不统一，谁都不听谁的，对中国（中原地区）不可能造成大的灾难，应该先行安抚，征收他们的捐税，如果拒绝政府命令，然后再去讨伐不迟。”派殿中将军张旬，前往宣抚安慰，由庭中将军魏曷飞，率骑兵二万七千人随后出发。魏曷飞认为氐、羌部落胆敢仗恃山川险要，不服政令，应该惩罚；遂乘机发动攻击，大肆抢掠，满载赃物而归。苻坚对他的抗命暴行，下令责罚，打魏曷飞二百皮鞭，斩前锋大营指挥官（前锋督护）储安，用以向氐、羌二部落人民道歉，氐、羌二部落人民感动，归降及进贡的有八万三千余篷帐。雍州（陕西省中部）人民从前因战乱逃难，流亡在河西走廊（甘肃省中部西部）的，可以自由返回本土。

12 代国东区首领刘库仁，招集安抚离散四方的流亡部落，恩德和信誉，十分显著。对幼主拓跋珪，侍奉周到，不因为娃儿现在无依无靠，而改变态度，时常对儿子们说："这孩子有高出天下所有人的大志，一定可以复兴祖先基业，你们要好好待他。"（拓跋珪不过六岁娃儿，口齿还不见得伶俐，不知道根据什么看出他有"高天下之志"？传统史学家总是根据以后发生的事，发表先见之明的预言，遂使呆瓜白痴，都成了"铁嘴""半仙"。）天王苻坚奖励刘库仁的功劳，加授广武将军，车辆前准用大旗前导。

西区首领刘卫辰，不能忍受刘库仁地位声望超过自己，由嫉妒而愤怒，于是击斩前秦帝国五原郡（内蒙古包头市）郡长，起兵叛变。刘库仁讨伐刘卫辰，大破刘卫辰军，追击到阴山西北一千余华里，俘虏刘卫辰的妻子儿女。乘势攻击西方的库狄部落，把他们全体强行迁到桑干川（山西省山阴县南桑干河上游）。若干时日之后，天王苻坚任命刘卫辰当西区单于，统御河西（陕西省北部）各部落，驻防代来城（内蒙古伊金霍洛旗西北）。

13 本年（三七六），鲜卑部落南单于乞伏司繁（时驻勇士川〔甘肃省榆中县北〕）逝世，子乞伏国仁继位。

四世纪·三七六年十二月
前秦灭前凉、代国·两国并立

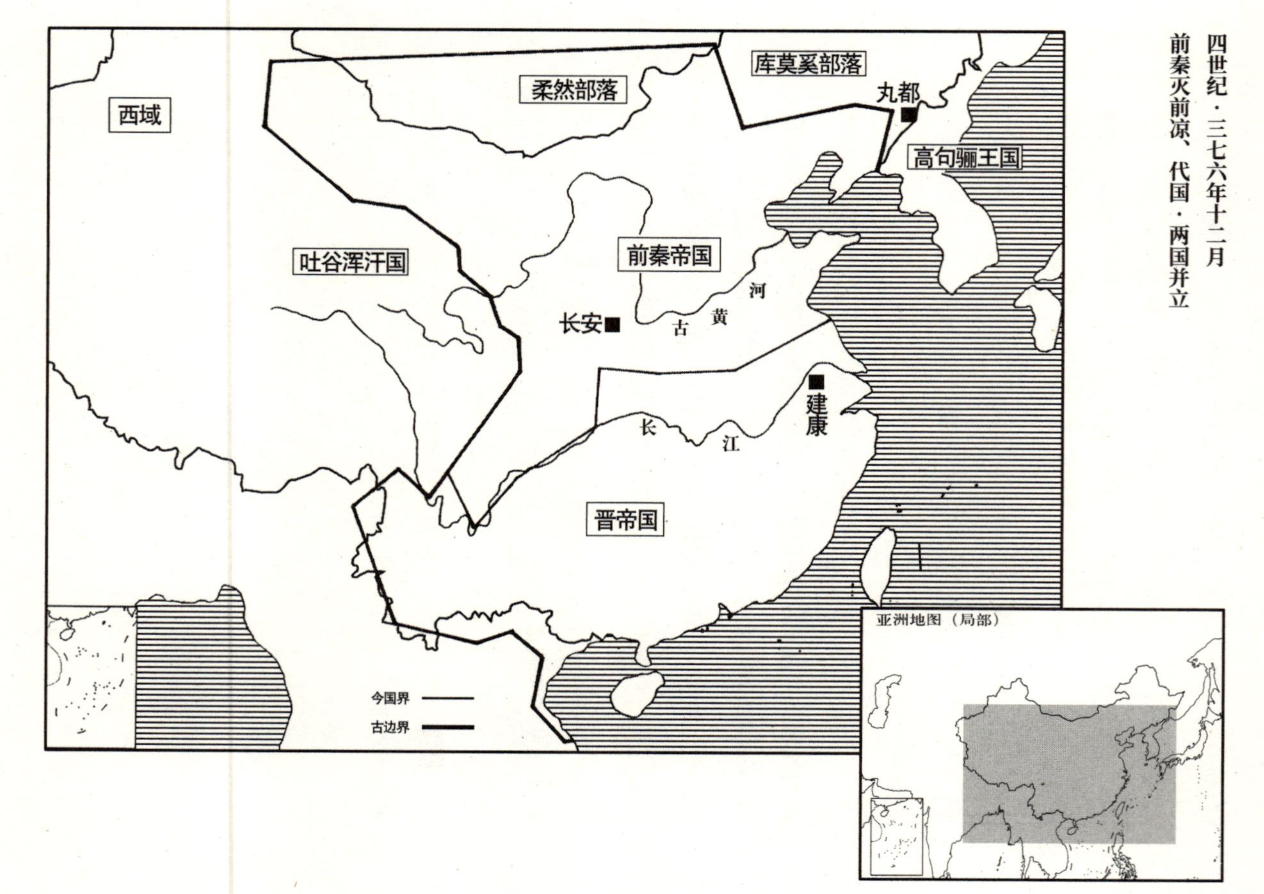

三七七年 丁丑

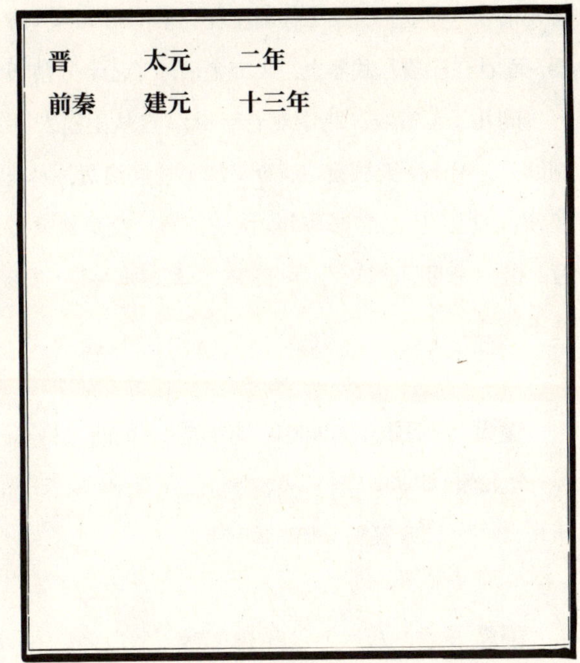

晋　太元　二年

前秦　建元　十三年

1 春季，高句骊王国（首都丸都〔吉林省集安市〕）、新罗王国（首都金城〔朝鲜半岛庆州市〕），以及西南各夷族部落（四川省南部），都派出使臣，向前秦帝国（首都长安〔陕西省西安市〕）进贡。

2 故后赵帝国工程署人事官（将作功曹）熊邈，屡次向前秦帝国天王（三任宣昭帝）苻坚（本年四十岁），推崇石家班宫殿的华丽，和奇珍异宝等盛况。苻坚怦然心动（这是一个人败坏的开始），命熊邈当工程署秘书长（将作长史），兼工程署主任秘书（将作丞），大肆兴建船舰、武器，而且在船舰、武器上，装饰金银，工艺十分精巧。冠军将军慕容垂的儿子慕容农，暗中对老爹说："自从王猛去世，帝国的法令制度，一天比一天颓废，而今又加上奢侈浪费，大祸定会来临。神秘预言书上的话，势必应验。大王应该广交英雄豪杰，顺应上天旨意。机会只叩门一次，不可丧失。"慕容垂笑说："天下大事，你们并不知道。"

3 晋帝国（首都建康〔江苏省南京市〕）征西大将军桓豁，上书推荐（表）兖州（州政府设广陵〔江苏省扬州市〕）州长（刺史）朱序，当梁州（侨州）州长（刺史），镇守襄阳（湖北省襄阳市）。

4 秋季，八月十六日（原文误置于七月，据《晋书》改），晋帝国擢升国务院执行长（尚书仆射）谢安当宰相（司徒），谢安推辞，不肯接受。于是，加授谢安高级咨询官（侍中）、扬豫徐兖青军区司令长官（都督扬豫徐兖青五州诸军事）。

八月二十五日（原文误置于七月，据《晋书》改），征西大将军、荆州（州政府设江陵〔湖北省江陵县〕）州长（刺史）桓豁逝世（年五十八岁）。

冬季，十月十一日，晋帝国政府任命桓冲，当江荆梁益宁交广军区司令长官（都督江荆梁益宁交广七州诸军事），兼荆州（州政府江陵）州长（刺史）；任命桓冲的儿子桓嗣，接替桓冲的江州（州政府设寻阳〔江西省九江市〕）州长（刺史）职位。又任命国务院军事部长（五兵尚书）王蕴，当长江以南军区司令长官（都督江南诸军事），兼徐州（州政府设京口〔江苏省镇江市〕）州长；征西大将军府军政官（征西司马），兼南郡（郡政府江陵）郡长（相）谢玄，当兖州（州政府广陵）州长（刺史），兼广陵郡（江苏省扬州市）

郡长（相）、长江以北军区司令（监江北诸军事）。

桓冲因前秦帝国强盛，难以阻挡，打算把军事基地，迁到长江以南，用长江作为缓冲。遂上疏奏准，从江陵（湖北省江陵县）迁到上明（湖北省松滋市西北）。而命冠军将军刘波，留守江陵；首席军事参议官（咨议参军）杨亮，留守江夏郡（湖北省安陆市）。王蕴坚决辞让徐州（州政府京口）州长（刺史）职务，谢安说："你是皇后之父，地位重要，不应该看轻自己，辜负一时难得的宠爱。"王蕴才接受。

最初，立法院主任立法官（中书郎）郗超，自以为他爹郗愔，地位应比谢安为高，可是谢安已进入中央，掌握权柄；郗愔却一直停留在闲散位置上（郗愔任会稽郡〔浙江省绍兴市〕郡长，参考三六九年三月），心中不满，时常形诸脸色，从此跟谢家结下怨恨。这时，前秦帝国对晋帝国已形成一项强大压力，晋政府官员都十分忧虑。晋帝（十五任孝武帝）司马昌明（本年十六岁）下诏，征求文武双全、可以跟北方强敌对抗的大将之才，谢安保荐他的侄儿谢玄。郗超听到消息，叹息说："谢安明智，竟然违背大家的议论，而选拔自己的亲人。谢玄的才干，绝对不会辜负这项推荐。"大家认为不见得，郗超说："我跟谢玄，曾经在桓公（桓温）那里同事（参考三六三年五月），亲眼看到他处理事务的能力，使穿木屐的和穿皮靴的，都能站在恰当的位置，因此，我对他了解至深。"

谢玄招募骁勇壮士，彭城郡（江苏省徐州市）人刘牢之等人，就是在这次招募中投效。谢玄任命刘牢之当军事参议官（参军），经常率领精锐，担任前锋，每次战役，都传捷报，世人称之为"北府军团"（北府兵。但要到明年〔三七八〕，谢玄击败前秦帝国攻势，兼徐州州长〔刺史〕，州政府设京口〔江苏省镇江市〕；晋帝国人称京口为"北府"，才有"北府军团"一词出现）。敌人对"北府军团"，十分畏惧。

5 十月十二日，晋帝国中央军事总监（护军将军）、散骑侍从官（散骑常侍）王彪之逝世（年七十三岁）。

最初，谢安打算增建宫殿，王彪之说："中兴初期（一〇年代），曾经把当时的官府（东府·建康城南），当作皇宫，十分简陋（三一六年十一月，晋王朝首都长安陷落；三一七年三月，亲王之一的司马睿在建康〔江苏省南京市〕继任国家元首，三一八年三月称帝，定都建康，遂成为一个地区政权，不但谈不到中兴，事实上，国力反而越来越衰。但当时官方仍称它是"中兴"，以获得情绪上满足）。苏峻之乱时（参考三二七年十二月），成帝（九任帝司马衍）停留在总监察署（兰台·御史台）会议厅（都坐），几乎挡不住寒热，所以不得不兴建新的宫殿（参考三三〇年九月），比起两汉王朝和曹魏帝国，固然节俭，但比起初到江南（长江以南），已过分奢侈。而今，敌寇正在强盛，怎么可以大兴土木，劳动人民！"谢安说："宫殿破旧，后人会抨击我们无能！"王彪之说："凡是担负天下重责大任的人，应当保卫国家，加强行政效率，怎么认为盖宫殿才算有能！"谢安不能驳斥他的意见，所以在王彪之活着的时候，土木工程方面，没有什么营造。

6 十二月，晋帝国临海郡（浙江省台州市西北章安街道）郡长郗超逝世（年四十二岁）。

最初，郗超跟桓温结成一党，因老爹郗愔效忠司马皇家，所以瞒得密不通风，老爹竟不知情。郗超病重，拿出一箱信件，交给门生，说："我父亲年纪已高，我死之后，他如果哀伤过度，妨碍到饮食和睡眠时，请你把这箱信件呈送给他。如果我父亲还可以节哀，就请把它烧掉。"后来，郗超死后，郗愔思念儿子，哀恸过度，患病在身，门生把箱子呈送给郗愔，里面全是郗超跟桓温来往，秘密背叛司马皇家的信件，郗愔大怒说："这小子早就应该死掉。"从此不再哭一声。

三七八年 戊寅

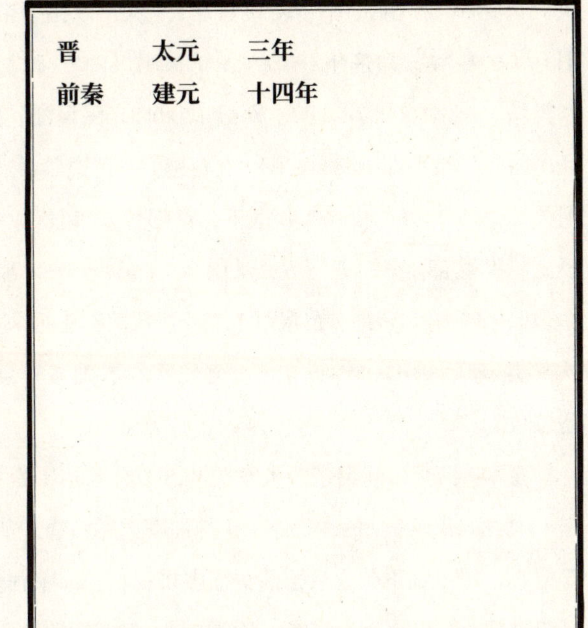

晋	太元	三年
前秦	建元	十四年

1 春季，二月十七日，晋帝国（首都建康〔江苏省南京市〕）兴建新的宫殿，在工程进行途中，晋帝（十五任孝武帝）司马昌明（本年十七岁）暂时搬到会稽王府。

2 前秦帝国（首都长安〔陕西省西安市〕）天王（三任宣昭帝）苻坚（本年四十一岁），派征南大将军、全国征剿总司令长官（都督征讨诸军事）、代理国务院总理（守尚书令）、长乐公苻丕，武卫将军苟苌，国务院执行官（尚书）慕容暐，率步骑兵七万人，大举攻击晋帝国所属的襄阳（湖北省襄阳市）。命荆州（州政府设丰阳〔陕西省山阳县〕）州长（刺史）杨安，率樊城（湖北省襄阳市汉水北岸）、邓县（襄阳市北）民兵部队，担任先锋。征虏将军、始平郡（陕西省兴平市）人石越，率精锐骑兵一万人，从鲁阳关（河南省鲁山县，鲁阳城西南）南下；首都长安市长（京兆尹）慕容垂、扬武将军姚苌，率军五万人，从南乡（河南省淅川县南）南下；中央禁军总监（领军将军）苟池、右将军毛当、强弩将军王显，率军四万人，从武当（湖北省丹江口市西北）东下；各路军在襄阳城外会师后，再发动总攻。

夏季，四月，前秦帝国大军在沔水（汉水）北岸集结，晋帝国梁州（州政府襄阳）州长（刺史）朱序，认为前秦大军没有船舰，根本用不着担心。想不到不久之后，前秦征虏将军石越，率领骑兵五千人，已渡过沔水。朱序大为震惊，严守内城；石越攻陷襄阳外城，俘获晋帝国船舰一百余艘，就把尚留在沔水北岸的部众，全都运送到南岸。长乐公苻丕，督促各将领猛攻中城。朱序的娘亲韩女士，听说前秦兵团即将总攻时，自己要求上城防守，巡查到西北角，认为城墙不够坚固，率婢女一百余人，及城内年轻妇女，再加筑一道辅助城（邪城）。等到前秦兵团发动攻击，西北角城墙果然崩塌，晋军遂转移到补助城——襄阳人称之为“夫人城”。

晋帝国车骑将军桓冲，镇守上明（湖北省松滋市西北），手下拥有雄兵七万人，畏惧前秦大军强悍，不敢援救。

前秦帝国征剿总司令长官（都督征讨诸军事）苻丕，急于夺取襄阳，苟苌说：“我们部队比敌人（晋帝国）多出十倍，粮秣堆积如山，只要稍微把汉水、沔水（汉水上游）一带居民，迁到许昌（豫州州政府所在县·河南省许昌市东）、洛阳（洛州州政府所在县·河南省洛阳市东白马寺东），然后切断敌人粮道，断绝敌人援军，他们就成了猎网里的飞鸟！何必担心捉不住，非要多杀伤将士，急着追求成果？”苻丕接受。慕容垂攻克南阳郡（河南省南阳市），生擒晋帝国南阳郡郡长郑裔；遂跟苻丕，在襄阳城下会师。

3 秋季，七月，晋帝国新兴宫殿落成。

七月二十五日，晋帝司马昌明入居新宫。

4 前秦帝国兖州（南兖州 · 州政府设湖陆〔山东省鱼台县东南〕）州长（刺史）彭超，向中央请求攻击晋帝国沛郡（安徽省淮北市）郡长戴逯所驻守的彭城（江苏省徐州市），说：“愿中央另派遣大将，进攻淮河以南各城池，为征南大将军（苻丕）在东方建立一个围棋上“打劫”用的据点。东西同时并进，丹阳（晋帝国首都建康）就很容易平定。”天王苻坚批准，命彭超当东方征剿总司令官（都督东讨诸军事）；后将军沮渠俱难、右禁将军毛盛、洛州（州政府洛阳）州长（刺史）邵保，率步骑兵七万人，攻击晋帝国的淮阴（江苏省淮安市淮阴区）、盱眙（江苏省盱眙县）。彭超，是彭越的老弟（彭越，参考三六七年四月）；邵保，是邵羌的堂弟（邵羌，参考三六七年二月）。

八月，彭超攻击彭城（江苏省徐州市）。

晋帝司马昌明下诏，命右将军毛虎生，率军五万人，镇守姑孰（安徽省当涂县），抵御前秦大军。

前秦帝国梁州（州政府设南郑〔陕西省汉中市〕）州长（刺史）韦钟，把晋帝国魏兴郡（陕西省安康市）郡长吉挹，包围在西城（魏兴郡郡政府所在县）。

5 九月，前秦帝国天王苻坚，跟文武百官欢宴饮酒，命皇家图书馆长（秘书监）朱彤当酒令官，约定每人都要酩酊大醉才止。皇家图书馆管理官（秘书侍郎）赵整，作《酒德之歌》："地上设立酒泉郡（甘肃省酒泉市）／天上垂下酒香旗／杜康最会制造美酒（杜康是周王朝人，善于酿酒）／知道能亡人国的却是姒仪狄（姒仪狄是夏王朝一任帝姒文命的女儿，据说她发明了酒，并呈献给老爹，姒文命觉得又香又甜，喜爱得不得了，而忽然大悟说："后世一定有人，为了饮酒，饮亡了国家。"从此跟女儿疏远。）／子受辛（纣）丧失了商王朝／姒履癸（桀）倾覆了夏王朝皇庙的祭器／从这上可以看出／前人的危险／后人的法则。"苻坚大为高兴，命赵整书写下来，用来戒酒。从此之后，政府所有筵席宴会，仅保持饮酒的礼仪，不超过三杯。

6 前秦帝国凉州（州政府设姑臧〔甘肃省武威市〕）州长（刺史）梁熙，派人进入西域（新疆及中亚东部），宣扬前秦帝国的恩德和国威。

冬季，十月，大宛王国（首都贵山城〔中亚纳曼干市西北卡散赛城〕）进贡汗血马。天王苻坚说："我常敬佩刘恒（西汉王朝五任帝文帝）的为人，要千里马干什么？"（刘恒拒绝千里马事，参考前一七九年。）命文武百官作《止马诗》，把马送回。

7 前秦帝国巴西郡（四川省阆中市）人赵宝，在梁州（陕西省南部及四川省东北部）聚众起兵，自称是晋帝国的西蛮保安司令（西蛮校尉）、巴郡（重庆市）郡长。

8 前秦帝国豫州（此时应称洛州）州长（刺史）、北海公苻重，镇守洛阳（河南省洛阳市东白马寺东），阴谋叛变。天王苻坚说："秘书长（长史）吕光，忠贞干练，定不跟他结合。"下令吕光逮捕苻重，用囚车把苻重送到首都长安。苻坚赦苻重不死，仍保持公爵身份，返回私宅。苻重，是苻洛的老哥。

9 十二月，前秦帝国总监察官（御史中丞）李柔，弹劾："长乐公苻丕，率领十万大军，围攻一个小城（襄阳·湖北省襄阳市），每天要支出军费一万两黄金，久而无功，请召回京师（首都长安），交付司法部（廷尉）审判。"苻坚说："苻丕等浪费太多国家财产，却没有成果，实在应该贬谪诛杀。可是，延误已成事实，大军不可以空手而返。特别原谅这一次，命他立功赎罪。"派禁宫咨询官（黄门侍郎）韦华，"持节"，严厉责备苻丕等，并交付苻丕一柄佩剑，说："明年春天，如果仍不能传出捷报，你就用它自杀，不要厚着脸皮见我。"

10 投降前秦帝国的周虓（参考三七三年九月），秘密写信给晋帝国车骑将军桓冲，报道前秦帝国内幕消息；接着又逃到汉中（陕西省汉中市），前秦政府把周虓捕获，但仍对他赦免。

三七九年 己卯

晋 太元 四年

前秦 建元 十五年

1 春季，正月八日，晋帝国（首都建康〔江苏省南京市〕）大赦。

2 前秦帝国（首都长安〔陕西省西安市〕）长乐公苻丕等，接到天王（三任宣昭帝）苻坚（本年四十二岁）的诏书和佩剑，大为惶恐，下令各军同心合力，对襄阳（湖北省襄阳市）发动猛烈攻击。

苻坚打算御驾亲征，下诏阳平公苻融，率关东（函谷关以东）六州的武装部队，在寿春（寿阳 · 安徽省寿县）会师；凉州（州政府设姑臧〔甘肃省武威市〕）州长（刺史）梁熙，率河西走廊（甘肃省中部西部）的民兵，作为后继。阳平公苻融，上疏劝阻说："陛下打算夺取江南（晋帝国），一定要深思熟虑，不可以仓猝行动。如果只是为了一个襄阳，怎么配劳动御驾？从来还没有听说过，倾全国之力，而目标不过一个城池！这正是'用随侯夜明珠，去弹击千丈高的飞雀'。"（《搜神记》："随侯，走到路上，看见一条负伤的大蛇，把它救活。后来，大蛇衔给他一颗夜明珠回报，世称随珠。"用此稀世宝物，去射一个飞雀，自不值得。）梁熙也上疏劝阻说："晋国（晋帝国）君王的残暴，不如孙皓（东吴帝国四任帝）。而江山险要，易守难攻。陛下如果一定要肃清江表（江东·即晋帝国），也不过分别派出将领元帅，率关东（函谷关东）武装部队，南下淮河、泗水。率梁（陕西省南部及四川省东北部）、益（四川省中部）二州士卒，东下巴东（重庆市奉节县东）、三峡。何至于非御驾亲临，远远的前往穷山荒泽不可？从前，刘秀（东汉王朝一任帝）诛杀公孙述（成家帝国一任帝），司马炎（晋王朝一任帝）生擒孙皓（东吴帝国四任帝），从没有听说这两位皇帝，自己亲率六军，亲擂战鼓，亲身冒犯飞石流箭！"苻坚才停止。

晋帝国政府下令冠军将军、南郡（湖北省江陵县）郡长（相）刘波，率军八千人，援救襄阳（湖北省襄阳市）。刘波畏惧前秦大军强势，不敢前进（桓冲拥有七万人庞大军力，吓得连动都不敢动，却命刘波的八千人去攻击十万人强敌，正是官场的堕落）。襄阳守将、晋帝国所派的梁州（州政府襄阳）州长（刺史）朱序，屡次出城迎战，都击破前秦军的攻势；前秦军稍向后撤；朱序获得休息的机会，疏忽戒备。

二月，晋帝国襄阳大营指挥官（督护）李伯护，暗中命他的儿子，到前秦大营接洽投降，作为内应。长乐公苻丕下令各军同时进攻。

二月戊午日（二月甲申朔，没有戊午），前秦军攻陷襄阳，生擒朱序，押送首都长安（陕西省西安市）。天王苻坚认为朱序能够坚守节操，任命他当国务院财政部长（度支尚书）。认为李伯护出卖祖国，奸邪不忠，斩李伯护。

前秦帝国将领慕容越，攻陷顺阳郡（河南省淅川县南），生擒晋帝国所派郡长、谯国（安徽省亳州市）人丁穆；苻坚打算给他一个官职，丁穆坚决辞让。苻坚任命中垒将军梁成，当荆州州长（刺史），拨付给他武装部队一万人，镇守襄阳，遴选当地有才干、有声望的人士，以礼相待，任命他们担任官职。

晋帝国车骑将军、荆州（州政府设上明〔湖北省松滋市西北〕）州长（刺史）桓冲，因襄阳陷落，上疏晋帝（十五任孝武帝）司马昌明（本年十八岁），缴回中央颁发的印信和符节，请求辞职。司马昌明不准，只下诏免除刘波的官职，但不久即行恢复——仍当冠军将军。

3 前秦帝国命前将军张蚝，当并州（州政府设晋阳〔山西省太原市〕）州长（刺史）。

4 晋帝国兖州（州政府设广陵〔江苏省扬州市〕）州长（刺史）谢玄，率军一万余人，北上援救被围攻中的彭城（江苏省徐州市。沛郡郡长戴逯守彭城，参考去年〔三七八〕七月），进军到泗口（江苏省淮安市淮阴区），打算先派人通知戴逯，却找不到适当的人。部属将领田泓，愿潜水而行，由水道接近彭城，谢玄命他前往。田泓在中途被前秦军捕获，送给他厚重的礼物，要他告诉彭城，援军已被击败。田泓满口答应，但是在面对城上守军时，他大声呐喊：“援军马上到达，先派我前来报信，被蠢贼捉住，你们努力！”前秦军大怒，遂斩田泓。前秦帝国兖州（南兖州·州政府设湖陆〔山东省鱼台县东南〕）州长（刺史）彭超的粮秣辎重，都在留城（江苏省沛县东南）。谢玄扬言，要派后军将军何谦，攻击留城。彭超得到消息，撤除对彭城的包围，率军返回留城，保护基地。戴逯遂率所有部众，随着何谦，退出彭城，投奔谢玄。彭超进入彭城，留人事官（治中）徐褒镇守；彭超则率大军南下，攻击盱眙（江苏省盱眙县）。前秦帝国后将军俱难，攻陷淮阴（江苏省淮安市淮阴区），交给洛州（州政府设洛阳〔河南省洛阳市东白马寺东〕）州长（刺史）邵保镇守。

5 三月十日，晋帝司马昌明下诏，说："战场之上，有无穷灾难，而今年庄稼，又严重歉收。所有供应御用的东西，每种都要节约。皇族开支、官员薪俸，都暂时发给一半。其他消费，除非是军事需要，都应该减省或停止。"

6 三月癸未日（三月癸丑朔，没有癸未），晋帝国右将军毛虎生，率军三万人，攻击巴中（四川省东北部），用以减少魏兴郡（陕西省安康市）所受的压力；前锋大营指挥官（前锋督护）赵福等，进抵巴西郡（四川省阆中市），被前秦帝国将领张绍等击败，死亡和逃散七千余人。毛虎生退回巴东郡（重庆市奉节县东）。蜀郡（四川省成都市）人李乌聚集部众二万人，包围成都（前秦益州州政府所在县·四川省成都市），响应毛虎生。前秦帝国天王苻坚，命破虏将军吕光，击灭李乌部队。

夏季，四月二十六日，前秦帝国梁州（州政府设南郑〔陕西省汉中市〕）州长（刺史）韦钟，攻陷魏兴郡；晋帝国所派魏兴郡郡长吉挹，拔出佩刀，打算自杀，左右人员把佩刀夺下，正巧前秦军进入，遂俘虏吉挹；吉挹从此不再说话，绝食而死。天王苻坚叹息说："周虓不屈服在前，丁穆不当官在后，吉挹又闭口而死，为什么晋国（晋帝国）

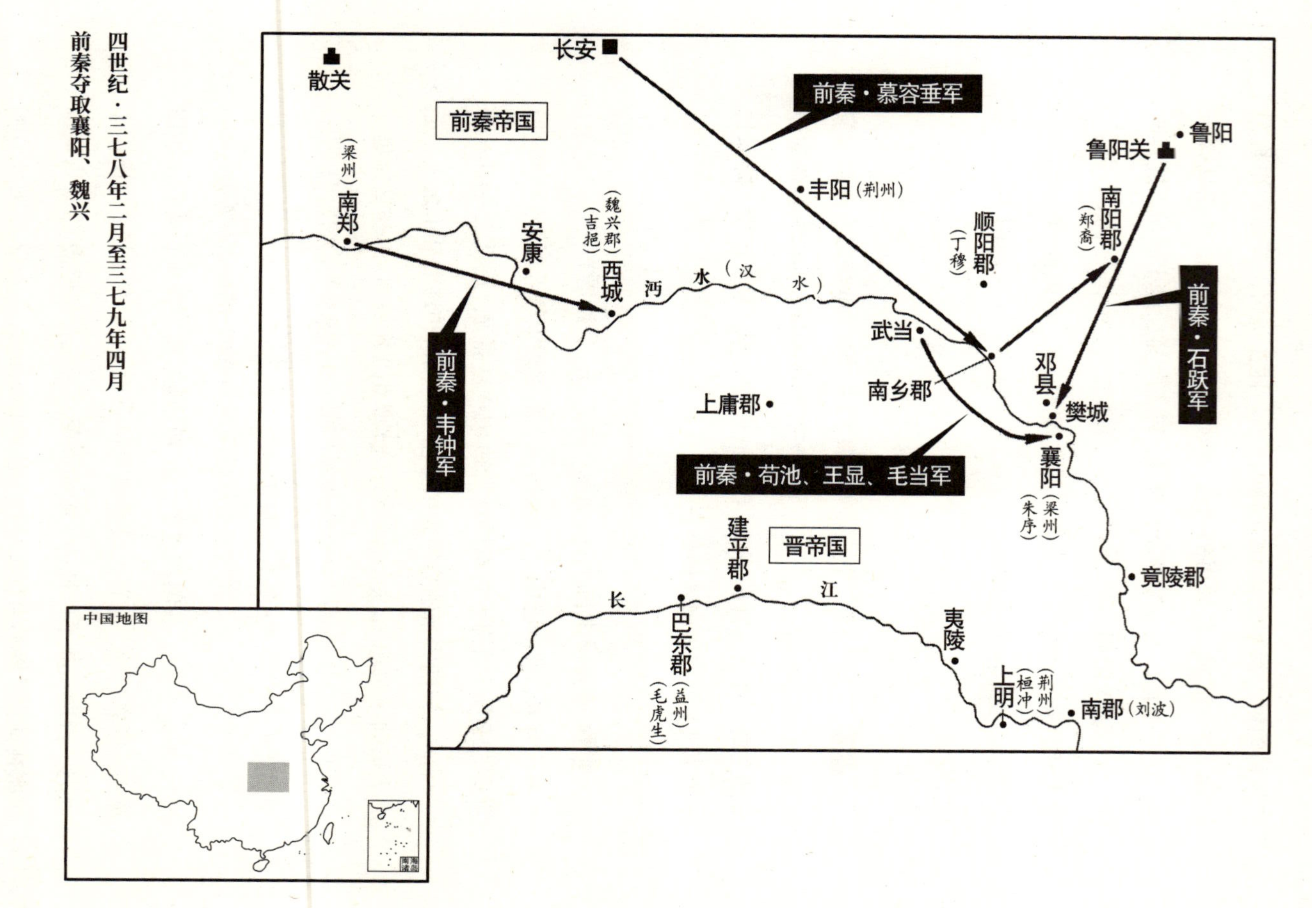

四世纪·三七八年二月至三七九年四月
前秦夺取襄阳、魏兴

这么多忠臣！”吉挹的军事参议官（参军）史颖，后来回到晋帝国（首都建康），把吉挹临死时亲手书写的奏章，呈报中央；中央追赠吉挹，益州州长（刺史）。

7 前秦帝国右将军毛当、强弩将军王显，率军二万人，由襄阳（湖北省襄阳市）向东出发，跟后将军俱难、兖州（南兖州·州政府湖陆）州长（刺史）彭超会师，深入晋帝国领土，攻击淮河以南各城池。

五月十四日，俱难、彭超，攻陷盱眙（江苏省盱眙县），生擒晋帝国高密郡（侨郡·郡政府盱眙）郡长（内史）毛璪之。前秦大军六万人，把晋帝国幽州（侨州）州长（刺史）田洛所在的三阿（江苏省金湖县南。流亡的幽州州政府、冀州州政府、青州州政府、并州州政府，都设在三阿），团团包围；三阿距广陵（江苏省扬州市）只一百余华里（二地航空距离四十公里），晋帝国首都建康（江苏省南京市），大为震动，沿长江两岸，加强武装警戒；派征虏将军谢石，率江防舰队，进入涂中（滁河中游）。谢石，是谢安的老弟。

晋帝国首都西区卫戍司令（右卫将军）毛安之等，率军四万人，驻防堂邑（江苏省南京市六合区）。前秦将领毛当、毛盛率二万人的骑兵大军，袭击堂邑，消息传出后，毛安之等大惊失色，四万大军，霎时崩溃。兖州（州政府广陵）州长（刺史）谢玄，从广陵（江苏省扬州市）出发，援救三阿（江苏省金湖县南）。

五月二十五日，俱难、彭超战败，退守盱眙（江苏省盱眙县）。

六月七日，谢玄跟田洛，集结五万人，进攻盱眙（江苏省盱眙县）；俱难、彭超，再度战败，退守淮阴（江苏省淮安市淮阴区）。谢玄派后军将军何谦等，率舰队乘涨潮时进击，在夜色掩护下，纵火焚烧前秦大营新建的淮河大桥。前秦帝国洛州（州政府洛阳）州长（刺史）邵保阵亡；俱难、彭超又大败，遂撤退到淮河以北。谢玄跟何谦、戴

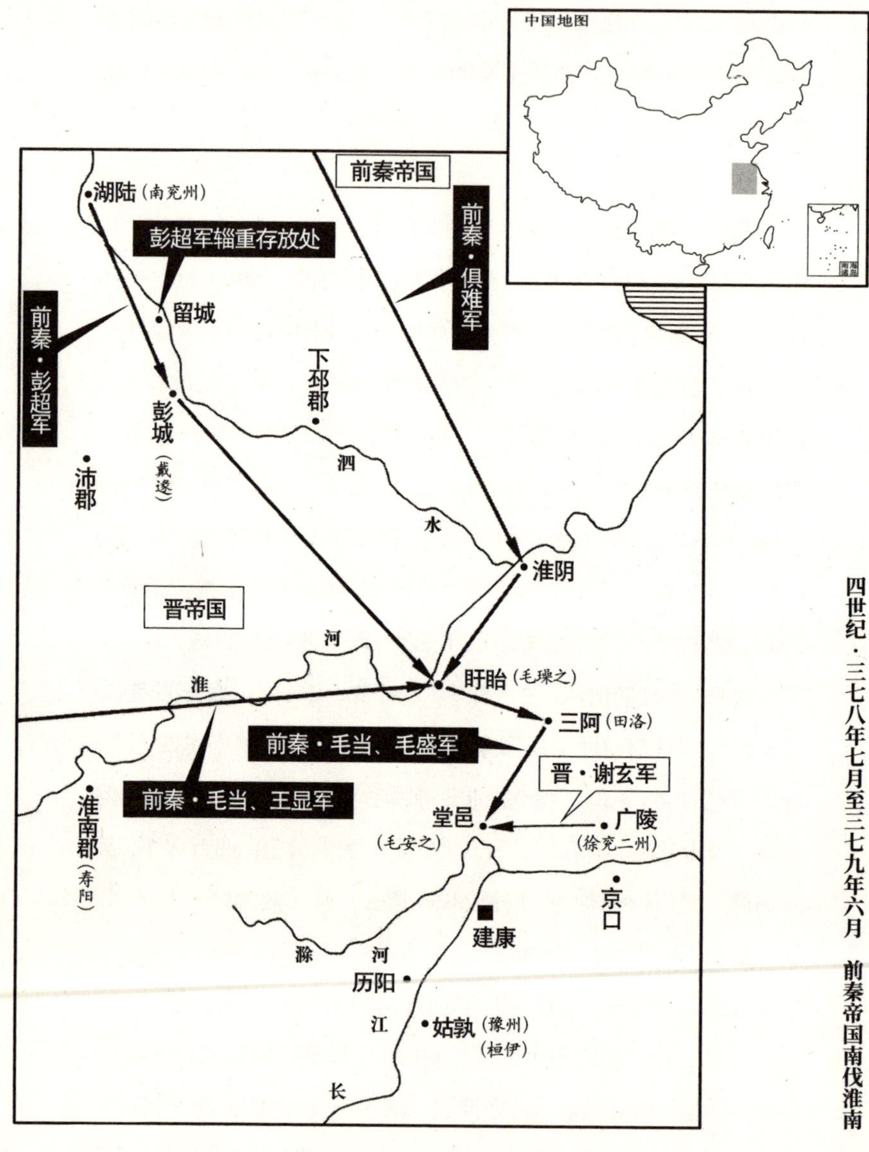

四世纪・三七八年七月至三七九年六月 前秦帝国南伐淮南

遂、田洛共同追击，在君川（江苏省盱眙县北君山之下）会战，再大破俱难、彭超军。俱难、彭超向北逃走，仅保住一命。谢玄遂返广陵（江苏省扬州市），晋帝司马昌明下诏，加授谢玄冠军将军，兼徐州（州政府设京口〔江苏省镇江市〕）州长（刺史。“北府军团”自此成为劲旅，在历次政变中扮演重要角色）。

前秦帝国天王苻坚得到战败消息，至为震怒。

秋季，七月，用囚车押解彭超到京师（首都长安），交付司法部（廷尉）审判；彭超自杀。俱难免除官职，贬作平民。

前秦帝国任命毛当当徐州州长（刺史），镇守彭城（江苏省徐州市）；毛盛当兖州（南兖州）州长（刺史），镇守湖陆（山东省鱼台县东南）；王显当扬州州长（刺史），镇守下邳（江苏省睢宁县北古邳镇）。

谢安担任晋帝国宰相，正逢前秦帝国不断沿边攻击，晋帝国边防部队，屡战屡败。谢安每一次都用镇静安详的态度，使人心稳定。他处理政事的方法是：只管大纲，不管细碎的小节。当时有人把谢安比作王导，而谢安文雅，又远超过王导（王导，参考三〇四年八月）。

8 八月七日，晋帝国任命左将军王蕴当国务院执行长（尚书仆射）。不久，转任首都建康市长（丹阳尹）。

王蕴认为自己是皇亲国戚（皇后王法慧的老爹），不打算留在中央，一再苦求到地方上任职。于是，改任王蕴当浙江（钱塘江）以东五郡军区司令长官（都督浙江东五郡诸军事），兼会稽郡（浙江省绍兴市）郡长（内史）。

9 本年（三七九），前秦帝国（首都长安）灾荒，民间大饥馑。

淝水之战

导读

这就是中国历史上著名的“淝水战役”，其实，并没有“战”，而只有“役”。前秦帝国不是战败，而是退败。我们固然可以在事过之后，在前秦帝国内部，找到必败的原因。但无论事前或事后，在晋帝国内部，却找不到必胜的原因，反而找到必败的原因。谢安的装腔作势，不过是殷浩、谢万等模子浇出来的产品。然而，晋帝国终于胜了，使人叹息即令是国家巨变，或者在致千万人于死的战争中，都受命运的影响。至少，晋帝国靠命运女神的青睐，得以不亡。一种不能预见、不能想象的冲击介入，产生连锁反应，使历史的巨轮转向。赤壁战役使中国的大一统延缓七十年，淝水战役使中国的大一统延缓两个世纪。在这延缓的期间，战争更酷，屠杀更多。

柏杨　一九八五·一〇·一五

- 淝水之战。
- 后燕帝国兴起。
- 西燕帝国兴起。
- 后秦帝国兴起。
- 西秦王国兴起。
- 后凉王国兴起。

- 东罗马皇帝狄奥多修受洗当基督徒，下诏关闭全国其他神庙，基督教正式成为国教。
- 狄奥多修在君士坦丁堡召集主教会议，重新坚定亚细亚信经三位一体教义。
- 七名基督教徒被教会指控为“异端”，处死，基督教迫害自此始。

三八〇年 庚辰

晋　太元　五年
前秦　建元　十六年

1 春季，正月，前秦帝国（首都长安〔陕西省西安市〕）天王（三任宣昭帝）苻坚（本年四十三岁），再任命北海公苻重（苻重叛变事，参考前年〔三七八〕十月），当镇北大将军，镇守蓟城（北京市）。

二月，在渭城（陕西省咸阳市）设军官学校（教武堂），命国立大学（太学）研究天文地理（阴阳）及兵法的学生，向各将领开课讲授。皇家图书馆长（秘书监）朱肜规劝说："陛下东征西伐，所向无敌，全中国疆土，已得到十分之八，虽然江南（晋帝国）还没有臣服，但不必挂心。

是以，应该稍稍减少军事行动，强调文化教育功能。想不到，却在第一批兴建的校舍之中，教授战斗技术，恐怕不是逐渐恢复和平的办法。何况，各位将领，都身经百战，难道还不懂打仗，反而教他去拜白面书生为师？并不能够提高他们的士气！对实质没有裨益，对形象却有伤害，请陛下三思。”苻坚下令停止。

2 前秦帝国征北将军、幽州（河北省北部及辽宁省）州长（刺史）、行唐公苻洛（时驻和龙〔龙城·辽宁省朝阳市〕），勇猛而体力强壮，能够坐在那里，拉住奔跑中的牛只，射箭都能洞穿铁犁，自以为征服代国（首府盛乐〔内蒙古和林格尔县〕），立下大功（参考三七六年十二月），要求加授开府仪同三司（宰相级）；中央没有同意，遂怨气冲天。

三月，天王苻坚任命苻洛“使持节”（一级权力），当益宁及西南夷军区司令长官（都督益宁西南夷诸军事）、征南大将军、益州（四川省中部）全权州长（牧）；率军南下，经过伊阙（河南省洛阳市南），直到襄阳（湖北省襄阳市），再乘船舰，逆汉水西上。苻洛对他的部属说：“我是皇家至亲（苻洛，是一任帝苻健老哥的儿子，跟天王苻坚是堂兄弟），不但不能到中央担任宰相元帅，反而一直被放逐边疆。现在更把我投到西南蛮荒地带，连路过京师（首都长安）都不准，其中定有阴谋，大概是教梁成（荆州〔州政府襄阳〕州长）把我沉到汉水淹死！”幽州（州政府和龙）州政府人事官（治中）平规说：“用叛逆手段夺取政权，而用礼义手段巩固政权的，子天乙（商王朝一任帝汤帝）、姬发（周王朝一任王武王），属于这一类。因为大祸，反而转为大福，姜小白（春秋时代齐国十六任国君桓公）、姬重耳（晋国二十四任国君文公），属于这一类。主上（苻坚）虽然并不昏庸暴虐，可是用兵无度，永不停息的发动战争，人民盼望得到休息的，十家就有九家。如果阁下举起神圣大旗，全国人民，必定遍地起义，响应归附。我们拥有古代燕王国疆域（河北省北部及辽宁省），东方到大海，北方跟乌桓、鲜卑部落相邻，向东紧接高句骊、百济。战斗部队不下五十余万，为什么要绑起双手，听候征调，跳到难以预测的灾祸之中？”苻洛大为兴奋，卷起衣袖，挥动手臂，喊叫说：“我已下定决心，阻止这个谋略的，斩首！”于是，自称最高统帅（大将军）、总司令官（大都督）、秦王。任命平规当幽州（河北省北部及辽宁省）州长（刺史），玄菟郡（辽宁省沈阳市）郡长吉贞当左秘书长（左长史），辽东郡（辽宁省辽阳市）郡长赵赞当左军政官（左司马），昌黎郡（和龙城·辽宁省朝阳市）郡长王缊当右军政官（右司马），辽西郡（河北省卢龙县）郡长王琳、北平郡（河北省遵化市）郡长皇甫杰、牧马场总监（牧官都尉）魏敷等，当参谋指挥官（从事中郎）。分别派出使臣到鲜卑部落、乌桓部落、高句骊王国（首都丸都〔吉林省集安市〕）、百济王国（首都北汉山〔朝鲜半岛首尔市〕）、新罗王国（首都金城〔朝鲜半岛庆州市〕）、休忍王国（黑龙江下游），征调他们派遣军队三万人，协助北海公苻重，防守蓟城（北京市）。各部落、各王国一致回答：“我们为天子（苻坚）防卫边疆，不能追随你当叛徒。”苻洛感到恐惧，打算停止行动，犹豫迟疑，一时不能决定。王缊、王琳、皇甫杰、魏敷，知道苻洛不可能成功，准备向中央告发，苻洛把四人斩首。吉贞、赵赞说：“各部落、各王国，不接受我们命令，完全出乎当初意料。阁下如果实在担心这次益州（州政府设成都〔四川省成都市〕）之行，应该派遣使臣到京师（首都长安）呈递奏章，请求留任，主上（苻坚）不可能不接受。”平规说：“叛变的行为已经显露，怎么能够中途停止？大王应该假装表示服从诏书调动，动员幽州（河北省北部及辽宁省）所有兵力，从常山（河北省正定县）南下。阳平公苻融（时驻邺城〔河北省临漳县西南邺城镇〕）一定到郊外迎接，乘势把他逮捕，夺取冀州（河北省中部南部）。然后集结关东（函谷关以东）所有部众，图谋西方土地，天下虽大，大旗所至，随风平定。”苻洛接受这项建议。

夏季，四月，苻洛率大军七万人，从和龙（即龙城·辽宁省朝阳市）出发。天王苻坚召集文武百官，商讨对策，步兵指挥官（步兵校尉）吕光说：“行唐公（苻洛）以皇家至亲的身份，领导叛变，天下人同感痛恨。请拨付给我步骑兵五万人，保证打垮他跟弯腰捡东西一样容易。”苻坚说：“苻重、苻洛兄弟，盘踞东北地区，兵多粮多，不可以轻看。”吕光说：“他的部众在胁迫下作战，不过像蚂蚁一样聚在一起。一旦大军出动，势必瓦解，用不着忧虑。”苻坚先派人前去责备苻洛，劝苻洛返回和龙（龙城·辽宁省朝阳市），承诺把幽州（河北省北部及辽宁省）世世代代，封给苻洛。苻洛对使臣说：“你回去报告东海王（苻坚原是东海王，参考三五四年六月二十日。苻洛表示不承认苻坚天王地位）。幽州荒远偏僻，装不下拥有万辆战车的天子（苻洛自比）！我必须当全中国的领袖，继承高祖（一任帝苻健）的大业！他如果能到潼关（陕西省潼关县）迎接圣驾（苻洛），我会封他最高官职，让他保持爵位，回到他的封国。”苻坚大怒，派左将军、武都郡（甘肃省成县）人窦冲，以及吕光，率步骑兵混合兵团四万人讨伐；右将军都贵（都，姓），乘政府驿马车前往邺城（河北省临漳县西南邺城镇），率冀州（州政府邺城）武装部队三万人当先锋；由阳平公苻融，当全国征剿总司令官（征讨大都督）。

北海公苻重，集结蓟城（北京市）所有的部队，跟苻洛会师，驻防中山郡（河北省定州市），有十万人之多。

五月，窦冲等跟苻洛在中山会战，苻洛军大败，崩溃。政府军生擒苻洛，押送长安（陕西省西安市）。北海公苻重逃回蓟城（北京市），吕光追击，斩苻重。骑兵指挥官（屯骑校尉）石越，率骑兵一万人，从东莱郡（山东省莱州市）乘船舰出发，渡过渤海，袭击和龙（龙城·辽宁省朝阳市），斩平规；幽州（河北省北部及辽宁省）之乱，全部平息。苻坚赦免苻洛，不加诛杀，放逐到凉州西海郡（内蒙古额济纳旗）。

司马光曰

对有功的人不奖赏，对有罪的人不诛杀，即令是伊祁放勋（尧）、姚重华（舜）在位，国家也不能治理，何况其他君王？前秦帝国天王苻坚，每次生擒叛徒，都加赦免，鼓励他的臣属乐意的去试一试叛变，勇于冒险，以求侥幸成功。即令力量消失，被生擒活捉，仍然不必担心会死，则大乱怎么能够平息！《书经》上说："严明克制姑息，事情成功。姑息克制严明，事情不能成功。"（《胤征》："威克厥爱，允济。爱克厥威，允罔功。"）《诗经》说："不要宽恕诡诈狡猾的人／应该极端小心／要阻止凶恶暴虐的人／防他翻脸相吞。"（《民劳》："毋纵诡随，以谨罔极。式遏寇虐，无俾作慝。"）而今，苻坚却违背这些教训，怎么能够不亡！

每一个人，都有所蔽，也就是都有盲点，位置在盲区的东西，他就看不见。昏庸之辈，固然如此，俊杰之士，也是如此。苻坚的睿智和见识，都是第一流的，却不能没有所蔽。宽容是一种高贵的美德，但对一个政治领袖而言，过度宽容，只看见面前两行眼泪，看不见天下千万人的悲哭。宽容遂变成姑息，一定破坏法律的尊严，瓦解社会的稳定。

而且，宽容和爱心，绝对不像宗教家们所形容的那样，是一颗万灵仙丹。人与人之间的沟通了解，在于层面相同，高尚的美德遇到卑鄙的心灵，反而会被认为愚不可及。当你包容某人的过失时，如果他反而认为你又跳进他的圈套，爱心就变成培养忘恩负义的温

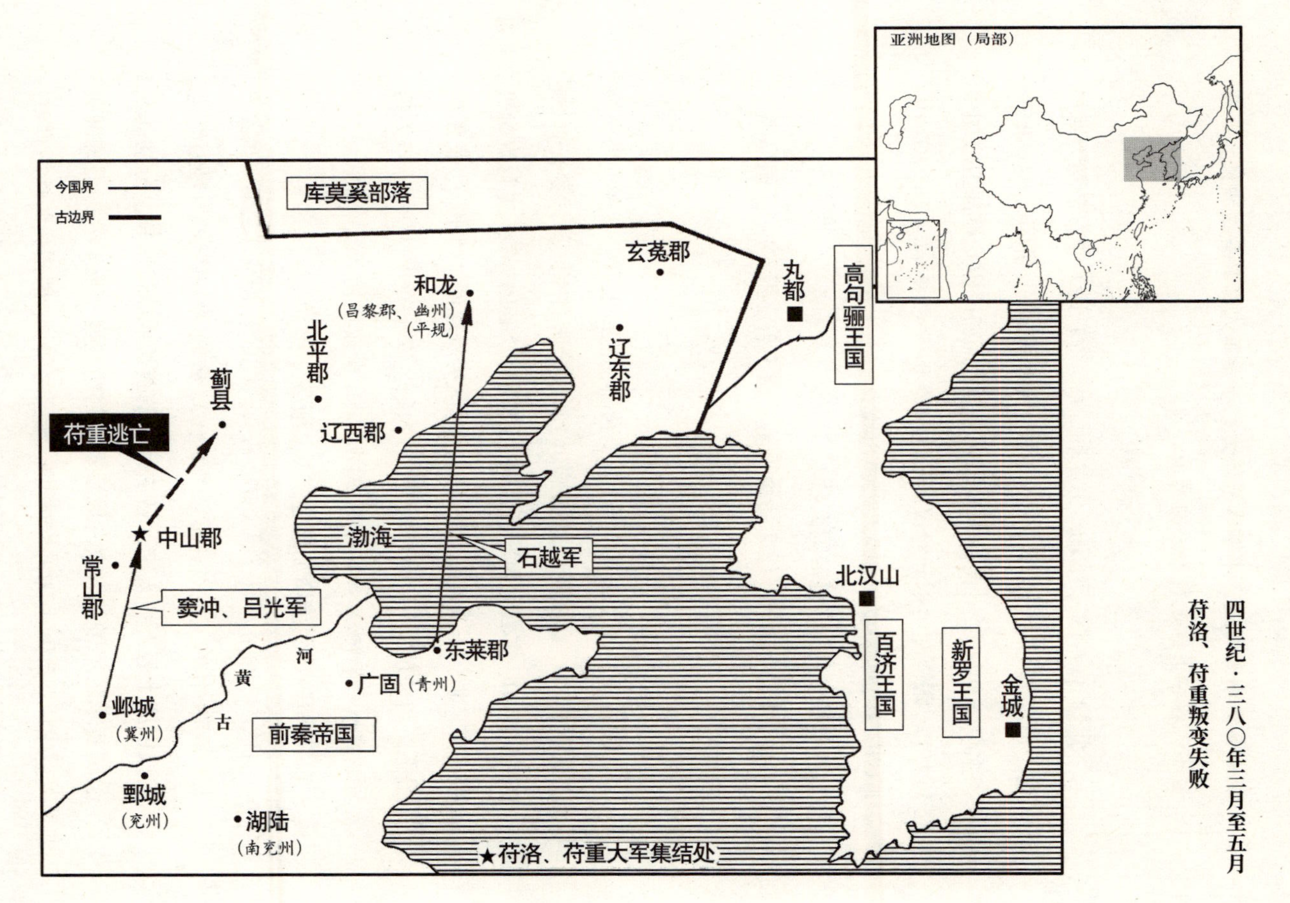

四世纪·三八〇年三月至五月
苻洛、苻重叛变失败

床。品质高尚的人，才有感恩能力，不是每人都具备这种能力，苻坚不久就吞下他是非不分的恶果。

3 晋帝国（首都建康〔江苏省南京市〕）政府认为前秦帝国大军撤退，是国务院执行长（尚书仆射）谢安，和车骑将军、荆州（州政府设上明〔湖北省松滋市西北〕）州长（刺史）桓冲的功劳。加授谢安首都卫戍司令（卫将军），跟桓冲全都开府仪同三司（此指盱眙胜利，参考去年〔三七九〕六月；但襄阳、魏兴两大重镇失守，死人无数，却不见惩罚）。

六月十九日，晋帝国大赦。

六月二十二日，任命会稽王司马道子当宰相（司徒），司马道子坚决辞让。

4 前秦帝国（首都长安）天王苻坚，征召阳平公苻融，当高级咨询官（侍中）、立法院总立法长（中书监）、全国各军区总司令长官（都督中外诸军事）、车骑大将军、京畿总卫戍司令（司隶校尉）、主管政府机要（录尚书事）。征调征南大将军、代理国务院总理（守尚书令）、长乐公苻丕，当关东（函谷关以东）军区司令长官（都督关东诸军事）、征东大将军、冀州（州政府设邺城〔河北省临漳县邺城镇〕）全权州长（牧）。

苻坚因氐民族增加迅速，人口渐多。

秋季，七月，把三原（陕西省三原县）、九嵕（音zōng〔宗〕。陕西省礼泉县北）、武都（甘肃省成县）、汧县（陕西省陇县）、雍城（陕西省宝鸡市凤翔区）等地的氐民族十五万户人家，各由他们的酋长或族长率领，分别前往全国各军区定居，仿效古代帝王的封建制度。长乐公苻丕统御氐人三千户，命仇池（甘肃省西和县南）氐部落酋长、射击兵团指挥官（射声校尉）杨膺，当征东大将军府左军政官（征东左司马），九嵕（zōng）氐部落酋长、外籍兵团指挥官（长水校尉）齐午，当右军政官（右司马），每人领导一千五百户，当长乐国（河北省衡水市冀州区）的世袭官职。命长乐国王府禁卫官司令（郎中令）、略阳郡（甘肃省天水市东）人垣敞，当机要军事参议官（录事参军）；皇家助教（侍讲）扶风郡（陕西省眉县）人韦幹当军事参议官（参军事）；申绍当总务官（别驾）。杨膺，是苻丕妻子的老哥。齐午，是杨膺的岳父。

八月，分割幽州，设置平州（辽宁省），命骑兵指挥官（屯骑校尉）石越，当平州州长（刺史），镇守龙城（辽宁省朝阳市）；命立法院最高立法长（中书令）梁谠，当幽州（河北省北部）州长（刺史），镇守蓟县（北京市）；抚军将军毛兴，当河秦军区司令长官（都督河秦二州诸军事）、河州（甘肃省洮水流域）州长（刺史），镇守枹罕（甘肃省临夏市）；外籍兵团指挥官（长水校尉）王腾，当并州（山西省中部）州长（刺史），镇守晋阳（山西省太原市）；河州及并州，各分配氐民族三千户人家。毛兴、王腾，跟苻家有婚姻关系，在氐民族中有很高的声望。又任命平原公苻晖，当豫洛荆南兖东豫阳军区司令长官（都督豫、洛、荆、南兖〔州政府设湖陆·山东省鱼台县东南〕、东豫〔州政府设许昌·河南省许昌市东、本年十二月才置东豫州〕、阳〔应是扬州·州政府设下邳〕六州诸军事）、镇东大将军、豫州全权州长（牧），镇守洛阳（河南省洛阳市东白马寺东。原豫州）。命洛州州长（刺史），移治丰阳（陕西省山阳县。原洛州治洛阳）。又命钜鹿公苻叡，当雍州（州政府设蒲阪〔山西省永济市〕）州长（刺史）。每人都配属氐民族三千二百户。

苻坚在霸上（陕西省西安市东灞河畔）给苻丕饯行，随同苻丕出发的氐人，跟他们的父兄家人分别，忍不住失声恸哭，一片悲苦，连经过那里的旅客，都被感动。赵整因陪坐在旁，一面弹琴，一面歌唱："阿得脂／阿得脂（有音无意）／伯劳（鸟名）的舅爹是仇绥（"仇绥"不知是什么）／尾巴长／翅膀短／不能飞／把同种的氐人放逐到远方／却留下异族鲜卑／一旦有急难／你可依靠谁！”苻坚了解歌意，但只笑笑，并不采纳。

苻坚把他所属的氐民族，分派到全国各重要军区，是一项大战略计划。氐民族是五胡中人口最少的民族（羯人只是匈奴民族的一支），要想管理占绝对多数的非氐民族，唯一的方法是控制枢纽地带。十七世纪满洲人在中国建立清王朝政府后，把八旗兵团分别派到各地驻防，意义正是如此。我们不认为满洲人一定效法苻坚，但爱新觉罗家族对中国历史，至为熟悉。所以，满洲人的驻防制度，极有可能来自于苻坚的启示。

然而，这是一个难以公开宣扬的秘密谋略，所以苻坚对任何反对，都一笑置之，智者的寂寞，往往如此。问题在于这个大战略实施得略略嫌早，在条件还没有成熟时，提前执行。提前并不是不可以，如果没有淝水之败（参考三八三年十一月），这个大战略将产生八旗驻防制度的功效，使全国安定。但淝水之败使这个早产的大战略产生致命的后遗症：京畿所在地自己的种族氐人已经挖空，非氐民族——尤其是鲜卑人，布满城内城外，正应阿得脂所说：“一旦有急难，你可依靠谁！”以致国本动摇，帝国崩塌。

5 九月十日，晋帝国（首都建康）皇帝（十五任孝武帝）司马昌明

（本年十九岁）的皇后王法慧逝世（年二十一岁）。

冬季，十月，九真郡（越南清化市）郡长李逊，占领交州（州政府设龙编〔越南河内市东北北宁省〕），起兵叛变。

6 前秦帝国天王苻坚，任命左禁将军杨璧当秦州（州政府设上邽〔甘肃省天水市〕）州长（刺史），国务院执行官（尚书）赵迁当洛州（州政府设丰阳〔陕西省山阳县〕）州长（刺史），南巴指挥官（南巴校尉）姜宇当宁州（州政府设五城〔四川省中江县〕）州长（刺史）。

7 十一月十三日，晋帝国把已去世的皇后王法慧（定皇后），安葬隆平陵（司马昌明预设墓地·建康城东蒋山西南）。

8 十二月，前秦帝国政府任命左将军都贵，当荆州（河南省南部）州长（刺史），镇守襄阳（湖北省襄阳市。原文是镇守彭城；明显有误）。设立东豫州（河南省东部），任命右将军毛当当州长（刺史），镇守许昌（河南省许昌市东。原豫州州政府于本年八月移到洛阳〔河南省洛阳市东白马寺东〕）。

9 本年（三八〇），前秦帝国天王苻坚，把俘虏的高密郡（侨郡·江苏省盱眙县）郡长毛璪之等二百余人，送回晋帝国（毛璪之事，参考去年〔三七九〕五月）。

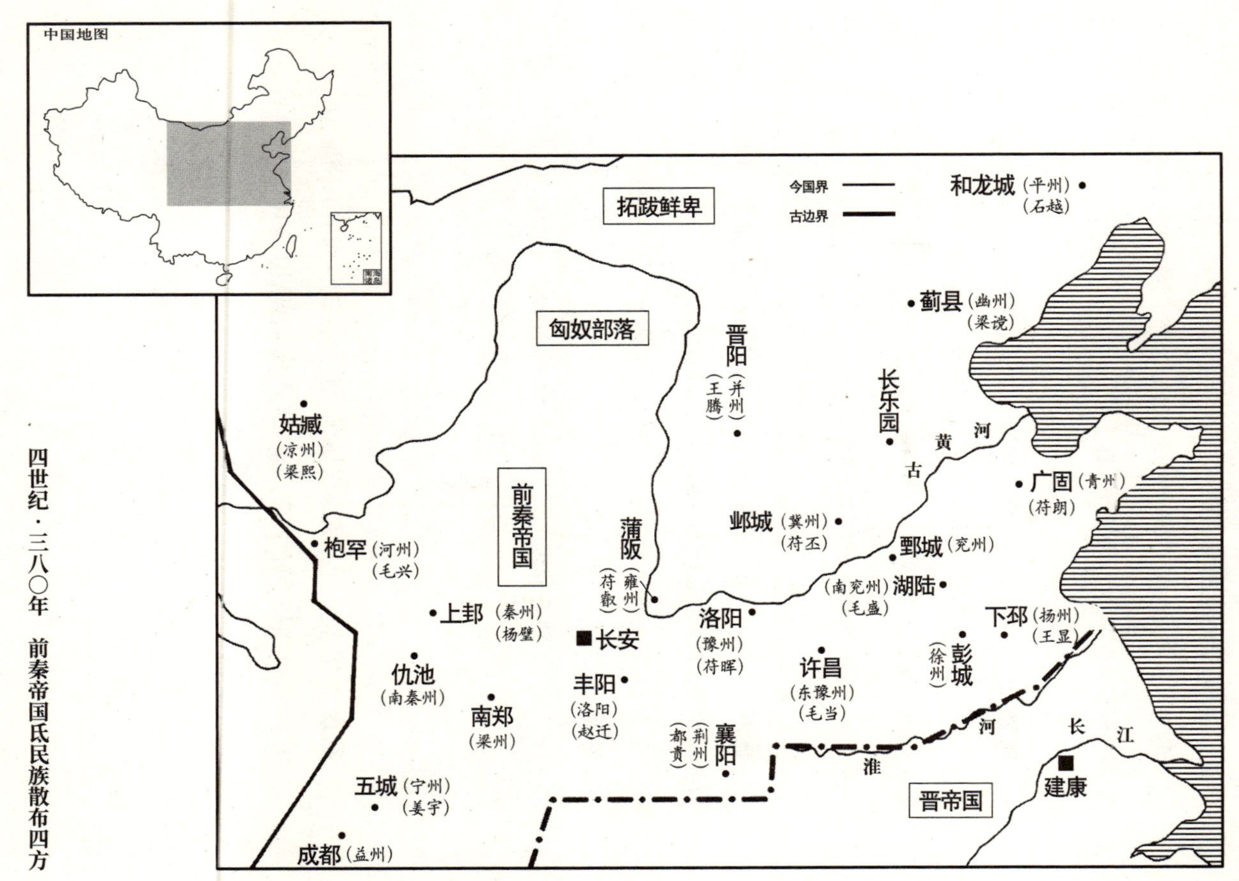

四世纪·三八〇年　前秦帝国氐民族散布四方

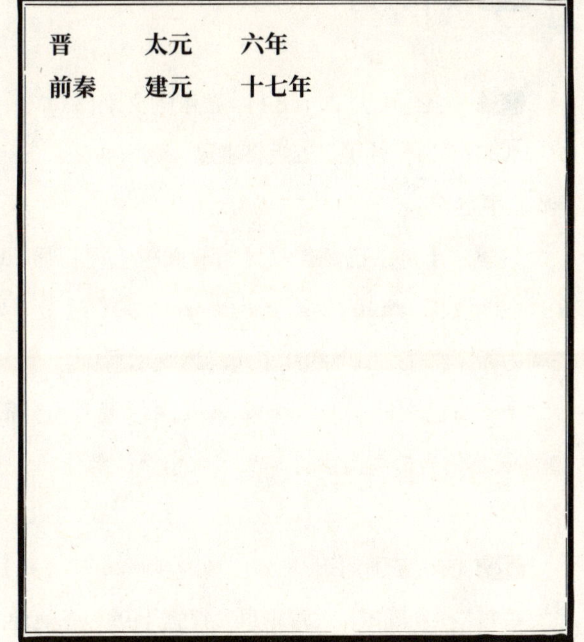

1 春季，正月，晋帝国（首都建康〔江苏省南京市〕）皇帝（十五任孝武帝）司马昌明（本年二十岁），开始信奉佛法，在皇宫之内，设立“精舍”（书房），延请和尚进驻。国务院左秘书长（尚书左丞）王雅（司马昌明外祖父）上疏劝阻，司马昌明不理。王雅，是王肃的曾孙（王肃，参考三三〇年八月）。

正月二十六日，擢升国务院执行官（尚书）谢石，当国务院执行长（仆射）。

2 二月，东方部族，以及西域（新疆及中亚东部）六十二国，向前秦帝国（首都长安〔陕西省西安市〕）进贡。

3 夏季，六月一日，日蚀。

4 秋季，七月二十五日，晋帝国交趾郡（郡政府设龙编〔越南河内市东北北宁省〕）郡长杜瑗，斩叛将李逊（参考去年〔三八〇〕十月），交州（越南北部）平定。

冬季，十月，已贬作平民的故武陵王司马晞（参考三七一年十一月），在新安郡（浙江省淳安县）逝世（年六十六岁）。晋帝司马昌明追封司马晞为新宁郡王，命他的儿子司马遵继承爵位。

十一月己亥日（十一月戊辰朔，没有己亥），擢升前会稽郡（浙江省绍兴市）郡长郗愔当最高监察长（司空）；郗愔坚决辞让。

5 前秦帝国荆州（州政府设襄阳〔湖北省襄阳市〕）州长（刺史）都贵，派军政官（司马）阎振、大营军事参议官（中兵参军）吴仲，率军队二万人，攻击晋帝国的竟陵郡（湖北省钟祥市）。晋帝国车骑将军、荆州（州政府设上明〔湖北省松滋市西北〕）州长桓冲，派南平郡（湖北省公安县）郡长桓石虔、首都卫戍司令部军事参议官（卫军参军）桓石民等，率水陆混合兵团二万人，抵抗前秦南下部队。桓石民，是桓石虔的老弟。

十二月八日，桓石虔袭击阎振、吴仲，大破前秦军，阎振、吴仲，退保管城（应在湖北省钟祥市西北）。桓石虔进攻。

十二月二十七日，攻克管城，生擒阎振、吴仲，杀七千余人，俘虏一万人。

晋帝司马昌明下诏，封桓冲的儿子桓谦当宜阳侯，命桓石虔当河东郡（侨郡·湖北省松滋市西北〔上明东〕）郡长。

6 本年（三八一），晋帝国大饥。

三八二年 壬午

晋　太元　七年
前秦　建元　十八年

1 春季，三月，前秦帝国（首都长安〔陕西省西安市〕）农林部长（大司农）、东海公苻阳，跟编制外散骑顾问官（员外散骑侍郎）王皮，以及国务院助理官（尚书郎）周虓（音xiāo〔萧〕），阴谋叛变。事情泄露，被捕，交付司法部（廷尉）审判。苻阳，是苻法的儿子（苻法被诬杀事，参考三五七年十一月）。王皮，是王猛的儿子。天王（三任宣昭帝）苻坚（本年四十五岁）亲自询问他们谋反的原因，苻阳说："我老爹（苻法）无罪受刑，我只是为父报仇。"苻坚流泪说："你老爹之死，不是由我做主，你难道不知？"王皮说："我老爹身居丞相，有辅佐君王、创立大业的功劳，可是我却免不了贫穷卑贱，所以想追求财富权势！"苻坚说："丞相（王猛）临死时（参考三七五年七月），把你托孤给我，只要我给你十头牛，去耕田务农，并不要你当官。知道儿子的，只有父亲。看你做的事，可知你老爹是多么英明。”周虓说：“我世代受到晋国（晋帝国）恩宠，活时是晋国（晋帝国）的臣民，死后是晋国（晋帝国）的鬼魂，还有什么可问的？”之前，周虓谋反过很多次，左右都建议诛杀，苻坚说：“周虓正是烈士，志向如此，岂是怕死之人！杀掉他正好教他成名！”全都赦免，只把苻阳放逐到凉州高昌郡（新疆吐鲁番市东），把王皮、周虓放逐到朔方（黄河河套地区）之北。周虓就死在贬所。苻阳勇敢过人，不久再放逐到鄯善王国（新疆若羌县）。等到本世纪（四）八〇年代中期，前秦帝国大乱，苻阳劫持鄯善王国的宰相，打算回到东方，鄯善王诛杀苻阳。

2 前秦帝国天王苻坚，把邺城（河北省临漳县西南邺城镇）的铜驼、铜马、风神（飞廉）、铜人（翁仲），运回首都长安（后赵帝国三任帝石虎，从长安把它们迁到邺城事，参考三三六年十二月。距今四十六年，再返原处）。

3 夏季，四月，前秦帝国擢升扶风郡（陕西省眉县）郡长王永，当幽州（州政府设蓟城〔北京市〕）州长（刺史）。王永，是王皮的老哥。王皮凶狠阴险，行为恶劣，而王永清廉，爱好学习，所以苻坚命他当官。再擢升阳平公苻融当宰相（司徒）；苻融坚决辞职。苻坚正在密谋讨伐晋帝国，遂加授苻融当征南大将军、开府仪同三司（宰相级）。

4 五月，前秦帝国幽州（河北省北部）蝗虫成灾，千里受害。天王苻坚命散骑侍从官（散骑常侍）、彭城郡（江苏省徐州市）人刘兰，发动幽州（河北省北部）、冀州（河北省中部南部）、青州（山东省北部）、并州（山西省中部）人民，群起扑杀。

5 秋季，八月十一日，晋帝国（首都建康〔江苏省南京市〕）大赦。

6 前秦帝国天王苻坚，任命议论官（谏议大夫）裴元略，当巴西（四川省阆中市）及梓潼（四川省绵阳市）二郡郡长，使他秘密建造船舰（准备攻击晋帝国）。

7 九月，车师前王国（新疆吐鲁番市）国王弥寘、鄯善王国（新疆若羌县）国王休密驮，到前秦帝国，朝见天王苻坚，自愿充当向导，讨伐西域（新疆及中亚东部）拒绝归附的各国；请求跟两汉王朝政府一样，设立总督（都护）治理。

苻坚同意，任命骁骑将军吕光，“使持节”（一级权力）、西域征剿司令长官（都督西域征讨诸军事）；跟凌江将军姜飞、轻车将军彭晃、将军杜进、康盛等，统步兵十万人、骑兵五千人，讨伐西域（新疆及中亚东部）。阳平公苻融劝阻说：“西域荒凉而遥远，得到那里的人，没有用处；得到那里的地，也不能种植庄稼。刘彻（西汉王朝七任帝武帝）征服了他们之后，得到的无法补偿所损失的。而今，劳动军队出征万里之外，重蹈西汉王朝的错误，我感到可惜。”苻坚不接受。

8 晋帝国车骑将军、荆州（州政府设上明〔湖北省松滋市西北〕）州长（刺史）桓冲，派扬威将军朱绰，攻击前秦帝国荆州州长（刺史）都贵据守的襄阳（湖北省襄阳市），纵火焚烧并践踏沔水（汉水）以北的屯垦村落，掳掠六百余户人家而返。

9 冬季，十月，前秦帝国天王苻坚，在太极殿举行扩大御前会报，指示说：“我自从继承大业，将近三十年（苻坚于三五七年六月登极，至本年已二十六年），四海之内，全部平定，只有东南一角（晋帝国），还没有受到王化的熏陶。现在，略约估计我的武装部队，多到九十七万人，我打算亲自率领讨伐，你们意见如何？”皇家图书馆长（秘书监）朱肜说：“陛下恭恭敬敬的代替上天，执行正义，一定只有军事行动，而没有流血战事！晋国（晋帝国）皇帝如果不口衔璧玉，到大军营门投降；则只有逃亡奔走，死在江湖之上。陛下让那些逃难到江南（长江以南）的中原人民，能够回到他们的家乡故居。然后御驾回来，再去东方巡视，在泰山祭祀天地神灵，报告你已完成统一全国的神圣使命，这是千年难得一遇的机会。”苻坚大喜说：“这正是我的志向。”

国务院左执行长（尚书左仆射）权翼说：“从前，子受辛（纣）暴虐无道，只因还有三个受人敬重的有爱心的人，留在政府（三个有爱心的人〔仁人〕：子启〔微子开〕、子胥余〔箕子〕、子干〔比干〕），姬发（周王朝一任王武王）为了他们，下令回军。而今晋国（晋帝国）虽然衰微，却并没有大的罪恶暴行。谢安、桓冲，都是江表（江东）的伟大人物，君臣和睦，上下同心。以我观察，不可能夺取到手。”苻坚沉默很久，说：“各人谈各人的看法。”

太子宫左翼卫队长（太子左卫率）石越说：“今年（三八二），镇星紧守斗星，而福星正停留在古吴王国地区（江苏省南部）上空。如果讨伐它，上天定然降下大祸。而且，他们仗恃长江的险要，人民又服从政府领导，看情形不见得可以讨伐。”苻坚说：“从前，姬发（武王）讨伐子受辛（纣），也曾冒犯当年福星，违背卜卦指示（《荀子》：“姬发诛杀子受辛，东面迎太岁。”迎太岁，就是逆太岁。《尸子》说：“姬发讨伐子受辛，鱼辛劝阻说：‘岁星在北方，不可行动。’姬发不接受。”《史记·齐世家》：“姬发将伐子受辛，用龟壳卜卦，显出凶兆；风雨又忽然来临，大家全都恐惧，只姜子牙态度坚决，力劝姬发不要动摇，姬发遂开拔前进。”），上天的安排，我们凡人不容易知道。吴夫差（吴王国末任王）、孙皓（东吴帝国末任帝），都仗恃他们的长江大湖，最后不免灭亡。而今，我们武装部队人数之多，投下马鞭，足可使江水断流，有什么险要可以依仗？”石越说：“那三个国家（商王朝、吴王国、东吴帝国）的君王，全都荒淫凶暴，横行霸道，所以敌人消灭他们，容易得好像弯腰捡起东西。而今，晋国（晋帝国）虽然没有可以称道的地方，但也没有滔天大罪。但愿陛下休兵养民，积蓄粮秣，等待有利时机。”大家纷纷陈述利害，很久不能获得一致结论。苻坚说：“这正是在路边盖房子，却征求过路人的意见，根本没有日期可以完成，不如由我自己决断。”

散会之后，苻坚单独把老弟、阳平公苻融留下来，对他说：“自古以来，参与决定大事的，政府中不过一二个高级官员而已，大家议论纷纷，徒使人三心二意，我现在跟你来裁决这件事。”苻融说：“讨伐晋国（晋帝国），有三大困难。一是：违反天意；二是：晋国（晋帝国）没有可乘之机；三是：我们士卒不断作战，已筋疲力尽，有畏惧敌人的心理。凡是反对讨伐晋国（晋帝国）的人，都是忠良，请陛下采纳。”苻坚脸色大变，说：“连你都是这个样子，我还指望谁？我们强大的武装部队，有百万之多，辎重武器，堆积如同大山。我虽然不是英明领袖，但也不是昏庸之辈。正应乘着百战百胜的余威，攻击快要灭亡的国度，为什么还要担心不能克服？何必留下这批残余的盗匪，成为帝国的外患！”苻融流泪说：“晋国（晋帝国）之不可能消灭，理由至为明显。我们发动大规模战争，恐怕不能获得绝对安全的胜利。不过，我的忧虑，不仅仅如此，陛下恩待宠爱鲜卑人、羌人、羯人，他们的部队，布满京畿。这些人，都是帝国的仇敌，而太子（苻宏）却单独的跟数万个老弱残兵，留守京师（首都长安）。我恐惧的是，万一心脏地带或手肘下面，发生突变，后悔已来不及。我愚昧顽劣，见解固然不配陛下采信，王猛可是一代豪杰，陛下常把他比作诸葛亮，难道不记得他临去世时的话（参考三七五年七月）？”苻坚不接受。而政府官员上书进言劝阻的，十分众多。苻坚说：“我之攻击晋国（晋帝国），已经评估过双方强弱的形势，好像强风吹秋天的树叶！政府官员却都反对，我不了解为什么如此。”

太子苻宏说：“本年福星，正笼罩古吴王国疆域（江苏省南部），而晋国（晋帝国）君王（司马昌明）又没有罪恶，攻击一旦开始，如果不能取胜，恐怕威名在外受损，财力在内枯竭，这是部属们最大的疑虑。”苻坚说：“从前，我消灭燕国（前燕帝国），也是冒犯福星（参考三七〇年八月），结果大捷，上天的旨意，难以预知！秦王国消灭六国，难道六国君王，每个都暴虐无道？”

冠军将军、首都长安市长（京兆尹）慕容垂，向苻坚进言，说：“弱被强吞并，小被大消灭，是自然的道理，并不难以理解。陛下神明英武，上应天心，声威震动海外，强大的武装部队，有一百万之多，韩信、白起一样的良将，充满政府，而巴掌大小的江南（晋帝国），孤单的违抗王命，不应该把它留给子孙解决！《诗经》说：‘提意见的人太多／所以不能成功。’陛下自己决断就够了，何必顾忌其他官员们的看法。司马炎（晋王朝一任帝）铲除吴国（东吴帝国），仗恃的不过张华、杜预两三个人罢了（讨论出兵东吴帝国事，参考二七九年八月），假如用表决的方法，接纳多数人的意见，怎么能统一全国？”苻坚大为高兴，说：“跟我共同底定天下的，只你一人而已。”赏赐绸缎五百匹。

苻坚全部精神被南征的军事计划所吸引，兴奋得每晚睡到半夜，即行惊醒。阳平公苻融规劝说：“古人有言：‘知道满足，就不会受侮辱；知道适可而止，就不会失败。’（《老子》：“知足不辱，知止不殆。”）自古以来，滥用兵力，永不停息的发动战争，没有不灭亡的。

而且，我们事实上也是戎狄之人，中国的正统，一脉相传，不会落到我们之手。江东（晋帝国）虽然弱小，在那里苟延残喘；然而，中华正统所在，上天不会使他们灭绝。”苻坚说：“帝王宝座的传递，难道有一定之轨，非谁不行？只看谁有恩德，便是天意！刘禅（蜀汉帝国末任帝）难道不是汉王朝皇家的后裔？最后还不是被曹魏帝国消灭？你所以不如我，正是你没有消化能力，不知道多方面思考。”

苻坚对佛教和尚道安（道安原在襄阳宣扬佛法，前秦帝国攻陷襄阳〔参考三七九年二月〕，把他送到长安），一向敬重。文武官员请道安有机会时，向苻坚游说。

十一月，苻坚跟道安，同坐御车，在东御花园游览观赏。苻坚说：“我就要跟你南游吴越（江东），泛舟长江，前往沧溟大海，岂不是天下乐事？”道安说：“陛下上应天心，下统尘世，位居中原，控制四方，足够上比伊祁放勋（尧）、姚重华（舜）！何必冒着风吹雨打，去经营远方？而且，东南（江东）地势低凹潮湿，瘴气严重。姚重华南游而死，姒文命一去不返（姚重华是黄帝王朝最后一任君王，前二二〇八年，以治水闻名后世的姒文命〔禹〕，把姚重华放逐到苍梧〔湖南省宁远县南〕，姚重华就死在苍梧境内的九嶷山。儒家学派把这次夺权，美化成禅让，把这次放逐，美化成巡狩。姒文命在位时，视察到会稽，逝世。四世纪时的会稽是浙江省绍兴市；前二十二世纪时的会稽，则在河南省伊川县。古代史学家因地名南移，把事迹也南移），怎么值得劳动圣驾？”苻坚说：“上天降下这么多人，给他们遴选君王，接受文武百官管理，我怎么敢害怕辛苦，而使江南（晋帝国）一小块地方，单单受不到上天恩德？假如你的话是真理，岂不是自古以来，帝王们都不从事战争！”道安说：“陛下一定要出征的话，也应该留在洛阳（河南省洛阳市东白马寺东），派使臣把文告送到江南（长江以南），再命各将领统军继进，先礼后兵，他们（晋帝国）势将叩头称臣，陛下不必亲自去渡淮河、长江！”苻坚不接受。

苻坚最宠爱的张夫人，也坚决反对，劝苻坚说：“我曾经听说，无论天地养育万物，或是圣明君王治理天下，都是顺着自然趋势，才一定成功。姬轩辕（黄帝）用牛拉车，用马载人，都是顺应它们天性；姒文命（禹）挖掘九条河床，填平九个沼泽湖泊，都是顺应它们的形势；姬弃（周王朝始祖）种植各种粮食，都是顺应它们的生长时节；子天乙（商王朝一任帝汤帝）、姬发（周王朝一任王武王），率领全国人民，攻击姒履癸（桀）、子受辛（纣），都是顺应全国民心。有可以激发的因素，然后才可成功；没有可以激发的因素，一定归于失败。而今，政府官员或市井小民，都认为不可以进攻晋国（晋帝国），只陛下一人，独断专行，我不知道你顺应什么？《书经》说：‘上天看到的和听到的，就是人民看到的和听到的。’（《皋陶谟》：天聪明自我民聪明。）天的决定，还看民心，何况人的决定？我又曾经听说：圣明的君王，每次出动大军，都要上遵天意、下顺民意。现在，民意至为明显，请验证天意如何？谚语说：‘鸡在夜里啼叫，行军就要不利。成群结队的狗狂吠，宫殿就要荒芜。兵器无缘无故发出响声，马匹惊恐，军队就要失败，不能回归。’自从秋冬以来，家家户户，夜半鸡啼，群犬哀嚎，厩房里的马匹，不断惊惶嘶叫，军械库的武器，没有人动，却发出怪声，这都不是大军出动时的祥瑞预兆。”苻坚说：“军国大事，女人不应该过问。”

苻坚最小的儿子、中山公苻诜，最受苻坚宠爱，也劝说：“我曾经听说，国家的兴盛或败亡，完全在于对贤能人才的态度。阳平公（苻融）是我们的重要智囊，陛下却不听他的意见。晋国（晋帝国）有谢安和桓冲，陛下却对他们攻击，我感到困惑。”苻坚说：“天下大事，小孩子知道什么！”

10 前秦帝国散骑侍从官（散骑常侍）刘兰，督促扑灭蝗虫的任务，经过秋季又到冬季，不能完成，蝗虫依然成灾。

十二月，主管单位奏请征召刘兰回京（首都长安），交付司法部（廷尉）审判。天王苻坚说："蝗虫是上天降下的灾祸，人力无法抵抗，这是我的过失，刘兰有什么罪？"

本年（三八二），前秦帝国大为丰收，上等田每亩收割七十石，下等田每亩收割三十石，蝗虫始终限于幽州（河北省北部），没有蔓延出境，而且不吃麻科和豆类，上等田每亩可收割一百石，下等田每亩可收割五十石。

蝗灾正严重的时候，全国竟然同时丰收，犹如一个人正患肺炎，身体检查报告却说他的健康处于巅峰一样，是不可能的事。《资治通鉴》上说：华北一片平原，蝗虫一直盘旋在幽州一隅，不肯南下，既不肯南下，为什么还要发动青州、冀州、并州人民扑蝗？而且留在幽州境内的蝗虫，既不吃麻，又不吃豆，甚至于每亩收割，超过三十石，已够骇人听闻，最后索性高达百石，更是荒唐。

然而，史书却如此记载，是因为中央政府档案如此记载；中央政府档案所以如此记载，是因为地方政府如此呈报。在上位掌权的官员喜欢什么调调，在下位混饭吃的干部，就会唱什么调调，使在上位的掌权官员舒服过瘾。在上位的官员明知道在下位的干部在那里混饭，可是，既然自己舒了服，过了瘾，也就乐于有这种摇尾系统。

王猛的尸体未寒，所建立的诚实制度，已经解体，从蝗灾兼丰收案上，显露出上下交相骗的局势已成。这时候，人民假如没有能力更换政府，就应该准备接受灾难。

三八三年 癸未

晋 太元 八年

前秦 建元 十九年

1 春季，正月，前秦帝国（首都长安〔陕西省西安市〕）骁骑将军吕光，率西征大军，从首都长安出发；由鄯善王国（新疆若羌县）国王休密驮、车师前王国（新疆吐鲁番市）国王弥寘，充当向导（前秦讨伐西域〔新疆及中亚东部〕事，参考去年〔三八二〕九月）。

2 三月二十八日，晋帝国（首都建康〔江苏省南京市〕）大赦。

3 夏季，五月，晋帝国车骑将军、荆州（州政府设上明〔湖北省松滋市西北〕）州长（刺史）桓冲，率大军十万人，向前秦帝国（首都长安）发动总攻，先行攻击襄阳（湖北省襄阳市）；派前将军刘波等，攻击沔水（汉水）以北各城池；又派辅国将军杨亮，攻击巴蜀（四川省），克服五城（前秦宁州州政府所在县·四川省中江县），挺进到涪城（四川省绵阳市）；又命鹰扬将军郭铨，攻击武当（湖北省丹江口市西北）。

六月，桓冲所属其他将领攻击万岁（湖北省谷城县境）、筑阳（湖北省谷城县），全都攻克。

前秦帝国天王（三任宣昭帝）苻坚（本年四十六岁）派征南将军、钜鹿公苻叡和冠军将军慕容垂等，率步骑兵五万人，救援襄阳；兖州（州政府设鄄城〔山东省鄄城县北〕）州长（刺史）张崇，援救武当（湖北省丹江口市西北）；后将军张蚝、步兵指挥官（步兵校尉）姚苌，援救涪城（四川省绵阳市）。苻叡进驻新野（河南省新野县），慕容垂进驻邓城（湖北省襄阳市北）；桓冲撤退到沔水（汉水）南岸。

秋季，七月，晋帝国鹰扬将军郭铨，跟冠军将军桓石虔，在武当（湖北省丹江口市西北）击败前秦援军张崇，掳掠居民二千户人家而回。前秦钜鹿公苻叡，派慕容垂当先锋，推进到沔水（汉水）。夜晚，慕容垂教每一个士卒都拿十束火把，绑在树枝上，火光照耀数十华里。桓冲恐惧，撤退，回到上明（湖北省松滋市西北）。

张蚝从褒斜谷（陕西省太白县西南褒河山谷）南下，晋帝国辅国将军杨亮撤退。桓冲上表推荐侄儿桓石民，当襄阳郡（湖北省襄阳市）郡长（空头官衔），镇守夏口（湖北省武汉市）。桓冲请求自兼江州（江西省及福建省）州长（刺史），晋帝（十五任孝武帝）司马昌明（本年二十二岁）下诏允许（《晋书·桓冲传》：桓冲原来推荐王荟当江州州长，王荟因老哥逝世，辞职。谢安立刻推荐他的家人谢辅接任，桓冲大怒，攻击谢辅既不懂文，又不懂武，要求自兼）。

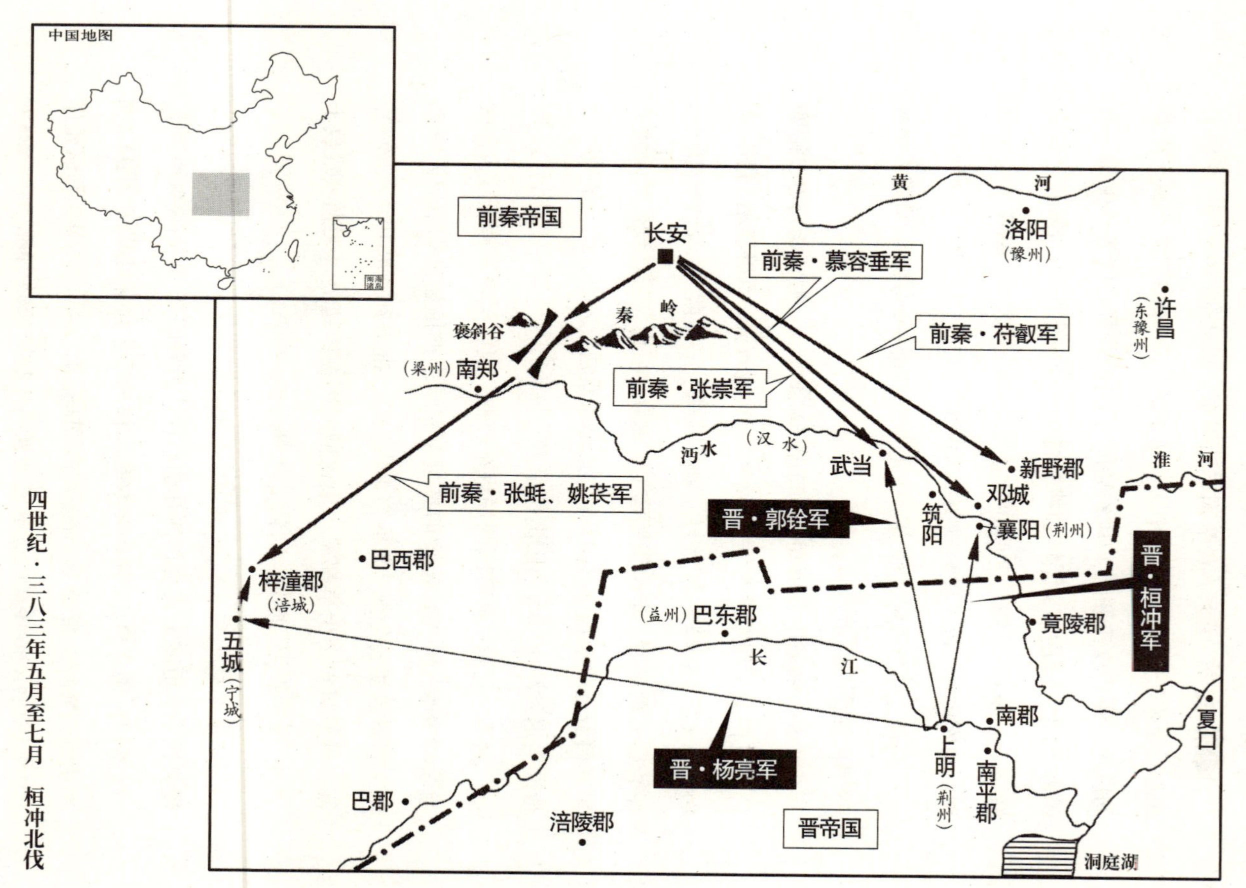

四世纪·三八三年五月至七月　桓冲北伐

4 前秦帝国天王苻坚，下达讨伐晋帝国动员令。规定人民每十个成年男子中，抽出一个当兵。年龄在二十岁以下，家世清白子弟，勇敢而有才能的，全都任命当羽林军警卫官（羽林郎）。下诏说：“现在，任命司马昌明（晋帝国现任皇帝）当国务院左执行长（尚书左仆射），谢安（晋帝国宰相〔司徒〕）当国务院文官部长（吏部尚书），桓冲（晋帝国车骑将军）当高级咨询官（侍中）。情势至为顺利，大军即可班师，有关机关可先在京师（首都长安）给他们兴建住宅。”家世清白子弟，自带战马报到的，多达三万余人。苻坚命秦州州政府（设上邽〔甘肃省天水市〕）主任秘书（主簿）赵盛之，当帝国青年远征军司令官（少年都统）。当时，政府官员都反对苻坚御驾亲征，只有慕容垂、姚苌，跟青年远征军将士，一致赞成。阳平公苻融对苻坚说：“鲜卑、西羌，是我们的世仇，一直在盼望时局突然发生变化，加以利用，达到他们的目的。他们贡献的策略，怎么可以听从？青年远征军战士，更都是一群富家子弟，不懂军事，只会信口开河，随便奉承，只求迎合陛下的意思。陛下对他们却十分信任，轻率的发动如此重大的军事行动，我恐怕不但难以成功，反而还有大患，后悔不及。”苻坚不理。

八月二日，苻坚命阳平公苻融，督促张蚝、慕容垂等，率步骑兵混合兵团二十五万人，充当前锋。任命兖州（州政府设鄄城〔山东省鄄县北〕）州长（刺史）姚苌，当龙骧将军、益梁军区司令官（督益梁州诸军事）。苻坚对姚苌说：“从前，我以龙骧将军的身份，建立大业（苻坚发动政变时，是龙骧将军；参考三五七年六月），从不轻率的加授给别人，你要好好勉励。”左将军窦冲说：“君王不可以说开玩笑的话，这是不祥的征兆。”苻坚沉默不语。

慕容楷、慕容绍对慕容垂说：“主上（苻坚）骄傲自大，已到了极点。叔父为燕国（前燕帝国）建立中兴大业，就看这次战役！”慕容垂说：“不错，但是如果没有你们，也不能完成。”

八月八日，苻坚从首都长安（陕西省西安市）出发，亲率武装部队步兵六十余万、骑兵二十七万，旌旗招展，战鼓动地，前后连绵一千华里。

九月，苻坚进抵项城（河南省沈丘县），凉州（河西走廊 · 甘肃省中部西部）部队才到咸阳（陕西省咸阳市）；巴蜀（四川省）、汉中（陕西省南部）部队，才顺流而下；幽、冀两州（河北省）部队才到彭城（江苏省徐州市）。东西相距一万华里，各路大军，分别由水陆两道，同时并进，运输粮秣的船舶，多达一万余艘。阳平公苻融等，率军三十万人，先行抵达颍口（颍水注入淮河处 · 安徽省寿县西正阳关镇）。

晋帝司马昌明下诏任命国务院执行长（尚书仆射）谢石，当征虏将军、全国征剿总司令官（征讨大都督）；任命徐、兖二州（州政府设广陵〔江苏省扬州市〕）州长（刺史）谢玄，当前锋司令官（前锋都督）；跟辅国将军谢琰、西翼警卫指挥官（西中郎将）桓伊等；共率武装部队八万人，抵抗前秦帝国入侵。先行派龙骧将军胡彬，率水上部队五千人，乘船舰援救寿阳（安徽省寿县）。谢琰，是谢安的儿子。

此时，前秦帝国声势浩大，晋帝国首都（建康）震动恐惧。前锋司令官（前锋都督）谢玄，临出发前，向谢安请示机宜；谢安态度恬静，回答说：“我会另行下达命令。”可是事实上并没有任何另行下达的命令。谢玄不敢多言，命部将张玄再去请示；谢安不做回答，只吩咐准备车马，然后前往郊外山林别墅，跟亲戚朋友聚在一起。谢安就用别墅作为赌注，跟谢玄下棋，谢安的棋艺本来不如谢玄，但当天对弈时，谢玄忧惧不安，双方竟然下成平手，后来更转平手为失利。下过棋，谢安又起身游山玩水，到深夜才回。

远在西方的车骑将军、荆州（州政府设上明〔湖北省松滋市北〕）州长（刺史）桓冲，对中央政府的安危，深为担心，派精锐部队三千人，前来参与保卫京师（首都建康）。谢安坚决不肯接受，说："政府已有妥善的计划，武器和军队，都不缺少，派来的部队，应留下来加强西方防务。"桓冲对他的参谋官员等叹息说："谢安有宰相度量，但是不懂军事。大敌初来，他却忙着去游山玩水，闭门清谈，派一些没有人生经验的年轻人去作战！而双方兵力又悬殊过大，帝国的结局，已清楚的摆到面前，我终于要穿左边开襟的衣服了（夷族衣襟开在左边）。"

5 晋帝国命琅邪王司马道子，主管国务院六项事务（录尚书六条事）。

6 冬季，十月，前秦帝国阳平公苻融等，开始进攻寿阳（安徽省寿县）。

十月十八日，前秦攻克寿阳，俘虏晋帝国守将、平虏将军徐元喜等。苻融任命他的军事参议官（参军）河南郡（河南省洛阳市东白马寺东）人郭褒，当淮南郡（郡政府寿阳）郡长。在西方战场，慕容垂攻陷郧城（江夏郡郡政府所在县·湖北省安陆市）。晋帝国龙骧将军胡彬，听说寿阳（安徽省寿县）陷落，退到硖石（安徽省凤台县南）。苻融遂攻硖石。前秦帝国首都卫戍司令（卫将军）梁成等，率军五万人，沿洛涧（淮河支流，流经安徽省淮南市东）布防，在淮河构筑阻挠工事，遏止从东方来的晋帝国援军。晋帝国征剿总司令官（征讨大都督）谢石、前锋司令官（前锋都督）谢玄等，挺进到洛涧东方二十五华里处，畏惧梁成军势，不敢前进。而这时，困守在硖石（安徽省凤台县南）的胡彬军，粮食已完，派

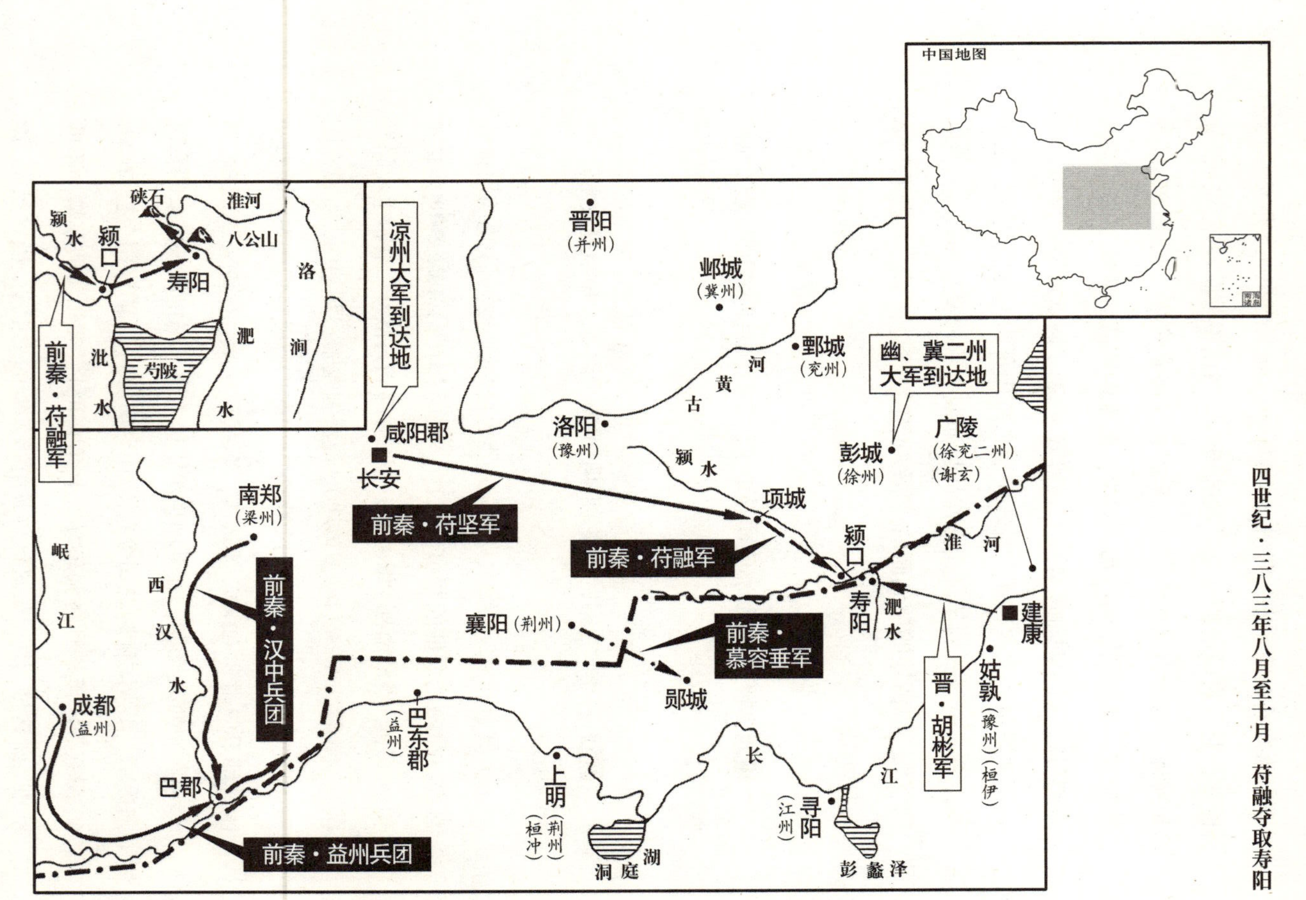

四世纪・三八三年八月至十月　苻融夺取寿阳

人秘密报告谢石等，说："现在，盗贼（前秦帝国）势力正盛，我们粮食又尽，恐怕此生难再相见。"（情至悲切！）前秦巡逻部队把密使捕获，押送给阳平公苻融。苻融派骑兵飞快报告苻坚，说："盗贼人数不多，很容易对付，唯一害怕的是他们逃跑无踪，我们应立即发动攻击。"苻坚大喜过望，把大军留在项城（河北省沈丘县），自己只率轻装备骑兵八千人，日夜不停，奔赴寿阳（安徽省寿县），跟苻融会合。一面派国务院财政部长（度支尚书）朱序，前往游说谢石等，警告他："强弱相差太大，不如早早归降。"朱序暗中提醒谢石："秦国（前秦帝国）百万大军如果全部到达，事实上难以抵抗。现在应该在他们大军还没有集结完成之前，发动攻击，如果能打败前锋，也可以摧挫他们的士气，进一步再把他们完全击破。"

谢石听说苻坚已到寿阳（安徽省寿县），大为恐惧，打算不作正面冲突，只用阻截战术，把前秦帝国大军，困得丧失斗志。辅国将军谢琰，劝谢石接受朱序的建议。

十一月，谢玄派广陵郡（江苏省扬州市）郡长（相）刘牢之，率精锐部队五千人，直抵洛涧（流经安徽省淮南市东），距洛涧还有十里，梁成在洛涧两岸已集结阵势等待。刘牢之勇往直前，面对敌阵，强行渡过洛涧，登岸后纵兵攻击，大破前秦军，斩梁成和弋阳郡（河南省潢川县）郡长王泳；又派出一支部队，切断前秦军向淮河以北逃亡的退路；前秦步骑兵一时崩溃，纷纷跳入淮河，士卒死亡的达一万五千人；扬州（州政府设下邳〔江苏省睢宁县北古邳镇〕）州长（刺史）王显等，被晋军俘虏，武器辎重，全部丧失。于是，谢石等各军水陆并进。前秦帝国天王苻坚，跟阳平公苻融，登上寿阳城楼眺望，看到晋军军容严整；又眺望八公山，认为山上的草木，都是晋帝国的军队（八公山，安徽省寿县东北五公里，中隔淝水〔东淝河〕，传说：西汉王朝淮南王刘安

〔参考前一二二年〕崇拜神仙，忽然有八个老汉，眉毛和头发，全都雪白，登门求见，门房说："我们王爷喜爱长生不老，而八位先生却老成这个样子，我不敢通报。"八个老汉突然变成八个儿童。刘安特在山上立庙祭祀，称此山为八公山。又一传说是：庙里供奉的是刘安的八位老友，如：左吴、朱骄、伍被、雷被等）。对苻融说："这也是强敌，怎么能说他们既弱且少！"怅然若失，面上露出担心神色。

前秦帝国大军在淝水（东淝河）西岸，严阵以待，晋军在淝水东岸停住，不能前进。前锋司令官（前锋都督）谢玄，派人晋见阳平公苻融，说："阁下孤军深入，却紧靠河边构筑阵地，这是计划长期抵抗，不是计划速战速决。如果贵国大军稍稍向后撤退，使我们渡过淝水（东淝河），一决胜负，岂不是更好的策略？"前秦所有将领都反对后撤，说："我们人多，他们人少，只要守住河防，阻止他们前进，我们就万分安全。"苻坚说："我们不妨稍稍后撤，使晋军渡河，等他们渡过一半时，我们放出铁骑冲刺，就地屠杀，没有不大胜之理。"苻融同意，遂指挥大军稍稍退却，让出淝水西岸地带，容纳渡河的晋军。前秦大军遂向后移动，再想不到，一退不可遏止。晋帝国将领谢玄、谢琰、桓伊等，率军渡过淝水（东淝河），猛烈攻击。苻融骑马奔驰，发号施令，打算对惊慌成一团的混乱情势，恢复控制；然而，马匹忽然倒地，被追击的晋军斩杀。主帅既死，前秦大军遂像雪崩一样，霎时瓦解，士卒四散逃亡。谢玄等乘胜追击，直追到青冈（寿县西十五公里）。前秦大军互相践踏而死的尸体，满山遍野，阻塞河川。逃跑中的将士，听到风吹鹤叫，都认为晋帝国的追兵赶到，于是昼夜不停的逃命，不敢走大路，穿过荒郊、踏过野草，不敢进入人家，只敢露天而宿。再加上饥饿、寒冷，死亡的占十分之七八（苻融统军三十万，死十分之七八，是二十一万至二十四万，可怕的悲剧）。最初，前秦大军稍稍向后移动

四世纪·三八三年十月　淝水之战

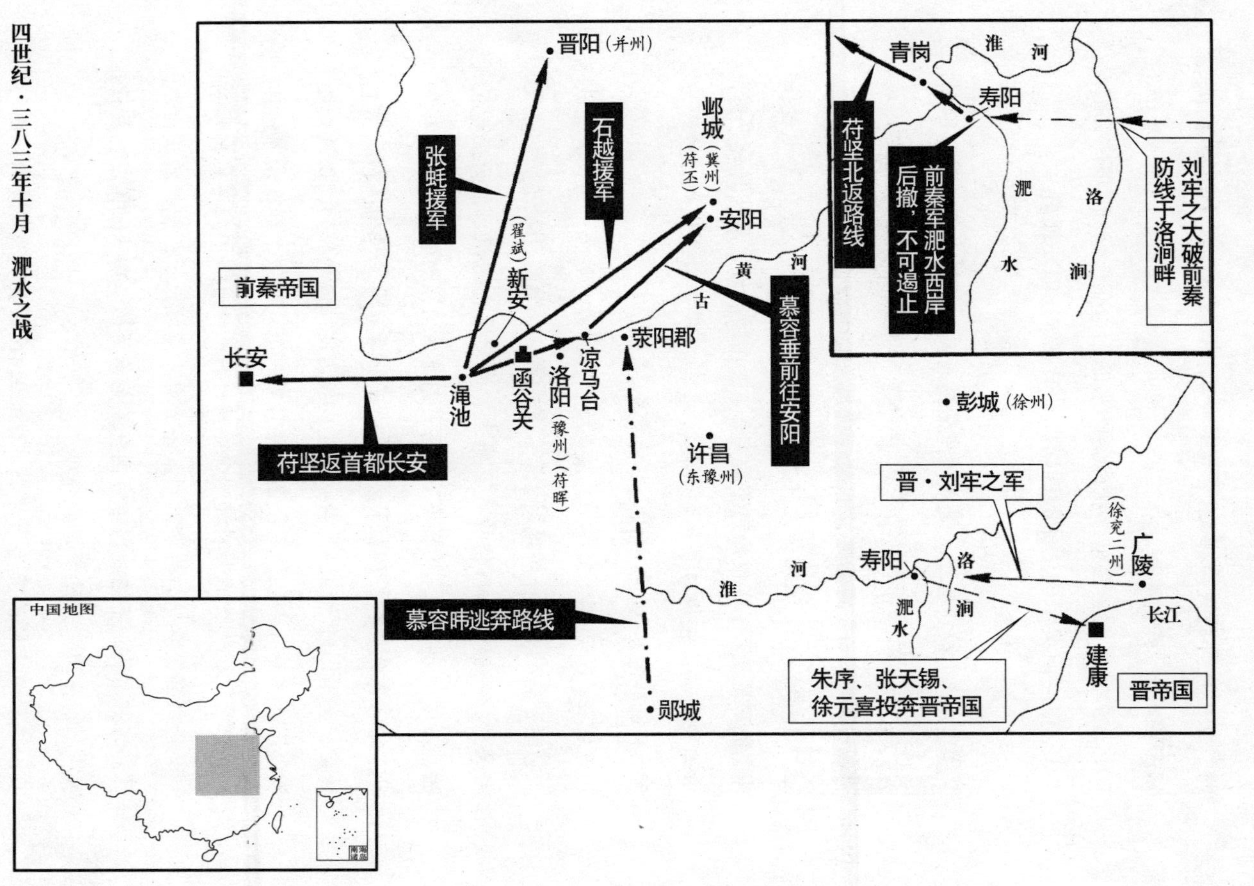

时，朱序在阵后大声呼喊："秦军败了！"前秦大军才开始狂奔。朱序遂跟张天锡（参考三七六年八月）、徐元喜（参考本年〔三八三〕十月十八日），投奔晋帝国。晋军俘获苻坚所乘的云母车，夺回寿阳（安徽省寿县），俘虏前秦帝国任命的淮南郡（郡政府寿阳）郡长郭褒。

柏杨曰

敌前撤退，是一项危险的行动，军队必须有严格的训练。纪元前七世纪城濮（山东省鄄城县西南）战役时，曾有过"退避三舍"的壮举，春秋时代周王朝的封国之一——晋国军队，在楚王国强大兵力之前，撤退二十五公里，撤退过程中，楚军尾追不舍，但始终不敢突击。晋国国君姬重耳从高处下望，看到他的军队在虎口下秩序井然，感慨说："这都是元帅郤縠的功劳，有这样的军队，任何敌人都能克服。"

现在，一千零十五年后，前秦帝国三十万人的强大兵团，也敌前撤退，而且是在一种绝对优势，诱敌深入的谋略下撤退。敌人既弱又少，更隔了一条使敌人不能立即发动攻击的淝水，天经地义的，应该十分安闲，从容不迫。可是前秦帝国虽然猛将如云，却少一个像郤縠先生那样的统帅人才。我们揣测，苻坚这个退却命令下达后，全军同时行动，乱哄哄的变成排山倒海般的狂奔，以致失去控制。在军令体制下，苻坚的命令只对一个人有效，那就是前锋总司令官苻融，将士们必须进一步等待苻融的命令。而大军竟没有等到最后命令，就开始行动，并且一听有人高喊败了，就真的认为败了。这种军队，不像是前秦帝国征服前燕帝国、前凉王国，以及征服代国时所用的训练有素的劲旅。

这就是中国历史上著名的"淝水战役"，其实，并没有"战"，而只有"役"。前秦帝国不是战败，而是退败。我们固然可以在事过之后，在前秦帝国内部，找到必败的原因。但无论事前或事后，在晋帝国内部，却找不到必胜的原因，反而找到必败的原因。谢安的装腔作势，不过是殷浩、谢万等模子浇出来的产品。然而，晋帝国终于胜了，使人叹息即令是国家巨变，或者在致千万人于死的战争中，都受命运的影响。至少，晋帝国靠命运女神的青睐，得以不亡。一种不能预见、不能想象的冲击介入，产生连锁反应，使历史的巨轮转向。赤壁战役使中国的大一统延缓七十年，淝水战役使中国的大一统延缓两个世纪。在这延缓的期间，战争更酷，屠杀更多。

7 前秦帝国天王苻坚，身被流箭射中，单人匹马，逃到淮河北岸，饥饿难忍，乡民有人送来一壶泡饭（用热汤泡的稻米饭）和一盘猪脚肉；苻坚吃毕，赏赐给他绸缎十匹、棉花十斤。那人拒绝说："陛下不安于享乐，却亲自追求危险，我是陛下的子民，陛下是我的君父，哪有儿子奉养老爹，却希望回报！"不肯接受而去（自己是"子民"，君王是"君父"的思想，四世纪时，已经深入民间，距儒家定于一尊之日〔参考前一四〇年〕，凡五百年）。苻坚对张夫人说："我今天还有什么面目治理天下？"泪流满面。

当时，前秦兵团全部崩溃，只有冠军将军慕容垂所率的三万人仍然完整（慕容垂不久前才攻克郧城〔湖北省安陆市〕），苻坚率一千余骑兵，投奔慕容垂大营。慕容垂世子慕容宝，向老爹建议说："自从国家（前燕帝国）覆亡，天命人心，都归属于你，只因时机没有成熟，不得不暂时隐藏心头。而今苻坚大军溃败，把身家性命都交给我们，是上天把他赐下，使我们得以复国。机会不可丧失，千万不要怀念他对我们那一点小小的恩惠，而忘了我们对国家神坛所负的重责大任。”慕容垂说：“你说得对，然而，他一片诚心，坦坦荡荡，把身家性命交付给我，怎么能做出谋杀的事！上天如果弃绝他，不必担心他不亡。不如保护他，用以回报他过去对我们的恩德，慢慢的寻找机会，再实施我们的计划。既不辜负我们报恩本心，而且还可以堂堂皇皇，取得天下。”奋威将军慕容德说：“秦国（前秦帝国）强盛，吞并燕国（前燕帝国）；秦国衰弱，我们起来打它的主意，这只是报仇雪耻，并不是忘恩负义。老哥为什么得到他却不接受，白白把数万精兵交给别人！”慕容垂说：“我从前受到太傅（慕容评）的迫害，没有立足之地，为了逃命，投奔秦国（前秦帝国。参考三六九年十一月）。天王（苻坚）把我当作国家栋梁，恩宠礼遇，一时无双，又跌入王猛设计的诛杀陷阱，我没有能力证明我的清白，而天王（苻坚）却出面证明（参考三七〇年正月）。种种恩德，怎么能忘？如果氐民族的幸运，终于成为过去，我自当收拾关东（函谷关以东）残局，恢复燕国（前燕帝国）版图，但也仅此而已。关西（前秦帝国故疆）之地，我不会夺取。”冠军将军府副军事参议官（冠军行参军）赵秋说：“阁下复兴故国，重续燕国（前燕帝国）政权，神秘预言书上，记载至为明白，现在时机已到，还等什么？如果杀掉天王（苻坚），据守邺都（前燕故都邺城·河北省临漳县西南邺城镇），擂起战鼓，向西进攻，三秦（陕西省中部）不再是苻家的领土！”慕容垂的亲友党羽，很多人劝慕容垂除掉苻坚，慕容垂全不接受，而把三万人的完整兵团，交还苻坚。平南将军慕容暐，驻防郧城（湖北省安陆市），听到苻坚大军溃败消息，放弃军队，单身逃走，逃到荥阳（河南省荥阳市），慕容德再游说慕容暐起兵复国，慕容暐拒绝。

8 晋帝国宰相（司徒）谢安，得到驿马车送来的报告，知道前秦大军已败，当时正在跟客人下棋，遂把信装好，放到床上（四世纪时，“床”也就是坐垫），脸上没有露出半点高兴颜色，只继续下棋。客人向他询问内容，谢安慢吞吞回答说：“娃儿们打了一个胜仗！”棋下完后，返回内室，过门槛时，忘了门槛，连木屐底下的木齿都被碰断。

柏杨曰

谢安用一定会失败的手段，获得大胜的辉煌战果，在历史上写下一页奇迹。无数流泪流汗，艰苦工作，而竟不能踏上成功之境的人物，都会沮丧，无法解释其中奥秘。

好在是，四千年来，纯靠命运而建立功业的大事，仅此一桩。绝大多数情形下，还是要靠艰辛的努力奋斗。谢安偶一例外，不能推翻人生正常规则。

十一月二日，谢安等返首都建康（江苏省南京市），带回所俘获的前秦帝国的音乐官员，他们都能演奏三世纪时的旧有曲调。于是，皇家祭庙，才开始具备传统音乐。

十一月十日，晋政府任命张天锡当散骑侍从官（散骑常侍），朱序当琅邪郡（侨郡·江苏省句容市北）郡长（内史）。

9 前秦帝国天王苻坚收集残兵败将，抵达洛阳（河南省洛阳市东白马寺东）时，仍有部众十余万人，文武百官、器具仪仗、军队阵容，都粗略的恢复旧观。

慕容农对老爹慕容垂说：“你在别人（苻坚）最危险的时候，不落井下石，仁义的声誉，足以感动天地神灵。我听说，神秘预言书上有言：‘燕复兴当在河阳’，果实还没有成熟时采摘，和等到它们落到地上时捡起来，时间上的距离，不过相差十天，然而困难和容易，滋味美好不美好，却相差太远。”慕容垂同意他的见解。走到渑池（河南省洛宁县西北），慕容垂报告苻坚：“北方民众，听说政府军失利，互相煽风点火，情势不稳。我请求带着陛下的诏书，前往镇压安抚，并在中途祭祀我家祖先坟墓祭庙。”苻坚应许，国务院左执行长（尚书左仆射）权翼劝阻说：“帝国大军刚受到挫败，四面八方，都有离心，我们应该做的是：征召所有名将，集中京师（首都长安），先巩固中央，再镇压地方。慕容垂的勇敢和谋略，都超过常人，是东北世代豪杰。前些时因躲避灾祸，前来投奔，岂是一个冠军将军，就心满意足？养这种人，好像养鹰，饥饿的时候，就来依附；但每次听到暴风在九天响起，都会有一飞冲天、凌云万里的冲动！正应该拴紧它的锁链，怎么反而把它放开，随它想做什么，就做什么！”苻坚说：“你说得对，然而，我已对他承诺。一介匹夫还不能把话吞回去，何况天子？如果上天决定谁兴谁废，我们人的智力怎么可以改变？”权翼说：“陛下重视世间的小信，而轻视国家所面对的危险。我已经看见，慕容垂有去无回，关东（函谷关以东）大乱，从此开始。”苻坚不同意，派将军李蛮、闵亮、尹固，率军三千人，护送慕容垂。又派骁骑将军石越，率精锐部队三千人，增援邺城（河北省临漳县西南邺城镇）；骠骑将军张蚝，率羽林禁卫军五千人，增援并州（州政府设晋阳〔山西省太原市〕）；镇军将军毛当，率军四千人，增援洛阳（河南省洛阳市东白马寺东）。权翼秘密派出刺客，埋伏黄河大桥南岸一座空仓中，慕容垂疑心事情可能发生变化，遂化装成平民，自凉马台（河南省洛阳市孟津区东北）乘竹筏北渡，而命王府武官署长（典军）程同（慕容垂此时已非亲王，程同当是慕容垂当前燕帝国吴王时的旧属），穿上自己的衣服，骑上自己的马，率领自己的仆从侍卫，一直走向河桥；伏兵发动突击，程同狂奔，仅免一死。

十二月，天王苻坚返抵首都长安，在城外先哭祭阳平公苻融，而后入城，赐苻融绰号哀公。大赦，所有阵亡将士家属，全部免除赋税差役。

10 十二月十五日，晋帝国大赦。任命谢石当国务院总理（尚书令）。擢升谢玄当前将军，谢玄坚决辞让。

11 晋帝国宰相（司徒）谢安的女婿王国宝，是王坦之的儿子（王坦之，参考三七五年五月）。谢安讨厌他的为人，即令遇到机会，也都压制他，不肯重用，而只命他当国务院助理官（尚书郎）。王国宝自以为出身世家豪门，依照惯例，世家豪门的子弟只在国务院文官部（吏部）任职，不到其他各部；所以坚决不肯接受，对谢安从此怨恨。王国宝堂妹是会稽王司马道子的王妃，而皇帝司马昌明，跟司马道子，都喜爱喝酒，玩耍在一起，十分亲昵，一同干邪恶勾当，互相取悦对方。王国宝遂在司马道子面前，攻击岳父谢安，鼓励司马道子离间皇帝司马昌明跟谢安之间的感情。谢安功劳既大，声望又高，一些玩火弄险、只求做官的政客，多数都对谢安不满，遇有机会，就予以抨击。司马昌明对谢安，遂渐渐疏远。

12 晋帝国宣布解除酒禁（三世纪一〇年代，东汉王朝丞相曹操颁禁酒令，一百七十年中，酿酒是违法行为）。增加人头税，每人每年缴纳五石（三三〇年，九任帝〔成帝〕司马衍时，每亩征收十分之一，约稻米三升。三六二年正月，十二任帝〔哀帝〕司马丕即位，减少赋税，每亩只收二升。三七六年九月，十五任帝〔孝武帝〕司马昌明废除田赋，改为人头税，每人三斛。本年〔三八三〕，每人增到五石）。

13 前秦帝国骁骑将军吕光，深入西域（新疆及中亚东部），横越流沙三百余华里，焉耆王国（新疆焉耆县）等各国，全都投降。只有龟兹王国（新疆库车市）国王帛纯，率军抵抗，登城固守；吕光进攻。

14 前秦帝国天王苻坚大举攻击晋帝国时，命乞伏国仁当前将军，兼先锋骑兵司令。正巧，乞伏国仁的叔父乞伏步颓，在陇西郡（甘肃省陇西县）聚众起兵，苻坚派乞伏国仁回军讨伐（乞伏国仁接管老爹部众，参考三七六年十二月）。乞伏步颓得到消息，大为兴奋，到路上迎接乞伏国仁。乞伏国仁摆下酒筵，大声宣布说："苻家班把人民迫害得筋疲力尽，不断使用武力，灭亡就在眼前，我当跟各位共同建立独当一面的事业。"等到传来苻坚战败消息，乞伏国仁遂威胁和压迫其他部落归附，拒绝归附的，就派军攻击吞并，部众遂多达十余万人。

15 前秦帝国冠军将军慕容垂，抵达安阳（河南省安阳市，跟邺城〔河北省临漳县西南邺城镇〕航空距离二十五公里），派军事参议官（参军）田山，送信给镇守邺城的长乐公苻丕。苻丕听到慕容垂渡黄河北来消息，担心可能揭起动乱；然而，仍然亲自出城迎接。赵秋劝慕容垂就在二人会谈时，发动突袭，逮捕苻丕，立即接管邺城（河北省临漳县西南邺城镇），起兵叛变，慕容垂拒绝。而苻丕也打算袭击慕容垂，长乐国（苻丕采邑）王府顾问官（侍郎）、天水郡（甘肃省天水市）人姜让，劝阻说："慕容垂并没有叛变的行为，你却把他杀掉，不是臣子的立场。不如用上宾的礼仪招待他，派军队严密监视，然后秘密上奏，报告他最近的表现，等接到批示后，再进一步磋商。"苻丕接受，请慕容垂住到邺西宾馆。

慕容垂跟故前燕帝国的一些臣僚，阴谋恢复国土。正巧，丁零部落（时驻新安〔河南省渑池县〕）酋长翟斌（参考三七一年正月），聚众起兵，反抗前秦帝国政府，打算攻击豫州全权州长（牧）、平原公苻晖所驻防的洛阳（河南省洛阳市东白马寺东）。天王苻坚下诏，命慕容垂率军讨伐。骁骑将军石越警告苻丕说："帝国大军刚刚受到挫败，民心还没有安定；身负重罪，逃亡在外，盼望天下大乱的流氓地痞，为数众多。丁零部落这么轻轻一呼，十天半月时间，部众竟有数千人，就是验证。慕容垂，是燕国（前燕帝国）皇家的元老，有复兴故国的决心，而今再交给他军权，可正是替猛虎插上翅膀。"苻丕说："慕容垂住在邺城（河北省临漳县西南邺城镇），使我有一种靠着老虎、枕着蛟龙的感觉，一直恐惧他会在肘腋之下，发生突变。而今打发他走得远远的，比留在邺城要好得多。翟斌凶恶狂悖，一定不肯投降慕容垂，且让他们两只老虎生死决斗，我在一旁控制局势，这是当年卞庄的谋略（卞庄事，参考前二〇四年十二月）。"于是，拨给慕容垂盔甲武器全都损坏的老弱残兵两千人。又命广武将军苻飞龙，率嫡系氐人骑兵一千人，做慕容垂的副手。苻丕秘密吩咐苻飞龙："慕容垂是三军元帅，你是谋杀慕容垂的大将。就此上路，好好去做。"

慕容垂请求进入邺城（河北省临漳县西南邺城镇），叩拜祖先皇家祭庙。苻丕拒绝，慕容垂化装成平民，秘密进入，岗哨司令加以阻止，慕容垂大怒，斩岗哨司令，纵火焚烧岗亭，然后退出。石越报告苻丕说："慕容垂竟敢如此轻视侮辱国家大员，杀官烧营，谋反已有具体事实，正好可以用这个理由，把他铲除。"苻丕说："淮南（安徽省寿县）失败（淝水之战）时，慕容垂保护天王（苻坚），忠心不变，这项功劳，不可以忘记。"石越说："慕容垂对他的祖国（前燕帝国）都不效忠，又怎能效忠我们？今天不捉住他，后患无穷。"苻丕不许。石越退出后，对朋友说："公爵父子（苻丕的老爹苻坚）最喜爱小仁小义，不管国家大事大计，终有一天栽到别人之手。"

慕容垂把慕容农、慕容楷、慕容绍，留在邺城（河北省临漳县西南邺城镇），而自己南下出征，走到安阳（河南省安阳市）的汤池（安阳城外）；闵亮、李毗从邺城（河北省临漳县西南邺城镇）赶来，把苻丕吩咐苻飞龙的话，告诉慕容垂。慕容垂遂用来激怒他的部众说："我效忠苻姓皇家，可是他（苻丕）却专心谋害我们父子，我就是想忍气吞声，又怎么能够！"于是对外声称兵力太少，停留在河内郡（河南省沁阳市），招兵买马，只十几天，已达到八千人。被困在洛阳（河南省洛阳市东白马寺东）的平原公苻晖，派使节责备慕容垂，催促进兵。慕容垂对苻飞龙说："现在，盗匪（指翟斌）近在咫尺（河内与新安之间，仅隔黄河），应该白天隐蔽，夜间行军，这样才可以发动奇袭。"苻飞龙接受指示。

十二月二十七日，深夜，慕容垂派世子慕容宝，率军当先头部队；幼子慕容隆，统御主力，跟随自己；下令氐人士卒，每五个人组成一个战斗单位。慕容垂跟慕容宝秘密定计妥当；于是，大军出发不久，慕容垂下令击鼓，一声鼓响，慕容宝的前锋部队，立即回军，对氐人部队及苻飞龙，前后夹击，苻飞龙及一千人的氐人部队，全被屠杀，但文职人员及随军眷属，一律释放。慕容垂上书天王苻坚，陈述所以击斩苻飞龙的缘故。

最初，慕容垂追随苻坚，回到邺城（参考三七〇年十一月），因他的儿子慕容麟屡屡出卖老爹老哥（参考三六九年十一月一日、三七〇年五月），立即把慕容麟的娘亲诛杀；但是，不忍诛杀慕容麟，而只不准他住在家里；放逐到外宅，很少见面。等到苻飞龙事件发生，慕容麟不断贡献计策，给老爹很多启示，慕容垂这才欣赏他的才能，对他跟对待其他儿子一样，同样宠爱。

慕容凤跟前燕帝国故臣的儿子燕郡（北京市）人王腾、辽西郡（河北省卢龙县）人段延等，听到翟斌起兵反抗前秦帝国政府消息，各人率领各人的私人军队，前往归附。平原公苻晖（豫州〔州政府洛阳〕全权州长），派武平侯（武侯）毛当，讨伐翟斌。慕容凤说："今天，正是雪除先王（老爹宜都王慕容桓）耻辱的一天（慕容桓被杀事，参考三七〇年十一月），请准许我替将军（慕容垂）击斩这个氐奴！"披上铠甲，长驱直入；丁零部落在后跟进，大破前秦兵团，斩毛当；乘势进攻陵云台（洛阳城西）驻军，攻克，俘获足够供应一万余人的铠甲和武器。

十二月二十八日，慕容垂南渡黄河，焚毁桥梁；已拥有部众三万人。把辽东（辽宁省）鲜卑人、可足浑谭（可足浑，三字姓），留在河内郡（河南省沁阳市）的沙城（今地不详）驻防。慕容垂派田山返回邺城（河北省临漳县西南邺城镇），秘密通知儿子慕容农等，聚众起兵，跟老爹呼应。这时已经黄昏，慕容农跟慕容楷，就在邺城住下，而命慕容绍先行出城，前往蒲池（邺城郊外风景区，前燕帝国二任帝慕容儁常在此宴请群臣。参考三五九年二月），盗取苻丕军区战马数百匹，埋伏等待。

十二月二十九日，除夕，慕容农、慕容楷率数十名骑兵，改穿平民服装，逃出邺城（河北省临漳县西南邺城镇），跟慕容绍会合，一同投奔列人（河北省邯郸市肥乡区东北）。

三八四年 甲申

晋	太元	九年
前秦	建元	二十年
后燕	燕王	元年
西燕	燕兴	元年
后秦	白雀	元年

1 春季，正月一日，元旦，前秦帝国（首都长安〔陕西省西安市〕）长乐公苻丕（时驻邺城〔河北省临漳县西南邺城镇〕），大宴宾客，请慕容农，却不见慕容农赴宴，发现事情有了变化，派人四出寻找，三天之久，才知道人在列人（河北省邯郸市肥乡区东北），已经集结武装部队，起兵叛变（淝水初败，人心不宁，慕容垂又被认为是一个非叛变不可的虎狼之辈，现在正手握军权，在外征讨。在这种紧张情势下，对慕容垂的家属，竟没有监视，如果不是元旦朝会，恐怕要等到慕容农攻进邺城，才知道他在何处。苻丕才干平庸，缺少应变能力，跟

老谋深算的慕容垂对抗，自不堪一击)。

慕容凤、王腾、段延，都劝丁零部落酋长翟斌(时驻新安〔河南省渑池县〕)，拥戴慕容垂当盟主，共同拒抗前秦帝国；翟斌接受。慕容垂打算袭击正在等他救援的洛阳(河南省洛阳市东白马寺东)，而且又不知道翟斌的拥戴，是诈是真？所以拒绝说："我南下的目的是救援洛阳，不是接受拥戴。你既然建立大事，成功时享福，失败时受祸，跟我无干！"

正月二日，慕容垂抵达洛阳，平原公苻晖(豫州〔州政府洛阳〕全权州长)已得到苻飞龙被杀消息，不敢迎接，紧闭城门拒绝。翟斌又派秘书长(长史)郭通游说慕容垂，慕容垂仍不应允，郭通说："将军所以拒绝我们这项建议，莫非是认为翟斌兄弟是山野异族，既没有才干，又没有智谋，一定不会成功？难道你没有想到，今天只有依靠他，才可以办成大事？"慕容垂遂作承诺。于是，翟斌率领他的部众，来跟慕容垂会师，并劝慕容垂登极称帝。慕容垂说："新兴侯(慕容暐)是我的主人，应该迎接他返回正位。"

慕容垂认为，洛阳四面八方，都可以受到攻击；所以，打算夺取邺城(河北省临漳县西南邺城镇)，作为基地，遂率军东进。故夫余王余蔚，当荥阳郡(河南省荥阳市)郡长(他就是夜开邺城城门，迎接前秦兵团入城的那个余蔚，参考三七〇年十一月。十四年后，再叛前秦)；以及昌黎郡(辽宁省朝阳市)鲜卑人卫驹，各率他们的部众，投降慕容垂。慕容垂大军进抵荥阳郡(河南省荥阳市)，部属们坚持慕容垂应有一个尊贵的称号，慕容垂遂援引晋帝国七任帝(元帝)司马睿的前例，先行称最高统帅(大将军)、总司令官(大都督)、燕王(一任武成帝)，执行皇帝职权(承制)；设最高统帅府(司马睿称晋王事，参考三一七年三月)。部属们都称臣，一切文件文告，以及任官封爵，跟帝王一样。于是，任命老弟慕容德当车骑大将军，封范阳王；侄儿慕容楷当征西大将军，封太原王（慕容楷是慕容恪的儿子，慕容恪原封太原王）；翟斌当建义大将军，封河南王；余蔚当征东将军、最高统帅府左军政官（统府左司马），封夫余王；卫驹当鹰扬将军，慕容凤当建策将军，率部众二十余万人，从石门（荥阳市北）渡黄河北上，直指邺城（河北省临漳县西南邺城镇）。

慕容农最初逃到列人（河北省邯郸市肥乡区东北）的时候，住在乌桓人鲁利家；鲁利摆上饭菜，招待远客，慕容农微笑拒绝，鲁利对他的妻子说："死婆娘！郎君是贵人（四世纪时，呼主人"郎主"，呼主人的儿子"郎君"，鲁利当是慕容垂的旧部），家里贫穷，拿不出像样的饮食，怎么办？"妻子说："郎君雄才大志，无缘无故到我们家，一定有大事相告，不是为了吃一顿饭！你赶快出去眺望，看有没有什么情况？"鲁利立即照办，慕容农在发现安全无虞之后，对鲁利说："我打算在列人（河北省邯郸市肥乡区东北）集结武装部队，准备复兴祖国，你能不能跟随？"鲁利说："无论生死，全凭郎君。"慕容农于是再去拜访另一乌桓人张骧，游说他："我家大王（慕容垂）已经起兵举事，丁零部落酋长翟斌等，一致拥戴，远近响应，特地向你报告。"张骧再三叩头说："能再度侍奉旧主人，岂敢不尽死力。"于是慕容农裹挟列人（河北省邯郸市肥乡区东北）居民，充当士卒，砍下桑树榆树的枝条，当作武器，把衣襟撕下来，装成军旗。命赵秋游说屠各人（匈奴贵族）毕聪。毕聪跟其他屠各人：卜胜、张延、李白、郭超，以及东夷人余和、敕勃，易阳县（河北省邯郸市永年区）乌桓人刘大，各率各人的私人部队，共数千人，投奔慕容农。慕容农暂时任命张骧当辅国将军，刘大当安远将军，鲁利当建威将军。

慕容农率军攻陷馆陶（河北省馆陶县），俘获所有军事用品、辎重武器；派兰汗、段赞、赵秋、慕舆悕，夺取康台（河北省曲周县东）牧场战马数千匹。兰汗，是燕王慕容垂的堂舅。段赞，是段聪的儿子（段聪，事迹不详，或即段思聪，参考三五二年四月二十日）。于是，步骑兵同时组成，数目多达数万。张骧等一致推举慕容农"使持节"（一级权力）、黄河北军区司令长官（都督河北诸军事）、骠骑大将军。慕容农统御各将领，依照他们的才能分别任用，上下严整；因老爹燕王慕容垂，还没有抵达，对将士不敢封爵赏官，赵秋建议说："军中如果没有奖励犒赏，官兵便不能战斗。今天前来投效的人，都是一些贪图建立一时功劳，追求万世利益之辈。应该代表大王（慕容垂），行使职权（承制），使帝国（前燕帝国）中兴的基础，日益扩大。"慕容农采纳实施，于是前来投效的，前后相继；慕容垂听到这件事，深为赞许。慕容农向西征召在上党郡（山西省黎城县西南）的库傉官伟（库傉官，三字姓），向东征召在东阿（山东省阳谷县东北阿城镇）的乞特归，向北征召在燕国（北京市）的光烈将军平叡，跟平叡的老哥、曾任汝阳郡（河南省商水县）郡长的平幼；库傉官伟等，全都起兵响应（这些人都是前燕帝国时代的旧官，"光烈将军"也是前燕帝国旧衔）。慕容农又派兰汗攻击顿丘（河南省清丰县），攻克。慕容农号令森严，军纪严格，对人民私有财产秋毫无犯，男女老幼，无不欢欣鼓舞。

前秦帝国长乐公苻丕，派骁骑将军石越，率步骑兵一万余人，讨伐慕容农，慕容农说："石越以智谋和勇敢，闻名于世。现在不南下抵抗我老爹（慕容垂）的大军，却来对付我，是害怕大王（慕容垂），看我好欺负；心情既然傲慢，军营一定不会戒备，我能用计谋取胜。"部属们要求加强列人（河北省邯郸市肥乡区东北）城防工事，慕容农说："一个优良的指挥官，可使士卒产生信心，不须再依靠城墙之类的其他东西。我们是复国的义勇部队，四面八方去寻找敌人，应该把高山大河当作城池，仅只修列人的城墙，有什么用？"

正月七日，石越抵达列人（河北省邯郸市肥乡区东北）城西，慕容农命赵秋，以及军事参议官（参军）綦毋滕，击败石越的前锋。军事参议官（参军）、太原郡（山西省太原市）人赵谦，对慕容农说："石越兵团的铠甲和武器虽然精良，可是军心离散恐惧，容易击破，最好是立刻发动攻击。"慕容农说："他们的铠甲穿在身上，我们的铠甲穿在心上。白天会战，我们士卒看见他们的堂堂阵势，可能害怕；不如等到黄昏，可以一战而胜。"下令军中严密戒备，等候命令，不准轻举妄动。石越构筑营寨木栅，保护阵地；慕容农笑着对各将领说："石越的军队，既是精锐，在人数上又占绝对优势，不在刚刚抵达时，乘着士气最旺时攻击，却来建筑防御工事，我知道他已无能为力。"黄昏，慕容农大营响起战鼓，在列人（河北省邯郸市肥乡区东北）城西列阵。营门官（牙门）刘木，请求直接攻击石越营垒，慕容农笑说："人看到美味可口的食物，谁不想先吞到肚子里，你怎么能够独占？然而你的勇气可嘉，就教你当先锋！"刘木率壮士四百人，跳过木栅，进入前秦阵地，前秦军败退，慕容农督促主力部队，尾随而上，遂大破石越兵团，斩石越，把人头送给慕容垂。石越、毛当，都是前秦帝国的勇将，所以天王（三任宣昭帝）苻坚（本年四十七岁）派他们协助两个儿子，想不到相继战败阵亡。人心震动不安，各地盗贼，纷纷崛起。

正月二十六日，燕王慕容垂（本年五十九岁）抵达邺城（河北省临漳县西南邺城镇）外郊，废除前秦帝国年号建元二十年，改年号燕王元年，官员们的衣服颜色和早上朝会仪式，完全依照前燕帝国规章。任命前岷山公库傉官伟当左秘书长（左长史），前国务院执行官（尚书）段崇当右秘书长（右长史），荥阳郡（河南省荥阳市）人郑豁等当参谋指挥官（从事中郎）。慕容农率军到邺城（河北省临漳县西南邺城镇）会师，所称官衔（张骧等推举的），慕容垂照原样加授；慕容垂又封世子慕容宝当太子，封堂弟慕容拔等十七人，以及外甥宇文翰、舅父的儿子兰审，一律当王爵；其他慕容家族、功臣，封公爵的三十七人，封侯爵、伯爵、子爵、男爵的八十九人。可足浑谭集结士卒约二万余人，进攻野王（河南省沁阳市），攻克，率军前来参战，一同攻击邺城（河北省临漳县西南邺城镇）。平幼跟他的老弟平叡、平规，也都率部众数万人，在邺城跟慕容垂会师（五胡乱华十九国的第八个短命王国后燕帝国崛起，它的官方正式称谓是“燕”，但为了区别已经亡了的“燕”〔前燕帝国〕，只好称它是“后燕”。中国境内，三国并立：晋帝国、前秦帝国、后燕帝国）。

前秦帝国长乐公苻丕，派姜让责备后燕王慕容垂，并且向他游说：“有了过失而能改正，到今天仍不算晚。”慕容垂说：“我身受主上（苻坚）从来没有过的厚恩，所以才打算保全长乐公（苻丕），使他和他的部众平安返回京师（首都长安）；然后，我当恢复祖国（前燕帝国）旧疆，跟贵国结成永远友好的邻邦。为什么不肯面对天意大运，拒绝交回邺城（河北省临漳县西南邺城镇）？如果再继续执迷不悟，我当倾全力发动攻击，到那时候，你们就是想单身匹马逃命，恐怕也难逃出。”姜让脸色严肃反击说：“当初，将军在自己家国之内，不能立足，投奔圣明的邻国（前秦帝国）求生，燕国（前燕帝国）土地，哪一尺、哪一寸，是你所有？主上（苻坚）跟将军，种族不同，风土相异（苻坚是关西〔函谷关以西〕氐人，慕容垂是辽西〔辽宁省西部〕鲜卑人，风俗、习惯、言语，全不一样）。可是，一见如故，推心置腹，亲切得好像是一家人，对你宠爱信任，远超过有功勋的老臣！自古以来，君臣契合，有没有比此更为密切？万想不到，政府军只遇到一次小小挫败（指淝水之战），你竟生出叛逆之心。长乐公（苻丕）是主上（苻坚）的长子，担负以陕城（河南省三门峡市）为界、全部东中国的责任，怎么能够捆住双手，献出一百个城池的广大疆土（周王朝二任王〔成王〕姬诵在位时，周公姬旦、召公姬奭，以陕城〔河南省三门峡市〕为界，把当时已知的天下，从当中分开，东中国〔陕城以东〕姬旦主持，西中国〔陕城以西〕姬奭主持。参考《公羊传》前七一八年。新王朝一任帝王莽在位时，也曾“分陕而治”，命平晏主持东中国，甄丰主持西中国。参考一〇年）！将军如果不顾一切，当然可以展示你的军力，我说什么都没有用。只是，我可惜的是，将军以七十岁的高龄（本年，慕容垂五十九岁，不知何以指为七十），人头挂在大白旗上（商王朝末任帝纣帝子受辛被诛杀后，人头挂在大白旗事，参考二三七年注）。盖世忠贞，霎时间竟成叛逆之鬼。”慕容垂沉默不语（姜让字字真实，句句直率。慕容垂心中惭愧，无法回答。然而，再大的恩惠，抵不住政治野心，这是政治的残忍本质）。左右请求诛杀姜让，慕容垂说：“人，各自效忠他的君王，有什么罪！”把姜让很恭敬的送回去，写信给苻丕，又上疏给前秦帝国天王苻坚，分析利害，请求准许他护送苻丕，返回长安（陕西省西安市）。苻坚、苻丕都大为震怒，回信深切责备。

2 晋帝国（首都建康〔江苏省南京市〕）鹰扬将军刘牢之，进攻前秦帝国（首都长安）谯城（安徽省亳州市），攻克。车骑将军、荆州（州政府设上明〔湖北省松滋市西北〕）州长（刺史）桓冲，派上庸郡（湖北省竹山县西南上庸镇）郡长（空头官衔）郭宝，进攻前秦帝国魏兴郡（湖北省白河县北）、上庸郡（湖北省竹山县西南上庸镇）、新城郡（湖北省房县）三郡，也都攻克。将军杨佺期向前推进，占领成固（陕西省城固县），攻击前秦帝国梁州（州政府设南郑〔陕西省汉中市〕）州长（刺史）潘猛，潘猛逃走。杨佺期，是杨亮的儿子（杨亮守江夏，参考三七七年十月）。

3 正月二十八日，后燕王慕容垂开始攻击邺城（河北省临漳县

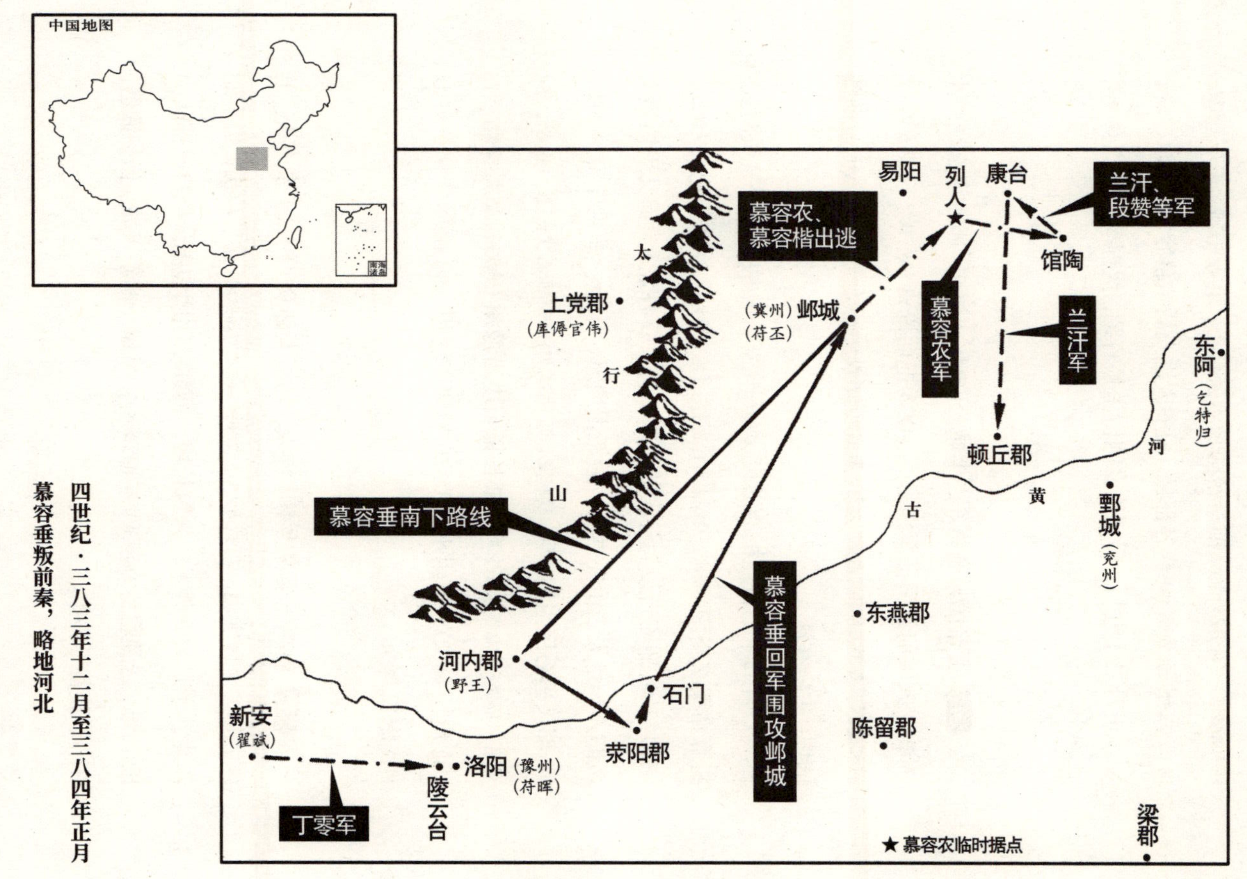

四世纪·三八三年十二月至三八四年正月

慕容垂叛前秦，略地河北

西南邺城镇），夺取外城。前秦帝国长乐公苻丕，退守中城。关东（函谷关以东）六州（前燕帝国旧疆）各郡县，很多人送人质给慕容垂，要求投降。

正月二十九日，慕容垂命陈留王慕容绍，代理冀州州长（刺史），驻防广阿（河北省隆尧县东）。

4 晋帝国车骑将军、丰城公（宣穆公）桓冲，听到谢玄在淝水（东淝河）大破前秦南征军消息，自以为把话说错（指“我终于要穿左边开襟的衣服了”，参考去年〔三八三〕九月，其实桓冲并没有说错，而是谢安运气好），惭愧恼恨，生病在床。

二月二十七日，桓冲逝世（年五十七岁）。中央高阶层官员商议，打算命谢玄当荆（湖北省及湖南省）、江（江西省及福建省）二州州长（刺史）。宰相（司徒）谢安自以为父子的名望太高，权力太大；而又恐怕桓家班的人一旦失去重要据点，会怨恨愤怒；于是，命梁郡（河南省商丘市）郡长桓石民当荆州（州政府设上明〔湖北省松滋市西北〕）州长（刺史），河东郡（侨郡·湖北省松滋市西北）郡长桓石虔当豫州（州政府设姑孰〔安徽省当涂县〕）州长（刺史），豫州州长（刺史）桓伊当江州（州政府设寻阳〔江西省九江市〕）州长（刺史）。

5 后燕王慕容垂率丁零人、乌桓人部众，约二十余万人，上架云梯，下掘地道，对邺城（河北省临漳县西南邺城镇）猛烈攻击，仍不能攻克，于是改变战术，兴筑长墙，把邺城团团包围，把自己部队中的老弱，送到肥乡（河北省邯郸市肥乡区），另建一座新兴城，保护武器、粮秣、装备等辎重。

6 前秦帝国征东大将军府（苻丕是征东大将军）军事参议官（征

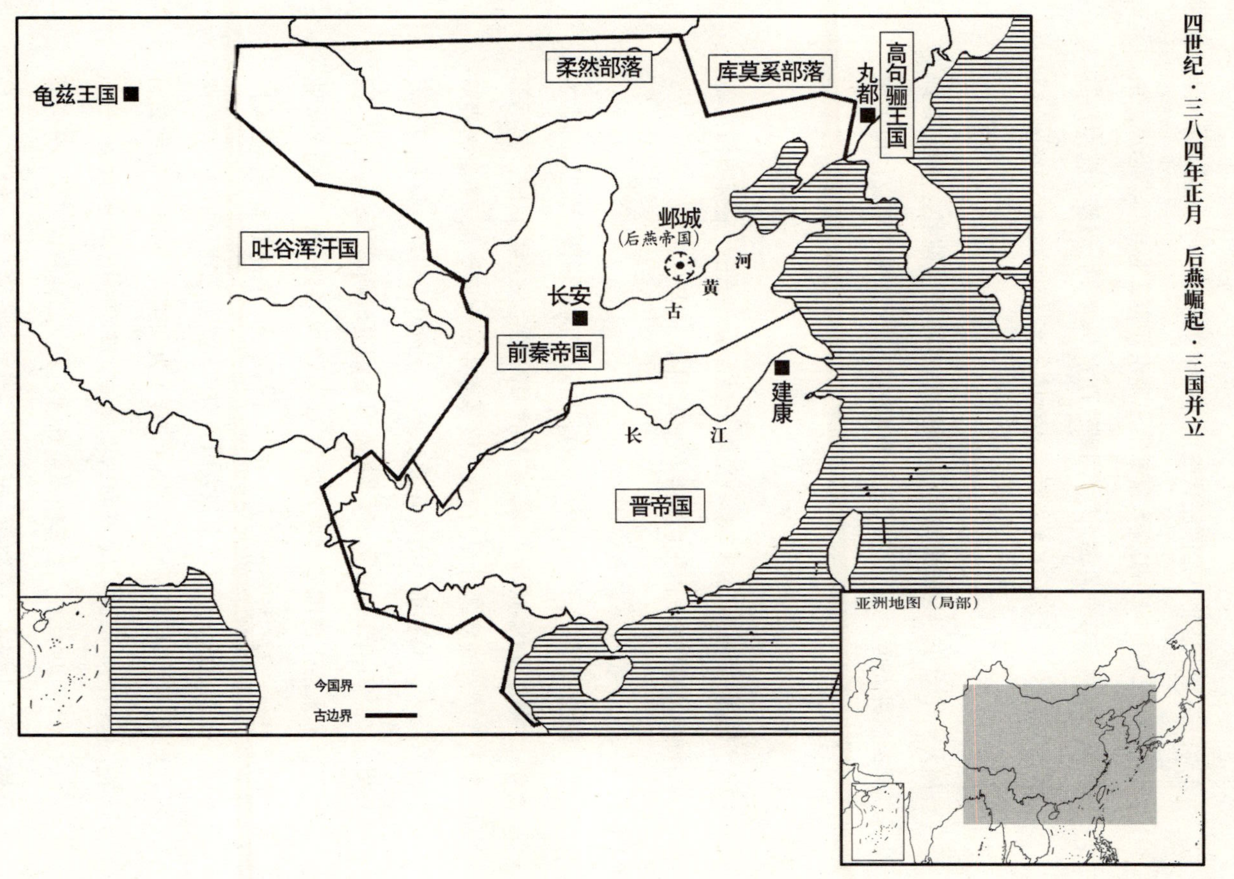

四世纪·三八四年正月　后燕崛起·三国并立

东参军）高泰，是前燕帝国时代的臣属（高泰曾担任慕容垂的参谋指挥官〔从事中郎〕，参考三六九年十一月），大家都猜忌高泰怀有二心。高泰恐惧，跟同郡（勃海郡·河北省南皮县）人、图籍管理官（虞曹从事）吴韶，逃回勃海郡。吴韶说："燕军（后燕军）就在近处的肥乡（河北省邯郸市肥乡区），应该前往投效。"高泰说："我之逃走，只是为了躲灾避祸，不是叛变，离开一个君主，又去事奉另一个君主，我不做这种事。"申绍看到高泰这种态度，叹息说："无论辞职就职，全都遵守道义，可以称为君子。"

7 后燕帝国（首都未定）范阳王慕容德，攻击前秦帝国枋头（河南省淇县东南淇门渡），占领后，留下部队驻防，班师。

8 东胡人王晏，聚众起兵，仍效忠前秦帝国，据守馆陶（河北省馆陶县），跟邺城（河北省临漳县西南邺城镇）遥遥呼应；这时，包括鲜卑人在内，以及乌桓人、汉人，很多都兴筑自卫堡寨，不肯接受慕容垂号令。慕容垂命太原王慕容楷，会同镇南将军、陈留王慕容绍（时在广阿），出军讨伐。慕容楷对慕容绍说："鲜卑人、乌桓人、汉人，本来都是燕国（前燕帝国）居民（鲜卑人更跟皇家同一种族），而今大业刚刚开创，人心还不能融洽，所以在行动上，有小的差异，应该用政治手段解决，不可以用强大威力对付。我当选定一个据点，停留在那里，作为后盾，而你由巡回安抚汉人和夷人，告诉他们大义所在，他们一定都会听从。"慕容楷遂进驻辟阳（河北省枣强县东南辟阳城，西汉王朝审食其的采邑），慕容绍率骑兵数百人，前往游说王晏，分析祸福利害，王晏跟随慕容绍，前往慕容楷大营投降，于是鲜卑人、乌桓人，以及民众自卫堡寨投降的，有数十万人。慕容楷把老弱留在原地，委派郡长、县长治理。然后把青年十余万人，征集入伍，跟王晏一同去邺城（河北省临漳县西南邺城镇）外郊，慕容垂大为高兴，说：“你们兄弟文武全才，足可以继承先王老爹（慕容恪）的事业。”

9 三月，晋帝国擢升首都卫戍司令（卫将军）谢安当太保（上三公之三）。

10 前秦帝国北地郡（陕西省铜川市耀州区）郡政府秘书长（长史）慕容泓（前燕帝国二任帝慕容儁的儿子，三五九年二月封济北王），听说叔父慕容垂攻击邺城（河北省临漳县西南邺城镇），立刻逃走，投奔关东（函谷关以东），集结鲜卑人数千名之多，回军再到关西（函谷关以西），进驻华阴（陕西省华阴市），击败前秦帝国将军强永，声势开始强大，自称西中国军区司令长官（都督陕西诸军事）、最高统帅（大将军）、雍州全权州长（牧）、济北王（五胡乱华十九国中，第九个短命王国西燕帝国崛起，此“西燕”跟慕容垂的“后燕”形同仇敌，互不相容。此时，中国版图上四国并立：晋帝国、前秦帝国、后燕帝国、西燕帝国）。推举慕容垂当丞相、东中国军区司令长官（都督陕东诸军事），兼最高指挥官（大司马）、冀州（河北省中部南部）全权州长（牧）、吴王。

天王苻坚对国务院执行长（仆射）权翼说：“没有听你的话（权翼反对派慕容垂，参考去年〔三八三〕十一月），使鲜卑人各地起兵，成了今天这个局面。关东地方（前燕帝国旧疆），我不再争取；可是，慕容泓竟逼到脸上，应该怎么办？”命广平公苻熙，当雍州州长（刺史），镇守蒲阪（山西省永济市）。调回雍州全权州长（牧）、钜鹿公苻叡，当全国各军区总司令长官（都督中外诸军事）、卫大将军、主管政府机要（录尚书事），配属武装部队五万人，命左将军窦冲当秘书长（长史），龙骧将军姚苌当军政官（司马），讨伐慕容泓。

平阳郡（山西省临汾市）郡长慕容冲（慕容儁幼子），也聚众起兵，有二万人，进攻蒲阪（山西省永济市）；苻坚命窦冲讨伐慕容冲。

11 库傉官伟（参考本年〔三八四〕正月），率部众数万人，抵达邺城（河北省临漳县西南邺城镇）外郊，后燕王慕容垂封库傉官伟当安定王。

12 前秦帝国冀州（河北省中部南部）州长（刺史）、阜城侯苻定，驻守信都（河北省衡水市冀州区）；高城男爵苻绍，正在自己的封国（高城国·河北省盐山县）；高邑侯苻亮、重合侯苻谟，驻守常山郡（河北省正定县）；固安侯苻鉴，驻守中山郡（河北省定州市）。后燕王慕容垂派前将军、乐浪王慕容温，督促各军进攻信都（河北省衡水市冀州区），不能攻克。

夏季，四月三日，慕容垂加派抚军大将军慕容麟，率军增援。苻定、苻鉴，是前秦天王苻坚的堂叔；苻绍、苻谟，是苻坚的堂弟；苻亮，是苻坚的侄儿。慕容温，是后燕王慕容垂的侄儿。

13 西燕帝国首领（一任王）、济北王慕容泓（时驻华阴〔陕西省华阴市〕）听说前秦帝国的大军前来讨伐，大为恐惧，率他的部众，将退往关东（函谷关以东）。前秦帝国大军指挥官、钜鹿公（愍公）苻叡，粗鲁而勇猛，没有把敌人瞧到眼里，坚决主张切断慕容泓的归路，迎头痛击。龙骧将军姚苌劝告说："鲜卑部众，每人都想回家，所以才起兵作乱，最好的办法是把他们逐出函谷关（河南省新安县），不可以强行阻止。捉住一只小老鼠的尾巴，它还能回头咬你一口；何况思乡心切的鲜卑武装部队，自己知道已处于绝境，就会决心跟我们同归于尽。我们万一受到挫败，后悔已来不及。只要在他们背后擂起战鼓，他们恐怕立刻拔腿飞奔，什么都顾不得了。"（苻叡如果采纳姚苌建议，鲜卑人全部离开关中〔陕西省中部〕，前秦帝国基础稳固，至少可以恢复吞并前燕帝国前的形势。）苻叡不接受，在华泽（华阴市境）会战，前秦军大败，苻叡被慕容泓斩杀。身为军政官（司马）的姚苌，派龙骧将军府秘书长（龙骧长史。姚苌是龙骧将军）赵都、军事参议官（参军）姜协，向天王苻坚，报告战况，并请求处分。苻坚勃然大怒，斩赵都、姜协（苻坚一向宽厚，然而，却在这个无论如何都不该大怒的时候大怒，无论如何都不应诛杀的时候诛杀。苻坚的失常反应，使前秦帝国最后一个得救的机会粉碎）。姚苌大为恐惧，逃到渭北牧马场。于是，天水郡（甘肃省天水市）人尹纬、尹详，南安郡（甘肃省陇西县东南）人庞演等，集结羌民族各部落的强宗豪门（姚苌是羌人），率领他们的部落，投奔姚苌，共有五万余家，公推姚苌当盟主。姚苌（本年五十五岁）遂自称：最高统帅（大将军）、大单于、万年秦王；大赦，改年号白雀（五胡乱华十九国中，第十个短命王国后秦帝国兴起。此时还未定国号，迟至后年〔三八六〕四月才正式称国号为“秦”。因为它也称“秦”，所以不得不加上“后”字，显示跟苻家班的“秦”不同）。分别任命尹详、庞演，当左、右秘书长（左、右长史），南安郡（甘肃省陇西县东南）人姚晃，跟尹纬，分别当左、右军政官（左、右司马），天水郡（甘肃省天水市）人狄伯支等，当参谋指挥官（从事中郎），羌训等当秘书（掾）或助理秘书（属），王据等当军事参议官（参军），王钦卢、姚方成等，都当将领。

14 前秦帝国左将军窦冲，在河东郡（山西省夏县）攻击慕容冲，大破慕容冲军。慕容冲率鲜卑骑兵八千人，投奔老哥慕容泓。慕容泓这时部众已达十余万，派人对天王苻坚说：“吴王（慕容垂）已平定关东（函谷关以东），你应该赶快准备大驾（一级仪仗队），恭送我老哥皇帝（前燕帝国末任帝慕容暐），我自会率关中（陕西省中部）的鲜卑人，保护皇家车轿，返回首都邺城（河北省临漳县西南邺城镇），跟秦国（前秦帝国）

以虎牢关（河南省荥阳市西北汜水镇）作为边界，永远成为亲密的邻邦。”苻坚大怒，召见慕容暐，责备说：“慕容泓的信在这里，你如果想走，我会奉送车马旅费。你们一家人，真是人面兽心，不可以期许当国家栋梁。”（亚里士多德说：“人是政治动物。”所以，政治利益在人类行为中，列为最高利益。慕容泓在前秦帝国不过一个郡政府秘书长，一旦复国，就是亲王；慕容垂在前秦帝国不过一个将军，一旦复国，也是亲王；慕容暐在前秦帝国，不过一个侯爵，一旦复国，更成了皇帝。相差如此之大，岂能作别国的栋梁？对待泛泛之辈，恩重确实如山，对待野心勃勃之辈，重恩不如一片落叶。以苻坚的聪明睿智，不知道为什么在这上面偏偏想不通？想不通的代价是：一场悲剧。）慕容暐跪下叩头，前额出血，泪流满面，表白心迹，请求宽恕。很久之后，苻坚说：“这是三个小丑干的事（指慕容垂、慕容泓、慕容冲），不是你的过失。”恢复慕容暐的官位，待他跟从前一样。命慕容暐写信给慕容泓、慕容冲、慕容垂，要他们放下武器。但慕容暐秘密派人去见慕容泓，嘱咐说：“我是铁笼里的人，没有不死的可能；而且，我也是帝国（前燕帝国）的罪人（在他手中灭亡），不值得你们挂念。你应努力建立大业，命吴王（慕容垂）当相国，中山王（慕容冲）当太宰（上三公之一），兼最高指挥官（领大司马）。你可当最高统帅（大将军），兼任宰相（司徒），代表皇帝行使职权，任官封爵。听到我死的消息后，你就登上皇帝尊位。”（一直到今天，慕容暐仍排斥慕容垂。）

慕容泓于是向长安挺进，改年号燕兴。

15 后燕王慕容垂，认为邺城（河北省临漳县西南邺城镇）城池仍然坚固，召开扩大军事会议。右军政官（右司马）封衡，请求决开漳河（流经邺城西北）的水，灌入城中，慕容垂接纳。慕容垂巡查围城军阵地，在华林园设宴饮酒。前秦帝国秘密袭击，一霎时箭如雨下，慕容垂立刻就被锁住，几乎无法逃出；冠军大将军慕容隆率骑兵冲杀，慕容垂仅保一命。

16 晋帝国（首都建康）竟陵郡（湖北省钟祥市）郡长赵统进攻襄阳（湖北省襄阳市）。前秦帝国所派的荆州（州政府襄阳）州长（刺史）都贵，放弃城池，奔回鲁阳（河南省鲁山县）。

17 五月，前秦帝国洛州（州政府丰阳）州长（刺史）张五虎，献出丰阳（陕西省山阳县），归降晋帝国。

18 晋帝国梁州（侨州）州长（刺史）杨亮，率大军五万人，进攻前秦帝国所属的巴蜀（四川省。三七三年十一月，被前秦帝国兼并）。命巴西郡（侨郡）郡长费统，率水陆联军三万人当先锋。杨亮进驻巴郡（重庆市），前秦帝国益州（州政府设成都〔四川省成都市〕）州长（刺史）王广，派巴西郡（四川省阆中市）郡长康回等抵抗。

19 前秦帝国冀州（州政府信都）州长（刺史）苻定、高城男爵苻绍，都献出城池，投降后燕帝国（苻定献出信都〔河北省衡水市冀州区〕，苻绍献出高城〔河北省盐山县〕）。后燕帝国（首都未定）抚军大将军慕容麟率军西上，进攻前秦重合侯苻谟据守的常山郡（河北省正定县）。

20 后秦王国（首都未定）万年秦王（一任武昭帝）姚苌，率军进入北地郡（陕西省铜川市耀州区）。前秦帝国所属华阴（陕西省华阴市）、北地（陕西省铜川市耀州区）、新平（陕西省彬州市）、安定（甘肃省镇原县东南屯字镇）各郡羌人、匈奴人，向后秦帝国投降的，有十余万（不知是篷

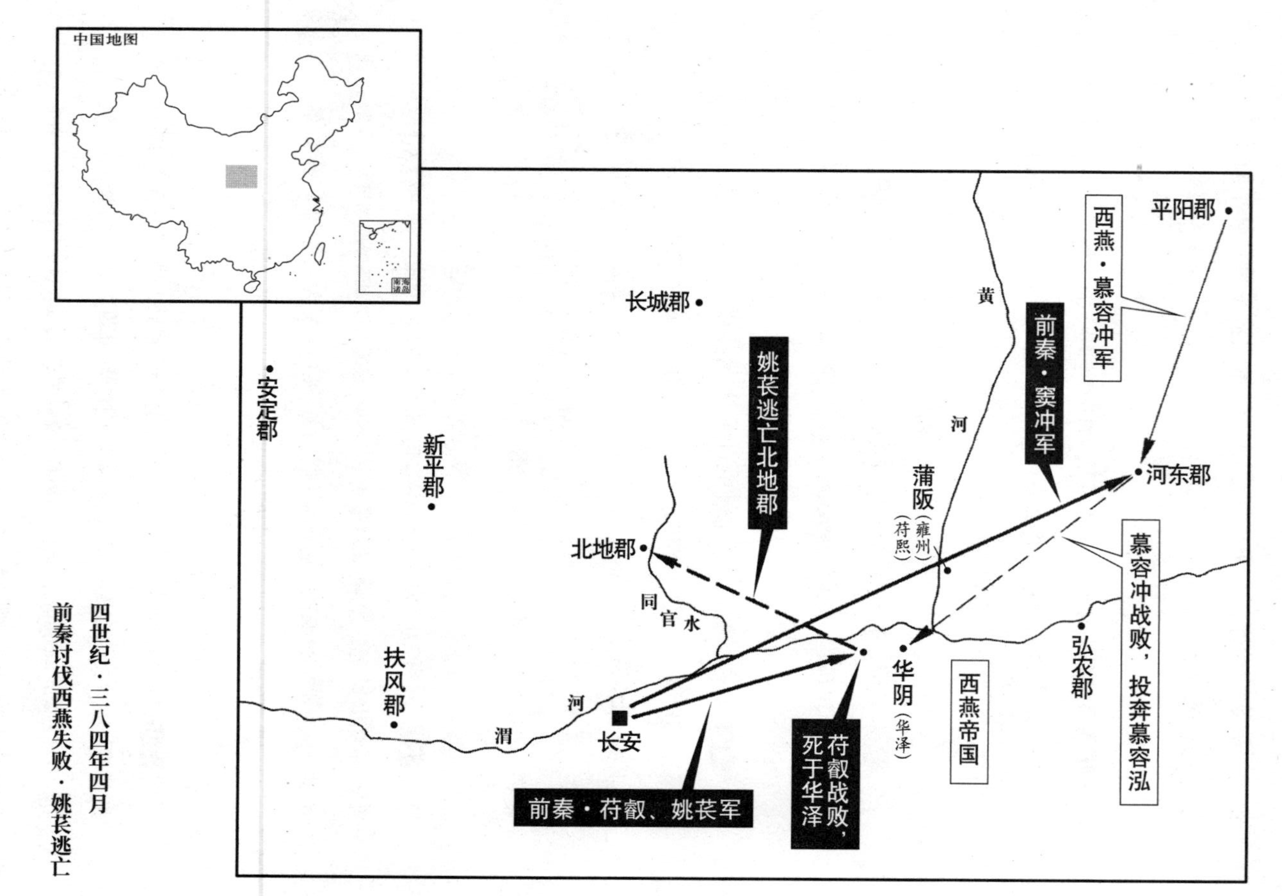

四世纪·三八四年四月

前秦讨伐西燕失败·姚苌逃亡

帐或是人口）。

21 六月一日，晋帝国崇德太后褚蒜子逝世（年六十一岁）。

22 前秦帝国天王苻坚，亲自率步骑兵混合兵团二万人，在赵氏坞（陕西省铜川市耀州区境）攻击后秦军，中央军事总监（护军将军）杨璧等，分兵数路，同时并进；节节胜利，斩后秦帝国万年秦王姚苌的老弟镇军将军姚尹买。

后秦军营没有水井，前秦兵团用土堵住安公山谷，用堤防阻断同官河（安公山谷及同官河，都在北地郡〔陕西省铜川市耀州区〕境），计划渴死后秦军。后秦军果然紧张恐惧，确也有人渴死。想不到忽然间天降大雨，后秦军营水深三尺，而军营四周一百步以外，雨量不过一寸有余，后秦军死里逃生，声势再度振作。前秦天王苻坚叹息说："难道上天保佑盗贼！"

23 西燕帝国（首都未定）首领（一任王）、济北王慕容泓的智囊高盖等，认为慕容泓的恩德和威望，都不如老弟慕容冲，而慕容泓执法严厉苛刻；于是，诛杀慕容泓（年龄不详），拥戴慕容冲（本年二十六岁）当皇太弟，代表皇帝行使职权（承制），设立文武百官，命高盖当国务院总理（尚书令）。

后秦帝国（首都北地）万年秦王（一任武昭帝）姚苌，派他的儿子姚嵩当人质，请求西燕王国接受和解。

24 晋帝国（首都建康）将军刘春，进攻鲁阳（河南省鲁山县），前秦帝国荆州州长（刺史）都贵，逃回首都长安（陕西省西安市）。

四世纪·三八四年三月至四月

西燕、后秦兴起·五国并立

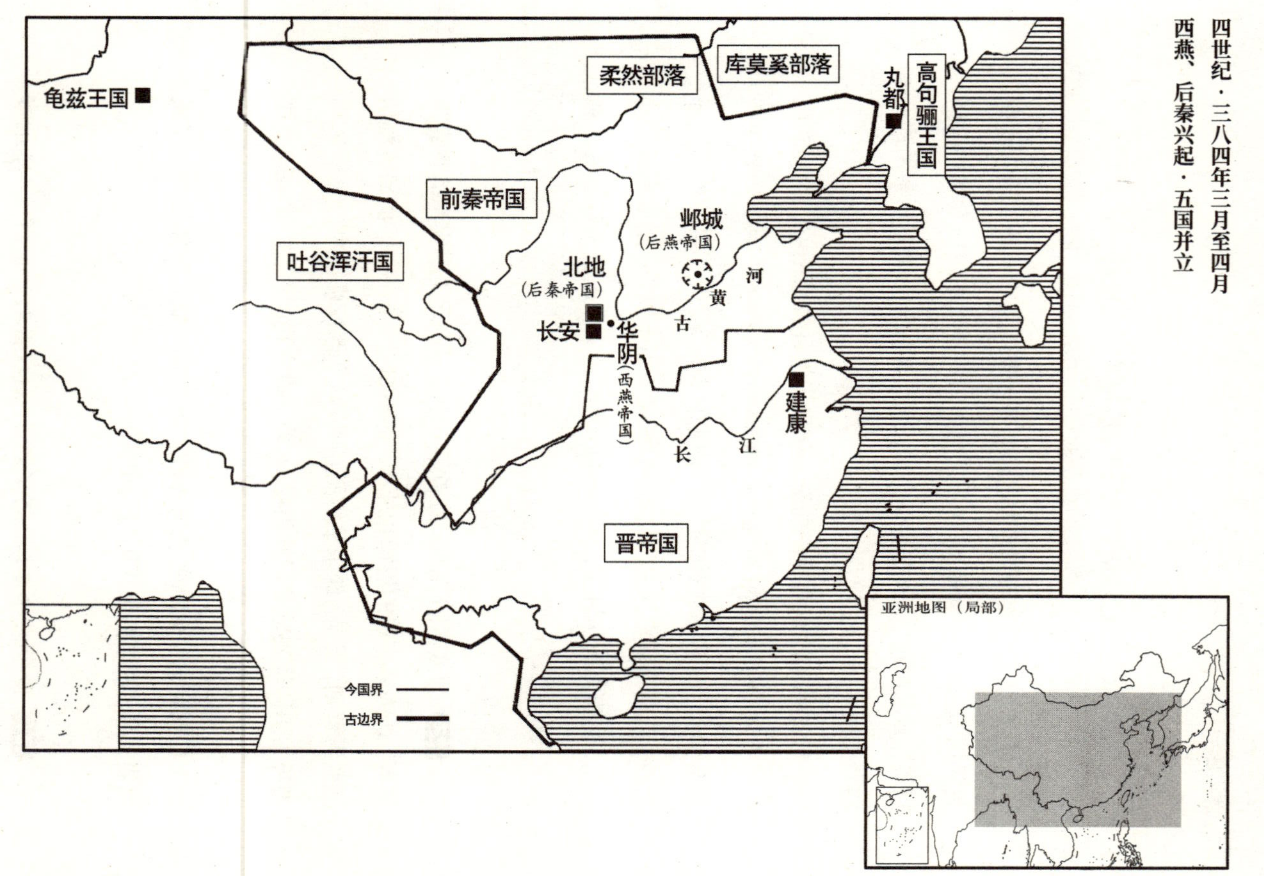

25 后秦帝国万年秦王姚苌，率武装部队七万人，攻击前秦帝国；前秦天王苻坚，派中央军事总监（护军将军）杨璧等抵御；姚苌击败杨璧等，俘虏杨璧，及右将军徐成、镇军将军毛盛等将领数十人（都是名震当时的勇将，却在一次战役中全部被俘，不知何故），姚苌礼貌的送他们回营。

26 后燕帝国（首都未定）抚军大将军慕容麟，攻陷常山郡（河北省正定县），前秦帝国守将高邑侯苻亮、重合侯苻谟投降。慕容麟遂进围中山郡（河北省定州市）。

秋季，七月，后燕军攻陷中山，俘虏前秦帝国守将、固安侯苻鉴。慕容麟威名大振，遂留守中山郡（河北省定州市。冀州〔河北省中部南部〕只剩下苻丕固守的邺城〔河北省临漳县西南邺城镇〕一城，其他全被后燕帝国占领）。

27 前秦帝国幽州（河北省北部）州长（刺史）王永、平州（辽宁省）州长（刺史）苻冲，率两个州的武装部队，南下攻击后燕帝国。后燕王慕容垂派宁朔将军平规攻击王永；王永派昌黎郡（辽宁省朝阳市）郡长宋敞，在范阳郡（河北省涿州市）迎战，平规击败宋敞，占领蓟城（幽州州政府所在县·北京市）以南区域。

28 前秦帝国平原公苻晖（豫州〔州政府洛阳〕全权州长），率领洛阳（河南省洛阳市东白马寺东）、陕城（河北省三门峡市）所有部众七万人，撤回首都长安（关东〔函谷关以东〕地区完全放弃）。

29 前秦帝国天王苻坚，得到西燕首领（二任威帝）、皇太弟慕容冲，行将逼近长安消息；率军返京（首都长安），派抚军大将军苻方，

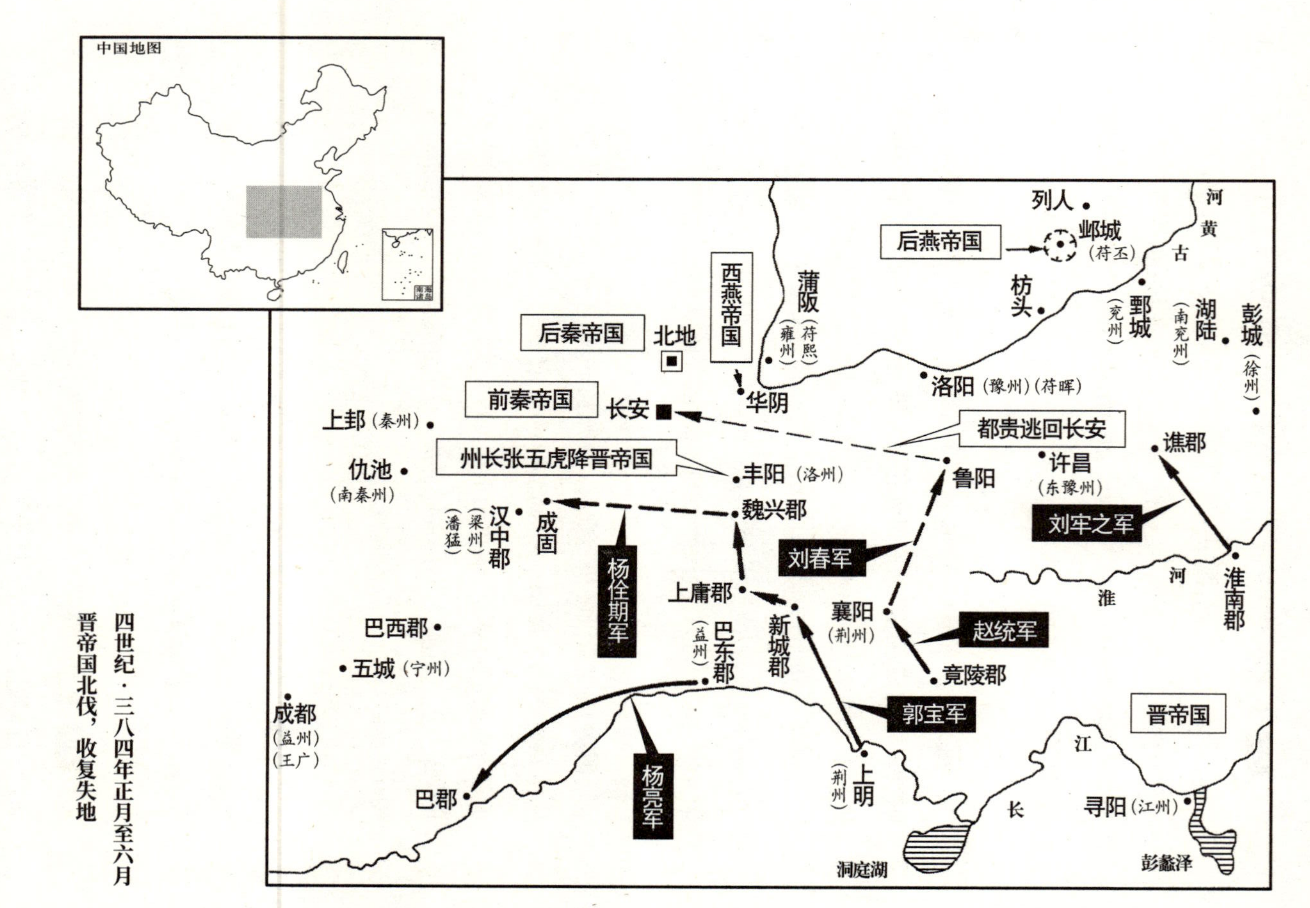

四世纪·三八四年正月至六月

晋帝国北伐，收复失地

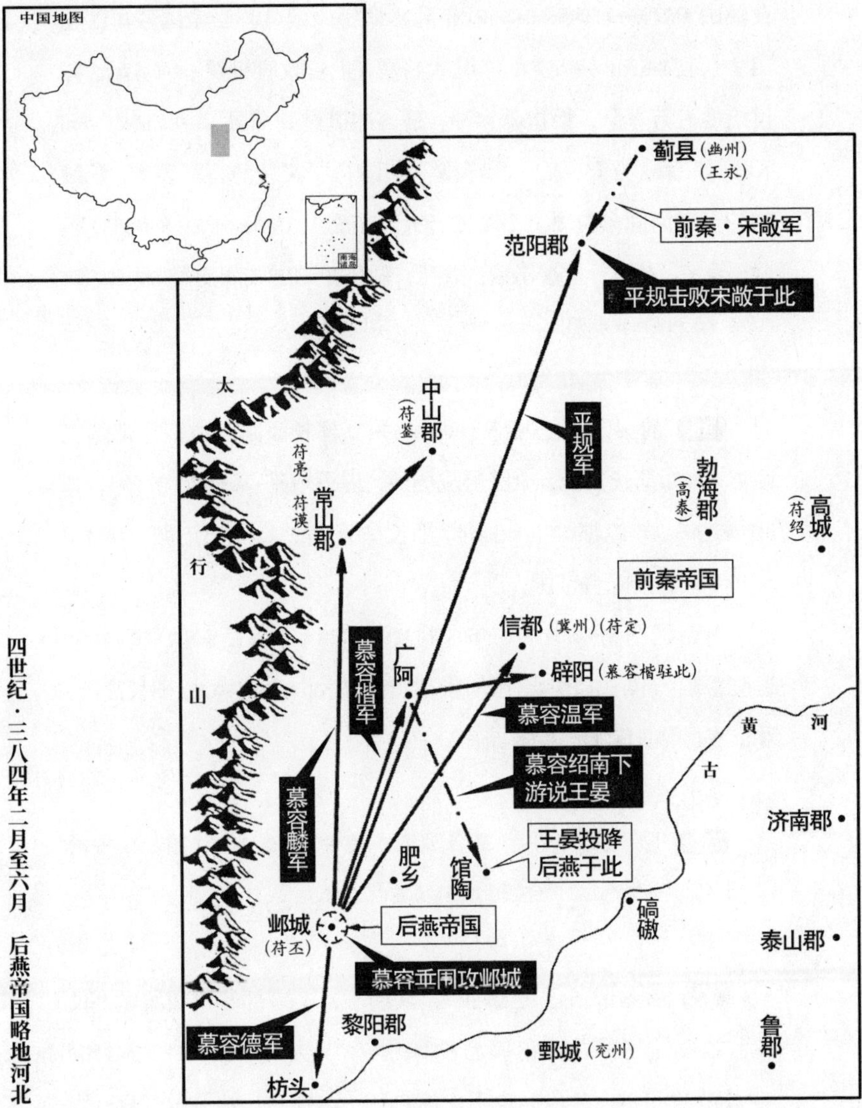

四世纪·三八四年二月至六月　后燕帝国略地河北

中国地图

蓟县（幽州）（王永）
前秦·宋敞军
范阳郡
平规击败宋敞于此
太行山
中山郡（苻鉴）
常山郡（苻亮、苻谟）
平规军
勃海郡（高泰）
高城（苻绍）
前秦帝国
信都（冀州）（苻定）
辟阳（慕容楷驻此）
慕容楷军
广阿
慕容温军
慕容绍南下游说王晏
黄河
古
慕容麟军
济南郡
王晏投降后燕于此
肥乡
馆陶
碻磝
邺城（苻丕）
后燕帝国
泰山郡
慕容垂围攻邺城
慕容德军
黎阳郡
鄄城（兖州）
鲁郡
枋头

在骊山（陕西省西安市临潼区东南）布防；命平原公苻晖当全国各军区总司令长官（都督中外诸军事）、车骑大将军、主管政府机要（录尚书事），拨付给他五万军队，拒抗慕容冲。慕容冲挺进到郑县（陕西省渭南市华州区）西郊，跟苻晖交战，大破苻晖兵团。苻坚又派前将军姜宇，跟最幼的皇子河间公苻琳，率军三万人，在霸上（陕西省西安市东灞河畔）阻截。姜宇、苻琳，全被击败，战死；慕容冲遂进驻阿房城（秦王朝阿房宫故址·陕西省西安市西）。

30 前秦帝国巴西郡（四川省阆中市）郡长康回，抗拒晋帝国巴西郡（侨郡）郡长费统，康回屡战屡败，退返成都（益州州政府所在县·四川省成都市）；梓潼郡（四川省绵阳市）郡长垒袭（垒，姓）献出涪城（梓潼郡郡政府所在城），投降晋帝国。

晋帝国荆州（州政府设上明〔湖北省松滋市西北〕）州长（刺史）桓石民，进驻鲁阳（河南省鲁山县），派河南郡（河南省洛阳市东白马寺东）郡长高茂，北上进驻洛阳（河南郡郡政府所在县）。

31 七月二十八日，晋帝国把崇德太后（康献皇后）褚蒜子安葬在崇平陵（十任帝康帝司马岳墓·建康城东蒋山西南）。

32 后燕帝国建义大将军、河南王、丁零部落酋长翟斌，仗恃起义功高，骄傲放纵，贪心没有止境；又因为邺城（河北省临漳县西南邺城镇）攻了这么久没有攻下，信心开始动摇，开始另做打算。太子慕容宝请求把翟斌除掉，后燕王慕容垂说："黄河南岸的盟誓，不可违背，他如果先行动手，责任在他。现在事情并没有显露，就把他诛杀，世人一定说我们嫉妒他的贡献、畏惧他的才干。我正在延揽天下英雄豪杰，复兴祖国大业，不可以表现心胸狭小，使天下失望。即令他有什么计划，我用智谋防他，他也毫无办法。”范阳王慕容德、陈留王慕容绍、骠骑大将军慕容农，众口一词，说：“翟斌兄弟仗恃当初拥戴的功劳，骄傲蛮横，一定成为帝国的灾难。”慕容垂说：“骄傲蛮横，只能使他失败得更快，怎能使他成为我们的灾难？他确实立有大功，我们应该由他自己倒毙。”对翟斌更是敬重推崇（这是火上加油手段，促使翟斌更骄傲更蛮横）。

翟斌暗示他的丁零部落酋长，跟他的亲信党羽，由他们出面，请求慕容垂任命翟斌当国务院总理（尚书令）。慕容垂说：“河南王（翟斌）的功劳，当然应该担任高阶层的行政工作。可是，政府机构还没有建立，这个官位，自不可以凭空产生。”翟斌大怒，跟前秦帝国长乐公苻丕（时据守邺城），秘密联系，议定：由丁零部众决开漳水（流经邺城西北）河堤，解除邺城水淹的危险；事情败露，慕容垂遂斩翟斌，以及他的老弟翟檀、翟敏；其他参与谋反的人，全都赦免。

翟斌的侄儿翟真，深夜率部众逃往邯郸（河北省邯郸市），再从邯郸回到邺城外郊，打算跟苻丕里应外合。后燕帝国太子慕容宝，跟冠军大将军慕容隆，击败翟真军，翟真再向北走，进驻邯郸。太原王慕容楷、陈留王慕容绍，建议后燕王慕容垂说：“丁零部落的人，并没有称帝称王、夺取政权的伟大志向，只是把他们宠坏了，使他们不能自我克制，才闯出大祸。我们如果逼得太急，他们一定聚集一起抵抗；我们如果稍稍放松，他们自会四散逃亡；等他们四散逃亡时攻击，没有不成功之理。”慕容垂接纳。

33 西域（新疆及中亚东部）龟兹王国（新疆库车市）自受到前秦帝国西征兵团指挥官、骁骑将军吕光的攻击（参考去年〔三八三〕十二月），已半年有余，龟兹王帛纯陷于绝境。于是，用丰富的贿赂，向狯胡王国（今地不详）请求援救，狯胡王（姓名不详）派老弟呐龙、将军（侯将）馗（音kuí〔魁〕。姓不详），率领骑兵二十余万，及温宿王国（新疆乌什县）、尉须王国（新疆阿合奇县）等联军，共七十余万人，援救龟兹。吕光在龟兹首都屈茨（库车市）城西迎击，大败狯胡联合兵团。帛纯弃城逃亡，王国、侯国投降的有三十余国，吕光进入屈茨城；城内繁荣，大小街道，非常像首都长安（陕西省西安市），宫殿建筑，十分雄伟盛大。

吕光安抚西域，威望恩德，都达高峰，远方各国，前世从来没有归附过中国的，也都来归附，他们把汉王朝（没有说明是西汉或东汉）颁发的符节，都呈缴给吕光。吕光上奏中央，改换成前秦帝国的符节。封帛纯的老弟帛震，继任龟兹王。

34 八月，后燕帝国（首都未定）叛将、丁零部落酋长翟真，从邯郸（河北省邯郸市）向北逃走，后燕王慕容垂派太原王慕容楷、骠骑大将军慕容农，率军追击。

八月三日，在下邑（今地不详）追到，慕容楷打算攻击，慕容农说："我们的士卒，既饥饿而又疲惫，已无力战斗。观察盗贼（指翟真）军营，只见老弱，不见壮士，定有埋伏。"慕容楷不接受，下令攻击，于是大败。翟真遂向北继续前进，直指中山（河北省定州市），暂时驻扎承营（定州市南）。

35 前秦帝国（首都长安）邺城（河北省临漳县西南邺城镇）粮食吃完，砍削松木喂马。后燕王慕容垂对各将领说："苻丕这个走投无路的盗贼，绝没有投降之理。不如撤退到新城（列人〔河北省邯郸市肥乡区东北〕新兴城），把西城的通道开放，使苻丕可以平安退走，用以报答天王（苻坚）当初的厚恩，同时也是为了保存实力，讨伐翟真。”

八月十五日，夜，慕容垂下令解围，集结新城。派骠骑大将军慕容农，率军巡行清河郡（山东省临清市）、平原郡（山东省平原县），督促征收田赋捐税。

慕容农公布法令规章，立意公平，贫富各有恰当的负担，军纪严整，对人民没有抢夺、凶暴的行为。因此，人民乐意完粮纳税；运送粮食绸缎布匹的车辆，在道路上前后相连；军中给养物资，十分丰富。

36 八月二十七日，晋帝国（首都建康）南昌公（文穆公）郗愔逝世（年七十二岁）。

37 晋帝国太保（上三公之三）谢安向晋帝司马昌明上奏：请把握前秦帝国瓦解的机会，收复中原。于是，任命徐、兖二州（州政府设广陵〔江苏省扬州市〕）州长（刺史）谢玄，当前锋司令官（前锋都督），率豫州（州政府设姑孰〔安徽省当涂县〕）州长（刺史）桓石虔，讨伐前秦帝国。

谢玄进抵下邳（江苏省睢宁县北古邳镇），前秦帝国委派的徐州（江苏省北部）州长（刺史）赵迁，放弃州政府所在地彭城（江苏省徐州市）逃走，谢玄进驻彭城。

38 前秦天王苻坚，得到骁骑将军吕光平定西域（新疆及中亚东部）消息，擢升吕光当玉门（甘肃省敦煌市西北）以西军区司令长官（都督玉门以西诸军事）、西域兵团指挥官（西域校尉）。

但道路已经断绝，诏书无法送达。

39 前秦帝国幽州（州政府设蓟城〔北京市〕）州长（刺史）王永，向匈奴部落酋长、振威将军刘库仁（时驻山西省北部及以北一带），请求援救（前秦帝国最初授刘库仁“广武将军”，参考三七六年十二月）。刘库仁派妻子的老哥公孙希，率骑兵三千人相助，在蓟城（北京市）南郊，大破后燕帝国宁朔将军平规；乘胜长驱南下，进驻唐县（河北省唐县）。

40 九月，晋帝国北伐军前锋司令官（前锋都督）谢玄，派彭城郡（江苏省徐州市）郡长刘牢之，进攻前秦帝国兖州（山东省西部）州长（刺史）张崇。

九月十一日，张崇放弃州政府所在的鄄城（山东省鄄城县北），投奔后燕帝国（首都未定）；刘牢之遂进驻鄄城；黄河以南各城池，纷纷归附晋帝国。

41 晋帝国太保（上三公之三）谢安，上奏章给晋帝司马昌明，要求亲自统军北伐。司马昌明加授谢安扬江等十五州军区司令长官（都督扬江等十五州诸军事。据《晋书·谢安传》，十五州是：扬江荆司豫徐兖青冀幽并宁益梁雍），再加授“黄钺”（君王诛杀时专用的铜斧）。

42 西燕帝国（首都未定）首领（二任威帝）、皇太弟慕容冲，率大军进逼长安（前秦首都·陕西省西安市），前秦帝国天王苻坚，登上城楼眺望，叹息说：“这些匪徒，从什么地方钻出来？”大声呼唤慕容冲说：“你这个家奴，何苦来送死！”慕容冲说：“家奴不愿继续当家奴，所以才要赶你下台，由我来干。”慕容冲幼年时，受苻坚宠爱（《晋书·苻坚载记》：慕容冲跟他的姐姐，分别以男色、女色，陪苻坚上床；后来王猛恳切劝阻，苻坚才不再找慕容冲）。苻坚派使节出城，宣称奉诏行事，送给慕容冲一件绸袍；慕容冲派太弟宫总管（詹事），宣称奉皇太弟命令行事，回答说："我今天心胸笼罩天下，怎么能看重赠送一件绸袍的小动作！假如你能够知道上天旨意何在，君臣们就应绑起双手，把皇上（前燕帝国末任帝慕容暐）早早送出来，我们对苻家的人，自会宽大处理，来回报从前的恩情。"苻坚大怒，说："我拒绝王猛、苻融的良言，才使这群白虏（氐人称鲜卑人为"白虏"）胆大妄为到这种地步。"

43 冬季，十月一日，日蚀。

44 十月十五日，晋帝国大赦。

45 晋帝国北伐军前锋司令官（前锋都督）谢玄，派阴陵郡（安徽省定远县西北）郡长高素，攻击前秦帝国青州（州政府设广固〔山东省青州市〕）州长（刺史）苻朗，军锋抵达琅邪郡（山东省临沂市），苻朗投降。苻朗，是苻坚的堂侄。

46 后燕帝国叛将、丁零部落酋长翟真，驻守承营（河北省定州南），跟公孙希（刘库仁派出的将领）、宋敞（王永派出的将领），头尾相接，密切呼应。前秦帝国长乐公苻丕，派宦官——禁宫护卫执行官（冗从仆射）、清河郡（山东省临清市）人光祚（光，姓），率数百人抵达中山（河北省定州市），跟翟真会谈结交。又派阳平郡（河北省馆陶县）郡长邵兴，率骑兵数千人，招集冀州（河北省中部南部）各郡县旧部，跟光祚约定日期，在襄国（河北省邢台市）相会。这时，后燕士卒疲于奔命，前秦声势，重新振兴，冀州（河北省中部南部）各郡长，态度暧昧，都坐在那里，观望谁成谁败。赵郡（河北省高邑县）人赵粟等，在柏乡（河北省柏乡县）聚众起兵，响应邵兴。

后燕王慕容垂派大将军慕容隆、龙骧将军张崇，率军阻截邵兴；命骠骑大将军慕容农，从清河郡（山东省临清市）率军跟慕容隆会师。两军在襄国（河北省邢台市）决战，慕容隆击败邵兴。邵兴逃到广阿（河北省隆尧县东），跟慕容农遭遇，被俘。光祚得到消息，沿着西山（太行山）南下，返回邺城（河北省临漳县西南邺城镇）。慕容隆遂攻击赵粟等，节节胜利。冀州（河北省中部南部）各郡郡长，再度归附后燕帝国。

47 前秦帝国振威将军、匈奴部落酋长刘库仁，得到部将公孙希击破后燕帝国宁朔将军平规消息，打算集结庞大的武装部队，南下援救长乐公苻丕，于是下令征调雁门（山西省代县）、上谷（河北省怀来县）、代郡（河北省蔚县）各郡民兵，进驻繁畤（山西省浑源县西南）。

前燕帝国时代太子太保（太子三师之三）慕舆句的儿子慕舆文、零陵公慕舆虔的儿子慕舆常（慕舆句事，参考三五〇年三月；慕舆虔事，参考三六五年三月），这时都在刘库仁大营，知道三郡民兵并不乐意远征，遂乘势叛变，于夜间突击刘库仁，斩刘库仁，偷得良马，投奔后燕帝国。

公孙希部众，听到首领刘库仁被杀消息，霎时崩溃，公孙希投奔翟真。刘库仁老弟刘头眷，接替老哥职位，继续统治部众。

48 前秦帝国长乐公苻丕，派光祚跟军事参议官（参军）封孚，前往晋阳（山西省太原市）征召骠骑将军张蚝，及并州（州政府晋阳）州长（刺史）王腾，派兵救援。张蚝、王腾，因部队太少，不能从命。苻丕进不能进，退不能退，召集军事会议，征求大家意见。军政官（司马）杨膺，建议归降晋帝国，苻丕拒绝。正好，晋帝国前锋司令官（前锋都督）谢玄，派龙骧将军刘牢之等，进驻碻磝（山东省聊城市茌平区西南）；

派济阳郡（河南省兰考县东北堌阳镇）郡长郭满，占领滑台（河南省滑县），将军颜肱、刘袭，从滑台渡黄河抵北岸；苻丕派将军桑据，驻防黎阳（河南省浚县）抵抗。刘袭向黎阳发动夜袭，桑据大败，逃走；刘袭遂占领黎阳。

苻丕大为恐惧（后燕军刚去，晋军又来，屋漏偏逢连夜雨，苻丕没有能力担负如此多的灾难），遂派堂弟苻就，跟军事参议官（参军）焦逵，向晋军前锋司令官（前锋都督）谢玄求救，在信上说："请求赐借粮食和道路，允许我向西方（指首都长安）撤退，奔赴国难；等到贵国大军抵达，我自当让出邺城（河北省临漳县西南邺城镇）。如果西方道路不通，长安（前秦首都·陕西省西安市）沦陷，也请你的部将，协防邺城。"焦逵跟军事参议官（参军）姜让，秘密对杨膺说："今天情况，如此凄凉，长安音讯不通，是存是亡，没有人知道。屈膝求全，诚心投靠，换取粮食援救，仍恐怕得不到手，而公爵（苻丕）豪气仍像当年，把对方当成平等地位看待，事情一定不会成功。应该把信件改称奏章，承诺晋国（晋帝国）大军抵达之时，大王（苻丕）当随军回到南方（指晋帝国）。到时候，大王（苻丕）如果拒绝，我们可以强制他，捆绑起来，交给晋军。"杨膺自认为可以制服苻丕（杨膺是苻丕妻子杨妃的老哥），遂改写送出。

49 晋帝国前锋司令官（前锋都督）谢玄，派晋陵郡（江苏省镇江市）郡长滕恬之，渡黄河北上，驻防黎阳（河南省浚县）。滕恬之，是滕修的曾孙（滕修是东吴帝国名将，参考二六九年十月）。中央政府因兖（山东省西部）、青（山东省北部）、司（河南省中部）、豫（河南省东部）四州全都收复，加授谢玄徐兖青司冀幽并军区司令长官（都督徐兖青司冀幽并七州诸军事）。

50 后秦帝国（首都北地）万年秦王姚苌，得到西燕帝国（首都未定）首领、皇太弟慕容冲进攻长安（前秦首都·陕西省西安市）消息，召集军事会议，商讨因应策略，大家都说："大王（姚苌）应抢先夺取长安，建立基地，然后再向四方发展。"姚苌说："不然。鲜卑人因为想家思归，所以武装起事，一旦心满意足，绝对不会长期留在关中（陕西省中部），我们当停留在岭北（岭，指九嵕山〔陕西省礼泉县北〕），准备辎重粮食，等待秦国（前秦帝国）之亡，和燕国（西燕帝国）之去，然后袖着双手，轻易取得长安。"遂把长子姚兴留下镇守北地郡（陕西省铜川市耀州区），派宁北将军姚穆，镇守同官川（流经陕西省铜川市境）。而自己亲率主力部队，进攻新平郡（陕西省彬州市）。

最初，新平郡（陕西省彬州市）人谋杀他们的郡长，前秦天王苻坚下令削去新平城墙的一角，表示是新平人的一种羞辱（《晋书·苻坚载记》：后赵帝国末期，冀州〔河北省中部〕清河郡〔山东省临清市〕人崔悦，当新平郡郡长〔相〕，被郡人杀死。崔悦的儿子崔液，在前秦帝国当国务院助理官〔尚书郎〕，上疏表示：父母之仇，不同天地，请求返回冀州〔前燕帝国〕。苻坚怜恤，特地剥夺新平人的政治权利，并削去城墙的一角）。新平郡的绅士豪杰，深感羞耻，打算用忠义的行为，雪去这项耻辱。现在，后秦万年秦王姚苌大军，抵达新平郡，郡长南安郡（甘肃省陇西县东南）人苟辅，打算投降，郡民前辽西郡（河北省卢龙县）郡长冯杰、莲勺（陕西省渭南市东北）县长冯羽、国务院助理官（尚书郎）赵义、汶山郡（四川省茂县）郡长冯苗，异口同声劝告说："从前，田单固守一个城池，而保存了整个齐王国（参考前二七九年）。而今，帝国的州郡城池，连接起来，仍在一百个以上，为什么急着去当叛徒？"苟辅高兴说："这正是我的志向，只是怕时间一久，外没有救援，郡境之内人民，受到无辜灾难。你们既然能够如此，我怎会爱惜生命？"于是登城固守。后秦兵团在城外堆积土山，挖掘地道，苟辅也在城内堆积土山，挖掘地道，用土山对抗土山，用地道

四世纪·三八四年八月至十月　晋帝国收复淮北领土

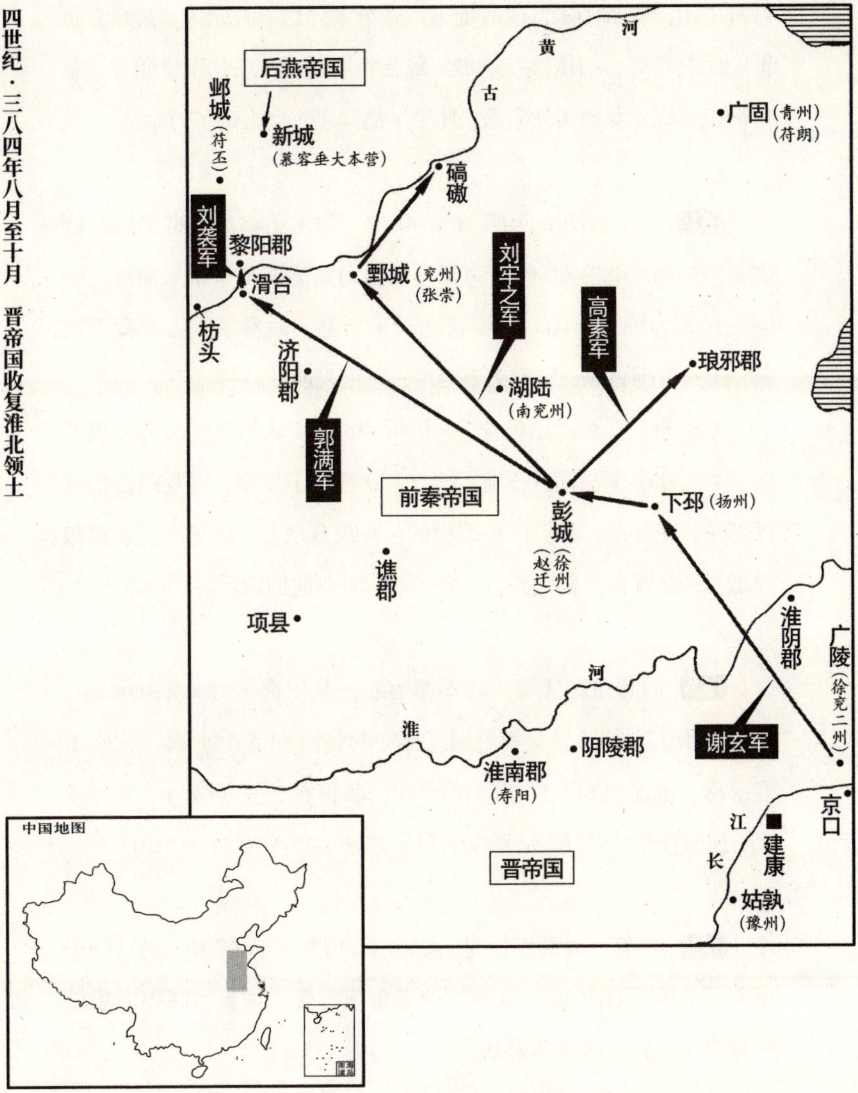

黄河
古
后燕帝国
邺城（苻丕）
新城（慕容垂大本营）
广固（青州）（苻朗）
碻磝
刘袭军
黎阳郡
滑台
鄄城（兖州）（张崇）
刘牢之军
高素军
枋头
济阳郡
琅邪郡
湖陆（南兖州）
郭满军
前秦帝国
彭城（徐州）（赵迁）
下邳（扬州）
谯郡
项县
淮阴郡
广陵（徐兖二州）
淮河
阴陵郡
淮南郡（寿阳）
谢玄军
京口
长江
建康
晋帝国
姑孰（豫州）
中国地图

对抗地道，或战山上，或战地下，后秦军死亡一万余人。最后，苟辅向姚苌诈降，引诱姚苌进城。姚苌将要进城，忽然发觉阴谋，急行撤退；苟辅发动伏兵阻截，几乎生擒姚苌，又格杀一万余人。

51 前秦帝国陇西郡（甘肃省陇西县）隐士王嘉，一直隐居在倒虎山（陕西省西安市临潼区东），有奇异的能力，能够预知未来命运，帝国臣民认为他是神仙。前秦帝国天王苻坚、后秦帝国万年秦王姚苌、西燕帝国首领、皇太弟慕容冲，都派人前往迎接。

十一月，王嘉抵达长安，人民听到消息，认为苻坚仍然福气齐天，圣人才出来相助，三辅（大长安地区）各自卫堡寨，以及四方山区氐部落、羌部落，归附前秦政府的，有四万余人。苻坚把王嘉跟和尚道安，安置在皇宫外殿，一举一动，都向他们请示。

52 后燕帝国骠骑大将军慕容农，从信都（河北省衡水市冀州区）向西攻击丁零部落另一酋长翟辽据守的鲁口（河北省饶阳县），大破丁零部落。翟辽退到无极（河北省无极县），慕容农进驻藁城（河北省柏乡县北），加强压迫。翟辽，是翟真的堂兄（翟真，参考本年〔三八四〕七月）。

53 前秦帝国首都长安（陕西省西安市）城中，鲜卑人仍有一千余人。后燕帝国陈留王慕容绍的老哥慕容肃，跟慕容暐阴谋集结所有鲜卑人，发动武装暴动。

十二月，慕容暐报告苻坚，因儿子新婚，邀请苻坚驾临私宅，参加一个庆祝宴会。准备就在宴席上，埋伏刺客，诛杀苻坚。苻坚一口答应前往，恰恰天降大雨，没有去成。而阴谋泄露，苻坚召见慕容暐及慕容肃，慕容肃警告慕容暐说："消息一定走漏，入宫一定被杀。而今，城里的鲜卑人全已进入备战状态，不如诛杀使臣，乘马闯出，出门之后，群众会立刻集结。”慕容暐不接受，遂同时入宫。苻坚说：“我待你们怎么样，而竟如此恶毒！”慕容暐还支吾其词，不肯承认，慕容肃说：“国家大事，何必谈私人感情！”苻坚下令先斩慕容肃，再斩慕容暐（年三十五岁），以及他们的家族；长安城里所有鲜卑人，不管年老年幼、是男是女，全体屠灭。

后燕王慕容垂最小的儿子慕容柔，早被宦官宋牙收养，当作义子，所以没有受到连坐处分。不久，慕容柔跟太子慕容宝的儿子慕容盛，乘机逃出长安，投奔长安城外扎营的西燕帝国首领、皇太弟慕容冲。

54 后燕帝国抚军大将军慕容麟、骠骑大将军慕容农，联合袭击丁零部落酋长翟辽，翟辽大败，单人独马投奔据守承营（河北省定州市南）的堂弟翟真。

55 后燕王慕容垂（时驻新城〔河北省邯郸市肥乡区东北〕），因前秦帝国长乐公苻丕，仍据守邺城（河北省临漳县西南邺城镇），不肯离去；于是，再度包围邺城，但留出西方退路（慕容垂志在得到邺城，不在歼灭敌人）。

苻丕的使节焦逵，晋见晋帝国前锋司令官（前锋都督）谢玄，谢玄要苻丕送出儿子当人质，然后才能援救。焦逵再三说明苻丕归降的诚心，并转达杨膺的本意（指如果苻丕拒绝，将予生擒），谢玄遂派刘牢之、滕恬之等，率军二万人，援救邺城（河北省临漳县西南邺城镇）。苻丕向谢玄请求供给粮食，谢玄水陆联运食米二千斛赠送。

56 前秦帝国梁州州长（刺史）潘猛，放弃州政府所在的汉中郡（南郑·陕西省汉中市），逃回长安（梁州〔陕西省南部及四川省东北部〕全归晋帝国）。

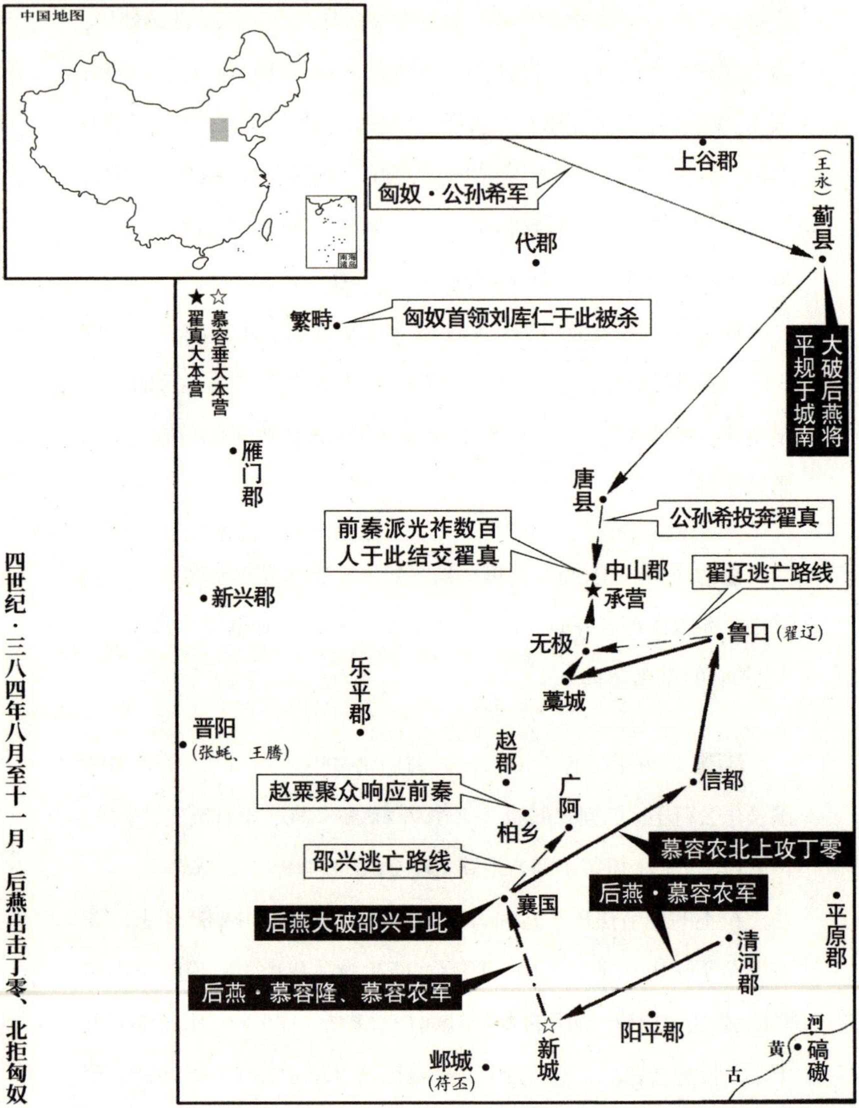

四世纪·三八四年八月至十一月　后燕出击丁零、北拒匈奴

中国地图

南海诸岛

★ 翟真大本营

☆ 慕容垂大本营

上谷郡

（王永）

蓟县

匈奴·公孙希军

代郡

繁畤

匈奴首领刘库仁于此被杀

大破后燕将平规于城南

雁门郡

唐县

公孙希投奔翟真

前秦派光祚数百人于此结交翟真

中山郡

承营

翟辽逃亡路线

新兴郡

无极

鲁口（翟辽）

藁城

乐平郡

晋阳（张蚝、王腾）

赵郡

广阿

信都

赵粟聚众响应前秦

柏乡

慕容农北上攻丁零

邵兴逃亡路线

后燕·慕容农军

襄国

平原郡

后燕大破邵兴于此

清河郡

后燕·慕容隆、慕容农军

新城

阳平郡

邺城（苻丕）

古黄河

碻磝

三八五年 乙酉

晋	太元	十年
西燕	燕兴	二年
前秦	建元	二十一年
	更始	元年
	太安	元年
后秦	白雀	二年
后燕	燕王	二年
西秦	建义	元年

1 春季，正月，前秦帝国（首都长安〔陕西省西安市〕）天王（三任宣昭帝）苻坚（本年四十八岁），早朝设筵，招待文武百官。此时长安城中，严重饥馑，人与人之间，互相格杀吞食（人间惨事）。将领们辞别时，暗中把肉含到口中，回家后吐出来喂妻子儿女（穷困至此，三一六年惨景，七十年后重现，这是必败的形势）。

2 西燕帝国（首都未定）首领（二任威帝）、皇太弟慕容冲（本年二十七岁），得到老哥慕容暐被杀消息，遂在阿房城（秦王朝阿房宫故址·陕西省西安市西）登极，继承帝位，改年号更始（之前是燕兴二年，之后是更始元年）。慕容冲如愿以偿之后，洋洋得意，凭着自己的喜怒，随心所欲的想赏就赏，想罚就罚。刚从长安逃出的慕容盛（参考去年〔三八四〕十二月），才十三岁，对叔父慕容柔说："当十个人的领袖，才能至少超过九个人，然后才可以胜任他的职位。皇上（慕容冲）的才能，并赶不上别人，也没有建立功业，竟骄傲不可一世，恐怕很难有什么成就！"

3 后秦帝国（首都北地〔陕西省铜川市耀州区〕）万年秦王（一任武昭帝）姚苌（本年五十六岁），留下各将领继续攻击新平郡（陕西省彬州市），亲自率军越过新平郡，进攻安定郡（甘肃省镇原县东南屯字镇），生擒前秦帝国安西将军、勃海公苻珍，岭北（九嵕山〔陕西省礼泉县北〕以北）各城池，全都归降。

4 正月甲寅日（正月乙卯朔，没有甲寅），前秦帝国天王苻坚，亲自率军攻击西燕帝国，在仇班渠（今地不详）会战，西燕军大败。

正月乙卯日（正月没有乙卯），再在雀桑（今地不详）会战，西燕军又大败。

正月甲子日（正月没有甲子），三度在白渠（白公渠）会战，前秦军大败；西燕军包围苻坚，前秦殿中将军邓迈，竭力奋战，击退西燕军攻势，苻坚才逃出一死。

正月壬申日（正月没有壬申），慕容冲派国务院总理（尚书令）高盖，乘夜袭击长安，攻入长安南城。前秦左将军窦冲、前禁将军李辩等迎战，击破高盖，杀八百人，瓜分他们的尸体吞食（固是仇恨，也是饥饿)。

正月乙亥日(正月没有乙亥),高盖率军进攻渭河北岸前秦帝国各营垒,太子苻宏在成贰壁(今地不详)迎战,大破高盖军,杀三万人。

5 后燕帝国(首都未定)带方王慕容佐,跟宁朔将军平规,联合进攻蓟城(北京市),前秦帝国委派的幽州(州政府蓟城)州长(刺史)王永,不断战败。

二月,王永命昌黎郡(辽宁省朝阳市)郡长宋敞,纵火焚烧和龙(前秦平州州政府及昌黎郡郡政府所在城 · 辽宁省朝阳市)及蓟城(北京市)皇宫及金銮宝殿,率军三万人,南下投奔壶关(山西省长治市北)。慕容佐遂进入蓟城(北京市)。

6 后燕帝国骠骑大将军慕容农,率军抵达中山(河北省定州市),跟老弟慕容麟会师,联合进攻丁零部落酋长翟真(时驻承营)。慕容麟、慕容农,先率数千骑兵到承营(河北省定州市南),观察形势。翟真遥遥望见,立即出军攻击。后燕军将领打算退走,慕容农说:"丁零人并不是不勇猛,可是翟真这个人却十分懦弱。我们挑选精锐的敢死队,直接冲向翟真大营,翟真一定撤退,翟真一退,部众就会一哄而散,我们堵住城门击杀,可以把他们全族屠灭。"命骁骑将军慕容国率百余骑兵,直冲翟真大营,翟真果然撤退,部众向城内狂奔,拥挤争夺,自相践踏,死亡半数以上。后燕军遂攻陷承营外城。

7 二月癸未日(二月己酉朔,没有癸未。本年干支记载,一连串错乱,不知毛病出在何处),前秦天王(首都长安)苻坚,跟西燕帝慕容冲,在长安(陕

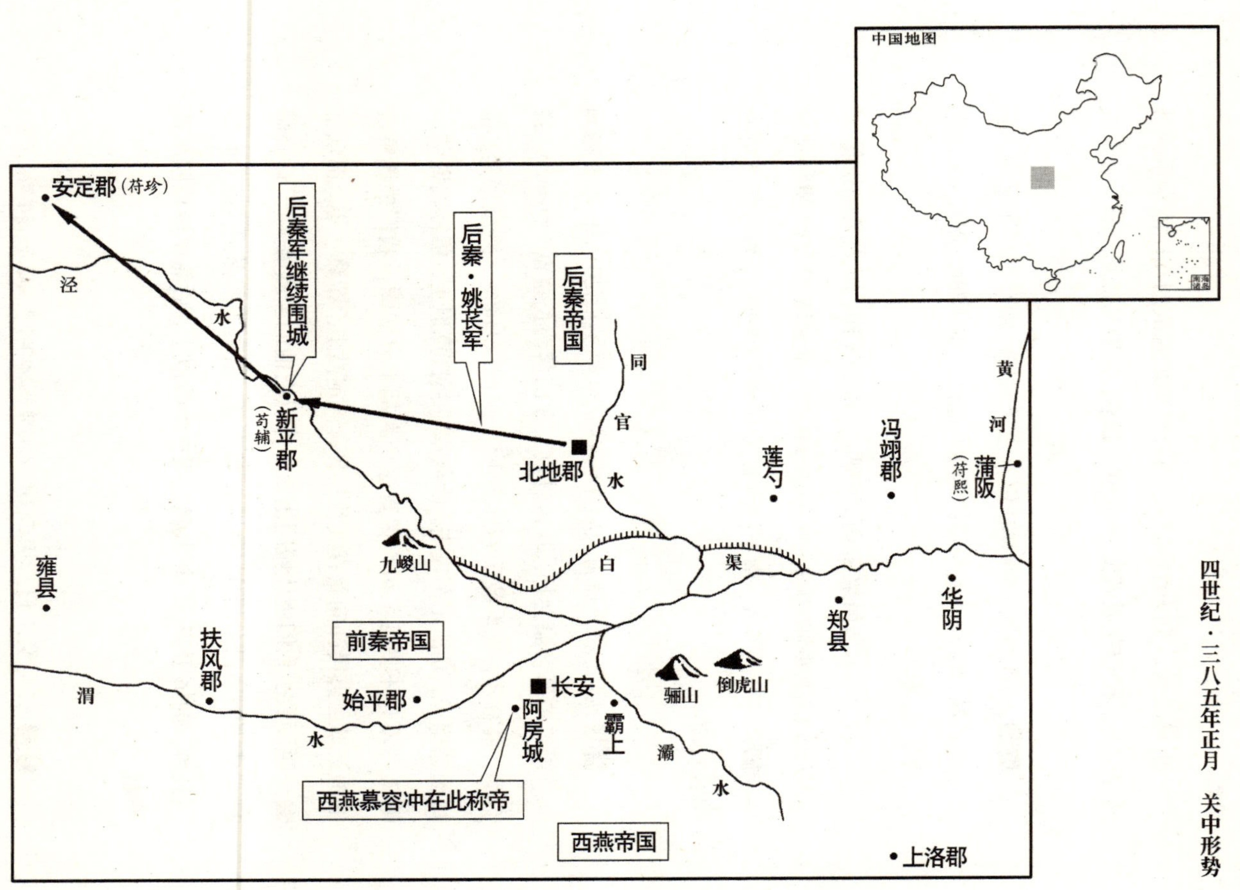

四世纪·三八五年正月 关中形势

西省西安市）城西会战，大破西燕军，追击到阿房城（阿房宫故址·陕西省西安市），将领要求乘胜入城，苻坚恐怕受到伏兵袭击，率军撤退。

8 二月乙酉日（二月没有乙酉），前秦帝国益州（四川省中部）州长（刺史）王广，任命蜀郡（四川省成都市）人、江阳郡（四川省泸州市）郡长李丕，接任益州州长（刺史），镇守成都。

二月己丑日（二月没有己丑），王广率领他的私人军队，撤退回到陇西（投奔他的老哥、秦州〔州政府设上邽·甘肃省天水市〕州长王统）。蜀郡（四川省成都市）人追随他一齐撤退的，有三万余人。

9 晋帝国（首都建康〔江苏省南京市〕）龙骧将军刘牢之，进抵枋头（河南省淇县东南淇门渡）。而杨膺、姜让的阴谋泄露（参考去年〔三八四〕十月），前秦帝国长乐公苻丕，逮捕二人，斩首。刘牢之得到消息，盘桓犹豫，不敢前进。

10 前秦帝国平原公（悼公）苻晖，不断被西燕帝慕容冲击败。前秦天王苻坚责备苻晖说：“你，是我最有才干的儿子，率大军跟白虏（鲜卑人）小娃作战，却屡次失败，活着还有什么用？”

三月，苻晖愤怒恚恨，自杀（苻坚责备苻晖，是要他死战，他却自杀，果是草包）。

前禁将军李辩（李俨的儿子），水利总监（都水使者）、陇西郡（甘肃省陇西县）人彭和正，认为长安可能陷落；所以，集结西州（甘肃省）人士，驻扎韮园（长安城西）。苻坚征召他们，二人不理。

11 西燕帝慕容冲，攻击驻防骊山（陕西省西安市临潼区东南）的前秦帝国高阳公（愍公）苻方，斩苻方（苻方负责保卫骊山，参考去年〔三八四〕六月），俘虏前秦国务院执行官（尚书）韦钟。慕容冲任命韦钟的儿子韦谦，当冯翊郡（陕西省大荔县）郡长，教他招降并安抚三辅（大长安地区）人民。冯翊自卫堡寨司令（垒主）邵安民等，责备韦谦说："你是雍州（陕西省中部）有声望的家族（韦钟，参考三三四年十一月；是西汉王朝宰相〔丞相〕韦贤〔参考前六七年五月〕的后代），而今却投降贼寇（指西燕帝国），跟他们同做不忠不义之事，有什么脸面活在世上！"韦谦报告老爹韦钟，韦钟自杀，韦谦投奔晋帝国（首都建康）。

前秦帝国左将军苟池、右将军沮渠俱石子，跟西燕帝慕容冲，在骊山会战，大败。西燕将军慕容永，击斩苟池；沮渠俱石子投奔邺城（河北省临漳县西南邺城镇）。慕容永，是慕容廆（前燕一任帝慕容皝的老爹）老弟慕容运的孙儿；沮渠俱石子，是沮渠俱难（参考三七八年七月）的老弟。

苻坚再派中央禁军总监（领军将军）杨定，攻击慕容冲，大破西燕军，俘虏鲜卑一万余人，全部活埋坑杀。杨定，是杨佛奴的孙儿（苻坚的女婿）。

12 荥阳郡（河南省荥阳市）人郑燮，献出城池，投降晋帝国（首都建康）。

13 后燕王（一任武成帝）慕容垂（本年六十岁），围攻邺城（河北省临漳县西南邺城镇），很久不能攻克，遂改变主意，准备先行前往北方冀州（河北省中部南部）。命抚军大将军慕容麟镇守信都（河北省衡水市冀州区），乐浪王慕容温镇守中山（河北省定州市），征召骠骑大将军慕容农（时在承营〔定州市南〕）返回邺城外郊。

消息传出，远近人士都认为后燕帝国声势已走下坡，油然生出叛离之念。

慕容农走到高邑（河北省柏乡县北），派参谋指挥官（从事中郎）眭邃（音suī suì〔虽碎〕）外出公干，限期到时，不见回营。秘书长（长史）张攀对慕容农说："眭邃是亲近的参谋官员，竟然敢欺骗长官，乘机逃亡，请回军讨伐。"慕容农不回答，下令缮写委任状，发表眭邃代理高阳郡（河北省博野县东南）郡长，参谋官员在北方的，全部委派代理官职，教他们回去。一共委派郡长三人、县长二十余人。私下，慕容农对张攀说："你的看法犯了严重的错误，现在的形势，怎能允许自相残杀！等我再回北方时，眭邃会自动在路边迎接，不信的话，你且慢慢瞧。"（慕容农是一个典型的案例，看他自进入列人〔河北省邯郸市肥乡区东北〕之后的一举一动，无不洞烛先机，俨然诸葛亮、王猛再世，这种睿智不知道从什么地方来的？等到后燕帝国中山政府倾覆时，同样一个人，慕容农却忽然成了脓包〔参考三九八年三月〕，睿智又不知道跑到何方？这是一个有趣的课题。历史上，这种"两段人"太多了，值得研究。）

乐浪王慕容温，镇守中山（河北省定州市），兵力单薄；而丁零人布满四面八方，分别据守各城。慕容温对将领们说："以我们现在的人数发动攻击，当然不够，但用来守卫，绰绰有余。骠骑大将军（慕容农）、抚军大将军（慕容麟），两支大军，首尾相接，不久就会消灭盗贼（指旧主人苻丕）。我们不必作战，只要聚集粮食，磨利武器，等待时机。"于是安抚旧有部众，招徕新来居民，鼓励耕田种桑，人民归附的前后相继，各郡县和人民自卫堡寨，也争着缴纳军粮，仓库十分充实。丁零部落酋长翟真，乘夜袭击中山，被慕容温击退，从此再不敢发动攻击。慕容温遂派一万人庞大军力，护送粮秣，供应慕容垂，并兴建皇宫金殿。

晋帝国龙骧将军刘牢之（时在枋头），攻击后燕帝国黎阳郡（河南省浚县）郡长（空头官衔。此时黎阳属晋帝国）刘抚驻守的孙就栅（孙就，人名；栅，人民自卫堡寨。在浚县西北）。后燕王慕容垂命慕容农据守邺城（河北省临漳县西南邺城镇）外郊，亲自率军援救孙就栅。前秦帝国长乐公苻丕得到消息，乘后燕围城军空虚，深夜突袭，被慕容农击败。刘牢之跟慕容垂交战，不能取胜，退回黎阳（河南省浚县）；慕容垂也退回邺城外郊。

14 前秦帝国骁骑将军吕光，认为龟兹王国（新疆库车市）物产富饶、社会安乐，打算就在那里定居。印度高僧（天竺沙门）鸠摩罗什（鸠摩罗，三字姓），对吕光说："这里是凶恶死亡之地，不可以久住。将军只管回归东方，中途自会遇到美好的地方，可以停下。"

吕光大摆宴席，宴请全军将领，讨论去留行止，大家思念故乡，都想回军。遂用二万余头骆驼，满载各国的金银财宝、奇珍异物，连同骏马一万余匹，班师（这是一场大掠夺）。

15 夏季，四月，晋帝国龙骧将军刘牢之率军挺进到邺城（河北省临漳县西南邺城镇）外郊，后燕王慕容垂迎战，失败，遂解除邺城包围，退回根据地新城（列人〔河北省邯郸市肥乡区东北〕新兴城）。

四月八日，放弃新城，再向北撤退。刘牢之并不通知前秦帝国长乐公苻丕，孤军径行追击。苻丕得到消息，派军尾随前进。

四月十三日，刘牢之在董唐渊（今地不详），追到慕容垂。慕容垂告诉将领说："秦国（前秦帝国）晋国（晋帝国）结合在一起，脆弱的程度，如同粘在一起的两片破瓦，看起来很大；一方胜利，两方都趾高气扬；但一方失败，两方都会溃散，并不是真正的团结一心。现

中国地图

行唐
中山郡（慕容温）
承营
（翟真大本营）
高阳郡
常山郡
无极
博陵郡
武邑
乐平郡
高邑
信都（慕容麟）
前秦帝国
后燕帝国
太行山
后燕慕容农围攻前秦邺城
清河郡
馆陶
新城
潞川
壶关（王永）
邺城（苻丕）
后燕・慕容垂军
河
孙就栅
黄
晋・刘牢之军
古
黎阳郡（滕恬之）
鄄城
枋头
滑台
晋帝国

四世纪·三八五年三月　晋帝国北上受挫

在两国军队前后到达，还没有密切配合，我们应该立刻攻击。”

刘牢之强行军挺进，每天二百里，抵达五桥泽（邺城北。《孙子兵法》：“白天强行军一百里，会毁灭上将〔百里而趋利者蹶上将〕。”何况二百华里？只因筋疲力尽，已无力战斗）。夺取后燕军的辎重。慕容垂拦腰反击，大破晋军，杀数千人。刘牢之单枪匹马逃走，幸好，前秦军从后面赶到，得以免掉一死。

后燕王国冠军将军、宜都王慕容凤，每次战斗，都奋不顾身，前后大小二百五十七战，没有一次没有战功。慕容垂警告他说：“现在，建国的大业快要完成，你应该自己多多保重！”指派他当车骑将军慕容德的副司令官，压制他的锐气。

邺城（河北省临漳县西南邺城镇）严重饥馑，长乐公苻丕不能支持，率领部众前往枋头（河南省淇县东南淇门渡），接受晋帝国援助的粮秣。刘牢之进入邺城，集结被击败的残兵败将，声势稍微振兴。但晋政府认为他作战失败，征调回国。

后燕帝国和前秦帝国，战斗厮杀一年有余，民不聊生，幽冀（河北省）开始饥荒，人跟人之间，互相格杀吞食（人间惨事），城市村落，一片萧条。后燕军士卒很多活活饿死（野心家为了野心，制造出如此可怕灾难）。后燕王慕容垂下令禁止人民养蚕，留下桑葚，作为军粮（军可吃桑葚，民既不耕田，用什么下肚？军队可以抢粮，尚被饿死，小民如何生存？一恸）。

慕容垂准备北上中山（河北省定州市），命骠骑大将军慕容农当前锋。从前所委派暂时代理官职的眭邃等，都到大营迎接，上下感情恢复当年和睦，张攀对慕容农的智略，大为佩服。

16 晋帝国会稽王司马道子，专权独断，又受摇尾系统从中挑拨作弄，遂跟太保（上三公之三）谢安之间，感情破裂。谢安打算躲开司马道子，正巧，前秦帝国天王苻坚，向晋帝国要求援救，谢安自愿率军出征。

四月十五日，谢安进驻广陵郡（江苏省扬州市）的步丘，兴筑一座新城（江苏省扬州市西北十公里邵伯镇）住下。

17 晋帝国蜀郡（四川省成都市）郡长（空头官衔）任权，攻陷成都（四川省成都市）；斩前秦帝国益州（州政府成都）州长（刺史）李丕，收回益州（四川省中部。前秦帝国夺取益、梁二州，参考三七三年十一月）。

18 前秦帝国（首都长安）新平郡（陕西省彬州市）粮食吃完，箭矢用尽，而外援不来（后秦围城，参考去年〔三八四〕十月）。后秦帝国（首都北地）万年秦王姚苌，派人对郡长苟辅说：“我正在用正义夺取天下，怎么会仇恨忠臣？你只管率城里的部众，前往长安（陕西省西安市），我的目的不是杀人，只是取得这个城池。”苟辅相信，率居民五千人出城，姚苌派军包围，全部活埋坑杀，男女老幼，不留一个活口。只有前辽西郡（河北省卢龙县）郡长冯杰（参考去年〔三八四〕十月）的儿子冯终，死里逃生（五千人中逃出一人），逃到长安。前秦天王苻坚追赠苟辅等官职爵位，都称节愍侯；任命冯终当新平郡（陕西省彬州市）郡长。

合逻辑的，未必就是真理。合真理的，未必就是事实。在卑劣猥琐的情操下，阴谋成了沾沾自喜的阳谋。相信逻辑、相信真理的高贵气质，反而成了被耻笑的呆瓜。

民主政治容易产生庸才，专制封建社会则容易产生人渣。我们如果不能使诚实成为美德，如果不能建立一个公认的行为标准，姚苌之流的人渣，势将层出不穷，受害的不仅是荀辅等五千人而已，而是全体人民。

19 后燕帝国（首都未定）叛将、丁零部落酋长翟真，从承营（河北省定州市南）迁到行唐（河北省行唐县）。翟真的军政官（司马）鲜于乞，刺杀翟真，以及翟姓将领，鲜于乞接管部众，自称赵王。

丁零部众联合反击，诛杀鲜于乞，拥立翟真的堂弟翟成当首领；但势力开始衰退，部众很多投降后燕帝国。

20 五月，西燕帝国（首都未定）皇帝慕容冲，进攻前秦帝国首都长安（陕西省西安市），前秦天王苻坚亲自率军作战，满身都是流箭射中的创伤，鲜血遍体。慕容冲放纵他的鲜卑士卒，任意强暴、抢劫，关中（陕西省中部）人民四散逃命，道路断绝，一望千里，不见人烟。只剩下自卫堡寨三十余座，公推平远将军赵敖当盟主，互相盟誓，冒着困难危险，派出军队，护送粮秣，前往首都长安，呈献给天王苻坚。但走到中途，多半被西燕军截杀。苻坚对他们叹息："我听说，你们运送粮秣时，路上危机四伏，大都不容易到达，这才真正是忠臣的凛然大义。然而，现在贼寇（西燕帝国）的气焰正盛，一个人的能力，无法渡过难关，只不过前后相继，投入虎口，对大局有什么裨益？你们应为了国家，爱惜自己，积蓄粮草，磨利武器，等待上天赐下良机。有善行的人，不会永远是坏运，终有一天康泰平安。"

被慕容冲裹挟到西燕军中的三辅（大长安地区）居民，派使节秘密晋见苻坚，请出兵攻击，他们打算在军中纵火，作为内应。苻坚说:“各位的忠诚，使我哀痛感激。可是，我的将领猛如虎豹，武器亮似霜雪，却被毫无组织、毫无训练的乌合之众困住，岂不是天意？只恐怕使你们全家，白白受到屠杀，我不忍心这样做！”使节坚持，于是，苻坚派七百人的骑兵部队跟随在后。再想不到，西燕军中纵火的人，因风势反扑，反而被火烧死，逃出的不过十分之一二。苻坚在长安城内为忠魂设祭，伤心痛哭。

前秦帝国首都卫戍司令（卫将军）杨定，跟慕容冲在长安西郊会战，被西燕军生擒。杨定是当时猛将，苻坚失掉最后一张王牌，大为恐惧，因神秘预言书（《古符传贾录》）有句话:“帝出五将久长得。”遂留太子苻宏镇守长安，对他说:“上天或许指示教我外出！你用心守城，不要跟贼寇（慕容冲）交战；我当前往陇西一带（甘肃省南部，氐人根据地），招募军队，运送粮食给你。”遂率骑兵数百人，跟张夫人，以及皇子中山公苻诜、皇女苻宝、苻锦，投奔五将山（陕西省岐山县东北），号令各州郡，约定初冬时回军解救长安。

苻坚路过韮园（长安城西），发动袭击；守将李辩投奔西燕帝国；彭和正惭愧，自杀。

21 闰五月，晋帝国（首都建康）调任广州（广东及广西）州长（刺史）罗友，当益州（四川省中部）州长（刺史），镇守成都（四川省成都市）。

22 闰五月四日，后燕王（首都未定）慕容垂，抵达常山（河北省正定县），包围丁零部落酋长翟成据守的行唐（河北省行唐县）；命带方王慕容佐，镇守龙城（辽宁省朝阳市）。

六月，高句骊王国（首都丸都〔吉林省集安市〕）进攻辽东（辽宁省辽阳市），慕容佐派军政官（司马）郝景，率军援救，被高句骊军击败。

四世纪・三八五年五月　苻坚大帝之死

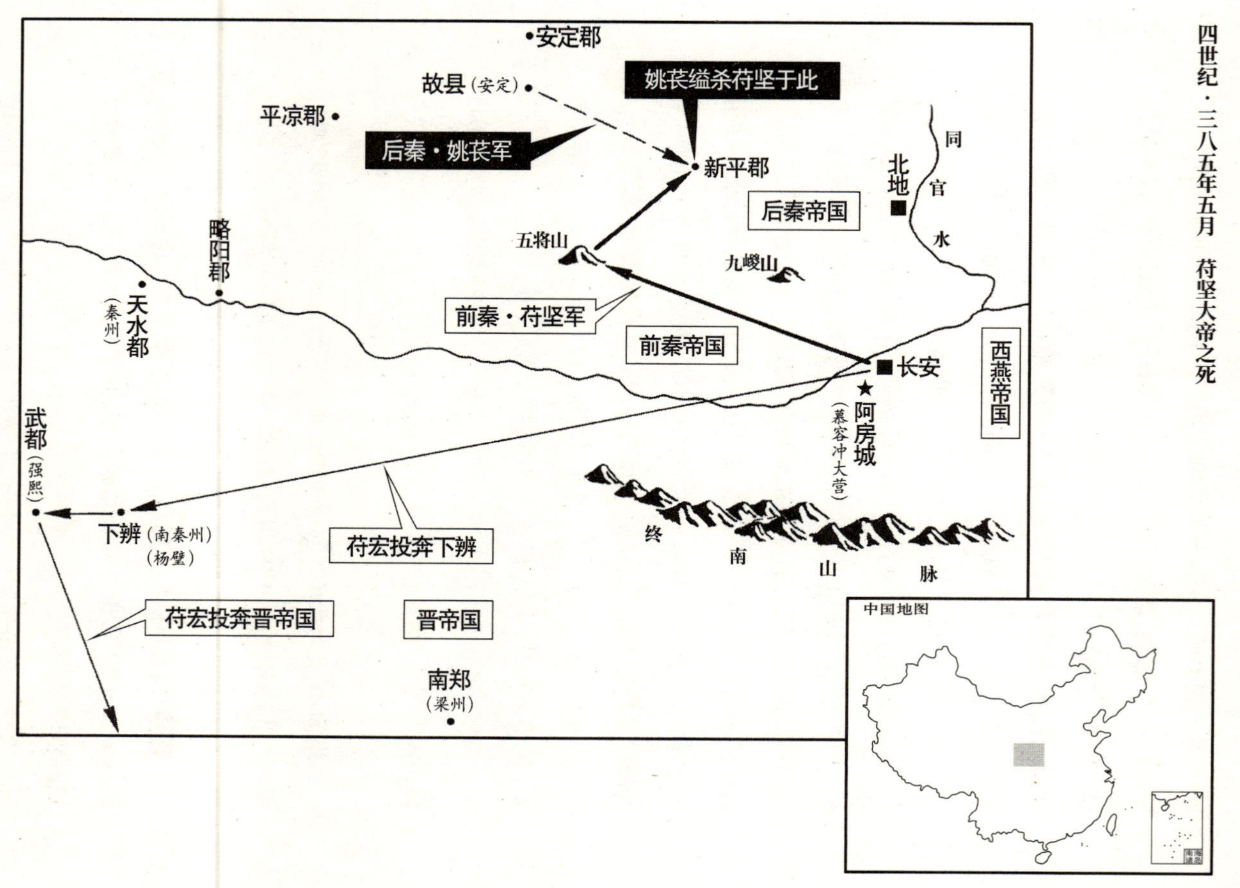

高句骊乘胜追击，一连攻陷辽东郡（辽宁省辽阳市）、玄菟郡（辽宁省沈阳市）。

23 前秦帝国太子苻宏，在首都长安无法支持，只好放弃城池，率骑兵数千人，带着娘亲、妻子、皇家亲属，向西投奔下辨（南秦州州政府所在县·甘肃省成县）。文武百官逃亡一空，京畿总卫戍司令（司隶校尉）权翼等数百人，投奔后秦王国（权翼本是姚襄的旧部，参考三五七年五月）。

西燕帝慕容冲，遂进入长安，大肆奸淫烧杀，掠夺抢劫，人民死伤无法计数。

24 秋季，七月，全中国大旱、大饥馑，天久不雨，水井枯竭（中国人的浩劫）。

25 后秦帝国（首都北地）万年秦王姚苌，自故县（即安定故县，甘肃省镇原县东南）前往新平郡（陕西省彬州市）。

26 前秦帝国（此时无首都）天王苻坚，抵达五将山（陕西省岐山县东北）。后秦万年秦王姚苌，派骁骑将军吴忠，率军包围。前秦士卒纷纷逃走，苻坚身旁只剩下十数个侍卫，但苻坚神情跟平常一样，坐在那里等待，一面还吩咐厨师端上饭菜。不久，吴忠军到，俘虏苻坚，送到新平郡（陕西省彬州市），单独囚禁。

太子苻宏抵达下辨（甘肃省成县），南秦州（州政府下辨）州长（刺史）杨璧，拒绝接纳。杨璧的妻子，是苻坚的女儿顺阳公主，愤怒丈夫的忘恩负义，遂抛弃丈夫，投奔兄弟苻宏。苻宏再投奔武都（甘肃省西和县南)，又再投奔氐民族部落酋长强熙；辗转借路，最后抵达晋帝国（首都建康)。晋帝（十五任孝武帝）司马昌明（本年二十四岁)，下诏，把苻宏安置在江州（州政府设寻阳〔江西省九江市〕)。

27 前秦帝国长乐公苻丕，率军三万人，从枋头（河南省淇县东南淇门渡）打算再回邺城（河北省临漳县西南邺城镇)。晋帝国龙骧将军檀玄阻截，在谷口（枋头西）会战，檀玄战败，苻丕遂再入邺城。

28 后燕帝国（首都未定）建节将军余岩叛变，从武邑（河北省武邑县）北上，直赴幽州（州政府设蓟城〔北京市〕)。后燕王慕容垂派使节飞马传令给幽州将领平规："坚守城池，不要应战，等我击破丁零部众，亲自前往讨伐。"平规仍然出战，被余岩击败，余岩遂攻陷蓟城（北京市)，掳掠一千余户人家而去，占领令支（河北省迁安市)。

七月二十八日，丁零部落酋长翟成的秘书长（长史）鲜于得，斩翟成，向慕容垂投降。慕容垂下令屠杀行唐（河北省行唐县）城里所有居民，把翟成的丁零部众，全部活埋坑杀。

29 晋帝国太保（上三公之三）谢安，因病请求返回京师（首都建康)，晋帝司马昌明下诏允许（谢安进驻广陵〔江苏省扬州市〕，参考本年〔三八五〕四月)。

八月，谢安抵达建康（江苏省南京市)。

30 八月十九日，晋帝国大赦。

31 八月二十二日，晋帝国太保（上三公之三)、建昌公（文靖公)

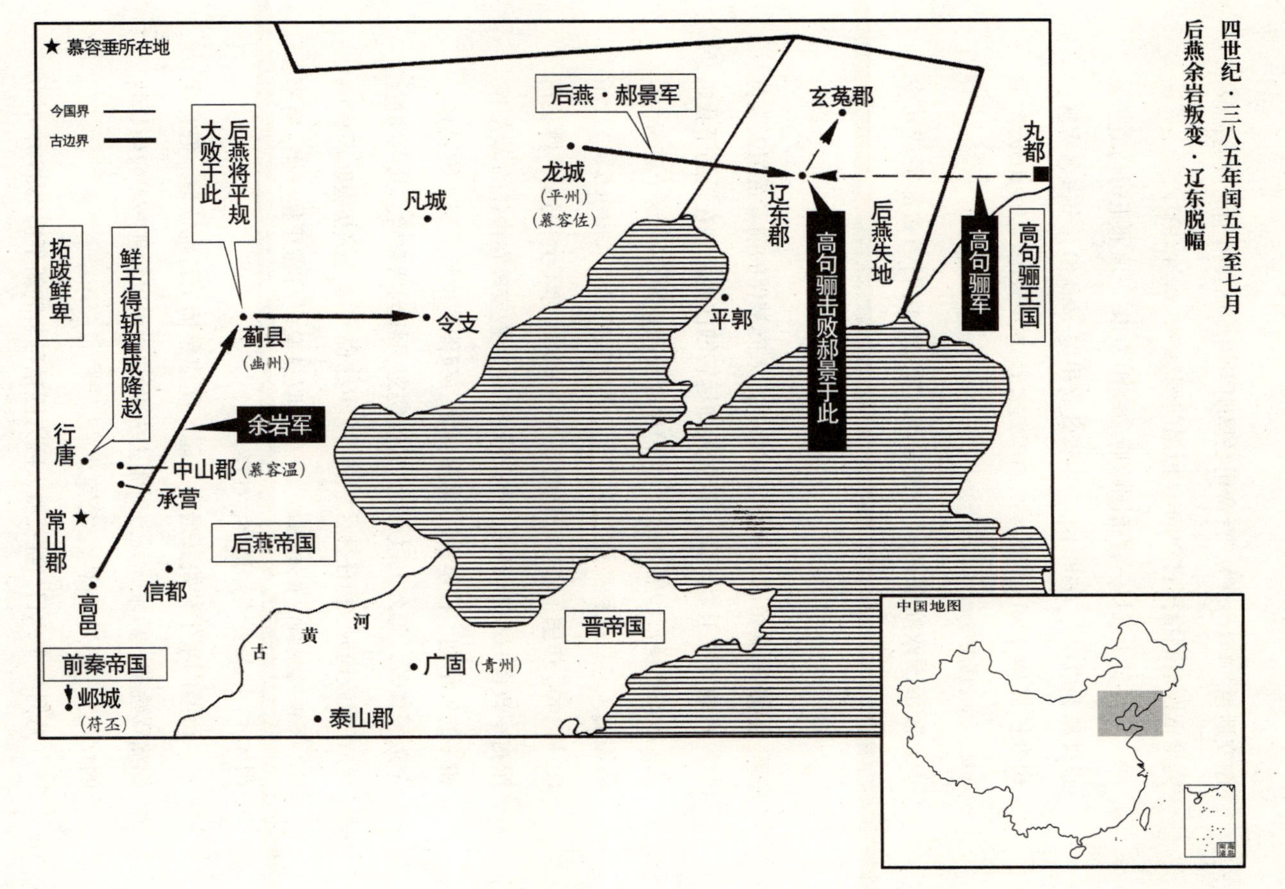

四世纪·三八五年闰五月至七月
后燕余岩叛变·辽东脱幅
★ 慕容垂所在地
今国界
古边界
后燕·郝景军
玄菟郡
丸都
龙城
(平州)
(慕容佐)
辽东郡
后燕失地
高句骊军
高句骊王国
高句骊击败郝景于此
后燕将平规大败于此
凡城
平郭
拓跋鲜卑
鲜于得斩翟成降赵
蓟县
(幽州)
令支
余岩军
行唐
中山郡(慕容温)
承营
常山郡
后燕帝国
高邑
信都
古
黄
河
晋帝国
前秦帝国
邺城
(苻丕)
广固(青州)
泰山郡
中国地图

谢安逝世（年六十六岁）。晋帝司马昌明下诏，加授特别高贵的礼仪，完全依照最高指挥官（大司马）桓温前例（参考三七三年七月）。

八月二十五日，晋帝国政府命宰相（司徒）、琅邪王司马道子兼京畿总卫戍司令（扬州刺史）、主管政府机要（录尚书）、全国各军区总司令长官（都督中外诸军事。本年，司马道子二十二岁，帝国政府完全在这位大学二三年级少年的控制之下）。

晋帝国政府任命国务院总理（尚书令）谢石当首都卫戍司令（卫将军）。

32 后秦帝国万年秦王姚苌，派人向被俘的前秦帝国天王苻坚，索取传国玉玺，说："依照天命运转的法则，现在轮到了我姚苌，应该把皇帝印信交给我。"苻坚怒目呵责说："你这个羌蛮，竟敢逼迫天子！五种蛮族之中，没有你姚苌的名字（指神秘预言书上没有姚苌的名字）。传国玉玺早已送给晋国（晋帝国），你不会得到。"姚苌再派右军政官（右司马）尹纬，游说苻坚，请求把宝座在禅让的形式下，和平的传给他，苻坚说："君王禅让，只能传位给圣贤。姚苌是一个叛国蟊贼，怎么可以承受！"苻坚跟尹纬闲话家常，问尹纬说："你在我政府时，担任什么职务？"尹纬说："国务院初级助理官（尚书令史，晋王朝官制中，位列第八品）。"苻坚叹息说："你跟王猛一类，有宰相大才，而我竟不知道你，难怪灭亡。"

苻坚因平生待姚苌最为有恩，所以感情上特别愤恨，好几次都痛骂姚苌，只求一死，对张夫人说："岂可以教那些羌奴侮辱我的女儿？"遂先杀苻宝、苻锦。

八月二十六日，姚苌派人闯入囚禁苻坚的新平郡（陕西省彬州市）佛寺，缢死苻坚（年四十八岁）。张夫人、中山公苻诜，全都自杀（苻诜是苻坚幼子，参考三八二年十一月)。**后秦士卒，无不哀恸。姚苌打算掩饰自己的弑逆恶名，尊称苻坚为壮烈天王。**

评论家一致认为，前秦帝国天王苻坚的覆亡，全由于他没有诛杀慕容垂和姚苌。只有我，认为并不如此。许劭曾经对曹操下评语说："太平盛世时的能臣，天下混乱时的奸雄。"（参考一八四年五月。）假使苻坚治理国家，没有失去控制，则慕容垂、姚苌，全是太平盛世时的得力干部，他们怎么能够制造混乱？苻坚之所以覆亡，由于他突然获得胜利，因而骄傲自大之故。魏斯（战国时代魏国一任国君文侯）问宰相李克："吴王国为什么覆亡？"李克回答说："屡战屡胜！"魏斯说："屡战屡胜，是国家之福，怎么会覆亡？"李克回答说："不断战斗，使人民筋疲力尽；不断胜利，使领袖骄傲。以骄傲的领袖，统御筋疲力尽的人民，就不可能不覆亡！"前秦帝国天王苻坚，非常类似。

苻坚绝对不是因为不杀慕容垂、姚苌而失败，司马光的分析，至为清楚。另一个理由是：潜在的敌人是杀不完的，只要叛乱的条件成熟，叛乱就无法遏止，杀了张三，还有李四；杀了王五，还有赵六。

苻坚的失败，也绝不是因为把氐人调走一空，原因跟上述的相同。只不过苻坚这个大计划、大策略，像钢筋水泥的巨厦一样，还没有充分时间凝固，就发生淝水之战的十级地震。一千四百年之后的拿破仑的莫斯科之战，一败之后，引起连锁反应，帝国崩溃，皇帝被囚而死，情形完全相同。假定时间够久，各国各民族的独立冲动消失，那时候才能发挥它的功能。

苻坚的失败，也绝不是司马光所说的“屡战屡胜”。任何一个政权和任何一个国家的建立，都必须“屡战屡胜”。历史上改朝换代战争，成功的一方，都必须打到全国人民快要死光，然后咬定牙关，作穷兵黩武最后一击，才能建立大业。

苻坚以盖世英雄，却如此结局，我认为是厄运抓住了他。从淝水之战起，他就一直用一个翅膀飞行，另一个翅膀却被砍断。淝水之退，没有崩溃之理，而竟然崩溃。慕容垂要求外出，苻坚如果拒绝，则淝水之败，不过曹操赤壁之战，仍可维持原有江山。苻坚性情一向宽厚，忽然变成急躁，诛杀无辜的赵都、姜协，使姚苌惊恐逃走，如果不诛杀赵都、姜协，又该如何？苻丕袭击慕容垂，间不容发，慕容垂却能逃掉！苻坚几乎渴死姚苌，却只后秦军营倾盆大雨。西燕军营中纵火，本可里应外合，火却反扑。纵有千种奇计异谋，也受不了如此摧残。苻坚死时，内心的痛苦悲愤，我们深深体会，并在千载之下一哭，为他的遭遇哭，也为当时中国人民遭遇哭，苻坚死而姚苌生，优败劣胜，历史进入反淘汰的黑洞时代。付出代价的，是当时的小民，要多受两百年之久的活罪，才能使大分裂时代结束。

33 前秦帝国（此时无首都）长乐公苻丕，准备放弃邺城（河北省临漳县西南邺城镇），撤回首都长安（陕西省西安市）。而幽州州长（刺史）王永，正据守壶关（山西省长治市北。本年〔三八五〕二月，放弃蓟城，南奔至此），派使节邀请苻丕，苻丕遂率邺城部众——男女六万余口西上，抵达潞川（山西省黎城县南，三七〇年十月，王猛在此大破慕容评）。骠骑将军张蚝、并州（山西省中部）州长（刺史）王腾，把苻丕迎接到晋阳（并州州政府所在县 · 山西省太原市），这时候才知道首都长安已经陷落，天王苻坚已经逝世，遂发布死讯，祭祀哀悼。苻丕（年龄不详）登皇帝宝位（四任哀平帝），尊苻坚绰号宣昭皇帝，祭庙称世祖。大赦，改年号太安（之前是建元二十一年，之后是太安元年）。

34 后燕王（首都未定）慕容垂（时在常山郡），命鲁王慕容和当南翼警卫指挥官（南中郎将），镇守邺城（河北省临漳县西南邺城镇）。派骠骑大将军慕容农，穿过蠮螉塞（居庸关）北上，经过凡城（河北省平泉市南），直指龙城（辽宁省朝阳市），集结各路人马，讨伐叛将建节将军余岩。抚军大将军慕容麟、冠军大将军慕容隆，从信都（河北省衡水市冀州区）出发，夺取勃海郡（河北省南皮县）、清河郡（山东省临清市）二郡土地。慕容麟攻击勃海郡郡长封懿，生擒封懿，遂进驻历口（河北省枣强县西北历城亭）。封懿，是封放的儿子（封放事，参考三五一年四月）。

35 前秦帝国（首都晋阳〔山西省太原市〕）所属匈奴部落酋长刘头眷（刘库仁的老弟，参考去年〔三八四〕十月），在善无（山西省右玉县）击败贺兰部落（内蒙古阴山山脉北），又在意亲山（内蒙古四子王旗北中蒙边境）击败柔然部落（瀚海沙漠群）。

刘头眷的儿子刘罗辰对老爹说：“最近东征西讨，所向无敌。然而，我们内部却隐藏严重的灾祸，请早日铲除。”刘头眷说：“是谁？”刘罗辰说：“堂兄刘显，是个凶狠恶毒的人，一定会有暴乱行动。”刘头眷不同意。刘显，是刘库仁的儿子。

不久，刘显果然谋杀老叔刘头眷，接管部众。又打算诛杀故代王拓跋什翼犍的幼子拓跋珪（拓跋珪投奔刘库仁，参考三七六年十二月）。刘显老弟刘亢泥的妻子，是拓跋珪的姑妈，姑妈得到消息，秘密通知拓跋珪的娘亲贺女士。刘显的智囊梁六眷，是故代王拓跋什翼犍的外甥，也派他的部属穆崇、奚牧，秘密通知拓跋珪；梁六眷还把爱妻、骏马，托付给穆崇，说："事情万一泄露，请用她们代我洗刷。"贺女士设下夜筵，请刘显饮酒，把刘显灌得酩酊大醉，暗中命儿子拓跋珪，跟老爹拓跋什翼犍的旧部长孙犍、元他、罗结，骑上轻装备的快马逃走。凌晨时分，在贺女士设计下，厩房中忽然蹄声雷动，群马长嘶，刘显在梦中惊醒，急往视察，贺女士大哭说："我儿子昨晚上还在这里，现他连他的随从都不见了，你们之中是谁下的毒手？"刘显因之没有立即追捕。

拓跋珪逃走后，投奔娘亲的娘家贺兰部落（内蒙古阴山山脉北），依靠舅父贺讷（此时还未改姓，应是"贺兰讷"），贺讷惊喜说："复国以后，可别忘了老舅！"拓跋珪笑说："一定听你的话，不敢忘掉老舅。"

刘显不久就疑心是梁六眷泄露这项阴谋，打算囚禁他。穆崇得到消息，对大家宣称："梁六眷这家伙，忘恩负义，做刘显的帮凶，我把他的老婆、骏马弄到手，稍稍解一点心头之恨。"刘显才放弃对付梁六眷的念头。

贺女士的堂弟、政务总监（外朝大人）贺悦，率领他的部落脱离刘显，前往追随拓跋珪。刘显老羞成怒，准备害死贺女士。贺女士逃到刘亢泥家，藏在神车中三天（游牧民族逐水草而居，没有固定房屋，因而把神像供奉在车上祭祀膜拜，称"神车"，庄严不可侵犯，犹如犹太教的殿堂一样，搜查的士兵也不敢进入），刘亢泥全家出面请求，贺女士才免一死。

故南部总监（南部大人）长孙嵩，率他的部落七百余家，背叛刘显（凡加"故"字的，都是代王拓跋什翼犍时代的官称；而姓氏则都是四九六年正月改姓后的姓），投奔五原（内蒙古包头市）。当时，拓跋寔君的儿子拓跋渥，也拥有一部分部众，长孙嵩打算前往依靠，乌渥对长孙嵩说："杀父凶手的儿子，不值得追随（拓跋寔君杀父事，参考三七六年十二月），不如归附拓跋珪。”长孙嵩接受。后来，刘显部众发生变乱，故中部总监（中部大人）庾和辰保护贺女士，投奔她儿子拓跋珪。

就在贺兰部落，拓跋珪也危机四伏。酋长贺讷的老弟贺染干（同样是拓跋珪的舅父），因拓跋珪深得部众的爱戴，妒火中烧，命他的亲信党羽侯引七突，谋杀拓跋珪。代郡（河北省蔚县）鲜卑人尉古真得到消息（此时仍姓尉迟），秘密通知拓跋珪；侯引七突不敢发动。贺染干怀疑是尉古真泄露消息，遂逮捕尉古真，苦刑拷打，用两个车轮夹住他的头转动，甚至有一个眼珠都破裂爆出，而尉古真誓死不肯招认，才免一死。贺染干决定直接攻击，亲自率车包围拓跋珪篷帐，贺女士挺身出来，问贺染干说：“你们怎么待我？要杀我儿子！”贺染干惭愧不能回答，撤走。

36 九月，前秦帝国（首都晋阳〔山西省太原市〕）皇帝（四任哀平帝）苻丕，任命张蚝当高级咨询官（侍中）、最高监察长（司空），王永当高级咨询官（侍中）、全国各军区总司令长官（都督中外诸军事）、车骑大将军、国务院总理（尚书令）；王腾当中军大将军、京畿总卫戍司令（司隶校尉）；苻冲当国务院左执行长（尚书左仆射），封西平王。又任命左秘书长（左长史）杨辅，当国务院右执行长（右仆射）；右秘书长（右长史）王亮当中央军事总监（护军将军）。苻丕封王妃杨女士当皇后，儿子苻宁当皇太子，苻寿当长乐王，苻锵当平原王，苻懿当勃海王，苻昶当济北王。

37 前秦帝国骁骑将军吕光，从西域（新疆及中亚东部）龟兹王国（新疆库车市）班师，抵达宜禾（甘肃省瓜州县。此时吕光不过刚出龟兹，距宜禾尚有一千一百公里之遥）。凉州（州政府设姑臧〔甘肃省武威市〕）州长（刺史）梁熙，得到消息，打算关闭边界，拒绝吕光入境（凉州州境最西部至高昌〔新疆吐鲁番市东〕）。高昌郡（新疆吐鲁番市东）郡长杨翰对梁熙说："吕光最近击破西域，兵力强盛，气势正旺，听到中原大乱消息，心里一定另有打算。河西（河西走廊·甘肃省中部西部）面积，广达万里，武装部队十万人，足可以独自成为一个局面。如果吕光继续东下，脱离流沙地区，力量就没有人可以匹敌。高梧谷口（新疆吐鲁番市境）是一个险要关口，应该先派大军把守，切断水源；这样可使吕光大军陷于饥饿干渴的苦境，我们就可以坐在那里，控制他们。如果认为高梧谷口太远，伊吾关（新疆哈密市）也可以封锁。吕光如果通过这两关，即令张良再世，也无可奈何。"梁熙拒不采纳。

美水（今地不详）县长、犍为郡（四川省眉山市彭山区）人张统，对梁熙说："而今，关中（陕西省中部）已乱，京师（首都长安）是存是亡，还不知道（长安八月陷落，凉州九月还不知道，路途堵塞之故）。吕光东下，企图难以预测，将军有什么办法因应？"梁熙说："深为忧虑，但不知道如何处理！"张统说："吕光的智慧和谋略，都超过常人，而又拥有思乡心切的战士，乘着在西域战胜的余威，势不可当。将军（梁熙）世受皇家大恩，诚意忠心，一向显著，效忠皇家，现在正是最好的时候。行唐公苻洛，是皇上（苻坚）的堂弟，勇敢冠于一时。为你打算，不如拥护苻洛当盟主，建立领导中心，然后推荐忠义之士，作为统帅。则吕光即令抵达，也不敢存有二心。利用他的精锐部队，向东联合毛兴（河州〔枹罕·甘肃省临夏市〕州长〔刺史〕），再邀约王统（秦州〔上邽·甘肃省天水市〕州长〔刺史〕）、杨璧（南秦州〔下辨·甘肃省成县〕州长〔刺史〕。杨璧于去年〔三八四〕六月已被后秦军俘虏，可能凉州与东方隔绝，未知此事），集结四州的部众，扫除凶恶叛徒，保卫皇家，这可是姜小白、姬重耳的霸主举动。”梁熙也不接受，反而派人到西海郡（内蒙古额济纳旗），诛杀苻洛（苻洛起兵失败被放逐，参考三八〇年五月）。

吕光听到杨翰的谋略，大为恐惧，不敢前进。辅国将军杜进说：“梁熙写文章的能力有余，应变的能力不足，不可能执行杨翰的计策，用不着担心。现在，正应该利用他们上下还不能同心合力的时候，迅速前进。”吕光同意。大军进到高昌（新疆吐鲁番市东），杨翰献出城池，投降。进到玉门（甘肃省敦煌市西北八十公里），梁熙用正式公文书送给吕光，指摘吕光没有奉到诏书，竟然擅自撤军；命儿子梁胤当鹰扬将军，跟振威将军、南安郡（甘肃省陇西县东南）人姚皓、总务官（别驾）卫翰，率五万人庞大兵团，在酒泉郡（甘肃省酒泉市）阻截。敦煌郡（甘肃省敦煌市）郡长姚静、晋昌郡（甘肃省瓜州县）郡长李纯，都献出城池，投降吕光。吕光用正式公文书回答梁熙的指摘，抨击梁熙不但没有奔赴国难之意，反而遏阻回国的远征大军。命彭晃、杜进、姜飞，担任前锋，在安弥（甘肃省酒泉市东）跟梁胤决战，大破凉州兵团，生擒梁胤。于是四面山区的夷族部落，都归附吕光。武威郡（郡政府姑臧）郡长彭济，逮捕他的长官梁熙，交给吕光；吕光斩梁熙。

吕光进入姑臧（凉州州政府所在县·甘肃省武威市），自己兼任凉州（甘肃省中部西部）州长（刺史），上奏章推荐并任命（表）杜进当武威郡（郡政府姑臧）郡长；其他将领，全委派适当的官位。凉州所有郡县，都归附吕光。只有酒泉郡（甘肃省酒泉市）郡长宋皓、西郡（甘肃省永昌县西北）郡长索泮，仍据守城池，不肯屈服。吕光攻破城池，生擒二人，责备索泮说：“我受皇上（苻坚）诏令，平定西域（新疆及中亚东部），而梁熙却不准我班师，断我归途，这是帝国政府的罪人，你为什么听他？”索泮说：“你奉诏讨伐西域，并没有奉诏扰乱凉州（甘肃省中部

四世纪·三八五年九月　前秦远征军吕光南返

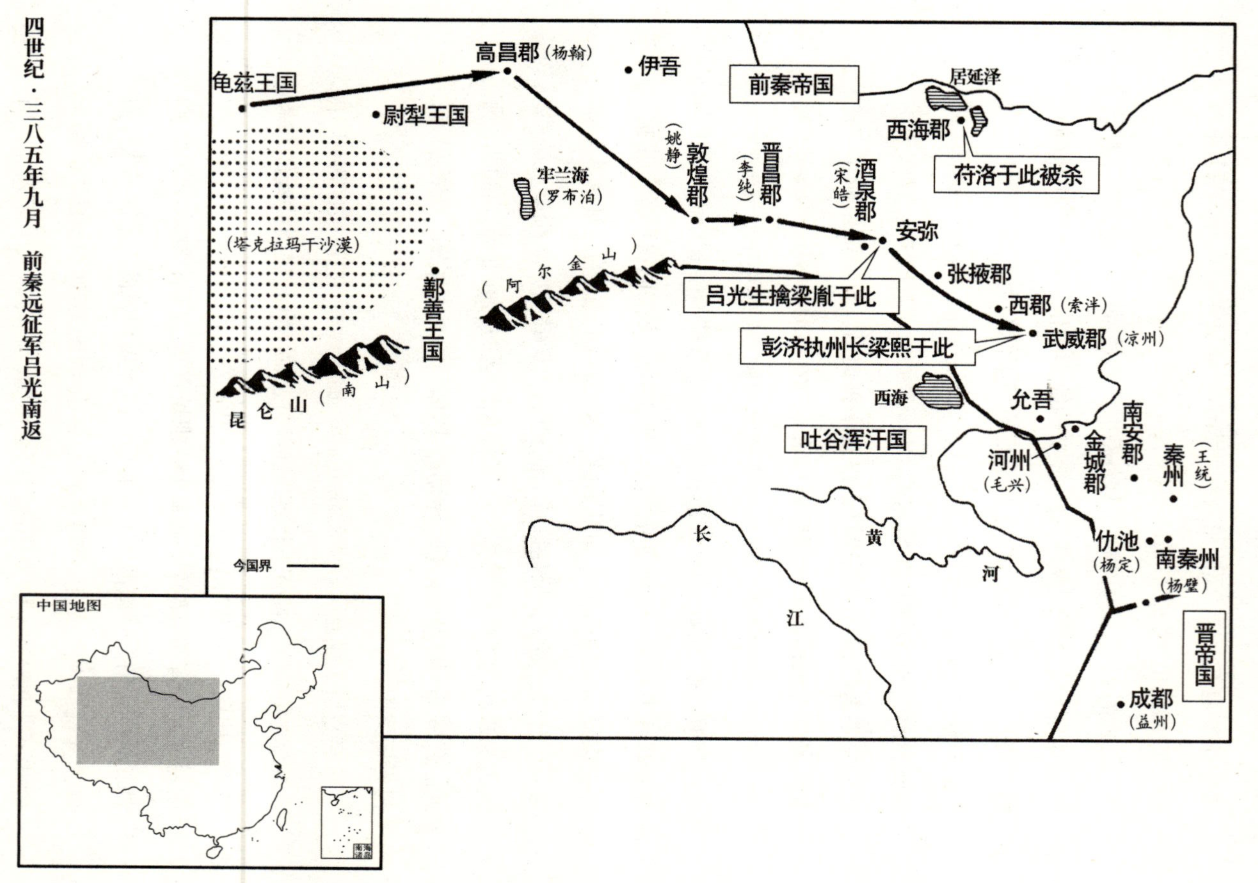

西部），梁熙有什么罪，而你把他杀掉？我深恨自己力量不足，不能为长官报仇！怎么会跟叛逆的氐人彭济一样？君主受辱，臣属死节，这是正常现象。”吕光诛杀索泮、宋皓。

主任秘书（主簿）尉祐，奸险谄媚，跟彭济一同发动兵变，逮捕梁熙，吕光对他至为宠信。尉祐一连诬陷诛杀知名之士姚皓等十余人，凉州人民对吕光大不满意（吕光连马屁精都看不出，刚有权便现出昏庸）。吕光命尉祐当金城郡（甘肃省兰州市）郡长；尉祐抵达允吾（甘肃省永靖县西北），突袭允吾城，叛变。吕光派姜飞击败尉祐，尉祐逃走，据守兴城（允吾西）。

38 前秦帝国叛将乞伏国仁（前将军乞伏国仁事，参考前年〔三八三〕十二月）自称总司令官（大都督），最高统帅（大将军），单于，兼秦、河二州全权州长（牧），改年号建义，任命乙旃童泥当左宰相（左相），屋引出支当右宰相（右相），独孤匹蹄当左辅大臣，武群勇士当右辅大臣（乙旃、屋引、独孤、武群，都是鲜卑族复姓）。老弟乞伏乾归当上将军，把他控制的地盘分成武城（甘肃省临夏市东）等十二个郡（武城郡、武阳郡〔今地不详〕、安固郡〔甘肃省临洮县南〕、武始郡〔甘肃省临洮县〕、汉阳郡〔甘肃省天水市西南〕、天水郡〔甘肃省天水市〕、略阳郡〔甘肃省天水市东〕、漒川郡〔甘肃省舟曲县西北〕、甘松郡〔青海省同德县〕、匡朋郡〔今地不详〕、白马郡〔甘肃省西和县南〕、苑川郡〔甘肃省榆中县东北〕）。修筑勇士城（甘肃省榆中县北）作为首都（五胡乱华十九国中的第十一个短命王国崛起，迟至三九四年十二月，才定国号为“秦”，史称西秦王国。中国版图上，六国并立）。

39 前秦帝国（首都晋阳）国务院总理（尚书令）、魏昌公苻纂，从关中（陕西省中部）逃到晋阳（山西省太原市）。前秦帝苻丕，任命苻纂当

四世纪·三八五年九月　西秦兴起·六国并立

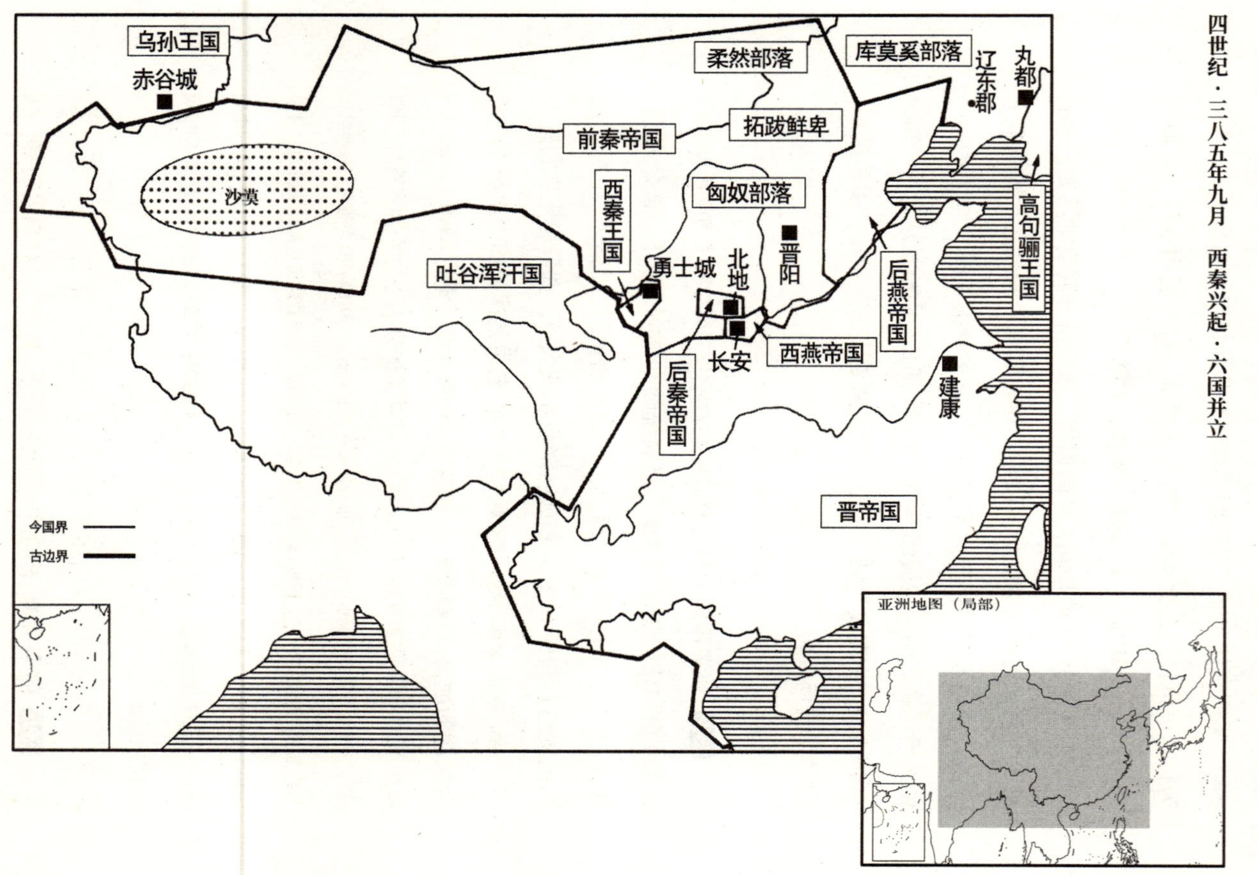

全国武装部队总司令（太尉），封东海王。

40 冬季，十月，西燕帝国（首都长安）皇帝（二任威帝）慕容冲，派国务院总理（尚书令）高盖，率军五万人，攻击后秦帝国（首都北地），在新平郡（陕西省彬州市）城南会战，高盖大败，向后秦帝国投降。

最初，高盖把杨定认作义子，等到高盖降敌，杨定逃亡，投奔陇右（甘肃省南部），招收旧时部属（杨定被西燕军俘虏后，认高盖作义父。不过才六个月而已，形势又变）。

41 归附后燕帝国的苻定、苻绍、苻谟、苻亮（皆参考去年〔三八四〕五月至七月），听到苻丕登极称帝，都从河北（河北省）派使臣到晋阳（前秦首都·山西省太原市），请求恕罪。中山郡（河北省定州市）郡长王兖，本是新平郡（陕西省彬州市）氐人，坚守博陵郡（河北省安平县），拒抗后燕帝国。

十一月，前秦帝苻丕任命王兖当平州（辽宁省）州长（刺史），苻定当冀州（河北省中部南部）全权州长（牧），苻绍当冀州军区司令长官（冀州都督），苻谟当幽州（河北省北部）全权州长（牧），苻亮当幽平军区司令长官（幽平二州都督），他们原本都是侯爵，一律晋封公爵。

左将军窦冲，据守兹川（灞水），部众有数万人，跟秦州（州政府设上邽〔甘肃省天水市〕）州长（刺史）王统、河州（州政府设枹罕〔甘肃省临夏市〕）州长（刺史）毛兴、益州州长（刺史）王广（放弃成都，投靠王统）、南秦州（州政府设下辨〔甘肃省成县〕）州长（刺史）杨璧、首都卫戍司令（卫将军）杨定（时驻仇池〔甘肃省西和县南〕），都从陇右（甘肃省南部）派出使节，请求皇帝苻丕出军，夹击后秦王国。苻丕任命杨定当雍州（陕西省中部）全权州长（牧）、窦冲当梁州（陕西省南部及四川省东北部）全权州长（牧）；加授王

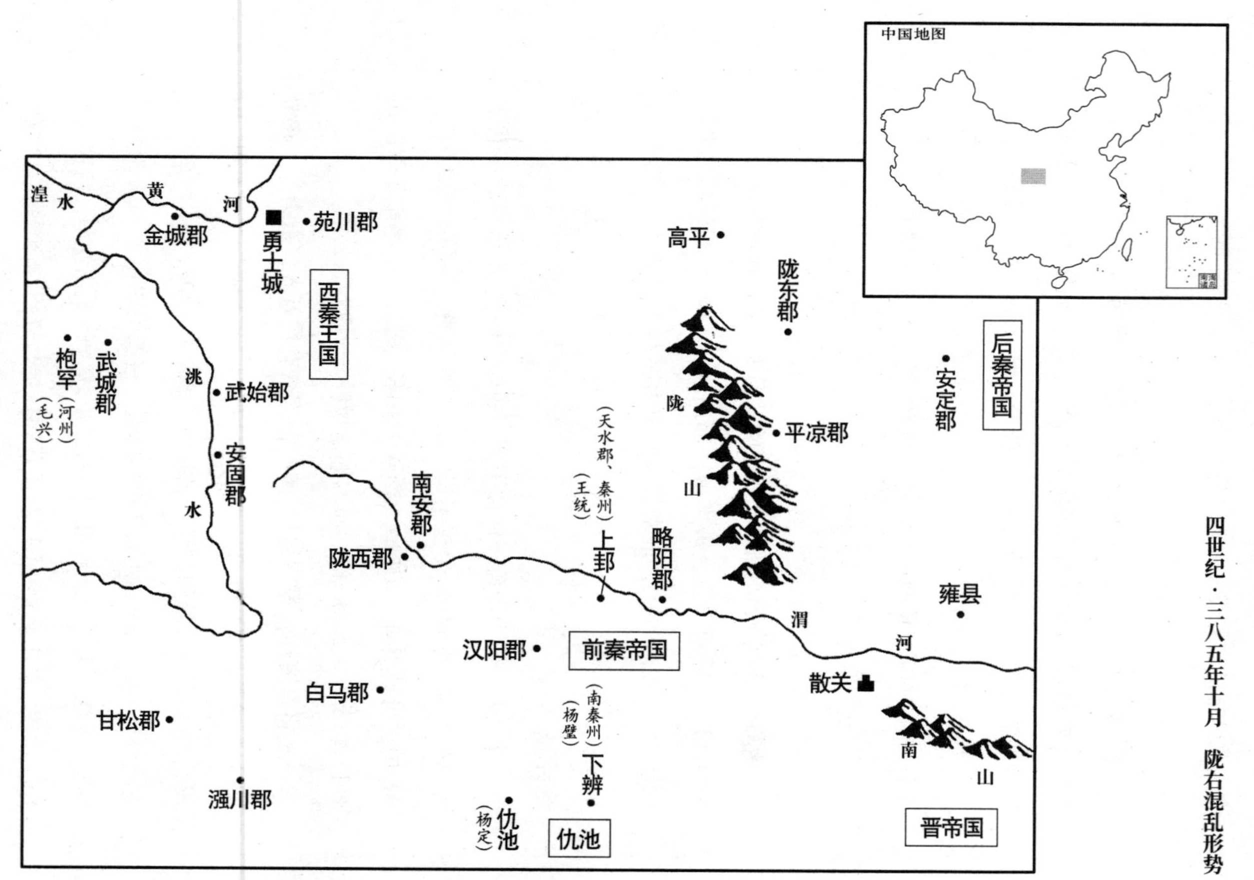

四世纪·三八五年十月 陇右混乱形势

统“镇西大将军”、毛兴“车骑大将军”、杨璧“征南大将军”，全都开府仪同三司（宰相级）；加授王广安西将军，凡原是州长（刺史）的，一律擢升全权州长（牧）。

杨定不久移驻历城（甘肃省西和县北），把辎重积蓄，全都储存百顷（仇池），自称龙骧将军、仇池公，派使节到晋帝国（首都建康），表示归附，愿称藩属。晋帝司马昌明下诏，依照杨定自称官爵，一一加授。后来，杨定攻取天水郡（甘肃省天水市）、略阳郡（甘肃省天水市东），遂自己改称秦州州长（刺史）、陇西王。

42 后燕帝国绎幕（山东省平原县西北）人蔡匡，占领县城，叛变。抚军大将军慕容麟、冠军大将军慕容隆，联合攻击。晋帝国所属的泰山郡（山东省泰安市东）郡长任泰，暗中出动军队，援救蔡匡，距蔡匡军营南方只有八华里，后燕军才忽然发觉。攻击蔡匡既攻击不下，而外援又突然来到，各将领都感忧虑。慕容隆说：“蔡匡仗恃他有外援，所以坚守不屈，一时不能攻下。现在，计算任泰的部队，不过数千人，乘他们还没有会师，我们急行攻击，只要击退任泰，蔡匡自然投降。”解除对蔡匡的包围，攻击任泰，大破晋军，杀一千余人。

蔡匡只好投降，后燕王慕容垂斩蔡匡，屠杀蔡匡据守的自卫堡寨。

43 后燕帝国骠骑大将军慕容农，抵达龙城（辽宁省朝阳市。从凡城到此），人马休息十余日。各将领都说：“殿下北上时，行军快速，可是到此却又停顿不进，原因何在？”慕容农说：“我很快的赶路，只是恐怕余岩越过大山（白狼山 · 辽宁省喀喇沁左翼县西南）抢夺劫掠，伤害善良居民。余岩才能并不超过普通人，只不过诱骗一些饥饿的民众，像乌鸦一样聚集在一起，没有严格的纪律。我现在已扼住他的咽喉，拖的日子一久，他的军队就会自己离散，不能有所作为。现在，这里的农作物，已经成熟，没有收割就走，白白损耗自己军粮。我准备等这里的庄稼收割完毕，再前往厮杀，也不过再等十天而已。”（农民苦苦种田，军队却去收割，军队固然得意，农民用什么下肚，男女老幼，饿死一途。）

不久，慕容农率步骑兵三万人，南下进逼令支（河北省迁安市），余岩部众大为惊骇，开始有人翻出城墙投降。余岩束手无策，只好也出城投降，慕容农斩余岩，回军进攻高句骊王国（首都丸都〔吉林省集安市〕），收复辽东郡（辽宁省辽阳市）、玄菟郡（辽宁省沈阳市）。回到龙城（辽宁省朝阳市）后，上疏请求整修祖先坟墓祭庙。

后燕王慕容垂加授慕容农“使持节”（一级权力）、幽平以及北狄军区司令长官（都督幽平二州、北狄诸军事）、幽州（河北省北部）全权州长（牧），镇守龙城（辽宁省朝阳市）。命平州（辽宁省）州长（刺史）、带方王慕容佐，镇守平郭（辽宁省盖州市）。慕容农制定法条，政务宽厚简单，司法清廉公正，监狱祥和，减少田赋捐税，鼓励耕种，督促养蚕，人民富庶，逃亡到四方的难民，前来回归投奔的有数万人。之前，幽冀（河北省）难民很多逃到高句骊王国（首都丸都〔吉林省集安市〕）；慕容农命骠骑大将军府军政官（骠骑司马）、范阳郡（河北省涿州市）人庞渊，当辽东郡（辽宁省辽阳市）郡长，招徕安抚。

44 后燕帝国抚军大将军慕容麟，攻击前秦帝国所属平州州长（刺史）王兖据守的博陵郡（河北省安平县）。城中粮秣全都吃完，箭也用尽，人事官（功曹）张猗翻城逃出，招集人马，响应慕容麟。王

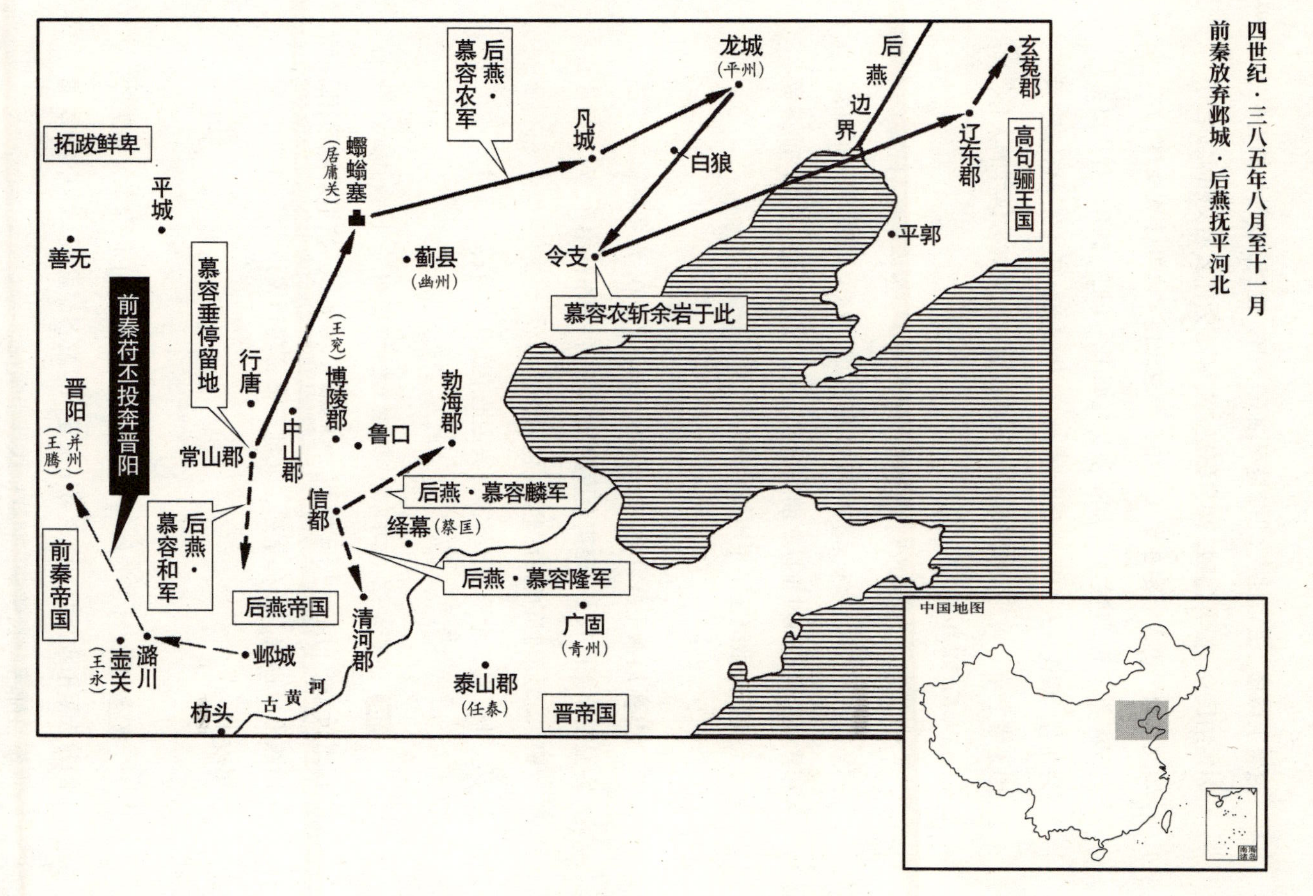

四世纪·三八五年八月至十一月
前秦放弃邺城·后燕抚平河北

兖登上城楼，责备他说："你是秦国（前秦帝国）臣民，我是你的君长，你集结民众，投奔盗贼，却自称是'义军'，为什么名义和实质，竟如此相反！古人一定在孝子之中，寻求忠臣（"求忠臣于孝子之门"。东汉王朝韦彪语，参考八四年六月）。你娘亲身在城中，却把她抛弃，对我更不会在意。现在，人们虽然看见你一时荣华富贵，但怎么能忘掉你不忠不孝之事。再想不到中原（中州）礼仪之邦，竟有你这样的人！"（王兖是氐人，张猗是汉人。）

十二月，慕容麟攻陷博陵郡（河北省安平县），生擒王兖、苻鉴，一同斩首。昌黎郡（龙城·辽宁省朝阳市）郡长（空头官衔）宋敞，率乌桓部落和索头部落的战斗部队，前来援救王兖，已赶不及，班师。前秦帝苻丕擢升宋敞继任平州州长（刺史）。

45 后燕王慕容垂，抵达中山（河北省定州市），对各将领说："慕容温招徕流亡人士，充实仓库粮秣，对外供应军队给养，对内经营宫殿，就是萧何的功劳，也不见得比他大！"

十二月二十三日，慕容垂决定把中山作为首都。

46 前秦帝国（首都晋阳〔山西省太原市〕）冀州（河北省中部南部）全权州长（牧）苻定，据守信都（河北省衡水市冀州区），抗拒后燕帝国。后燕王慕容垂，任命堂弟、北地王慕容精当冀州州长（刺史），率军攻击。

47 已瓦解了的代国（参考三七六年十二月），王位继承人拓跋珪的曾叔祖拓跋纥罗，跟老弟拓跋建，以及各部总监（大人），一致请求贺兰部落酋长贺讷，拥戴拓跋珪当领袖。

三八六年 丙戌

晋	太元	十一年
前秦	太安	二年
	太初	元年
后燕	燕王	三年
	建兴	元年
西燕	更始	二年
	昌平	元年
	建明	元年
	建平	元年
	中兴	元年
	建武	元年
后秦	白雀	三年
	建初	元年
西秦	建义	二年
北魏	登国	元年
后凉	太安	元年

（凉州牧张大豫凤凰元年）

1 春季，正月六日，拓跋珪（本年十六岁）在牛川（内蒙古兴和县西），召集索头部落高阶层扩大会议，登上代王宝位，改年号登国（代国复建，不久〔本年四月〕改称魏国，而历史上称“魏”的国家有四个之多，不得不分别加上帽子，称“曹魏”“冉魏”，拓跋珪复国的这个魏，称“北魏”。这个北魏帝国，皇家虽是鲜卑人，但不列入“五胡乱华十九国”，因五胡乱华十九国都是短命政权，北魏帝国寿命长达一百七十一年，史学家遂使它成为“南北朝时代”的北朝，跟南朝的南宋、南齐、南梁、陈对峙）。命长孙嵩当南部总监（南部大人）、叔孙普洛当北部总监（北部大人)，分别统御部众(这时候的所谓中央政府，不过一个用篷帐围绕起来的大杂院，以审理诉讼为主，没有监狱，没有诉讼法规，全看主审官的意见，随时决定，随时执行)。命上谷郡(河北省怀来县)人张兖当左秘书长(左长史)、许谦当右军政官(右司马)；广宁郡(河北省涿鹿县)人王建、索头部落人和跋、叔孙建、庾岳，都当政务总监(外朝大人)；奚牧当行政长官(治民长)；全都负责皇家保卫，以及参与军事、政治会议。长孙道生、贺毗等当左右侍从，传达诏书命令及官民奏章。王建，是拓跋珪的姐夫；庾岳，是庾和辰的老弟(庾和辰，参考去年〔三八五〕八月)；长孙道生，是长孙嵩的侄儿。

2 后燕帝国(首都中山〔河北省定州市〕)国王(一任武成帝)慕容垂(本年六十一岁)改称皇帝。

3 后秦帝国(首都北地〔陕西省铜川市耀州区〕)万年秦王(一任武昭帝)姚苌(本年五十七岁)，前往安定(甘肃省镇原县东南屯字镇)。

4 前秦帝国(首都晋阳〔山西省太原市〕)南安郡(甘肃省陇西县东南)人秘宜(秘，姓)率羌人、匈奴人五万余，攻击西秦王国(首都勇士城〔甘肃省榆中县北〕)首领(一任宣烈王)、单于乞伏国仁，乞伏国仁率军五千人迎战，大破秘宜军，秘宜奔回南安。

5 丁零部落酋长翟真，被叛将鲜于乞谋杀时(参考去年〔三八五〕四月)，堂兄翟辽逃走，投奔晋帝国(首都建康〔江苏省南京市〕)黎阳郡(河南省浚县)郡长滕恬之，滕恬之对翟辽至为宠爱信任。滕恬之喜爱打猎，不知道珍惜士卒，翟辽暗中用恩惠笼络军心。后来，滕恬之向南攻击鹿鸣城（即白马津·河南省滑县东北）。翟辽留守后方，遂关闭城门，拒绝滕恬之返防。滕恬之向东投奔鄄城（山东省鄄城县北），翟辽追击，生擒滕恬之，遂占领黎阳（河南省浚县）。

晋帝国豫州（州政府设谯城〔安徽省亳州市〕。《宋书·州郡志》及《晋书·朱序传》皆云州政府设马头〔安徽省蚌埠市西南马城镇〕，似误）州长（刺史）朱序，派将军秦膺、童斌，会同淮河、泗水各郡，共同讨伐翟辽。

6 前秦帝国（首都晋阳）流亡的益州全权州长（牧）王广（去年〔三八五〕投靠老哥王统，参考去年二月），从陇右（甘肃省南部）率军攻击河州全权州长（牧）毛兴镇守的枹罕（甘肃省临夏市）。毛兴派建节将军卫平，率他的家族一千七百人，发动夜袭，大破王广军。

二月，秦州（州政府设上邽〔甘肃省天水市〕）全权州长（牧）王统，派军协助王广，攻击毛兴，毛兴登城自守。

7 后燕帝国（首都中山）大赦，改年号建兴（之前是燕王三年，之后是建兴元年）。设置三公、部长、文武百官；兴建皇家祭庙、天神及农神祭坛。

8 西燕帝国（首都长安〔陕西省西安市〕）皇帝（二任威帝）慕容冲，乐于定都长安；而且又畏惧后燕帝国（首都中山）皇帝慕容垂的强大，不敢回到东方，遂鼓励士卒种田务农，安家落户，作长久居留之计；鲜卑人无不怨恨（他们当初就是为了不肯安家落户，渴望东归，才起兵叛变。打来打去，结果仍是安家落户，自然怒不可遏）。

左将军韩延，利用军心不满，发动政变，斩慕容冲（年二十八岁）。拥戴将领段随当国王（三任王），改年号昌平（之前是更始二年，之后是昌平元年）。

四世纪·三八六年正月　北魏兴起·七国并立

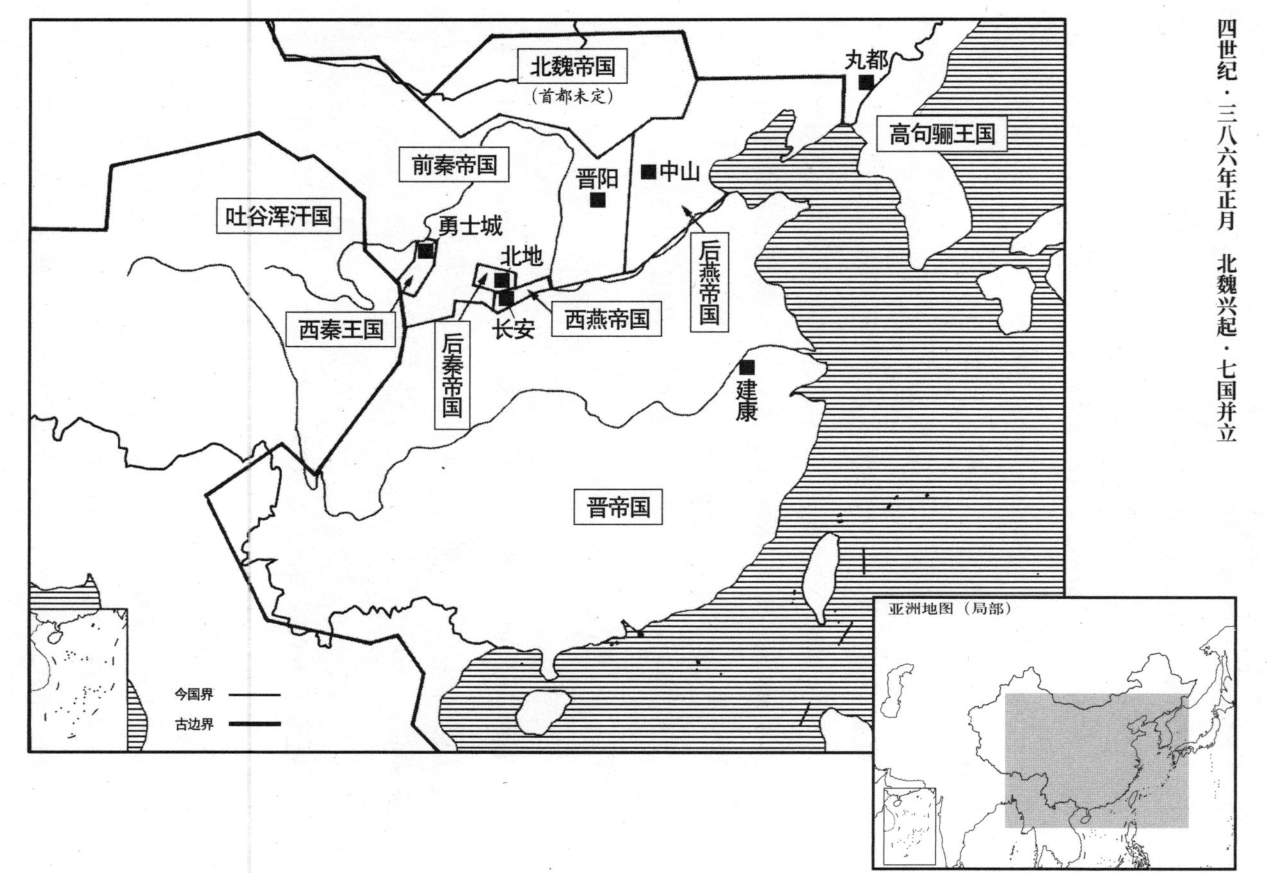

9 最初，故前凉王国首领、西平公张天锡投奔晋帝国时（参考〔三八三年〕十一月），前秦帝国外籍兵团指挥官（长水校尉）王穆，把张天锡的爵位合法继承人、世子张大豫暗中藏匿，一起投奔河西（凉州·甘肃省中部西部）鲜卑部落酋长秃发思复鞬（张大豫，参考〔三七六年〕五月；秃发思复鞬，参考〔三六五年〕十月）。秃发思复鞬把张大豫送到魏安（甘肃省古浪县东），魏安人焦松、齐肃、张济等，聚集武装士卒数千人，拥戴张大豫当盟主。攻击据守姑臧（凉州州政府所在县·甘肃省武威市）的前秦帝国凉州州长（刺史）吕光所属的昌松郡（武威市南），攻克，俘虏郡长王世强。吕光派辅国将军杜进攻击，杜进战败，张大豫进逼姑臧。王穆劝告张大豫说："吕光的城防坚固，粮食充足，武器锋利，军队训练有素。进逼太紧，没有利益。不如先行收回岭西（甘肃省永昌县南九条岭以西）各郡（张掖郡〔甘肃省张掖市〕、酒泉郡〔甘肃省酒泉市〕、敦煌郡〔甘肃省敦煌市〕等），招兵买马，积蓄粮秣，然后东下跟吕光争夺，用不了一年，就可以把他制服。"张大豫不接受，自称抚军将军、凉州全权州长（牧），改年号凤凰；任命王穆当秘书长（长史），发出政治号召，传令各郡县；又派王穆前往岭西（九条岭以西）各郡游说，建康郡（甘肃省酒泉市东南）郡长李隰、祁连郡（甘肃省张掖市东南）民兵司令（祁连都尉）严纯，都武装响应，集结部众三万人，据守杨坞（姑臧西）。

10 代王拓跋珪，定都定襄郡（西汉王朝之定襄郡·内蒙古和林格尔县）的盛乐城（郡政府所在城），推广农耕，使人民获得休息，大家满足。

11 三月，晋帝国（首都建康）大赦。

12 晋帝国泰山郡（山东省泰安市东）郡长张愿叛变，献出城池，投降丁零部落酋长翟辽（驻黎阳〔河南省浚县〕）。

最初，晋帝国首都卫戍司令（卫将军）谢玄，打算命豫州（州政府谯城）州长（刺史）朱序驻防梁国（河南省商丘市睢阳区），谢玄则自己进屯彭城（江苏省徐州市）；用以支援北方黄河沿岸据点，并对西方洛阳（河南省洛阳市东白马寺东）遥遥呼应。可是中央政府认为大军出征的时间太久，人民难以负荷，打算命谢玄留下少数警卫部队，迅速班师。正巧，翟辽、张愿接连叛变，北方人民惊恐，社会骚动不安。谢玄上疏请求处分，并解除所有官职。晋帝（十五任孝武帝）司马昌明（本年二十五岁）下诏安慰挽留，命他仍回淮阴（江苏省淮安市淮阴区）。

13 后燕帝国（首都中山）皇帝慕容垂，追尊娘亲兰女士绰号文昭皇后，打算把嫡母文明皇后段女士的牌位，迁出皇家祭庙，而由娘亲兰女士的牌位，配享老爹慕容皝（前燕帝国一任文明帝）之旁（段女士是老爹正妻，兰女士是老爹的小老婆）。下诏文武百官讨论研究，大家一致认为当然应该如此。儒家经典教授（博士）刘详、董谧，提出异议，认为："伊祁放勋（黄帝王朝六任帝尧帝）的娘亲（庆都），是老爹姬夋（黄帝王朝四任帝喾帝）的小老婆，而且排列第三（姬夋正妻姜嫄；小老婆简狄、庆都、娵訾），并不因为母子尊贵，而欺凌姜原。说明圣人的道理，第一必须大公。所以，陛下娘亲文昭皇后（兰女士），应该另行建立祭庙。"慕容垂大怒，对二人施加压力，刘详、董谧说："陛下一定要这么做，就不必询问我们臣属的意见。我们臣属的意见，一切都遵守经典法则，不敢欺骗。"

慕容垂遂不再理会儒家学派专家学者，最后仍把嫡母段皇后逐出祭庙，而以兰皇后的牌位代替。又因皇嫂可足浑女士（前燕帝国二任景昭帝慕容儁正妻）使帝国倾覆。慕容垂下诏把她罢黜成平民，而追尊慕容儁（前燕帝国二任景昭帝）的小老婆、昭仪段女士，为景德皇后，配享慕容儁，共享香火。

崔鸿曰

姜小白（春秋时代齐国十六任国君桓公）曾经要求各封国国君承诺，不可以把小老婆擢升当大老婆（《孟子》：姜小白葵丘〔河南省民权县东北〕会盟时，约定："诛杀忤逆的儿女，不要更改嫡子，不要擢升小老婆群当大老婆〔诛不孝，无易树子，无以妾为妻〕"）。丈夫对自己的正妻，还不可以由小老婆代替；何况当儿子的，怎么可以改变自己的嫡母？《春秋》上所说的："娘亲因儿子的缘故，自然尊贵。"意思是，国君的嫡母死亡，才可以由小老婆娘亲继位。至于皇家祭庙的祭祀，则成风（春秋时代鲁国十六任国君桓公姬同的小老婆）到最后也不能配享姬同（成风是姬同的小老婆，姜女士是姬同的大老婆。成风的儿子姬申，后来当十九任国君〔僖公〕。而姜女士跟姬共仲通奸，一连谋杀了十七任国君姬般、十八任国君闵公姬启，企图拥立姬共仲，最后失败，被娘家人齐国十六任国君姜小白诛杀。可是姬申继位后，把嫡母姜女士的棺柩迎回，仍以国君正妻——夫人的大礼安葬）。君父所作所为，做臣子的一定会学习效法，犹如有物体必有阴影，有声音必有回响一样。不久，慕容宝逼杀嫡母（参考〔三九六年〕五月），都是老爹慕容垂以身作则，逐渐诱导。效法伊祁放勋（尧）、姚重华（舜）的禅让，还招来子之、姬哙的大祸（参考〔前三一六年〕），何况违背礼教，只不过为了满足私欲！从前，文姜（鲁国十五任国君桓公姬允的大老婆）得罪她的丈夫姬允，可是，《春秋》并不否认她是正妻（文姜跟她的老哥姜诸儿〔齐国十四任国君襄公〕通奸，被姬允发觉，姜诸儿把姬允谋杀。《春秋》前六七三年仍记载："夫人姜女士逝世。"前六七二年也记载："把我国〔鲁国〕国君夫人安葬"）。可足浑女士虽然在前燕帝国时代有罪，但国君夫人的礼仪，已经完成。慕容垂由于私人仇恨罢黜她，而改由老哥没有儿子的小老婆（指景德皇后段昭仪）继位，都不是合乎礼教的行为。

14 匈奴部落酋长刘显（参考去年〔三八五〕八月），从善无（山西省右玉县）向南迁徙，前往马邑（山西省朔州市）。同族另一酋长刘奴真，率部众归附代国；刘奴真有位老哥刘犍，从前曾经住过贺兰部落（内蒙古阴山山脉北），刘奴真报告代王拓跋珪，征召刘犍回国，刘奴真愿把自己的部众，让给刘犍领导；拓跋珪批准。可是，刘犍掌握部众之后，却派老弟刘去斤，送给贺兰部落酋长贺讷黄金和骏马等厚重礼物，贺染干乘机对刘去斤说："我待你们兄弟恩情如何？你今天既然统领部落，应该跟我们在一起。"刘去斤答应。

刘奴真得到消息，大为愤怒，叫说："自从我祖父以来，几世都是代国忠臣，所以我才把部落让给你们，就是要你们大义行事，现在你们倒行逆施，竟打算叛国谋反，大义何在？"遂诛杀刘犍、刘去斤。贺染干得到消息，率军攻击刘奴真，刘奴真投奔代国。代王拓跋珪派人责备贺染干，贺染干才不得不停止。

15 西燕帝国（首都长安〔陕西省西安市〕）国务院执行长（仆射）慕容恒、国务院执行官（尚书）慕容永，袭击国王（三任王）段随，诛杀（年龄不详）；拥戴宜都王慕容桓的儿子慕容觊当国王（四任王），改年号建明（之前是昌平元年，之后是建明元年）；放弃长安，率鲜卑部众男女四十余万人东下（三七〇年十二月，前秦帝国把鲜卑人强迫迁到关中〔陕西省中部〕，迄今不过十七年，竟繁衍到如此众多，生育力之强，至为可惊。相较之下，氐人生育率远较为低，所以苻坚的移民大策略，来不及发生效果）。

慕容恒老弟、中央军事总监（护军将军）慕容韬，把国王（四任王）慕容觊诱骗到临晋（陕西省大荔县），诛杀（年龄不详）。慕容恒大怒，离开慕容韬。慕容永跟武卫将军刁云，率军讨伐慕容韬，慕容韬战败，投奔慕容恒，慕容桓另行拥戴慕容冲（二任威帝）的儿子慕容瑶当皇帝（五任帝），改年号建平（之前是建明元年，之后是建平元年），追称老爹慕容冲绰号威皇帝。但人心不服，部众纷纷离开慕容瑶，投奔慕容永；慕容永遂发动政变，诛杀慕容瑶（年龄不详）。另行拥戴一任首领、济北王慕容泓的儿子慕容忠当皇帝（六任帝），改年号建武（之前是建平元年，之后是建武元年）。

慕容忠任命慕容永当全国武装部队总司令（太尉），代理国务院总理（守尚书令），封河东公。慕容永执法宽大公平，鲜卑部众心悦诚服。部众抵达闻喜（山西省闻喜县），听到后燕帝国已经建立，慕容垂已经当上皇帝的消息，大为震惊，不敢前进，就在闻喜兴筑燕熙城居住。

16 西燕帝国东去之后，长安（陕西省西安市）成为权力真空。前荥阳郡（河南省荥阳市）郡长、高陵（陕西省西安市高陵区）人赵穀等，邀请杏城（陕西省黄陵县）卢水匈奴部落首领郝奴，率部众四千家，进入长安，渭河以北人民，纷纷响应；郝奴命赵穀当丞相。扶风郡（陕西省眉县）人王驎，有部众数千人，据守马嵬（陕西省兴平市西马嵬坡，嵬，音wéi〔唯〕）。郝奴派老弟郝多，攻击王驎。

夏季，四月，后秦帝国（首都北地〔陕西省铜川市耀州区〕）万年秦王姚苌，从安定（甘肃省镇原县东南屯字镇）南下，也攻击王驎，王驎逃往汉中（陕西省汉中市，时属晋帝国）。姚苌乘胜生擒郝多，向长安进军。郝奴恐惧，投降。姚苌任命郝奴当镇北将军、六谷军区司令长官（六谷在秦岭山脉）。

17 四月二十二日，晋帝国（首都建康）政府任命国务院执行长（尚书仆射）陆纳当左执行长（左仆射），任命谯王司马恬当右执行长（右仆射）。陆纳，是陆玩的儿子（陆玩事，参考〔三二九年〕正月）。

18 前秦帝国（首都晋阳〔山西省太原市〕）河州（州政府设枹罕〔甘肃省临夏市〕）全权州长（牧）毛兴，袭击流亡的益州全权州长（牧）王广，王广大败，投奔秦州（州政府设上邽〔甘肃省天水市〕）；陇西郡（甘肃省陇西县）鲜卑人匹兰，生擒王广，献俘给后秦帝国（首都北地）。

毛兴打算再攻击秦州全权州长（牧）王统镇守的上邽（甘肃省天水市），可是枹罕氐民族各部落，不堪战争的悲苦（这些氐人，是苻坚移民大计划中，交给毛兴带领到此），遂一同起事，谋杀毛兴，公推卫平（一个强大家族的家长）继任河州（州政府枹罕）州长（刺史），派人前往首都晋阳（山西省太原市），请求中央承认。

19 后燕帝国（首都中山）皇帝慕容垂，封他的儿子慕容农当辽西王、慕容麟当赵王、慕容隆当高阳王。

20 北魏帝国（首都盛乐〔内蒙古和林格尔县〕）首领（一任道武帝）、代王拓跋珪，改称魏王（北魏王）。

21 独立作战的凉州全权州长（牧）张大豫，从杨坞（甘肃省武威市）向姑臧（前秦凉州州政府所在县·甘肃省武威市）城西推进，秘书长（长史）王穆，以及鲜卑部落酋长秃发思复鞬的儿子秃发奚于，率部众三万人，进驻姑臧城南。

前秦帝国凉州（甘肃省中部西部）州长（刺史）吕光，出城攻击，大破张大豫军，杀秃发奚于等二万余人。

22 前秦帝国（首都晋阳〔山西省太原市〕）大赦，前秦帝（四任哀平帝）苻丕，任命卫平当抚军将军、河州（州政府设枹罕〔甘肃省临夏市〕）州长（刺史）；吕光当车骑大将军、凉州（州政府设姑臧〔甘肃省武威市〕）全权州长（牧）。但钦差大臣都在中途被后秦帝国（首都长安）俘虏，诏命无法送达。

23 后燕帝国（首都中山）皇帝慕容垂，命范阳王慕容德当国务院总理（尚书令），太原王慕容楷当国务院左执行长（左仆射），乐浪王慕容温当京畿总卫戍司令（司隶校尉）。

24 后秦帝国（首都长安）万年秦王姚苌，在长安登极，改称皇帝（一任武昭帝），大赦，改年号建初（之前是白雀三年，之后是建初元年），国号大秦（后秦帝国）。追尊老爹姚弋仲绰号景元皇帝，封正妻虵（蛇）女士当皇后，儿子姚兴（本年二十一岁）当皇太子，设立文武百官。

姚苌跟他的文武百官欢宴吃酒，吃到半醉，姚苌说："你们都跟我一起面向北方，向秦国（前秦帝国）皇帝叩头，本来平起平坐，而今忽然变成君臣，你们反而向我叩头，会不会多少有点羞辱感觉？"赵迁说："上天不认为你做他的儿子是羞辱，我们怎么会认为做你的臣属是羞辱！"姚苌放声大笑。

25 北魏王（首都盛乐）拓跋珪，前往陵石（盛乐东）。护佛侯部落酋长侯辰、乙佛部落酋长代题，一齐叛变，率领部落逃走。各将领请求拓跋珪追击，拓跋珪说：“侯辰等几世都给皇家做事，如今犯罪，我们应该忍耐。而且，国家建立之初，人心还不安定，愚昧的人往往一会归附，一会叛变，不必重视。”

26 六月二十日，晋帝国（首都建康）任命前辅国将军杨亮，当雍州州长（刺史），镇守洛阳（河南省洛阳市东白马寺东），保护皇家坟墓。

荆州州长（刺史）桓石民（时驻鲁阳〔河南省鲁山县〕。参考前年〔三八四〕六月），派将军晏谦，攻击弘农郡（河南省灵宝市东北），攻克；开始在湖县（灵宝市西）、陕城（河南省三门峡市），驻军防守。

27 西燕帝国（首都闻喜〔山西省闻喜县〕）武卫将军刁云等，发动政变，诛杀皇帝（六任帝）慕容忠（年龄不详），拥戴全国武装部队总司令（太尉）慕容永“使持节”（一级权力）、全国各军区最高司令长官（大都督中外诸军事）、最高统帅（大将军）、大单于、雍秦梁凉四州全权州长（牧）、主管政府机要（录尚书事）、河东王。向后燕帝国（首都中山）称臣，作为藩属。

28 后燕帝国（首都中山）皇帝（一任武成帝）慕容垂，派太原王慕容楷、赵王慕容麟、陈留王慕容绍、章武王慕容宙，分别攻击前秦帝国冀州全权州长（牧）苻定（时在信都）、冀州军区司令长官（冀州都督）苻绍、幽州全权州长（牧）苻谟、幽平军区司令长官（幽平二州都督）苻亮（苻定等事，参考去年〔三八五〕十月）。慕容楷先写信给他们，分析祸福利害，苻定等全都迎降。慕容垂一律封他们侯爵，说：“用来回报秦国（前秦帝国）天王（苻坚）的恩德。”

29 前秦帝国（首都晋阳）皇帝（四任哀平帝）苻丕，任命全国各军区总司令长官（都督中外诸军事）、宰相（司徒）、主管政府机要（录尚书事）王永，当左丞相；全国武装部队总司令（太尉）、东海王司马纂，当最高指挥官（大司马）；最高监察长（司空）张蚝，当全国武装部队总司令（太尉）；国务院总理（尚书令）、咸阳郡（陕西省咸阳市）人徐义，当最高监察长（司空）；京畿总卫戍司令（司隶校尉）王腾，当骠骑大将军、仪同三司（宰相级）。

王永发布文告，号召四方公爵侯爵、州长郡长、民众自卫堡寨司令（垒主）、民间英雄豪杰，共同讨伐叛徒姚苌、慕容垂；命各人统率各人的部众，定期本年十月上旬，在临晋（陕西省大荔县）会师。于是，天水郡（甘肃省天水市）人姜延、冯翊郡（郡政府临晋）人寇明，河东郡（山西省夏县）人王昭，新平郡（陕西省彬州市）人张晏，京兆郡（陕西省西安市）人杜敏，扶风郡（陕西省眉县）人马朗，建忠将军、高平（宁夏固原市）牧马场总监（牧官都尉）、扶风郡（陕西省兴平市）人王敏等，纷纷聚众起兵，每人都有武装部队数万人，分别派使节到首都晋阳（山西省太原市）晋见。皇帝苻丕一律任命他们担任将军、郡长，全封侯爵。

冠军将军邓景，率部众五千人，据守彭池（可能是“彪池”之误，彪池在长安西），跟据守兹川（灞水）的窦冲互相呼应，夹击后秦帝国首都长安（陕西省西安市）。前秦帝苻丕，任命邓景当陪都长安市长（京兆尹）。邓景，是邓羌的儿子（邓羌，前秦帝国名将，参考〔三七〇年〕十月）。

30 后秦帝国（首都长安）皇帝姚苌，把安定郡（甘肃省镇原县东南屯字镇）居民五千余家，强迫迁移到长安。

31 秋季，七月，前秦帝国（首都晋阳）平凉郡（甘肃省华亭市）郡

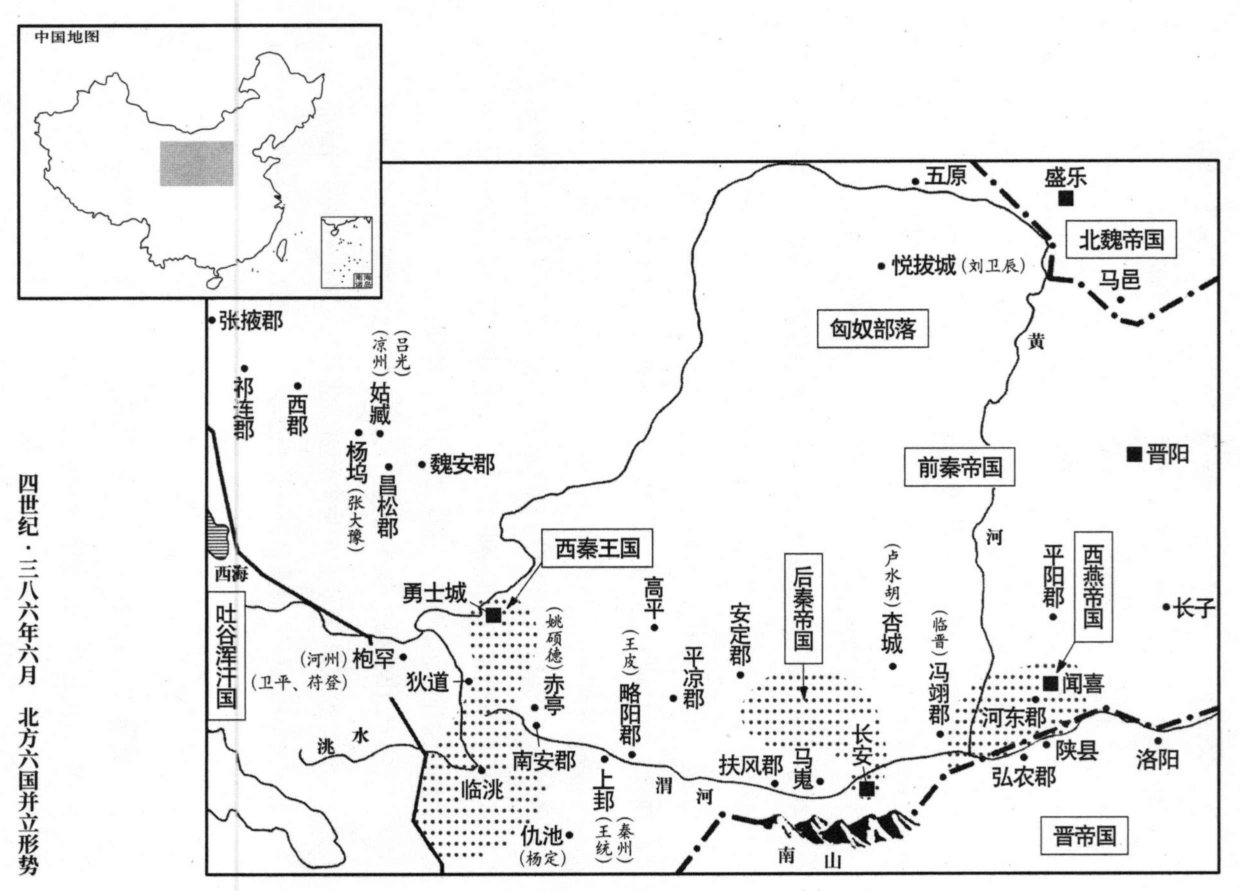

四世纪·三八六年六月　北方六国并立形势

长金熙、安定郡（甘肃省镇原县东南屯字镇）民兵司令（都尉）没弈干，跟后秦帝国左将军姚方成，在孙丘谷（今地不详）会战，后秦军败。后秦帝姚苌，命他的老弟、征虏将军姚绪，当京畿总卫戍司令（司隶校尉），镇守首都长安；自己亲率大军前往安定（甘肃省镇原县东南屯字镇），攻击金熙等，大破前秦军。

金熙是东胡人；没弈干，是鲜卑民族多兰部落酋长。

32 前秦帝国枹罕（甘肃省临夏市）氐民族各部落酋长，因河州（州政府枹罕）州长（刺史）卫平，年纪衰老，很难再有作为（北方有谚语说："光棍玩老了，胆子玩小了。"开创性事业，大多数要年轻人完成），商议把他罢黜，但又恐惧卫平强大的家族出面干预；一连几天讨论，不能决定。氐部落豪杰啖青，对将领们说："大事应该尽快决定，不然的话，必然发生变化，你们只管请卫平出席聚会，剩下的事，看我如何处理。"

正好，七月七日，大摆酒筵，啖青拔出佩剑，直逼卫平，宣布说："现在，天下大乱，大家祸福相同，非有一个英明的领袖，不能完成大业。卫先生年龄已老，应该回到原来的官位（卫平原是建节将军），而把权柄让给贤能的人。狄道（甘肃省临洮县）县长苻登，虽然是皇家的远族，可是志气豪迈，智略超人，请大家一同拥戴，率军前往临晋会师。各位有不赞成的，请说出你的意见。"然后卷起衣袖，举起佩剑，做出立即向反对者进击的姿态，大家只好服从，不敢抬头。于是，公推苻登"使持节"（一级权力），陇右（陇山以西）军区司令长官（都督陇右诸军事），抚军大将军，雍（甘肃省东部）、河（甘肃省洮水流域）二州全权州长（牧），略阳公；率武装部队五万人，向东进军，进攻南安（甘肃省陇西县东南），攻克；派使臣前往首都晋阳（山西省太原市），请求批准。苻登，是前秦帝苻丕的远房堂侄。

33 南安郡（甘肃省陇西县东南）变民首领秘宜，跟另一变民首领莫侯悌眷（莫侯，复姓），率他们的部众三万余户人家，投降西秦王国（首都勇士城〔甘肃省榆中县北〕）首领（一任宣烈王）、单于乞伏国仁，乞伏国仁任命秘宜当东秦州州长（刺史）、莫侯悌眷当梁州州长（刺史）。

34 七月十日，北魏王（首都盛乐）拓跋珪，自陵石（盛乐东）返盛乐，乙佛部落（所在地不详）酋长代题，率他的部属归降。可是，过了十几天，代题又投奔匈奴部落酋长刘显（时驻马邑〔山西省朔州市〕）。拓跋珪命代题的孙儿倍斤，接管乙佛部落。刘显的老弟刘肺泥，率部众归降北魏帝国。

35 八月，后燕帝（首都中山）慕容垂，命皇太子慕容宝，留守京师（首都中山），命赵王慕容麟当国务院右执行长（尚书右仆射），主管留守政府机要（录留台）。

八月一日，慕容垂亲自率领范阳王慕容德等，南下夺取土地，另派高阳王慕容隆，向东直指平原郡（山东省平原县）。

丁零部落酋长鲜于乞，据守曲阳（河北省曲阳县）西方太行山脉，听到慕容垂南下消息，遂攻击望都（河北省望都县西北），大肆掠夺居民。赵王慕容麟亲自出城讨伐，将领们都说："殿下把京师（首都中山）军队调走一空，远征贼寇，万一不能建立武功，会伤害你的威望和地位，不如派别的将领出马。"慕容麟说："鲜于乞听说皇上（慕容垂）在外，心中无所顾忌，一定没有戒备，我只要一次攻击，就可取得决定性胜利，不必担心。"于是宣称前往鲁口（河北省饶阳县），却在深夜回军，直指丁零军大营，天色拂晓时，已抵达营门，立即攻击，生擒鲜于乞。

36 独立作战的丁零部落酋长翟辽（时驻黎阳〔河南省浚县〕）攻击谯郡（安徽省亳州市），被晋帝国豫州（州政府同设谯郡）州长（刺史）朱序击退。

37 前秦帝苻丕，任命苻登当征西大将军、开府仪同三司（宰相级）、封南安王；“持节”（二级权力）、全权州长（牧）、军区司令长官（都督），都按照原来推举的官称，一一任命。

苻丕又擢升最高监察长（司空）徐义当右丞相。命骠骑大将军王腾，留守京师（首都晋阳）；国务院右执行长（右仆射）杨辅，驻防壶关（山西省长治市北），率军四万，进驻平阳（山西省临汾市）。

38 最初，后秦帝国皇帝姚苌的老弟姚硕德，率他的羌人部落居住陇上（即陇西 · 甘肃省南部），听到姚苌叛离前秦帝国，遂自称征西将军，在冀城（甘肃省甘谷县）招兵买马，集结群众响应。任命堂孙姚详当安远将军，据守陇城（甘肃省张家川县）；族孙姚训当安西将军，据守南安郡（甘肃省陇西县东南）赤亭（陇西县东，姚苌部落故乡，参考〔三一二年〕十二月），跟前秦帝国秦州（州政府设上邽〔甘肃省天水市〕）州长（刺史）王统对峙。

姚苌从安定（甘肃省镇原县东南屯字镇）率军跟姚硕德会师，攻击王统，天水郡（甘肃省天水市）匈奴民族屠各部落（贵族），略阳郡（甘肃省天水市东）羌人、胡人，起兵响应的有二万余户人家。前秦帝国略阳郡郡长王皮，向后秦军归降。

39 当初，前秦帝国消灭代国时（参考〔三七六年〕十二月），把代王拓跋什翼犍最小的儿子拓跋窟咄（音kū duō〔枯多〕），送到长安（前秦首都・陕西省西安市），后来追随西燕帝国迁往东方。西燕首领（七任）、河东王慕容永任命拓跋窟咄当新兴郡（山西省忻州市）郡长（此时新兴郡应属前秦帝国）。匈奴部落酋长刘显（时驻马邑〔山西省朔州市〕）派他的老弟刘亢泥，迎接拓跋窟咄，随后派出大军跟进，紧逼北魏帝国南方边境，各部落骚动不安。

北魏王拓跋珪左右侍卫人员于桓等，跟部众阴谋发动政变，打算逮捕拓跋珪，送给拓跋窟咄；而高级禁卫军司令（幢将）、代郡（河北省蔚县）鲜卑人莫题，也暗中跟拓跋窟咄来往。于桓的舅父穆崇，向拓跋珪告发，拓跋珪诛杀于桓等五人，而对莫题等七个姓氏的叛徒，一律原谅，不再追究。拓跋珪对于由内部爆发的流血叛乱，深为恐惧，遂放弃首都盛乐（内蒙古和林格尔县），向北撤退，越过阴山，投靠娘舅家贺兰部落（内蒙古阴山山脉北），一面派政务总监（外朝大人）、辽东郡（辽宁省辽阳市）人安同，前往后燕帝国（首都中山）求救，后燕帝慕容垂，派赵王慕容麟援助。

40 九月，前秦帝国秦州（州政府设上邽〔甘肃省天水市〕）州长（刺史）王统，献出城池，投降后秦帝国（无法抵挡攻击）。

后秦帝姚苌，任命姚硕德“使持节”（一级权力）、陇右（陇山以西）军区司令长官（都督陇右诸军事）、秦州州长（刺史），镇守上邽（甘肃省天水市）。

41 前秦帝国凉州（州政府设姑臧〔甘肃省武威市〕）州长（刺史）吕光，得到天王（三任宣昭帝）苻坚的凶讯，全军将士，披麻戴孝，追称苻坚绰号文昭皇帝。

冬季，十月，吕光（本年五十岁）下令大赦，改年号大安（五胡乱华十九国中，第十二个短命王国兴起，此时还未有国号，迟至三九六年六月才定国号为“凉”，史称后凉王国，以别于张家班的前凉王国）。

42 西燕帝国（首都闻喜）首领（七任）、河东王慕容永，派人晋见前秦帝（首都晋阳）苻丕（时在平阳〔山西省临汾市〕），请求借给一条道路，使他们回到东方故土。苻丕拒绝，在襄陵（山西省临汾市东南）与慕容永会战，前秦兵团大败，左丞相王永、卫大将军俱石子，全都战死。

当初，东海王苻纂逃出长安（陕西省西安市），前来投奔，手下仍拥有剽悍武士三千余人。前秦帝苻丕，一直心存畏惧，襄陵会战失败后，苻丕恐怕被苻纂谋杀，不敢返回晋阳（山西省太原市），率数千骑兵向南奔赴东垣（山西省垣曲县），打算袭击洛阳（河南省洛阳市东白马寺东）。晋帝国扬威将军冯该，从陕县（河南省三门峡市）出军阻截，斩苻丕（年龄不详），俘虏皇太子苻宁、长乐王苻寿，押解建康（晋首都·江苏省南京市）。晋帝司马昌明，下诏赦免死刑；交付苻宏收容（苻坚皇太子苻宏被安置江州〔州政府设寻阳·江西省九江市〕，参考去年〔三八五〕七月）。苻纂跟他的老弟、国务院执行官（尚书）、永平侯苻师奴，率部众数万人，放弃晋阳（山西省太原市），进驻杏城（陕西省黄陵县）；其他亲王、公爵、文武百官，都被慕容永生擒。

慕容永遂进驻长子（山西省长子县），登皇帝宝位（七任帝），改年号中兴（之前是建武元年，之后是中兴元年）。准备把俘虏的苻丕皇后杨女士封“上夫人”（小老婆群），杨女士用佩剑刺慕容永，被慕容永诛杀。

43 十月十六日，晋帝国被罢黜了的前任皇帝（十二任废帝）、

四世纪·三八六年十月　后凉兴起·八国并立

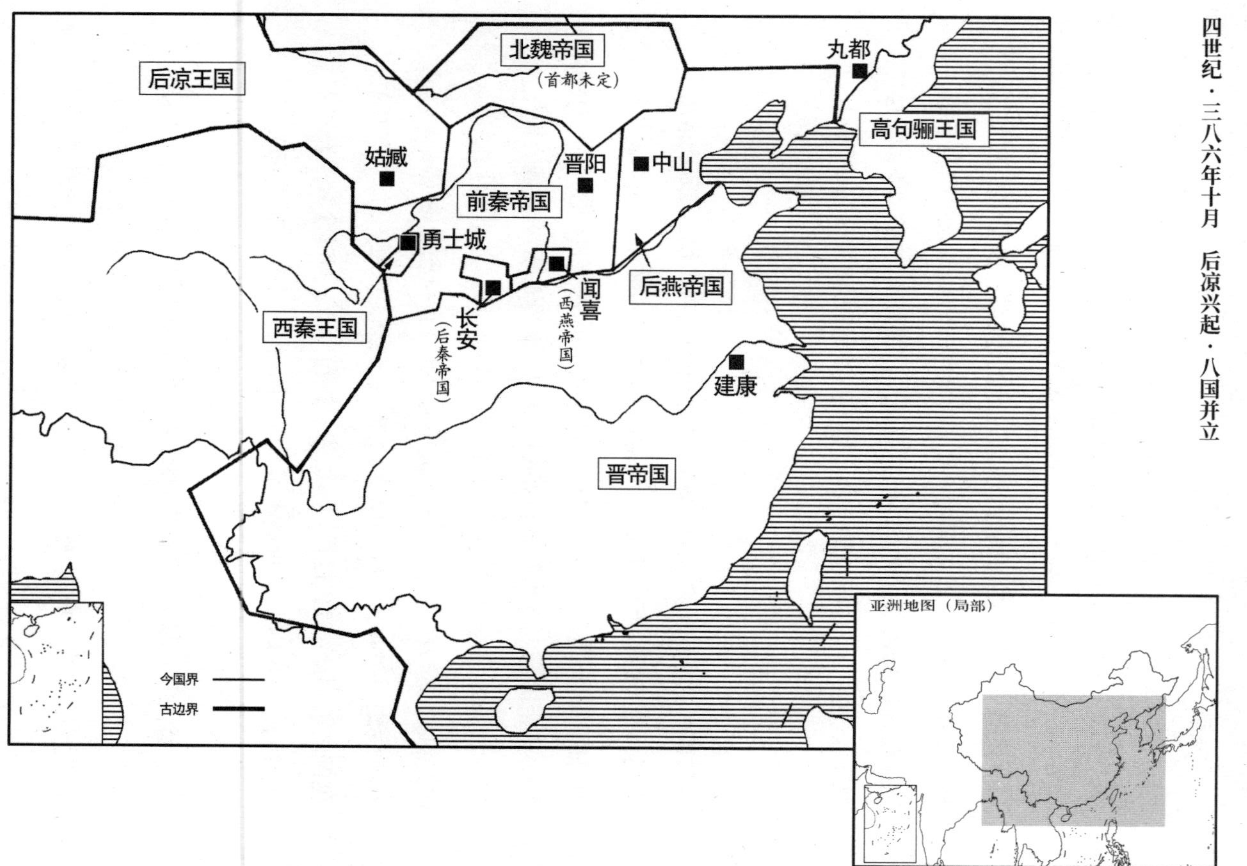

海西公司马奕，于吴县（江苏省苏州市）逝世（年四十五岁）。

44 后燕帝国（首都中山）宦官吴深，据守清河郡（山东省临清市）叛变，后燕帝慕容垂御驾亲自率军攻击，不能攻克。

45 后秦帝国（首都长安〔陕西省西安市〕）皇帝姚苌，返回安定（甘肃省镇原县东南屯字镇）。

46 前秦帝国（此时无首都）南安王苻登，既攻克南安（甘肃省陇西县东南），夷族和汉人归附的有三万余户人家，遂进攻后秦帝国秦州州长（刺史）姚硕德镇守的州城（上邽·甘肃省天水市）。后秦帝姚苌，亲自率军来救。苻登在胡奴阜（天水市西）迎战，大破姚苌军，杀二万余人；将军啖青一箭射中姚苌，姚苌受到重伤，投奔上邽（天水市）疗养，姚硕德接管姚苌的部众。

47 后燕帝国（首都中山）赵王慕容麟，率领援助北魏帝国（此时无首都）的军队，还没有抵达。拓跋窟咄大军更向前推进，加强对北魏王拓跋珪的压力；而贺兰部落（内蒙古阴山山脉北）的贺染干，又侵犯北魏帝国的北境，跟拓跋窟咄互相呼应。北魏帝国部众大为震骇，人心骚动。北部总监（北部大人）叔孙普洛逃奔刘卫辰。慕容麟得到消息，立即命使节安同等先行返国，北魏帝国才知道后燕兵团已经接近，人心稍稍安定。拓跋窟咄进驻高柳（山西省阳高县），拓跋珪率军跟慕容麟会师，联合进攻，拓跋窟咄大败，投奔刘卫辰，刘卫辰斩拓跋窟咄。拓跋珪把拓跋窟咄的部众全部接管。任命代郡鲜卑人库狄干当北部总监（北部大人）。慕容麟南返中山（河北省定州市）。

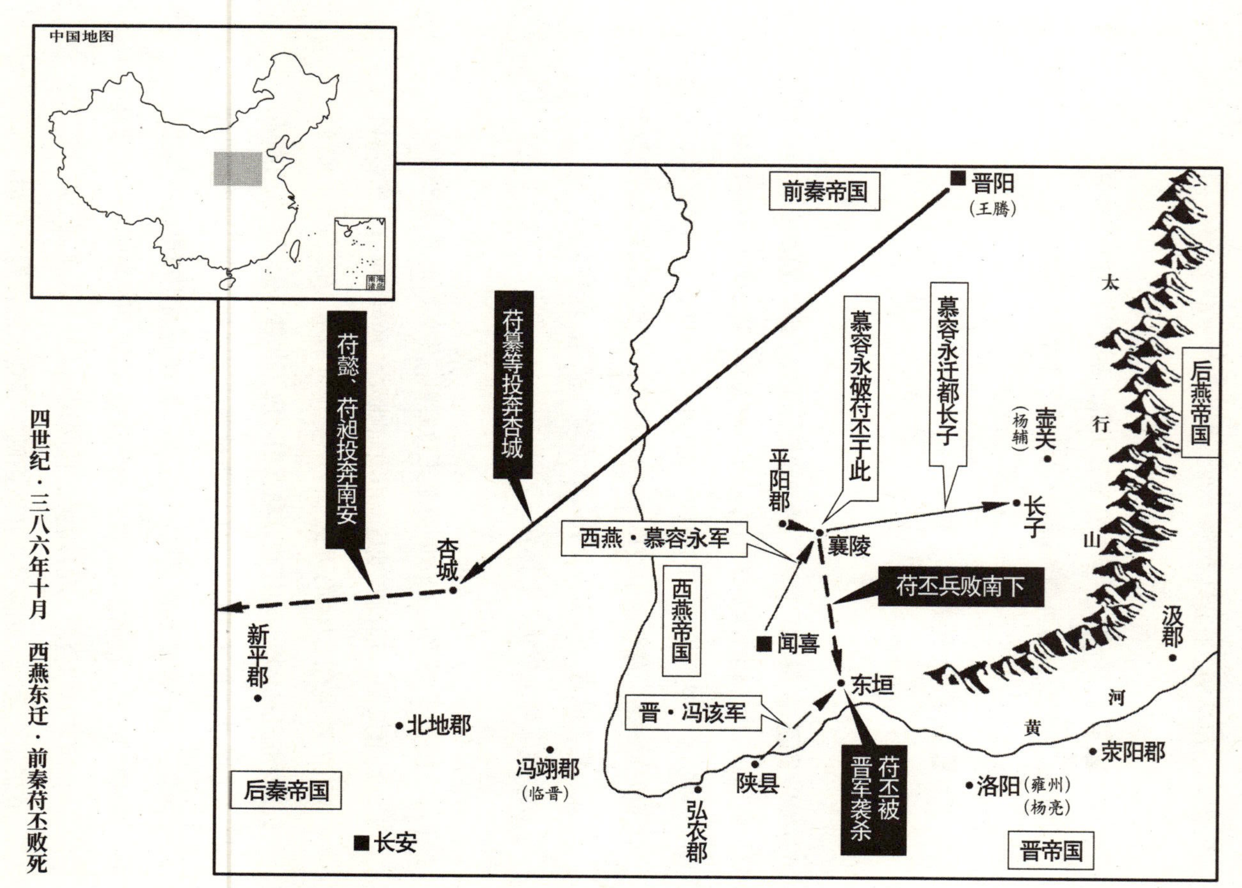

四世纪·三八六年十月　西燕东迁·前秦苻丕败死

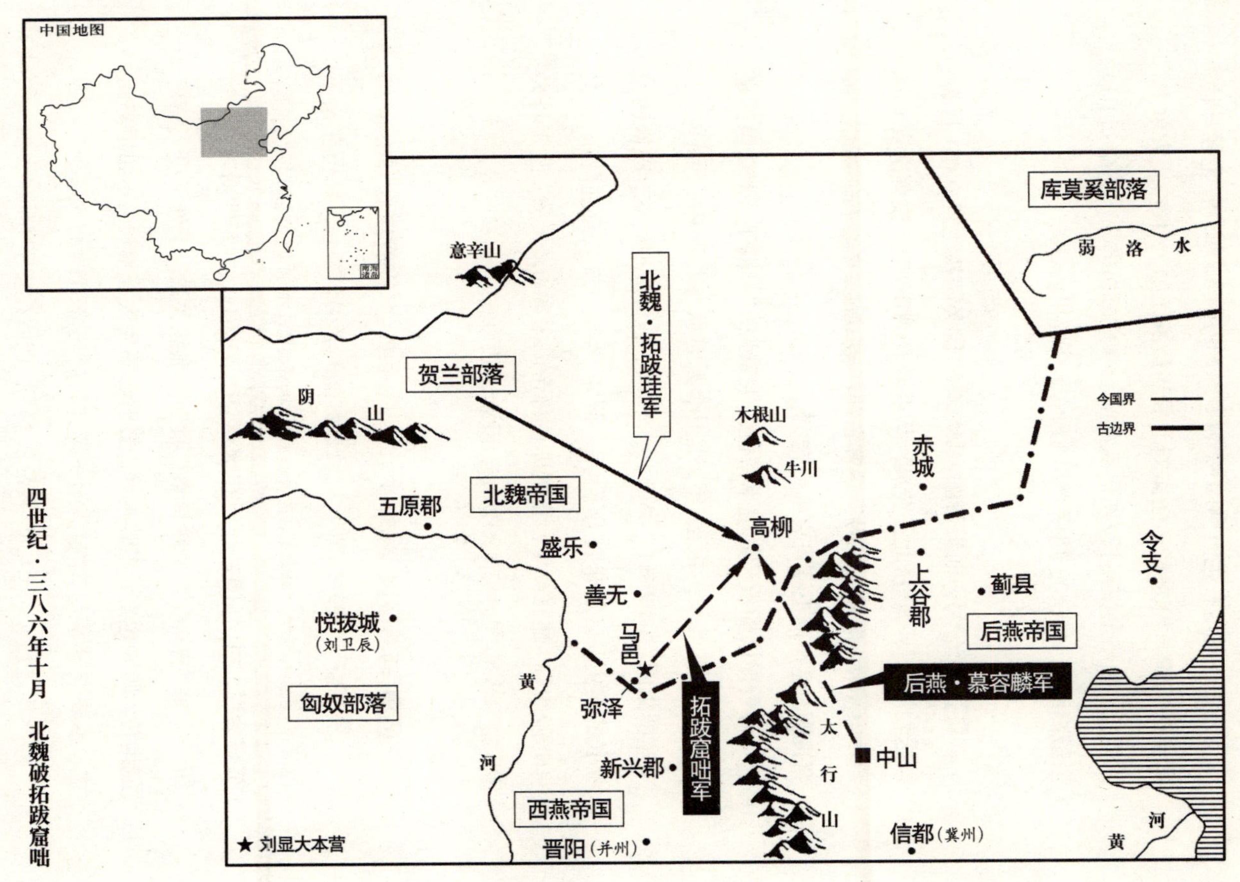

四世纪·三八六年十月　北魏破拓跋窟咄

刘卫辰基地在朔方（时驻悦拔城〔内蒙古伊金霍洛旗西北〕），士强马壮。后秦帝（首都长安）姚苌，任命刘卫辰当最高统帅（大将军）、大单于、河西王、幽州全权州长（牧）。西燕帝（首都长子）慕容永，任命刘卫辰当最高统帅（大将军）、朔州（黄河河套地区）全权州长（牧）。

48 十一月，前秦帝国（此时无首都）国务院执行官（尚书）寇遗，护送勃海王苻懿、济北王苻昶，从杏城（陕西省黄陵县）投奔南安（甘肃省陇西县东南）。南安王苻登，遂宣布前任帝（四任哀平帝）苻丕死讯，改穿丧服，追称苻丕绰号哀平皇帝。

苻登提议拥戴苻懿继承帝位，大家说："勃海王（苻懿）虽然是先帝（苻丕）的儿子，可是，年龄还小，无力承当太多灾难。而今，三个盗匪集团（指后秦帝国、后燕帝国、西燕帝国），在旁虎视眈眈，应该拥护年长的君主，自是非大王不可。"苻登（本年四十四岁）遂在陇东郡（甘肃省平凉市西北）建立高坛，正式即位称帝（五任高帝），大赦，改年号太初（之前是太安二年，之后是太初元年），设立文武百官。

49 西燕帝国（首都长子〔山西省长子县〕）皇族慕容柔（慕容垂的幼子）、慕容盛（慕容宝的儿子），以及慕容盛的老弟慕容会，都留在长子（前年〔三八四〕十二月，慕容柔叔侄自长安投奔西燕帝慕容冲）。慕容盛对慕容柔、慕容会说："主上（慕容垂）已在幽冀（河北省）复国，而东西对峙，不能统一（东指后燕帝国，西指西燕帝国）；我们因血缘关系，正处于受人猜忌的地位，聪明也好，愚昧也好，最后都不免大祸临头，不如早早回去，不要坐着等人宰割。"遂一起逃归后燕帝国（首都中山）。

一年之后（三八七），西燕帝慕容永，把留在长子（山西省长子县）的慕容儁（前燕帝国二任帝景昭帝）跟慕容垂的子孙，全部屠杀，男女老幼，不留一个活口。

50 独立作战的凉州（甘肃省中部西部）全权州长（牧）张大豫（参考本年〔三八六〕二月），从西郡（甘肃省永昌县西北）东下，攻入临洮（甘肃省岷县），裹挟居民五千户人家，据守俱城（临洮县境）。

51 十二月，后凉王国（首都姑臧〔甘肃省武威市〕）首领（一任懿武帝）、凉州（甘肃省中部西部）州长（刺史）吕光，自称“使持节”（一级权力）、高级咨询官（侍中）、中外总司令官（中外大都督）、陇右（陇山以西）河西（甘肃省中部西部）军区司令官（督陇右河西诸军事）、最高统帅（大将军）、凉州全权州长（牧）、酒泉公。

52 前秦帝国（首都南安〔甘肃省陇西县东南〕）皇帝（五任高帝）苻登，在军营中供奉苻坚（三任宣昭帝）的牌位，牌位放在一辆四面都有帐幔的祭车上，车用青色车盖，车前竖立黄旗，由三百名虎贲武士保护。军中有大事决定，一定先向苻坚牌位禀报，才去实施。苻登率军五万人，向东攻击后秦帝国，将士头盔上和铠甲上，都刻着“死休”（报仇雪耻，到死方休）二字。每次作战，用短剑长矛，布成方圆大阵，“知有厚薄，从中分配”（这两句不懂），所以每个士兵都可以单独作战，所向无敌。

最初，长安将要陷落时，中垒将军徐嵩、屯垦兵团指挥官（屯骑校尉）胡空，各自聚集武装部队五千人，建立自卫堡寨自保；不久，接受后秦帝国官职爵位。后秦帝姚苌，把苻坚尸首，埋葬在两个自卫堡寨之间（徐嵩堡、胡空堡，都在今陕西省彬州市西南）。等到苻登大军抵达，徐嵩、胡空，率领他们的部众归降。苻登任命徐嵩当雍州州长

（刺史），胡空当陪都长安市长（京兆尹）。把苻坚尸首掘出，用天子的礼仪，另行改葬。

53 十二月十八日，后燕帝（首都中山）慕容垂，攻击宦官吴深据守的清河郡（山东省临清市），攻克，吴深单枪匹马逃亡。慕容垂进驻聊城（山东省聊城市）的逢关陂（聊城市境）。

最初，前燕帝国太子宫图书管理官（太子洗马）温详，投奔晋帝国（首都建康），晋帝国任命他当济北郡（山东省平阴县西）郡长，驻守东阿（山东省阳谷县东北阿城镇）。后燕帝慕容垂，派范阳王慕容德、高阳王慕容隆，联合向他进攻。温详派他的堂弟温攀，防守黄河两岸；儿子温楷，防守碻磝（山东省聊城市茌平区西南）。

54 后燕帝慕容垂，任命北魏王（首都盛乐）拓跋珪当西单于，封上谷王；拓跋珪不接受（“上谷王”没有“魏王”高）。

三八七年 丁亥

晋	太元	十二年
前秦	太初	二年
后燕	建兴	二年
西燕	中兴	二年
后秦	建初	二年
西秦	建义	三年
北魏	登国	二年
后凉	太安	二年

1 春季，正月八日，晋帝国（首都建康〔江苏省南京市〕）任命豫州（州政府设谯城〔安徽省亳州市〕）州长（刺史）朱序当青、兖二州州长（刺史），代替谢玄镇守彭城（江苏省徐州市）。朱序请求向后稍作撤退，驻防淮阴（江苏省淮安市淮阴区。谢玄原来就驻此，参考去年〔三八六〕三月）；中央政府批准（后燕帝国正在扩张，彭城〔江苏省徐州市〕距前防太近）。

晋帝国政府任命谢玄当会稽郡（浙江省绍兴市）郡长（内史）。

2 正月十日，晋帝国大赦。

3 后燕帝国（首都中山〔河北省定州市〕）皇帝（一任武成帝）慕容垂（本年六十二岁），沿黄河展示军事威力。高阳王慕容隆（自平原郡〔山东省平原县〕会师）说："温详那批人，都是白面书生，乌鸦般集结一些群众，只不过仗恃黄河险要，用来保护自己。如果大军渡过黄河，他们看到旗帜，都会吓死，根本用不着打仗。"慕容垂采纳。

正月二十一日，派镇北将军兰汗、中央军事总监（护军将军）平幼在碻磝（山东省聊城市茌平区西南）西方四十里处，渡黄河南下，慕容隆大军在黄河北岸戒备掩护。温攀、温楷叔，侄果然大吃一惊，放弃阵地，奔回东阿城（山东省阳谷县东北阿城镇）。平幼追击，大破晋军，温详连夜带着妻子儿女，投奔彭城（江苏省徐州市），部众三万余人，全投降后燕帝国。慕容垂命太原王慕容楷当兖州州长（刺史），镇守东阿（山东省阳谷县东北阿城镇）。

最初，慕容垂在长安（陕西省西安市）时，前秦帝国天王苻坚，曾经跟慕容垂用手语交谈。禁宫护卫执行官（冗从仆射）光祚，对天王苻坚说："陛下，你是不是很怀疑慕容垂？慕容垂不是长久做别人部下的人！"苻坚把这话告诉慕容垂（苻坚对慕容垂肝胆相照，推心置腹）。直到长乐公苻丕放弃邺城（河北省临漳县西南邺城镇），投奔晋阳（山西省太原市）时（参考前年〔三八五〕八月），光祚跟禁宫咨询官（黄门侍郎）封孚、钜鹿郡（河北省宁晋县西南）郡长封劝，全都归附晋帝国（首都建康）。封劝，是封奕的儿子（封奕，参考〔三一一年〕十二月）。慕容垂第二次包围邺城（山东省阳谷县东北阿城镇）时（参考〔三八四年〕十二月），前秦帝国官员西河郡（山西省吕梁市离石区）人朱肃等，各率各的部众，也归附晋帝国。晋帝（十五任孝武帝）司马昌明（本年二十六岁），下诏任命光祚等，分别担任黄河以

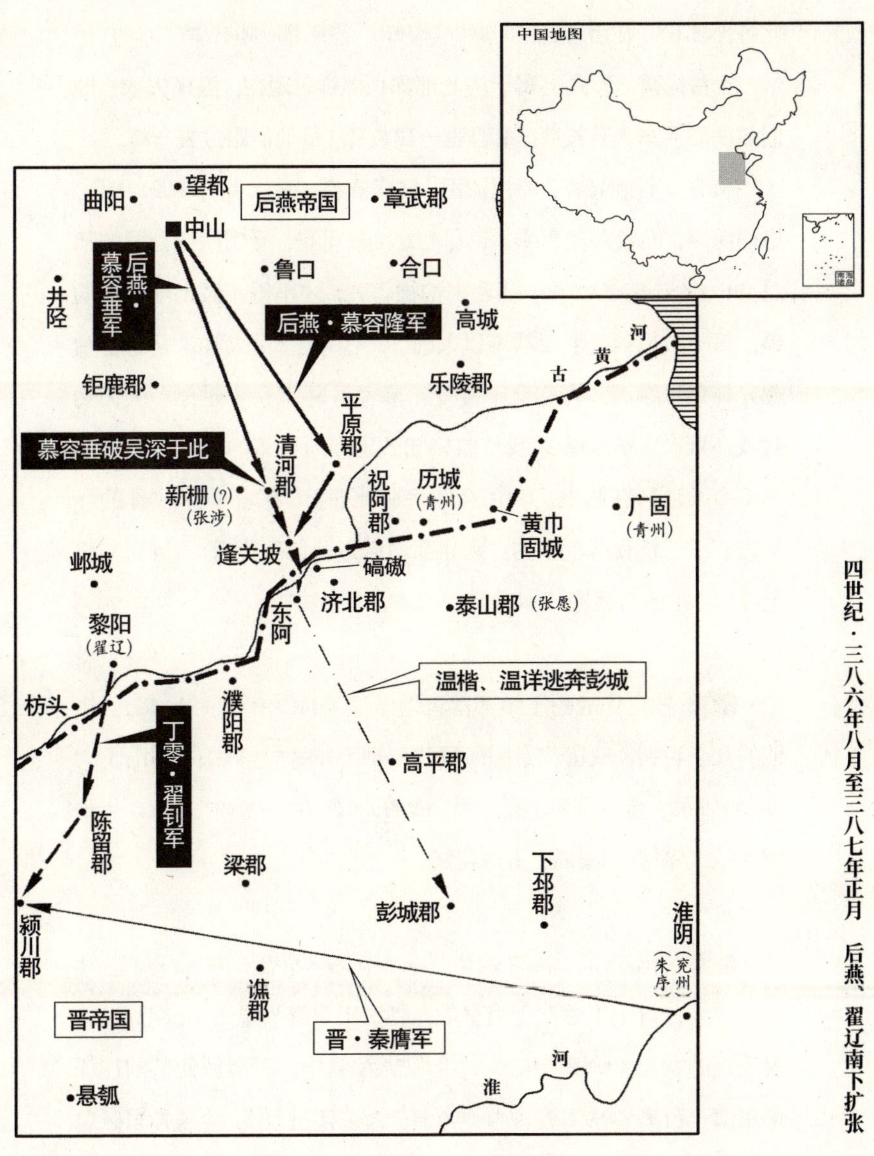

四世纪·三八六年八月至三八七年正月　后燕、翟辽南下扩张

北各郡郡长，在济北郡（山东省平阴县西）、濮阳郡（河南省濮阳市西南）一带，安营扎寨，形式上属于济北郡郡长温详。现在，温详失败，他们前往后燕军大营投降。慕容垂一律赦免，待他们跟过去一样。

慕容垂看到光祚，哭泣流泪，沾满衣襟，说："天王（苻坚）待我，恩德深厚，而我对他事奉，也尽心尽力。可是，受到两位公爵的猜忌（指长乐公苻丕、平原公苻晖），我害怕被害死，才不得不做出辜负他的事，每一次想到，半夜都难以入睡。"光祚也十分悲恸。慕容垂赏赐光祚金银绸缎，光祚坚不接受。慕容垂说："是不是你今天仍然对我怀疑？"光祚说："我从前只知效忠我所事奉的主人，想不到陛下今天还挂在心上，我怎么敢逃避死罪？"慕容垂说："你的一片忠心，正是我所企求的，刚才那句话是一句玩笑话。"待光祚更是优厚，命他当寝殿侍奉宦官（中常侍）。

4 独立作战的丁零部落首领翟辽（时驻黎阳〔河南省浚县〕），派他的儿子翟钊，攻击晋帝国所属陈留郡（河南省开封市东）、颍川郡（河南省许昌市东）。晋帝国青、兖二州（州政府设淮阴〔江苏省淮安市淮阴区〕）州长（刺史）朱序派将军秦膺，击退翟钊。

5 前秦帝国（首都南安〔甘肃省陇西县东南〕）皇帝（五任景帝）苻登（本年四十五岁），封王妃毛女士当皇后，勃海王苻懿当皇太弟。毛皇后，是毛兴的女儿（毛兴被杀事，参考去年〔三八六〕四月）。苻登派使节前往任命东海王苻纂（时驻杏城〔陕西省黄陵县〕）为"使持节"、全国各军区总司令长官（都督中外诸军事）、太师（上三公之一）、兼最高指挥官（领大司马），封鲁王；任命苻纂的老弟苻师奴，当抚军大将军、并州全权州长（牧），封朔方公。苻纂大为愤怒，对使节说："勃海王（苻懿）是先帝

(苻丕)的儿子，南安王(苻登)为什么不拥戴他，而自己坐上宝座？”秘书长(长史)王旅劝告说：“南安王(苻登)既已即位称帝，绝不可能中途改变。现在，盗匪贼寇还没有消灭，皇族之内，不可以自己先互相当作仇敌。”苻纂才接受任命。

于是，卢水胡人(杏城〔陕西省黄陵县〕一带匈奴人)彭沛穀，屠各(匈奴贵族)人董成、张龙世，新平郡(陕西省彬州市)羌人雷恶地等，都归附苻纂，部众十余万人。

6 后秦帝国(首都长安〔陕西省西安市〕)皇帝(一任武昭帝)姚苌(本年五十八岁)，把秦州(州政府设上邽〔甘肃省天水市〕)强族豪门三万余户人家，强迫迁到安定(甘肃省镇原县东南屯字镇)。

7 最初，安次(河北省廊坊市)变民首领齐涉，集结八千余家，据守新栅(今地不详)，归附后燕帝国。后燕帝慕容垂任命齐涉当魏郡(邺城·河北省临漳县西南邺城镇)郡长。不久，齐涉叛变，跟晋帝国叛将、泰山郡(山东省泰安市东)郡长张愿，秘密联络(张愿叛晋事，参考去年〔三八六〕三月)。张愿亲率一万余人，进驻祝阿(山东省禹城市)的瓮口(今地不详)，结交丁零部落酋长翟辽(时驻黎阳)，共同响应齐涉。

高阳王慕容隆报告后燕帝慕容垂说：“新栅城池坚固，攻击它不容易马上攻破，如果大军被锁在城下，张愿率领他的难民部队，在西方引导丁零(指翟辽)，可能造成大的灾难。依我的观察，张愿的部众虽然很多，但全都是新近归附，向心力不强，不能死战。我们正应该乘他自己找上门来，先对他发动攻击。张愿父子仗恃他们的骁勇，一定不会躲避，可以在一次战斗中，把他们制服。张愿被击破，齐涉没有外援，不能独存。”慕容垂接受。

二月，派范阳王慕容德、陈留王慕容绍、龙骧将军张崇，率步骑兵二万人，跟慕容隆会师，攻击张愿。大军抵达斗城，距瓮口二十余华里，人下马，马解鞍，暂时休息，而张愿突然袭击，后燕军惊恐失措，慕容德军急行逃走，而慕容隆军动也不动，只就地戒备。张愿的儿子张龟，冲锋陷阵而至，慕容隆派左右将领王末，迎头痛击，斩张龟。慕容隆挥军稍稍推进，张愿军撤退。

慕容德奔走一里有余，重新整顿部队，回军跟慕容隆会师，对慕容隆说："贼寇（指张愿）的气势正盛，我们应该缓和。"慕容隆说："张愿乘我们不备的时候，发动突袭，才能获得大捷。但是我们的将士，被隔在黄河渡口的南岸（时在东阿〔山东省阳谷县东北阿城镇〕），后退无路，形势逼迫，每个人只有死战，所以到了最后，终于把敌人击退。而今盗贼（指张愿）处于不利的形势，声势已经衰落，进退战守，议论纷纷，力量不能集中，我们应该迅速攻击。"慕容德对这位侄儿说："我全听你的。"遂开始进攻，在瓮口会战，大破张愿军，杀七千八百人。张愿逃命，逃到三布口（山东省肥城市东）。后燕帝国军进入历城（山东省济南市），青州（山东省北部）、兖州（山东省西部）、徐州（江苏省北部）各郡县跟民众自卫堡寨，很多投降。

慕容垂命陈留王慕容绍当青州州长（刺史），镇守历城（山东省济南市）。慕容德班师。新栅（今地不详）人冬鸾（冬，姓），发动兵变，生擒齐涉，押解后燕帝国（首都中山）。慕容垂斩齐涉父子，其他的人全都赦免。

8 三月，前秦帝国（首都南安〔甘肃省陇西县东南〕）皇帝苻登，任命窦冲当南秦州全权州长（牧），杨定当益州（州政府设仇池〔甘肃省西和县南〕）全权州长（牧），杨璧当最高监察长（司空）、梁州全权州长（牧），乞伏国仁（西秦王国〔首都勇士城〕首领）当最高统帅（大将军）、大单于，封苑川王。

9 后燕帝国（首都中山）上谷郡（河北省怀来县）变民首领王敏，杀害郡长封戢；代郡（河北省蔚县）变民首领许谦，驱逐郡长贾闰，各献出他们的郡城，归附匈奴部落酋长刘显（时驻马邑〔山西省朔州市〕）。

10 后燕政府任命乐浪王慕容温，当国务院右执行长（尚书右仆射）。

11 夏季，四月三日，晋帝国（首都健康）皇帝司马昌明，尊称他的娘亲李陵容当皇太妃，礼仪服装，跟皇太后一样（李陵容原封淑妃〔小老婆群第四级〕，参考〔三七二年〕九月）。

12 后秦帝国（首都长安〔陕西省西安市〕）征西将军姚硕德，受前秦帝国（首都南安）益州（州政府设仇池〔甘肃省西和县南〕）全权州长（牧）杨定的压力，退到泾阳（即陇东郡·甘肃省平凉市西北）；杨定跟鲁王苻纂联合进攻，在泾阳会战，姚硕德大败。后秦帝姚苌，从阴密（甘肃省灵台县西南）出军救援，苻纂退守敷陆（陕西省洛川县东南）。

13 后燕帝国（首都中山〔河北省定州市〕）皇帝慕容垂，从碻磝（山东省聊城市茌平区西南）返京师（首都中山）。皇子慕容柔，皇孙慕容盛、慕容会，从长子（西燕首都·山西省长子县）抵达（慕容柔去年〔三八六〕十一月逃出长子，本年〔三八七〕四月才到中山，历时半载）。慕容垂十分高兴。

四月十五日，慕容垂下令大赦。

慕容垂问孙儿慕容盛说："长子（西燕首都 · 山西省长子县）人心如何？容易不容易夺取？"慕容盛说："西方（西燕帝国）的军情，骚动不安，人人愿意东回。陛下只要建立仁政，等待时机，一旦大军前往，将士自会扔掉武器，像孝顺的儿子归附仁慈的老爹一样。"慕容垂大喜（本年，慕容盛十五岁）。

四月十八日，封慕容柔当阳平王、慕容盛当长乐公、慕容会当清河公。

14 高平郡（山东省巨野县东南大谢集镇）变民首领翟畅，生擒郡长徐含远，连同城池，投降丁零部落酋长翟辽（时驻黎明〔河南省浚县〕）。后燕帝慕容垂，对将领们说："翟辽只不过盘踞一个城池，竟然在三个帝国之间（指后燕帝国、西燕帝国、晋帝国），反反复复，跳来跳去，不可以不铲除。"

五月，慕容垂命章武王慕容宙当全国各军区总司令（监中外诸军事），辅佐太子慕容宝，留守首都中山（河北省定州市）。慕容垂亲率各将领南下，攻击翟辽，命太原王慕容楷当前锋司令官（前锋都督）。翟辽的部众，都是燕赵（河北省）人民子弟，听到慕容楷要来，都说："太原王（慕容恪）的儿子，我们的父母（慕容恪贤明，参考〔三六〇年〕二月）！"前后相继的向慕容楷归降。翟辽大为恐慌，派使者请求投降。慕容垂接受，任命翟辽当徐州全权州长（牧），封河南公。大军推进到黎阳（河南省浚县），办理受降事情后班师。

井陉（河北省井陉县北）变民首领贾鲍，招引北山（太行山六岭关、黑山关一带山区，皆在河北省平山县西境）丁零部落酋长翟遥等五千余人，乘夜突击中山（后燕首都 · 河北省定州市），攻陷外城。章武王慕容宙，用奇兵从外边攻击丁零部队的后背，太子慕容宝率军在城内擂动战鼓，大声呐喊，前后夹攻，丁零部众大败，全部被俘，只翟遥、贾鲍单人匹马逃走。

15 匈奴部落酋长刘显（时驻马邑〔山西省朔州市〕）兵强地广，称雄北方。正巧，在部落内部，刘显跟他的兄弟发生权力斗争（指刘奴真、刘肺泥之叛，参考去年〔三八六〕三月及七月）。北魏帝国秘书长（长史）张衮，对北魏王（一任道武帝）拓跋珪（本年十七岁）说："刘显的志向是吞并我们，而今，如果不利用他内部溃烂的机会，把他扑灭，一定后患无穷。可是我们无法单独取胜，不妨请求燕国（后燕帝国）联合行动。"拓跋珪同意，再派政务总监（外朝大人）安同，去后燕帝国请求援军。

16 晋帝国（首都建康）皇帝司马昌明，下诏征召会稽郡（浙江省绍兴市）隐士戴逵，戴逵屡次推辞，不肯接受，但郡政府和县政府再三催促逼迫，一直不停，戴逵遂逃到吴郡（江苏省苏州市）。会稽郡（浙江省绍兴市）郡长（内史）谢玄上奏章说："戴逵自己有隐居的志向，皇命如果不能收回，他势将承受永远在外流浪的痛苦，陛下既对他爱护，而又对他器重，则应该使他的生命和声名同时并存，请停止征召。"司马昌明批准。戴逵，是戴逯的老哥（戴逯，参考〔三五六年〕十一月）。

17 前秦帝国（首都南安〔甘肃省陇西县东南〕）皇帝苻登，任命老哥苻同成当宰相（司徒），代理国务院总理（守尚书令），封颍川王；老弟苻广当立法院总立法长（中书监），封安成王；儿子苻崇当国务院左执行长（尚书左仆射），封东平王。

18 后燕帝国（首都中山〔河北省定州市〕）皇帝慕容垂，从黎阳（河北省浚县）返回首都中山。

19 后燕帝国叛将吴深（参考去年〔三八六〕十月），击杀清河郡（山东省临清市）郡长丁国；章武郡（河北省大城县）变民首领王祖，击杀郡长白钦；勃海郡（河北省南皮县）变民首领张申，占据高城（河北省盐山县）；纷纷叛变。后燕帝慕容垂命乐浪王慕容温讨伐。

20 西秦王国（首都勇士城〔甘肃省榆中县北〕）首领（一任宣烈王）、苑川王乞伏国仁，率骑兵三万人袭击鲜卑部落酋长密贵、裕苟、提伦等三人所据守的六泉（宁夏固原市境）。

秋季，七月，乞伏国仁跟前秦帝国安定郡（甘肃省镇原县东南屯字镇）民兵司令（安定都尉）没弈干、平凉郡（甘肃省华亭市）郡长金熙，在渴浑川（勇士城东北）大战；没弈干、金熙大败，三部落全都归降（据《晋书·乞伏国仁载记》，当乞伏国仁袭击三部落时，没弈干、金熙袭击乞伏国仁，遂在渴浑川发生遭遇战。原文删掉这几句，遂使没弈干等出现得突兀）。

21 前秦帝苻登，率军进抵瓦亭（宁夏西吉县东南）。后秦帝姚苌，攻击卢水胡人彭沛穀的堡垒（彭沛穀堡在贰城〔陕西省黄陵县西北〕附近），攻克，彭沛穀投奔杏城（陕西省黄陵县）。姚苌遂返阴密（甘肃省灵台县西南），命太子姚兴镇守首都长安。

22 后燕帝国（首都中山）赵王慕容麟，讨伐变民首领王敏据守的上谷郡（河北省怀来县），斩王敏。

23 朔方（黄河河套地区）部落酋长刘卫辰（时驻悦拔城〔内蒙古伊金

霍洛旗西北〕），向后燕帝国进贡马匹，匈奴部落酋长刘显（时驻马邑〔山西省朔州市〕）中途把它们夺走。后燕帝慕容垂大怒，派太原王慕容楷，率军协助赵王慕容麟，攻击刘显；刘显大败，向马邑西方山区撤退。北魏王拓跋珪，率大军跟慕容麟会师，攻击刘显据守的弥泽（马邑西南），刘显又大败，走投无路，投奔西燕帝国（首都长子）。慕容麟接收刘显残留下来的部众，掳掠马、牛、羊数以"千""万"作计算单位。

24 后凉王国（首都姑臧〔甘肃省武威市〕）首领（一任懿武帝）、酒泉公吕光（本年五十一岁），派将领彭晃、徐炅，攻击独立作战的凉州全权州长（牧）张大豫据守的临洮（甘肃省岷县），大破张大豫军，张大豫投奔广武郡（甘肃省永登县），秘书长（长史）王穆投奔建康郡（甘肃省酒泉市东南）。

八月，广武郡人生擒张大豫，押送姑臧（甘肃省武威市），斩首。王穆夺取酒泉郡（甘肃省酒泉市），自称最高统帅（大将军）、凉州全权州长（牧）。

25 八月十八日，晋帝国（首都建康）皇帝司马昌明，封皇子司马德宗（本年六岁）当太子，大赦。

26 后燕帝国（首都中山）皇帝慕容垂，命刘显的老弟刘可泥，当乌桓王，安抚残余的部众，强迫迁移八千余篷帐到中山（河北省定州市）。

27 前秦帝国（首都南安〔甘肃省陇西县东南〕）冯翊郡郡长兰椟，率军队二万人，从频阳（陕西省富平县东北）进驻和宁（陕西省黄陵县东南），跟鲁王苻纂，计划如何进攻长安（后秦首都·陕西省西安市）。苻纂的老弟苻师奴劝苻纂登极称帝，苻纂拒绝，苻师奴遂杀苻纂，接收他的权位（苻纂退守敷陆，参考本年〔三八七〕四月）；兰椟宣布跟苻师奴断绝关系。

西燕帝国（首都长子〔山西省长子县〕）皇帝（七任帝）慕容永，攻击兰椟，兰椟向后秦帝国（首都长安）求救，后秦帝姚苌打算亲自率军前往。国务院总理（尚书令）姚旻、左执行长（左仆射）尹纬说："苻登大军就驻屯在距我最近的瓦亭（宁夏西吉县东南），势将乘虚攻击我们的后背。"姚苌说："苻登的军事力量强大，无法在一两天之内把他制服；而他的反应迟钝，而又老成持重，很少迅速下达决定，所以一定不敢孤军深入，抄我们的后路。大概两个月时间，我就可以击破盗贼，大军班师。到那时候，苻登即令到达，已无能为力。"

九月，姚苌军进驻泥源（陕西省铜川市耀州区），苻师奴迎战，大败，苻师奴逃奔鲜卑（此时，遍地鲜卑，是哪一个地方的鲜卑？没有说清楚），后秦帝国把他的残兵败将全部接收，屠各（匈奴贵族）人董成等，也都投降。

28 前秦帝国（首都南安〔甘肃省陇西县东南〕）皇帝苻登，推进到胡空堡（陕西省彬州市西南，胡空所筑的自卫堡寨，参考去年〔三八六〕十二月），戎族和汉人归附的有十余万人。

29 冬季，十月，刚刚投降后燕帝国（首都中山）、被封河南公的丁零部落酋长翟辽，再度叛变；派出军队，跟变民首领王祖、张申结合，在清河（山东省临清市）、平原（山东省平原县）二郡之间，抢劫烧杀。

30 后秦帝（首都长安）姚苌，进攻西燕帝（首都长子）慕容永所占领的黄河西岸地区（陕西省宜川县、韩城市一带）；慕容永撤退。兰椟登城据守，姚苌进攻。

十二月，姚苌生擒兰椟，遂进入杏城（陕西省黄陵县）。

31 后秦帝国（首都长安）将领姚方成，攻击前秦帝国雍州州长（刺史）徐嵩的堡垒（也在陕西省彬州市西南），攻克，俘虏徐嵩，一件件数说他的罪状，徐嵩诟骂说："你们的姚苌，犯下滔天大罪，罪该万死。当初苻黄眉打算把他处斩，幸亏先帝（苻坚）阻止（此事应发生在姚襄败死的〔三五七年〕五月）。不仅救他一命，还任命他担任中央和地方重要官职，荣耀宠爱，都达到极点。可是姚苌却连狗马都不如，狗马还知道主人有养育之恩，姚苌却亲下毒手，做出大逆之事（指缢死苻坚，参考前年〔三八五〕八月），你们这些羌人丑类，怎么可以当人看待？为什么不快点杀我！"姚方成大怒，分三次斩杀徐嵩（三斩：先斩脚，再斩腰，最后斩脖子），把徐嵩的将士全体活埋坑杀，将士们的妻子女儿，赏赐给自己军队。

后秦帝姚苌，把他的恩主、前秦帝国三任帝苻坚的尸首挖出来，抽打无数皮鞭，脱掉衣服，露出身体，用荆棘再包起来，重掘一个土坑埋葬（苻坚原葬在徐嵩、胡空两个自卫堡寨之间）。

慕容垂跟姚苌，先后背叛苻坚大帝，有他们不得不背叛的苦衷，慕容垂身受复国建国的压力，姚苌则害怕下一次的诛杀，我们充分理解也充分同情。然而，既叛之后，慕容垂种种，仍是英雄豪杰本色，怀有浓厚的感恩和深切的惭愧之情，而姚苌却狼子野心，凶狠冥顽，不知道他对苻坚大帝，为什么痛恨至此？小人物之所以用惨烈卑鄙的手段回报恩主，主要的是他必须这样，才能消化自己因忘恩负义所产生的内疚，和有希望使别人相信自己并没有忘恩负义。

天下确有一种人，你最好不要认识他；不幸认识他，最好不要跟他有友谊；不幸有了友谊，最好不要对他有恩，或接受他的恩。但是，这种人往往有动人心魄的蛊惑力；连苻坚大帝，都不得不坠入陷阱。

32 后凉王国（首都姑臧）严重饥馑，谷米每斗值钱五百，人民饥饿难忍，互相格杀吞食，死亡的超过总人口的一半（人间惨事）。

33 后凉王国西平郡（青海省西宁市）郡长康宁，自称匈奴王，击斩湟河郡（青海省化隆县）郡长强禧，叛变。张掖郡（甘肃省张掖市）郡长彭晃，也跟着叛变；东边联合康宁，西边联合已夺取酒泉郡（甘肃省酒泉市）的王穆。后凉首领（一任懿武帝）、酒泉公吕光，打算亲自攻击彭晃，各将领都说："康宁正在我们的南方，等候机会动手，如果还没有制服彭晃、王穆，而康宁发动攻击，我们大军进退两难，将有很大危险。"吕光说："各位的判断完全正确；可是，我们今天如果不主动出征，就只好坐在这里等他们前来。一旦这三个盗贼结盟，东西夹攻，姑臧（后凉首都·甘肃省武威市）城外，就不再归我们所有，大事不可挽救。现在，彭晃刚刚叛变，跟康宁、王穆，还不亲密，我们采取出他们意料外的攻击，胜利比较容易。”遂亲自率领骑兵三万人，日夜不停前进，抵达张掖郡（甘肃省张掖市），猛烈攻击二十天，把城攻破，斩彭晃。

最初，王穆聚众起兵时，派使节召请敦煌郡（甘肃省敦煌市）隐士郭瑀，郭瑀叹息说：“人民就要穿左边开襟的衣服了（指将受夷族统治），我怎么能忍心不救！”遂跟同郡人索嘏，集结部众，响应王穆，并捐赠给王穆粮食三万石。王穆任命郭瑀当最高统帅府（太府）左秘书长（王穆自称最高统帅〔大将军〕）、军师将军；任命索嘏当敦煌郡郡长。然而，不久，王穆被人挑拨得把索嘏恨入骨髓，率军攻击索嘏。郭瑀用尽方法劝阻，王穆全不接受。郭瑀辞职，出张掖郡城，大哭，回头向城池挥手，说：“我恐怕不能再看到你！”回家后，用被子把头蒙住，不跟别人说一句话，绝食而死。

吕光得到消息，说：“两个匪徒自己互相攻击，非被生擒活捉不可，不必害怕不断战役带给我们的悲苦，失去一劳永逸的良机！”遂率步骑兵二万人，进攻酒泉郡（甘肃省酒泉市），攻克，进军凉兴郡（甘肃省瓜州县西南万佛峡）。王穆急自敦煌郡撤退，走到半途，军队一哄而散，只剩下王穆一个人，骑马逃走；骍马（甘肃省玉门市东北）县长郭文，砍下他的人头，送给吕光。

三八八年 戊子

晋	太元	十三年
前秦	太初	三年
后燕	建兴	三年
西燕	中兴	三年
后秦	建初	三年
西秦	建义	四年
	太初	元年
北魏	登国	三年
后凉	太安	三年

（魏天王翟辽建光元年）

1 春季，正月，晋帝国（首都建康〔江苏省南京市〕）会稽郡（浙江省绍兴市）郡长（内史）、康乐公（献武公）谢玄逝世（年四十六岁）。

2 二月，前秦帝国（首都南安〔甘肃省陇西县东南〕）皇帝（五任高帝）苻登（本年四十六岁），驻军朝那（宁夏彭阳县西古城镇）。后秦帝国（首都长安〔陕西省西安市〕）皇帝（一任武昭帝）姚苌（本年五十九岁），驻军武都郡（甘肃省成县）。

3 丁零部落酋长翟辽（时驻黎阳〔河南省浚县〕），派军政官（司马）眭琼，前往后燕帝国（首都中山〔河北省定州市〕）道歉，请求处分；后燕帝（一任武成帝）慕容垂（本年六十三岁）认为翟辽反复无常，下令斩眭琼，断绝关系。

翟辽遂自称魏天王，改年号建光，设立文武百官。

4 后燕帝国（首都中山）青州（州政府设历城〔山东省济南市〕）州长（刺史）、陈留王慕容绍，受到晋帝国平原郡（山东省平原县）郡长辟闾浑的逼迫，退出历城（山东省济南市），坚守黄巾固（山东省济南市章丘区）；后燕帝慕容垂把慕容绍调任徐州州长（刺史）。

辟闾浑，是辟闾蔚的儿子（辟闾蔚为段龛死难，参考〔三五六年〕正月），因前燕帝国灭亡（〔三七〇年〕十一月），占领古齐王国旧疆（山东省北部），归附晋帝国。

5 三月十五日，后燕帝慕容垂，命太子慕容宝（本年三十四岁）主管政府机要（录尚书事），完成政权移交，自己仅过问大事。

6 后燕帝国赵王慕容麟，攻击代郡（河北省蔚县）变民首领许谦（许谦驱逐郡长，投降刘显；参考去年〔三八七〕三月），大破变民部队，许谦投奔西燕帝国（首都长子〔山西省长子县〕）。后燕政府遂撤销代郡，把居民全部迁到龙城（幽州州政府所在城·辽宁省朝阳市）。

7 后凉王国（首都姑臧〔甘肃省武威市〕）首领（一任懿武帝）、酒泉公吕光（本年五十二岁），最初夺取凉州（甘肃省中部西部）时，辅国将军杜进，功劳最多，吕光任命他当武威郡（郡政府姑臧）郡长（参考〔三八五年〕

九月），尊贵宠爱，言听计从，其他官员僚属，都比不上。恰巧，吕光的外甥石聪，从关中（陕西省中部）前来投奔，吕光问他："中州（中原）人对我的印象如何？"石聪说："只听说有杜进，没听说有舅舅。"吕光惊疑猜忌，遂找个借口，诛杀杜进。

吕光跟幕僚宴会，谈到政治现状，军事参议官（参军）京兆郡（陕西省西安市）人段业说："阁下（吕光）用法严峻。"吕光说："吴起刻薄寡恩，而能使楚王国强大。公孙鞅严刑峻法，而能使秦国复兴（吴起事参考〔前三八七年〕，公孙鞅事参考〔前三六一年〕）。"段业说："吴起个人被杀，公孙鞅全家被屠，都是用法严峻的缘故。阁下正在开创大业，效法伊祁放勋（尧）、姚重华（舜），还恐怕不能成功，而竟羡慕吴起、公孙鞅所作所为，这岂是本州（凉州）人民的盼望！"吕光脸色庄重，表示歉意。

8 夏季，四月二十九日，晋帝国（首都建康）任命朱序当司雍梁秦军区司令长官（都督司雍梁秦四州诸军事）、雍州州长（刺史），驻防洛阳（河南省洛阳市东白马寺东）。任命谯王司马恬，接替朱序的原官职：兖冀幽并军区司令长官（都督兖冀幽并诸军事），青、兖二州（州政府设淮阴〔江苏省淮安市淮阴区〕）州长（刺史）。

9 西秦王国（首都勇士城〔甘肃省榆中县北〕）首领（一任宣烈王）、苑川王乞伏国仁，在平襄（甘肃省通渭县）击败鲜卑越质部落酋长越质叱黎（叱，音chì〔赤〕），生擒越质叱黎的儿子越质诘归。

10 四月丁亥日（四月庚寅朔，没有丁亥），后燕帝（首都中山）慕容垂，封他的继妻段元妃当皇后（小段后），命太子慕容宝兼大单于。段元妃，是右特级国务官（右光禄大夫）段仪的女儿，她的妹妹段季妃，嫁给范阳王慕容德。段仪，是慕容宝的舅父（慕容垂娶的是内侄女）。慕容垂追尊前吴王妃段女士（死于冤狱，参考〔三五八年〕十二月），绰号成昭皇后。

11 五月，前秦帝国（首都南安〔甘肃省陇西县东南〕）皇太弟苻懿逝世，绰号献哀太弟。

12 丁零部落酋长、魏天王（首都黎阳〔河南省浚县〕）翟辽，迁都滑台（河南省滑县）。

13 六月，西秦王国（首都勇士城〔甘肃省榆中县北〕）首领（一任宣烈王）、苑川王乞伏国仁逝世（年龄不详），绰号宣烈王，祭庙称烈祖。他的儿子乞伏公府，年纪还小，文武官属推举乞伏国仁的老弟乞伏乾归继位（二任武元王），称总司令官（大都督）、最高统帅（大将军）、大单于、河南王；大赦，改年号太初（之前是建义四年，之后是太初元年）。

14 北魏王（一任道武帝）拓跋珪（本年十八岁），在弱落水（饶乐水·内蒙古西拉木伦河）南，大破宇文部落（内蒙古老哈河上游）酋长库莫奚。

秋季，七月，库莫奚再袭击北魏大营，又被拓跋珪击败。

库莫奚，本属宇文部落，跟契丹（内蒙古西辽河上游）同是一个民族，不同一个支派，他们的祖先都曾被前燕帝国国王（一任文明帝）慕容皝击破，迁移到松漠（千里松林跟瀚海沙漠之间，内蒙古西拉木伦河上游）。

15 前秦帝国（首都南安〔甘肃省陇西县东南〕）与后秦帝国（首都长安〔陕西省西安市〕）自从春季开始，对峙不下，历经无数战斗，互有胜负。现在，各回各的基地。关西（函谷关以西）英雄豪杰，因后秦帝国兴起这么久，而仍不能成功，很多人离开，回归前秦帝国。

16 西秦王国（首都勇士城〔甘肃省榆中县北〕）首领（二任武元王）、河南王乞伏乾归，封正妻边女士当王后，设立文武百官，仿效汉人的政治制度，任命南川侯出连乞都（出连，复姓）当丞相，梁州州长（刺史）悌眷当总监察官（御史大夫），金城郡（甘肃省兰州市）人边芮当左秘书长（左长史），东秦州（州政府设南安〔甘肃省陇西县东南〕）州长（刺史）秘宜当右秘书长（右长史），武始郡（郡政府设狄道〔甘肃省临洮县〕）人翟勍（音qíng〔情〕）当左军政官（左司马），略阳郡（甘肃省天水市东）人王松寿当主任秘书（主簿），堂弟乞伏轲弹当梁州（州政府所在地不详）全权州长（牧），老弟乞伏益州当秦州（州政府设苑川〔甘肃省榆中县东北〕）全权州长（牧），乞伏屈眷当河州（州政府设枹罕〔甘肃省临夏市〕）全权州长（牧）。

17 八月，前秦帝苻登，封儿子苻崇当皇太子、苻弁当南安王、苻尚当北海王。

18 后燕帝国中央军事总监（护军将军）平幼，会同章武王慕容宙，讨伐变民首领吴深（吴深事，参考去年〔三八七〕五月），大破吴深军，吴深投奔绎幕（山东省平原县西北）固守。

19 北魏王（首都盛乐）拓跋珪，暗中有图谋后燕帝国（首都中山）

的野心，派九原公拓跋仪担任使臣，前往中山（河北省定州市），实地观察。后燕帝慕容垂盘问他说：“魏王（拓跋珪）为什么不自己来？”拓跋仪说：“我们的先王（拓跋什翼犍）跟燕国（后燕帝国）的祖先，一起尊奉晋国（晋帝国），世世代代，情同兄弟，我今天奉命晋见，在道理上没有错误。”慕容垂说：“我现在的威望，传播四海，怎么能跟过去相比！”拓跋仪说：“燕国（后燕帝国）如果不讲道理，不积恩德，而只打算靠武力强大，那是武装部队将帅们的事，我这个充当外交的官员，就不知道了。”

拓跋仪回国后，对北魏王拓跋珪说：“慕容垂年已老而精神衰竭（慕容垂本年六十三岁），太子慕容宝是个没有能力的庸碌之辈，范阳王慕容德对自己的才干，非常自负，不可能是年轻君王的忠臣。慕容垂一旦死掉，内部一定发生灾难，到那时候，才可以下手。现在，时机还没有成熟。”

拓跋珪大为称赞。拓跋仪，是拓跋珪叔父拓跋翰的儿子（拓跋翰，参考〔三七六年〕十二月）。

20 九月，西秦王国（首都勇士城）首领、河南王乞伏乾归，迁都金城（甘肃省兰州市）。

21 后燕帝国（首都中山）变民首领张申，攻击广平郡（河北省曲周县东北），另一变民首领王祖攻击乐陵郡（山东省阳信县东南）。

九月二十五日，高阳王慕容隆率军对二人讨伐（张申、王祖事，参考去年〔三八七〕五月）。

22 冬季，十月，后秦帝国（首都长安）皇帝姚苌，由武都郡（甘肃省成县）返安定郡（甘肃省镇原县东南屯字镇）；前秦帝国（首都南安）皇帝苻登前往粮食产地新平郡（陕西省彬州市），就近谋取军粮，率一万余人包围姚苌大营，在四面八方放声大哭；姚苌下令他的军队在大营中也放声大哭，作为回应；苻登才退。

23 十二月十五日，晋帝国（首都建康）国务院总理（尚书令）、南康公（襄公）谢石逝世（年六十二岁）。

24 后燕帝国（首都中山）太原王慕容楷、赵王慕容麟，率军到合口（河北省沧州市西），跟高阳王慕容隆会师，攻击变民首领张申。另一变民首领王祖，率各地自卫堡寨的部队，前来援救。乘夜向后燕大营发动袭击；后燕军迎战，把王祖击退。慕容隆打算追击，慕容楷、慕容麟说："王祖那个老贼，可能有诈，在外设下埋伏，不如等到天明。"慕容隆说："他们不过一群盗匪，像乌鸦一样，飞叫而来，希望用一次会战，取得决定性胜利。平常并没有严格的纪律，可以使大军行动进退自如。现在吃了败仗逃走，大家已不再接受命令，我们乘势追赶，不过几华里路，就可以一网打尽。张申仗恃的，只有王祖；王祖崩溃，张申非投降不可。"命慕容楷、慕容麟留守大营，慕容隆跟平幼，分道追击，等到天亮，获得大胜而回，把砍下的人头展示给张申。

十二月二十九日，张申出城（高城·河北省盐山县）投降；王祖也跟着投降。

25 前秦帝苻登，任命颍川王苻同成（苻登的老哥）当全国武装部队总司令（太尉）。

三八九年 己丑

晋	太元	十四年
前秦	太初	四年
后燕	建兴	四年
西燕	中兴	四年
后秦	建初	四年
西秦	太初	二年
北魏	登国	四年
后凉	太安	四年
	麟嘉	元年

（魏天王翟辽建光二年）

1 春季，正月，后燕帝国（首都中山〔河北省定州市〕）命阳平王慕容柔镇守襄国（河北省邢台市）。

辽西王慕容农，镇守龙城（辽宁省朝阳市）五年，政治清明，人事和睦，遂上奏章说："我当初因为讨伐叛逆，行军到此，奉命坐镇（追击叛将余岩事，参考〔三八五年〕十一月），统御的战士，安享清福，已有数年，而青州（山东省北部）、徐州（江苏省北部）、荆州（河南省南部）、雍州（陕西省中部），各地残留下来的盗贼，还有相当数目，盼望早日派人前来接替我的职位，命我回去，竭尽能力，报效国家。使我活的时候没有留下余力，死的时候没有留下余恨，这是我的心志！”

正月五日，后燕帝（一任武成帝）慕容垂（本年六十四岁）征召慕容农返京（首都中山），担任高级咨询官（侍中）、京畿总卫戍司令（司隶校尉）；命高阳王慕容隆当幽平军区司令长官（都督幽平二州诸军事）、征北大将军、幽州（州政府龙城）全权州长（牧）；在龙城（辽宁省朝阳市）设立留守政府（留台），命慕容隆主管留守政府机要（录留台尚书事）。又任命中央军事总监（护军将军）平幼，当征北将军府秘书长（征北长史）；散骑侍从官（散骑常侍）封孚，当军政官（司马），兼任留守政府执行官（留台尚书）。慕容隆遵循慕容农制定的法令规章，加以修订扩充，辽（辽宁省）碣（河北省东北部）遂告安定。

2 后秦帝国（首都长安〔陕西省西安市〕）皇帝（一任武昭帝）姚苌（本年六十岁），因前秦帝国（首都南安〔甘肃省陇西县东南〕）军队屡战屡胜，认为是被他害死的前秦天王（三任宣昭帝）苻坚的神灵在幽冥中相助。于是，效法苻登（前秦现任帝），也在军营中竖立苻坚的神像，祷告说：“我老哥姚襄临死时，教我替他报仇（姚襄被杀，参考〔三五七年〕五月）。新平郡（陕西省彬州市）之祸（缢杀苻坚，参考〔三八五年〕八月），是我执行老哥的命令，不是我的罪过。苻登，不过陛下疏远的亲属，尚且打算报仇，我又怎么敢忘掉亲兄？而且，陛下也曾经明白示知，命我以龙骧将军起家，建立大业（参考〔三八三年〕八月），我怎么敢违背陛下的旨意？现在，特别给陛下竖立神像，请陛下不要再追究我的过失。”前秦帝（五任景帝）苻登（本年四十七岁），在大营指挥楼，遥遥对姚苌说：“你是一个臣子，谋害君王，又事奉君王的神像求福，有什么用？”大声呼喊说：“杀死君主的恶贼姚苌，你为什么不敢出来，我要跟你一决死战！”姚苌不回答。可是，到了后来，姚苌在战场上仍不能取得胜利，而大营中却每天晚上，发生数次夜惊，姚苌遂砍下苻坚神像的人头，送给苻登。

3 前秦帝国（首都南安）皇帝苻登，任命西秦王国（首都金城〔甘肃省兰州市〕）首领（二任武元王）、河南王乞伏乾归，当最高统帅（大将军）、大单于，封金城王。

4 正月甲寅日（正月丙辰朔，没有甲寅），北魏王（一任道武帝）拓跋珪（本年十九岁），袭击位于北方的高车部落（蒙古国北部），大破高车军。

5 二月，后凉王国（首都姑臧〔甘肃省武威市〕）首领（一任懿武帝）、酒泉公吕光（本年五十三岁），自称三河王，大赦，改年号麟嘉（之前是大安四年，之后是麟嘉元年），设立文武百官。

吕光的妻子石女士、儿子吕绍、老弟吕德世，从仇池（甘肃省西和县南）来到姑臧（长安陷落参考〔三八五年〕六月，吕光家人投奔仇池，依靠杨家）。吕光命石女士当王妃、吕绍当世子。

6 二月九日，北魏王（首都盛乐）拓跋珪，在女水（武川·内蒙古武川县）袭击吐突邻部落，大破吐突邻部落军，把吐突邻部落，全部迁走，班师。

7 前秦帝苻登，把粮秣、武器、辎重等，留在大界（陕西省彬州市西北），亲自率轻装备骑兵一万余人，攻击安定郡（甘肃省镇原县东南屯字镇）羌人据守的密造堡（今地不详），攻克。

8 夏季，四月，丁零部落酋长、魏天王（首都滑台〔河南省滑县〕）翟辽，攻击晋帝国荥阳郡（河南省荥阳市），俘虏郡长张卓。

9 后燕帝国（首都中山〔河北省定州市〕）长乐公慕容盛，镇守蓟城（北京市），修理整顿旧有宫殿（前燕帝国二任帝慕容儁曾迁都蓟城，参考〔三五〇年〕三月）。

五月，清河郡（山东省临清市）人孔金，斩叛变的宦官吴深，把人头送到首都中山（吴深再叛，参考前年〔三八七〕五月）。

10 西秦王国（首都金城〔甘肃省兰州市〕）首领（二任武元王）、金城王乞伏乾归，攻击侯年部落（不知在何处），大破侯年部落军。于是，秦州（甘肃省南部）、凉州（甘肃省中部西部）所属的鲜卑人、羌人、胡人（匈奴人），多数归附西秦王国，乞伏乾归对他们全都任官封爵。

11 后秦帝国（首都长安〔陕西省西安市〕）皇帝姚苌，不断被前秦帝国（首都南安〔甘肃省陇西县东南〕）皇帝苻登击败。于是派中军将军姚崇，突袭大界（陕西省彬州市西北）；苻登在安丘（甘肃省平凉市东）拦腰痛击，姚崇大败。

12 后燕帝国（首都中山〔河北省定州市〕）范阳王慕容德、赵王慕容麟，追击贺兰部落，一直追到勿根山（内蒙古商都县南），酋长贺讷走投无路，请求投降，部众被强行迁到上谷郡（河北省怀来县），把老弟贺染干送到中山当人质。

13 秋季，七月，晋帝国（首都建康〔江苏省南京市〕）任命骠骑将军府秘书长（骠骑长史）王忱，当荆州（州政府设江陵〔湖北省江陵县〕）州长（刺史），兼荆益宁军区司令长官（都督荆益宁三州诸军事）。王忱，是王国宝的老弟（王国宝，参考〔三八三年〕十二月）。

14 前秦帝苻登，攻击后秦帝国右将军吴忠等据守的平凉郡（甘肃省华亭市），攻克。

八月，苻登进军苟头原（今地不详），压迫安定郡（甘肃省镇原县东南屯字镇）。后秦将领们建议后秦帝姚苌出军决战，姚苌说："跟穷途末路的强盗，争取战场上的胜利，是指挥官最大的忌讳，我准备用计谋对付。"命国务院总理（尚书令）姚旻，留守安定（甘肃省镇原县东南屯字镇）。深夜，姚苌亲率三万人强大的铁骑兵团，向前秦兵团后方辎重基地大界（陕西省彬州市西北）发动奇袭，攻克（这是乌巢之战的重演，参考〔二〇〇年〕十月，战局整个扭转）。击斩前秦毛皇后以及南安王苻尚（苻登的儿子），俘虏名将数十人，以及部众男女五万余人，凯旋而回。

毛皇后美丽而勇敢，骑马射箭，无一不精。后秦军突入御营时，毛皇后弯弓跨马，率武士数百人迎战，因人数太少，众寡不敌，被后秦俘虏。姚苌打算收她当小老婆，毛皇后哭泣诟骂，说："姚苌，你从前谋害天子（指新平佛寺事），而今又要侮辱皇后，皇天后土，怎么还容忍你！"姚苌斩毛皇后。将领们打算乘着前秦军惊恐骇乱，发动攻击。姚苌说："苻登部众虽然一时陷于混乱，但怒气仍然很大，不可以轻敌！"遂停止行动。

苻登集结残兵败将，退驻胡空堡（陕西省彬州市西南）。姚苌命姚硕德镇守安定（甘肃省镇原县东南屯字镇），把安定居民一千余家，强迫迁

到阴密（甘肃省灵台县西南）；派老弟征南将军姚靖镇守。 .406

15 九月十九日，晋帝国（首都建康）擢升国务院左执行长（左仆射）陆纳，当国务院总理（尚书令）。

16 前秦帝苻登，向东退守胡空堡（陕西省彬州市西南）时，后秦帝姚苌，命姚硕德遴选委派秦州（甘肃省南部）各郡长、各县长。姚硕德遂命堂弟姚常镇守陇城（甘肃省秦安县东北）、邢奴镇守冀城（甘肃省甘谷县）、姚详镇守略阳郡（甘肃省天水市东）。

杨定（时驻仇池〔甘肃省西和县南〕）出军攻击陇城、冀城，攻克；斩姚常，生擒邢奴，姚详放弃略阳郡，逃到阴密（甘肃省灵台县西南）。杨定自称秦州全权州长（牧）、陇西王。前秦帝国政府，就依照他的自称，委任官职（杨定原自称秦州州长〔刺史〕，参考〔三八五年〕十一月）。

17 冬季，十月，前秦帝国（首都南安）皇帝苻登，任命窦冲当最高指挥官（大司马）、陇东军区司令长官（都督陇东诸军事）、雍州全权州长（牧）；杨定当左丞相、全国各军区总司令长官（都督中外诸军事），秦、梁二州全权州长（牧）；约定同时向后秦帝国发动攻击，又分别通知河西（陕西省北部）军区司令（监河西诸军事）、并州州长（刺史）杨政、河东（山西省）军区司令长官（都督河东诸军事）、冀州州长（刺史）杨楷（此时都是空头官衔），各率他们的部队，在长安会师。

杨政、杨楷，都是河东郡（山西省夏县）人。前秦四任帝（哀平帝）苻丕失败时（参考〔三八六年〕十月），杨政、杨楷，招集收容逃亡难民数万户，杨政据守河西（陕西省北部），杨楷据守湖县（河南省灵宝市西）、陕城（河南省三门峡市）之间地带，派人向前秦帝苻登请求任命，苻登遂依照他们的自称，委任官职。

18 后燕帝国（首都中山）乐浪王（悼王）慕容温，当冀州（州政府设信都〔河北省衡水市冀州区〕）州长（刺史）；丁零部落酋长、魏天王（首都滑台）翟辽，派部属故堤（故，姓），到冀州诈降。

十月四日，故堤刺死慕容温，以及慕容温的秘书长（长史）司马驱，率守卫部队二百户人家，逃奔西燕帝国（首都长子〔山西省长子县〕）。辽西王慕容农在襄国（河北省邢台市）拦腰攻击，把这批参与暗杀的人全部俘虏，只有故堤逃脱。

19 十一月，枹罕（甘肃省临夏市）羌人部落酋长彭奚念，归降西秦王国（首都金城〔甘肃省兰州市〕），西秦首领、金城王乞伏乾归命彭奚念当北河州（州政府枹罕）州长（刺史）。

20 晋帝国（首都建康）皇帝（十五任孝武帝）司马昌明（本年二十八岁），自从亲自处理国事（〔三七六年〕正月，崇德太后褚蒜子交还政权），自由发号施令，有君王气度。可是，不久他就沉迷在美酒和美女群中，而把国家大权，交给老弟琅邪王司马道子。司马道子也喜爱饮酒，于是，兄弟二人，日夜狂饮高歌，作为人生唯一的重要任务。司马昌明崇拜佛教，引起奢侈浪费，亲近的人全是三姑六婆、和尚尼姑；左右侍从人员，乘机争权夺利，互相勾结，请托、关说、赂贿，全都公开；随意派人当官，随意对人赏赐；司法黑暗，监狱里满是被诬陷的囚犯。国务院总理（尚书令）陆纳，望着皇宫，叹息说：“这么好的一个家，难道小娃儿要把它砸烂？”（无力感！）

首都东区卫戍司令兼大营指挥官（左卫领营将军）、会稽郡（浙江省绍兴市）人许营，上奏章警告说："政府各单位和宫廷官员，以及禁卫军官，甚至男性奴隶和女性奴婢，不知道生父是谁，而姓母姓的人，非常之多。他们并没有经过乡里郡县考选官（中正）的考察推荐，却照样充当郡长、县长，甚至在中央或宫廷担任官职。至于和尚、尼姑、乳娘等，纷纷引进他们的亲戚朋友，接受金银财宝。于是不三不四的人，都当了政府官员，管辖人民，行事不公，为非作歹，把暴行加到无罪人的身上，法令混乱，公然抢夺。过去，陛下命臣属们要知无不言，言无不尽，大家也都一一提出建议，结果没有一件建议，蒙受采纳。我曾经听说，'佛'是一位清静无为、玄虚缥缈的神灵。可是现在的和尚尼姑，虽穿的是和尚尼姑的衣服，却不能遵守五戒（佛有五戒：不淫、不盗、不杀、不说谎、不酗酒），何况更精湛的佛法？而地痞流氓，一面拜佛，一面欺凌贫苦小民。认为财产才是真正利益，这种观念，也不合'布施'的道理。"奏章呈上后，毫无反应。

皇弟司马道子，权势之大，上自中央，下到地方，远域近疆，无所不至；司马昌明心里渐渐不高兴，但外貌上仍然宽容优待。高级咨询官（侍中）王国宝，因有高超的拍马技术，所以特别得到司马道子的宠爱。他煽风点火，煽动"八座"（国务院总理、左右执行长及五部部长）上奏章给晋帝司马昌明，指出：应该擢升司马道子当丞相、京畿总卫戍司令（扬州牧），赏赐皇帝诛杀时专用的铜斧（假黄钺），再加授特别崇敬的礼节。中央军事总监（护军将军）、南平郡（湖北省公安县）人车胤说："这是姬诵（周王朝二任王成王）尊敬叔父姬旦（周公）的办法，而今；主上（司马昌明）在位，不可以比姬诵，而相王（宰相兼亲王司马道子）又怎么能比姬旦（周公）？"假装有病，拒绝在奏章上签名。但奏章仍然呈上，司马昌明大为愤怒，同时嘉勉车胤的节操。

立法院主任立法官（中书侍郎）范宁、徐邈，深受司马昌明信任，屡次贡献忠言，弥补缺失，抨击奸邪之辈。王国宝，是范宁的外甥，范宁对这个外甥的马屁媚功，深为痛恨，常劝司马昌明罢黜王国宝。陈郡（河南省周口市淮阳区）人袁悦之，受司马道子宠爱，王国宝使袁悦之透过尼姑妙音，写信给太子司马德宗的娘亲、淑媛（小老婆群第五级）陈归女，说："王国宝这个人，十分忠心，而且谨慎，可以亲近信任。"司马昌明知道了这件事后，大发雷霆，找一件别的事情作为借口，斩袁悦之。王国宝大为恐惧，跟司马道子紧密联合，陷害范宁，把范宁逐出中央，去当豫章郡（江西省南昌市）郡长。范宁临走时，上奏章说："现在，边疆并没有烽火，可是仓库空乏。古代政府征召人民差役，一年不过三天；而今，一年之中，人民甚至连三天休息都没有。甚至生下孩子，不敢养育；鳏夫寡妇，不敢嫁娶。自己睡在燃烧着的柴堆之上，都比帝国所面对的情况安全。"又再上奏章，说："中原人士，当初逃难，流亡江南（长江以南），年复一年，月复一月，日子一久，人们都安居乐业。天下所有的人，追溯他们的祖先，都是随着时势变局，迁徙移动，为什么到了今天，反而被认为非法？我认为应该就现有的疆界，对人民户籍，采取属地主义，住在某郡某县，即是某郡某县之人（四世纪〇〇年代，中原大乱，南迁人民，都另立侨郡侨县）。人生变数很多，无论奢侈或节俭，都是环境造成。当初那些兼并别人财产的强族豪门，已多数不能维持，并不是他们的财力不足，而是他们的开支太大，没有节制，互相竞赛豪华，毫无限度之故。古礼规定，十九岁时死亡，称为'长殇'，因为他还没有成年。可是，现在的兵役差役，十六岁就被认为'全丁'（完整的人），十三岁就被认为'半丁'（半个完整的人）。他们承当的已不再是孩童的事，岂不伤天害理，虐待人民？我认为二十岁才能称'全丁'，十六岁才能称'半丁'，就不会再有人夭折，人口才能繁衍。"

司马昌明很多地方采纳。

范宁在豫章郡（江西省南昌市），派郡政府官员十五人，分别到所属的十五县视察（豫章郡有十六县：南昌县〔豫章郡郡政府所在县〕、海昏县〔江西省南昌市新建区东北〕、新淦县〔江西省樟树市〕、建成县〔江西省高安市〕、望蔡县〔江西省上高县〕、永修县〔江西省永修县〕、建昌县〔江西省宜丰县东北〕、吴平县〔江西省樟树市西南〕、豫宁县〔江西省武宁县〕、彭泽县〔江西省湖口县东〕、艾县〔江西省修水县〕、康乐县〔江西省万载县〕、丰城县〔江西省丰城市〕、新昌县〔江西省奉新县〕、宜丰县〔江西省宜丰县〕、钟陵县〔江西省进贤县〕。郡政府在南昌县，不再派人）。采访民间风俗，以及对政府推行政令的反应。平常则遇有官员回乡休假，假满返郡时，范宁就听取他们对地方政府首长的评估。徐邈写信给范宁说："你审理官司，十分公允，政府事务，顺利推行，官员自然恐惧犯错，人心自然安定。何必派人去乡里村落，探问虚名？不仅没有好处，反而替不肖官吏，制造欺凌人民的机会。世界上哪里有善良的君子，不但干预跟他无关的事，反而更进一步的再去传播？自古以来，喜爱当别人耳目的人，都是无赖，他们先用小忠积成大不忠，先用小信积成大不信。诬害人的和谄媚人的人，同时并进，黑白善恶，在他们口中，就恰恰相反，岂可以不特别戒惧！你任用部属，一向谨慎，定有国家栋梁，统御郡政府各科室，各科室也定有优秀官员，主持事务。再遴选公正贤明的人，担任监督。在这种情形下，是清廉？是浑浊？就十分明显。你只要心平气和的坐在那里，何必借用别人的耳目？从前，明德皇后马女士（东汉王朝二任帝刘阳正妻）从没有跟左右侍从讨论过公事（参考〔七七年〕），可以说有高远的见解，何况身为大丈夫，反而不能避免？”

21 十二月，后秦帝姚苌，命东门将军任瓮，向前秦帝苻登诈降，承诺打开安定（甘肃省镇原县东南屯字镇）城门，迎接苻登入城。苻登打算接受。征东将军雷恶地，率军正驻防在外，得到消息，飞骑前来晋见苻登，劝阻说：“姚苌诡计多端，绝不可以信赖。”苻登才停止。姚苌听说雷恶地返营晋见苻登，对各将领说：“这个老羌见了苻登，我们的计划就非落空不可。”

但苻登因雷恶地的勇猛和智略，都超过常人，心中暗暗忌惮。雷恶地恐惧，投降后秦帝国（首都长安），姚苌任命雷恶地当镇军将军。

22 前秦帝国（首都南安）任命安成王苻广当宰相（司徒）。

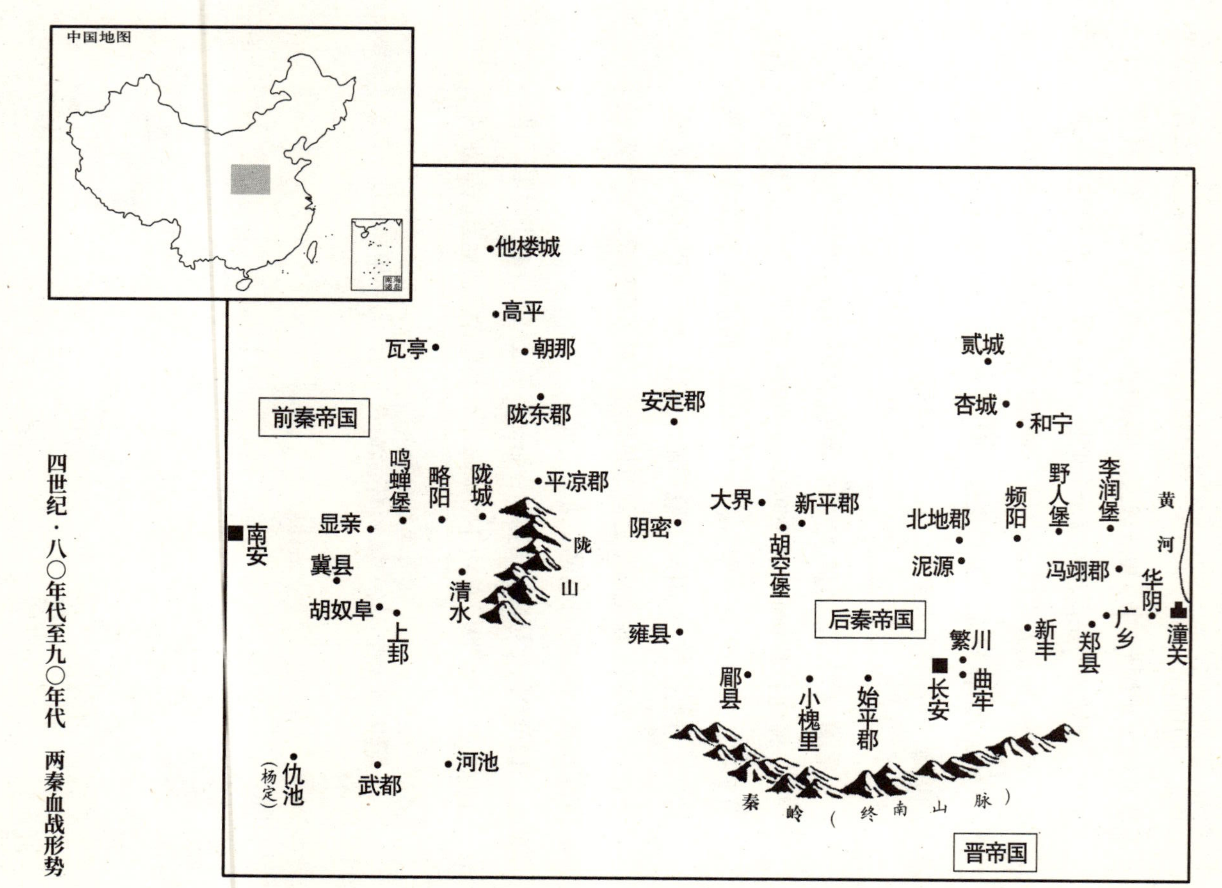

四世纪·八〇年代至九〇年代　两秦血战形势

晋帝国

- 柔然汗国兴起。
- 后燕慕容垂攻击西燕。

三九〇年 庚寅

晋　太元　十五年
前秦　太初　五年
后燕　建兴　五年
西燕　中兴　五年
后秦　建初　五年
西秦　太初　三年
北魏　登国　五年
后凉　麟嘉　二年
（魏天王翟辽建光三年）

1 春季，正月二十六日，晋帝国（首都建康〔江苏省南京市〕）青、兖二州（州政府设淮阴〔江苏省淮安市淮阴区〕）州长（刺史）、谯王（敬王）司马恬逝世。

2 西燕帝国（首都长子〔山西省长子县〕）皇帝（七任）慕容永，率军向洛阳（河南省洛阳市东白马寺东）进发。晋帝国雍州（州政府洛阳）州长（刺史）朱序，从河阴（河南省洛阳市孟津区东）渡黄河北上迎战，击败西燕军，慕容永撤退。朱序追击，追到白水（距西燕帝国首都长子〔山西省长子县〕八十公里）；得到消息，丁零部落酋长、魏天王（首都滑台〔河南省滑县〕）翟辽，打算攻击洛阳，朱序遂班师，击退翟辽。留下鹰扬将军朱党驻防石门（河南省荥阳市北），命儿子朱略守卫洛阳，由军事参议官（参军）赵蕃辅佐；朱序则自己返回襄阳（湖北省襄阳市。雍州州政府遂从洛阳南撤至襄阳）。

3 晋帝国琅邪王司马道子，仗恃老哥皇帝（十五任孝武帝）司马昌明（本年二十九岁）的宠爱，骄傲蛮横，每次陪同饮宴，都酩酊大醉，有时甚至忘了君臣之间的分际。司马昌明越想越气，打算遴选有名望的人，主持州政府或军区，培养潜在的制衡力量，对付司马道子。向太子宫左翼卫队长（太子左卫率）王雅询问说："我打算用王恭、殷仲堪，你认为如何？"王雅说："王恭风度优雅，态度高贵，志气严肃方正。殷仲堪谨慎小心，连小节都不敢放松，又以文学闻名于世。然而，他们的气量，都十分狭小，不够宽宏，既缺乏干才谋略，却又觉得自己很了不起——自以为是。如果教他们独当一面，天下太平时，足可以尽忠职守；天下如果有事，恐怕会成为灾祸的根源。"司马昌明不信。王恭，是王蕴的儿子（王蕴是皇后王法慧的老爹，参考〔三七五年〕八月）。殷仲堪，是殷融的孙儿（殷融事，参考〔三三九年〕七月）。

二月二日，司马昌明任命立法院最高立法长（中书令）王恭，当青兖幽并冀军区司令长官（都督青兖幽并冀五州诸军事），兼兖、青二州州长（刺史），镇守京口（江苏省镇江市。州政府自淮阴南撤至京口）。

4 三月二十日，晋帝国大赦。

5 后秦帝国（首都长安〔陕西省西安市〕）皇帝（一任武昭帝）姚苌（本年六十一岁），攻击前秦帝国（首都南安〔甘肃省陇西县东南〕）扶风郡郡长齐益男据守的新罗堡（今地不详），攻克，齐益男逃走。前秦帝（五任高帝）

苻登（本年四十八岁），攻击后秦帝国天水郡郡长张业生据守的陇东郡（甘肃省平凉市西北），姚苌率军来救，苻登撤退。

6 夏季，四月，前秦帝国镇东将军魏曷飞，自称冲天王，率氐人、胡人（匈奴人），攻击后秦帝国安北将军姚当成据守的杏城（陕西省黄陵县）；镇军将军雷恶地叛离后秦，响应魏曷飞，攻击镇东将军姚汉得据守的李润（陕西省大荔县北）。后秦帝姚苌，准备迎战，文武官员都说："陛下不愁相距只有六十华里的苻登（时苻登军已抵达新丰〔陕西省西安市临潼区〕），却去担心六百华里外的魏曷飞，原因是什么？"姚苌却说："我们不可能马上消灭苻登，而我们的首都长安，苻登也不可能立刻攻克。雷恶地的智略，不同凡人，如果北方结交魏曷飞、西方结交董成（时据守北地〔陕西省铜川市耀州区〕），占领杏城、李润，作为基地，长安的东方和北方，就不是我们的了。"遂秘密率精锐部队一千六百人迎击。魏曷飞、雷恶地部众有数万人，氐人、胡人前往投效的，前后相继。姚苌每看到一支部队前来，就大为高兴。文武官员问他为什么，姚苌说："魏曷飞等煽动诱惑那些共同作恶的人，他们的种族和部落，十分繁多，我虽然可以克制他们的首领，但他们手下的干部党羽，却一时不容易铲除，如今他们像乌鸦一样，集合在一起，我乘胜攻击，可以一网打尽，一个不漏。"

魏曷飞发现后秦帝国的军队很少，遂全军出动攻击；姚苌坚守营垒，拒绝出战，显示他的兵力微弱；却秘密派他的儿子、中军将军姚崇，率数百人敢死队，迂迴到魏曷飞军的背后。魏曷飞军霎时乱成一团，姚苌命镇远将军王超等，率所有部队出击，斩魏曷飞，杀将士一万余人。雷恶地请求投降，姚苌接受，待他像当初一样。雷恶地对人说："我自以为智谋勇气，高出常人；可是，每次遇到姚公（姚苌），我就失败，岂不是天意！"

姚苌命姚当成在营地栅栏，每一个栅孔，竖立一个木牌，用以表扬战功，一年有余，问姚当成情形如何。姚当成说："营地太小，已加扩大。"姚苌说："我自从把头发束到头上那天起，跟敌人作战，从来没有这次痛快，用一千余士兵，击破三万敌军。营地小才稀奇，营地大有什么可贵？"

7 吐谷浑汗国（青海省）可汗（五任）慕容视连，派使节晋见西秦王国（首都金城〔甘肃省兰州市〕）首领（二任武元王）、金城王乞伏乾归，乞伏乾归任命慕容视连当沙州（此沙州系指沙砾地区）全权州长（牧），封白兰王。

8 四月丙寅日（四月己卯朔，没有丙寅），北魏王（一任道武帝）拓跋珪（本年二十岁），跟后燕帝国（首都中山〔河北省定州市〕）赵王慕容麟，在意辛山（内蒙古四子王旗西北）会师，进攻贺兰、纥突邻、纥奚三部落，全都击破；纥突邻部落、纥奚部落，向拓跋珪投降。

9 秋季，七月，冯翊郡（陕西省大荔县）人郭质，在广乡（陕西省渭南市华州区境）聚众起兵，归附前秦帝国（首都南安〔甘肃省陇西县东南〕），向三辅（大长安地区）发出政治号召："姚苌这个匪徒，凶恶残暴，人民神灵，都被毒害。我们世世代代，受到先帝（三任帝苻坚）像伊祁放勋（尧）、姚重华（舜）那样仁慈的照顾，我们即令不是高级咨询官（侍中）、国务院各部执行官（尚书）的儿子；也是部长（卿）、指挥官（校）、全权州长（牧）、郡长（守）的孙儿。与其满面羞愧的活着，不如为正义而死。”于是三辅（大长安地区）所有民间自卫堡寨，都起兵响应。只郑县（陕西省渭南市华州区）人苟曜，集结部众数千人，归附后秦帝国。

前秦帝国任命郭质当冯翊郡（陕西省大荔县）郡长，后秦帝国任命苟曜当豫州州长（刺史）。

10 受后秦（首都长安）、西燕（首都长子）封爵的匈奴部落（首府悦拔城〔内蒙古伊金霍洛旗西北〕）酋长刘卫辰，派儿子刘直力鞮，攻击贺兰部落（内蒙古阴山山脉北），酋长贺讷受困，情势危急，向北魏帝国投降。

七月三十日，北魏王拓跋珪，率军援救贺兰，击退刘直力鞮；把贺兰部落，迁到东境。

11 八月，晋帝国（首都建康〔江苏省南京市〕）龙骧将军刘牢之，攻击丁零部落翟钊据守的鄄城（山东省鄄城县北），翟钊逃向黄河北岸（翟钊侵入东方，参考〔三八七年〕正月）。刘牢之又在滑台（河南省滑县）外郊，击败翟钊的老爹、魏天王翟辽。晋帝国叛将张愿（参考〔三八六年〕三月），再向晋帝国投降。

12 九月，北平郡（河北省遵化市）变民首领吴柱，集结部众一千余人，拥护佛教和尚法长当皇帝，攻陷北平郡，攻击广都（辽宁省建昌县），侵入白狼城（白狼城位于辽宁省喀喇沁左翼县西南白狼山下，与广都同属北平郡〔河北省遵化市〕）。后燕帝国幽州（州政府设龙城〔辽宁省朝阳市〕）全权州长（牧）、高阳王慕容隆，正在埋葬他的妻子，各郡县首长，都来吊丧，大家听到吴柱武装叛变消息，请慕容隆迅速回城，派大军讨伐。慕容隆说：“而今，家家户户，安居乐业，没有人希望发生战乱，吴柱用谎言和诈术，迷惑愚昧人群，在诱骗裹挟下，聚集在一起，根本没有什么作为。”仍留在郊外，完成葬礼。命北平郡（河北省遵化市）郡长、广都（辽宁省建昌县）县长，先行回去，再派安昌侯慕容进，率一百余骑兵，直扑白狼城（辽宁省喀喇沁左翼县西南）。

吴柱部众得到消息，霎时溃散；慕容进全力追捕，斩吴柱。

13 晋帝国任命高级咨询官（侍中）王国宝，当立法院最高立法长（中书令）；不久，再兼任中央禁军总监（中领军）。

九月一日，晋帝国任命吴郡（江苏省苏州市）郡长王珣，当国务院右执行长（尚书右仆射）。

14 吐谷浑汗国（青海省）可汗（五任）、白兰王慕容视连逝世，儿子慕容视罴继位（六任）。

慕容视罴，因他的父亲以及祖先，都非常仁慈，受到四方邻国不断的侵略欺负，遂加强军事训练，希望建立功业。

冬季，十月，西秦王国（首都金城〔甘肃省兰州市〕）首领（二任武元王）、金城王乞伏乾归，派人任命慕容视罴当沙州全权州长（牧），封白兰王；慕容视罴拒绝接受。

15 十二月，广乡（陕西省渭南市华州区境）变民首领郭质，跟郑县（陕西省渭南市华州区）变民首领苟曜，在郑县之东会战；郭质战败，投奔晋帝国所属的洛阳（河南省洛阳市东白马寺东）。

16 西秦王国（首都金城）鲜卑部落酋长越质叱黎的儿子越质诘归（前年〔三八八〕四月被俘），在平襄（甘肃省通渭县）叛变。

三九一年 辛卯

晋 太元 十六年
前秦 太初 六年
后燕 建兴 六年
西燕 中兴 六年
后秦 建初 六年
西秦 太初 四年
北魏 登国 六年
后凉 麟嘉 三年
（魏天王翟辽建光四年）
（魏天王翟钊定鼎元年）

1 春季，正月，后燕帝国（首都中山〔河北省定州市〕）在蓟城（北京市）设立特遣政府（行台），任命长乐公慕容盛（本年十九岁），主管特遣政府事务（录行台尚书事）。

2 西秦王国（首都金城〔甘肃省兰州市〕）首领（二任武元王）、金城王乞伏乾归，攻击越质诘归，越质诘归投降。乞伏乾归把本族一位女儿嫁给越质诘归。

3 贺兰部落内乱，贺染干阴谋杀害老哥酋长贺讷，贺讷发觉，弟兄二人遂互相攻击。北魏帝王（一任道武帝）拓跋珪（本年二十一岁）报告后燕帝国，请求担任向导，出兵讨伐。

二月甲戌日（二月甲辰朔，没有甲戌），后燕帝（一任武成帝）慕容垂（本年六十六岁），派赵王慕容麟，率军攻击贺讷；镇北将军兰汗，率龙城（辽宁省朝阳市）部队，攻击贺染干。

4 三月，前秦帝国（首都南安〔甘肃省陇西县东南〕）皇帝（五任高帝）苻登（本年四十九岁），从雍城（陕西省宝鸡市凤翔区）攻击后秦帝国（首都长安〔陕西省西安市〕）安东将军金荣据守的范氏堡（今地不详），攻克。渡渭水南下，攻击首都长安市长（京兆太守）韦范据守的段氏堡（今地不详），失败（各"堡"都是人民临时兴筑的自卫堡寨）；苻登遂进占曲牢（陕西省西安市东南）。

5 夏季，四月，后燕帝国（首都中山〔河北省定州市〕）镇北将军兰汗，在牛都（山西省大同市西北），击破贺染干。

6 郑县（陕西省渭南市华州区）变民首领苟曜，有部众一万人，秘密归降前秦帝苻登，答应作为内应。苻登自曲牢（陕西省西安市东南）转向繁川（曲牢北），驻军马头原（今地不详，应在长安东方）。

五月，后秦帝（一任武昭帝）姚苌（本年六十二岁），率军迎战，苻登击败姚苌，斩右将军吴忠。姚苌集结残兵败，将再度迎战。姚硕德说："陛下一向谨慎，从不轻率的攻击，每次都用谋略取胜；而今，迎战失利反而更全力反扑，什么原因？"姚苌说："苻登军事行动，一向迟慢，从不了解敌人的虚实。现在，不顾一切，用轻装备部队前进，正扼住我们东方，定是苟曜这小子跟他暗中勾结（苟曜投降后秦，参考去年〔三九〇〕七月）。我们的攻势如果稍缓，他们就可能会师。所以要在他们会师之前，急行进击，只为了破坏他们的阴谋。”遂进攻，大破前秦军，苻登退到郿县（陕西省眉县）。

7 前秦帝国（首都南安）兖州州长（刺史）强金槌，据守新平郡（陕西省彬州市），投降后秦帝国（首都长安），派他的儿子强逵当人质。后秦帝姚苌率骑兵数百人，一直进入强金槌军营，部属们劝阻，姚苌说：“强金槌如果背弃我，苻登又要谋害我，我往哪里去？强金槌刚刚才来投降，我应该推心置腹待他，为什么不能信任，乱起疑心！”果然，氐人高级军官，要击杀姚苌，强金槌不准（强金槌是氐人，跟苻登同族）。

8 六月三日，后燕帝国（首都中山）赵王慕容麟，在赤城（河北省赤城县）击破贺讷军，生擒贺讷，贺讷部众数万人投降。后燕帝慕容垂，命慕容麟把贺讷送回他的部落，把贺染干迁到中山（河北省定州市）。

慕容麟返国，对老爹慕容垂说：“我观察拓跋珪（北魏王）的一举一动，将来定会成为我们的灾患，不如强迫他前来京师（首都中山），命他老弟代理主持魏国（北魏帝国）大事。”慕容垂不接受。

9 西燕帝国（首都长子〔山西省长子县〕）皇帝（七任）慕容永，攻击晋帝国的河南郡（河南省洛阳市东白马寺东），郡长杨佺期击破慕容永攻击。

10 秋季，七月二日，后燕帝慕容垂，前往范阳郡（河北省涿州市）。

11 北魏王（首都盛乐）拓跋珪，派老弟拓跋觚，到后燕帝国进贡。慕容垂年已衰老（本年六十六岁），不专心国事。子弟们无法无天，擅权横行，扣留拓跋觚，要求拓跋珪用良马来赎。拓跋珪不肯，遂跟后燕帝国断绝关系。拓跋珪派秘书长（长史）张衮，向西燕帝国（首都长子）表示友好。

拓跋觚逃走，后燕帝国太子慕容宝追捕，生擒；但慕容垂待他仍跟过去一样。

12 前秦帝国（首都南安）皇帝苻登，进攻新平郡（陕西省彬州市）。后秦帝姚苌率军救援，苻登撤退。

13 前秦帝国骠骑将军没弈干，把两个儿子送到西秦王国（首都金城〔甘肃省兰州市〕）当人质，请求西秦首领、金城王乞伏乾归出兵，联合攻击鲜卑部落酋长大兜据守的鸣蝉堡（甘肃省秦安县境），攻克；大兜换上平民衣服逃走，金城王乞伏乾归接收他的部众，班师；并把没弈干的两个当人质的儿子送回。没弈干不久就叛变，跟在东方的朔方（黄河河套地区）匈奴部落酋长刘卫辰（时驻悦拔城〔内蒙古伊金霍洛旗西北〕）结合。

八月，乞伏乾归率骑兵一万人，讨伐没弈干，没弈干逃到他楼城（宁夏固原市北），乞伏乾归痛恨没弈干，一箭射中没弈干的眼珠。

14 九月十四日，晋帝国（首都建康）任命国务院右执行长（右仆射）王珣，当左执行长（左仆射）；擢升太子宫总管（太子詹事）谢琰，当国务院右执行长（右仆射）。

太学教授（太学博士）范弘之，追论殷浩对国家的贡献（殷浩北伐，参考〔三五三年〕九月），请求追加绰号；在奏章中，范弘之乘势指控桓温生前已有叛逆的事迹。此时，桓姓家族的势力仍然很大。而王珣，又是桓温的旧部（王珣当过桓温的主任秘书〔主簿〕，参考〔三六三年〕五月），认为桓温罢黜昏君，拥戴明君（指罢黜十三任帝司马奕、拥立十四任帝司马昱，参考〔三七一年〕十一月），是一项最大的忠贞节操，遂把范弘之贬出去当余杭（浙江省杭州市余杭区西南余杭街道）县长。范弘之，是范汪的孙儿（范汪被桓温免职，参考〔三六一年〕十月）。

15 冬季，十月壬辰日（十月庚子朔，没有壬辰），后燕帝慕容垂自范阳郡（河北省涿州市）返首都中山（河北省定州市）。

16 最初，柔然部落（瀚海沙漠群游牧民族）世代都臣服代国，酋长郁久闾地栗袁（郁久闾，三字姓）逝世，部落分为东西二部：长子郁久闾匹候跋，继承父位，居住东方；次子郁久闾缊纥提，另率部众，居住西方。前秦帝国消灭代国时（参考〔三七六年〕十二月），柔然部落归附朔方（黄河河套地区）匈奴部落酋长刘卫辰。

北魏王拓跋珪复国登上宝座时，攻击高车（蒙古国北部）等部落，大多数旧属都接受领导，只柔然部落，拒不服从。

十月戊戌日（十月庚子朔，没有戊戌），拓跋珪对柔然部落发动攻击，柔然部落向北逃走，拓跋珪率军追赶六百华里。各将领请秘书长（长史）张兖报告拓跋珪说：“贼寇（指柔然）已经遥远，我们粮食快要吃完，不如早还。”拓跋珪问将领们说：“如果宰杀副马（北方骑兵作战，战士一人两马，一马骑坐；另一马备用，称“副马”），粮食吃完后，就吃马肉，能不能维持三天？”大家一致认为：“可以。”于是加速追赶，追到南床山（蒙古国南部戈壁阿尔泰山，在瀚海沙漠群西北），追到，大破柔然部落，俘虏半数人口之多；长子郁久闾匹候跋，跟另一部落酋长屋击，分别集结残兵败将逃亡。拓跋珪派长孙嵩、长孙肥继续追击。拓跋珪对将领们说："你们知不知道我问'三天粮食'的意思？"大家回答说："不知道。"拓跋珪说："柔然部落带着家畜，在沙漠上逃奔，已数日之久，遇到水草，一定停留。我用轻装备骑兵追赶，计算道路，顶多三天，准可追上。"大家都说："我们想不到这些。"长孙嵩追到平望川（今地不详），斩屋击。长孙肥追到涿邪山（蒙古国南部古尔班察汗山），郁久闾匹候跋率全体部众投降；俘虏郁久闾缊纥提的儿子郁久闾曷多汗、侄儿郁久闾社仑、郁久闾斛律等家属亲友数百人。郁久闾缊纥提打算投奔刘卫辰（时驻悦拔城〔内蒙古伊金霍洛旗西北〕），拓跋珪赶到，郁久闾缊纥提也投降，拓跋珪把柔然部落全部迁移到云中（内蒙古托克托县）。

17 丁零部落酋长、魏天王（首都滑台〔河南省滑县〕）翟辽逝世，儿子翟钊继位，改年号定鼎（之前是建光四年，之后是定鼎元年）。攻击后燕帝国邺城（河北省临漳县西南邺城镇），后燕帝国辽西王慕容农，把他击退。

18 后凉王国（首都姑臧〔甘肃省武威市〕）首领（一任懿武帝）、三河王吕光（本年五十五岁），乘西秦王国首领（二任武元王）、金城王乞伏乾归国内空虚（乞伏乾归正讨伐没弈干），发动攻击，乞伏乾归得到消息，急率军回京（首都金城），后凉军即行撤退。

19 据守朔方（黄河河套地区）的匈奴部落酋长刘卫辰，派儿子刘直力鞮，率部众八、九万人，攻击北魏帝国的南方边疆。

十一月十日，北魏王拓跋珪率五六千人迎战。

十一月十三日，在铁岐山（今地不详）南，大破刘直力鞮军，刘直力鞮单枪匹马逃走。拓跋珪乘胜追击。

十一月十九日，在五原郡（内蒙古包头市）金津（包头市西南黄河渡口）渡黄河南下，进入刘卫辰势力范围，刘卫辰部众惊骇恐慌，陷于混乱。

十一月二十二日，拓跋珪抵达刘卫辰首府悦拔城（内蒙古伊金霍洛旗西北）；刘卫辰父子，仓皇逃走。

十一月二十三日（入城次日），拓跋珪派部下将领，率轻装备骑兵，分头追击。将军伊谓追到木根山（内蒙古鄂托克前旗南），生擒刘直力鞮；而刘卫辰也被他的部属诛杀。

十二月，拓跋珪驻军盐池（内蒙古鄂托克前旗东南），屠杀刘卫辰家属亲友，以及同党，共五千余人，把尸首投入黄河。自此，黄河以南（河套地区）各部落，全都投降，俘获马三十余万匹、牛羊四百余万头，国家财产才转富裕。

刘卫辰的幼子刘勃勃，逃奔薛干部落。拓跋珪派人要薛干部落把他交出，薛干部落酋长太悉伏把刘勃勃送走，而对使节说："刘勃勃国破家亡，穷途末路，前来投靠，我宁可跟他一同逃亡，怎么忍心捉住他交给贵国？"遂把刘勃勃送给没弈干（时据高平〔宁夏固原市〕），没弈干把女儿嫁给刘勃勃。

评论姚苌时，我们曾说过一句话："世界上确有一种人，你最好不要认识他……"三九一年出现的刘勃勃，是一个比姚苌更卑鄙、更毒辣的角色，也可能他比姚苌更有仪容，意气轩昂，堂堂一表，给人的印象十分良好，所以他为害的

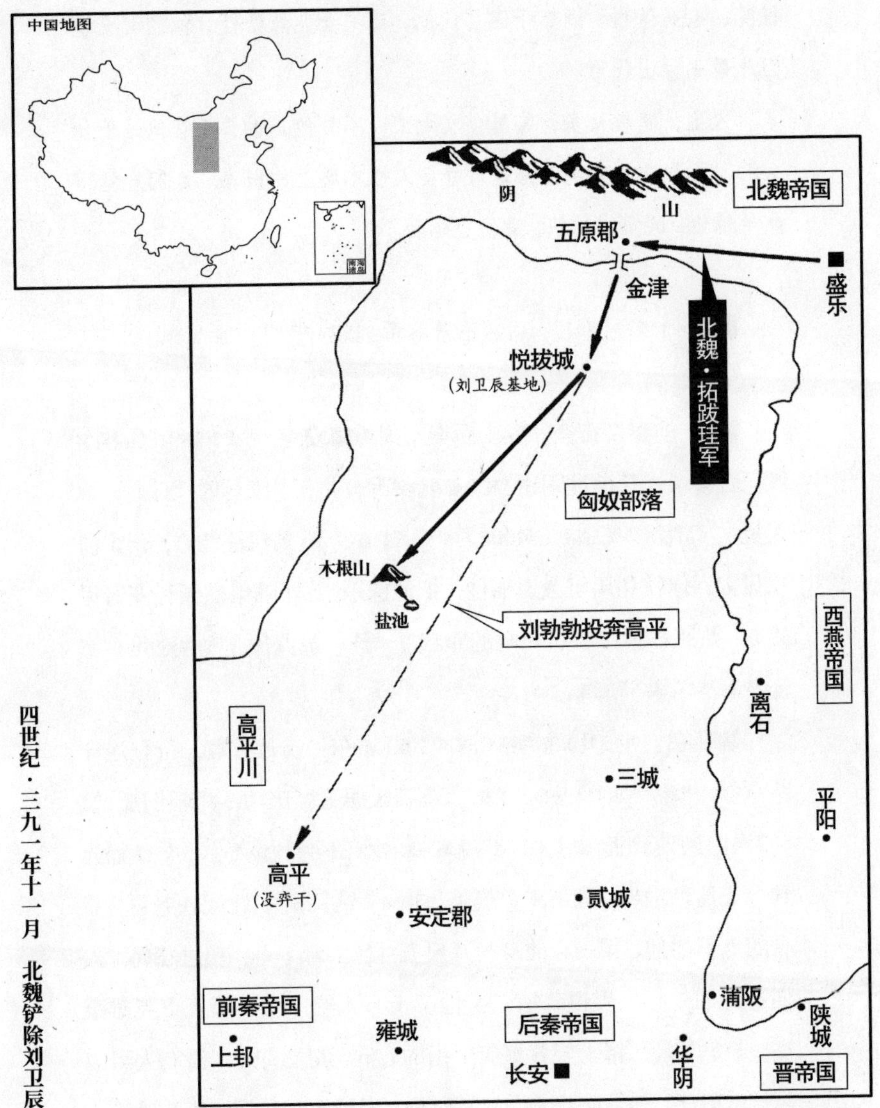

四世纪·三九一年十一月　北魏铲除刘卫辰

程度，也更猛烈。没奔干因赏识他，而把女儿嫁给他，他们父女也因此最先付出代价。

人生，变数太多，忘恩负义之辈，不管他是谁，不管他是干什么的，所制造的灾祸，都是对善良人性本质上的伤害。人们发觉得越早越好，醒悟得越快，受伤也越轻。

20 十二月十日，后燕帝慕容垂，前往鲁口（河北省饶阳县）。

21 前秦帝苻登，攻击后秦帝国重镇安定（甘肃省镇原县东南屯字镇）。后秦帝姚苌前往阴密（甘肃省灵台县西南）抵御。临行时，对太子姚兴说："苟曜（郑县〔陕西省渭南市华州区〕民兵首领）听到我往北方，一定前来见你，你就利用机会逮捕他，把他诛杀。"苟曜果然到长安晋见姚兴，姚兴命尹纬宣布苟曜的罪状，一条一条责备，然后处死（当三辅全叛时，唯苟曜归附后秦，参考去年〔三九〇〕七月）。

姚苌在安定（甘肃省镇原县东南屯字镇）城东，击败苻登，苻登退守路承堡（路承所兴筑的人民自卫堡寨）。姚苌大摆筵席庆功，将领们都说："如果遇到魏武王（姚苌追封老哥姚襄的爵位），不会教盗贼（指苻登）猖獗到今天这种地步，陛下未免谨慎过度。"姚苌说："比起我老哥，我有四点不如他。第一，他身长八尺五寸，手臂下垂，超过膝盖，人们看到他，心生畏惧。第二，他率十万人的部众，跟天下英雄豪杰，一争长短，将士望着军旗所指的方向，奋勇冲杀，没有人可以阻挡。第三，他通晓历史，了解时局，发出政治号召，集结贤能人才。第四，他率领大军，上下一片欢乐，心服口服，每人都尽死力。但我之所以能够建立帝王大业，领导各位俊杰，大概是在谋略上能有一点长处。"文武官员高喊万岁。

三九二年 壬辰

晋	太元	十七年
前秦	太初	七年
后燕	建兴	七年
西燕	中兴	七年
后秦	建初	七年
西秦	太初	五年
北魏	登国	七年
后凉	麟嘉	四年

（魏天王翟钊定鼎二年）

1 春季，正月一日，晋帝国（首都建康〔江苏省南京市〕）大赦。

2 前秦帝国（首都南安〔甘肃省陇西县东南〕）皇帝（五任高帝）苻登（本年五十岁），封昭仪（小老婆群第一级）、陇西郡（甘肃省陇西县）人李女士当皇后。

3 二月五日，后燕帝国（首都中山〔河北省定州市〕）皇帝（一任武成帝）慕容垂（本年六十七岁），从鲁口（河北省饶阳县）前往河间郡（河北省献县）、勃海郡（河北省南皮县）、平原郡（山东省平原县）。魏天王（首都滑台〔河南省滑县〕）翟钊，派将领翟都侵入馆陶（河北省馆陶县），进驻苏康垒（苏康兴筑的人民自卫堡寨）。

三月，慕容垂率军南下，亲自攻击翟钊。

4 前秦帝国骠骑将军没弈干（时驻高平〔宁夏固原市〕），率领部众投降后秦帝国（首都长安〔陕西省西安市〕）。后秦帝国任命没弈干当车骑将军，封高平公。

5 后秦帝（一任武昭帝）姚苌（本年六十三岁）病重，命老弟姚硕德镇守李润（陕西省大荔县北），国务院执行长（仆射）尹纬镇守首都长安，征召太子姚兴前往战地行营（姚苌时驻安定〔甘肃省镇原县东南屯字镇〕）。征南将军姚方成向姚兴建议："现在，盗匪（前秦帝国）还没有消灭，而皇上又卧床不起。王统等每人都拥有私人部队，最后终有一天会带来灾祸，应该全部诛杀。"姚兴同意；于是，逮捕王统（前秦秦州全权州长，参考〔三八六年〕九月）、王广（前秦益州全权州长，参考〔三八六年〕四月）、苻胤（事迹不详）、徐成（前秦右将军，参考〔三八四年〕六月）、毛盛（前秦镇军将军，参考〔三八四年〕六月），一起斩首（他们一直被优待崇敬，一霎时血染刀口）。姚苌得到消息，大怒说："王统兄弟，跟我同乡同里，绝对没有三心二意。徐成更是前任政府（前秦帝国）的名将，我正要任用他们，为什么说杀就杀？"（王统等有的是被俘，有的是投降，短者六年，长者八载，姚苌都没有交付给他们兵权，对他们的不信任，至为明显。所以大怒，不过一种舞台表演；刘邦听到吕雉诛杀彭越后，就是如此参考〔前一九六年〕三月，其辞若有憾焉，其心乃窃喜之。）

6 后燕帝慕容垂，逼近苏康垒（今地不详）。

夏季，四月，翟都向南撤退，回军首都滑台（河南省滑县）。魏天王翟钊，向西燕帝国（首都长子〔山西省长子县〕）求救。西燕帝（七任）慕容永，召集文武官员会议，国务院助理官（尚书郎）勃海郡（河北省南皮县）人鲍遵说："使两个盗匪互相打斗，等到他们全都筋疲力尽，我们再紧跟他们背后，这是卞庄子的谋略（卞庄子事，参考〔前二〇四年〕十二月）。"立法院主任立法官（中书侍郎）太原郡（山西省太原市）人张腾说："慕容垂强大，翟钊微弱，胜利的一方，怎么会筋疲力尽？不如急行援救，造成鼎足三分的形势。现在，我们率军直扑中山（后燕首都·河北省定州市），白天多方面布置疑兵，夜间遍地增加火把，表示人数多和军力强大，慕容垂一定回军救他的京师（首都中山）。我们在正面迎击，翟钊在背后冲刺，这是上天赏赐给我们良机，万不可失。"慕容永不听（这是第一流谋略，却遇到第三流头脑。结果翟钊败，慕容永亡）。

7 后燕帝国大赦。

8 五月一日，日蚀。

9 六月，后燕帝慕容垂大军抵达黎阳（河南省浚县）黄河北岸，打算南下渡河（古黄河流经黎阳跟滑台之间），翟钊在黄河南岸严密布防。

六月十六日，慕容垂大营向西移动，前往西津（黎阳城西古黄河渡口），在黎阳（河南省浚县）西四十华里，制造牛皮筏一百余艘，假装满载军队武器，逆流而上。翟钊得到报告，率军直扑西津。慕容垂就是要翟钊直扑西津，翟钊军一离开阵地，后燕埋伏的中垒将军、桂林王慕容镇等，在夜色掩护下，自黎阳（河南省浚县）正面，强行渡河，并立即在南岸构筑营垒；天亮时，已全部完成。翟钊得到消息，急行回军，猛烈攻击这些新筑的营垒，慕容垂下令慕容镇不准应战。翟钊军一夜之间，东奔西驰，疲惫不能支持，而攻击又不能取胜，打算逃走。慕容镇出城反击，骠骑大将军慕容农从西津渡口渡河，向东挺进，跟慕容镇左右夹击，翟钊军遂完全崩溃。翟钊奔回滑台（魏首都 · 河南省滑县），带着妻子儿女，集合残余部众，渡黄河而北，逃入白鹿山（河南省辉县市西），利用险恶地势，严密把守，后燕兵团无法前进。慕容农说："翟钊没有粮食，无法一直留在山区。"下令班师，而留下骑兵斥候部队监视。翟钊果然下山，慕容农回军突击，俘虏翟钊所有部众，翟钊单身匹马，投奔长子（西燕首都 · 山西省长子县）。西燕帝慕容永，任命翟钊当车骑大将军、兖州全权州长（空头官衔），封东郡王。一年后，翟钊叛变，慕容永斩翟钊（翟钊的老爹翟辽，便是谋害他穷途末路时的恩主，夺取城池；参考〔三八六年〕正月。儿子翟钊可能又想如法炮制）。

最初，郝晷、崔逞，及清河郡（山东省临清市）人崔宏、新兴郡（山西省忻州市）人张卓、辽东郡（辽宁省辽阳市）人夔腾、阳平郡（河北省馆陶县）人路纂，都是前秦帝国的官员。前秦帝国大乱时，投奔晋帝国（首都建康）。晋帝下诏，任命他们遥当冀州（河北省中部南部）各郡郡长，率领他们的私人部队，在黄河以南驻扎。不久，他们又接受魏天王翟辽的官爵。翟姓家族失败后，他们再投降后燕帝国，后燕帝慕容垂依照他们的才干，分别录用。翟钊统治的七个郡，三万余户人家，都安居如常。后燕政府命章武王慕容宙当兖、豫二州州长（刺史），镇守滑台（河南省滑县）。把徐州（江苏省北部）居民七千余家，强迫迁到黎阳（河南省浚县），命彭城王慕容脱当徐州州长（刺史），镇守黎阳。慕容脱，是慕容垂的侄儿。慕容垂命崔荫当慕容宙的军政官（司马）。

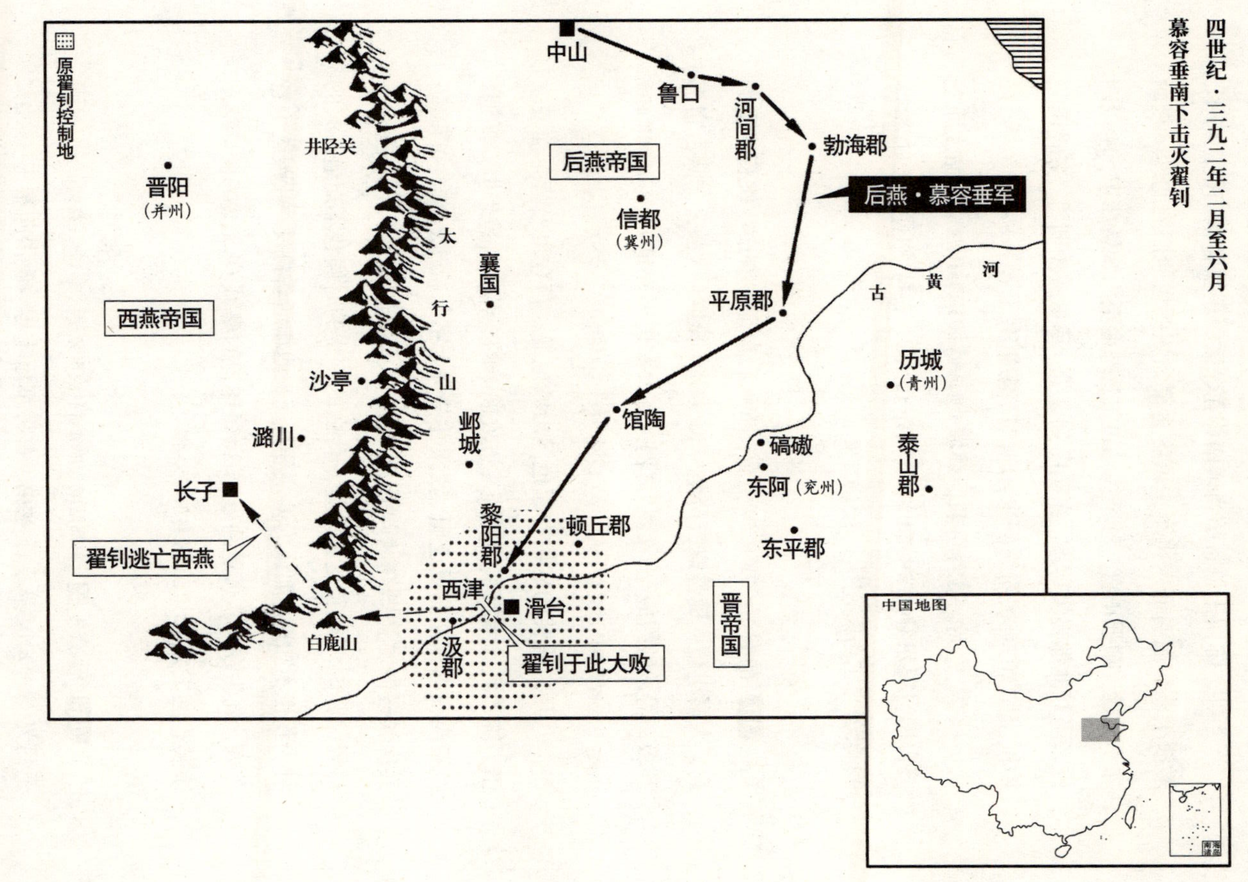
四世纪·三九二年二月至六月
慕容垂南下击灭翟钊
原翟钊控制地
中山
鲁口
河间郡
勃海郡
后燕·慕容垂军
后燕帝国
信都
（冀州）
晋阳
（并州）
井陉关
太
行
山
襄国
西燕帝国
平原郡
古
黄
河
历城
（青州）
沙亭
馆陶
潞川
邺城
碻磝
东阿（兖州）
泰山郡
长子
黎阳郡
顿丘郡
东平郡
翟钊逃亡西燕
西津
滑台
晋帝国
白鹿山
汲郡
翟钊于此大败
中国地图

当初，陈留王慕容绍当镇南将军、太原王慕容楷当征西将军、乐浪王慕容温当征东将军，慕容垂都命崔荫当他们的助理。崔荫才干敏捷，刚强正直，对于规劝过失，态度至为婉转严正，所以四位亲王对他都畏惧尊敬。崔荫所到之处，尽量减少刑罚，减轻田赋捐税，逃亡的难民纷纷回来，户口日渐增多。

秋季，七月，慕容垂前往邺城（河北省临漳县西南邺城镇），命太原王慕容楷当冀州（河北省中部南部）全权州长（牧）、右特级国务官（右光禄大夫）余蔚当国务院左执行长（左仆射）。

10 前秦帝（首都南安）苻登，听到后秦帝（首都长安）姚苌病重消息，大喜过望，焚香禀告苻坚（三任宣昭帝）牌位；大赦，文武百官都升级二等，喂饱战马，磨利武器，率大军进逼安定（后秦雍州州政府所在县·甘肃省镇原县东南屯字镇），距城池九十余华里。

八月，姚苌的病稍有起色，出城拒战。苻登也出营，准备攻击。姚苌派安南将军姚熙隆，进攻前秦的支营，苻登恐惧，撤退。姚苌当夜率军在侧翼迂迴，紧跟在苻登大军之后。天亮时，前秦骑兵斥候报告："盗贼（指姚苌）军营全空，人马不知道什么地方去了。"苻登惊骇说："姚苌这家伙是干什么的，走的时候我不知道，来的时候我也不知道。都认为他快要死了，他却活着打仗。我跟这个老羌奴，同生在世，真是倒霉。"苻登遂退回雍城（陕西省宝鸡市凤翔区），姚苌也回安定（甘肃省镇原县东南屯字镇）。

11 后凉王国（首都姑臧〔甘肃省武威市〕）首领（一任懿武帝）、三河王吕光（本年五十六岁），派老弟、右将军吕宝等，攻击西秦王国（首都金城〔甘肃省兰州市〕）首领（二任武元王）、金城王乞伏乾归；乞伏乾归迎头痛击，吕宝被杀，将士战死的一万余人。吕光又命儿子、虎贲警卫指挥官（虎贲中郎将）吕纂，攻击南部羌部落酋长彭奚念，吕纂也大败而回。

吕光亲自攻击彭奚念基地枹罕（甘肃省临夏市），攻克，彭奚念投奔甘松（甘肃省迭部县）。

12 冬季，十月十八日，晋帝国（首都建康）荆州（州政府设江陵〔湖北省江陵县〕）州长（刺史）王忱逝世。

13 晋帝国雍州（州政府设襄阳〔湖北省襄阳市〕）州长（刺史）朱序，年老多病，请求辞职。晋帝（十五任孝武帝）司马昌明（本年三十一岁）下诏，命太子宫右翼卫队长（太子右卫率）郗恢，当雍州州长（刺史），接替朱序，镇守襄阳。郗恢，是郗昙的儿子（郗昙，参考〔三五八年〕八月）。

流寓在关中（陕西省中部）的巴蜀（四川省）人，都背叛后秦帝国，据守弘农郡（河南省灵宝市东北），归附前秦帝国。

前秦帝苻登任命窦冲当左丞相，窦冲移驻华阴（陕西省华阴市）。郗恢派将军赵睦据守金墉（洛阳城西北角）；河南郡（河南省洛阳市东白马寺东）郡长杨佺期率军进驻湖城（河南省灵宝市西），攻击窦冲，把窦冲驱走。

14 十一月十日，晋帝司马昌明，任命禁宫咨询官（黄门郎）殷仲堪，当荆益宁军区司令长官（都督荆益宁三州诸军事）、荆州（州政府设江陵〔湖北省江陵县〕）州长（刺史），镇守江陵。殷仲堪虽然有美好的名声，可是资格和人望都很粗浅，大家议论纷纷，不认为是一项符合人心、公平正直的人事命令。殷仲堪到任后，喜爱用小动作使别人高兴，对大计方针，不知如何去做。

南郡公桓玄（桓温的幼子），仗恃他的才干和烜赫的门第，认为自己就是英雄豪杰，但政府对他有戒心，不敢录用。二十三岁时（去年〔三九一〕），才被任命当太子宫图书管理官（太子洗马）。桓玄曾晋见琅邪王司马道子，司马道子正酩酊大醉，从迷糊中忽然睁大眼睛，对宾客们说："桓温到了晚年，打算当贼（指叛变），是不是这样？"桓玄伏在地上（榻榻米上），汗流浃背，几乎直不起身子；从此内心生出危险意识，一直对司马道子咬牙切齿。后来，出京（首都建康）当义兴郡（江苏省宜兴市）郡长，认为大材小用，闷闷不乐，叹息说："老爹是九州（全国）的盟主，儿子不过当五湖的头目（五湖，指太湖附近：贡湖、游湖、胥湖、梅梁湖、金鼎湖）。"遂舍弃官职，回到他的封国采邑（南郡·湖北省江陵县），上书申辩说："我老爹尽忠皇家，平定祸乱的功劳，政府忘掉，我不计较。但是，先帝（十四任帝司马昱）真龙起飞，陛下（司马昌明）继承大统，请问那些抨击的人，是谁使局势如此？"奏章被搁置不理。

桓玄在江陵，荆州（州政府江陵）州长（刺史）殷仲堪对他既尊敬又害怕。桓姓家族好几代镇守荆州（自三四五年八月，桓温任荆州州长开始，之后历桓豁、桓冲、桓石民，至三八九年七月才由王忱接任。桓家班在荆州长达四十五年），而桓玄尤其逞强蛮横，官员人民对他的恐惧，远超过对州长（刺史）殷仲堪的恐惧。桓玄曾经在荆州州政府办公厅前，骑马奔驰，用长矛直指殷仲堪咽喉，做出刺杀姿势。大营军事参议官（中兵参军）、彭城郡（江苏省徐州市）人刘迈，对桓玄说："战马长矛，威力有余。但是天理国法，却有欠缺。"桓玄大不高兴，殷仲堪脸色大变。桓玄走后，殷仲堪对刘迈说："你，真是疯了，桓玄派出杀手，半夜把你杀掉，我怎么能救你。”命刘迈前往京师（首都建康）躲避。桓玄派人追杀，刘迈仅逃出一命。

征虏将军府军事参议官（征虏参军）豫章郡（江西省南昌市）人胡藩，路过江陵（湖北省江陵县），见到殷仲堪，建议说：“桓玄的野心太大，跟普通人不一样，对于一直没有弄到一个好的官位，大不满意，阁下对他过度的优待，恐怕将来反而反目成仇！”殷仲堪大不高兴。胡藩妻子的老弟罗企生，当荆州州政府人事官（功曹），胡藩告辞后，对罗企生说：“殷仲堪把刀柄交到别人手中，自己一定惹上灾难，你如果不早早远离，后悔时已来不及。”

15 十一月二十七日，晋帝司马昌明，封皇子司马德文当琅邪王，改封皇弟琅邪王司马道子当会稽王。

16 十二月，后燕帝慕容垂，返首都中山（河北省定州市），任命辽西王慕容农，当兖豫荆徐雍军区司令长官（都督兖豫荆徐雍五州诸军事），镇守邺城（河北省临漳县西南邺城镇）。

17 独立无所属的休官部落酋长权千成，据守显亲（甘肃省秦安县西北），自称秦州全权州长（牧）。

18 晋帝国清河郡（山东省临清市）人李辽，上书中央政府，请求下令兖州州政府（设京口〔江苏省镇江市〕），重新整修孔丘庙（在孔丘故乡曲阜〔山东省曲阜市〕），指定若干人家，负责洒扫清洁；并恢复学校教育，招收学生，聘请教师，说：“事情看起来很平凡，但实际上却是要务，正是指此。”奏章呈上后，没有下文。

三九三年 癸巳

晋	太元	十八年
前秦	太初	八年
后燕	建兴	八年
西燕	中兴	八年
后秦	建初	八年
西秦	太初	六年
北魏	登国	八年
后凉	麟嘉	五年

（秦王窦冲元光元年）

1 春季，正月，后燕帝国（首都中山〔河北省定州市〕）阳平王（孝王）慕容柔（后燕帝慕容垂幼子）逝世。

2 独立无所属的休官部落酋长权千成（时驻显亲〔甘肃省秦安县西北〕），受前秦帝国（首都南安〔甘肃省陇西县东南〕）压力，向西秦王国（首都金城〔甘肃省兰州市〕）投降，西秦首领（二任武元王）、金城王乞伏乾归任命权千成当东秦州州长（刺史）、休官部落大统帅，封显亲公。

3 夏季，四月九日，后燕帝（一任武成帝）慕容垂（本年六十八岁），加授太子慕容宝当大单于。任命安定王库傉官伟当全国武装部队总司令（太尉）、范阳王慕容德当宰相（司徒）、太原王慕容楷当最高监察长（司空）、陈留王慕容绍当国务院右执行长（右仆射）。

五月，封皇子慕容熙当河间王、慕容朗当勃海王、慕容鉴当博陵王。

4 前秦帝国（首都南安〔甘肃省陇西县东南〕）右丞相窦冲，恃才傲物，自认为超过常人，请求前秦帝（五任高帝）苻登（本年五十一岁）封他天水王；苻登不准。

六月，窦冲遂叛变，自称秦王，改年号元光。

5 西秦王国（首都金城〔甘肃省兰州市〕）首领、金城王乞伏乾归，封儿子乞伏炽磐当太子。乞伏炽磐勇敢智慧，明确决断，才干超过老爹。

6 秋季，七月，前秦帝苻登，讨伐叛将窦冲据守的野人堡（陕西省蒲城县），窦冲向后秦帝国（首都长安〔陕西省西安市〕）求救，后秦帝国国务院执行长（仆射）尹纬，对后秦帝（一任武昭帝）姚苌（本年六十四岁）说："皇太子（姚兴）仁爱敦厚，美名传播远近，可是英雄声望，还没有建立，最好派他攻击苻登，建立他的英雄形象。"姚苌采纳。

姚兴率军攻击苻登极地胡空堡（陕西省彬州市西南），苻登解除对窦冲的包围，回军。姚兴乘势攻击平凉（甘肃省华亭市），大肆抢掠而归。姚苌命姚兴返长安镇守。

7 北魏帝王（一任道武帝）拓跋珪（本年二十三岁），因薛干部落酋长太悉伏，拒绝交出刘勃勃（参考去年〔三九二〕十二月）。

八月，袭击薛干部落，屠城（不知是什么城）。太悉伏投奔前秦帝国（首都南安）。

8 晋帝国氐部落酋长杨佛嵩叛变，投奔后秦帝国（首都长安）。晋帝国河南郡（洛阳·河南省洛阳市东白马寺东）郡长杨佺期、将军赵睦，联合追击。

九月丙戌日（九月己丑朔，没有丙戌），晋军在潼关（陕西省潼关县），大败杨佛嵩军。后秦将领姚崇援军抵达，击败晋军，赵睦阵亡。

9 冬季，十月，后秦帝姚苌，病势沉重，遂返首都长安（陕西省西安市）。

10 后燕帝慕容垂，研究讨伐西燕帝国（首都长子〔山西省长子县〕），各将领都说："慕容永（西燕帝国现任帝）跟我们并没有冲突，我们每年都东征西讨，士卒疲惫不堪，不可以再发动战争。"范阳王慕容德说："慕容永是皇家的金枝玉叶，而今登上宝座，拥有皇帝的尊号，迷惑人民的认同，应该先铲除他，使正统明确，不再有三心二意。士卒虽然疲惫不堪，我们岂是愿意这样做？"慕容垂说："宰相（司徒慕容德）的见解，跟我完全相同，我虽然已老，可是搜索口袋里残余的一点谋略，自问足够解决问题，绝不会把这些蟊贼，留下连累子孙。"下令动员备战。

十一月，慕容垂出动步骑兵混合兵团七万人，派镇西将军、丹阳王慕容瓒，以及龙骧将军张崇，从井陉（太行山八陉之一·河北省井陉县西）出发，攻击西燕武乡公慕容友据守的晋阳（山西省太原市）；征东将军平规，攻击西燕镇东将军段平据守的沙亭（河北省武安市西南）。西燕帝（七任）慕容永，派国务院总理（尚书令）刁云、车骑将军慕容钟，率大军五万人，把守潞川（山西省黎城县南）。慕容友，是慕容永的老弟。

十二月，慕容垂抵达邺城（河北省临漳县西南邺城镇）。

11 十二月己亥日（十二月丁巳朔，没有己亥），后秦帝姚苌召集全国武装部队总司令（太尉）姚旻、国务院执行长（仆射）尹纬、姚晃，将军姚大目、国务院执行官（尚书）狄伯支，进入皇宫寝殿，接受遗诏，辅佐政府。姚苌对太子姚兴说："有人打小报告攻击这几位先生的，千万谨慎，不可听从。你对骨肉有恩，对大臣有礼，对承诺有信用，对人民有爱心；这四点都能做到，我就不再忧虑。"姚晃哭泣流泪，请示克服苻登的策略，姚苌说："帝王大业就要完成，姚兴的才能智慧，足可以胜任，不值得一问！"

十二月庚子日（十二月丁巳朔，没有庚子），姚苌逝世（年六十四岁）。姚兴封锁死讯，不对外发布。命叔父姚绪镇守安定（甘肃省镇原县东南屯字镇）、姚硕德镇守阴密（甘肃省灵台县西南）、老弟姚崇留守长安。

有人对姚硕德说："你的威望最高，部队也最强，政权转移的时候，一定受到政府的猜忌，不如暂时前往秦州（州政府设上邽〔甘肃省天水市〕），等待时局澄清。"姚硕德说："太子（姚兴）度量宽宏，见解英明，绝无其他想法。苻登（前秦帝国）还没有消灭，而我们骨肉间却先自相残杀，是自取灭亡。我宁可死，不做这种事。"遂晋见姚兴，姚兴对他非常尊敬，送他回任。

姚兴自称最高统帅（大将军），命尹纬当秘书长（长史）、狄伯支当军政官（司马），攻击前秦。

参合杀俘

导读

参合陂，又见杀俘。

杀俘是野蛮行为；大规模杀俘，更失人性。白起一杀就是四十万，项羽一杀就是二十万，直到十九世纪，李鸿章还杀太平天国的降兵降将。

参合陂之杀，不过千万杀俘事件之一，但惨烈程度，历史上记载甚详。杀俘不过是暴行之一，大分裂时代中，人命不如猪狗。为了保护自己，政治上充满了诈欺；诈欺胜利，称王称侯，享受荣华富贵；诈欺失败，全家一死。什么都代替不了胜利，手段遂越来越卑鄙无情。“大义”永远站在胜利的这一边——犹如拿破仑所说：“上帝永远站在大炮更多的这一边。”

柏杨　一九八五·一一·一五

目录

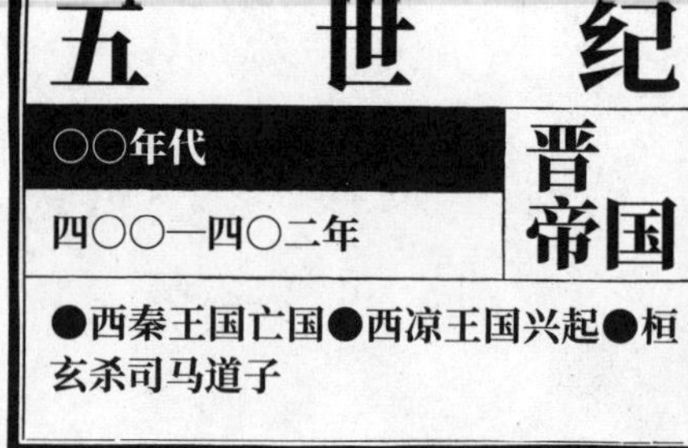

晋帝国

- 西燕帝国亡。
- 前秦帝国亡。
- 参合陂之役。
- 南凉王国兴起。
- 北凉王国兴起。
- 南燕帝国兴起。

- 罗马皇帝狄奥多修逝世，国土分裂。长子阿卡第称东罗马，幼子韩诺留称西罗马。
- 西哥德部落攻陷雅典，所至奸淫烧杀。
- 中国高僧法显至印度求佛经。

三九四年 甲午

晋	太元	十九年
前秦	太初	九年
	延初	元年
后燕	建兴	九年
西燕	中兴	九年
后秦	建初	九年
	皇初	元年
西秦	太初	七年
北魏	登国	九年
后凉	麟嘉	六年

1 春季，正月，前秦帝国（首都南安〔甘肃省陇西县东南〕）皇帝（五任高帝）苻登（本年五十二岁）听到后秦帝国（首都长安〔陕西省西安市〕）皇帝（一任武昭帝）姚苌逝世消息，大喜若狂，说："姚兴这小子，我折一根树枝，就要他好看。"下诏大赦，率领所有的武装部队东下，命宰相（司徒）安成王苻广，留守雍城（陕西省宝鸡市凤翔区）；太子苻崇，留守胡空堡（陕西省彬州市西南）。派使节前往西秦王国（首都金城〔甘肃省兰州市〕），任命西秦首领（二任武元王）、金城王乞伏乾归当左丞相，封河南王，兼秦、梁、益、凉、沙五州全权州长（牧），加授九锡（九锡，参考四年）。

2 最初，鲜卑部落酋长秃发思复鞬（时驻广武〔甘肃省永登县〕）逝世（秃发思复鞬继位酋长事，参考三六五年十月），儿子秃发乌孤继位。秃发乌孤十分勇敢，而心怀大志，跟大将纷陁，（音tuó〔驼〕），阴谋夺取凉州（州政府设姑臧〔甘肃省武威市〕）。纷陁说："你如果一定想得到凉州，就应该先行推广农耕、加强武备、礼贤下士、政治清明、刑法公平，然后才有可能。"秃发乌孤同意。

后凉王国（首都姑臧）首领（一任懿武帝）、三河王吕光（本年五十八岁），派出使节，任命秃发乌孤当冠军大将军、河西（甘肃省中部西部）鲜卑总督（大都统）。秃发乌孤跟他的部属讨论："是不是可以接受？"大家一致反对，说："我们兵多将广，为什么当人家的部下！"只智囊石真若留（石真，复姓）不说话，秃发乌孤说："你莫非害怕吕光？"石真若留说："我们的基础还不够稳固，疆域太小，不是吕光的对手，如果吕光非消灭我们不可，我们有什么办法阻止？不如接受，使吕光自傲自大，我们等待机会，再去行动，才会无往而不胜。"秃发乌孤遂接受后凉王国的官爵。

3 二月，前秦帝（首都南安）苻登，攻击屠各（匈奴贵族）部落据守的姚奴堡、帛蒲堡（全属人民自卫堡寨），攻克。

4 后燕帝国（首都中山〔河北省定州市〕）皇帝（一任武成帝）慕容垂（本年六十九岁）向本是同根生的西燕帝国（首都长子〔山西省长子县〕）发动灭国性的攻击，命清河公慕容会，留守邺城（河北省临漳县西南邺城镇），动员司州（州政府设邺城〔河北省临漳县西南邺城镇〕）、冀州（州政府设信都〔河北省衡水市冀州区〕）、青州（州政府设历城〔山东省济南市〕）、兖州（州政府设鄄城〔山东省鄄城县北〕）四州的武装部队，派太原王慕容楷，穿过滏口（太行八陉之一·河北省武安市西南），辽西王慕容农，穿过壶关（山西省长治市北），慕容垂自己则穿过沙亭（武安市西南）；分配任务，各军准备完成。

西燕帝（七任）慕容永得到消息，集结军队，分别把守沿边险要；在台壁（山西省黎城县西南）聚集粮秣辎重；派他的侄儿征东将军慕容逸豆归（小逸豆归）、镇东将军王次多、右将军勒马驹，率部众一万余人，驻防台壁，阻截后燕军进击。

5 夏季，四月，前秦帝苻登，从六陌（陕西省乾县东）进军废桥（兴平市东南）；后秦帝国（首都长安〔陕西省西安市〕）始平郡（陕西省兴平市）郡长姚详，据守马嵬堡（陕西省兴平市西马嵬坡）抵抗。太子姚兴派国务院执行长（仆射）尹纬，率军援救姚详。尹纬在废桥筑营布阵，阻止前秦军挺进。前秦军急于争夺河水，却无法攻到河边，渴死的占十分之二三，然而攻击越发猛烈。姚兴派国务院执行官（尚书）狄伯支，飞骑下达命令给尹纬："苻登匪徒，穷途末路，一定拼命，我们对他，应小心谨慎，不可以轻率反应。"尹纬说："先帝（姚苌）成仙而去，人心骚动，今天如果不能奋勇反击，克制强敌，大势就会一去不可收拾。"遂迎头痛击，前秦军大败。而且，就在当天夜间，前秦军忽然间势如山崩，士卒四散奔逃，苻登单人匹马，折回雍城（陕西省宝鸡市凤翔区）。想不到，留守雍城的宰相（司徒）、安成王苻广，跟留守胡空堡的太子苻崇，听说老爹前方战败，立刻放弃城池逃走。以致苻登回来时，两个基地已经丧失，无处可以投靠，只好向西逃向平凉（甘肃省华亭市），集结残兵败将，进入马毛山（宁夏固原市南）。

6 后燕帝慕容垂，驻军邺城（河北省临漳县西南邺城镇）西南，一月有余，仍不出动。西燕帝慕容永，感到奇怪，认为太行陉（太行八陉之一·河南省沁阳市北）道路较宽，慕容垂大军一定会从太行陉入侵，于是把全国所有武装部队，除留下一部分驻防台壁（山西省黎城县西南）外，而把主力全开到太行陉和轵关陉（太行八陉之一·河南省济源市北）防御。

四月二十日，慕容垂却率西征大军主力攻击滏口（河北省武安市西南），进入天井关（山西省长治市潞城区西北）。

五月一日，大军主力进到台壁。慕容永派堂兄、全国武装部队总司令（太尉）慕容逸豆归（大逸豆归）援救，被后燕兵团宁朔将军平规击败。征东将军慕容逸豆归（小逸豆归）出战，也被后燕兵团辽西王慕容农击败。慕容农斩西燕右将军勒马驹，擒镇东将军王次多，遂包围台壁（山西省黎城县西南）。

慕容永紧急征召驻防太行陉的主力部队回京（首都长子），亲自率精锐兵团五万人抵御。可是驻守潞川（山西省黎城县南）的国务院总理（尚书令）刁云、车骑将军慕容钟，惊骇过度，魂不守舍，竟率领部众，向后燕军投降；慕容永大怒，诛杀二人的妻子儿女。

五月十五日，慕容垂在台壁之南筑营，派骁骑将军慕容国，在山涧中埋伏骑兵一千人。

五月十六日，跟慕容永会战，慕容垂忽然向后撤退，慕容永追击，数华里之后，慕容国伏兵从山涧突起，切断西燕兵团的退路。后燕大军自四面八方攻击，大破西燕主力，杀八千余人；慕容永逃回首都长子（山西省长子县）。晋阳（西燕并州州政府所在县·山西省太原市）守将（武乡公慕容友）得到消息，放弃城池逃走。后燕帝国丹阳王慕容瓒等，遂占领晋阳。

7 后秦帝国（首都长安〔陕西省西安市〕）太子姚兴（本年二十九岁）发

布老爹姚苌死讯，就在槐里（陕西省兴平市）登极称帝（二任文桓帝），大赦，改年号皇初（之前是建初九年，之后是皇初元年）；前往安定（后秦雍州州政府所在县·甘肃省镇原县东南屯字镇）。尊称老爹姚苌绰号武昭皇帝，祭庙称太祖。

8 六月二十九日（原文“壬子”，据《建康实录》改），晋帝（十五任孝武帝）司马昌明（本年三十三岁）追尊祖母——老爹司马昱（十四任简文帝）的娘亲郑阿春（七任元帝司马睿的小老婆）为简文宣太后。文武官员都主张：郑阿春的牌位，应放到皇家祭庙七任帝（元帝）司马睿之旁，共同享受香火。太子宫前翼卫队长（太子前卫率）徐邈说：“宣太后（郑阿春）活着的时候，并不是跟先帝（司马睿）匹配的正妻，当后代子孙的，怎么可以替祖先做主？”教育研究官（国学明教）东莞郡（山东省莒县）人臧焘说：“现在，尊号既然改正，称为太后，无穷的孝思，已经伸长，应该为太后再建一座祭庙，则尊敬老爹祭庙的本意，十分明显，而把儿子（司马昱）的绰号加在娘亲的绰号上面（“简文”是司马昱的绰号），也显示母以子贵的本质。而又再建一座祭庙，三方面都顾虑周到，难道不是好事！”司马昌明批准，遂在皇家祭庙（太庙）之西，兴筑郑阿春祭庙。

9 后燕帝（首都中山）慕容垂，包围西燕帝国首都长子（山西省长子县）。西燕帝慕容永想放弃抵抗，投奔后秦帝国（首都长安），高级咨询官（侍中）兰英说：“从前，石虎攻打龙城（辽宁省朝阳市），太祖（前燕帝国一任文明帝慕容皝）坚守城池，不敢放弃（参考三三八年五月），终于奠定帝国基础。慕容垂已是七十岁老翁（本年，慕容垂六十九岁），对于战争，早就厌倦，不可能经年累月，驻扎在这里，专心攻打我们！应该严密守城，把他们消耗得疲惫不堪。”慕容永采纳。

10 前秦帝（首都南安）苻登，派他的儿子、汝阴王苻宗，到西秦王国（首都金城〔甘肃省兰州市〕）当人质，请西秦首领（二任武元王）河南王乞伏乾归出军；遂晋封乞伏乾归当梁王，把妹妹送给乞伏乾归当正妻，封梁王后。乞伏乾归派前军将军乞伏益州等，率骑兵一万人助战。

秋季，七月，苻登率军出马毛山（宁夏固原市南），迎接乞伏益州援军。后秦帝姚兴得到消息，从安定（甘肃省镇原县东南屯字镇）前往泾阳（甘肃省平凉市西北），跟苻登在马毛山南麓发生遭遇战，生擒苻登，斩首（年五十二岁）。把苻登的部众全部遣散，使各自回家耕田务农。把阴密（甘肃省灵台县西南）三万户人家，强迫迁移到长安。把苻登新近才结婚的李皇后（参考前年〔三九二〕正月），赏赐给国务院执行长（仆射）姚晃。

乞伏益州得到消息，撤退。前秦皇太子苻崇投奔湟中（湟水流域，青海省西宁市一带），继承帝位（六任帝），改年号延初（之前是太初九年，之后是延初元年），追称苻登绰号高皇帝，祭庙称太宗。

11 后秦帝国（首都长安）安南将军强熙、镇远将军强多叛变，推举窦冲当盟主。后秦帝（二任文桓帝）姚兴亲自讨伐，大军抵达武功（陕西省武功县西），强多的侄儿强良国，诛杀强多，投降。强熙投奔秦州（州政府设上邽〔甘肃省天水市）；窦冲投奔汧川（陕西省千阳县），汧川县氐人仇高，生擒窦冲，呈献后秦帝国。

12 后凉王国（首都姑臧〔甘肃省武威市〕）首领、三河王吕光，任命儿子吕覆，当玉门（甘肃省敦煌市西北）以西军区司令长官（都督玉门以西

四世纪·三九四年正月至七月　苻登之死

中国地图

西秦王国
马毛山
苻登于此被擒处死
泾阳
安定郡
苻登退军
陇西郡
南安
平凉郡
略阳
阴密
胡空堡
北地郡
前秦帝国
上邽
（杨定）
前秦·苻登军
雍城
六陌
后秦帝国
废桥
长安
槐里
马嵬
始平郡
仇池
（杨盛）
晋帝国
秦
岭
★前秦军大败处

诸军事）、西域（新疆及中亚东部）最高总督（大都护）；镇守高昌（新疆吐鲁番市东）；高级官员的子弟，都随同前往。

13 八月十六日，晋帝（首都建康）司马昌明，尊称皇太妃李陵容为皇太后，住崇训宫。

14 西燕帝国（首都长子〔山西省长子县〕）皇帝（七任）慕容永被围，十分危急，派他的儿子常山公慕容弘等，向晋帝国雍州（州政府设襄阳〔湖北省襄阳市〕）州长（刺史）郗恢，呈献一颗玉玺（想是前秦帝国所用），请求救援。郗恢上疏给晋帝司马昌明说："慕容垂（后燕帝国）如果并吞了慕容永（西燕帝国），带给人民的灾祸，将更严重，不如使他们并存于世，我们就有机会一箭双雕！"司马昌明认为见解正确，下诏青、兖二州（州政府设京口〔江苏省镇江市〕）州长（刺史）王恭，豫州（州政府设历阳〔安徽省和县〕）州长（刺史）庾楷，援救西燕帝国。庾楷，是庾亮的孙儿（桓温诛杀庾姓家族，参考三七一年十一月，庾楷幸而逃生）。慕容永恐怕晋军不肯介入，又派他的太子慕容亮，到晋帝国充当人质。后燕帝国征东将军平规追捕，追到高都（山西省晋城市东北），生擒慕容亮。

慕容永又向北魏帝国（首都盛乐〔内蒙古和林格尔县〕）告急求救，北魏王（一任道武帝）拓跋珪（本年二十四岁）派陈留公拓跋虔、将军庾岳，率骑兵五万人，渡河进驻秀容（秀容川·山西省朔州市），遥作支援。拓跋虔，是拓跋纥根的儿子（拓跋纥根是拓跋珪的老哥，死于老爹被弑之难，参考三七六年十二月）。晋、魏大军还没有赶到，西燕全国武装部队总司令（太尉）慕容逸豆归（大逸豆归）的部将伐勤等，在内部叛变，打开城门，迎接后燕军入城，俘虏慕容永，斩首（西燕帝国在五胡乱华十九国中，是第九个兴起，第七个覆灭的短命王国，立国十一年〔三八四至三九四〕，共七任君王。西

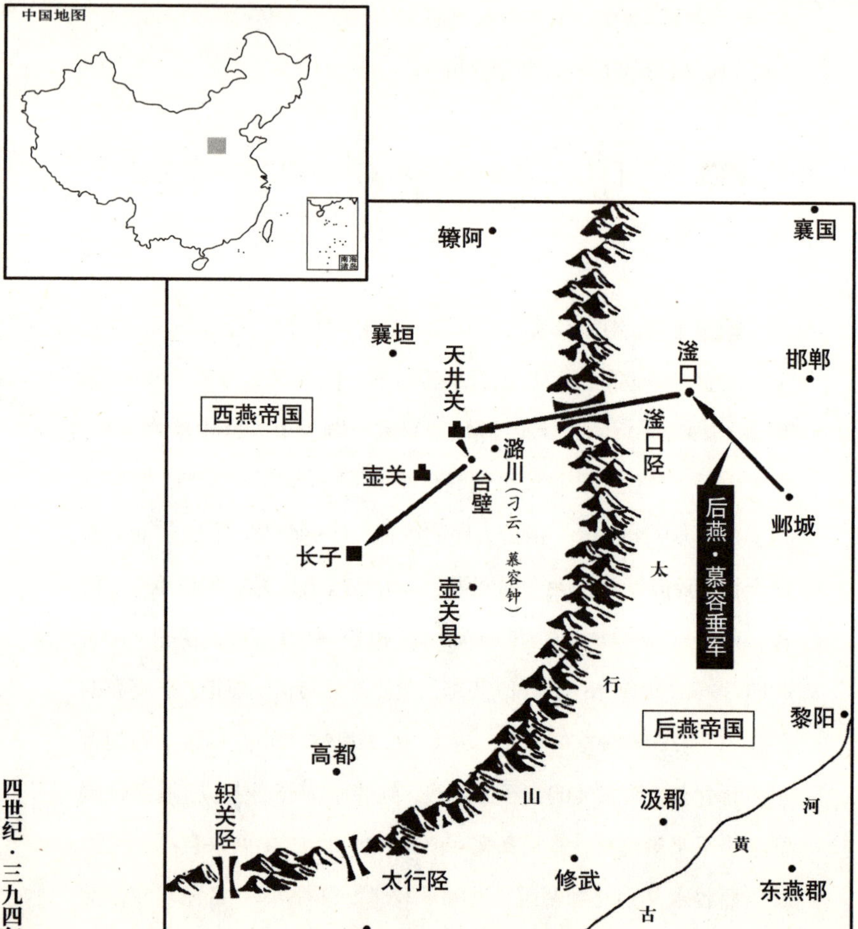

四世纪·三九四年四月至八月　后燕灭西燕

中国地图

南海诸岛

辕阿

襄国

襄垣

天井关

滏口

邯郸

西燕帝国

滏口陉

潞川（刁云、慕容钟）

壶关

台壁

后燕·慕容垂军

邺城

长子

壶关县

太

行

山

后燕帝国

黎阳

高都

轵关陉

汲郡

河

黄

太行陉

修武

东燕郡

古

河内郡

今

黄

河

虎牢

荥阳郡

管城

洛阳

晋帝国

新郑

燕亡后，中国境内，七国并立：晋帝国、前秦帝国、后燕帝国、后秦帝国、西秦王国、北魏帝国、后凉王国）。慕容垂下令诛杀西燕三公、部长、大将刁云、慕容逸豆归（大逸豆归）等三十余人，接收西燕所属的八个郡七万余户，以及前秦御用的车轿、服装、歌女、音乐、奇玩珍宝，多不胜数。

慕容垂任命丹阳王慕容瓒，当并州（山西省中部）州长（刺史），镇守晋阳（山西省太原市）；宜都王慕容凤，当雍州（山西省东南部）州长（刺史），镇守长子（山西省长子县）。西燕帝国国务院执行长（尚书仆射）昌黎郡（辽宁省朝阳市）人屈遵，国务院执行官（尚书）阳平郡（河北省馆陶县）人王德，皇家图书馆长（秘书监）中山郡（河北省定州市）人李先，太子宫总管（太子詹事）勃海郡（河北省南皮县）人封则，禁宫咨询官（黄门郎）泰山郡（山东省泰安市东）人胡毋亮（胡毋，复姓），立法院主任立法官（中书郎）张腾，国务院助理官（尚书郎）燕郡（北京市）人公孙表，都依照他们的才能，分别任命官职（李先、公孙表，后来在北魏帝国，都居高位）。

九月，慕容垂自长子（山西省长子县）前往邺城（河北省临漳县西南邺城镇）。

15 冬季，十月，前秦帝国（首都无定所）皇帝（六任帝）苻崇，被西秦王国（首都金城〔甘肃省兰州市〕）首领（二任武元王）、梁王乞伏乾归驱逐，无处立足，投奔陇西王杨定（时驻上邽〔甘肃省天水市〕）。杨定命军政官（司马）邵疆，留守秦州，自己亲率部众二万人，跟苻崇联合，攻击西秦王国。乞伏乾归派他的凉州（州政府设乐都〔青海省海东市乐都区〕）州长乞伏轲弹、秦州（州政府设苑川〔甘肃省榆中县东北〕）全权州长（牧）乞伏益州、立义将军越质诘归，率骑兵三万人抵抗。乞伏益州跟杨定，在平川（甘肃省礼县北十公里平泉河）会战，乞伏益州大败；乞伏轲弹、越质诘归同时撤退。乞伏轲弹的军政官（司马）翟瑥，拔出佩剑，咆哮说：“主上（乞伏乾归）英明雄威，开创基业，大军所向，没有遇

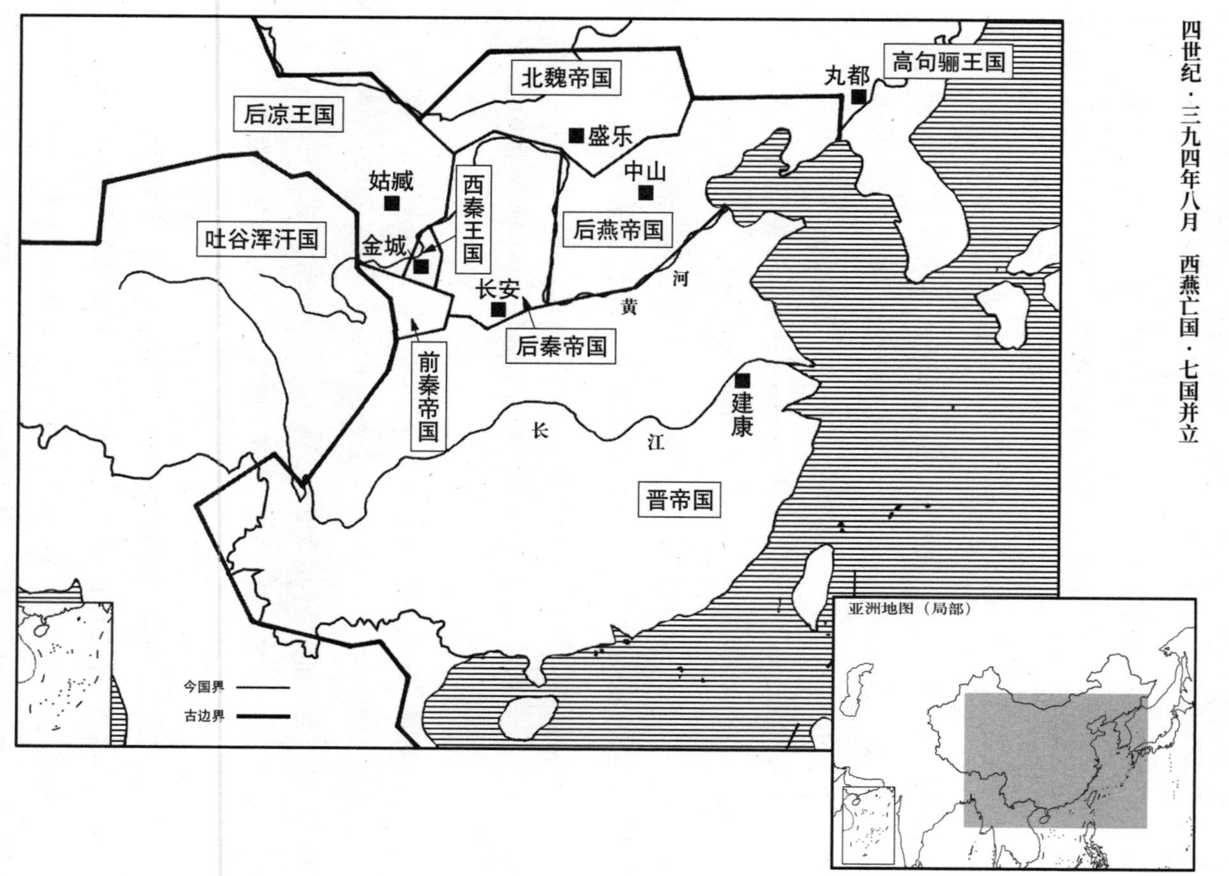

四世纪·三九四年八月　西燕亡国·七国并立

到敌人，声威震撼秦蜀（甘肃省、四川省及陕西省）。将军（乞伏轲弹）是皇家家属，担任大军元帅，自应献出性命，报效国家。秦州兵团（乞伏益州军）虽然失败，可是二位的部队，还完整如故，为什么望风而逃？还有什么面目，再见主上（乞伏乾归）？我虽然没有职权，可是，难道不可以采取紧急行动，诛杀将军？”乞伏轲弹道歉，说：“从前，不知道大家的心意，如果真的赤胆忠心，我怎么敢爱惜性命！”率骑兵再战，乞伏益州、越质诘归继进，击败杨定军，斩杨定及苻崇，杀一万七千人（前秦帝国至此亡。在五胡乱华十九国中，前秦是第七个兴起，第八个灭亡的短命王国，立国四十四年〔三五一至三九四〕，共六任君王。前秦亡后，中国境内，六国并立：晋帝国、后燕帝国、后秦帝国、西秦王国、北魏帝国、后凉王国）。乞伏乾归于是完全占领陇西郡（甘肃省陇西县）。

杨定没有儿子，叔父杨佛狗的儿子杨盛，起先镇守仇池（甘肃省西和县南），遂自称征西将军、秦州州长（刺史）、仇池公。追尊杨定为武王，派使节前往晋帝国（首都建康）归降。前秦帝国太子苻宣，投奔杨盛，把氐人、羌人，划成二十个总监（护军）单位，各自驻守各自的堡寨，不再设立郡县（前秦帝国瓦解，恢复建立帝国前的部落时代）。

16 后燕帝（首都中山）慕容垂，向东巡视阳平郡（河北省馆陶县）、平原郡（山东省平原县），命辽西王慕容农，东渡黄河，会同安南将军尹国，向青州（山东省北部）、兖州（山东省西部），夺取晋帝国所属土地。

慕容农进攻廪丘（山东省郓城县西北），尹国进攻阳城（今地不详），全都攻克。晋帝国东平郡（山东省东平县西北）郡长韦简战死，高平（山东省巨野县东南大谢集镇）、泰山（山东省泰安市东）、琅邪（山东省临沂市）等郡郡长，舍弃城池，望风逃走，城防崩溃。慕容农乘胜向黄海进军，分别委任郡长、县长。

四世纪·三九四年十月　前秦亡国·六国并立

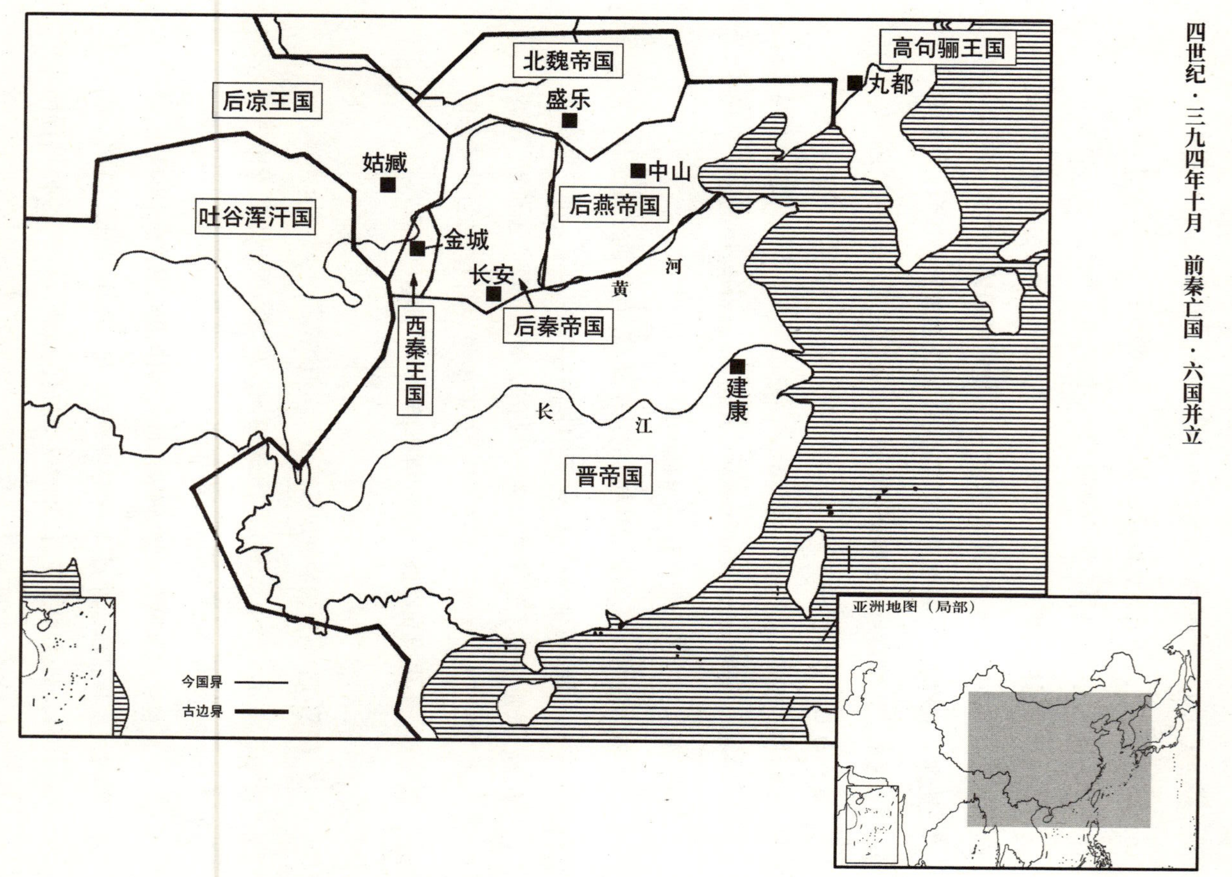

17 北方瀚海沙漠柔然部落酋长郁久闾曷多汗（郁久闾，三字姓），抛弃老爹（父子被俘事，参考三九一年十月），逃出北魏帝国（首都盛乐〔内蒙古和林格尔县〕），带着堂弟郁久闾社仑，率领部众，向西方远走高飞。北魏帝国将军长孙肥追赶，追到上郡（陕西省榆林市东南鱼河镇）跋那山（内蒙古乌拉特前旗东乌拉山），斩郁久闾曷多汗。

郁久闾社仑，集结残余部众数百（不知是数百人或数百家），投奔堂兄郁久闾疋候跋，郁久闾疋候跋把他们安置在南方。而郁久闾社仑发动奇袭，斩堂兄郁久闾疋候跋。郁久闾疋候跋的儿子郁久闾启跋、郁久闾吴颉等，都投奔北魏帝国。郁久闾社仑遂大肆抢掠五原（内蒙古包头市）以西各部落，向北渡过瀚海沙漠而去。

18 十一月，后燕帝国辽西王慕容农，在龙水（古济水支流，流经山东省淄博市西）击败辟闾浑（辟闾浑本是前秦帝国平原郡郡长，淝水战后，天下大乱，归降晋帝国。参考三八八年二月。据洪亮吉《东晋疆域志》，当时晋政府以青州故境〔山东省北部〕设置幽州，州政府设广固〔山东省青州市〕，以辟闾浑为州长〔刺史〕），遂进入临淄（山东省淄博市东临淄区）。

十二月，后燕帝慕容垂征召慕容农回京（首都中山）。

19 后秦帝国（首都长安）皇帝姚兴，派使节前往后燕帝国（首都中山），敦睦邦交；并把后燕帝国太子慕容宝的儿子慕容敏送回，后燕帝国封慕容敏当河东公（慕容敏应是在前秦帝国覆亡时，来不及东返故国，遂一直留在关中〔陕西省中部〕）。

20 西秦王国（首都金城）首领（二任武元王）、梁王乞伏乾归，自己改称秦王（西秦王），大赦。

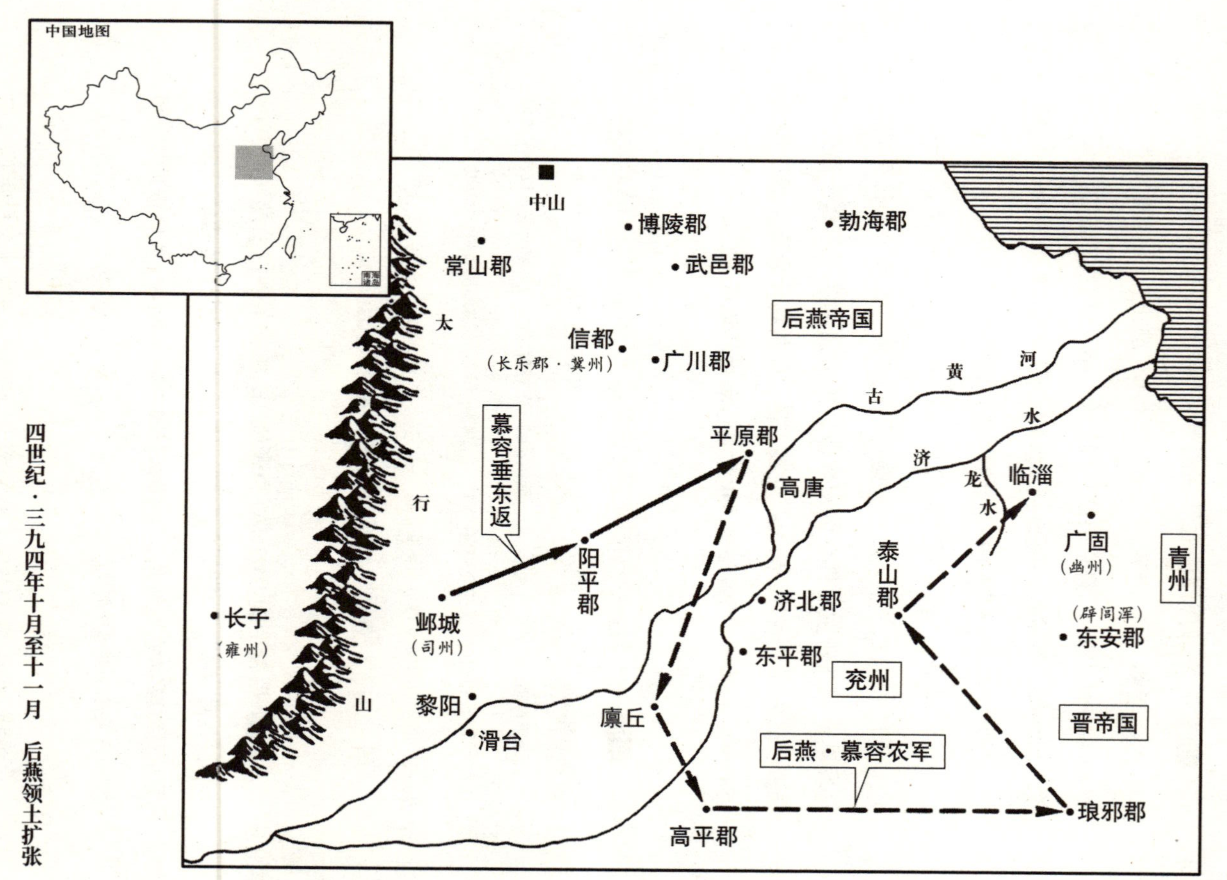

四世纪·三九四年十月至十一月　后燕领土扩张

三九五年 乙未

晋	太元	二十年
后燕	建兴	十年
后秦	皇初	二年
西秦	太初	八年
北魏	登国	十年
后凉	麟嘉	七年

1 春季，正月，后燕帝国（首都中山〔河北省定州市〕）皇帝（一任武成帝）慕容垂（本年七十岁），派散骑侍从官（散骑常侍）封则，前往后秦帝国（首都长安〔陕西省西安市〕）报聘。遂自平原郡（去年〔三九四〕十月出巡）出发，沿途在所经过的广川（河北省枣强县东南）、勃海（河北省南皮县）、长乐（河北省衡水市冀州区）各郡打猎，然后返回京师（首都中山）。

2 西秦王国（首都金城〔甘肃省兰州市〕）国王（二任武元王）乞伏乾归，命太子乞伏炽磐，兼国务院总理（领尚书令）；左秘书长（左长史）边芮，当国务院左执行长（左仆射）；右秘书长（右长史）秘宜，当国务院右执行长（右仆射）。设立文武百官，一切依照曹操（参考二一三年十一月）、司马昭（参考二六三年十月）前例，但仍称大单于、最高统帅（大将军。参考三八八年六月）。边芮等仍兼任大单于府、最高统帅府官职。

3 薛干部落酋长太悉伏（因拒捕送刘勃勃，投奔后秦，参考前年〔三九三年〕七月）逃出后秦帝国首都长安（陕西省西安市），前往岭北（岭，指九嵕山〔陕西省礼泉县北〕）。上郡（陕西省榆林市东南鱼河镇）以西鲜卑人，跟其他少数蛮夷，都聚众起兵，纷纷响应。

4 二月四日，晋帝国（首都建康）国务院总理（尚书令）陆纳逝世。

5 三月一日，日蚀。

6 晋帝国皇太子司马德宗（本年十四岁）从皇宫迁到太子宫（东宫）居住，晋帝（十五任孝武帝）司马昌明（本年三十四岁）任命首都建康市长（丹阳尹）王雅，兼太子教帅（少傅）。

当时，会稽王司马道子专权，奢侈豪华，不可一世；亲信赵牙，本来是唱戏的（直到二十世纪中期，演员被称“明星”，才有社会地位。之前，备受轻蔑）。茹千秋，本来是钱塘（浙江省杭州市）刑事警察（捕贼吏），都因精于谄媚和大量贿赂，受到重视。司马道子命赵牙当魏郡郡长（魏郡本在邺城〔河北省临漳县西南邺城镇〕。晋帝国设侨郡，郡政府遂在首都建康，下有肥乡、元氏两侨县），茹千秋当骠骑将军府首席军事参议官（骠骑咨议参军）。赵牙为司马道子兴建豪华住宅，高筑假山，深挖水池，费用多达万万（不知是钱币还是金银）。晋帝司马昌明曾到过司马道子家，对司马道子说："住宅之中，竟然有山有水，当然很好；可是，过分浪费。"司马道子无法回答。司马昌明走后，司马道子对赵牙说："皇上如果知道山是人工造成的，你可是死定了。"赵牙说："只要你活着，我怎么敢先死！"土木工程，更加扩充。茹千秋贩卖政府官位，招权纳贿，拥有几亿以上的财产。

博平（侨县）县长、吴兴郡（浙江省湖州市）人闻人奭，上疏抨击司马道子，司马昌明遂越发讨厌司马道子，但受到娘亲皇太后李陵容的压力，不忍心罢黜这位老弟。于是，擢升有名望而又亲信的王恭、郗恢、殷仲堪、王珣、王雅等，命他们分别担任中央和地方重要官职，用来牵制司马道子。而司马道子也引用王国宝，和王国宝的堂弟、琅邪郡（侨郡·江苏省句容市北）郡长（内史）王绪，作为心腹。于是，政府中党派林立，司马昌明跟司马道子之间，不再有从前那种兄弟欢乐之情；皇太后李陵容不断从中调解。立法院主任立法官（中书侍郎）徐邈，心平气和的对司马昌明说："刘恒（西汉王朝五任文帝）是一位英明的君主，然而仍后悔害死刘长（刘长绝食死事，参考前一七四年）；世祖（晋王朝一任帝司马炎）聪明豁达，也对齐王（司马攸）深感辜负惭愧（参考二八三年）。兄弟相处，实在应该慎重。会稽王（司马道子）虽然沉湎酒色财气，但应该宽厚相待，才能消除大家的议论。对外是为了国家团结，对内是为了安慰太后（李陵容）。"司马昌明同意，对司马道子恢复信任。

7 当初，前秦帝国陇西王杨定战死时（参考去年〔三九四〕十月）；

天水郡（甘肃省天水市）变民首领姜乳，袭击并占领上邽（天水郡郡政府所在县）。

夏季，四月，西秦王（首都金城〔甘肃省兰州市〕）乞伏乾归，派秦州（州政府设苑川〔甘肃省榆中县东北〕）全权州长（牧）乞伏益州，率骑兵六千人，攻击姜乳。国务院左执行长（左仆射）边芮、国务院民政部长（民部尚书）王松寿，警告说："乞伏益州屡战屡胜，已经骄傲，不可以再交给他独当一面的任务，他一定会因为瞧不起敌人的缘故，而自取失败的羞辱。"乞伏乾归说："乞伏益州的骁勇，其他将领都赶不上，应该用他所尊重的官员辅助他。"命平北将军韦虔当秘书长（长史），左禁将军务和（务，姓）当军政官（司马）。大军抵达大寒岭（天水市西），乞伏益州仍不戒备，而由将士们随意打猎饮酒，为了阻止劝告，下令说："胆敢谈论军事的，斩首！"但韦虔等仍提出建议，乞伏益州拒不理会。姜乳迎头痛击，大破乞伏益州军。

8 北魏王（一任道武帝）拓跋珪（本年二十五岁）公开背叛后燕帝国（首都中山），侵略抄掠沿边各种族部落。后燕帝国反应强烈。

五月甲戌日（五月己卯朔，没有甲戌），后燕帝慕容垂，派太子慕容宝、辽西王慕容农、赵王慕容麟，率远征军八万人，直指五原（内蒙古包头市），决定给北魏帝国一个严重教训；范阳王慕容德、陈留王慕容绍，另率别动支队骑兵一万八千人，作为后继。散骑侍从官（散骑常侍）高湖劝阻说："魏国（北魏帝国）跟燕国（前燕帝国），几世缔结姻亲（代王拓跋什翼犍的两个妻子，都是慕容家女儿，参考三三九年五月、三四四年正月。三六二年十一月，拓跋什翼犍又把女儿送给前燕帝国，慕容皇家再把女儿嫁他），当他们内部发生灾难时，我们前往拯救（参考三八六年八月、三八七年七月），对他们的恩德，至深至厚，两国的友谊，至长至久。只因为最近要求进贡马匹，没有达到目的，扣留他的老弟拓跋觚（参考三九一年七月），错误在我们一方，为什么说翻脸就翻脸，竟动员大军攻击？拓跋珪沉着勇敢，又有谋略，自幼历尽艰难，兵强马壮，不可以把他小看。皇太子（慕容宝）正在壮年，意志坚定，锐不可当，把大军交付给他，命他全权负责，他必然认为魏国（北魏帝国）是个小丑，心存轻视。万一情势发展，不如想象，恐怕会伤害威望，败坏大事，请陛下三思。”言辞至为激切，慕容垂大怒，免除高湖官职。高湖，是高泰的儿子（高泰当过慕容垂的参谋指挥官〔从事中郎〕，参考三六九年十一月）。

9 六月五日，后燕帝国太原王（元王）慕容楷（前燕帝国太原王慕容恪的儿子）逝世。

10 西秦王（首都金城）乞伏乾归，迁都西城（甘肃省靖远县西）。

11 秋季，七月，后凉王国（首都姑臧〔甘肃省武威市〕）首领（一任懿武帝）、三河王吕光（本年五十九岁），率大军十万人，攻击西秦王国（首都西城）。西秦王国“左辅”（官名）密贵周、首都东区卫戍司令（左卫将军）莫者羖羝（莫者，复姓。羖羝，音gǔ dī〔股低〕），建议西秦王（二任武元王）乞伏乾归屈服，做后凉王国的藩属，把儿子乞伏敕勃送去当人质；吕光遂撤退。而乞伏乾归忽然间大后悔而特后悔，认为是奇耻大辱，于是斩密贵周、莫者羖羝。

12 北魏帝国（首都盛乐）秘书长（长史）张衮，得到后燕帝国大军快到消息，向北魏王拓跋珪建议说："燕国（后燕帝国）一直酱在滑台（河南省滑县）、长子（山西省长子县）两次战胜的骄傲情绪之中（滑台灭翟钊，参考三九二年六月；长子灭西燕帝国，参考去年〔三九四〕八月），现在，倾全国的人力物力，发动攻击，有轻视我们的心理。我们正应利用这种心理，特别展示我们的弱点，鼓励他们更加骄傲，才可以克敌制胜。"拓跋珪同意。

于是，拓跋珪下令所有部队和家畜牲口，西渡黄河，逃向一千余华里以外的西方，远远躲避。后燕远征军抵达五原（内蒙古包头市），北魏帝国旁支部落三万余户人家投降，收割杂粮一百余万斛，兴筑黑城（包头市北），进军黄河渡口，建造船只，准备渡河。

拓跋珪派右军政官（右司马）许谦，向后秦帝国（首都长安〔陕西省西安市〕），请求援救。

13 西秦王国（首都西城〔甘肃省靖远县西〕）冠军大将军、河西鲜卑总督（大都统）秃发乌孤（参考去年〔三九四〕正月），攻击乙弗、折掘等部落，把他们击破收服；于是，兴筑廉川堡（青海省民和县），作为据点。广武郡（甘肃省永登县）人赵振，自幼喜爱奇计异谋，听说秃发乌孤驻扎廉川，遂抛弃家小，单身前往追随。秃发乌孤大喜说："我得到赵先生，大事非成功不可。"任命他当左军政官（左司马）。

后凉王国（首都姑臧）首领（一任懿武帝）、三河王吕光，封秃发乌孤当广武郡公。

14 长星在天际出现（"孛星""彗星""长星"在中国史书上，是三种不同的星："孛星"光芒短，可称短尾巴彗星。"彗星"光芒长，俗称扫帚星。"长星"则光芒更长，有的二丈，有的三丈，有的划破晴空，从天的这一边到天的那一边〔竟天〕）扫过须女星，抵达哭星（事属天文，不懂）。晋帝（十五任孝武帝）司马昌明（本年三十四岁）十分厌恶，在华林园（御花园）举起酒杯，祝福说："长星，敬你这杯酒，自古以来，哪有活到一万岁的天子！"

15 八月，北魏王拓跋珪，在黄河南岸集结武装部队。

九月，拓跋珪向黄河挺进。后燕帝国太子慕容宝率领的远征军，在黄河北岸，将要渡河南下，暴风突然刮起，把战舰数十艘，刮到南岸，全副武装的将士三百余人，全被北魏俘虏。北魏军把他们释放回营。

慕容宝从首都中山（河北省定州市）出发时，老爹后燕帝慕容垂，已经有病。远征军既到五原（内蒙古包头市），拓跋珪派人埋伏在中山跟远征军之间的交通线上，遇到使节，立即阻截生擒，没有一个人漏网。慕容宝等率远征军在外，一连几个月，都得不到老爹慕容垂的消息。拓跋珪把俘虏的使节押送到黄河岸边，命他告诉慕容宝："你爹已经断气，为什么不早早回去？"慕容宝等高级将领忧愁恐惧，士卒震惊骚动。

拓跋珪命陈留公拓跋虔，率骑兵五万人，驻屯河东；东平公拓跋仪，率骑兵十万人，驻屯河西（河东、河西，都在河套，没有越过黄河）；略阳公拓跋遵，率骑兵七万人，沿黄河阻止后燕远征军渡河南下。拓跋遵，是拓跋寿鸠的儿子（拓跋寿鸠是拓跋珪的老哥，死于父难，参考三七六年十二月）。

后秦帝国（首都长安〔陕西省西安市〕）皇帝（二任文桓帝）姚兴（本年三十岁），派杨佛嵩率援军出发。

后燕帝国法术师靳安，告诉太子慕容宝说："天时不利，帝国一定大败，急行撤退，还可能逃出一劫。”慕容宝不理；靳安退出，告诉别人说：“我们的尸首都要抛弃到荒郊野外，不能运回家园！”

后燕远征军跟北魏兵团，隔着黄河，僵持二十余天，赵王慕容麟的部将慕舆嵩等，认为慕容垂确已逝世，打算发动兵变，拥戴慕容麟继位。阴谋泄露，慕舆嵩等全被处死。而慕容宝、慕容麟兄弟之间开始互相猜忌。

冬季，十月二十五日，后燕远征军焚烧船舰，乘夜撤退。当时，河面只有碎冰，还没有完全冻结；慕容宝认为北魏兵团无论如何，都无法渡河，所以没有派出后卫掩护。

想不到，十一月三日，暴风忽起，气温急剧下降，一夜之间，黄河冰封，北魏王拓跋珪率军渡黄河而北，留下辎重粮秣，特别遴选二万人精锐骑兵部队，急行追击。

后燕远征军撤退到参合陂（山西省阳高县东北），大风陡起，一道黑气，排山倒海般，从后面涌来，霎时间罩住大营。佛教高僧支昙猛警告慕容宝说：“风云突变，是敌人将要接近的征兆，应该派军殿后抵御。”慕容宝认为恰恰相反：他们跟北魏兵团的距离，正越拉越远，所以只微微一笑，不作回答。支昙猛反复要求，慕容麟大怒说：“殿下（慕容宝）神勇英明，武装部队又如此强大，足使我们在沙漠上横冲直撞，毫无顾忌，头带辫子的奴隶怎么敢来？支昙猛妖言惑众，扰乱军心，应斩首示众！”支昙猛哭泣说：“苻家百万雄师，在淮南（安徽省寿县）溃败（淝水之战，参考三八三年十月），就是由于仗恃自己强大而轻视敌人，不相信上天的法则（上天的法则是：骄必败）。”宰相（司徒）慕容德劝告慕容宝接受支昙猛的建议。慕容宝遂派慕容麟率骑兵三万人，做远征军的殿后，戒备意外。慕容麟认为支昙猛愚昧虚妄，所以命他的部队一面走一面打猎，毫不在意，也没有警戒。慕容宝再派骑兵向西探听北魏兵团消息，这些骑兵走了十余华里，就下马解鞍，呼呼大睡。

北魏追兵日夜不停追赶。

十一月九日，日暮，黄昏，北魏兵团抵达参合陂（山西省阳高县东北）西；而后燕远征军则正在参合陂东扎营，紧傍蟠羊山（内蒙古兴和县西南）南麓河旁，对敌人行踪，毫无知觉。北魏王拓跋珪深夜分配各将领作战任务，遂向后燕远征军发动大规模偷袭，士卒口噙木片，马匹束住马口，悄悄接近。

十一月十日，太阳初升，北魏军登山成功，下面就是后燕军营，而后燕远征军正要东行，猛然抬头，发现北魏兵团已满山遍野；后燕士卒大为惊恐，呼喊奔走，乱成一团。拓跋珪下令总攻，后燕士卒逃走，纷纷投河，人马前后相继，压死的、淹死的，以万为单位计算。而略阳公拓跋遵，率军绕到后燕远征军前方，正切断退路，后燕远征军四五万人，惊恐过度，一时之间，放下武器，全体投降，逃出性命的不过数千人。太子慕容宝等，都单身匹马狂奔，仅仅幸免一死。北魏兵团斩后燕帝国国务院右执行长（右仆射）陈留王（悼王）慕容绍，生擒鲁阳王慕容倭奴、桂林王慕容道成、济阴公慕容尹国等文武百官数千人，铠甲、粮秣、辎重，以万万计算。慕容道成，是慕容垂的侄儿。

北魏王拓跋珪在俘虏的后燕官员中，遴选有才干的：代郡（河北省蔚县）郡长、广川郡（河北省枣强县东北）人贾闰，贾闰的堂弟、骠骑将军府秘书长（骠骑长史）兼昌黎郡（辽宁省朝阳市）郡长贾彝，天文台天文官（太史郎）晁崇等，留下任用。其余则打算一律发给衣裳粮食，遣送回国，用恩德招徕中州（中原）人民。中部总监（中部大人）

四世纪·三九五年五月至十一月　参合陂之役

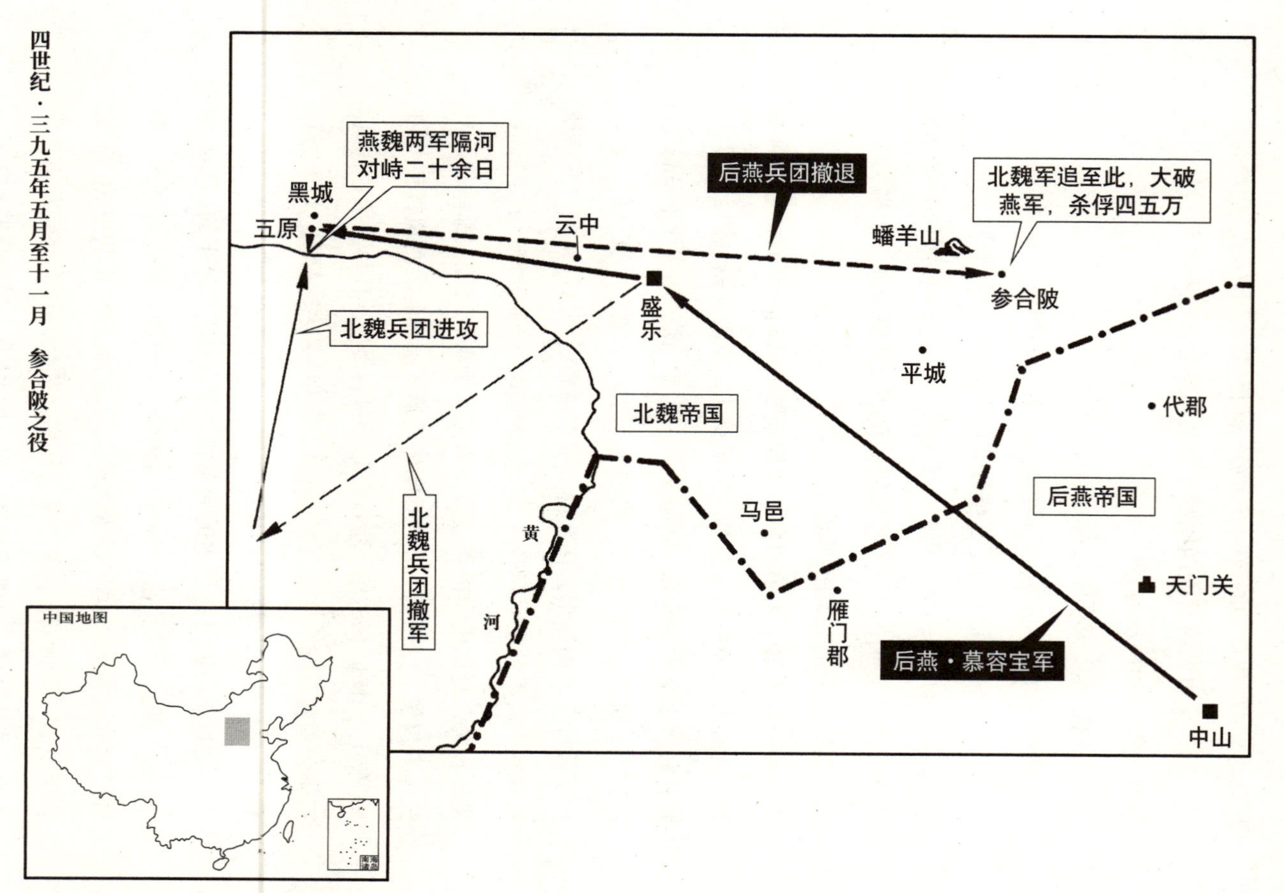

王建说:“燕国(后燕帝国)强大,这一次倾全国的人力财力,来对付我们,幸而我们大捷!不如全部屠杀,使他们的人力受到重大消耗,然后夺取,才比较容易。而且,生擒强盗,却把他放掉,恐怕不恰当。”于是,把俘虏全都活埋坑杀(王建一言,四五万人全死,人间惨事)。

十二月,拓跋珪返云中郡(内蒙古托克托县)盛乐城(内蒙古和林格尔县)。

16 后燕帝国太子慕容宝认为参合陂之败,是奇耻大辱,不断请求老爹慕容垂,向北魏帝国发动第二次攻击。宰相(司徒)慕容德向慕容垂建议:“盗匪集团(北魏帝国)在参合陂(山西省阳高县东北)战胜,对太子(慕容宝)心存轻视,陛下应该用神奇谋略,把他们征服;不然,会有后患。”慕容垂遂命皇孙清河公慕容会:主管留守政府机要(录留台事),兼幽州州长(刺史),代替高阳王慕容隆,镇守龙城(辽宁省朝阳市)。命阳城王兰汗当北翼警卫指挥官(北中郎将),代替长乐公慕容盛,镇守蓟县(北京市)。命慕容隆、慕容盛,率领所有精锐部队,返回中山(河北省定州市)。

定于明年(三九六年),对北魏帝国发动总攻。

17 本年(三九五),后秦帝姚兴,封叔父姚绪当晋王、姚硕德当陇西王,老弟姚崇当齐公、姚显当常山公。

三九六年 丙申

晋	太元	二十一年
后燕	建兴	十一年
	永康	元年
后秦	皇初	三年
西秦	太初	九年
北魏	登国	十一年
	皇始	元年
后凉	麟嘉	八年
	龙飞	元年

1 春季，正月，后燕帝国（首都中山〔河北省定州市〕）高阳王慕容隆，率驻防龙城（辽宁省朝阳市）的武装部队，进入中山。军容雄武，帝国士气，稍稍振奋。

2 独立状态的休官部落酋长权万世，率部众投降西秦王国（首都西城〔甘肃省靖远县西〕）。

3 后燕帝（一任武成帝）慕容垂（本年七十一岁），派征东将军平规，征集冀州（河北省中部南部）民兵。

二月，平规竟率博陵（河北省安平县）、武邑（河北省武邑县）、长乐（河北省衡水市冀州区）三郡武装部队叛变，据守鲁口（河北省饶阳县）。平规的侄儿、冀州（州政府设信都〔河北省衡水市冀州区〕）州长（刺史）平喜劝阻，平规拒不接受。平规的老弟、海阳（河北省滦州市西南）县长平翰，也在辽西郡（河北省卢龙县）聚众起兵，响应老哥平规。

慕容垂派镇东将军余嵩讨伐，余嵩战败被杀。慕容垂御驾亲征，军到鲁口（河北省饶阳县），平规抛弃部众，带着妻子儿女，以及平喜等数十人，渡黄河南下；慕容垂回军。平翰率军直指龙城（辽宁省朝阳市），清河公爵慕容会（幽州〔州政府龙城〕州长），派东阳公慕容根等迎击，大破平翰军，平翰逃入南方山区（白狼山、徐无山等）。

4 三月二十六日，后燕帝慕容垂，留范阳王慕容德，镇守首都中山（河北省定州市）；而自己率军秘密出发，越过青岭（河北省易县西南五迴山），穿过天门（五迴山南侧，万峰插天，悬崖绝壁，山径笔直上升，就是“天门”），开凿山路，打通鸟道，直指云中（内蒙古托克托县），大出北魏帝国（首都盛乐〔内蒙古和林格尔县〕）意外。

北魏帝国陈留公爵拓跋虔，带领他的部落三万余户人家，镇守平城（山西省大同市），慕容垂大军到达猎岭（大同市东），命辽西王慕容农、高阳王慕容隆当前锋，发动袭击。当时，后燕军刚受到惨败，将领士兵，对北魏军，仍十分畏惧，只有龙城兵团（高阳王慕容隆统御）士气旺盛，勇猛争先。拓跋虔一向没有戒备。

闰三月十二日，后燕大军抵达平城（山西省大同市），拓跋虔才忽然发觉，率部众出战，失败被杀。后燕军把拓跋虔的三万余户人家，完全接收。北魏王（一任道武帝）拓跋珪（本年二十六岁）震动恐惧，打算放弃首都盛乐（内蒙古和林格尔县）逃走；其他部落听说拓跋虔阵亡，都生出二心；拓跋珪不知道如何是好。

慕容垂率军经过参合陂（山西省阳高县东北），看到骨骸堆积如山，摆下香案，向死难忠魂致祭，士卒放声大哭（哭父哭子，哭兄哭弟），哭声悲恸，震动山谷。慕容垂羞惭忿怒，大口吐血，病遂沉重，躺在两马架成的卧轿上前进，在平城（山西省大同市）西北三十华里休息。太子慕容宝等得到消息，从前方向后撤退。后燕军有叛徒投奔北魏，报告说："慕容垂已死，军中不过是一具放在车上的尸首。"北魏王拓跋珪打算追击，可是，听说平城（山西省大同市）陷落，遂率军返回阴山。

慕容垂在平城停留十天，病更转重，遂兴筑燕昌城（平城西北二十公里），班师。

夏季，四月十日，慕容垂在上谷郡（河北省怀来县）沮阳县（上谷郡郡政府所在县）逝世（年七十一岁），慕容宝下令封锁死讯。

四月二十三日，大军返抵首都中山（河北省定州市）。

四月二十五日，发布丧事消息，举行哀悼仪式，慕容垂绰号称成武皇帝（应是武成皇帝），祭庙称世祖。

四月二十九日，太子慕容宝（本年四十二岁）继位（二任惠愍帝），大赦，改年号永康（之前是建兴十一年，之后是永康元年）。

五月九日，慕容宝任命范阳王慕容德，当冀兖青徐荆豫军区司令长官（都督冀、兖、青、徐、荆、豫六州诸军事）、车骑大将军、冀州全权州长（牧），镇守邺城（河北省临漳县西南邺镇）；辽西王慕容农，当并雍益梁秦凉军区司令长官（都督并雍益梁秦凉六州诸军事）、并州（州政府设晋阳〔山西省太原市〕）全权州长（牧），镇守晋阳（山西省太原市）。又任命安定王库傉官伟（库傉官，三字姓）当太师（上三公之一），夫余王余蔚（夫余蔚）当皇家师傅（上三公之二）。

五月十二日，任命赵王慕容麟兼国务院左执行长（尚书左仆射），高阳王慕容隆兼国务院右执行长（右仆射），长乐公慕容盛当京畿总卫戍司令（司隶校尉），宜都王慕容凤当冀州州长（刺史）。

5 五月十三日，晋帝国（首都建康〔江苏省南京市〕）任命散骑侍从官（散骑常侍）彭城郡（江苏省徐州市）人刘该，当徐州州长（此时另一徐州州长是司马道子，晋帝国遂同时任命两个州长），镇守鄄城（山东省鄄城县北。此时京口〔江苏省镇江市〕是青、兖二州州政府所在，徐州州政府则北迁至此。）。

五月二十二日，任命望蔡公谢琰，当国务院左执行长（尚书左仆射）。

6 最初，慕容垂的前妻大段后生子慕容令、慕容宝。继妻小段后（段元妃）生子慕容朗、慕容鉴；但慕容垂非常喜爱其他姬妾生的儿子：慕容麟、慕容农、慕容隆、慕容柔、慕容熙。

慕容宝被封为太子时，声誉美好；但不久就荒废倦怠，无论宫廷和政府，对他都十分失望。小段后（段元妃）曾经向慕容垂建议："太子（慕容宝）如果生在太平盛世，足可以成为一个守成的君主。而今，国家脚步维艰，他恐怕不是救人渡过难关的大才。辽西（慕容农）、高阳（慕容隆）两位亲王，都是陛下最贤能的儿子，最好在他们兄弟二人之中，遴选一人，把国家大业托付给他。赵王（慕容麟）奸诈刚愎，终有一天成为帝国的灾祸，应该早日除掉（慕容麟出卖老爹慕容垂，参考三六九年十一月一日）。"慕容宝对老爹慕容垂左右侍从人员，用心结交，左右侍从人员对慕容宝的赞美，遂不绝于口。所以慕容垂认为他的这个儿子既贤明而又干练，回答小段后（段元妃）说：“你打算教我当姬诡诸呀！”（姬诡诸听信骊姬谗言，杀太子姬申生事，参考二五〇年注。）小段后（段元妃）忍不住哭泣落泪，退出来后，告诉妹妹范阳王慕容德的王妃（段季妃）说：“太子（慕容宝）既没有才能，又没有品德，天下人全都知道。我为了帝国前途，直言直语，主上（慕容垂）竟把我当成骊姬，我这是何苦？我看太子（慕容宝）一定会失去帝国，而范阳王（慕容德）器宇不凡，如果帝国的福气还没有告尽，责任莫非在范阳王身上！”慕容宝、慕容麟听到这些话，把小段后（段元妃）恨入骨髓。

五月二十三日，慕容宝派慕容麟面见小段后（段元妃），说：“你常说主上（慕容宝）守不住祖先的大业，现在守住守不住？你最好早日自我了断，才能保全你们段家全族的性命。”小段后（段元妃）大怒说：“你们兄弟这么轻率的逼杀继母，还谈什么守住守不住祖先大业？我岂是贪生怕死？只是忧虑帝国不久就要灭亡！”遂自杀。慕容宝认为小段后（段元妃）阴谋废除嫡子正统，失去做母亲和做皇后的立场，不应该为她举行丧礼，武官员全都赞成。立法院最高立法长（中书令）眭邃在金殿朝会时，大声宣称：“做儿子的，大义上不可以罢黜母亲。东汉王朝安思皇后阎女士，亲手把太子刘保贬成亲王（参考一二四年九月），死后牌位仍然进入皇家祭庙，共享香火。何况先皇后（段元妃）含糊不清、连真假都不知道的几句话！”慕容宝才准举行丧礼。

7 六月一日，北魏王（一任道武帝）拓跋珪，派将军王建等，攻击后燕帝国广宁郡（河北省涿鹿县）郡长刘亢泥，斩首，把刘亢泥的部众迁移到平城（山西省大同市）。后燕帝国上谷郡（河北省怀来县）郡长、开封公慕容详，放弃城池，逃走。慕容详，是慕容皝（前燕帝国一任文明帝）的曾孙。

六月十五日，拓跋珪的娘亲贺太妃逝世。

8 后燕帝慕容宝，下令划分知识分子及官员士绅（士族）的户籍，分别归入高阶层或低阶层，严格校正；撤销军营包庇的户口，一律交还郡县政府。于是怨恨之声、悲愤之声，不绝于耳，干部离心离德（前燕帝国时，曾大规模撤销包庇户〔参考三六八年九月〕，也是怨声载道。可看出改革之不易，既得利益分子，是最大的阻力）。

9 后凉王国（首都姑臧〔甘肃省武威市〕）首领（一任懿武帝）、三河王吕光（本年六十岁），改称天王，定国号大凉（后凉王国），大赦，改年号龙飞（之前是麟嘉八年，之后是龙飞元年），设立文武百官，封世子吕绍当太子；子弟封公爵、侯爵的二十人。任命立法院最高立法长（中书令）王详，当国务院左执行长（尚书左仆射），国史编撰官（著作郎）段业等五人，当国务院执行官（尚书）。

吕光派使节前往任命秃发乌孤（时驻廉川堡〔青海省民和县〕）当征南大将军、益州全权州长（牧）、左贤王。秃发乌孤对使节说："吕天王的儿子们，全都贪污淫乱（史有记载的儿子有：吕纂、吕弘、吕绍、吕覆），三个外甥更凶恶暴虐（石聪诬杀杜进，参考三八八年三月；其他二甥不详），无论远近，民怨沸腾。我怎么可以违背民心，接受这种不义的官爵？我就要自己称帝称王了。"留下吕光送来的乐队、仪仗，向使节道歉，送回。

10 后燕帝国（首都中山）叛将平规，集结残余党羽兵力，据守高唐（山东省禹城市西南），后燕帝慕容宝派高阳王慕容隆率军讨伐，东方地区居民，一向怀念慕容隆的恩惠，所以欢迎他的人，道路上前后不绝。

秋季，七月，慕容隆进军，抵达黄河河岸，平规放弃高唐逃走，慕容隆派建威将军慕容进等渡黄河追击，追到济北郡（山东省东平县东南），斩平规。平喜投奔晋帝国所属的彭城（江苏省徐州市）。

11 晋帝国（首都建康〔江苏省南京市〕）太子司马德宗（本年十五岁），娶故立法院最高立法长（中书令）王献之的女儿王神爱当太子妃。王献之，是王羲之的儿子（王羲之，是王导的侄儿，参考三四八年八月；以书法闻名于世）。

仅仅阅读这段报导，虽在千载以下，我们仍然为那个王家少女高兴，她跃升到所有少女梦幻中的高位——太子妃。盛大的婚礼、高度的荣华，跟白马王子，双双对对，像每个传统童话的结局一样："快快乐乐过一辈子。"

然而，根据事实，我们却为那位王家少女兴悲，因为白马王子司马宗德是一个智商不过稍高于零的白痴。这使我们警惕：表象和真相，落差太大，是产生悲剧的原因之一。思考能力或判断能力，就是要探讨真相，而不受表象的蒙蔽，王女士的婚姻幸不幸福，就会得出正确答案。

12 北魏（首都盛乐）文武官员一致认为北魏王拓跋珪，应该有更尊贵的称号（"天王"或"皇帝"）。拓跋珪虽没有立即接受，但开始使用只有天子才可以使用的旌旗，出入都用警卫开道，净街戒严；并改年号皇始（之前是登国十一年，之后是皇始元年）。军事参议官（参军事）、上谷郡（河北省怀来县）人张恂，建议拓跋珪应向中原地区发展，拓跋珪大为高兴，立即行动。

后燕帝国辽西王慕容农，率领他的部众数万户人家，到并州（山西省中部）接任并州（州政府设晋阳〔山西省太原市〕）全权州长（牧）。并州一向没有粮秣积蓄；本年（三九六年），降霜的日子又提早来临，庄稼受到极大残害，人民贫苦，无法供应这么多人的粮食；而慕容农又派将领分别监视其他蛮夷部落，于是汉人和蛮夷，同时对他怨恨，希望得到解救，遂秘密派人前往北魏帝国，请求进军。

八月二十八日，北魏王拓跋珪向后燕帝国的并州（山西省中部），发动总攻；步骑兵组成的四十余万人庞大混合兵团，南下穿过马邑（山西省朔州市），越过句注山（山西省代县西），军旗招展二千余华里，战鼓声中，直指并州（州政府设晋阳〔山西省太原市〕）；左将军、雁门郡（山西省代县）人李栗，率五万人骑兵，担任前锋。另派将军封真等，从东边穿过军都（太行八陉之一·北京市昌平区），袭击幽州（州政府设蓟城〔北京市〕）。

13 后燕帝国（首都中山）内斗白热化，征北大将军、幽平二州全权州长（牧）、清河公慕容会（慕容宝的儿子，参考三八六年三月），娘亲出身贫贱，但他在弟兄群中，年纪最大，雄伟英俊，有器宇才能。祖父慕容垂对这位孙儿，至为喜爱。慕容宝率军讨伐北魏帝国时（参考去年〔三九五〕五月），慕容垂命慕容会负责管理太子宫，全权处理所有太子宫事务，对他的礼仪，跟对太子相同。本年（三九六），慕容垂出军，命他镇守龙城（辽宁省朝阳市），把帝国的东北疆土，交付给他，无论是公爵府或司令部、州政府，所有的官员，都是第一流人选。慕容垂病重时，遗嘱吩咐慕容宝，一定要慕容会当继承人。可是慕容宝喜爱年幼的少子、濮阳公慕容策，根本没有考虑慕容会。而长乐公慕容盛，跟慕容会同年（本年〔三九六〕，都是二十四岁，慕容盛既是慕容会的老哥〔参考三八六年十一月〕，应比慕容会在月份上为长），不愿当他的臣下。于是，慕容盛跟赵王慕容麟结合成一条阵线，共同劝告慕容宝封慕容策当太子；慕容宝同意。

八月四日，慕容宝下诏，正式封正妻段女士当皇后，慕容策当皇太子。慕容会、慕容盛都晋封亲王。慕容策本年十一岁，性情愚昧懦弱。慕容会听到消息，愤怒怨恨。

九月，章武王慕容宙，护送慕容垂和成哀皇后段元妃（小段后）的灵柩到龙城（辽宁省朝阳市）宣平陵（今地不详）安葬。慕容宝下诏给慕容宙，命他把高阳王慕容隆的幕僚官员，以及部属家眷，全部接回首都中山（河北省定州市。慕容隆去年〔三九五〕十二月调回中山，由慕容会接替慕容隆）。慕容会对这项诏书，多方违背，留下很多慕容隆的幕僚部属，不放他们回京（首都中山）。慕容宙年纪既大，辈分又尊，可是慕容会遇到机会，就凌辱这位叔祖父，看到的人，都知道慕容会已经心怀不轨。

14 九月十八日，北魏南征兵团抵达阳曲（山西省阳曲县），沿着西方山脉，直指晋阳（后燕并州州政府所在县·山西省太原市），大军环绕晋阳城，大声呐喊，作出威力骚扰，然后撤退。辽西王兼并州（山西省中部）全权州长（牧）慕容农出击，大败，奔还晋阳，而军政官（司马）慕舆嵩叛变，关闭城门，拒绝慕容农入城（去年〔三九五〕曾处决一慕舆嵩〔参考去年九月〕，今又出现一慕舆嵩，或同姓名，或有他误）。慕容农带领妻子儿女，在数千人骑兵保护下，向东逃走；北魏南征兵团中领将军长孙肥追击，追到潞川（山西省黎城县南），俘虏慕容农的妻子儿女，数千骑兵全部覆没。慕容农身上受伤，只带三个卫士，逃回京师

（首都中山）。

北魏王拓跋珪遂夺取并州（山西省中部）全土，开始建立中央政府，委派州长（刺史）、郡长；国务院助理官（尚书郎）以下官员，全由知识分子担任。任何一个知识分子前往军营大门，谋求职位，不管年老年幼，全部迎入大营，由拓跋珪亲自接见，使每人都说完要说的话；只要有一点才干，就加以录用（任何一个政权崛起时，都多少会有如此使人兴奋的现象，而北魏帝国因起自北方荒凉大漠，需要人才，尤其孔急）。

九月十九日，拓跋珪派辅国将军奚牧，夺取汾川（汾水流域）土地，生擒后燕帝国丹阳王慕容买德，及离石（山西省吕梁市离石区）军事总监（护军）高秀和。任命立法院主任立法官（中书侍郎）张恂等，当各郡郡长；招徕安抚流亡失散的人民，鼓励并奖赏他们耕田养蚕。

后燕帝慕容宝，听到北魏帝国大军将要来到消息，在太极殿东堂召开御前会议。首都中山市长（中山尹）苻谟（苻谟本前秦帝国皇族，降后燕，参考三八六年六月），建议说："魏国（北魏帝国）军力强大，所以才能在千里之外，发动战争，现在更乘胜而进，如果放他们进入平原（河北平原），恐怕无人能敌，应该沿太行山险要，设防据守。"立法院最高立法长（中书令）眭邃说："魏国（北魏帝国）兵团几乎全是骑兵，东西奔驰，疾如闪电。然而，缺点也在这里，马背上携带粮秣，十分有限，不过只能支持十天，我们应下令各郡县坚壁清野，把农民集合在一起，以一千家为单位，建筑坚固的自卫堡寨，深挖城壕，高修城墙，原野上没有人跡，等待敌人深入；敌人深入之后，劫掠不到东西，最多六十天，粮秣吃完，自会撤退。"国务院执行官（尚书）封懿说："魏国（北魏帝国）大军数十万，是天下最可怕的劲敌，人民虽兴筑自卫堡寨，并不能保证守住，反而是我们把青年和粮秣聚集在一起，交给敌人使用。而且，一旦下令坚壁清野，民心动摇，先向敌人显示我们衰弱。不如在关卡险要地方用全力拦阻，才是上等策略。”赵王慕容麟说：“魏国（北魏帝国）大军乘胜进军，气势正盛，锐不可当。我们应修筑中山城池，先巩固根本，等敌人衰退，再行出击。”慕容宝同意；于是，修筑城池，囤积粮秣，准备持久抗战。

辽西王慕容农进驻安喜（河北省定州市东十五公里），京师（首都中山）军事措施，由慕容麟全权负责。

15 晋帝（十五任孝武帝）司马昌明喜爱饮酒，整天沉醉在后宫之中，清醒而能过问国家人事的时候，少之又少，外人很难见他一面。后宫千万美女中，以张贵人最美貌绝伦（贵人，小老婆群第三级），最受司马昌明宠爱，其他小老婆群和宫女，都对她畏惧。

九月二十日，司马昌明在后宫欢宴，能歌善舞的美女和乐队，一旁侍候。张贵人年龄将近三十岁，司马昌明开玩笑说：“以你的年龄，应该靠边站了，我爱更年轻的！”张贵人怒不可遏，隐忍不发。当晚，司马昌明沉醉如泥，在清暑殿倒头大睡，张贵人拿酒赏赐所有宦官，打发他们走开。然后命贴身婢女用被子蒙住司马昌明的脸，把司马昌明闷死（年三十五岁）；然后重金贿赂左右侍从，声称：“皇上睡梦中遇到鬼怪作祟，突然死亡。”太子司马德宗愚昧懦弱，会稽王司马道子昏庸荒淫，对司马昌明的死因，遂没有人追究查问。立法院最高立法长（中书令）王国宝，深夜请求打开皇城城门，打算进宫撰写遗诏。高级咨询官（侍中）王爽拒绝说：“皇上逝世，皇太子未到，其他人胆敢进宫的，斩首！”王国宝遂停止。王爽，是王恭的老弟。

九月二十一日，皇太子司马德宗（本年十五岁）登极（十六任安帝），大赦。

中国皇宫，是世界上最豪华和最冷酷无情的美女人肉市场，主顾只有一个，就是帝王，几乎全中国的美女，都集中在这个地方，而她们唯一的盼望就是帝王恩准她爬上御床。如果她没有这种福气，或虽有这种福气，而终于又被抛到脑后，她只敢哀怨，不敢绝望，更不准愤怒——这正是圣人最欣赏的“哀而不伤，怨而不怒”的美德。有权玩人的人，有权不把别人当人的人，对这种美德，赞不绝口。假如有人在受到伤害后，竟然敢“绝望”“愤怒”的，立刻就成了危险的偏激分子，因为他使有权玩人的人和有权不把别人当人的人，心惊胆战。

司马昌明在皇帝中，不是一个坏蛋，对张贵人的一席话，在当时的封建社会中，也并不残忍。但我们欣赏张贵人的反击，历史上谋杀帝王的行为，数不胜数，但由宫中美女动手的，却只有两次：一次是张贵人，一件是一五四三年明王朝杨金英谋杀朱厚熜。杨金英女士的杀机不明，但我们可以确信她和张贵人一样，都由于不能忍受人格上的屈辱。她们的勇气是第一流的，敢于向最可怖的专制封建头目挑战，而不在乎自己的生死。

中国人一直被训练的不敢发怒，一切要求忍让，连被鞭打时呼痛呼冤的声音，都被认为受人利用，用来打击手握权柄的巨官。在这种暗无天日的教育熏陶下，前有张贵人，后有杨金英，成为历史上唯一的一对女性巨星，这种反抗人物增多的话，兽性自会减少。不过，如果一切罪恶，都必须用血腥手段，才能对抗，这个灾难的社会，也是一个痛哭的民族。必须有一天，另有管道，用和平公正的手段，同样可以消除迫害，中国人才有真正的幸福。

16 九月二十三日，晋帝国有关单位上奏：会稽王司马道子，应晋升太傅（上三公之二）、京畿总卫戍司令（扬州牧）、“假黄钺”（皇帝诛杀时专用的铜斧）。晋帝司马德宗下诏，命政府内外所有大事小事，完全由司马道子裁决。

司马德宗从小就是一个白痴，天生哑巴，不会说话，连天气冷热及自己的饥饱，全不知道；喝水吃饭、睡觉起床，都不会做。而同一个娘亲的老弟司马德文，却十分聪明，谦恭谨慎；时常在老哥左右服侍照顾，替他安排调度，才没有出大纰漏。

最初，立法院最高立法长（中书令）王国宝，走会稽王司马道子门路，骄傲放纵，横行不法，不断受到总监察官（御史中丞）褚粲弹劾。王国宝建筑起居馆舍，豪华高贵，媲美晋帝司马昌明居住的清暑殿，司马昌明对他十分痛恨。王国宝这才感到恐惧，决心跟司马道子疏远，转向司马昌明摇尾，司马昌明抵挡不住王国宝的媚功，对王国宝反而非常宠信。司马道子气冲牛斗，曾经有一次，在国务院对王国宝当面斥责，拔出佩剑，向王国宝投掷，多少年的感情，完全破坏。等到司马昌明逝世，王国宝再回头靠拢司马道子，跟堂弟、琅邪郡（侨郡·江苏省句容市北）郡长王绪，共同使用精密的马屁术，司马道子又被他迷惑得神智不清，重新把他当作忠贞心腹。王国宝遂参与政府大计方针，声威震动内外，同时也受当时人的严厉抨击。

兖、青二州（州政府设京口〔江苏省镇江市〕）州长（刺史）王恭，进京（首都建康）参加晋帝司马昌明的葬礼，面色严肃，言谈直率，司马道子深感不安。王恭回去后，叹息说：“房屋虽然新盖起来，梁椽也是新的，可是我却有‘一片荒草’的感觉！”王绪建议王国宝，劝告“相王”（宰相兼亲王）司马道子：利用王恭前来中央朝见的机会，伏兵把王恭诛杀；王国宝不肯。司马道子打算从中调解，使领导中心内部团结和谐，于是对王恭用心结交，推心置腹，希望化解仇怨。可是，王恭每次谈到政府的腐败，就忍不住疾言厉色，无限痛恨。司马道子发现王恭不可能软化，便改变主意，决定反击。

有人建议王恭，趁前往京师（首都建康）朝见的机会，发动政变，诛杀王国宝。王恭因豫州（州政府设历阳〔安徽省和县〕）州长（刺史）庾楷兵强马壮，武力强大，而且又是王国宝的一党；心存顾忌，不敢立即发动。国务院左执行长（左仆射）王珣，也反对政变，对王恭说："王国宝虽然到了最后终于要闯出大祸，但是，他的叛逆行为，还没有具体显露，你却先行发动，一定会使天下人士大失所望。何况，手握强大的武装部队，在京师（首都建康）逮捕诛杀政府官员，谁能说你不是叛变？王国宝如果不能改过，罪恶会逐渐传播全国，到那时候，再顺应人心，把他铲除，就不用担忧不会成功。"王恭这才停止。可是后来，王恭对王珣说："最近，我看来看去，你简直就是胡广！"（胡广，东汉王朝宰相，当权三十年，事奉过七任皇帝〔六任安帝刘祜、七任少帝刘懿、八任顺帝刘保、九任冲帝刘炳、十任质帝刘缵、十一任桓帝刘志、十二任灵帝刘宏〕，一方面跟正直的官员如李固亲近，一方面也跟宦官如丁肃，结成姻亲，用和稀泥手段，只求维持表面安定和自己的荣华富贵。参考一七二年三月。）王珣说："王陵因为在皇帝面前争执，失去官位；陈平则在旁默默不说一句话（王陵反对吕雉封吕家班为王，被架空官位，参考前一八七年），只看结局如何！"

冬季，十月十四日，晋政府把司马昌明安葬隆平陵（建康城东蒋山西南）。王恭返京口（江苏省镇江市）基地，快动身时，对司马道子说："主上（司马德宗）守丧期间，摄政高位，即令伊尹、姬旦，都难做得尽善尽美。盼望大王亲自处理帝国军政大事，听取直率忠言，抛弃郑国音乐（春秋时代，郑国音乐被认为淫荡），疏远摇尾分子。"王国宝等大为恐惧。

17 北魏帝（首都盛乐）拓跋珪，派冠军将军、鲜卑（代人）人于栗磾、宁朔将军公孙兰，率步骑兵二万人，从晋阳（山西省太原市）向东，秘密开凿韩信当初进军时使用、而早已湮没了的旧路（前二〇四年十月，韩信穿过太行山八陉之一的井陉〔河北省井陉县西〕，击灭赵王国，迄今六百年，故道早已崩毁）。

十月十五日（原文“己酉”，据《魏书 · 太祖纪》改），拓跋珪从开凿出来的韩信旧路东下，穿过井陉（河北省井陉县西），直指后燕帝国首都中山（河北省定州市）。

故西燕帝国皇家图书馆长（秘书监）李先（西燕亡时被后燕俘虏，参考前年〔三九四〕八月），向北魏军投降，拓跋珪任命他当征东将军府左秘书长（征东左长史）。

18 西秦王国（首都西城〔甘肃省靖远县西〕）凉州（州政府乐都）全权州长（牧）乞伏轲弹，跟秦州（州政府苑川）全权州长（牧）乞伏益州，发生冲突；乞伏轲弹投奔后凉王国（首都姑臧〔甘肃省武威市〕）。

19 北魏王拓跋珪，进攻常山郡（河北省正定县），攻克，俘虏后燕帝国委派的郡长苟延。常山以东郡长、县长，有的弃城逃走，有的开城投降，所有郡县全都归附北魏大军，只剩下三个城池：中山（河北省定州市）、邺城（河北省临漳县西南邺城镇）、信都（后燕冀州州政府所在县 · 河北省衡水市冀州区），仍据守抵抗。

十一月，拓跋珪命东平公拓跋仪，率五万骑兵，进攻邺城（河北省临漳县西南邺城镇）；命冠军将军王建、左将军李栗，进攻信都（河北省衡水市冀州区）。

十一月十九日，拓跋珪抵达中山（河北省定州市）城下。

十一月二十日，拓跋珪开始攻城；后燕帝国高阳王慕容隆，固守城南外郭，竭力抵抗，从早晨苦战到下午，杀伤数千人，北魏兵团才被击退。拓跋珪对各将领说："中山城墙，十分坚固，慕容宝绝对不肯出来野战。猛烈攻击将增加将士的伤亡，长久包围又浪费粮秣。不如先行夺取邺城、信都，然后再想办法。"

十一月二十八日，拓跋珪遂率军南下。

后燕帝国章武王慕容宙，从龙城（辽宁省朝阳市）回京（首都中山），听到北魏帝国入侵消息，急行进入蓟城（北京市），跟镇北将军阳城王慕容兰，登城守卫。慕容兰，是慕容垂的堂弟。北魏特遣部队司令官石河头，进攻蓟城，不能攻克，退守渔阳（北京市密云区）。

拓跋珪驻军鲁口（河北省饶阳县）。后燕帝国博陵郡（河北省安平县）郡长申永，逃到河南郡（洛阳·河南省洛阳市东白马寺东，时属晋帝国）；高阳郡（河北省博野县东南）郡长崔宏，逃到东方海岛。拓跋珪早就听过崔宏的美誉（参考三九二年六月），派骑兵追赶，在中途追到，任命他当禁宫顾问官（黄门侍郎），会同另一禁宫咨询官（给事黄门侍郎）张衮，共同主管政府机要，制定国家法令制度。博陵县（高阳郡郡政府所在县）县长屈遵投降，拓跋珪任命他当立法院最高立法长（中书令），承办全国各地呈报中央的公文书，及传达中央颁布的法令，并负责撰写文告。

后燕帝国范阳王慕容德，派南安王慕容青等，在夜间袭击邺城城下的北魏围城军，围城军大败，退保新城（当初慕容垂攻邺城时，在列人〔河北省邯郸市肥乡区东北〕建筑的新兴城。参考三八四年二月）。慕容青等请求追击，行政官（别驾）韩𧨲说："古代的人，首先计算成败，然后作战。对魏军（北魏军）绝不可以追击，有四个理由：一、魏军远在千里之外，一直盼望野战。二、魏军深入敌人心脏，驻防在危机四伏之地，没有溃散的可能。三、魏军只不过前锋挫败，主力仍然保持完整。四、魏军人数多，我们人数少。我们绝不可以出战，有三个理由：一、我们是在自己国土上作战（稍有挫败，部队即行瓦解）。二、出战如果不能取得胜利，军心就会瓦解。三、城池并不坚固，缺少修建，敌人反扑时，我们阻挡不住。现在，魏军缺乏粮秣，不如深挖壕沟，高筑城垒，坚守不屈，拖到他们筋疲力尽。”慕容德接受，命慕容青回军。慕容青，是慕容详的老哥（慕容详，参考本年〔三九六〕六月）。

十二月，北魏辽西公贺赖卢，率骑兵二万人，跟东平公拓跋仪会师，进攻邺城（河北省临漳县西南邺城镇）。贺赖卢，是贺讷的老弟（贺讷，参考三八五年八月）。

北魏帝国旁支部落酋长没根，有胆量而又骁勇善战，北魏王拓跋珪大为厌恶。没根恐怕被拓跋珪诬杀。

十二月二十日，没根率亲信士兵数十人，向后燕帝国投降。后燕帝慕容宝，命没根当镇东大将军，封雁门公。没根请求回去袭击北魏大营，慕容宝不肯交给他人数足够的军队，而只给他一百余名骑兵。没根使用北魏兵团号令，于夜间悄悄进入北魏大营，直到接近中央虎帐时，北魏军才忽然发觉，拓跋珪惊恐，从床上跳起来，狼狈逃走。没根因一百余人的少量部队，不能击溃北魏十万大军，只好于斩杀、俘虏很多人之后撤退。

20 独立状态的“氐王”（首都仇池〔甘肃省西和县南〕）仇池公杨盛（前秦帝国陇西王杨定的堂弟，参考前年〔三九四〕十月），派使节前往晋帝国（首都建康），请求归附。晋帝司马德宗下诏，任命杨盛当镇南将军、仇池公。

杨盛上疏推荐苻宣（前秦帝国末任帝苻崇的太子）当平北将军。

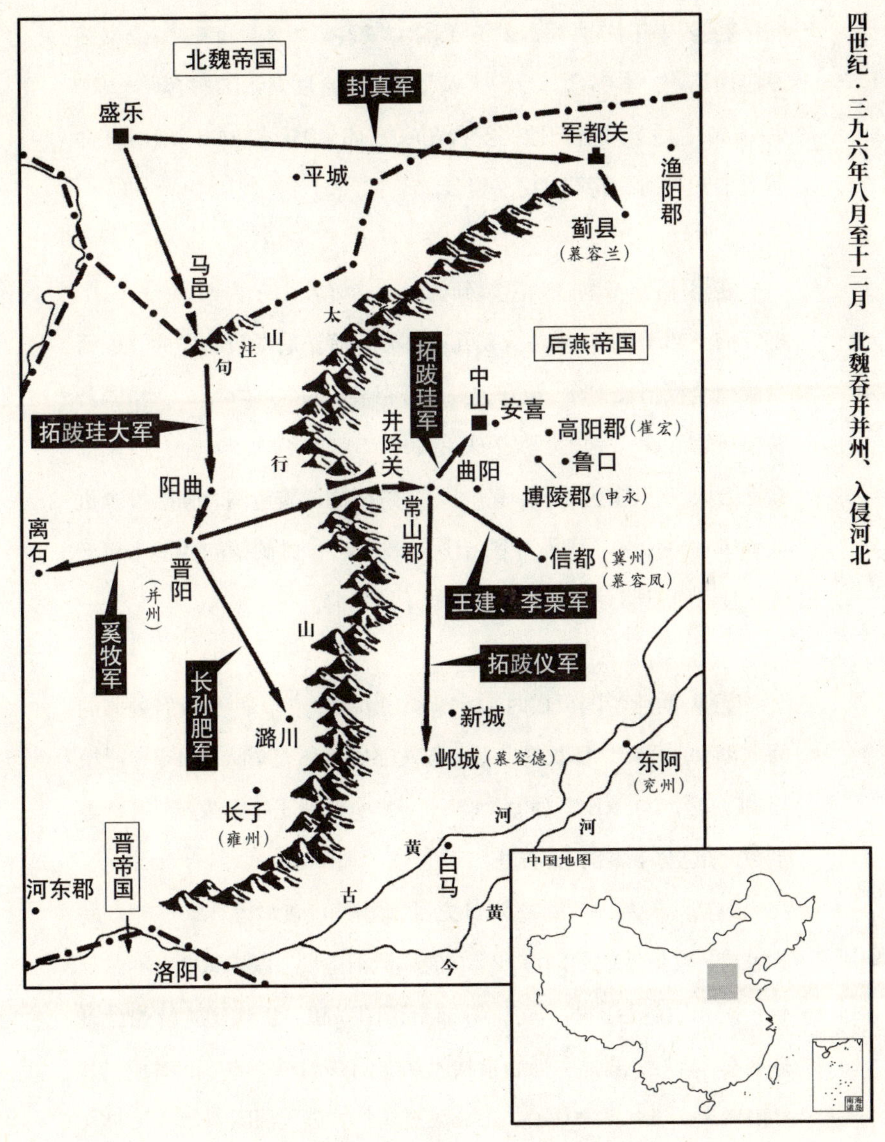

四世纪・三九六年八月至十二月　北魏吞并并州、入侵河北

21 本年（三九六），西秦王国（首都西城〔甘肃省靖远县西〕）立义将军越质诘归，率部众二万户人家叛变，投奔后秦帝国（首都长安〔陕西省西安市〕），后秦政府把他们安置在成纪（甘肃省秦安县北四十公里）。任命越质诘归当镇西将军，封平襄公。

22 后秦帝国陇西王姚硕德，攻击姜乳（参考去年〔三九五〕三月）据守的上邽（甘肃省天水市），姜乳率部众投降。后秦政府任命姚硕德当秦州全权州长（牧），镇守上邽。征召姜乳进京（首都长安），当国务院执行官（尚书）。强熙、权千成（休官部落酋长，参考三九二年十二月），率部众三万人，包围上邽（甘肃省天水市），姚硕德击破包围。强熙投奔仇池（甘肃省西和县南），再投奔晋帝国（首都建康）。姚硕德向西追击权千成，追到略阳郡（甘肃省天水市东），权千成投降。

23 西燕帝国灭亡时（参考前年〔三九四〕八月），西燕政府委派的河东郡（山西省夏县）郡长柳恭等，各人都拥有私人军队，固守自己境界。后秦帝（二任文桓帝）姚兴（本年三十一岁），派晋王姚绪攻击，柳恭等沿黄河抵抗，姚绪不能前进。

最初，永嘉（四世纪〇〇年代）之乱，汾阴（山西省万荣县西南荣河镇）薛姓家族，聚集他们的同族乡亲，倚靠黄河险要，保护家园，不做汉赵帝国和后赵帝国的官吏。等前秦帝国兴起，正式延聘薛彊当镇东将军。现在，薛彊引导后秦兵团从龙门（陕西省韩城市及山西省河津市之间黄河险要——也就是“鲤鱼跳龙门”处）渡过黄河，进入蒲阪（山西省永济市）；柳恭等只好投降。

姚兴任命姚绪当并、冀二州全权州长（牧），镇守蒲阪（山西省永济市）。

三九七年 丁酉

晋	隆安	元年
后燕	永康	二年
后秦	皇初	四年
西秦	太初	十年
北魏	皇始	二年
后凉	龙飞	二年
南凉	太初	元年
北凉	神玺	元年

（燕帝慕容详建始元年）

（燕帝慕容麟元年）

1 春季，正月一日，晋帝国（首都建康〔江苏省南京市〕）皇帝（十六任安帝）司马德宗（本年十六岁）行加冠礼，改年号（隆安）。擢升国务院左执行长（左仆射）王珣当国务院总理（尚书令）；中央禁军总监（领军将军）王国宝当国务院左执行长（左仆射），主管全国官员任免升降人事行政，加授后将军、兼任首都建康市长（丹阳尹）。会稽王司马道子把原属于太子宫的武装卫队，全部拨付给王国宝，使王国宝率领。

2 后燕帝国（首都中山〔河北省定州市〕）范阳王慕容德，向后秦帝国（首都长安〔陕西省西安市〕）请求救援，后秦帝国拒绝，邺城（河北省临漳县西南邺城镇）人心恐惧。

北魏帝国（首都盛乐〔内蒙古和林格尔县〕）围城军辽西公贺赖卢（贺讷的老弟，参考去年〔三九六〕十二月），自以为是北魏王拓跋珪的舅父，不肯接受统帅东平公拓跋仪的指挥，二人感情破裂。拓跋仪的军政官（司马）丁建，跟慕容德勾结，再从中煽风点火，挑拨离间；一面用箭把情报传到城中，报告这项消息。

正月六日，大风突起，黄尘黑雾，从四面八方涌到，白天伸手不见五指；贺赖卢军营发出火光，丁建警告拓跋仪说："贺赖卢焚烧营帐，一定有变！"拓跋仪相信，急行率军后退，贺赖卢得到消息，不能单独留下，只好也率军撤退。丁建遂率他的部队，向慕容德投降，指出拓跋仪军，已疲惫不堪，可以攻击；慕容德派桂阳王慕容镇、南安王慕容青，率骑兵七千人追击，大破北魏远征军。

后燕帝（二任惠愍帝）慕容宝（本年四十三岁），命首都东区卫戍司令（左卫将军）慕舆腾，攻击博陵郡（河北省安平县），斩北魏所委派的郡长县长王建（此王建不是参合陂凶手王建）等。

北魏远征军自去年（三九六）进攻信都（后燕冀州州政府所在县 · 河北省衡水市冀州区），六十余日，不能攻克，士卒伤亡惨重。

正月二十二日，北魏王（一任道武帝）拓跋珪（本年二十七岁）亲自指挥攻击信都（河北省衡水市冀州区）。

正月二十四日，晚上，后燕守城将领宜都王慕容凤，翻出城墙，逃往中山（河北省定州市）。

正月二十五日，信都（河北省衡水市冀州区）向拓跋珪投降。

3 后凉王国（首都姑臧〔甘肃省武威市〕）天王（一任懿武帝）吕光（本年六十一岁），因西秦王国（首都西城〔甘肃省靖远县西〕）国王（二任武元王）乞伏乾归，反复无常（既向吕光称臣而又后悔，参考前年〔三九五〕七月），遂向西秦王国发动大规模攻击。西秦官员都请求逃到东方的成纪（甘肃省秦安县北四十公里）躲避，乞伏乾归说："战场上的胜利或失败，决定于统帅头脑是灵活或是笨拙，不决定于士卒人数多寡。吕光的军队虽多，可是缺乏纪律，他弟弟吕延只有勇敢，没有谋略，不必在意。他们的精锐部队，都在吕延那里，吕延一败，吕光自然逃走。"

吕光驻军长最（甘肃省永登县南），派太原公吕纂等，率步骑兵三万人，进攻金城（甘肃省兰州市）。乞伏乾归率军二万人救援，还没有赶到，吕纂等已经攻陷城池。吕光又派将领梁恭等，率全副武装的战斗部队一万余人，直指阳武下峡（甘肃省靖远县境），跟秦州州长（刺史）没弈干会师，攻击阳武下峡的东部；天水公吕延，率枹罕（音fú hǎn〔浮喊〕，甘肃省临夏市）军队，攻击临洮（甘肃省岷县）、武始（甘肃省临洮县）、河关（甘肃省积石山县）；全都攻克。乞伏乾归施出诡计，命人向吕延呈献假情报："乞伏乾归部众崩溃，向成纪（甘肃省秦安县北四十公里）逃亡。"吕延打算亲自率轻装备骑兵追击，军政官（司马）耿稚劝阻说："乞伏乾归勇气谋略，都超过常人，怎么可能望风瓦解，匹马奔逃？从前，乞伏乾归击破王广、杨定，都是故意制造自己的弱点，引诱他们上当（破王广，当在一任王乞伏国仁当政之时。破杨定，参考三九四年十月）。何况，观察这个线民，眼睛高高抬起，脸上表情闪烁，定有奸诈。我们应该在高度戒备下，步步推进，使步兵骑兵，密切配合，等到各路大军集结完成，然后出击，就没有不攻克之理。"

吕延不接受，大军前进，果然陷入乞伏乾归埋伏，吕延被杀。耿稚跟将军姜显，集结残兵败将，退回枹罕（甘肃省临夏市）。吕光也退回姑臧（后凉首都 · 甘肃省武威市）。

4 后凉王国广武郡公（参考前年〔三九五〕七月）、河西鲜卑总督（大都统）秃发乌孤（时驻廉川〔青海省民和县〕），自称总司令官（大都督）、最高统帅（大将军）、大单于、西平王，大赦，改年号太初。在广武（甘肃省永登县）集结武装部队，攻击后凉王国（首都姑臧）的金城（甘肃省兰州市），攻克（五胡乱华十九国中，第十三个短命王国兴起，此时还未定国号，迟至四〇二年三月才称国号为“凉”，史称南凉王国。南凉兴起后，中国境内，七国并立：晋帝国、后燕帝国、后秦帝国、西秦王国、北魏帝国、后凉王国、南凉王国）。后凉王吕光派将军窦苟，出兵讨伐，在街亭（甘肃省张家川县北）会战，后凉军大败。

5 后燕帝慕容宝，听到北魏王拓跋珪攻击信都（河北省衡水市冀州区）消息，亲自率军出城，进驻深泽（河北省深泽县），派赵王慕容麟进攻杨城（河北省顺平县境），击杀北魏守军三百人。慕容宝把皇宫中所有金银财宝和所有宫女，作为赏赐，招募各郡、各封国强盗匪徒，组成特种突击队，专门攻击北魏入侵军。

二月一日，北魏王拓跋珪由信都（河北省衡水市冀州区）回军杨城（河北省顺平县境）。叛将没根（参考去年〔三九六〕十二月）的侄儿丑提，当并州（山西省中部）监军官（并州监军），听到叔父投降后燕帝国消息，恐怕受到牵连被杀，率他的部众，乘国内空虚，直返首都盛乐（内蒙古和林格尔县），打算奇袭。拓跋珪震恐，准备撤军回国平难，派宰相（国相）拓跋涉延，向后燕帝国请求和解，而且愿送他的老弟作为人质。

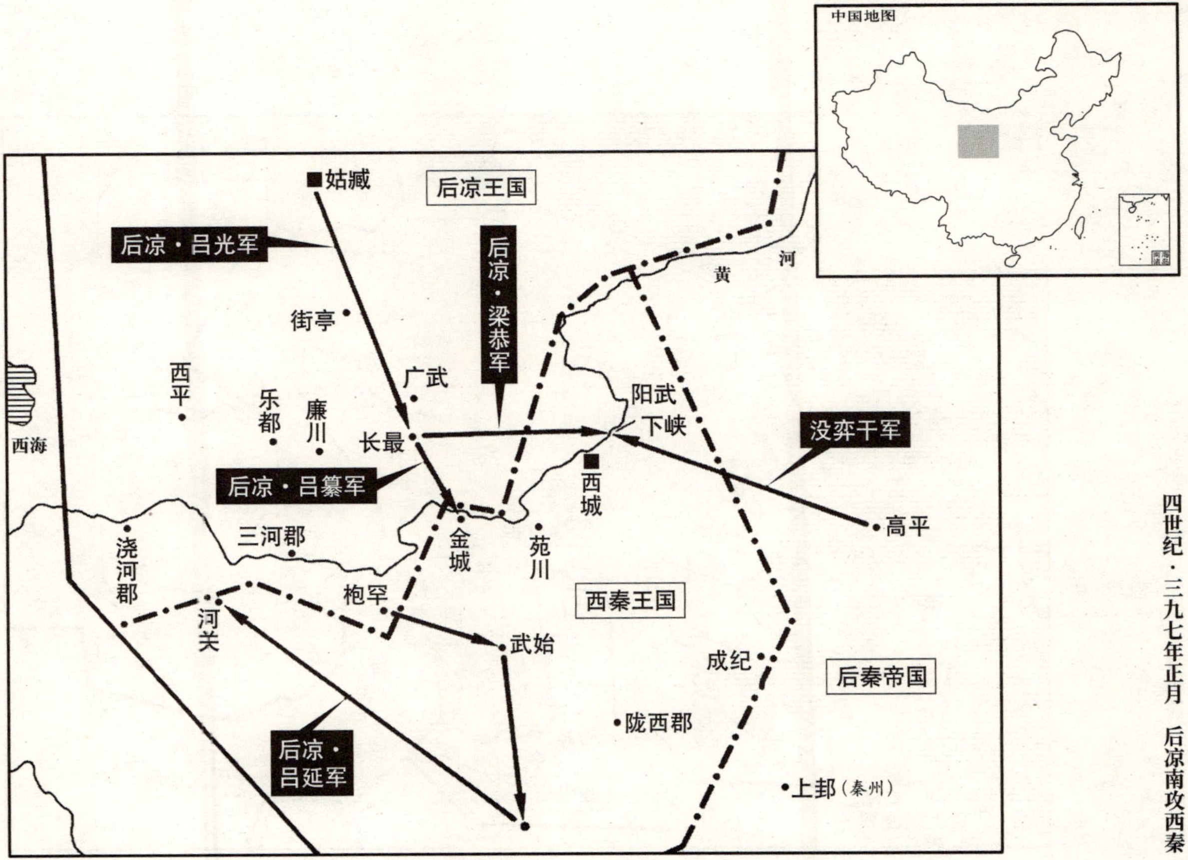

四世纪·三九七年正月　后凉南攻西秦

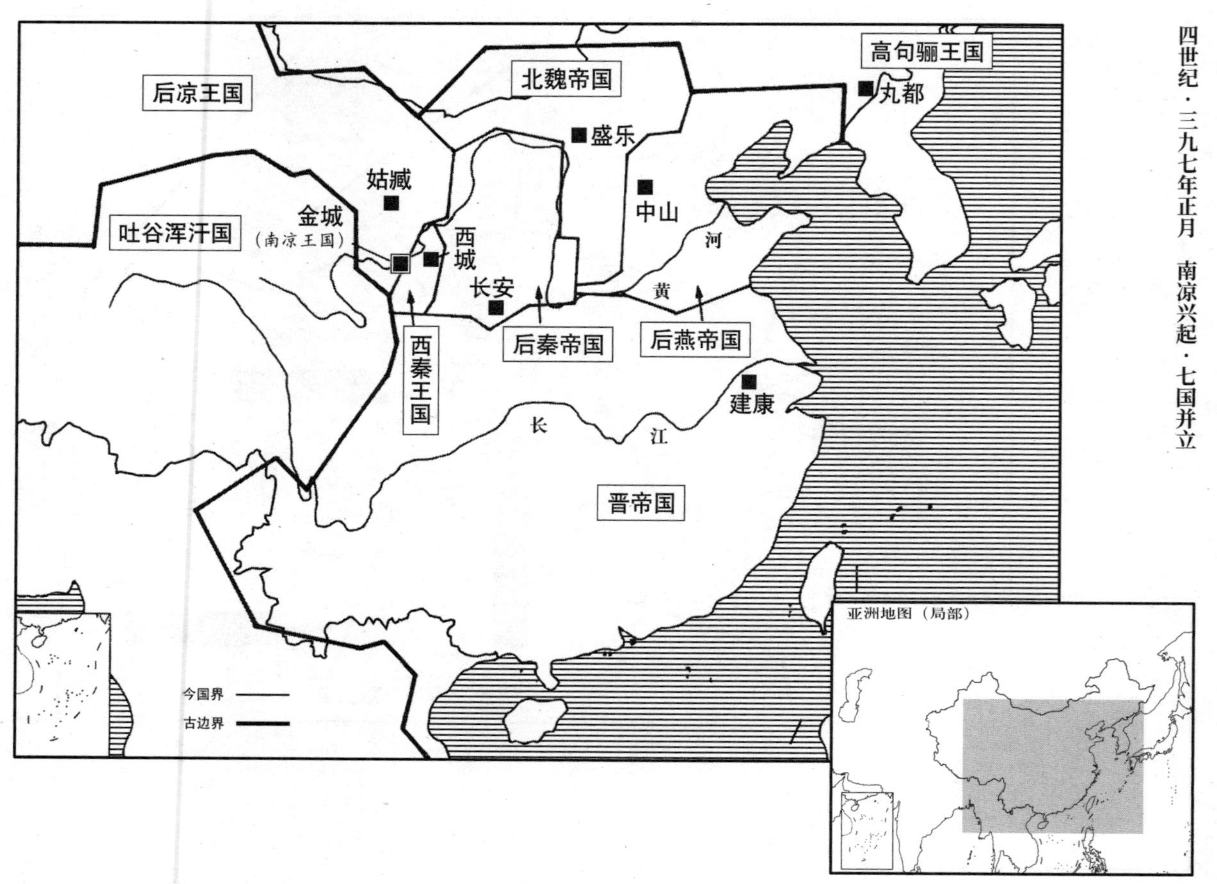

四世纪·三九七年正月　南凉兴起·七国并立

慕容宝知道北魏帝国发生内乱，拒绝接受。派禁宫护卫执行官（冗从仆射）兰真，前往北魏军营，责备拓跋珪忘恩负义（自己忘恩，解释为“大义”；对方“大义”，则被解释为忘恩），一面动员全部兵力：步兵十二万人、骑兵三万七千人，进屯曲阳（河北省曲阳县北）柏肆堡（柏肆坞），在滹沱河（滹沱，音hū tuó〔呼驼〕）北岸布阵阻截。

二月九日，北魏远征军撤退到此，在滹沱河南岸扎营。慕容宝重赏招募敢死队一万余人，秘密渡滹沱河，发动奇袭，慕容宝则在营北战备支援。敢死队顺北风风势，纵火烧营，猛烈攻击，北魏军大乱，拓跋珪梦中惊起，抛下大营，光着双脚，落荒逃命。后燕帝国将军乞特真，率一百余人，冲进拓跋珪虎帐，搜到拓跋珪的衣服和皮靴。可是，不知道什么缘故，敢死队自己内部，却忽然之间，大为惊恐，像中魔一样，互相砍杀。拓跋珪在营外望见这场遽变，立即猛击战鼓，集结溃散的将士，左右侍从以及中军士卒，陆续集合，在外围大量布置火炬，把军营照耀得如同白昼。拓跋珪遂下令骑兵反扑，后燕敢死队大败，奔回慕容宝营寨，慕容宝急返滹沱河北。

二月十日，经过整顿的北魏远征军，开始进逼，隔滹沱河，跟后燕军对抗。而后燕的军心士气，十分低落，对北魏远征军深怀恐惧，不能再战。慕容宝只好率军返首都中山（河北省定州市），北魏远征军在后面追击，后燕军屡次接战，屡次失败，无法阻截。慕容宝更魂不附体，最后，索性抛弃大军，仅率骑兵二万人，脱离战场，先行逃走。当时，狂风暴雪，将帅士兵，冻死的人一个接连一个。慕容宝深恐被北魏军追及，下令将士脱下铠甲，抛弃武器，只剩下单身一人，狂奔逃命，数十万件精良的刀枪剑戟，全都失去，连一寸长的短刃，都没有带回。后燕政府官员、将领、士卒，投降北魏军，或被北魏军俘虏的，非常之多。

最初，禁宫咨询官（给事黄门侍郎）张衮，曾经向北魏王拓跋珪推荐后燕帝国皇家图书馆长（秘书监）崔逞（参考三九二年六月）的才能（《魏书·张衮传》：张衮并不认识崔逞，听到有关崔逞的评论，就作推荐），拓跋珪得到崔逞，大为高兴，任命崔逞当国务院执行官（尚书），使他主持所辖的三十六个“司”（曹）的事务，推动政府行政（东汉王朝初年〔一世纪三〇、四〇年代〕，“尚书”还是宫廷秘书署时，内设六司〔曹〕。曹魏帝国〔三世纪二〇年代〕时，“尚书”开始脱离宫廷，成为政府机构〔政务署〕，内设二十三司〔曹〕，后来增加到二十五司〔曹〕。晋王朝时〔三世纪六〇年代〕，升为国务院，设三十五司〔曹〕。北魏帝国扩充为三十六司〔曹〕）。

柏肆之战，北魏军反败为胜，但最初失利时，有些士卒逃命回国，路过晋阳（山西省太原市），说起大军溃败情形，以及不知道北魏王拓跋珪身在何处；晋阳守将封真，遂起兵攻击并州（州政府晋阳）州长（刺史）曲阳侯拓跋素延，拓跋素延迎战，斩封真。南安公拓跋顺，留守云中（内蒙古托克托县），得到这项消息，打算自己接管帝国政府，高级禁卫军司令（幢将）、鲜卑人（代人）莫题说：“这是一件大事，不可以轻率决定，应该谨慎的等待进一步发展。不然，大祸难以预测。”拓跋顺才停止行动。拓跋顺，是拓跋什翼犍的孙儿（拓跋什翼犍之死，参考三七六年十二月）。贺兰部落酋长附力眷、纥邻部落酋长匿物尼、纥奚部落酋长叱奴根，先后起兵叛变；拓跋顺率军讨伐，不能克服。拓跋珪派安远将军庾岳，率一万人的骑兵部队，先行回国，三个部落完全平定，民心才安。

拓跋珪打算安抚新归降的部队和民众，对参合陂（山西省阳高县东北）屠杀俘虏的举动（参考前年〔三九五〕十一月），深为后悔，遂指控拓跋素延对叛徒诛杀过多，免职。任命奚牧当并州（山西省中部）州长

(刺史)。奚牧写信给后秦帝(二任文桓帝)姚兴(本年三十二岁),站在平等地位,自称“顿首”。姚兴大怒,告诉拓跋珪,拓跋珪斩奚牧。

6 二月十一日,晚上,后燕帝国(首都中山〔河北省定州市〕)国务院助理官(尚书郎)慕舆皓阴谋杀害后燕帝慕容宝,拥戴赵王慕容麟继位,失败,慕舆皓砍开城门,投降北魏军,慕容麟处于嫌疑之地,心中不安。

三月,后燕帝国擢升仪同三司(宰相级)、武乡郡(山西省榆社县)人张崇,当最高监察长(司空)。

7 最初,后燕帝国清河王慕容会(幽州〔州政府设龙城·辽宁省朝阳市〕州长),听到北魏帝国(首都盛乐)大军入侵消息,上疏请求率军南下,奔赴国难。后燕帝慕容宝批准;可是,慕容会根本就没有南下奔赴国难之意,只派征南将军库傉官伟(库傉官,三字姓)、建威将军余崇,率军五千人,担任前锋。余崇,是余嵩的儿子(余嵩击平规战死,参考去年〔三九六〕二月)。库傉官伟等率军逗留卢龙塞(河北省迁西县北)三月有余,粮秣吃完,牛马也吃完,可是慕容会不肯出发。慕容宝大怒,不断下诏严厉责备,慕容会不得已,声称还要准备行装,加强训练,又逗留一月有余,这时,全国已经大乱,道路不通。库傉官伟打算减轻辎重,先行出发开道,侦察北魏军强弱程度,加强自己声势;各将领心怀恐惧,都不愿意。余崇奋勇的说:“现在,贼寇(指北魏军)力量滔天,京师(首都中山)危在旦夕,一个无知无识的小民,还想到在这时候,牺牲性命,去救君父(“君”“父”结合),各位身受帝国的宠信与荣耀,却贪生怕死!如果家破国亡,人臣的节操不能建立,即令一死,仍有羞辱。各位安安稳稳的坐在这里,我去完成这项任务。”库傉官伟大喜，挑选步骑兵五百人，交给余崇率领先行。余崇走到渔阳（北京市密云区），遇见北魏一千余骑的巡逻部队，余崇对部属说：“他们人多，我们人少，如果不攻击，定被消灭。”擂鼓呼喊，勇往直前，余崇亲手斩杀十余人，北魏军退走，余崇也回军，既杀敌人，又获有俘虏，详细分析敌军得失利害，军心稍稍振作。慕容会才开始上道，但仍在路上慢慢前进。本月（三月），抵达蓟城（北京市）。

北魏远征军包围中山（河北省定州市），为时已久，城中后燕军将士，都盼望出城决战。征北大将军慕容隆向慕容宝建议说：“拓跋珪虽然不断获得胜利；然而，被困在城下，已经过了一个新年（去年〔三九六〕十一月包围），凶猛的攻势，受到压制，战士战马，死伤超过一半。士卒离乡背井，作战千里之外，军心思念故乡，都想早日回家。而很多部落正在分崩离析（指贺兰、纥邻、纥奚），这正是把它击破的时候。加上全城将士，都盼望奋勇出战，如果用我们的锐气，乘他们的衰弱，发动攻击，没有不成功之理。一直强调谨慎持重，等到军心败坏，士气沮丧，环境越来越困逼，时日拖得太久，事情必定产生变化。以后即令再要他们出动，已无法办到。”慕容宝同意。可是卫大将军慕容麟，每次都破坏他的决定。慕容隆集结武装部队，准备出击，结果临时取消，前后四五次之多。

慕容宝派人向拓跋珪请求，准备送回他老弟拓跋觚（拓跋觚被扣留事，参考三九一年七月），并割让常山（河北省正定县）以西土地（即太行山以西〔山西省〕），请求和解，拓跋珪同意。然而，不久，慕容宝却又后悔。

三月十一日，拓跋珪前往卢奴（中山郡郡政府所在县，即后燕的“京县”）外郊。

三月十三日，再度包围中山（河北省定州市）。后燕帝国将士数千人，向慕容宝请求出击，说："坐守这座绝望的孤城，终有一天困死，我们愿意出城，跟敌人决一死战，而陛下每次都强行压制，这是自己摧毁自己，自己寻找失败的办法。我们被围的时间，已经够久，并没有其他奇计妙策，唯一的盼望是再拖下去，贼寇（北魏帝国军）会自己撤退。可是，内外形势的强弱，相差太大，他们绝不会自己撤退，至为明显，应该听从大家的意见，在疆场上决定胜负。"慕容宝同意。慕容隆退出后，下令部队备战，准备出击，召集参谋官员，对他们说："皇家权威，不能振作，盗贼匪寇（北魏帝国），强行入侵，是做臣属的共同羞辱，大义所在，牺牲生命，在所不惜。这次决战，幸而把盗匪击破，胜利而归，固然很好，如果不幸失败，我们的志气节操，也已伸展。你们有人回到北方，看到我娘亲时，请代我禀告此情。"披上铠甲，跨上战马，到城门那里，等候命令。慕容麟坚决阻止这次军事行动，慕容宝最后下令停止。部众大为悲愤，慕容隆哭泣流泪，下马而回。

当天（三月十三日）夜晚，慕容麟用武力劫持首都东区卫戍司令（左卫将军）、北地王慕容精，要他率领禁卫军诛杀慕容宝；慕容精义正辞严，誓死拒绝，慕容麟大怒，斩慕容精，逃走，投奔西山（太行山），依靠丁零部落残留下来的部众。中山（河北省定州市）城中，人心恐怖震惊。

慕容宝不知道慕容麟的去向，因清河王慕容会（幽州〔州政府龙城〕州长）的军队，就在附近，恐怕慕容麟夺取慕容会这支军队，先行占领龙城（辽宁省朝阳市），于是召集慕容隆及骠骑大将军慕容农，讨论放弃中山（河北省定州市），固守龙城（辽宁省朝阳市）方案。慕容隆说："先帝（慕容垂）辛劳奔走，完成中兴大业，逝世还不到一年，而天下败坏，难道能说我们对得起老爹（慕容垂）？而今，外患正深，内部灾难又突然爆发，骨肉同胞，反成仇敌，民心惊疑恐惧，诚然没有力量再抗强敌，迁回故都（前燕帝国故都龙城），事属当然。不过，龙川（龙城地区〔辽宁省朝阳市一带〕）地方狭小，人民贫困，如果我们仍以中国正统自居，建立基础，急于盼望建立大功，那可是绝对无法办到。可是，如果节俭开支，珍惜民力财力，推广农耕，加强军队训练，等候数年，政府与民间，已经充实，而赵魏地区（河北省中部南部及河南省北部）连年战乱之后，人民对强盗（北魏帝国）的凶暴行径，不能忍受，怀念燕国（前燕及后燕帝国）当初的好日子，到那时候，或许有机会率军南返，恢复旧日河山。即令没有这个机会，则仗恃山川险要，努力固守，也足可以安闲的度过岁月，养精蓄锐。”（这是一个小型的“中山对策”，检讨过去，规划未来，历历如绘；如果不受破坏，历史便是如此发展。睿智的人不当权，当权的人又往往聪明够而智慧不够，才不断发生悲剧，使英雄扼腕！）慕容宝说：“你分析的十分详尽，我完全听你安排。”

辽东郡（辽宁省辽阳市）人高抚，精于占卜，素来得到慕容隆的信任宠爱，秘密告诉慕容隆：“你向北方撤退，绝不可能到达目的地，也不可能见到娘亲。如果皇上（慕容宝）一个人走，而你秘密留下来，当可建立伟大的功业。”慕容隆说：“帝国遭遇到空前大难，皇上（慕容宝）流浪播迁，满身尘土；而我娘亲仍在龙城（辽宁省朝阳市），我死时能够头向北方，已经没有遗恨，你说的什么话？”遂召集所有部属，询问他们去留意向，只军政官（司马）鲁恭、军事参议官（参军）成岌，愿意跟随；其他官员都愿留在中山（河北省定州市），慕容隆全部遵从他们的决定。

辽西王慕容农部将谷会归（谷会，复姓）游说慕容农说：“中山（河北省定州市）城中的人，都是参合陂（山西省阳高县东北）被拓跋珪屠杀的将士们的亲属。父子兄弟，眼中泪水都已流尽，继流鲜血，悲愤奔走，只求跟魏军（北魏军）决一死战，却受到卫大将军（慕容麟）的压制。听到皇上（慕容宝）北迁消息，都说：‘能够得到慕容皇家一个人，我们就拥戴他，跟魏军（北魏军）决战，死也无恨。’大王最好是留下来，满足人民的愿望，击退魏国（北魏帝国）军队，安抚京畿之后，再恭迎大驾（慕容宝），也不失为一个忠臣。”慕容农打算诛杀谷会归，但爱惜他的才能，不忍心下手，对他说：“一定这样才可以求生的话，我宁愿死。”

三月十四日（慕容麟逃走的第二天，可见形势紧迫）夜晚，慕容宝跟太子慕容策、辽西王慕容农、高阳王慕容隆、长乐王慕容盛等，共一万余名骑兵，出城投奔慕容会大营。河间王慕容熙、勃海王慕容朗、博陵王慕容鉴，年龄还小，无法出城。慕容隆再进中山（河北省定州市）迎接，亲自驾车，一同逃走。后燕将领李沈等，投降北魏远征军。乐浪王慕容惠、立法院主任立法官（中书侍郎）韩范、编制外散骑顾问官（员外郎）段宏、天文台长（太史令）刘起等，率领皇家乐队专业人员三百人，投奔邺城（河北省临漳县西南邺城镇）。

中山（河北省定州市）霎时间成无政府状态，人民奔走惶恐，东门大开（慕容宝逃走后无人关闭）。北魏王拓跋珪当夜就打算入城，冠军将军王建，一心抢劫，而抢劫只有白天才可为所欲为，于是警告说：深夜入城，恐怕士卒盗取政府仓库中的金银财宝，不妨等到天亮；拓跋珪遂停止行动。后燕帝国开封公慕容详，来不及参加慕容宝北返行列，城中军民遂共同拥戴他当盟主，重新关闭城门，严密防守。拓跋珪出动他所有军队，猛烈攻击，一连数日，不能攻克。使人登上巢车（攻城用的兵车，高如鸟巢），向城中问话：“慕容宝已抛弃你们逃走，你们抵抗大军，白白找死，向谁效忠？”城中回答说：“我们是一群无知无识的小民，只是害怕像参合陂一样，投降之后，再被活埋（参考前年〔三九五〕十一月）！苟延残喘，活一天算一天！”拓跋珪回头看到王建，唾他的脸。下令中领将军长孙肥、左将军李栗，率三千人骑兵部队追击慕容宝，追到范阳郡（河北省涿州市），追赶不上；攻破新城戍（河北省保定市徐水区西）而返。

8 三月十六日，晋帝国（首都建康）皇帝司马德宗，尊祖母皇太后李陵容当太皇太后。

三月二十日，封太子妃王神爱当皇后。

9 后燕帝慕容宝，逃出中山（河北省定州市）后，走到阱城（中国字中无“阱”字，当是笔误），突然跟赵王慕容麟相遇，慕容麟想不到慕容宝御驾到此，大吃一惊，率领他的部众，投奔蒲阴（河北省顺平县。西汉王朝时名曲逆〔参考前二〇〇年十月〕，东汉王朝三任帝刘炟厌恶既“曲”又“逆”，改名“蒲阴”）。再进抵望都（河北省望都县），当地居民很多人供应他粮秣。中山城中盟主慕容详派军突击慕容麟，生擒他的妻子儿女，慕容麟逃走，进入西山（太行山）。

三月十六日，慕容宝抵达蓟城（北京市），宫廷亲信，流散死亡，几乎一空；只有高阳王慕容隆所率数百人骑兵，担任警卫。清河王慕容会率二万人庞大骑兵兵团，在蓟城南郊迎接；慕容宝对慕容会脸上那种悻悻然充满了恨意的表情，印象深刻；秘密告诉两位老弟慕容隆及慕容农，二人都说：“他还年轻（本年，慕容会二十五岁），已经独当一面，当封疆大员，难免骄傲成习，怎么会有别的意思？我们当用道理责备规劝他。”慕容宝虽然接受，但仍下诏解除慕容会的兵权，把军队移交给慕容隆；慕容隆坚决辞让，于是只把慕容会的军队拨付一部分给慕容隆、慕容农。又派西河公库傉官骥，率军三千人，南下协防中山（河北省定州市）。

三月十八日，慕容宝把蓟城（北京市）仓库中所有财宝，全数装车，北运龙城（辽宁省朝阳市）。北魏将领石河头（时驻渔阳〔北京市密云区〕），率军拦击。

三月二十日，在夏谦泽（蓟城北一百公里）遭遇，慕容宝不打算作战，清河王慕容会说："我训练军队，要求他们见敌就杀。陛下流浪在外，人人都想牺牲性命，尽忠帝国；而今，蛮虏竟敢自己送上大门，军心愤怒，已到极点。《兵法》说：'急于回去的军队，不可阻止！'又说：'把部队带到危险的境地，才能生存。'这两点我们全都具备，何必担心不能取胜？如果一味躲避逃跑，贼寇一定紧追不舍，可能引起其他变化。"慕容宝同意。慕容会指挥军队攻击，慕容农、慕容隆，率自己从中山带出来的骑兵冲刺，北魏石河头军大败，后燕军追赶百余华里，杀数千人。慕容隆又单独多追赶数十华里才返，对他的旧部、留守政府诉讼监察官（留台治书）阳璆（音qiú〔求〕）说："中山（河北省定州市）城中军队集结好几万，不能使人扬眉吐气，今天大捷，仍有遗恨！"感慨万端，悲痛流涕。

慕容会既击败北魏石河头军，态度更加凶狠傲慢，目中无人。慕容隆站在叔父立场，屡次对他教训告诫，慕容会越发怨恨（一个人一旦凶狠傲慢，命运已经注定，任何教训告诫不但不能阻止，反而更促使他做出毫无理性的强烈反击）。慕容会看出，两位叔父慕容农、慕容隆，都曾经镇守过龙城（辽宁省朝阳市），辈分高、权位重，声望又素来超过自己，担心抵达龙城之后，大权将滑出自己掌握，而且确知，他永远不可能成为合法继承人——皇太子；于是，阴谋政变。

幽州（河北省北部及辽宁省西部）及平州（辽东半岛）武装部队，感念慕容会的恩惠，不乐意隶属慕容农、慕容隆两位亲王，向后燕帝慕容宝请愿，说："清河王（慕容会）的勇敢和智略，高过当世，我们跟他盟誓，要同生共死。盼望陛下跟皇太子（慕容策），以及各位亲王，都留在蓟城（北京市），而准我们追随大王（慕容会）南下，解除京师（首都中山）包围，再回来迎接御驾。"慕容宝左右侍卫人员，都厌恶慕容会，警告慕容宝说："清河王（慕容会）因为当不上太子，神色不满，谁都看得出来。他的才能和勇力，都超过常人，又很会收买人心，陛下如果接受将领们的请求，恐怕中山（河北省定州市）解围之后，卫辄往事，一定重演（纪元前五世纪四九六年，卫国太子卫蒯聩，谋杀老爹卫元的小老婆南子失败，逃奔宋国。前四九三年，卫元〔卫国三十一任国君灵公〕逝世，太子卫蒯聩不在国内，改由卫蒯聩的儿子卫辄继位〔卫国三十二任国君出公〕。卫辄继位后，拒绝老爹卫蒯聩返国）。"慕容宝告诉各将领说："道通（慕容会别名）年纪还小，才干又不如两位叔父，怎么可以单独指挥大军作战？而且我正要亲自统率六军（泛称），需要他当我的翅膀，又怎么可以离开我左右？"各将领大不高兴，退出。

慕容宝左右建议诛杀慕容会，执法监察官（侍御史）仇尼归听到消息，对慕容会说："你所仗恃的，如果是你老爹（慕容宝），而老爹已经改变主意。如果是手中的军队，而兵权已被剥夺！天地虽大，你往何处容身？不如诛杀二位叔父，罢黜太子，由你进入东宫，身兼宰相、大将之职，用以恢复中原，帮助国家，这是最高明的谋略。"慕容会犹豫不决，没有答应。

慕容宝已察觉到这位儿子的危险性，对老弟慕容农、慕容隆说："观察道通（慕容会别名）的志向，最后非谋反不可，应该早一天把他除掉。"慕容农、慕容隆说："如今，盗匪（指北魏帝国）侵入我们国土，中原大乱，帝国危险的程度，犹如累起来的一堆鸡蛋。道通

（慕容会别名）镇守安抚故都（龙城），千里南下，共赴国难，声威名望之高，足可以震动四方邻国。叛逆的情形并没有显露，却竟下手诛杀，岂仅仅伤害父子恩情而已，恐怕更伤害到帝国威信。"慕容宝说："道通（慕容会别名）的叛逆，已成定局，你们慈爱宽恕，不忍先采行动。恐怕政变一旦爆发，定会先害叔父，然后再害我，到时候不要后悔你们自以为很聪明这件事。"慕容会得到消息，更是惊恐。

夏季，四月六日，慕容宝进抵广都（辽宁省建昌县），晚间，住宿黄榆谷（广都境），政变果然爆发，慕容会派他的党羽仇尼归、吴提染干，率战士二十余人，分别突击慕容农、慕容隆。吴提染干直闯慕容隆寝帐，斩慕容隆。慕容农身受重伤，但仍生擒仇尼归，逃向深山。慕容会得到仇尼归被捕消息，知道阴谋无法隐瞒，遂在深夜晋见慕容宝，报告说："慕容农、慕容隆谋反，已经把他们铲除。"慕容宝准备讨伐慕容会，假装十分高兴，用好话安慰说："我怀疑他们二人，已经很久，杀掉他们，正合我心。"

四月七日，清晨，慕容会下令备战戒严，慕容宝御驾在大军保护下，出发继续北上。慕容会打算抛弃慕容隆的灵柩，建威将军余崇流泪请求，才准许随军运载。慕容农从深山出来，回到大营，慕容宝厉声呵责说："你自以为很聪明是不是！"下令逮捕收押。前进十余华里，慕容宝命文武百官集合，一同进餐，并且商议如何定慕容农的罪刑。慕容会也入席就座，慕容宝向卫军将军慕舆腾使出眼神，慕舆腾拔出佩剑，直砍慕容会，仅伤到头部，不能砍断脖子。慕容会带伤逃走，投奔他的军营，紧急集合部队，向老爹慕容宝御营进攻。慕容宝不能抵挡，率数百人骑兵，一口气奔驰二百华里。下午，抵达龙城（辽宁省朝阳市）。慕容会派骑兵追击，追到石城（广都西），追赶不上。

四月八日，慕容会派仇尼归进攻龙城（辽宁省朝阳市）；慕容宝派军于夜间反击，击败仇尼归军。慕容会派使节请求诛杀皇帝左右摇尾分子，并请求封自己当太子。慕容宝拒绝。慕容会把皇帝用的衣服车轿，以及姬妾宫女，全部分赏给各个将领，设立文武百官，自称皇太子、主管政府机要（录尚书事），率军直指龙城，声称讨伐叛徒慕舆腾。

四月九日，军抵龙城城下。慕容宝登上西门城楼，慕容会骑马，遥遥跟老爹对话，慕容宝大声斥责逆子，慕容会则命军士向老爹大声呐喊示威。城中将士义愤填膺，怒火冲天。黄昏时分，出城攻击，大破慕容会军。慕容会士卒死伤过半，慕容会退还军营。入夜，执法助理监察官（侍御郎）高云，率敢死队一百余人，突击慕容会军营，军营霎时崩溃。慕容会率十余人骑兵投奔中山（河北省定州市），开封公慕容详斩慕容会。慕容宝则斩慕容会的娘亲跟他的三个儿子。

四月十日，慕容宝下诏大赦，凡跟慕容会同谋的人，一律无罪，官复原职。论功行赏，擢升将军、晋封侯爵的，有数百人之多。辽西王慕容农伤势至重，头骨被砍破裂，可看见脑髓；慕容宝亲自给他裹伤，仅仅救活一命。政府人事，重新调整，任命慕容农当国务院左执行长（左仆射），不久，升任最高监察长（司空），兼国务院总理（领尚书令）。慕容会部将、建威将军余崇，向政府自首，慕容宝嘉勉他的忠心，擢升中坚将军，命负责宫廷警卫。追赠高阳王慕容隆"宰相"（司徒），绰号康王。

慕容宝擢升高云当建威将军，封夕阳公，收作自己的义子。高云，是高句骊王国（首都丸都〔吉林省集安市〕）皇家远族；前燕帝国国王（一任文明帝）慕容皝击破高句骊王国时（参考三四二年十月），把高句骊王

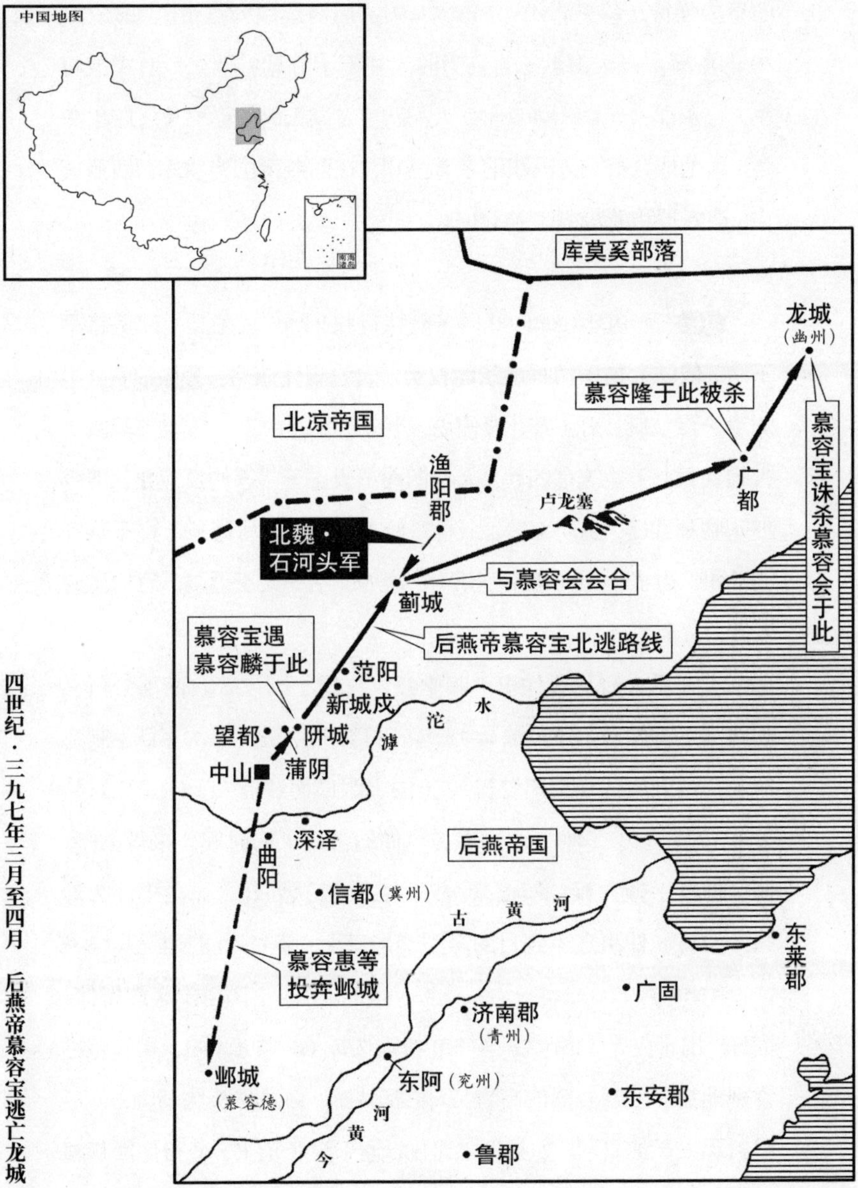

四世纪·三九七年三月至四月　后燕帝慕容宝逃亡龙城

中国地图

库莫奚部落

龙城（幽州）

慕容隆于此被杀

慕容宝诛杀慕容会于此

北凉帝国

渔阳郡

卢龙塞

广都

北魏·石河头军

与慕容会会合

蓟城

后燕帝慕容宝北逃路线

慕容宝遇慕容麟于此

范阳

新城戍

望都

阴城

蒲阴

中山

滹沱水

深泽

曲阳

后燕帝国

信都（冀州）

古黄河

东莱郡

慕容惠等投奔邺城

广固

济南郡（青州）

东阿（兖州）

邺城（慕容德）

东安郡

今黄河

鲁郡

国皇族强行迁移到青山（辽宁省义县东），后裔遂成为燕帝国（前燕及后燕）的臣属。高云沉默寡言，当时人并不十分看重他，只有中卫将军、长乐郡（河北省衡水市冀州区）人冯跋，对高云的恢弘气度，印象深刻，跟他成为好友。冯跋的老爹冯和，在西燕帝国当将军，西燕灭亡，被安置和龙城（首都龙城内皇城）。 510

10 晋帝国（首都建康）国务院执行长（仆射）王国宝、建威将军王绪，依仗会稽王司马道子的权势，大肆收受贿赂，奢侈浪费，不知道一点节制。对王恭、殷仲堪，十分厌恶，劝告司马道子裁减二人的兵权。于是流言四起，人心汹涌不安。王恭等的反应是，下令部队磨利武器，调动部署，上奏章请求北伐。司马道子怀疑王恭等的动机，由晋帝司马德宗下诏（司马道子诏）说：天正盛夏，恐怕妨碍农业，命全军复员。

王恭派人晋见殷仲堪，暗中商议讨伐王国宝等。南郡公桓玄因政治上不如意（参考三九二年十一月），打算利用殷仲堪的军队，制造混乱，遂向殷仲堪提出警告："王国宝跟你们这批人一向是死对头（参考三九〇年正月），唯一的忧虑是：你们被消灭的时间，来得太晚。而今他既手握大权，和王绪内外配合，狼狈为奸，无论干什么勾当，没有一件事达不到目的。王恭是皇上（司马德宗）的舅父（王恭是司马德宗嫡母孝武皇后王法慧的老哥，参考三九〇年正月），王国宝未必敢害他。而你，出于先帝（十五任帝司马昌明）特别选拔（参考三九二年十一月），超过常规的担任独当一面的高官。人们都认为：你虽然头脑清晰，但不是封疆大员的材料。如果忽然之间，颁下皇帝诏书，征召你回京师（首都建康）担任立法院最高立法长（中书令），擢升殷觊（音j[继]）当荆州（湖北省及湖南省）州长（刺史），你如何因应？"殷仲堪说："我一直担心，你认为应该怎么办？”桓玄说：“王恭为人正直，嫉恶如仇，你最好跟他秘密缔结盟约。发动晋阳（山西省太原市）的武装部队，清除君王身旁的奸恶（原文：“与晋阳之甲，以除君侧之恶。”参考《春秋公羊传》前四九七年。当时晋国执政的六大家族内讧，赵家族长赵鞅，采邑在晋阳〔山西省太原市〕，起兵攻击范家、中行家。地方官员武装反抗中央，不敢表明针对君王，只好说针对君王身旁奸恶之辈），然后东西夹击（王恭由京口〔江苏省镇江市〕向西，殷仲堪由荆州〔州政府设江陵·湖北省江陵县〕向东）。我虽然不成材，但自愿率荆楚（湖北省）豪杰壮士，手拿戈矛，充当先锋，这正是姜小白（桓）、姬重耳（文）的功勋。”

殷仲堪深为同意，于是，在外结交雍州（州政府设襄阳〔湖北省襄阳市〕）州长（刺史）郗恢；在内跟堂兄、南蛮保安司令（南蛮校尉。司令部同设襄阳）殷觊，南郡（湖北省江陵县）郡长（相）、陈留郡（河南省开封市东）人江绩，暗中研究。可是殷觊反对，说：“做臣属的，有臣属的职责；中央政府的是是非非，当一个地方官员，怎么能够过问？晋阳出兵之事，我不敢听。”殷仲堪勉强他支持，殷觊大怒说：“我不会参与你的计划，但也不会反对你的计划。”江绩也竭力分析不可以这么做。殷觊恐怕殷仲堪诛杀江绩，就在座上用和缓的语气，从中调解，江绩说：“大丈夫生在世间，怎么会接受死的威胁？我，江绩，快要活到六十岁，只缺少一个死的地方！”殷仲堪对他的坚定正直，深感不安，命杨佺期接任他的官职。中央政府得到消息，征召江绩返回京师（首都建康）当总监察官（御史中丞）。殷觊发现已无法阻止，遂宣称“散发”，辞职（“散发”，是三、四世纪上流社会的一种贵族病。当时，贵族中很多人经常服用“寒食散”，跟二十世纪一般人服用维他命丸、鱼肝油丸一样。据说，寒食散可以永留青春，使肌肤雪白，有美容之功。但因毒素很强，服用后浑身发烧，必须作长途散步，使热度消失，称“行散”。问题是，“行散”只能减热，无法抗毒，一旦发作，肌肤崩裂，痛苦不堪，称“散发”，往往无救。十二任哀帝司马丕，以二十五岁的少年，就死于“散发”，参考三六四年三月。用缩短生命的方法去追寻长生，是有钱有势人的一种特权）。殷仲堪去探望他，对殷觊说：“老哥的病，使人忧虑。”殷觊说：“我的病不过使我一个人死，你的病可是要使满门的人死，应该为自己忧虑，不要为我忧虑。”而雍州（州政府襄阳）州长（刺史）郗恢，也拒绝合作。殷仲堪惊疑犹豫，不敢决定。可是，王恭的使节正好到达，殷仲堪遂满口答应，王恭大喜。

四月七日，王恭上疏列举王国宝的罪状，起兵讨伐。

当初，十五任帝（孝武帝）司马昌明，信任国务院左执行长（左仆射）王珣；后来，司马昌明突然死亡，来不及把王珣列入“顾命大臣”名单，无形之中，就丧失权势。王珣虽然仍照常上班办公，但沉默不再多言。

四月十日，王恭兵变的奏章送到中央，京师（首都建康）内外，戒严备战。司马道子问王珣说：“两个军区（兖州〔王恭〕、荆州〔殷仲堪〕）叛变，你知道不知道？”王珣说：“中央政治上的得失对错，我从来没有参与意见，王、殷二人的反叛，我怎么会知道！”王国宝惊惶恐惧，不知道如何是好，派数百人军队，驻防竹里（江苏省句容市北），当晚，突然大风暴雨，数百人四散逃走，各自奔回家园。王绪建议王国宝：假传相王（宰相兼亲王司马道子）命令，征召王珣，以及中央军事总监（护军将军）车胤，一齐诛杀，铲除人民对他们的盼望。然后挟持皇上（司马德宗）、宰相（司马道子），动员全国军队，讨伐王恭、殷仲堪；王国宝同意。可是，等王珣以及中央军事总监（护军将军）车胤奉召而至时，王国宝又不敢动手，反而向王珣请教如何因应。王珣说：“王恭、殷仲堪，跟你并没有深仇大恨，不过争一点小权，夺一点小利罢了。”王国宝说：“莫非要把我当曹爽（曹爽事，参考二四九年正月)?”王珣说:“这是什么话!你怎么会有曹爽那么重的罪,王恭又岂是宣帝(司马懿)者流!”王国宝再请车胤指点明路,车胤说:“从前,桓温包围寿阳(安徽省寿县),很久很久才把它攻克(参考三七一年正月)。如今,政府发兵攻击京口(江苏省镇江市),王恭一定登城坚守。如果京口(江苏省镇江市)还没有攻破,而殷仲堪的军队从长江上游,乘虚而下,你用什么阻挡?”王国宝更加紧张,六神无主;最后,上疏辞去所有官职,前往宫门等待处罚。可是奏章呈递上去之后,忽然间大为后悔,宣称:皇上已下诏命他恢复原官。司马道子愚昧懦弱,胆小怕事,只盼望维持表面平安,于是,把一切责任都推到王国宝身上,派骠骑将军府首席军事参议官(骠骑咨议参军)、谯王司马尚之,逮捕王国宝,移交司法部(廷尉)审判。司马尚之,是司马恬的儿子(司马恬,参考三九〇年正月)。

四月十七日,晋帝司马德宗下诏(司马道子诏),命王国宝自杀,把王绪绑赴街市,斩首。司马道子派人去见王恭,对自己的过失,深表歉意;王恭遂命军队复员,返回京口(江苏省镇江市)。王国宝的老哥高级咨询官(侍中)王恺、骠骑将军府军政官(骠骑司马)王愉,同时呈请辞职;司马道子认为王恺、王愉,跟王国宝不是一个娘亲所生,而感情又素不和睦,都不再追究。

四月二十一日,晋帝国大赦。

荆州(州政府江陵)州长(刺史)殷仲堪,虽然承诺王恭出兵,可是一直心存疑惧,不敢东下。等听见王国宝死亡消息,才上疏中央政府,出动大军,派杨佺期驻军巴陵(湖南省岳阳市)。司马道子写信阻止,殷仲堪才班师。

会稽王世子(司马道子合法继承人)司马元显,年十六岁,聪明能干,担任高级咨询官(侍中);警告老爹司马道子说:王恭、殷仲堪,终有一天会带来灾难，请暗中作对抗准备。司马道子对这个儿子大为欣赏，任命他当征虏将军，把自己的警卫部队和徐州州政府文武官员，全数配备给司马元显。

11 北魏王拓跋珪（时驻中山〔河北省定州市〕外郊），因军中粮秣缺乏，命东平公拓跋仪解除邺城（河北省临漳县西南邺城镇）包围，移驻钜鹿郡（河北省宁晋县西南），把粮食聚积在杨城（山西省洪洞县）。中山（河北省定州市）城主、后燕帝国开封公慕容详，派步兵六千人，乘虚袭击北魏军各基地，拓跋珪击破这项反击，杀五千人，生擒七百人，把七百人全都释放送回（拓跋珪终于发现释放比杀俘的威力强大）。

12 当初，世代居住张掖郡（甘肃省张掖市）的卢水匈奴部落酋长沮渠罗仇（卢水，即石羊河，流经甘肃省武威市及永昌县之间，两岸所住的匈奴人，称“卢水胡”，后来分散到安定郡〔甘肃省镇原县东南屯字镇〕、张掖郡，遂用郡名区分。沮渠，复姓），原是匈奴汗国沮渠王的后裔，世代都当酋长。后凉天王（首都姑臧〔甘肃省武威市〕）吕光，任命沮渠罗仇，当国务院执行官（尚书），曾随吕光攻击西秦王国（首都西城〔甘肃省靖远县西〕），不料吕延兵败被杀，沮渠罗仇的老弟、三河郡（青海省化隆县南）郡长沮渠麴粥，对沮渠罗仇说：“主上（吕光）年老昏庸，又喜爱听信谗言，而今大军失败，大将战死，正是他猜忌智勇之士的时候，我们兄弟，一定不会被他包容，与其如此不明不白的死掉，不如出动军队，攻击西平郡（青海省西宁市），闯过苕藋（音tiáo diào〔条吊〕。甘肃省永昌县境），振臂高呼，凉州（甘肃省中部西部）容易平定。”沮渠罗仇说：“事情会照你所说的方向发展，然而，我们沮渠家，以忠孝闻名西方世界，宁可以使人辜负我，我不忍心辜负人。”吕光果然听信挑拨离间的小报告，追究大军失败的责任，诛杀沮渠罗仇和沮渠麴粥。

沮渠罗仇的侄儿沮渠蒙逊，雄才大略，阅读过很多儒家学派的经典和史书，护送沮渠罗仇、沮渠麴粥的灵柩，返回故乡（张掖郡·甘肃省张掖市），各部落都跟沮渠家有婚姻关系，来参加葬礼的，有一万余人。沮渠蒙逊向大家痛哭流涕说："吕天王（吕光）愚昧糊涂，荒淫无道，诛杀清白无辜的人，我的祖先，威望震慑河西（河西走廊·甘肃省中部西部），我打算追随各部落之后，为两位叔父报仇雪恨，恢复祖先（匈奴汗国沮渠王）的大业，各位意下如何？"群众齐声高呼万岁，遂缔结同盟，聚众起兵，攻击临松郡（甘肃省张掖市南），攻克，进军据守金山（甘肃省张掖市东南）。

13 晋帝国宰相府左秘书长（司徒左长史）王廞（音xīn〔辛〕），是王导的孙儿（王导，参考三三九年七月）。娘亲病故，王廞在吴国（江苏省苏州市）守丧。青、兖二州（州政府设京口〔江苏省镇江市〕）州长（刺史）王恭起兵讨伐王国宝时，委任王廞暂时代理吴国（江苏省苏州市）郡长（内史），命他在京师（首都建康）东方，招募壮士，武装叛变。王廞命前吴国郡长（内史）虞啸父等，前往吴兴郡（浙江省湖州市）、义兴郡（江苏省宜兴市）一带，招兵买马，一时之间，应募而来的以一万人为单位计算。不久，王国宝处死，王恭停止军事行动，通知王廞交出兵权，继续守丧。王廞因起兵之际，诛杀反对的人太多，恐怕受到报复；箭已射出，形势逼迫，不能中止，不禁大怒，拒绝接受王恭命令，命他的儿子王泰，率他新组成的军队，攻击王恭，一面写信给会稽王司马道子，指控王恭的罪状。司马道子立刻把原信送给王恭。

五月，王恭派军政官（司马）刘牢之率五千人攻击王泰军，斩王泰。又跟王廞在曲阿（江苏省丹阳市）会战，王廞军溃散，士卒四散，王廞单人独马逃亡，以后再没有听到他的消息。中央政府逮捕虞啸父，交付司法部（廷尉）审判，因虞啸父的祖父虞潭，对帝国有过功劳（虞潭在讨伐苏峻时，任吴兴郡郡长，曾有贡献；参考三二八年五月），免死，贬成平民。 516

14 后燕帝国（首都龙城〔辽宁省朝阳市〕）河西公库傉官骥（库傉官，三字姓），进入中山（奉慕容宝命，率三千人入城协防），跟原留在中山的开封公慕容详，水火不容，互相攻击。慕容详遂击斩库傉官骥，屠灭姓库傉官的家族；又斩首都中山市长（中山尹）苻谟，屠灭苻谟家族。中山城一片混乱，没有公认的盟主，居民恐惧北魏军乘虚进城，男女老幼，互相结盟，各自单独作战。

五月七日，北魏王拓跋珪撤除，对中山（河北省定州市）的包围，率军前往河间郡（河北省献县），就地取粮，供应军食，督促各郡强行征收粮草。

五月十七日，拓跋珪任命东平公拓跋仪、当骠骑大将军、全国各军区总司令长官（都督中外诸军事）、兖豫雍荆徐扬六州全权州长（牧）、左丞相，封卫王。

慕容详自认能够击败北魏远征军（指本年〔三九七〕三月间击退北魏攻城，及本月〔五月〕解围），威望及恩德，已经重建，遂登极自称皇帝，改年号建始，设立文武百官。任命新平公可足浑潭（可足浑，三字姓），当车骑大将军、国务院总理（尚书令）。把软禁已达六年之久的拓跋珪的老弟拓跋觚（参考三九一年七月）处死，用以坚定立场，巩固人心。邺城（河北省临漳县西南邺城镇）文武官员，一致奉劝范阳王慕容德，称皇帝尊号。正好有人从龙城（辽宁省朝阳市）来此，知道后燕帝慕容宝仍然生存，才打消此意。

15 后凉天王（首都姑臧）吕光，派太原公吕纂，率军攻击新近叛变的沮渠蒙逊据守的忽谷（甘肃省山丹县境），击败沮渠蒙逊部众；沮渠蒙逊逃入深山。

沮渠蒙逊的堂兄沮渠男成，担任后凉王国的将军，听到堂弟叛变消息，也集结数千人，进驻乐涫（甘肃省酒泉市东南）。后凉酒泉郡（甘肃省酒泉市）郡长垒澄（垒，姓），出兵讨伐沮渠男成，失败，垒澄战死。沮渠男成遂进攻建康郡（甘肃省酒泉市东南），派人游说建康郡长段业说："吕家班政治命运，已经衰微，当权派官员，横行霸道，随心所欲，用刑法杀人，毫无常规，人们没有地方可以容身。仅仅一个州（凉州），叛变的人，一个接连一个，土崩瓦解的形势，至为明显，人民痛苦饥饿，找不到可以依靠的人。阁下为什么以盖世奇才，去效忠于这个马上就要灭亡的政权！我们既然倡导大义，打算委屈阁下，出面领导安抚本州（凉州），使人民在大灾大难之后，能够稍稍恢复生机，不知意下如何？"段业拒绝。可是被围二十天，援军不来，本郡人士高逵、史惠等，建议段业考虑沮渠男成的建议。而段业一向跟中央高级咨询官（侍中）房晷、国务院执行长（仆射）王详，互相怨恨；段业内心一直恐惧不安，遂答应沮渠男成的请求。

沮渠男成等推举段业当总司令官（大都督）、龙骧大将军、凉州全权州长（牧）、建康公；改年号神玺。段业任命沮渠男成当辅国将军，把政治和军事大权，全部交付沮渠男成（五胡乱华十九国中，第十四个短命王国兴起，后年〔三九九〕二月正式称国号为"凉"，史称北凉王国。北凉王国兴起后，中国境内，八国并立：晋帝国、后燕帝国、后秦帝国、西秦王国、北魏帝国、后凉王国、南凉王国、北凉王国）。沮渠蒙逊率领他的部众，投奔段业，段业任命沮渠蒙逊当镇西将军。

后凉天王吕光，命太原公吕纂，率军讨伐段业，不能攻克。

四世纪·三九七年五月　北凉兴起·八国并立

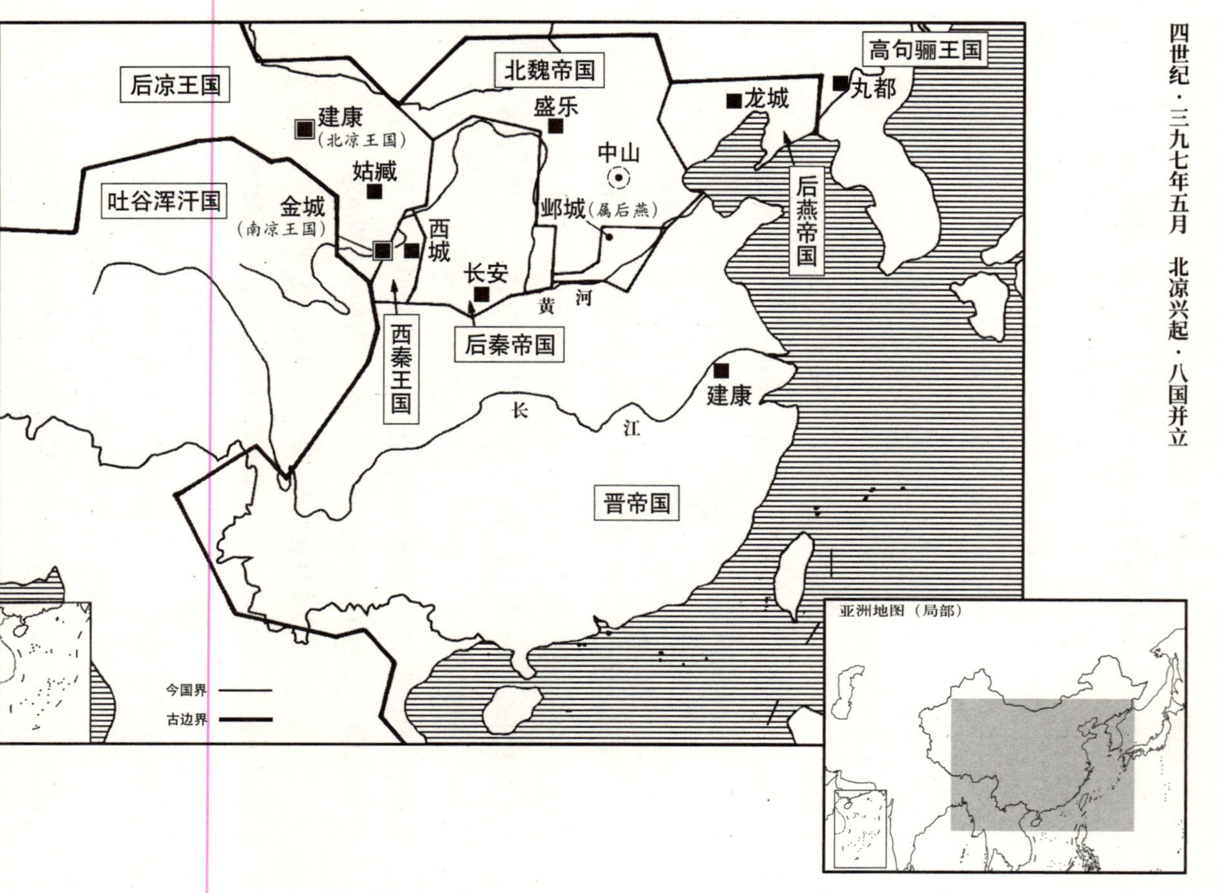

16 六月，西秦王（首都西城〔甘肃省靖远县西〕）乞伏乾归，召回北河州（州政府设枹罕〔甘肃省临夏市〕）州长（刺史）彭奚念，当镇卫将军；命镇西将军屋引破光（屋引，复姓），当河州全权州长（牧）；定州州长（刺史）翟瑥，当晋兴郡（甘肃省临夏市）郡长，镇守枹罕（甘肃省临夏市·河州州政府与晋兴郡郡政府，同设枹罕城）。

17 秋季，七月，在中山（河北省定州市）称帝的慕容详，诛杀车骑大将军可足浑潭。

慕容详嗜好饮酒，又荒淫女色，不照顾人民，也不怜恤那些保护他宝座的士卒，随意行刑屠戮，共计诛杀亲王、公爵以下五百余人；军心民心，都对他背弃。城中饥饿，慕容详又不准人民出城采摘荒草野粮，饿死的人，前后相连，全城官民唯一的盼望是迎接赵王慕容麟。慕容详派辅国将军张骧，率五千余人，驻守常山（河北省正定县），督促人民缴纳粮秣。慕容麟从山区丁零部落出击，夺取张骧的这支部队，向中山（河北省定州市）发动偷袭；中山大开城门迎接，慕容麟遂进入内城，逮捕慕容详，斩首。慕容麟自称皇帝，准许居民出城采摘荒草野粮。军民既能吃饱，便要求跟北魏军决战，慕容麟不准。于是，不久就又开始饥馑（荒草野粮，终有吃完的一天）。北魏王拓跋珪，驻军鲁口（河北省饶阳县），派长孙肥率骑兵七千人，袭击中山，进入外郭。慕容麟追击，追到泒水（泒，音gū〔孤〕。泒水，猪笼河的上游沙河，经河北省新乐市南东流），长孙肥反击，慕容麟败退。

八月一日，北魏王拓跋珪把大营迁到常山郡（河北省正定县）的九门县（河北省石家庄市藁城区西北）。军中忽然发生瘟疫，人马牲畜，很多死亡，将领士卒都想早日回家。拓跋珪向将领们询问瘟疫情形，将领们回答：“活着的只占十分之四、五！”拓跋珪说：“这本来就

四世纪·三九七年八月　中山附近一带形势

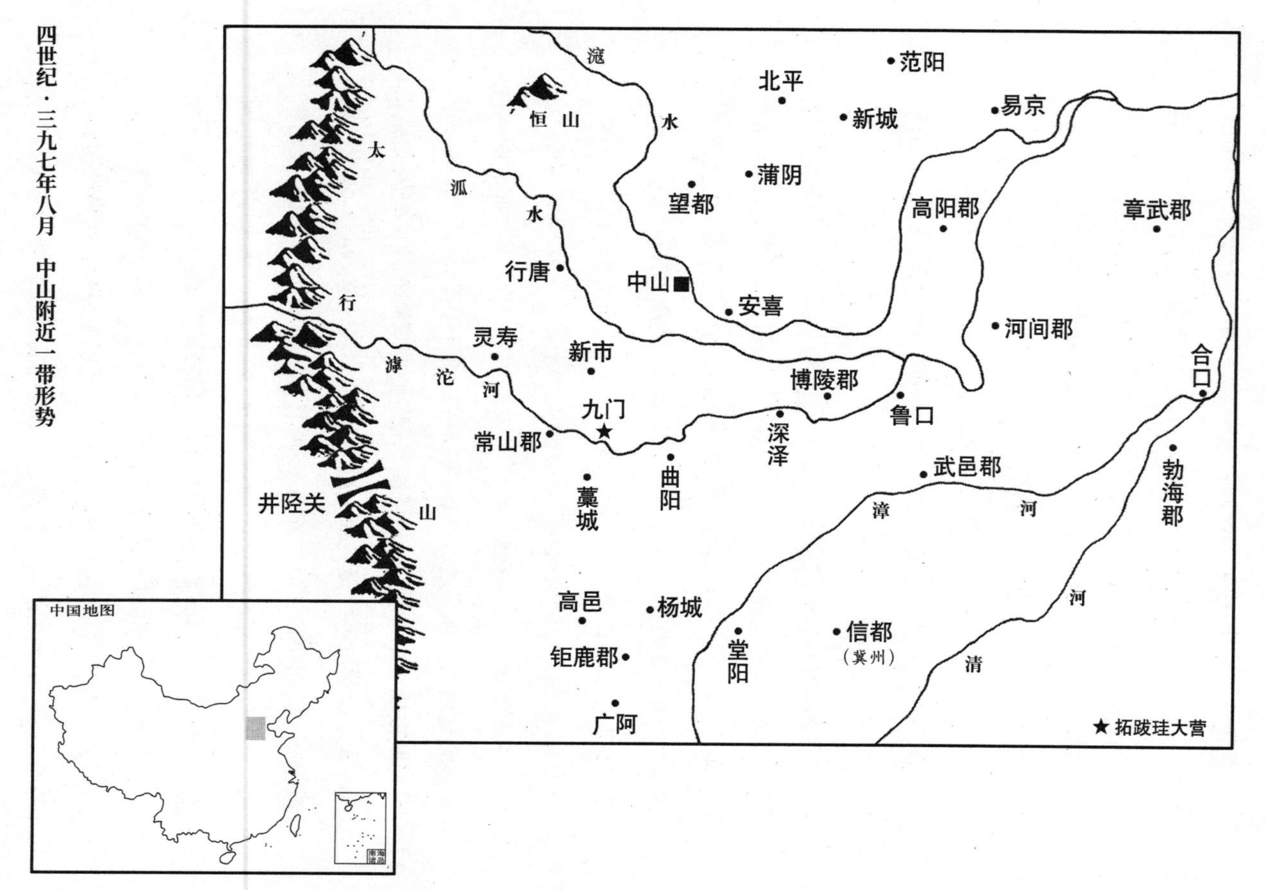

是天意，有什么办法？四海之内，只要有人的地方，就可以建立国家，只看我如何统治，何必怕人死光！”文武官员不敢再表示意见。

拓跋珪派抚军大将军、略阳公拓跋遵袭击中山（河北省定州市），突入外城而还。

18 后燕帝国（首都龙城〔辽宁省朝阳市〕）皇帝（二任惠愍帝）慕容宝，任命辽西王慕容农，当全国各军区总司令长官（都督中外诸军事）、最高指挥官（大司马）、主管政府机要（录尚书事）。

19 后凉王国（首都姑臧〔甘肃省武威市〕）散骑侍从官（散骑常侍）、祭祀部长（太常）、西平郡（青海省西宁市）人郭麐（音nún），精通天文及法术，人民对他十分信任，至为尊敬。正巧，天上星际发生变化，荧惑星（火星）守住东井星（事关天文，不懂），郭麐对国务院执行长（仆射）王详说：“凉州（甘肃省中部西部）疆界之内，将有大的战争。君王（吕光）年老而且多病，太子（吕绍）昏庸而又懦弱，太原公（吕纂）凶暴骄悍。一旦发生变化，灾祸不可避免。你我二人，长久主管政府机要，他（指吕纂）一直对我们咬牙切齿，恐怕第一个死于他手。田胡部落酋长王乞基，部众强盛，‘二苑’人士（首都姑臧，有东苑城、西苑城），很多是他的旧部。我打算跟你一同建立大业，推王乞基当领袖，则‘二苑’中的部众，将全都支持我们，等得到城池之后，再慢慢商量下一步行动。”王详接受。郭麐于深夜时分，率领二苑的田胡部落居民，纵火焚烧洪范门，使王详在里面响应。想不到事情泄露，王详被杀；郭麐遂占领姑臧（甘肃省武威市）东城（东苑城），公开叛变。民间一致认为：“圣人起兵，一定成功！”追随他的人很多。

后凉天王吕光征召正在讨伐段业（北凉王国首领）的太原公吕纂，返京（首都姑臧）讨伐郭麐。吕纂将要回军，将领们一致说："段业一定尾追攻击，我们应在夜间秘密撤退。"吕纂说："段业没有大的志向和大的才干，只会固守城池，不敢冒这么大的危险。我们如果半夜逃走，正助长他的气焰。"于是派人通知段业："郭麐在后方作乱，我现在就要回京（首都姑臧），你如果能决一死战，不妨早早出城。"于是撤军，段业果然不敢追击。

吕纂的军政官（司马）杨统，对他的堂兄杨桓说："郭麐发动政变，绝不会没有把握。我打算杀掉吕纂，推举你当盟主，西行袭击吕弘，占领张掖（甘肃省张掖市），向各郡颁发号令，这正是千载难逢的时机。"杨桓大怒，说："我们当吕家班的臣属，安坐在家，享受俸禄，他们有危险，不能拯救，已经惭愧，怎么可以再加重他们的灾难！吕家班如果覆灭，我就是弘演（纪元前六六〇年，北狄蛮夷部落，攻陷卫国，杀卫国国君卫赤〔十九任懿公〕，国务官〔大夫〕弘演追寻卫赤尸体，卫赤尸体已经粉碎，只有肝脏完整，弘演说："君王无人收殓，我当用身体作为棺木！"剖开腹部，把肝纳入，殉难而亡）"。杨统抵达番禾（甘肃省永昌县），即行背叛，投奔郭麐。吕弘，是吕纂的老弟。

吕纂跟西安郡（甘肃省山丹县西）郡长石元良，联合攻击郭麐，大破郭麐军，遂进入姑臧（甘肃省武威市）。郭麐曾在东苑（姑臧东城）俘虏吕光的八个孙儿，等到被吕纂击败，老羞成怒，下令把这八个孙儿像投掷皮球一样，投掷到刀锋枪尖之上，悲号震动天地，然后剁下四肢，把他们的血羼在酒里，郭麐跟将士共饮，作为盟誓，惨不忍睹，将士都掩住双眼。

后凉王国变民首领张捷、宋生等，招募蛮夷和汉人青年三千人，在休屠城（甘肃省武威市北三十公里）叛变；联合郭麐，共同推举后凉王国后将军杨轨当盟主。杨轨，是略阳郡（甘肃省天水市东）氏人。将军程肇劝阻说："你抛弃了龙头，而去接近蛇尾，不是上策。"杨轨不接受，遂自称最高统帅（大将军）、凉州全权州长（牧）、西平公。

吕纂在姑臧（甘肃省武威市）西郊，击破郭麐的部将王斐，郭麐的军事力量，渐渐衰弱，遂派人向南凉王国（首都金城〔甘肃省兰州市〕）首领（一任武王）、西平王秃发乌孤求救。

九月，秃发乌孤派他的老弟、骠骑将军秃发利鹿孤，率骑兵五千人赴援。

20 后秦帝国（首都长安〔陕西省西安市〕）皇太后虵（蛇）女士（一任帝姚苌正妻）逝世。后秦帝（二任文桓帝）姚兴哀恸过度，一病而倒，不能处理国家大事。文武官员请求：依照两汉王朝，以及曹魏帝国前例，安葬之后，即不再守丧。国务院助理官（尚书郎）李嵩上奏说："用孝道治理天下，是先王（过去历代圣明君王）最高的准则。应该遵守圣主（姚兴）的敦厚天性，来发扬光大道德的影响力量。娘亲安葬之后，圣主应穿丧服主持政府。"

国务院左执行长（尚书左仆射）尹纬弹劾说："李嵩违反常情，冒犯礼教，请交付有关单位审判定罪。"（李嵩是正统儒家，仍坚持长期服丧，所以尹纬抨击。）姚兴说："李嵩是忠臣孝子，有什么罪？一切依照李嵩的建议实施。"

21 后秦帝国所属鲜卑部落酋长薛勃，叛变（薛勃据守贰城〔陕西省黄陵县西北〕）。后秦帝姚兴，御驾亲征，薛勃战败逃亡，投奔镇守高平（宁夏固原市）的车骑将军没弈干，没弈干逮捕薛勃，送给后秦帝国。

22 后秦帝国泫氏男爵姚买得，阴谋刺杀后秦帝姚兴，不能成功，身死（为什么如此，史书没有叙述原因）。

23 后秦帝姚兴，率军攻击晋帝国湖城（河南省灵宝市西）。晋帝国弘农郡（河南省灵宝市东北）郡长陶仲山、华山郡（陕西省渭南市华州区）郡长董迈，先后投降。后秦兵团遂进抵陕城（河南省三门峡市），进攻上洛郡（陕西省商洛市商州区），攻克。派姚崇进攻洛阳（河南省洛阳市东白马寺东），晋帝国任命的河南郡（郡政府设洛阳）郡长夏侯宗之，坚守金墉（洛阳城西北角），姚崇不能夺取，裹挟流亡当地难民二万余户人家，班师。

武都郡（甘肃省成县）氐民族变民首领屠飞、啖铁等，据守方山（甘肃省成县东二十公里），背叛后秦帝国，后秦帝姚兴派姚绍等讨伐，斩屠飞、啖铁。

姚兴治理国家，工作至为认真，态度勤奋，喜爱采纳逆耳的忠言。京兆郡（首都长安）人杜瑾等，因为讨论国事，得到荣耀的擢升；天水郡（甘肃省天水市）人姜龛等，因为是儒家学派的学者，受到尊重礼敬；禁宫咨询官（给事黄门侍郎）古成诜等，则因为具有文字功力，可以写出美好的文章，而参与政府机要。古成诜刚正廉洁，以维护传统道德和保持善良风俗，当作自己的神圣责任。京兆郡（首都长安）人韦高，羡慕阮籍的豁达大度，在娘亲逝世后守丧期间，弹琴饮酒（阮籍，“竹林七贤”之一，参考二六二年）。古成诜听到后，痛哭流泪，手拿佩剑，登门寻找韦高，打算刺杀。韦高害怕，逃走躲藏。

24 孤立的中山（河北省定州市），饥馑更加严重，称帝的慕容麟，率军队二万余人，出城进驻新市（河北省新乐市）。

九月二十九日（甲子日），北魏王拓跋珪向慕容麟攻击。天文台长（太史令）晁崇警告说："今天行军，凶险，不吉。从前，子受辛（纣）在'甲子日'灭亡，所以'甲子日'被称为'恶日'，身为统帅的人，尤其忌讳。"拓跋珪说："子受辛（纣）在甲子日灭亡。那么，姬发（周王朝一任王武王）岂不是在甲子日兴起？"晁崇无法回答。

冬季，十月二日，慕容麟退守泒水（沙河）。

十月十日，拓跋珪跟慕容麟，在义台（新乐市西南）会战，大破慕容麟军，杀九千余人；慕容麟率领数十个骑兵侍卫，混乱中救出他的妻子儿女，逃到西山（太行山），辗转向南投奔邺城（河北省临漳县西南邺城镇）。

十月二十日，北魏帝国远征军占领中山（河北省定州市），后燕帝国三公、部长、国务院执行官、将帅、官吏、士卒，投降的有二万余人。张骧、李沈，从前曾归附北魏，后来又乘机逃走（李沈投降，参考本年〔三九七〕三月十四日；张骧投降事则不详）。此次拓跋珪进城，对他们全都赦免。得到后燕帝国的御玺、图书、积蓄、奇珍异宝等，以万为单位计算；依照等级，奖赏文武百官和将帅士兵。追称老弟拓跋觚封号秦王（愍王）。挖掘慕容详坟墓，砍下尸体上的人头（慕容详诛杀拓跋觚，参考本年〔三九七〕五月十七日）。逮捕坚决主张诛杀拓跋觚的官员高霸、程同，屠灭二人的五族，用大刀把两家男女老幼，剁成肉块。

十月二十三日，拓跋珪派三万人的庞大骑兵兵团，向卫王拓跋仪报到，准备大规模攻击邺城（河北省临漳县西南邺城镇）。

25 后秦帝国外籍兵团指挥官（长水校尉）姚珍，投奔西秦王国

（首都西城），西秦王（二任武元王）乞伏乾归，把女儿嫁给他。

26 河南（甘肃省黄河以南地区）鲜卑族吐秣部落等十二个部落酋长，归附南凉王国（首都金城〔甘肃省兰州市〕）首领（一任武王）、西平王秃发乌孤。

27 后燕帝国有人从中山（后燕故都 · 河北省定州市）前往首都龙城（辽宁省朝阳市），说北魏王拓跋珪实力衰弱，宰相（司徒）慕容德守卫的邺城（河北省临漳县西南邺城镇），仍完整如初。正好，慕容德奏章送到，建议慕容宝回到南方。慕容宝怦然心动，大量遴选士卒战马，准备收复中原。先派藩属事务部长（鸿胪）鲁邃（音suì〔碎〕）出发，擢升慕容德当丞相、冀州全权州长（牧），代表皇帝，对帝国南部州长郡长，有权任官封爵。

十一月十九日，后燕帝国大赦。

十二月，动员的军队已经完全集结，进入大营，戒严备战。先派将军启仑南下，观察形势（慕容隆“中山对策”〔参考本年〔三九七〕三月〕，警告不要急于再返中原，慕容宝却不能忘情，一切大祸，由此而起）。

十二月十二日，已经称帝的慕容麟，逃到邺城（河北省临漳县西南邺城镇），不再提称帝之事，恢复赵王称号，游说叔父范阳王慕容德说：“魏国（北魏帝国）既然攻陷中山，势将乘胜攻击邺城，邺城虽然有储蓄，可是，城池太大，难以保全，而且人心慌乱恐惧，势不能坚守。不如南下，先到滑台（河南省滑县），以黄河为界，阻止魏国（北魏帝国）大军，等待机会，再采取下一步行动。黄河以北，或许可能收复。”当时，鲁阳王慕容和镇守滑台。慕容和，是一任帝（武成帝）慕容垂的侄儿，也派人前来迎接慕容德，慕容德应许。

三九八年 戊戌

晋	隆安	二年
后燕	永康	三年
	建平	元年
后秦	皇初	五年
西秦	太初	十一年
北魏	皇始	三年
	天兴	元年
后凉	龙飞	三年
南凉	太初	二年
北凉	神玺	二年
南燕	燕王	元年

（昌黎王兰汗青龙元年）

1 春季，正月，后燕帝国（首都龙城〔辽宁省朝阳市〕）范阳王慕容德，放弃邺城（河北省临漳县西南邺城镇），率居民部众四万户人家，南下渡过黄河（四世纪时，黄河流经滑台城北），迁到滑台（河南省滑县。邺城、滑台之间航空距离八十公里）。北魏帝国（首都盛乐〔内蒙古和林格尔县〕）卫王拓跋仪进入邺城，接收仓库，追击慕容德，追到黄河，没有追上。

赵王慕容麟，领头向慕容德奉上皇帝尊号，慕容德（本年六十三岁）仿效老哥慕容垂前例，先称燕王（参考三八四年正月。在称王的形式上，如果所称的“王”加上国号，仅此一点，便是独立政权），把永康三年改成燕王元年，把燕王府改成中央政府，颁发号令，设立文武百官（又一个“燕”兴起，史称“南燕”，是五胡乱华十九国中，第十五个短命王国。中国境内，九国并立：晋帝国、后燕帝国、后秦帝国、西秦王国、北魏帝国、后凉王国、南凉王国、北凉王国、南燕帝国）。任命赵王慕容麟当最高监察长（司空），兼国务院总理（领尚书令）；慕容法当中军将军；慕舆拔当国务院左执行长（尚书左仆射）；丁通当右执行长（右仆射）。

慕容麟又阴谋叛变，南燕王（一任献武帝）慕容德把他斩首。

慕容麟聪明伶俐，连一代枭雄，历尽人生沧桑的老爹，纵然在屡次被这位儿子出卖之后，仍爱他如初，说明慕容麟有他优越的反应能力，和偶发性的超人见解。问题是，他缺少智慧。缺少智慧的人最大的特色是特别自私，一直考虑自己的利益，从不去想别人，也从不去看别人；正义、理想、亲情、友情，以及罗曼蒂克的高雅情怀，只有在有助于他获得现实利益的时候，他才重视。否则，不过一句虚话。慕容麟不断叛变，家国越是危险的时候，他越奸诈反复，原因在此。

有聪明而没有智慧的人，最后不一定都倒霉到被杀，但可以肯定：他所渴望得到的东西，往往一辈子也得不到。自私的程度，也就是痛苦的程度。

2 正月七日，北魏王（一任道武帝）拓跋珪（本年二十八岁），从中山（河北省定州市）南下巡视，来到高邑（河北省柏乡县北），寻访到故前秦帝国左丞相王永的儿子王宪，大喜说：“你可是王猛的孙儿！”命王宪当他本州（青州）总考选官（中正。王猛是青州〔山东省北部〕北海郡〔山东省昌乐县东南〕剧县〔昌乐县〕人。王永战死〔参考三八六年十月〕，家人寄住高邑。此时北魏帝国还没有取得青州，只是对王宪一种尊崇，使他负责东方各州人才的选拔），兼国务院文官部考选助理官（选曹），主持咨询署暨顾问署（门下）工作。拓跋珪抵达邺城（河北省临漳县西南邺城镇），设立特遣政府（行台），任命龙骧将军、日南公和跋，当特遣政府执行官（尚书），跟左秘书长（左丞）贾彝，率官员及士卒五千人，镇守邺城。

拓跋珪自邺城（河北省临漳县西南邺城镇）返中山（河北省定州市），将回北方故乡，征发士卒一万人，修筑超速公路（直道），从望都（河北省望都县西北）起，凿开太行山的恒岭（恒山·河北省曲阳县北），抵达代郡（河北省蔚县），长五百余华里（代郡与望都航空距离一百三十公里）。拓跋珪恐怕自己一旦离开，山东（太行山以东）可能发生变化；于是，在中山（河北省定州市）也设立特遣政府（行台），命卫王拓跋仪镇守。擢升抚军大将军略阳公拓跋遵，当国务院左执行长（尚书左仆射），驻防勃海郡（河北省南皮县）的合口（河北省沧州市西）。

右将军尹国，在冀州（河北省中部南部）督促人民缴纳粮秣，听到拓跋珪将要北返消息，打算袭击信都（北魏冀州州政府所在县·河北省衡水市冀州区）。安南将军长孙嵩逮捕尹国，斩首。

3 后燕帝国将军启仑，回到首都龙城（辽宁省朝阳市。去年〔三九七〕十二月，慕容宝派他南下观察形势），报告说："中山（后燕故都·河北省定州市）已经陷落。"后燕帝（二任惠愍帝）慕容宝（本年四十四岁）下令复员。辽西王慕容农向慕容宝进言说："现在，把首都从中山迁到龙城，时间太短，不可以大举南征。应该运用已经集结完成的部队，袭击库莫奚部落（内蒙古西拉木伦河上游），夺取他们的牛马家畜，充实我们武装部队的军粮。然后留意敌人（指北魏）的虚实，等到明年（三九九），再

四世纪·三九八年正月　南燕兴起·九国并立

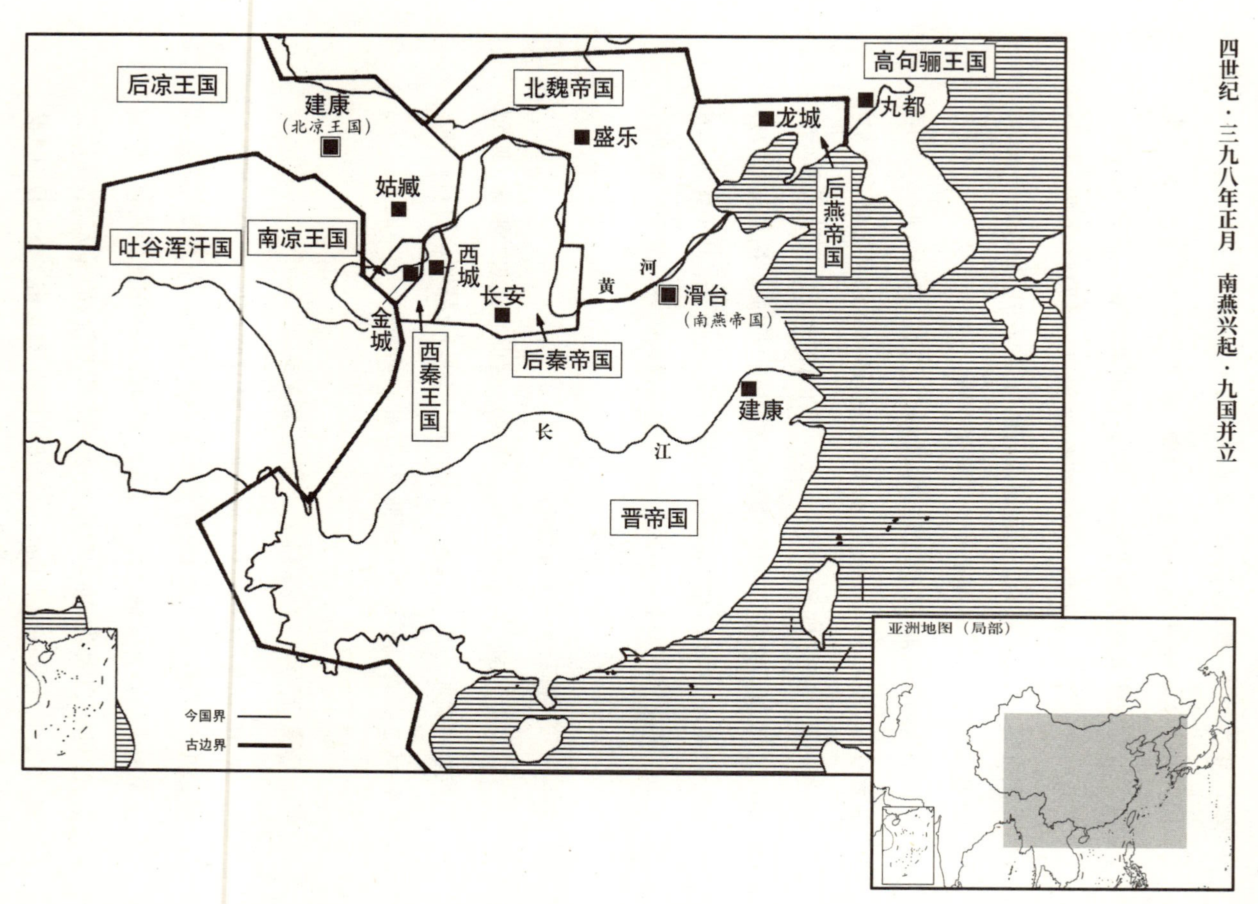

作商议。”慕容宝同意。

正月二十六日，慕容宝大军北上。

正月二十七日，渡过浇洛水（饶乐水·内蒙古西拉木伦河）。正巧，南燕王（首都滑台〔河南省滑县〕）慕容德，在登上国王王位之前所派的散骑顾问官（散骑侍郎）李延，北来晋见慕容宝，这时追到大军，奏称：“拓跋珪西上返国，中原空虚。”慕容宝喜极，当天即行班师。

4 正月二十八日，北魏王拓跋珪，自邺城（河北省临漳县西南邺城镇）返回中山（河北省定州市）；把山东（太行山以东）六个州的官员、居民、各部落蛮夷，十余万人，强迫迁移到代郡（河北蔚县）。于是，博陵郡（河北省安平县）、勃海郡（河北省南皮县）、章武郡（河北省大城县）各郡盗匪纷纷兴起。略阳公拓跋遵等，讨伐平定。

广川郡（河北省枣强县东北）郡长贺赖卢，性情豪爽；对于位居冀州（州政府设信都〔河北省衡水市冀州区〕）州长（刺史）王辅之下，深感羞辱。于是，发动袭击，斩王辅。裹挟王辅守城部队，大肆抢劫阳平（河北省馆陶县）、顿丘（河南省清丰县西南）等郡，南下渡过黄河，投奔南燕帝国（首都滑台〔河南省滑县〕）。南燕王慕容德任命贺赖卢当并州州长（空头官衔），封广宁王。

5 西秦王国（首都西城〔甘肃省靖远县西〕）国王（二任武元王）乞伏乾归，派乞伏益州攻击后凉王国（首都姑臧〔甘肃省武威市〕）的支阳（甘肃省永登县南）、允吾（甘肃省永靖县西北）、鹯武（兰州市外郊）三个城池，攻克，俘虏一万余人而去。

6 后燕帝慕容宝，抵达首都龙城（辽宁省朝阳市），下诏：各军

大分裂时代 四“燕”帝国世系

<table>
<tr><th>第一代</th><th>第二代</th><th>第三代</th><th>第四代</th><th>第五代</th></tr>
<tr><td rowspan="17">晋辽东郡公
慕容廆</td><td>慕容翰</td><td></td><td></td><td></td></tr>
<tr><td rowspan="16">前燕一任帝
慕容皝</td><td rowspan="4">前燕二任帝
慕容儁</td><td>前燕献怀太子
慕容晔</td><td></td></tr>
<tr><td>前燕三任帝
慕容暐</td><td></td></tr>
<tr><td>西燕一任帝
慕容泓</td><td>西燕六任帝
慕容忠</td></tr>
<tr><td>西燕二任帝
慕容冲</td><td>西燕五任帝
慕容瑶</td></tr>
<tr><td>前燕太原王
慕容恪</td><td>后燕太原王
慕容楷</td><td></td></tr>
<tr><td rowspan="8">后燕一任帝
慕容垂（霸）</td><td>后燕献庄太子
慕容全</td><td></td></tr>
<tr><td rowspan="3">后燕二任帝
慕容宝</td><td>后燕三任帝
慕容盛</td></tr>
<tr><td>后燕清河王
慕容会</td></tr>
<tr><td>北燕一任帝
慕容云（养子）</td></tr>
<tr><td>后燕四任帝
慕容熙</td><td></td></tr>
<tr><td>后燕赵王
慕容麟</td><td></td></tr>
<tr><td>后燕辽西王
慕容农</td><td></td></tr>
<tr><td>后燕高阳王
慕容隆</td><td></td></tr>
<tr><td>前燕北海王
慕容纳</td><td>南燕二任帝
慕容超</td><td></td></tr>
<tr><td>南燕一任帝
慕容德</td><td></td><td></td></tr>
<tr><td>慕容桓</td><td>西燕四任帝
慕容颉</td><td></td></tr>
<tr><td>慕容运</td><td>慕容?</td><td>西燕七任帝
慕容永</td><td></td><td></td></tr>
</table>

进驻大营，不准解散，文武百官以及将领，都携带家属，跟随御驾。辽西王慕容农、长乐王慕容盛，恳切劝阻，认为士卒筋疲力尽，北魏新近获得一连串重大胜利，士气高昂，帝国已没有资格跟他敌对。最好是使士卒获得休养，等待机会。慕容宝打算接受，抚军将军慕舆腾说："人民可以跟他们共享成功后的快乐，难以使他们接受开创时的艰难（"百姓可与乐成，难与图始。"公孙鞅语，参考前三五九年）。现在各路大军，已集结完成，应由皇上的圣心，独自决断，乘此良机，前进夺取，不应该垂听不同的意见，打击国家大计。"慕容宝下令说："我的决心已定，反对的人，斩首！"

二月十三日，慕容宝离开皇宫，进驻军营；留下慕容盛主持后勤事务。

二月十七日，后燕帝国南征大军，从龙城（辽宁省朝阳市）出发；慕舆腾当前锋，最高监察长（司空）慕容农指挥中军，慕容宝殿后，各军相距各三十华里，各军营帐前后相连，长达一百华里。

二月二十日，慕容宝走到乙连（辽宁省喀喇沁左翼县境），禁卫军班长（长上）段速骨、宋赤眉等，因军心恐惧战争，不愿出征，发动兵变。段速骨等都是已故高阳王慕容隆的旧部，遂共同逼迫慕容隆的儿子、继承高阳王爵位的慕容崇当盟主，击斩乐浪王（威王）慕容宙、中牟公（熙公）段谊，以及皇家各亲王。河间王慕容熙平时跟慕容崇友善，在慕容崇特别保护下，慕容熙单独逃出一死。后燕帝慕容宝率十余名骑兵，投奔中军司令、最高监察长（司空）慕容农。慕容农得到消息，就要出营迎接，左右将领抱住他的腰，阻止说："应该等混乱稍稍澄清，不可以随便出营。"慕容农拔出佩刀，要砍他们，大家才放开手。慕容农出营晋见慕容宝，又用飞骑通知前锋司令慕舆腾。

二月二十一日，慕容宝、慕容农，率主力部队回头开往昨天发生兵变的御营，讨伐段速骨等。而中军士卒，也厌倦永远打不完的战争，于是，一声呼啸，全军一齐抛下武器，四散逃走，前锋司令慕舆腾的部队，也告崩溃。慕容宝、慕容农，狼狈逃回龙城（辽宁省朝阳市）。留守龙城的长乐王慕容盛，听到兵变消息，率军出城迎接，慕容宝和慕容农仅仅保住一命。

7 晋帝国（首都建康）会稽王司马道子，对王恭、殷仲堪的逼迫（斩王国宝事，参考去年〔三九七〕四月），深为痛恨。因谯王司马尚之，及老弟司马休之，有雄才大略，所以结纳成为自己的心腹亲信。司马尚之向司马道子建议："而今，军区（方镇）权力太大，宰相权力太轻，应该把你的亲信，分派到地方上，作为自己的屏藩护卫。"司马道子采纳，任命他的军政官（司马）王愉，当江州（江西省及福建省）州长（刺史）、江州及豫州四郡军区司令长官（都督江州及豫州之四郡军事），作为声援，日夜跟司马尚之秘密商议，等待四方变化。

8 北魏王（首都盛乐）拓跋珪，抵达繁畤（山西省浑源县西南）行宫，下令发给新迁到此的移民农田和耕牛。

拓跋珪在白登山打猎（白登，山西省大同市东。西汉王朝一任帝刘邦，曾在此被围，参考前二〇〇年十月），看到一只母熊正带着几只小熊，对冠军将军于栗磾说："你是有名的勇将，能不能抓住它们？"于栗磾说："人类尊贵，兽类卑贱，我如果攻击它而不能获胜，岂不是白白牺牲一个武士！"遂把那只母熊和几只小熊，驱逐到拓跋珪面前，全部射杀俘虏。拓跋珪回头向于栗磾道歉。

秀容川（山西省朔州市）酋长尔朱羽健（尔朱，复姓），追随拓跋珪攻击晋阳（山西省太原市）、中山（河北省定州市），建立功勋，被任命当散骑侍从官（散骑常侍）。拓跋珪以尔朱羽健所在地为中心，把周围三百华里，划作他的采邑。

柔然部落（瀚海沙漠群）不断侵略北魏帝国边界，北魏国务院京畿军事助理官（尚书中兵郎）李先，请求出击，拓跋珪批准，李先大破柔然军，班师。

9 后凉王国叛将、西平公杨轨（参考去年〔三九七〕八月），任命他的军政官（司马）郭纬，当西平郡（青海省西宁市）郡长（相），率步骑兵二万人，向北增援郭麐。南凉王国（首都金城〔甘肃省兰州市〕）首领（一任武王）、西平王秃发乌孤，派老弟车骑将军秃发傉檀，率骑兵一万人助战。

杨轨抵达姑臧（后凉首都·甘肃省武威市），在城北筑营。

10 后燕帝国（首都龙城）国务院执行官（尚书）、顿丘王兰汗，跟变兵首领段速骨等，秘密勾结，率军在龙城（辽宁省朝阳市）东方扎营。此时，城里留守的军队很少，长乐王慕容盛，把附近郊区的居民，全部迁入城中，遴选勇士一万余人，登城抵御。段速骨等核心同党，不过一百余人，其他都是被裹挟，没有斗志。

三月二日，段速骨等准备攻城，辽西王（桓烈王）慕容农，深恐防守不住，而且，又受到兰汗的诱惑，于是，当天夜晚，秘密逃出龙城，投奔段速骨，希望保住自己性命。

第二天（三月三日）拂晓，段速骨等发动攻击，城墙上守军竭力抵抗，段速骨部众死亡数百人，于是，段速骨带着慕容农，绕城一周。慕容农一向拥有忠贞诚实、守节不屈的盛大美名，守城文武官员和武装部队，大家全部依靠他，当作支柱。忽然之间，发现他竟逃走投降，在城下敌人阵营中出现，比一个晴天霹雳打到头顶，还要使人震撼，士气霎时崩溃，四散逃走。段速骨入城，放纵士卒杀人抢劫，尸体纵横遍地（后燕帝国初建时，慕容农料事如神，忠义贯日〔参考三八五年三月〕，竟在最关键时刻，做出这种连自己都无法解释之事，使人扼腕。人生无常、变数太多，不能早早就下判断）。慕容宝、慕容盛，跟慕舆腾、余崇、张真、李旱、赵思等，来不及携带辎重，立即跨马飞奔出城，向南逃走。段速骨把慕容农囚禁在宫殿之中。禁卫军班长（长上）阿交罗，是段速骨的智囊，认为高阳王慕容崇，年纪还小，打算另行拥戴慕容农当领袖。慕容崇的亲信鬷让（鬷，姓；音zōng〔宗〕）、出力犍等，得到这个消息。

为了斩草除根，三月五日，袭杀阿交罗跟慕容农。段速骨大怒，斩鬷让等。慕容农旧部首都东区卫戍司令（左卫将军）宇文拔，逃往辽西郡（河北省卢龙县）。

三月八日，顿丘王兰汗突击段速骨，连同他的党羽，全部诛杀。罢黜慕容崇，拥戴太子慕容策，代行皇帝职权（承制），大赦；派人南下迎接慕容宝。使节一直走到蓟城（北京市），才得晋见。慕容宝打算马上折回，长乐王慕容盛等，一致劝阻说："兰汗的立场，是忠是奸，我们还不知道，单人匹马投奔于他，万一他有别的想法，后悔已来不及。不如向南投靠范阳王（慕容德），集结两方面的兵力，先夺取冀州（河北省中部南部，时属北魏帝国），如果不能办到，则结合南方的部队（慕容德军），慢慢再回龙城（辽宁省朝阳市），也不算晚。"慕容宝采纳。

11 北魏帝国离石（山西省吕梁市离石区）匈奴部落酋长呼延铁、

西河郡（郡政府设离石）匈奴部落酋长张崇等，不高兴被强迫迁往代郡（河北省蔚县），聚众武装叛变。北魏安远将军庾岳用兵力镇压，终被平定。

12 北魏王拓跋珪，召回卫王拓跋仪，到中央主持政府，而命略阳公拓跋遵接替镇守中山（河北省定州市）。

夏季，四月一日，任命征虏将军穆崇当全国武装部队总司令（太尉），安南将军长孙嵩当宰相（司徒）。

13 后燕帝慕容宝，避开大道，从小道经过邺城（河北省临漳县西南邺城镇），邺城人民请他留下，慕容宝不肯，南下到黎阳（河南省浚县），隐藏在黄河西岸，派禁宫侍从宦官总管（中黄门令）赵思，前往报告北地王慕容钟说："皇上二月间得到丞相（慕容德）的奏章，立刻率大军南下，走到乙连（辽宁省喀喇沁左翼县境），正巧禁卫军班长（长上）兵变，以致进退都有困难，辗转到此，请大王迅速报告丞相（慕容德），前来迎接！"（时慕容钟应在滑台〔河南省滑县〕，即当时南燕政府所在。黎阳、滑台相距十五公里，中隔黄河。）慕容钟，是慕容德的堂弟。当初是他第一个劝慕容德更进一步当皇帝的；听到赵思的报告，十分厌恶，遂逮捕赵思，羁押监狱，把情形报告慕容德。慕容德对文武官员们说："各位因帝国前途，劝我出面摄政。我也因为继任皇帝（慕容宝）逃亡迁徙，地上人民和天上神灵，都缺少领导，所以暂时顺应大家意见，来维系人心。而今，上天正后悔他所赐下的灾祸，继任皇帝（慕容宝）得以回还。我将准备法驾（皇帝专用仪队）奉迎，前往行宫，请求处罚。你们意下如何？"禁宫咨询官（黄门侍郎）张华说："现在，天下大乱，除非是盖世英雄，就不可能拯救苍生。继任皇帝（慕容宝）昏庸懦弱，没有能力继承祖先的正统。陛下如果坚守一介平民的小节，舍弃上天赐给你的大业，威望和权势一旦离去，人头和身躯就无法保证仍连成一体，皇家祭坛上的祭祀，岂不断绝？祖先和神灵，怎么还能享受子孙奉上带血的祭品！”慕舆护说：“继任皇帝（慕容宝）不了解时代，轻率的放弃首都（中山），自取灭亡。没有能力负担更多的灾难，情势至为明显。从前，老爹卫蒯聩出奔在外，儿子卫辄拒绝他回国（参考去年〔三九七〕三月注），《春秋》都认为他做得对。儿子拒绝父亲，都被允许；何况叔父拒绝侄儿（慕容德是慕容宝的叔父）？而且，仅凭赵思片面之词，看不出真假，请准许我替陛下前去探听真实情况。”慕容德流下眼泪（他知道非杀慕容宝不可，触动亲情），派他前去。

慕舆护率武士数百人，随赵思北上，声称保护圣驾，实际上是要把慕容宝置于死地。慕容宝派出赵思去见慕容钟之后，听到砍柴的樵夫说，慕容德已经行使皇帝职权（承制），大为恐惧，立即向北逃走。所以慕舆护抵达黄河西岸、慕容宝原来隐藏的地方，已不见人烟；遂把赵思带回。慕容德因赵思熟悉政府典故，打算要他留下。赵思说：“连一条狗、一匹马，都知道依恋旧主，我虽然是受过宫刑的人（赵思是宦官），但仍请求准许我回去晋见皇上（慕容宝）。”慕容德强迫他留下，赵思大怒说：“周王朝政府迁到东方时，依靠皇家亲属——郑国和晋国国君（郑国二任国君武公姬掘突，晋国十一任国君文侯姬仇）。殿下在亲属上，是皇上（慕容宝）的叔父；在官位上，是最高的‘三公’。不但不领导皇家中坚，帮助政府，反而庆幸根基倾覆，做出司马伦那种篡夺勾当（参考三〇一年正月）。我虽然没有申包胥那种力量，使楚王国死而复存（参考前五〇五年），但羡慕龚胜，不在王莽之世偷生（龚胜事，参考一一年）。”慕容德老羞成怒，斩赵思。

慕容宝派扶风公（忠公）慕舆腾，及长乐王慕容盛，前往冀州（河北省中部南部）集结过去失散的残兵败将。慕容盛因慕舆腾平时横行凶暴，人民对他至为怨恨，于是，斩慕舆腾（仅这一点，慕容盛高过苻坚；苻坚不知道斩慕容评〔参考三七二年二月〕）。慕容盛走到钜鹿郡（河北省宁晋县西南）、长乐郡（河北省衡水市冀州区），游说各地英雄豪杰，他们都愿组织武装部队，拥护中央。慕容宝因顿丘王兰汗，仍祭祀慕容皇家祖庙，表示对帝国效忠，心里打算返回龙城（辽宁省朝阳市），不肯再留在冀州。于是，向北出发，抵达建安（河北省迁安市北），投宿居民张曹家。张曹素来勇敢豪迈，请求为慕容宝招募部众；慕容盛也劝慕容宝应该暂时住下，对兰汗的立场，作更详细的观察。慕容宝遂派禁宫护卫执行官（冗从仆射）李旱，先去晋见兰汗，慕容宝留驻石城（辽宁省建昌县西）。而就在这时，兰汗派左将军苏超，前来迎接慕容宝还都，同时说明兰汗忠心耿耿。慕容宝因兰汗是一任帝（武成帝）慕容垂的舅父，又是慕容盛的岳父，认为绝不会有其他变化。不等李旱回来，即行上路。慕容盛痛哭流涕，坚决劝阻，慕容宝不理；而只命慕容盛留在最后，慕容盛跟将军张真，遂离开大道，由小路逃走，找地方躲藏。

四月二十六日，慕容宝抵达距离龙城（辽宁省朝阳市）四十华里的索莫汗陉，城中军民听到消息，十分高兴。兰汗开始惶恐不安，打算亲自出城，向慕容宝认罪，兄弟们一起劝阻，才打消此念。最后，兰汗派老弟兰加难，率五百人骑兵部队，出城迎接；又派老哥兰堤，紧闭城门，禁止携带武器，净街戒严；城中每一个人都知道就要爆发事变，然而也只有眼睁睁看它爆发，而无可奈何。兰加难在索莫汗陉北方，晋见慕容宝，行礼已毕，即紧紧陪伴慕容宝之旁，同进同退。颍阴公（烈公）余崇，暗中警告慕容宝："观察兰加难神色举动，灾难迫在眉睫，请留心三思，为什么轻率前进？"慕容宝不相信（慕容宝好像跟他的国家和自己的性命，有深仇大恨，所以凡是可以拯救国家和性命的建议，无不断然拒绝；他只接受毁灭他国家和毁灭他性命的建议），再往前走数华里，兰加难一声令下，先行逮捕余崇，余崇大骂说："你们姓兰的，侥幸成为皇家亲戚，蒙受帝国的宠爱和荣耀，纵是全族牺牲，都报答不完皇恩，而竟敢叛逆，天地不容，早晚都要屠灭，只恨我不能亲自宰杀。"兰加难遂斩余崇。把慕容宝带到龙城郊外官邸，处死（年四十四岁）。兰汗定慕容宝绰号灵帝；并杀皇太子慕容策（年十三岁），以及亲王、公爵、部长、官员等一百余人。兰汗自称总司令官（大都督）、最高统帅（大将军）、大单于、昌黎王，改年号青龙。任命兰堤当全国武装部队总司令（太尉），兰加难当车骑将军。封河间王慕容熙当辽东公，仿效周王朝封杞国、宋国前例（周王朝建立后，封夏王朝皇家后裔当杞国国君，商王朝皇家后裔当宋国国君）。

长乐王慕容盛，得到老爹被杀消息，立即打算奔丧，将军张真劝阻，慕容盛说："我穷途末路，投靠兰汗，兰汗性情愚昧，见识肤浅，一定念及婚姻之情（兰汗的女儿嫁慕容盛），不忍心杀我，只要给我十天半月时间，就足够运用。"遂晋见兰汗。兰汗的正妻乙女士，及女儿兰妃（长乐王王妃），都向兰汗哭泣，请求饶恕慕容盛一命，兰妃更向她的那些兄弟，叩头求情，兰汗哀怜慕容盛家破国亡，不忍心下手。于是把慕容盛接到皇宫居住，任命他当高级咨询官（侍中）、左特级国务官（左光禄大夫），亲切相待，如同从前。兰堤、兰加难兄弟，屡次要求诛杀慕容盛，兰汗都拒绝。兰堤骄傲凶狠，而又淫乱，对兰汗的态度，十分蛮横，慕容盛从中挑拨离间，兰汗三兄弟遂互相疑心猜忌。

14 后凉王国（首都姑臧〔甘肃省武威市〕）太原公吕纂，率军攻击驻军首都外郊的叛将西平公杨轨（参考去年〔三九七〕八月），郭麐的救兵适时赶到，吕纂败回。

15 北凉王国（首都建康〔甘肃省酒泉市东南〕）派镇西将军沮渠蒙逊，攻击西郡（甘肃省永昌县西北），俘虏后凉王国（首都姑臧）任命的郡长吕纯，班师。吕纯，是后凉天王（一任懿武帝）吕光（本年六十二岁）的侄儿。于是，晋昌郡（甘肃省瓜州县）郡长王德，敦煌郡（甘肃省敦煌市）郡长、赵郡（河北省高邑县）人孟敏，都献出郡城，投降。

北凉首领（一任）、建康公段业封沮渠蒙逊当临池侯，任命王德当酒泉郡（甘肃省酒泉市）郡长，孟敏当沙州（州政府敦煌）州长（刺史）。

16 六月十六日，北魏王拓跋珪，下令文武百官，讨论帝国的名号。大家一致认为："周王朝、秦王朝之前的天子，都是从封国国君升任，因之都用原来封国的国号，当作帝国的国号。自从西汉王朝以来，天子们在成功之时，连一尺土地的依凭都没有。我们国家元首，代代相传，有百世之久，在古代国（河北省蔚县）的北方，开立基业，遂进入中国，仍应用'代'作为我们的国号（代国封号，始于拓跋猗卢，参考三一〇年十月）。"禁宫咨询官（黄门侍郎）崔宏说："从前，商王朝政府，不常设在一个地方，所以有时称'殷'，有时称'商'（商王朝建立政权前，有八次迁都记载。初建时〔前一七六六年〕，首都亳邑〔河南省商丘市〕，以后又有六迁：一迁嚣邑〔河南省荥阳市〕、二迁相邑〔河南省内黄县〕、三迁耿邑〔山西省河津市〕、四迁邢邑〔河北省邢台市〕、五迁殷邑〔河南省安阳市〕、六迁朝歌〔河南省淇县〕）。'代'虽然是一个古老的国度，但上天的恩宠却是新近赐下。当颁布'登国'年号之时（三八六年），已经把国名改称为'魏'（三八六年正月，国号仍是"代"；四月才改称"魏"）。'魏'，是美好伟大之意，曾经是第一等强国（指战国时代魏王国）。所以，我们仍应保持‘魏’的国号。”拓跋珪批准（重复使用过去曾经有过的国号，在历史上造成混淆。因为称“魏”，所以不得不加上花草，辨明招牌。如果称“代”，就可以维持本来面目，崔宏缺乏想象力，害人不浅）。

17 后凉王国叛将西平公杨轨，仗恃自己的部众人数庞大，打算跟后凉天王吕光决战，郭黁每次都用上天旨意，予以阻止。后凉常山公吕弘，镇守张掖（甘肃省张掖市），北凉王国（首都建康〔甘肃省酒泉市东南〕）首领（一任）、建康公段业，派辅国将军沮渠男成，以及酒泉郡（甘肃省酒泉市）郡长王德，联合进攻吕弘。吕弘命太原公吕纂，率军接回吕弘。杨轨说：“吕弘手下精锐部队一万人，如果并入吕光的大军，姑臧（后凉首都·甘肃省武威市）的势力，将更强大，就不可能取得胜利。”遂跟南凉王国（首都金城〔甘肃省兰州市〕）骠骑将军秃发利鹿孤，共同出军阻击吕纂；吕纂反攻，大破杨轨联军；杨轨逃走，投奔田胡部落酋长王乞基（参考去年〔三九七〕八月）。郭黁性情暴躁褊急，而且残忍，知识分子和民众，对他都不归附。郭黁听到杨轨战败，即投奔西秦王国（首都西城〔甘肃省靖远县西〕）；西秦王乞伏乾归任命他当建忠将军、散骑侍从官（散骑常侍）。

吕弘放弃张掖，率军向首都姑臧撤退。北凉王国首领（一任王）、建康公段业，遂把首都迁到张掖，打算追击吕弘。镇西将军沮渠蒙逊劝阻说：“回家心切的部队，不要阻止；穷途末路的贼寇，不要追击，这是军事家（《孙子兵法》）提出的告诫。”段业不信，结果大败而回，幸亏沮渠蒙逊援救，才逃一死。段业兴筑西安城（甘肃省山丹县西），派部将臧莫孩当郡长。沮渠蒙逊说：“臧莫孩有勇气而没有谋略，只知道进攻，不知道退避。这可是为他筑墓，不是为他筑城。”

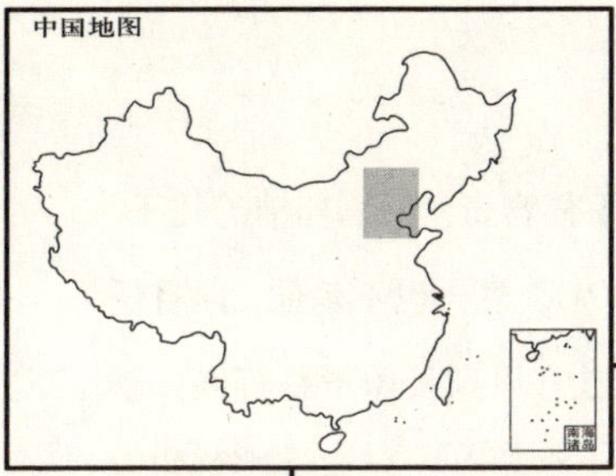

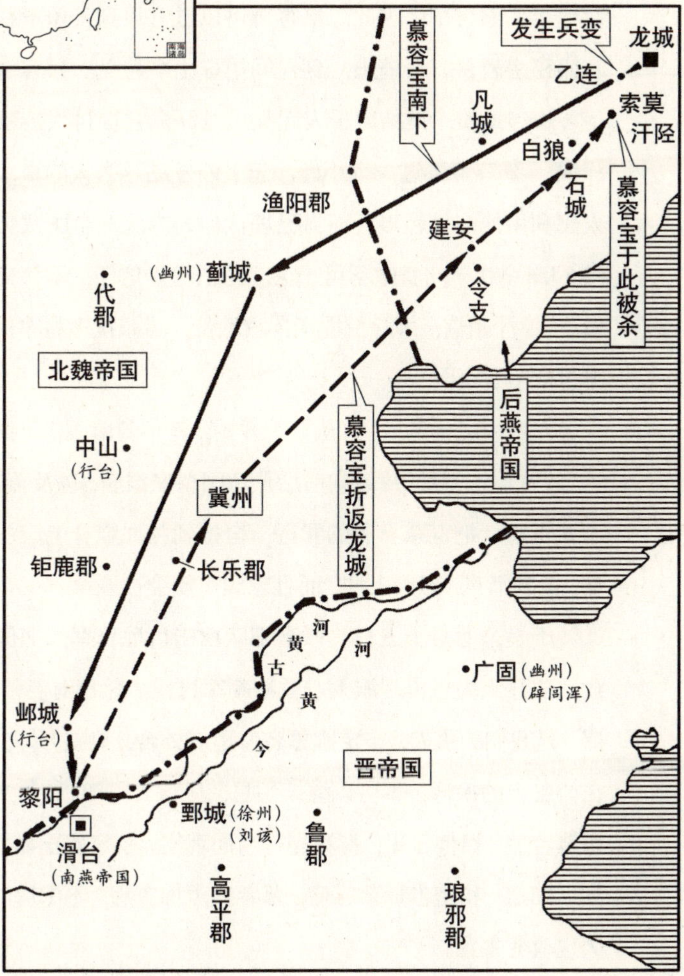

四世纪·三九八年　后燕帝慕容宝南下及被杀

中国地图
南海诸岛
慕容宝南下
发生兵变
龙城
乙连
索莫汗陉
凡城
白狼
石城
慕容宝于此被杀
渔阳郡
建安
令支
(幽州)蓟城
代郡
北魏帝国
后燕帝国
慕容宝折返龙城
中山
(行台)
冀州
钜鹿郡
长乐郡
河
黄
河
古
黄
今
广固(幽州)
(辟闾浑)
邺城
(行台)
晋帝国
黎阳
滑台
(南燕帝国)
鄄城(徐州)
(刘该)
鲁郡
高平郡
琅邪郡

段业不信。不久，臧莫孩就被吕纂击败。

18 后燕帝国（此时没有元首）太原王慕容奇，是慕容楷的儿子、昌黎王兰汗的外孙（慕容楷，参考三九五年六月）；兰汗也不杀他，而且任命他当征南将军。因此，慕容奇可以进宫见到长乐王慕容盛，慕容盛秘密教慕容奇逃出，到民间招募士卒起义。慕容奇逃到建安（河北省迁安市北），集结数千人起兵。兰汗命兰堤讨伐，慕容盛对兰汗说："慕容奇不过一个小娃，怎么能发动这么大的事，莫非是有人想利用他在外起事，而自己埋伏作为内应？全国武装部队总司令（太尉兰堤）一向骄傲不可一世，恐怕难以信任，不该交付给他军权。"兰汗相信，解除兰堤指挥官地位，另派抚军将军仇尼慕，率军讨伐慕容奇。

龙城（辽宁省朝阳市）自从夏季开始，就不曾落雨，一直到秋季第一个月（七月），兰汗每天向前后燕帝国皇家祭庙，以及慕容宝牌位，叩头祈祷，把谋杀君王的罪行，全推到兰加难身上。兰堤和兰加难，听到消息，怒火上冲，而且想到可能会被诛杀。

于是，七月十五日，联合部队攻击仇尼慕军，把仇尼慕军击败。兰汗大为恐惧，派太子兰穆率军讨伐。兰穆对老爹说："慕容盛，是我们的仇人，一定跟慕容奇里应外合，狼狈为奸，这是生长在心脏上的疾病，不可以继续姑息，应该先行铲除。"兰汗决定诛杀慕容盛，召他晋见，打算先行当面观察。慕容盛正妻兰妃（兰汗的女儿）知道，秘密告诉慕容盛，慕容盛声称有病，不出房门；兰汗不久也改变主意。

将领之中，李旱、卫双、刘忠、张豪、张真，平常都受慕容盛的宠爱厚待。而兰穆也把他们当作心腹亲信，李旱、卫双遂得以出入慕容盛住宅，跟慕容盛秘密结盟定计。

七月十七日，兰穆攻击兰堤、兰加难等，获胜。

七月二十日，兰汗大摆筵席，犒赏将士，兰汗、兰穆，全喝得沉醉不省人事。慕容盛于中夜时分，声称前去厕所（在抽水马桶没有发明之前，南方厕所用木制“马桶”；北方厕所，则在院子里的一个角落。慕容盛声称的对象，当是爱妻兰妃，半夜离开卧房，最正当的理由，莫过于此。兰妃的处境，使人怜悯，身临父母、兄弟、丈夫、儿女的互相残杀屠场，无法两全），遂翻墙跳进东宫（太子宫），跟李旱等会合，共同诛杀兰穆。当时，大军仍在戒严状态，将领们都在兰穆那里，听到慕容盛已经出面领导，大家欢呼雀跃，奋勇争先，攻击兰汗，斩首。兰汗的儿子鲁公兰和、陈公兰扬，分别驻军令支（河北省迁安市）、白狼（辽宁省喀喇沁左翼县西南）。慕容盛派李旱、张真袭击，二人全被诛杀。兰堤、兰加难逃亡躲藏，被搜索逮捕，斩首；内外全部平定，男女互相庆幸。宇文拔率武士数百人回归（宇文拔出走，参考本年〔三九八〕三月五日），慕容盛命宇文拔当皇族事务部长（大宗正）。

七月二十一日，慕容盛到皇家祖庙祭祀，向神灵报告敉平叛徒经过，下令说：“仰赖五位祖先的洪福（五位祖先：慕容涉归、慕容廆、前燕一任帝慕容皝、二任帝慕容儁、后燕一任帝慕容垂。没有慕容暐〔前燕三任帝〕，因他是慕容盛的堂兄，还不能称祖），文武官员的尽力，皇庙和祭坛，都脱离黑暗，再见光明。不仅仅我个人可以免受‘不共戴天’的责备（《礼记》说：“父母之仇，不共戴天。”），就是所有臣民，也可以在当世就表明一身清白！”大赦，改年号建平（之前是永康三年，之后是建平元年）。慕容盛（本年二十六岁）表示谦虚，不敢称皇帝尊号，而只用长乐王原衔，主持政府。各亲王全降称公爵，命东阳公慕容根当国务院左执行长（尚书左仆射），卫伦、阳璆（音qiú〔求〕）、鲁恭、王滕，全都担任国务院执行官（尚书）。悦真当高级咨询官（侍中），阳哲当立法院总立法长（中书监），张通当中央禁军总监（中领军），其余文武官员，每人都官复原位。改慕容宝绰号惠闵皇帝（《晋书·慕容宝载记》则称惠愍皇帝），祭庙称烈宗。

当初，太原王慕容奇，在建安（河北省迁安市北）聚众起兵，无论鲜卑人或汉人，都诚心拥护。兰汗派侄儿兰全讨伐，慕容奇反击，把兰全军全部消灭，连一匹马都没有回去，遂进军乙连（辽宁省喀喇沁左翼县境）。慕容盛既诛杀兰汗，命慕容奇复员。慕容奇接受智囊、丁零人严生跟乌桓人王龙的谋略，拒绝慕容盛的命令。

七月二十四日，慕容奇率军三万余人，挺进到横沟，距龙城十华里。慕容盛出城迎战，大破慕容奇军，俘虏慕容奇而回，诛杀他的党羽一百余人，命慕容奇自杀。慕容恪（前燕帝国太原王〔桓王〕）的子孙，到此全部死绝。

文武百官坚持要奉上皇帝尊号，慕容盛不准。

19 北魏王（首都盛乐）拓跋珪，把首都迁到平城（山西省大同市）。开始兴建皇宫宝殿、皇家祖庙、土神农神祭坛（社稷）。皇家祖庙每年有五次祭祀——春分、秋分、夏至、冬至、腊日。

20 晋帝国（首都建康）南郡公桓玄，请求当广州（广东及广西）州长（刺史）。会稽王司马道子，对桓玄十分忌惮，本不愿意桓玄长期住在荆州（州政府设江陵〔湖北省江陵县〕），正好顺水推舟，遂任命桓玄当交广军区司令官（督交广二州军事）、广州（州政府设番禺〔广东省广州市〕）州长（刺史）；桓玄接受命令，却不肯去广州到差。

豫州（州政府设历阳〔安徽省和县〕）州长（刺史）庾楷，因司马道子割去他四个郡，划入江州（州政府设寻阳〔江西省九江市〕）州长（刺史）王愉所辖的军区（参考本年〔三九八〕二月），上疏说："江州（江西省及福建省）位于内地（长江以南），而西府却跟贼寇相接（晋帝国称京口〔江苏省镇江市〕为"北府"，称历阳〔安徽省和县〕为"西府"。此指豫州〔州政府历阳〕跟南燕帝国接壤），不应分给王愉管辖。"中央不准；庾楷大怒，派他的儿子庾鸿，前往游说青、兖二州（州政府设京口〔江苏省镇江市〕）州长（刺史）王恭说："司马尚之（谯王）兄弟，掌握权柄，作威作福，更超过王国宝。正打算假借中央力量，削弱重要军区的实力，回想过去发生的事，恐怕大祸难以预测。现在正应该乘他们的计划还没有十分成熟，早想办法。"王恭也认为如此，转告殷仲堪（荆州〔州政府江陵〕州长）、桓玄（广州〔州政府番禺〕州长）。殷仲堪、桓玄同意，公推王恭当盟主，约定日期，大军同时向京师（首都建康）发动攻击。

这时，全国戒严，内外猜忌，交通阻塞，码头关卡，搜查盘问，形势紧张。殷仲堪把书信写在斜裁的绢绸上，密藏在箭杆之中，装上箭头，外面再涂油漆；通过庾楷，转送给王恭。王恭接到后，折断箭杆，取出书信，绢绸剪角处抽丝，纹路紊乱，无法证明是殷仲堪亲手所写，而认为是庾楷伪造，因为殷仲堪去年（三九七）曾经有违盟背约，不依照时日发动的记录，不相信本年定会合作，于是，不理会殷仲堪约定的日期，先行发兵。军政官（司马）刘牢之警告说："你是皇帝的舅父，会稽王（司马道子）是皇帝的叔父。会稽王当国秉政，从前，曾为你而诛杀他所宠爱的王国宝、王绪，后来，又把王廞的阴谋向你揭发（参考去年〔三九七〕四月），对将军的尊敬畏惧，已经足够。最近若干人事决定，虽然并不恰当，但也不是严重的过失。把庾楷的四个郡割给王愉，将军又有什么损失？晋阳（山西省太原市）肃清君侧的武装部队（参考去年〔三九七〕四月注），岂可以不断的发动？”王恭不理，上疏请求讨伐王愉、司马尚之兄弟。

司马道子派人游说庾楷（豫州〔州政府历阳〕州长）：“从前，你我之间，恩情如同骨肉兄弟，帷帐之中，相对酣饮；咬住耳朵讲话，应是至亲至爱。而你舍弃老友，另结新的援手，难道真的忘记王恭昔日欺凌的羞辱？如果委屈万状的当他的部属，一旦王恭掌握大权，势必认为你不过是个反复无常的小人，怎么可能亲你信你？人头和身体都保不住连在一起，何况荣华富贵？”庾楷大怒说：“王恭那年参加先帝（司马昌明）葬礼，相王（宰相兼亲王司马道子）忧愁恐惧，束手无策。我知道事情紧急，不久就率军抵达京师（首都建康），王恭不敢发动（参考前年〔三九六〕九月）。去年（三九七）事变，我也在等候命令行动。我事奉相王（司马道子），没有对不起他的地方。相王抵抗不住王恭，反而诛杀王国宝跟王绪，从那时开始，还有谁敢为相王效力？我庾楷实在不能把我全家一百余口，交给别人屠杀。”这时，庾楷已接到王恭的号令，正招兵买马。回信送给司马道子后，政府惊慌恐惧，全国戒严。

会稽王世子司马元显，对老爹司马道子说：“上一次，因为没有讨伐王恭的缘故，才埋下今天灾难的种子。这一次，如果再称他的心，如他的意，太宰（司马道子）的大祸，就在眼前。”司马道子六神无主，不知道如何是好；于是，索性把所有军国大事，全交付给司马元显，自己每天只拼命饮酒。司马元显聪明机警，读了不少书，对文章的精义和普通道理，全都通晓；志气轩昂，果断气盛，胸怀大志，以天下安危，作为自己的责任。摇尾系统一致称赞这个十七岁的少年，英明威严，有八任帝（明帝）司马绍的风范。

殷仲堪（荆州〔州政府江陵〕州长）接到王恭发难消息，因为去年（三九七）自己没有遵守承诺，为了弥补，这一次的反应，特别迅速，立刻动员大军，整装上道。殷仲堪不了解军事，所以从来不担任统帅，而把大军交付给南郡（湖北省江陵县）郡长（相）杨佺期兄弟，命杨佺期当前锋司令，率长江舰队陆战队五千人；桓玄作第二梯次，殷仲堪则亲率二万人，随后继进，顺流东下。杨佺期自认为从他的祖先、东汉王朝全国武装部队总司令（太尉）杨震（参考一二四年三月），直到他的老爹杨亮，九世以来，都以才能和品德，闻名于世，因而对自己的家世门第，至感骄傲，认为晋帝国所有人士，都没有资格相比。有人曾把杨佺期跟国务院左执行长（尚书左仆射）王珣，相提并论，杨佺期还大为愤怒。可是，当时社会舆论，却因为他逃亡到江南（长江以南）的时间较晚，不能跟有身价的名门结亲，而做官也走错途径（杨震之后，到七世孙杨准，都有威名。杨佺期的祖父杨林，曾在北方的外族政权任职，直到老爹杨亮，才投奔晋帝国的桓温，参考三五六年八月。比起王、谢两大家早早逃跑，自然稍晚，所以挤不上权力中心。杨佺期父子，都娶的是平民家的女儿，被称为“与伧荒为婚”，没有亲戚作为后援。加上杨家世代都是武官，中国传统重文轻武，对武官一向轻视）。杨佺期，以及老哥杨广、老弟杨思平、堂弟杨孜敬，性情粗犷，遇到机会，总受到排斥压制。杨佺期衔恨在心，一谈起来就慷慨激昂，咬牙切齿；正盼望天赐良机，使自己扬眉吐气，所以热烈赞成殷仲堪的计划。

八月，杨佺期、桓玄所率舰队，突然在湓口（江西省九江市〔寻阳东〕）出现，江州（州政府设寻阳〔江西省九江市〕）州长（刺史）王愉，没有防备，仓皇之间，逃往临川（江西省抚州市临川区），桓玄派出特遣部队追捕，生擒。

21 后燕帝国（首都龙城〔辽宁省朝阳市〕）首领（三任昭武帝）、长乐王慕容盛，任命河间公慕容熙，当高级咨询官（侍中）、车骑大将军、中央禁军总监（中领军）、京畿总卫戍司令（司隶校尉）；城阳公慕容元当首都卫戍司令（卫将军）。慕容元，是二任帝（惠愍帝）慕容宝的儿子。

又任命刘忠当左将军、张豪当后将军，恩准二人改姓慕容（赐姓）。又任命李旱当寝殿侍奉宦官（中常侍），兼辅国将军；卫双当前将军；张顺当镇西将军；首都龙城市长（昌黎太守）张真当右将军；全封公爵。

八月十五日，步兵指挥官（步兵校尉）马勒等阴谋叛变，被诛杀。口供牵连骠骑将军、高阳公慕容崇，慕容崇的老弟东平公慕容澄；慕容盛命二人自杀（二人皆是范阳王慕容隆之子）。

22 晋帝国（首都建康）宁朔将军邓启方、南阳郡（河南省滑县）郡长闾丘羡，率军二万人，攻击南燕帝国（首都滑台〔河南省滑县〕）。跟南燕中军将军慕容法、抚军将军慕容和，在管城（河南省郑州市）会战，邓启方等失败，单人匹马，逃出一命。

23 北魏王（首都平城〔山西省大同市〕）拓跋珪下令有关单位，划定京畿范围，确定道路名称及里程，确定重量（轻重）度量（长短）标准；派人到各郡国视察，弹劾违法乱纪的地方官员，拓跋珪亲自考核处罪。

24 九月二日，晋帝国政府加授会稽王司马道子：皇帝诛杀时专用的铜斧（假黄钺），命会稽王世子司马元显当征剿司令官（征讨都督）。派首都卫戍司令（卫将军）王珣、右将军谢琰，率军讨伐王恭（兖、青二州〔州政府京口〕州长），谯王司马尚之，率军讨伐庾楷（豫州〔州政府历阳〕州长）。

25 九月六日，后燕帝国任命东阳公慕容根当国务院总理（尚书令），张通当左执行长（左仆射），卫伦当右执行长（右仆射）；慕容豪（张豪）当幽州州长（刺史），镇守肥如（河北省卢龙县北）。

26 九月十日，晋帝国谯王司马尚之在牛渚（安徽省马鞍山市西南采石矶）大破豫州（州政府历阳）州长（刺史）庾楷，庾楷单人匹马投奔桓玄。会稽王司马道子任命司马尚之当豫州（州政府历阳）州长（刺史）；老弟司马恢之当骠骑将军府军政官（骠骑司马），兼首都建康市长（丹阳尹）；司马允之当吴国（江苏省苏州市）郡长（内史），司马休之当襄城郡（侨郡·安徽省芜湖市繁昌区）郡长，每人都手握强大武装部队，作司马道子声援。

九月十六日，桓玄在白石（安徽省安庆市东北）大破政府军，跟杨佺期挺进到横江（安徽省和县东南长江渡口）；司马尚之撤退，司马恢之所属舰队，全军覆没。

九月十七日，司马道子把大本营设在国务院（中堂），命司马元显驻防石头（建康城西北）。

九月二十日，命王珣防御北郊，谢琰守卫宣阳门（建康南城西头第一门），严阵以待。

王恭一向自命不凡，认为自己既有才干，又有高位，从来看不起别人，也常凌辱别人。自从诛杀王国宝，更自认为八面威风，没有人胆敢违抗。王恭完全依靠军政官（司马）刘牢之的支持，可是王恭却又把刘牢之当作普通部属，并没有当作同等地位的朋友；刘牢之自负才能，深感羞辱。司马元显得到这个情报，派庐江郡（安徽省舒城县）郡长高素，秘密游说刘牢之，唆使刘牢之背叛王恭，承诺在事情成功之后，把王恭的官位，转授给刘牢之。高素带上司马道子的信件，分析祸福利害。刘牢之对他的儿子刘敬宣说：“王恭从前蒙受先帝（司马昌明）的大恩，而今又是皇上（司马德宗）的舅父，不能够拥护皇家，反而几次发兵，攻击京师（首都建康），我不能想象，一旦战胜，王恭会做出什么怪事。他难道肯继续在天子（司马德宗）、相王（司马道子）下面委屈？我打算接受中央指示，讨伐叛逆，如何？”刘敬宣说：“政府虽然没有姬诵（周王朝二任王成王）、姬钊（周王朝三任王康王）那么美好，但也没有姬宫涅（周王朝十二任王幽王）、姬胡（周王朝十任王厉王）那样残暴。王恭仗恃手中军队，欺负皇家。老爹跟他感情上既不是骨肉，道义上也不是君臣，虽然在一起共事一段时间，情意并不相投。今天讨伐他，跟感情道义有什么关系？”王恭的军事参议官（参军）何澹之探听到刘牢之父子的阴谋，报告王恭。

王恭由于何澹之跟刘牢之平常就互相怨恨，所以不相信何澹之的报告。为了加强效果，王恭摆下酒筵，请刘牢之共餐，就在大庭广众之中，戏剧性的跟刘牢之结拜金兰，尊称刘牢之“老哥”。把所有精锐部队，全部配属给刘牢之。命刘牢之率作战官（帐下督）颜延，当前锋司令。刘牢之进军到竹里（江苏省句容市北），突然倒戈，斩颜延，向中央政府投降，派儿子刘敬宣、女婿东莞郡（侨郡·江苏省镇江市南）郡长高雅之，率军折返京口（江苏省镇江市），袭击王恭。王恭正在城外炫耀他的兵力，刘敬宣派出骑兵，拦腰攻击，王恭军队溃散。王恭将奔返城垣，高雅之已抢先入城，紧闭城门。王恭单人匹马，投奔曲阿（江苏省丹阳市），王恭平常没有练习过骑马，因长途奔跑，大腿都被磨破。曲阿人殷确，是王恭的旧部，用船载着王恭，打算投奔桓玄，划到长塘湖（洮湖），被人检举，捕获，押解京师（首都建康），绑到倪塘（江苏省南京市江宁区东南方山埭），斩首。王恭临死时，仍从容不迫的梳头发、理胡须，神色跟平常一样，对监刑官说：“我自己昏庸，轻率相信别人（指刘牢之），才到今天这个地步。追究我的本心，岂不忠于帝国？只希望百世之后，有人知道有个王恭。”子弟党羽，全都处死。司马道子履行承诺，任命刘牢之当兖青冀幽并徐及扬州晋陵郡军区司令长官（都督兖青冀幽并徐、扬州晋陵诸军事），接替王恭的官位（兖青二州〔州政府京口〕州长。东路叛军平息）。

不久，西路叛军杨佺期、桓玄舰队，进抵石头（建康城西北）城下，殷仲堪（荆州〔州政府江陵〕州长）则进抵芜湖（安徽省芜湖市）。司马元显从竹里（江苏省句容市北）快马返回京师（首都建康），派首都建康市长（丹阳尹）王恺等，征发京师（首都建康）知识分子和民众数万人，据守石头抵御。杨佺期、桓玄等，上疏为王恭申辩，要求诛杀刘牢之。刘牢之率北府军团（参考三七七年十月），急行军前往首都建康（江苏省南京市），在新亭（建康城西南）扎营。杨佺期、桓玄看到，脸色大变，撤退到蔡洲（江苏省南京市西南长江中小岛）。中央不知道西路叛军虚实，而殷仲堪将士数万人，布满京畿。政府内有忧虑，外受逼迫。

首都东区卫戍司令（左卫将军）桓修，是桓冲的儿子（桓玄的堂兄），对司马道子说：“我已经洞察他们的内情，西路叛军可以解决。殷仲堪、桓玄以下将领，全都指望王恭，王恭兵败身死，沮丧与恐惧交集。现在，如果用重大利益引诱桓玄跟杨佺期，二人心里一定暗暗欢喜。桓玄可以克制殷仲堪，杨佺期也可能叛变，生擒殷仲堪。”司马道子采纳，遂任命桓玄当江州（州政府设寻阳〔江西省九江市〕）州长（刺史）；召回郗恢（雍州〔州政府襄阳〕州长）当国务院执行官（尚书），而任命杨佺期接替郗恢当梁雍秦军区司令长官（都督梁雍秦三州诸军事），兼雍州（州政府设襄阳〔湖北省襄阳市〕）州长（刺史）。任命桓修当荆州（州政府设江陵〔湖北省江陵县〕）州长（刺史），暂时兼管首都东区卫戍司令（左卫将军）的官属；下令刘牢之派一千人护送桓修到差上任。贬黜殷仲堪当广州（州政府设番禺〔广东省广州市〕）州长（刺史）。派殷仲堪的叔父、祭祀部长（太常）殷茂，前往西路叛军大营，宣读诏书，命殷仲堪立即撤退。

27 故后燕帝国辅国将军张骧（去年〔三九七〕十月，中山陷落时，归降北魏帝国）的儿子张超，集结三千余家，占据南皮（勃海郡郡政府所在县·河北省南皮县），背叛北魏帝国（首都平城），自称乌桓王，抢劫其他部落。北魏王拓跋珪，命庾岳讨伐。

28 后凉王国叛将、西平公杨轨，驻军廉川（青海省民和县），招募夷人及汉人，部众多达一万余人。田胡部落酋长王乞基（参考本年〔三九八〕六月）对杨轨说："秃发家族（南凉王国），才能高超，兵力强盛，而且是我从前的盟主，不如归附于他。"杨轨遂派人向南凉王国（首都金城〔甘肃省兰州市〕）首领、西平王秃发乌孤投降。不久，杨轨受到羌部落酋长梁饥攻击，战败，逃向傉海（青海湖），袭击鲜卑乙弗部落（青海湖畔），占领乙弗部落根据地。秃发乌孤对文武百官说："杨轨、王乞基向我投降，可是遇到危难，你们却不能迅速救他们，以致受羌人迫害，我深感惭愧。"平西将军浑屯（浑，姓）说："梁饥没有远程谋略，一次战役，就可把他制伏。"

梁饥进攻西平郡（青海省西宁市），西平郡人田玄明起兵生擒郡长郭幸，自称郡长，拒抗梁饥；派儿子到南凉王国当人质。秃发乌孤打算援救，部属们畏惧梁饥军队强悍，很多人犹豫。左军政官（左司马）赵振说："杨轨刚刚破败，吕家（后凉王国）仍然强大，洪池岭（甘肃省天祝县西北乌鞘岭）以北地区，我们无法到手。洪池岭以南五郡（广武郡〔甘肃省永登县〕、西平郡〔青海省西宁市〕、乐都郡〔青海省海东市乐都区〕、浇河郡〔青海省贵德县〕、湟河郡〔青海省化隆县〕），应该夺取。大王如果没有开疆拓土、建立大业的志向，我就不敢多言；大王如果有经营天下四方的计划，这个机会不可丧失。一旦羌族部落得到西平郡（青海省西宁市），汉人和夷人，都会震动，不符合我们的利益。”秃发乌孤大喜说：“我当然要抓住机会，建立功勋，岂愿意坐在这贫苦的山谷里苦守！”对文武官员说：“梁饥如果得到西平郡（青海省西宁市），仗恃山河险要，就再也没有人能控制他。他虽然骁勇，可是军队没有纪律，号令不能贯彻，容易对付。”遂发动攻击，大破梁饥。梁饥退守龙支堡（即允吾·甘肃省永靖县西北）。秃发乌孤再攻击，攻克，梁饥单枪匹马逃往浇河郡（青海省贵德县），秃发乌孤斩杀及俘虏数万人；任命田玄明当西平郡（青海省西宁市）郡长（内史）。乐都郡（青海省海东市乐都区）郡长田瑶、湟河郡（青海省化隆县）郡长张裯、浇河郡（青海省贵德县）郡长王稚，都献出郡城，投降。洪池岭（甘肃省天祝县西北乌鞘岭）以南羌族、匈奴族数万部落，都归付秃发乌孤。

29 西秦王（首都西城〔甘肃省靖远县西〕）乞伏乾归，派秦州（州政府设宛川〔甘肃省榆中县东北〕）全权州长（牧）乞伏益州、武卫将军乞伏慕兀、冠军将军翟瑥，率骑兵二万人，攻击吐谷浑汗国（青海省）。

30 冬季，十月十四日，后燕帝国（首都龙城〔辽宁省朝阳市〕）文武官员，再一次向首领、长乐王慕容盛，奉上皇帝尊号。

十月十七日，慕容盛正式称皇帝（三任昭武帝），大赦，尊皇后段女士（嫡母）为皇太后，太妃丁女士（娘亲）为献庄皇后。

最初，兰汗主持政府时，慕容盛追随老爹慕容宝在外逃亡，兰汗的女儿兰妃，侍奉婆婆丁女士，比平常还要殷勤小心。等到兰汗被诛杀，慕容盛认为兰妃应该受连坐处分，打算处死。丁女士因兰妃有保全她们母子的功劳，坚决反对，才得以赦免，然而终身不能当皇后（不封兰妃当皇后，有其必要。但有一念要杀兰妃，便是罪恶，慕容盛已忘掉兰妃的救命之恩〔参考本年〔三九八〕四月〕；这种人属于姒勾践之流，一旦掌权，兽性立发）。

31 晋帝国大赦。

西路叛军首领、荆州（州政府江陵）州长（刺史）殷仲堪，听到老叔殷茂宣读的诏书，大怒若狂，催促桓玄、杨佺期发动攻击。桓玄、杨佺期高兴政府任命他们高位，打算接受，却多少又有点犹豫。殷仲堪得到消息，既怒又惧，立即从芜湖（安徽省芜湖市）回军，派人向蔡洲（江苏省南京市西南长江中小岛）大营士卒宣告："你们如果不马上离开军营，赶紧逃回，等我到了江陵（湖北省江陵县），屠灭你们全家。"杨佺期部将刘系，率二千人首先东返。桓玄等恐慌，狼狈撤退，一路不敢停留，追到寻阳（江西省九江市），才追到殷仲堪。

殷仲堪既然失去荆州州长（刺史）的合法地位，只好依靠桓玄等作为外援，而桓玄等也依靠殷仲堪的军队，造成声势；所以，虽然已经互相猜忌，但又不能不密切结合，遂互相用儿子、老弟，作为人质。

十月二十三日，三人在寻阳（江西省九江市）缔结盟约，对天发誓，声言一致行动，拒抗中央；联名上疏给晋帝（十六任安帝）司马德宗（本年十七岁），替王恭申辩，请求诛杀刘牢之和谯王司马尚之；并且控诉：殷仲堪没有犯罪，为什么独被贬谪？中央政府接到奏章后，大为震骇，内外乱成一团。遂罢黜桓修，命殷仲堪仍回荆州（州政府江陵）州长（刺史）原位，颁下措辞温和的诏书，希望和解，殷仲堪等才接受命令。总监察官（御史中丞）江绩弹劾桓修：专为自己利益打算，使政府采取错误的措施。晋帝司马德宗下诏（司马道子诏），免除桓修官职（若非桓修抛下骨头，把江州抛给桓玄，把雍州抛给杨佺期，殷仲堪怎肯回军？而以后互相砍杀，都种因于此。桓修这一套，是专制封建社会，对付内斗时最厉害的一记杀手锏，直到二十世纪，都灵验如神。竟因此受到处罚，谋略之士，有幸有不幸）。

当初，桓玄在荆州时，横行霸道，为非作歹；殷仲堪的亲信党羽，都劝殷仲堪把他铲除；殷仲堪不肯接受。等到寻阳（江西省九江市）盟誓，利用桓家的声望，更推桓玄当盟主，桓玄遂越发倨傲不可一世。杨佺期为人，骄傲凶悍，桓玄却认为他门第低微，出身平民，心里对他十分轻蔑，处处压制；杨佺期大为怨恨，秘密警告殷仲堪：桓玄终有一天会制造灾难，请在盟誓的神坛上，袭杀桓玄。可是，殷仲堪对杨佺期兄弟的勇敢矫健，同样深怀戒心，恐怕除掉桓玄之后，再没有人能控制杨佺期；于是，苦苦劝阻。盟誓之后，各回各的基地。桓玄也知道杨佺期的阴谋，暗中有排除杨佺期的计划；遂驻屯夏口（湖北省武汉市。江州州政府亦迁至此），遴选始安郡（广西桂林市）郡长、济阴郡（侨郡·江苏省睢宁县东北）人卞范之当秘书长（长史），作为智囊。这时，中央政府单单不肯赦免庾楷（前豫州〔州政府历阳〕州长）；桓玄径行任命庾楷当武昌郡（湖北省鄂州市）郡长。

最初，雍州（州政府设襄阳〔湖北省襄阳市〕）州长（刺史）郗恢，拥护中央，拒抗西路叛军。桓玄那时还没有得到江州（州政府设寻阳〔江西省九江市〕）州长（刺史）位置，打算夺取郗恢的雍州，而把自己的广州（州政府设番禺〔广东省广州市〕）州长（刺史）位置，跟郗恢对调交换。郗恢得到消息，大为不安，询问部属们的意见，大家异口同声说："如果杨佺期来，谁敢不献出全力！如果桓玄来，恐怕难以抵挡。"（桓玄之难以抵挡，不是他的作战能力，因为他此时还没有作过战，而是自桓温之后，几世累积下来的声威。）不久，中央命杨佺期接替郗恢，郗恢遂跟南阳郡（河南省南阳市）郡长闾丘羡商量，打算用武力拒绝。杨佺期得到情报，宣传说：桓玄将从沔水（汉水）西上，而由杨佺期当前锋司令。郗恢的部众确信不疑，遂望风而逃；郗恢只好投降。杨佺期到郗恢大本营，斩闾丘羡，释放郗恢回京（首都建康）。郗恢全家走到杨口（湖北省潜江市北），殷仲堪秘密派出杀手，刺杀郗恢和他的四个儿子，对外声称是附近蛮族的暴行。

32 西秦王国（首都西城〔甘肃省靖远县西〕）秦州（州政府设苑川〔甘肃省榆中县东北〕）全权州长（牧）乞伏益州，跟吐谷浑汗国（青海省）可汗（六任）慕容视罴，在度周川（甘肃省临潭县西）会战；慕容视罴大败，向西撤退，保守白兰山（青海省南部巴颜喀拉山）。派儿子慕容宕岂，前往西秦王国当人质，请求和解。西秦王乞伏乾归把皇族一位女儿嫁给慕容宕岂。

33 后凉王国（首都姑臧〔甘肃省武威市〕）建武将军李鸾，献出他驻防的兴城（即龙支堡〔甘肃省永靖县西北〕），归附南凉王国（首都金城〔甘肃省兰州市〕）。

34 十一月，晋帝国政府，任命皇弟琅邪王司马德文当首都卫戍司令（卫将军）、开府仪同三司（宰相级）；再任命征虏将军司马元显当中央禁军总监（中领军）；中央禁军总监（领军将军）王雅当国务院左执行长（尚书左仆射）。

35 十一月二十三日，北魏王（首都平城〔山西省大同市〕）拓跋珪，命国务院文官部文官司助理官（吏部郎）邓渊，创立帝国文官制度，制订皇家音乐；集会礼仪助理官（仪曹郎）清河郡（山东省临清市）人董谧，制订礼节仪式；司法助理官（三公郎）王德，制订法律规章；天文台长（太史令）晁崇，考察天象；而由文官部长（吏部尚书）崔宏，担任总监，负责完成，奠立永远不变的制度。邓渊，是邓羌的孙儿（邓羌，前秦帝国名将，参考三七〇年十月）。

36 逃到傒海（青海湖）的西平公杨轨、田胡部落酋长王乞基，率领部众数千户，投降南凉王国（首都金城）首领（一任武王）、西平王秃发乌孤。

37 十二月二日，北魏王拓跋珪正式登位称皇帝（一任道武帝），大赦，改年号天兴（之前是皇始三年，之后是天兴元年）。下令无论政府官员或乡里小民，都要把头发束成辫子，盘到头上，再戴冠帽（汉民族男人“束发”是把发根扎起，免得像女人一样蓬松四散。而鲜卑族索头部落的“束发”，却是把头发结成一条辫子，所以被敌人称为“索虏”——辫子强盗，以后遂成为他们的一种标志，这标志一直维持到女真人的清王朝）。追尊遥远的祖先拓跋毛，以下二十七个人，都称皇帝（拓跋珪最是大方，把几百年前的野人祖先，都尊称皇帝）。定六世祖拓跋力微（参考二六一年）绰号神元皇帝，庙号始祖；祖父拓跋什翼犍绰号昭成皇帝，庙号高祖；老爹拓跋寔绰号献明皇帝（没有庙号）。北魏帝国风俗：每年夏季第一个月（四月），祭祀天神跟皇家祖庙。每年夏季第三个月（六月），由首领率大众前往阴山祭祀霜神。每年秋季第一个月（七月），在西郊祭祀天神。直到本年（三九八），才依照汉民族儒家学派的古代制度，制订政府和祭庙使用的音乐礼仪。然而，只有每年夏季第一个月（四月）祭祀天神时，北魏帝拓跋珪才亲自献祭，其他大典，都由有关机关代表主持。又采纳国务院文官部长（吏部尚书）崔宏的建议，拓跋珪宣称自己是黄帝姬轩辕（黄帝王朝一任帝）的后裔，受到大地之神的保护（以土德王）。把全国六州二十二郡的郡长、县长，以及豪杰们的家属二千家，强行迁到首都平城（山西省大同市）。东到代郡（河北省蔚县），西到善无（山西省右玉县），南到阴馆（山西省朔州市东南），北到参合（山西省阳高县东北）之北，作为北魏帝国的京畿；京畿之外的四方（东、西、南、北）和四面（东北、东南、西北、西南），则设立八部总监，分别管辖。

38 十二月十二日，后燕帝国（首都龙城〔辽宁省朝阳市〕）幽州（州政府设令支〔河北省迁安市〕）州长（刺史）慕容豪（张豪）、国务院左执行长（尚书左仆射）张通、首都龙城市长（昌黎尹）张顺，被控叛变，诛杀。

39 最初，晋帝国琅邪郡（侨郡·江苏省句容市北）人孙泰，向钱塘（浙江省杭州市）人杜子恭，学习法术，知识分子和民众，很多人信奉。国务院左执行长（左仆射）王珣，心里厌恶，把孙泰充军到广州（州政府设番禺〔广东省广州市〕）。而广州州长（刺史）王雅，却对孙泰佩服得五体投地，把他推荐给十五任帝（孝武帝）司马昌明，强调他有长生不老的秘方；司马昌明把他召回京师（首都建康），最后做官做到新安郡

（浙江省淳安县）郡长。孙泰知道晋帝国将要灭亡，遂乘着王恭反抗中央的机会，打着讨伐王恭的旗号，集结士卒，聚敛财富亿亿，三吴地区（三吴：吴兴郡〔浙江省湖州市〕、吴郡〔江苏省苏州市〕、会稽郡〔浙江省绍兴市〕；即太湖流域及钱塘江流域），很多人追随。有见识的人都担心他会进一步制造混乱。但因他跟中央禁军总监（中领军）司马元显是好友，关系密切，没有人敢对他指摘。会稽郡（浙江省绍兴市）郡长（内史）谢辅，正式揭发他的阴谋。

十二月二十二日，会稽王司马道子，命司马元显诱捕孙泰，连同他的六个儿子，一起斩首。孙泰老哥的儿子孙恩，逃入东海。愚昧的民众坚信孙泰并没有死亡，而是像蝉一样，脱壳而去（道教称为"尸解"），所以对漂泊海岛（舟山岛）上的孙恩，仍继续供应。孙恩聚集亡命之徒，集合一百余人，计划复仇。

40 南凉王国（首都金城〔甘肃省兰州市〕）首领（一任武王）、西平王秃发乌孤，改称武威王。

41 本年（三九八），归附晋帝国（首都建康）的杨盛（时驻仇池〔甘肃省西和县南〕），派人请求归附北魏帝国（首都平城）；北魏帝国封杨盛当仇池王。

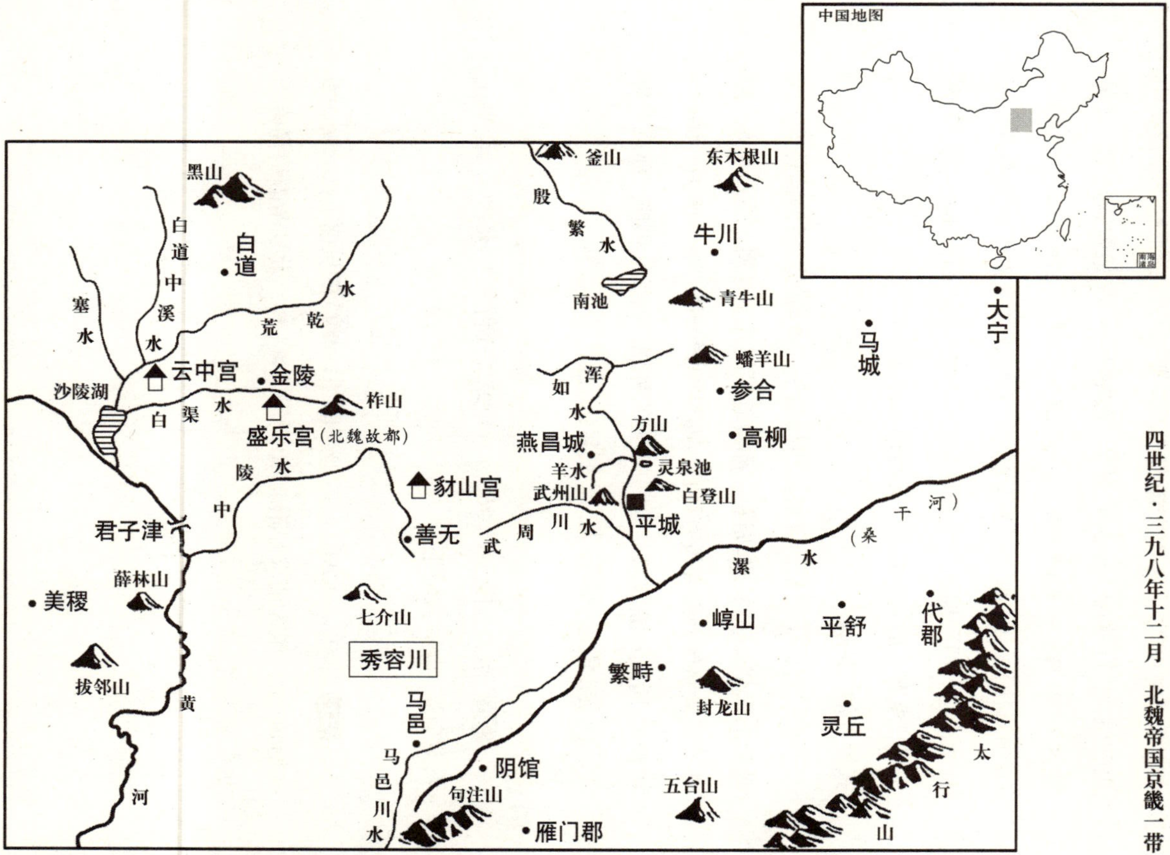

四世纪·三九八年十二月　北魏帝国京畿一带

中国地图

黑山
釜山
东木根山
白道
白道中溪水
塞水
荒乾水
殷繁水
牛川
南池
青牛山
大宁
马城
沙陵湖
云中宫
金陵
柞山
白渠水
盛乐宫（北魏故都）
浑如水
蟠羊山
参合
方山
燕昌城
高柳
灵泉池
羊水
白登山
武州山
平城
陵水
中
豺山宫
善无
武周川水
（桑干河）
漯水
君子津
薛林山
美稷
七介山
秀容川
拔邻山
黄河
马邑
马邑川水
阴馆
句注山
雁门郡
崞山
繁畤
平舒
代郡
封龙山
灵丘
五台山
太行山

三九九年 己亥

晋	隆安	三年
后燕	建平	二年
	长乐	元年
后秦	皇初	六年
	弘始	元年
西秦	太初	十二年
北魏	天兴	二年
北凉	神玺	三年
	天玺	元年
后凉	龙飞	四年
	咸宁	元年
南燕	燕王	二年
南凉	太初	三年

（秦王苻广元年）

1 春季，正月四日，晋帝国（首都建康〔江苏省南京市〕）大赦。

2 正月十一日，后燕帝国（首都龙城〔辽宁省朝阳市〕）首都龙城市长（昌黎尹）留忠叛变，处死。案件牵连国务院总理（尚书令）东阳公慕容根、国务院执行官（尚书）段成，一起诛杀。后燕帝（三任昭武帝）慕容盛（本年二十七岁）派中卫将军卫双，到凡城（河北省平泉市南）诛杀留忠的老弟、幽州州长（刺史）留志。任命首都卫戍司令（卫将军）平原公慕容元当，宰相（司徒）、国务院总理（尚书令）。

3 正月十三日，北魏帝国（首都平城〔山西省大同市〕）皇帝（一任道武帝）拓跋珪（本年二十九岁）向北巡察，分别命最高统帅（大将军）、常山王拓跋遵等三军，从东方的长川（内蒙古兴和县西北）出发；镇北将军、高凉王拓跋乐真等七军，从西方的牛川（内蒙古兴和县西）出发；拓跋珪亲统主力部队，从中央驳髯水（今地不详）出发；向瀚海沙漠上的高车部落（蒙古国北部），发动攻击。

4 正月二十五日，后燕帝国（首都龙城〔辽宁省朝阳市〕）右将军张真、首都龙城城防指挥官（城门校尉）和翰，被指控叛变，处死。

正月二十六日，大赦，改年号长乐（之前是建平二年，之后是长乐元年）。后燕帝慕容盛每隔十天，亲自主持司法审判一次；虽不用苦刑拷打，仍多能得到实情。

5 南凉王国（首都金城〔甘肃省兰州市〕）首领（一任武王）、武威王秃发乌孤，迁都乐都（青海省海东市乐都区）。命老弟西平公秃发利鹿孤，镇守安夷（青海省海东市平安区）；广武公秃发傉檀，镇守西平（青海省西宁市）；叔父秃发素渥，镇守湟河（青海省化隆县），秃发若留镇守浇河（青海省贵德县）；堂弟秃发替引，镇守岭南（洪池岭〔甘肃省天祝县西北乌鞘岭〕以南）；秃发洛回，镇守廉川（青海省民和县）；堂叔秃发吐若留，镇守浩亹（甘肃省永登县西南。亹，音mén〔门〕）。蛮夷、汉民族俊杰人士，依照他们的才能，分别任用，在中央则居高位，在地方则当郡县首长，安置十分恰当。

秃发乌孤对群臣说："陇右（陇山以西）、河西（甘肃省中部西部），过

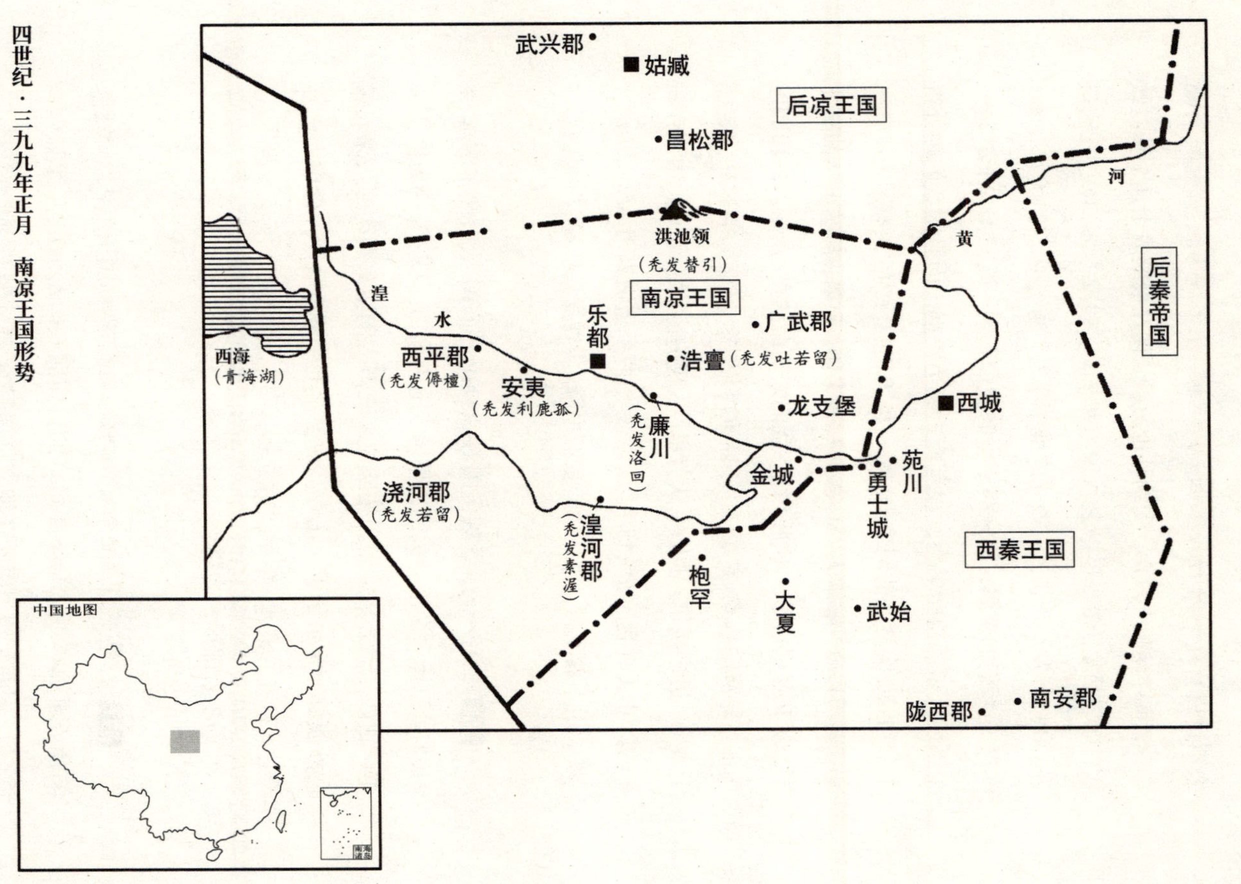

四世纪·三九九年正月　南凉王国形势

去不过只有几个郡（东汉王朝时，陇右二郡：陇西郡、金城郡。河西四郡：武威郡、张掖郡、酒泉郡、敦煌郡），受到乱世影响，现在被割成十几个独立政权，而以吕家（后凉王国）、乞伏家（西秦王国）、段家（北凉王国），三家最强。我打算发动攻击，应该先向谁下手？”杨统说：“乞伏家（西秦王国）本是我们的部属，将来终于会向我们归附。段家（北凉王国）是一个不懂人事的白面书生，没有能力制造灾祸，而且跟我们相处得十分和睦，突然向他们攻击，是一种不义的行为。只有吕光（后凉王国），老迈昏庸，继承人（太子吕绍）懦弱无能。吕纂、吕弘虽然都有才干，却又互相猜忌，不能团结。我们如果命浩亹（音mén〔门〕）和廉川两郡，轮流向吕家（后凉王国）不断乘虚攻击，吕家（后凉王国）一定疲于奔命。最多两年，他们军队劳累，人民穷困，姑臧（后凉首都 · 甘肃省武威市）可以到手。姑臧到手之后，其他两个盗贼集团（西秦王国及北凉王国），用不着攻打，自然会向我们投降。”秃发乌孤说：“好极！”

6 二月一日，北魏帝国（首都平城）北征军，大破高车部落（蒙古国北部）三十余个战斗兵团，俘虏人七万余口、马三十余万匹，牛羊一百四十余万头。卫王拓跋仪率三万人的骑兵别动部队深入瀚海沙漠群一千余华里，击败高车部落七个战斗兵团，俘虏人二万余口、马五万余匹、牛羊二万余头。

高车各部落大为震恐。

7 林邑王国（越南中部。首都典冲 · 越南茶荞城）国王范达，一连攻陷晋帝国（首都建康〔江苏省南京市〕）的日南郡（越南顺化市）、九真郡（越南清化市），遂向交州州府所在地交趾郡（龙编 · 越南河内市东北北宁省）进击。交趾郡郡长杜瑗迎击，击破林邑军攻势。

8 二月二十四日，北魏帝国（首都平城〔山西省大同市〕）征虏将军庾岳，攻破勃海郡（河北省南皮县），斩变民首领张超（张超事，参考去年〔三九八〕九月）。

9 北凉王国（首都张掖〔甘肃省张掖市〕）首领（一任王）、西平王段业，正式改称凉王（北凉王），改年号天玺（之前是神玺三年，之后是天玺元年）。任命沮渠蒙逊当国务院左秘书长（尚书左丞），梁中庸当国务院右秘书长（尚书右丞）。

10 北魏帝国（首都平城）皇帝拓跋珪，在牛川（内蒙古兴和县西）南方举行盛大狩猎，命俘虏的高车人，用身体联成围墙，圆周七百余华里，驱逐野兽，南抵平城（山西省大同市）。下令高车籍奴隶，兴建养鹿场（鹿苑），广达数十华里。

三月三日，拓跋珪兴尽，返首都平城（山西省大同市）。

三月八日，拓跋珪把国务院（尚书）三十六部（曹）跟其他一级部会（外署），扩张成为三百六十部（曹），命八个部落总监（八部大人），分别主持扩张后的各部（曹）；原来的三十六部（曹），则由文官部长（吏部尚书）崔宏主持，职位等于国务院总理（令）、执行长（仆），负责全局。另行设立儒家学派五经教授（五经:《诗经》《书经》《礼经》《易经》《春秋》）；增加国立大学学生名额，共计三千人。

拓跋珪询问国立大学教授（博士）李先：“天下什么东西最好，可以增加人的智慧？”李先回答：“图书。”拓跋珪说：“天下共有多少图书？怎么样才可以搜集在一起？”李先回答：“自从有文字以来，图书的数量，每年都有增加，直到今天，数目已无法计算！如果人主喜爱，不必担心不能搜集。”拓跋珪接受他的建议，命各郡县大肆搜集图书，全部送到首都平城（山西省大同市）。

11 最初，前秦帝（五任高帝）苻登的老弟苻广（参考三九四年四月），率部众三千人，投靠南燕帝国（首都滑台〔河南省滑县〕）。南燕王（一任献武帝）慕容德任命苻广当冠军将军，安置在乞活堡（“乞活”，并州〔山西省中部〕流亡到山东〔太行山以东〕的难民群，参考三〇六年十二月。难民群四散，各自修筑城寨，称“乞活堡”“乞活城”等）。正好荧惑星（火星）紧傍东井星，有人宣传说：前秦帝国就要复兴。苻广遂自称秦王，攻击南燕帝国，大破北地王慕容钟。这时，南燕帝国形势，孤单衰弱，所控制的城池，不超过十个，军队不超过一万人。慕容钟既然被击败，部队纷纷逃走，前往归附苻广。慕容德（本年六十四岁）命鲁阳王慕容和留守滑台（河南省滑县），亲自率军反击，斩苻广。

当慕容宝初到黎阳（河南省浚县）时（参考去年〔三九八〕四月），鲁阳王慕容和的秘书长（长史）李辩，劝慕容和迎接皇帝御驾，慕容和拒绝。李辩内心恐惧，秘密引导晋帝国（首都建康）军队，进驻管城（河南省郑州市），打算利用慕容德出外的机会，发动兵变。可是慕容德一直留在城里，没有出征，李辩越发疑惧忧虑。后来慕容德终于出军讨伐苻广，李辩再劝慕容和叛变，慕容和仍不接受；李辩遂斩慕容和，把滑台（河南省滑县）献给北魏帝国（首都平城），投降。北魏邺城特遣政府（行台）执行官（尚书）和跋，正在邺城（河北省临漳县西南邺城镇），接到报告，率轻装备骑兵从邺城出发，直指滑台（河南省滑县）；既到滑台，李辩忽然后悔，紧闭城门坚守。和跋派特遣政府助理官（尚书郎）邓晖，向李辩分析祸福利害，李辩才打开城门，迎接和跋进城，和跋把慕容德所有的小老婆和宫女，以及所有的库房宝藏，全部接收运走。慕容德在前方得到消息，急派军回来阻截撤退中的和跋，和跋迎战，大破慕容德军，又大破增援的桂阳王慕容镇，俘虏一千余人。陈郡（河南省周口市淮阳区）、颍川郡（河南省许昌市东）一带民众，多数归降北魏帝国。

南燕帝国首都西区卫戍司令（右卫将军）慕容云，斩李辩，逃出滑台（河南省滑县），率军官家属等二万余人投奔慕容德。慕容德打算反攻滑台，部将韩范说："从前，魏国（北魏帝国）是客人，我们是主人；而今恰恰反了过来，人心震恐，已丧失战斗能力。不如先占领一个地方，作为根据地，自立自强，再考虑发展。"另一部将张华说："彭城（江苏省徐州市），是西楚王国（项羽）的首都，可以夺取，作为基地。"北地王慕容钟等，都劝慕容德反攻滑台（河南省滑县），国务院执行官（尚书）潘聪说："滑台（河南省滑县）地理位置，四通八达。北方有魏国（北魏帝国），南方有晋国（晋帝国），西方有秦国（后秦帝国），重重包围之下，一天都不能安枕。而彭城（江苏省徐州市）地广人稀，一片平原，没有险要可以防守，一直是晋国（晋帝国）固有的边防重要城镇，不容易夺取。而且，又接近长江、淮河，夏秋两季，降雨量太多，战争全靠船舰，这恰是南方人的长处、我们的缺点。只有青州（山东省北部），土壤肥沃，一望二千华里，可以集结精锐部队十余万；东方有大海财富，西方有山川险要。广固城（山东省青州市）是当年曹嶷兴筑（参考三二三年七月），形势宏伟险要，足有资格当帝王京都。三齐（山东省）英雄豪杰，长久以来，都在盼望得到君王，使他们能够立下盖世功劳。晋国（晋帝国）守将辟闾浑（晋帝国幽州〔州政府广固〕州长），曾经在燕国（前燕帝国）当官（辟闾浑自前燕投降晋帝国，参考三八八年二月），现在，最好是派出能言善道的辩士，向他游说；大军随后紧逼，施加压力，如果他仍不肯归附，则摧毁他跟弯腰捡一根草那么容易。得到青州（山东省北部）之后，紧闭边界，养精蓄锐，等待时机成熟，再采取行动。青州（山东省北部），就是陛下的关中、河内（西汉王朝一任帝刘邦，用关中〔陕西省中部〕作基地；东汉王朝一任帝刘秀，用河内〔河南省北部〕作基地，统一全国）。”慕容德犹豫不决，佛教高僧竺朗，精于占卜，慕容德派营门官（牙门）苏抚询问竺朗的意见，竺朗说：“我拜读所提出的三项谋略，认为潘执行官（潘聪）的见识最高，这是使邦国兴起的言论。而且，本年（三九九）年初，彗星起于奎星、娄星，横扫虚星、危星；彗星出现，表示旧的东西将要消除，新兴事物将要代替。奎星、娄星的管辖地区是古鲁国（山东省西部），虚星、危星管辖地区是古齐国（山东省北部）。所以我们应先取兖州（山东省西部），把前锋推进到琅邪郡（指山东省南部），到了秋天，再向北夺取古齐国（青州·山东省北部），这是天意。”苏抚又秘密询问帝国寿命可以维持多久，竺朗根据《易经》算卦，说：“帝国将在四一〇年（庚戌）衰亡，生存一纪（十二年）；宝座能传给儿子。”（这是明显的“事后有先见之明”，史书上不断出现这种诈欺，使人厌倦。）苏抚回去报告慕容德，慕容德遂率领部众南下，兖州（山东省西部）北部各郡县，全都归降。慕容德分别派任郡长、县长，禁止士卒奸淫烧杀，人民十分感激，捐赠呈献、慰劳大军的牛肉和美酒，在路上连续不断。

12 三月二十日，北魏帝拓跋珪派，建义将军庾真、南越兵团指挥官（越骑校尉）奚斤，攻击北方的库狄部落、宥连部落、侯莫陈部落（所在地不详），全都击破，一直追击到大峨谷（今地不详）。设置边防指挥所后，回军。

13 三月二十三日，晋帝（十六任安帝）司马德宗（本年十八岁），尊称娘亲陈归女尊号德皇太后。

14 夏季，四月，鲜卑民族叠掘部落（驻地不详）酋长河内，率五千余户归附西秦王国（首都西城〔甘肃省靖远县西〕）；西秦王（二任武元王）乞伏乾归任命河内当叠掘部落总监（都统），把皇族女儿嫁给他。

15 四月九日，后燕帝国（首都龙城〔辽宁省朝阳市〕）大赦。

16 晋帝国（首都建康〔江苏省南京市〕）会稽王司马道子（本年三十六岁）有病，而且没有一天不酩酊大醉。世子司马元显（本年十八岁）知道政府官员都在盼望司马道子辞职，遂用暗示和压力，使晋帝司马德宗下诏：免除司马道子宰相（司徒）、京畿总卫戍司令（扬州刺史）职务。

四月十日，再下诏任命司马元显当京畿总卫戍司令（扬州刺史）。司马道子好不容易从沉醉中苏醒，才发现被儿子摆了一道，大怒若狂，可是却束手无策。

司马元显把庐江郡（安徽省舒城县）郡长、会稽郡（浙江省绍兴市）人张法顺，当作智囊，大量引进亲信、树立党羽，政府中尊贵的官员，对他们都十分畏惧。

17 后燕帝国（首都龙城〔辽宁省朝阳市〕）散骑侍从官（散骑常侍）余超、左将军高和等，被指控叛变，处死。

18 后凉王国（首都姑臧〔甘肃省武威市〕）太子吕绍、太原公吕纂，率军讨伐北凉王国（首都张掖〔甘肃省张掖市〕）。北凉王（一任王）段业，向南凉王国（首都乐都〔青海省海东市乐都区〕）首领（一任武王）、武威王秃发乌孤请求救援。秃发乌孤派骠骑大将军秃发利鹿孤，跟杨轨（去年〔三九八〕归降，参考去年十一月），率军协防。段业将发动反击，沮渠蒙逊劝阻说：“杨轨仗恃鲜卑族的强大（段业是汉人，沮渠蒙逊是匈奴人，秃发部落是鲜卑人），有乘机动手的野心；吕绍、吕纂深入我们国境，把大军放在非拼命死战不可的位置，很难抵挡。现在，不战有泰山之安，战则有累卵之危。”段业听从，按兵不动。吕绍、吕纂只好撤退。

六月，秃发乌孤任命老弟秃发利鹿孤，当凉州全权州长（牧），镇守西平（青海省西宁市）；征召幼弟车骑大将军秃发傉檀（时驻西平），回京（首都乐都）主管政府机要（录府国事）。

19 晋帝国会稽王世子司马元显，自知还是一个少年（本年十八岁），不打算立即负起重责大任。

六月四日，晋帝司马德宗下诏（司马元显诏），命琅邪王司马德文（晋帝司马德宗老弟）担任宰相（司徒）。

20 北魏帝国前河间郡（河北省献县）郡长卢溥，率领他的私人部队数千家，在渔阳郡（北京市密云区）谋生，占领几个郡的土地。

秋季，七月五日，后燕帝慕容盛，派使节任命卢溥当幽州（州政府设肥如〔河北省卢龙县北〕）州长（刺史）。

21 七月七日，后燕帝慕容盛，下诏：“法令规章和判例，都有规定：公爵、侯爵犯罪时，可以用金钱、绸缎来赎（胡三省注：古代赎罪，都用黄铜；西汉王朝之后，改用黄金。北魏帝国因黄金难得，特准黄金一两，折合绸缎十匹），这种办法，并不能惩罚罪恶，也不能对皇家有益，毫无意义。从今以后，都改为用功劳赎罪，不再收取金钱、绸缎。”

22 西秦王国（首都西城〔甘肃省靖远县西〕）丞相、南川公（宣公）出连乞都（出连，复姓）逝世。

23 后秦帝国（首都长安〔陕西省西安市〕）齐公姚崇、镇东将军杨佛嵩，向东进攻晋帝国（首都建康）所属的洛阳（河南省洛阳市东白马寺东）。晋帝国河南郡（郡政府洛阳）郡长、陇西郡（甘肃省陇西县）人辛恭靖，登城抵抗；雍州（州政府设襄阳〔湖北省襄阳市〕）州长（刺史）杨佺期，派人向北魏帝国（首都平城）常山王拓跋遵，请求援救。北魏帝拓跋珪，任命散骑侍从官（散骑常侍）、西河郡（山西省吕梁市离石区）人张济，当拓跋遵的参谋指挥官（从事中郎），派他前往襄阳（湖北省襄阳市）报聘。杨佺期问张济说："你们攻击中山（后燕故都 · 河北省定州市），战士多少人？"张济说："四十余万。"杨佺期说："魏国（北魏帝国）如此强大，那一小撮羌贼（姚崇等），定被消灭。晋国（晋帝国）跟魏国（北魏帝国），本来是一家人（拓跋猗卢的代王，就是晋帝国封的爵位；参考三一五年二月），现在既然结成亲密友邦，在道义上，也不应有所隐瞒。我这里（襄阳）兵力微弱，粮食又不充分。洛阳能不能解围，完全依靠贵国。如果能够保全，定有丰富回报；如果失守，与其落到羌人（后秦帝国）之手，不如你们拿到。"张济回去报告。

八月，拓跋珪派全国武装部队总司令（大尉）穆崇，率六万人兵团，救援洛阳。

24 后燕帝国（首都龙城）辽西郡（河北省卢龙县）郡长李朗，当郡长十年，政令森严，郡境之内，无人胆敢违犯，深恐后燕帝慕容盛对他因猜疑而下毒手，每次中央征召他进京（首都龙城），他都不肯前往。但因他的家属都在龙城（辽宁省朝阳市），所以也不敢明显叛变。而只秘密跟北魏帝国（首都平城）勾结，应允献出郡城投降；于是派人前往龙城，夸张贼寇（北魏帝国）声势。慕容盛说："其中一定有诈！"召见使节，当面盘问，果然是假；遂下令屠灭李朗全族。

八月十四日，派辅国将军李旱，率军讨伐李朗。

25 最初，北魏帝国奋武将军张衮，由于才干和谋略，深受北魏帝拓跋珪的信任尊重，把他当作心腹。拓跋珪要他推荐中原知名之士，张衮推荐卢溥和崔逞，拓跋珪都任命他们担任官职。后来，拓跋珪包围中山（河北省定州市），久不能攻克，而军粮缺乏（此是追叙前年〔三九七〕之事），向文武官员询问意见，崔逞当时是总监察官（御史中丞），回答说："桑椹可以充当军粮，猫头鹰因吃桑椹，声音都变得好听，《诗经》上说得至为明白。"（《诗经·泮水》："飞来飞去猫头鹰／停留树林／吃了我的桑椹／叫出美妙声音。"〔翩彼飞鸮／集于泮林／食我桑椹／怀我好音。〕在传说中，猫头鹰是一种恶鸟，鸣声难听。）拓跋珪虽然采纳他的建议，允许人民可用桑椹缴纳田租，但却认为崔逞对自己故意侮辱，记恨在心（拓跋珪疑心崔逞把他比作猫头鹰）。后来，后秦帝国（首都长安）军攻击晋帝国（首都建康）的襄阳（湖北省襄阳市），晋帝国雍州（州政府襄阳）州长（刺史）郗恢，写信向北魏常山王拓跋遵求救，信上说："你贤明的兄长，虎步中原（拓跋遵是拓跋珪的老弟）。"拓跋珪认为郗恢没有遵守君臣之间的礼仪，命张衮和崔逞代拓跋遵写一封回信，务必贬低晋帝国皇帝，张衮、崔逞在信上称司马德宗（晋帝国皇帝）为"贵主"。拓跋珪大发雷霆，说："教你们贬低司马德宗，你们却称他'贵主'，比起他叫我'贤兄'，你以为怎么样？"

崔逞当初归降北魏帝国时，因天下正在大乱，深恐怕崔家屠灭，不能留下后代，遂使他的正妻张女士跟四个儿子，留在冀州

（州政府设信都〔河北省衡水市冀州区〕），而崔逞只跟最小的儿子崔颐，前往平城（北魏首都·山西省大同市）。后来张女士带着四个儿子，投奔南燕帝国（首都滑台）。拓跋珪为了报复崔逞的侮辱，下令崔逞自杀。卢溥却接受后燕帝国（首都龙城）的官爵，不断侵略北魏帝国沿边郡县，还击斩北魏帝国幽州州长（刺史）封沓干。拓跋珪责备张衮所推荐的人，都不恰当，把张衮贬为国务院初级助理官（尚书令史）。张衮遂紧闭大门，不跟亲友来往，每天校对儒家学派经典，一年有余，逝世（年七十二岁）。

后燕帝国二任帝（惠愍帝）慕容宝失败时，立法院最高立法长（中书令）兼民政部长（民部尚书）封懿，投降北魏帝国。拓跋珪任命他当禁宫咨询官（给事黄门侍郎）、全国政务总监（都坐大官）。拓跋珪询问他后燕帝国的往事，封懿回答时，既疏略而又漫不经心，也被免除官职，在家闲居。

26 南凉王国（首都乐都〔青海省海东市乐都区〕）首领（一任武王）、武威王秃发乌孤，饮酒大醉，骑马时撞伤肋骨，逝世（年龄不详）；遗嘱吩咐遴选年纪大的人接替王位。贵族遂拥立他的老弟秃发利鹿孤，定秃发乌孤绰号武王，祭庙称烈祖。

秃发利鹿孤（二任康王）大赦，把首都迁到西平（青海省西宁市）。

27 南燕王（此时无首都）慕容德，派人游说晋帝国幽州（州政府广固）州长（刺史）辟闾浑，打算和平取得广固（山东省青州市），辟闾浑拒绝。慕容德遂派北地王慕容钟，率步骑兵二万人的混合兵团攻城。慕容德则攻陷琅邪郡（山东省临沂市）。徐州（江苏省北部）、兖州（山东省西部）居民，归附的有十余万人。慕容德由琅邪郡（山东省临沂市）北

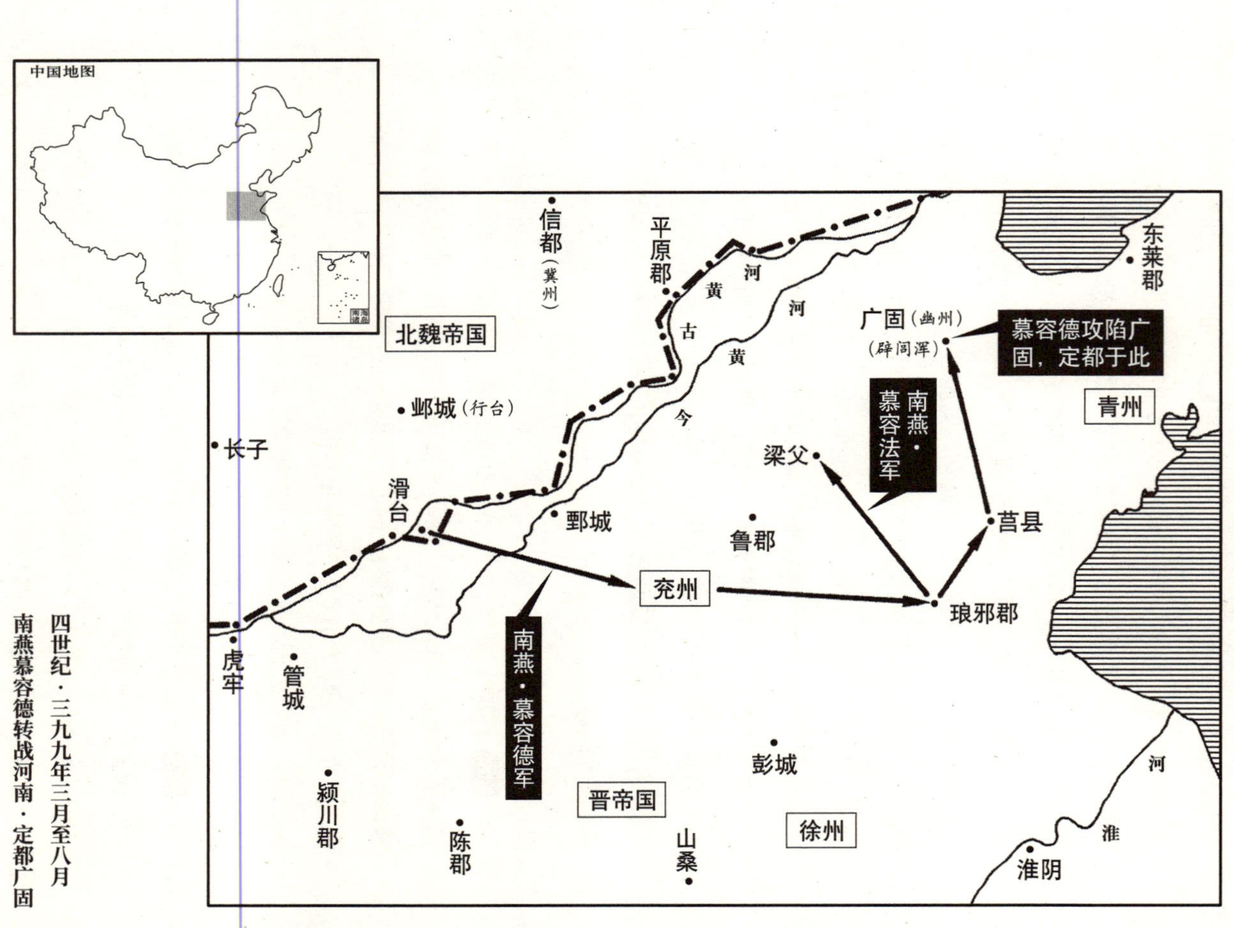

四世纪·三九九年三月至八月

南燕慕容德转战河南·定都广固

上，任命南海王慕容法，当兖州（山东省西部）州长（刺史），镇守梁父（山东省泰安市东南三十公里）。进攻莒城（山东省莒县），守将任安弃城逃走；慕容德任命潘聪当徐州州长（刺史），镇守莒城。

兰汗事变时（参考去年〔三九八〕六月），后燕帝国国务院文官部长（吏部尚书）封孚，向南逃亡，投靠辟闾浑，辟闾浑奏报晋帝国政府，任命封孚当勃海郡（侨郡）郡长。等到慕容德大军抵达，封孚出城投降，慕容德大喜说："我得到青州（即晋之幽州，今山东省北部），不算高兴，高兴的是得到你。"把政府机要，全部委托给封孚。北地王慕容钟向青州（山东省北部）各郡县发出政治号召，分析祸福利害。辟闾浑把别处居民强迁八千户人家到广固（山东省青州市），增强防务，派军政官（司马）崔诞，驻防薄荀固（薄荀，人名；固，山东省人称"堡"为"固"，跟关中〔陕西省中部〕的胡空堡、徐嵩堡相同）。平原郡（侨郡）郡长张豁，驻防柳泉城（山东省青州市西）。崔诞、张豁，响应慕容德的政治号召，双双投降。辟闾浑这才大为恐惧，携带妻子儿女，投奔北魏帝国（首都平城），慕容德派射击兵团指挥官（射声校尉）刘纲追击，追到莒城（山东省莒县），擒获，斩首。辟闾浑的儿子辟闾道秀，晋见慕容德，请跟老爹死在一起。慕容德说："老爹虽然不忠（指辟闾浑背叛后燕），儿子却是孝子。"特别赦免。辟闾浑的军事参议官（参军）张瑛，替辟闾浑撰写文告，措辞激烈，被捕，慕容德责备他，张瑛神色跟平常一样，平静的说："辟闾浑之有我，犹如韩信之有蒯通。蒯通遇刘邦而生（参考前一九六年正月），我遇陛下而死。比起古人，我暗中觉得不幸。"慕容德斩张瑛；定都广固（山东省青州市）。

28 后燕帝国（首都龙城〔辽宁省朝阳市〕）辅国将军李旱，率讨伐李朗大军南下，走到建安（河北省迁安市北），后燕帝（三任昭武帝）慕容盛用紧急命令，召回李旱，文武官员不知道什么缘故。

九月十八日，慕容盛再命李旱南下。李朗得到全家被杀消息，集结二千余户人家，守城自保。听说李旱仓猝撤回，认为京师（首都龙城）内部定有变化，不再戒备。命他的儿子李养留守令支（河北省迁安市），而亲自前往北平郡（河北省遵化市），迎接北魏帝国（首都平城）援军。

九月壬子日（九月甲寅朔，没有壬子），李旱袭击令支（河北省迁安市），攻克，派广威将军孟广平追到无终（天津市蓟州区），生擒李朗，斩首。

29 后秦帝国（首都长安〔陕西省西安市〕）皇帝（二任文桓帝）姚兴（本年三十四岁），因天灾星变，不断出现，特别降低名号，不再称皇帝，改称天王；下诏，命三公级、部长级高官、将军、州长、郡长、县长，都降阶一级。大赦，改年号弘始（之前是皇初六年，之后是弘始元年）。安抚救济孤寡贫苦的人民，选拔任命贤能人才，简化法令规章，对诉讼案件，一律求清白公正。郡长、县长有优良成绩的，奖赏；贪污残忍的，诛杀。秩序建立，远近欢欣。

30 冬季，十月十一日，后燕帝国中卫将军卫双有罪，后燕帝慕容盛命他自杀。李旱击败李朗后班师，听到卫双被杀消息，大为恐惧，抛下军队，单身匹马逃亡，逃到板陉（辽宁省凌源市境），又回京师（首都龙城），自首认罪。慕容盛恢复他的爵位，对高级咨询官（侍中）孙勍说："李旱身为将军，却弃军逃亡，大罪不赦。然而，从前，先帝（二任帝慕容宝）奔波流亡，骨肉都会叛变，高级官员纷纷失去节操，只有李旱，以一个宦官，忠贞殷勤，从不懈怠，始终如一。我念及这些功劳，才对他赦免。"

31 晋帝国河南郡（河南省洛阳市东白马寺东）郡长辛恭靖，坚守洛阳（河南郡郡政府所在县）一百余日，北魏帝国（首都平城）援军仍没有抵达。后秦帝国兵团遂攻陷洛阳，生擒辛恭靖。

辛恭靖被押解晋见天王姚兴，不肯跪拜，说：“我不会当羌贼的臣属。”姚兴把他囚禁，后来，辛恭靖终于逃回晋帝国（首都建康）。淮河、汉水以北，很多城池归降后秦，送出人质。

32 北魏帝拓跋珪，任命穆崇当豫州州长（刺史），镇守野王（河南省沁阳市。后秦帝国既夺取洛阳〔河南省洛阳市东白马寺东〕，穆崇的任务是防止后秦军北渡黄河）。

33 晋帝国会稽王世子司马元显，性情苛刻，纵情任性，一切都看他高兴或不高兴，想教人生人就生，想教人死人就死。下令征集东方各郡的“客户”（有罪的人，法官得判他当政府奴隶，称“官奴”，户籍称“奴户”。政府官员和皇家亲属，都有权包庇若干“官奴”，户籍称“客户”），号称“乐属”，全体迁移到京师（首都建康），作为后备战士。东方各郡，群情哗然，民间深为悲苦。

逃到东海上的变民首领孙恩（参考去年〔三九八〕十二月），利用民心骚动，率领他的部众，从海岛（舟山岛）出发，在上虞（浙江省绍兴市上虞区）登陆，击斩上虞县长，进攻会稽郡城（浙江省绍兴市）。会稽郡（浙江省绍兴市）郡长（内史）王凝之，是王羲之的儿子（王羲之，参考三四八年八月），世代信奉道教（天师道），既不派军应战，也不设防戒备，每天都在道庵里叩头下跪，不停念咒。郡政府官员要求出动武装部队，阻截孙恩，王凝之说：“我已请到得道大仙，他答应借给我鬼兵，把守各地险要；每处险要，鬼兵有数万之多，盗贼（指孙恩）事情，不

四世纪·三九九年十月　晋帝国各派系割据形势

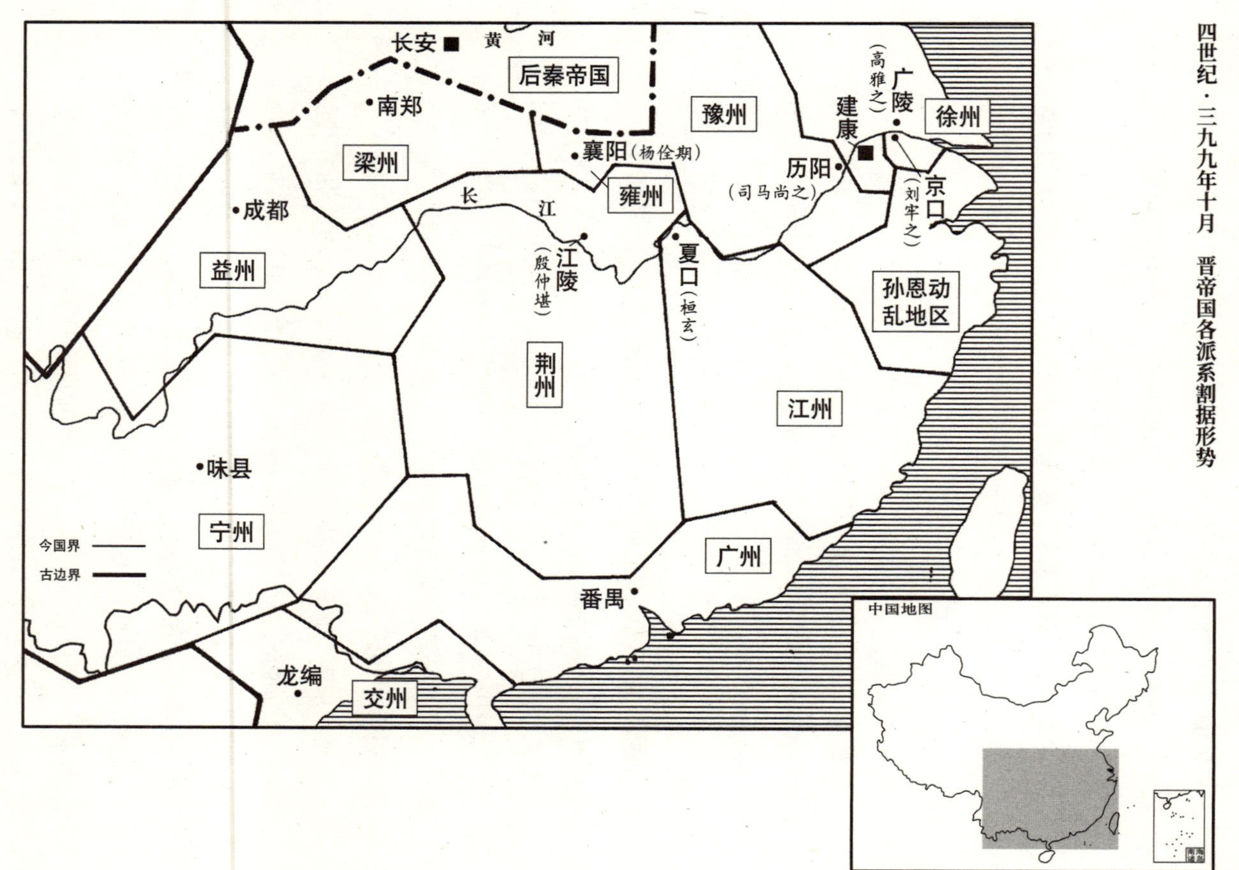

必担心。”等到孙恩变民大军逐渐逼近，王凝之才准许部属出军准备，但孙恩已抵达城下。

十一月二日（原文误置于十月，据《晋书·安帝纪》改），孙恩攻陷会稽郡，王凝之逃走，孙恩追捕，生擒，连同他所有的儿子，一并斩首。王凝之的妻子谢道蕴，是谢奕的女儿（谢奕，参考三五八年八月），听到变民军要到的消息，行为举止，跟平常一样，从容不迫。乘坐小轿，手执佩刀，命婢女抬出大门，亲手格杀数人，才被变民军生擒。吴国（江苏省苏州市）郡长（内史）桓谦，临海郡（浙江省台州市西北章安街道）郡长、新蔡王司马崇，义兴郡（江苏省宜兴市）郡长魏隐，都抛官弃城，狼狈逃走。会稽郡（浙江省绍兴市）人谢鍼、吴郡（江苏省苏州市）人陆瓌、吴兴郡（浙江省湖州市）人丘汪、义兴郡（江苏省宜兴市）人许允之、临海郡（浙江省台州市西北章安街道）人周胄、永嘉郡（浙江省温州市）人张永等，以及东阳郡（浙江省金华市）、新安郡（浙江省淳安县）等八个郡的变民，一时之间，全部武装起兵，击斩郡长，响应孙恩。十天之内，群众集结数十万人。吴兴郡（浙江省湖州市）郡长谢邈、永嘉郡（浙江省温州市）郡长司马逸、嘉兴公顾胤、南康公谢明慧、禁宫咨询官（黄门郎）谢冲、张琨、立法院主任立法官（中书郎）孔道等政府高级官员，都被孙恩领导下的变民群众诛杀。谢邈、谢冲，都是谢安的侄儿（谢安，参考三八五年八月）。这时，三吴（太湖流域及钱塘江流域）太平已久，人民不知道战争，所以郡县政府部队，望风溃散。

孙恩占领会稽郡（浙江省绍兴市），自称征东将军，强迫知识分子当他的官属，称自己的同志为“长生人”；凡是不肯赞同他的人，连婴儿都一起诛杀；居民十分之七八，丧生刀下。把县长剁成肉酱，命他的妻子儿女吃掉，拒绝吞食的，就把他们肢解分尸。变民经过的地方，抢夺财宝，焚烧人民房舍和政府仓库，砍伐树木，填塞水井。变民纷纷前往会稽郡（浙江省绍兴市）集合，妇女有婴儿在怀，行动不便，无法追随时，就把婴儿投到水井中，祝福说："恭喜吾儿，先登天堂仙境，我会随后就来。"孙恩上书晋帝司马德宗，指控会稽王司马道子，及世子司马元显罪状，要求诛杀。

自从司马德宗登上皇帝宝座以来，无论中央、地方，变乱丛生。石头城（建康城西北）以南地区，被荆州（州长〔刺史〕殷仲堪）、江州（州长〔刺史〕桓玄）割据；石头城以西地区，被豫州（州长〔刺史〕司马尚之）割据；而京口（江苏省镇江市）和长江以北，被刘牢之（兖青二州〔州政府京口〕州长），和广陵郡（江苏省扬州市）郡长（相）高雅之控制。中央政府命令所可以到达的，仅三吴地区（太湖流域及钱塘江流域）而已。等到孙恩聚众起兵，八郡全落到孙恩之手（八郡：会稽郡〔浙江省绍兴市〕、临海郡〔浙江省台州市西北章安街道〕、永嘉郡〔浙江省温州市〕、东阳郡〔浙江省金华市〕、新安郡〔浙江省淳安县〕、吴郡〔江苏省苏州市〕、吴兴郡〔浙江省湖州市〕、义兴郡〔江苏省宜兴市〕），而京畿所属各县，小偷强盗，四处逢起。孙恩的党羽也有人潜伏京师（首都建康），人心震动恐惧，担心发生暴动，于是全国戒严。司马德宗加授司马道子皇帝诛杀时专用的铜斧（假黄钺）；命司马元显兼中军将军，命徐州（州政府京口）州长（刺史）谢琰，兼任吴兴义兴军区司令官（兼督吴兴义兴军事），讨伐孙恩。刘牢之也出军讨伐孙恩，上疏之后，不等回示，立即出发。

34 西秦王国（首都西城〔甘肃省靖远县西〕）擢升金城郡（甘肃省兰州市）郡长辛静当右丞相。

35 十二月十二日，后燕帝国（首都龙城〔辽宁省朝阳市〕）燕郡（侨郡）郡长高湖，率三千户人家，投降北魏帝国（首都平城）。高湖，是高泰的儿子（参考三九五年五月。一百三十年之后，高湖的后裔高欢，宰割北魏帝国）。

36 十二月二十四日，后燕帝慕容盛，封皇弟慕容渊当章武公、慕容虔当博陵公，皇子慕容定当辽西公。

十二月二十五日，皇太后段女士逝世，绰号惠德皇后。

37 晋帝国徐州（州政府京口）州长（刺史）谢琰，击斩义兴郡（江苏省宜兴市）变民首领许允之，迎接郡长魏隐回城；再攻击吴兴郡（浙江省湖州市）变民首领丘尫，大破丘尫军。谢琰跟刘牢之联合，一面战斗，一面前进，所向无故（刘牢之率领的是训练有素，威名素著的“北府军团”；临时集结的变民军，自不是对手）。谢琰留守乌程（吴兴郡郡政府所在县 · 浙江省湖州市），派军政官（司马）高素，协助刘牢之，进逼浙江（钱塘江）。晋帝司马德宗下诏（司马元显诏），命刘牢之兼吴郡（江苏省苏州市）军区司令长官（都督吴郡诸军事）。

最初，彭城郡（侨郡 · 江苏省镇江市）人刘裕，生下来后，娘亲即行逝世，老爹刘翘，寄住京口（江苏省镇江市），家境贫苦，打算把小娃抛弃。刘裕的姨妈（娘亲的姐妹）、同郡（彭城郡）人刘怀敬的娘亲，生下刘怀敬还不到一年，听到消息，急奔刘翘家，把刘裕抱回，切断刘怀敬的奶，而喂养刘裕。刘裕长大成人后，勇敢雄壮，心怀大志；家庭贫穷，没有受过教育，只能认识几个字；靠卖草鞋维持生活。喜爱赌博，村里的人都看他不起。等到刘牢之出兵攻击孙恩，命刘裕当军事参议官（参军事），派他率数十人，担任斥候，侦察变民军虚实，而竟突然间跟变民军数千人遭遇，刘裕迎战，左右随从人员全都被杀，刘裕也跌到河岸之下；变民军站在岸上，打算下岸，刘裕奋勇的举起长刀，仰面砍杀几个敌人，翻身登岸，大声呐喊追逐，变民军震惊，急行退走，刘裕杀伤的人很多。刘敬宣（刘牢之的儿子）正奇怪刘裕这么久还不回来，率军寻找，看见刘裕单独一个人驱散数千人，大家同声赞叹，遂乘机进攻，大破变民军，斩杀及俘虏一千余人。

最初，孙恩听到八个郡都有人起兵响应消息，对他的部属说："天下再没有大事了，我们一同穿上政府官服，前往建康（晋首都·江苏省南京市）。"不久，听到刘牢之军队抵达浙江（钱塘江）北岸，说："我们保住浙江（钱塘江）以南地区，至少可以当姒勾践（越王国一任王）。"

十二月二十六日，刘牢之大军渡过浙江（钱塘江），孙恩得到消息，说："我不认为逃走就是羞辱。"率领男女二十余万人，向东撤退，把很多金银财宝和妇女抛弃到路上，政府军疯狂抢夺，孙恩遂从容不迫的，再回到海岛（舟山岛）。军政官（司马）高素也在山阴（会稽郡郡政府所在县）击破变民军，斩孙恩委派的吴郡（江苏省苏州市）郡长陆瓌、吴兴郡（浙江省湖州市）郡长丘尪、余姚（浙江省余姚市）县长吴兴郡（浙江省湖州市）人沈穆夫。

东方各郡受到变民集团的骚扰，人民日夜盼望政府军前来解救。不久，刘牢之等政府军抵达，军纪荡然无存。军官士卒，凶暴蛮横，奸淫烧杀，知识分子和居民，无不失望，残余的住民纷纷逃走，郡城县城之内，一片荒凉，看不到人迹；直到一个多月之后，才有人慢慢返回。中央政府恐怕孙恩卷土重来，因任命徐州（州政府京口）州长（刺史）谢琰当会稽郡（浙江省绍兴市）郡长，兼扬州五郡军区司令长官（都督五郡军事。五郡：会稽郡、临海郡〔浙江省台州市西北章安街道〕、东阳郡〔浙江省金华市〕、永嘉郡〔浙江省温州市〕、新安郡〔浙江省淳安县〕）；率徐州州政府官员，沿东海一带驻防戒备。

晋帝司马德宗下诏（司马元显诏），命司马元显主管政府机要（录

四世纪·三九九年十二月　晋军击退三吴变民·孙恩退军舟山岛

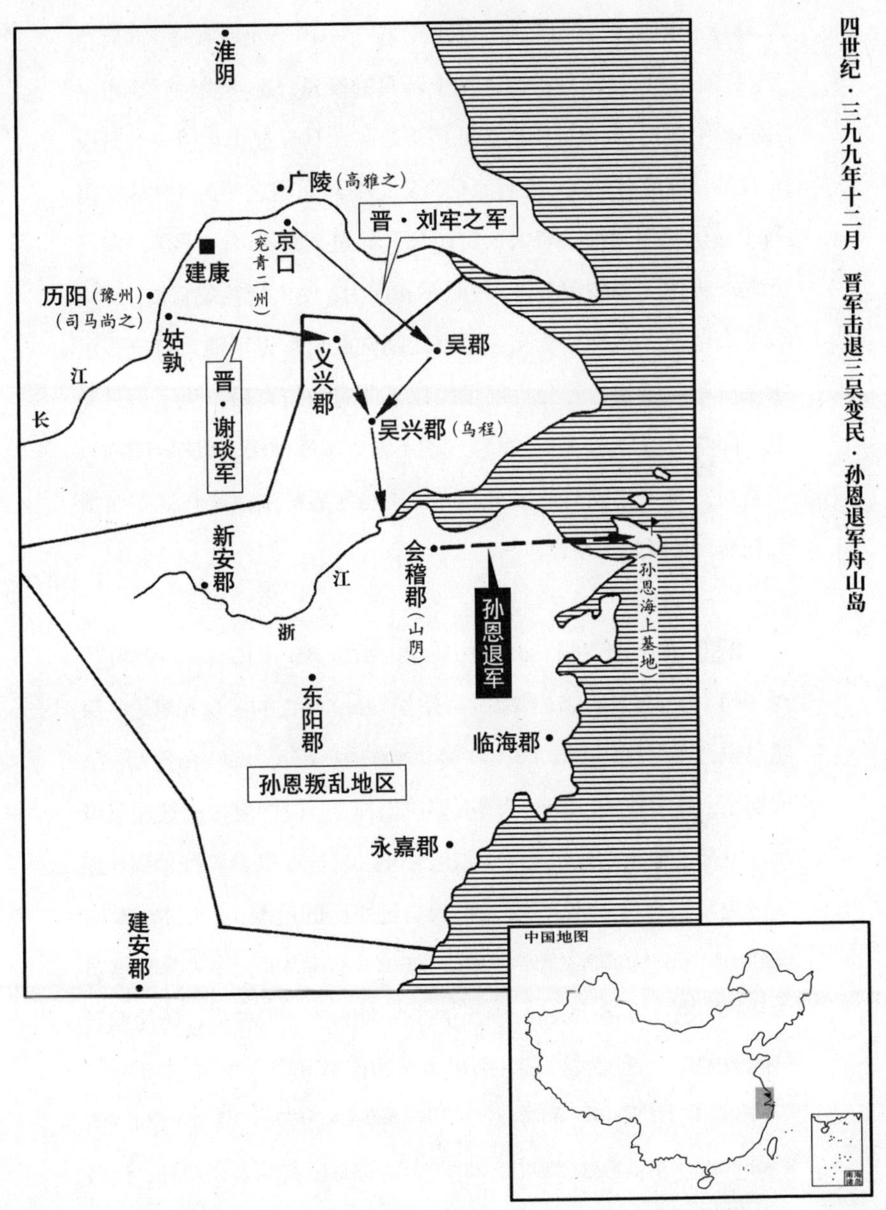

尚书事），当时人们称司马道子家是“东府”，司马元显家是“西府”。“东府”门前，冷落清静，连地上啄食的麻雀，都不受惊扰；可是“西府”门前，却车马成群，拥挤不堪。司马元显少年得志，既没有良师，也没有益友，所有亲信，全是拍马摇尾之辈，有人认定司马元显是英明领袖，有人认定司马元显是盖世天才。于是，司马元显一天比一天骄傲奢侈；用暗示和压力，使主管礼仪官员，声称他德高望重，既然总管文武百官，则文武百官见了他，自应表示极端尊敬。于是自三公、部长级以下所有政府官员，见了司马元显，都叩头参拜。当时，军事行动不断，国库枯竭，宰相（司徒）以下官员，每天才领七升粮食。可是司马元显却生活豪华，拼命贪赃枉法，财富超过皇宫。

38 晋帝国荆州（州政府设江陵〔湖北省江陵县〕）州长（刺史）殷仲堪，对江州（州政府设夏口〔湖北省武汉市〕）州长（刺史）桓玄的跋扈和野心，深感恐惧，遂跟雍州（州政府设襄阳〔湖北省襄阳市〕）州长（刺史）杨佺期，结成姻亲，互相救援；杨佺期屡次要攻击桓玄，殷仲堪每次都加以阻止。桓玄也警觉到危机，深恐被殷仲堪、杨佺期联合阵线消灭；遂向中央掌权官员（执政），要求扩大自己军区的范围（此时，殷仲堪军区管辖荆益宁三州，杨佺期军区管辖梁雍秦三州，桓玄军区管辖江州），中央掌权官员（司马元显）也打算挑拨离间，制造纠纷，使桓玄、殷仲堪、杨佺期三角同盟解体，遂加授桓玄：荆州南部四郡军区司令长官（都督荆州四郡军事。四郡：长沙郡〔湖南省长沙市〕、衡阳郡〔湖南省湘潭县西石潭镇〕、湘东郡〔湖南省衡阳市湘水东岸〕、零陵郡〔湖南省永州市〕）；又任命桓玄的老哥桓伟，代替杨佺期的老哥杨广，当南蛮保安司令（南蛮校尉）。杨佺期愤怒恐惧交集，杨广打算拒绝桓伟到任，殷仲堪不肯，派杨广出去担任宜都

(湖北省宜都市)、建平(重庆市巫山县)二郡郡长。杨佺期的堂弟杨孜敬，在此之前，当江夏郡(湖北省安陆市)郡长(相)，桓玄派军袭击，生擒杨孜敬，命他当首席军事参议官(咨议参军)。

杨佺期动员军队，建立大本营，声称援救洛阳(河南省洛阳市东白马寺东。本年〔三九九〕七月，后秦帝国攻击洛阳)，打算跟殷仲堪联合行动，袭击桓玄。可是，殷仲堪虽然表面上跟杨佺期结盟，暗中却对杨佺期心怀猜忌，千方百计阻止，苦苦把杨佺期说服；仍顾虑到杨佺期单独行动，特派堂弟殷遹，在州境北方驻防，用实力吓阻。杨佺期既不能单独行动，又弄不清殷仲堪到底打什么主意，只好停止行动。

殷仲堪性情多疑，很少能做决断，首席军事参议官(咨议参军)罗企生对老弟罗遵生说："殷公为人仁慈，却缺少果断能力，一定身受大祸。殷公对我有知遇之恩，大义上我不能抛弃他而去，只有一死。"

本年(三九九)，荆州(湖北省及湖南省)大雨成灾，平地水深三丈，殷仲堪拿出所有仓库存粮，赈济饥饿灾民。桓玄抓住这个天赐良机——殷仲堪军粮缺乏，仓库空虚；遂动员军队西上，向殷仲堪发动大规模攻击，但表面上却宣称他的军事行动，也是为了援救洛阳，写信给殷仲堪说："杨佺期身受国家厚恩，却放弃皇家坟墓(指不出军洛阳)，我们应共同讨伐。我现在顺沔水(汉水)而上，铲除杨佺期，正驻军江口(沔水跟长江会合处)，如果我们的见解相同，请捕杀杨广；如果不然，我就率军进入长江。"(进入长江，意谓攻击江陵)当时，巴陵(湖南省岳阳市)还存有粮秣，桓玄先派军夺取。梁州(州政府设南郑〔陕西省汉中市〕)州长(刺史)郭铨，前往州政府到任，路过夏口(湖北省武汉市)，桓玄宣称中央政府特派郭铨担任前锋，遂把在江夏郡(湖北省安陆市)俘虏的杨孜敬的部队，交给郭铨，命郭铨督促各路兵马，同时并进；而秘密通知老哥桓伟，使他作为内应；桓伟面对这项突发的事变，张惶失措，不知道如何是好，后来自己主动把桓玄的信，拿给殷仲堪。殷仲堪遂囚禁桓伟，作为人质，命桓伟写信给桓玄，劝他停止，措辞十分悲苦。桓玄说："殷仲堪没有决断能力，常常患得患失，为自己留后路，为子女留余地；不敢有激烈反应，我家老哥一定安全。"

殷仲堪派殷遹率舰队陆战士卒七千人，进驻西江口（湖北省监利市西南）；桓玄命郭铨、苻宏攻击（苻宏，前秦帝国太子，参考三八五年六月），殷遹败退。桓玄驻军巴陵（湖南省岳阳市），征用当地粮食，供应军队；殷仲堪派杨广跟侄儿殷道护等抵抗，全被桓玄击败。江陵（湖北省江陵县）震动惊骇。

这时，江陵城中缺粮，只能把芝麻捣烂煮成糊浆，勉强供应士卒充饥。桓玄乘胜进军，抵达零口，距江陵只二十华里。殷仲堪向杨佺期告急，请大军南下援救。杨佺期说："江陵没有粮食，用什么对抗敌人？你最好前来襄阳（湖北省襄阳市），共同守卫。"殷仲堪仍希望保住荆州（州政府江陵）和保住他的实力，不打算放弃州城流亡，遂向杨佺期保证："最近征集到很多，已有相当储备。"杨佺期相信，率步骑兵混合兵团八千人南下，铠甲武器，十分精良，照映太阳，光芒四射；可是抵达江陵（湖北省江陵县）后，殷仲堪只能用米饭，供应军食（所有犒军，都用酒肉；竟无酒肉，可见困乏）。杨佺期暴跳如雷，说："我们已注定要败！"不再见殷仲堪，跟老哥杨广，直接向桓玄发动攻击。桓玄畏惧这股锐气，退到马头（湖北省公安县东北）。第二天，杨佺期率军猛攻郭铨，几乎生擒；这时桓玄率军来援，杨佺期遂大败，单人匹马逃回襄阳（湖北省襄阳市）。殷仲堪得到消息，逃往酂城（湖北省老河口市西北）。桓玄派将军冯该，追击杨佺期及杨广，生擒二人，斩首，把人头送到首都建康（江苏省南京市）献捷。杨佺期的老弟杨思平、堂弟杨尚保、杨孜敬，都逃到蛮族地区。殷仲堪听到杨佺期死讯，率数百人，打算投奔后秦帝国（首都长安〔陕西省西安市〕），走到冠军城（河南省邓州市西北冠军村），冯该的追兵已到，生擒殷仲堪，回军途中，走到柞溪（江陵县北十公里），逼殷仲堪自杀，同时斩殷道护。殷仲堪笃信道教（天师道），在鬼神身上，出手大方，可是对真正需要帮助的穷苦人士，却十分吝啬。喜爱用小动作、小恩惠，讨取别人喜悦。有人患病时，殷仲堪亲自给病人诊脉，亲自开药方。心思缜密，计谋互相倚伏连环，令人震惊；但缺少见识和远略，所以终于失败。

殷仲堪临出奔时，文武官员，没有一个人送行，只有首席军事参议官（咨议参军）罗企生跟随，经过家门口，老弟罗遵生追在马后喊："仓猝分离，怎么不肯握一次手？"罗企生回马伸手，罗遵生力大如牛，握住老哥的手，竟把罗企生拉下马鞍，说："家有年老的娘亲，你要往哪里去？"罗企生擦去眼泪说："今天这种事，我只有一死；留你们奉养娘亲，也不致失儿子们的孝道。一门之中，有忠有孝，还有什么遗恨？"罗遵生抱住他越发紧牢，殷仲堪在路边等候，发现罗企生不可能挣脱老弟的手臂，遂催马而去。等到桓玄进入江陵，荆州（湖北省及湖南省）稍微重要的人士，全去晋见桓玄，只罗企生一个人不肯，而只经营殷仲堪家事。有人警告说："你这么做，大祸一定临头！"罗企生说："殷公（殷仲堪）把我当作国家栋梁，我因被老弟牵制，不能追随他共同诛杀叛逆丑类（指桓玄），还有什么面目，请求桓玄饶命！"桓玄听到这些话，大怒；然而，他平常对待罗企生，至为亲切，在采取行动前，先派人对罗企生说："你如果向我道歉，我就不问你的事。"罗企生说："我当殷公的官属，殷公失败，我不能救他，还有什么可以道歉！”桓玄遂逮捕罗企生，又派人问他有什么话要说，罗企生说：“文帝（司马昭）诛杀嵇康（参考二六二年），而嵇康的儿子嵇绍，忠于晋王朝政府（参考三〇四年七月）。向你请求，留下一个弟弟，侍奉娘亲。”桓玄遂斩罗企生，赦免他的老弟。

39 后凉王国（首都姑臧〔甘肃省武威市〕）天王（一任懿武帝）吕光（本年六十三岁）病重，教太子吕绍登极称天王（二任隐王），吕光自称太上皇帝；任命太原公吕纂当全国武装部队总司令（太尉）、常山公吕弘当宰相（司徒）。吕光临死时，对吕绍说：“国家多灾多难，三个强邻（南凉王国、西秦王国、北凉王国），在我们身旁等待机会下手。我死之后，吕纂统率所有部队，吕弘负责政治，你只要袖着双手，坐在金銮宝殿上，不要做什么事，只把大权委托给两位老哥，或许可以渡过难关。如果互相猜忌，兄弟残杀之祸，早晚就会发生。”又对吕纂、吕弘说：“永业（吕绍别名）不是拨乱反正的人才，只因为他是嫡长子，依照宗法原则，遂居元首高位。而今，外有强大的贼寇，内部人心又混乱不安。你们兄弟如果能和睦团结，福气可以传到万世。如果自己谋害自己人，大难立刻来临。”吕纂、吕弘泣不成声，说：“我们怎敢！”吕光特别握住吕纂的手，警告说：“你性情粗鲁凶暴，使我担忧。好好的辅佐老弟（吕绍），不要听信挑拨的话。”当天，吕光逝世（年六十三岁）。吕绍封锁死讯，不发布消息。吕纂打破阎门，强行入宫，在老爹灵柩前放声大哭，十分哀伤。退出后，吕绍恐惧，要把天王宝座让给吕纂，说：“老哥功劳既高，年龄又长（吕纂是庶兄），应该继承大统。”吕纂说：“陛下（吕绍）是王国的正嫡继承人，我怎么可以冒犯！”吕绍坚决辞让，吕纂坚决不肯接受。

骠骑将军吕超，对天王吕绍说："吕纂多少年来，一直担任大军统帅，声威震慑内外。在老爹丧事期间，并不悲哀，反而大踏脚步，高抬眼眉，定有背叛之心，应该早日铲除。"吕绍说："先帝（吕光）临终时的话仍在耳际，为什么忘记？我年纪轻轻，担负重责大任，正依靠两位哥哥，安定家国，纵然他们要害我，我也把死亡当作返回家园，终不忍心兴起这种恶毒念头，你不要再提。"吕纂在湛露堂晋见吕绍，吕超手拿佩刀，在一旁侍卫，眼睛看着吕纂，希望吕绍下令逮捕，吕绍不许。吕超，是吕光老弟吕宝的儿子（吕宝，参考三九二年八月）。

宰相（司徒）吕弘派国务院执行官（尚书）姜纪，秘密告诉吕纂，说："主上（吕绍）昏庸懦弱，不能带领我们渡过灾难。老哥威望恩德，一向很高，应为王国着想，不可以拘泥小节。"吕纂既得到支持，遂率领武士数百人，深夜翻过姑臧（甘肃省武威市）北城，攻击皇城（中城）广夏门；吕弘则率东苑（东城）部众，用巨斧砍开皇城（中城）洪范门。首都东区卫戍司令（左卫将军）齐从，正驻防融明观，发现情况有异，迎上前问说："什么人？"军队回答："太原公（吕纂）。"齐从说："国家正逢大的变故（指吕光死亡），主上（吕绍）刚刚登位。太原公（吕纂）走路不由正道，深夜闯入紫禁城，是不是打算谋反？"抽出佩剑，直前出击，砍中吕纂前额，吕纂左右侍卫生擒齐从。吕纂说："这才是忠义之士，不要杀他！"天王吕绍，派虎贲警卫指挥官（虎贲中郎将）吕开，率领警卫军，在端门抵抗，吕超又率二千人的骑兵增援。可是，官兵一向畏惧吕纂，不敢交手，即行溃散。吕纂遂从青角门（皇城〔中城〕东门）入紫禁城，登上谦光殿（前凉王国二任文王张骏兴建，参考三三五年十二月）。天王（二任隐王）吕绍，逃到紫阁，自杀（年龄不详）。吕超投奔广武（甘肃省永登县）。

吕纂对吕弘手握强大军队，心怀忌惮，把天王王位让给吕弘，吕弘说："我因为吕绍身为老弟，而竟继承大统（在封建宗法上，吕绍是嫡长子，只有嫡长子才是合法继承人；但在年龄上，吕纂是大哥，吕弘是二哥，吕绍只是幼弟），大家人心不服，所以才违背先帝（吕光）遗诏，把他罢黜，惭愧的是，我们这样做，辜负黄泉下的老爹。假定我再跳过我老哥登上王位，岂是我的初意！"吕纂遂教吕弘出宫，向大家宣告："先帝（吕光）临去世时，命我们如此。"文武百官异口同声说："只要国家能有君主，谁敢违背？"吕纂（年龄不详）遂登天王宝座（三任灵帝），大赦，改年号咸宁（之前是龙飞四年，之后是咸宁元年）。尊吕光绰号懿武皇帝，祭庙称太祖；尊吕绍绰号隐王；任命吕弘当总司令官（大都督）、全国各军区总司令官（督中外诸军事）、最高指挥官（大司马）、车骑大将军、京畿总卫戍司令（司隶校尉）、主管政府机要（录尚书事），改封番禾郡公。

吕纂对齐从说："你前天用佩刀砍我，岂不过分？"齐从流泪说："隐王（吕绍），是先帝（吕光），亲自指定的继承人。陛下虽然上应天心，下顺民意，但我微小的心意，并不十分了解，所以当时唯恐陛下不死，想不到有什么过分！”吕纂奖赏他的忠心，特别优待。

吕纂的叔父、征东将军吕方，镇守广武（甘肃省永登县），吕纂派使节对吕方说：“吕超事实上是个忠臣，道义和勇气，都应嘉许，只是不了解国家大事，和通权达变的道理。我正要任用他共渡艰难，请把我这番心意，转告给他。”吕超上疏道歉，自请处分，吕纂恢复他的爵位。

40 本年（三九九），后燕帝国（首都龙城〔辽宁省朝阳市〕）皇帝（三任昭武帝）慕容盛，任命叔父、河间公慕容熙（本年十五岁），当全国各军区总司令长官（都督中外诸军事）、国务院左执行长（尚书左仆射），兼中央禁军总监（中领军）。

41 故匈奴部落酋长刘卫辰（参考三九一年十一月）的儿子刘文陈，投降北魏帝国（首都平城），北魏帝拓跋珪把皇家女儿嫁给他，任命他当上将军，赐姓宿（跟姓“宿六斤”的鲜卑人合族）。

五世纪

“五胡乱华十九国时代”，历时一百三十六年之久，于本世纪三〇年代结束。北方被北魏帝国统一，南方的晋帝国灭亡，南宋帝国代兴，“大分裂时代”遂进入后半期——“南北朝时代”，北朝是北魏帝国、北齐帝国、北周帝国；南朝是南宋帝国、南齐帝国、南梁帝国、陈帝国。

本世纪（五）的北朝是北魏帝国，南朝则到南齐帝国为止。“南北朝时代”的大混战，比“五胡乱华时代”更激烈和更残酷。

- 西秦王国亡国。
- 西凉王国兴起。
- 桓玄杀司马道子。

- 西哥德部落酋长阿拉力克，会同东哥德部落，围罗马城。西罗马帝国求和，献赎金一百斤黄金、三千斤胡椒。

四〇〇年 庚子

晋	隆安	四年
后燕	长乐	二年
后秦	弘始	二年
西秦	太初	十三年
北魏	天兴	三年
后凉	咸宁	二年
南凉	太初	四年
	建和	元年
北凉	天玺	二年
南燕	燕王	三年
	建平	元年
西凉	庚子	元年

1 春季，正月一日，后燕帝国（首都龙城〔辽宁省朝阳市〕）皇帝（三任昭武帝）慕容盛（本年二十八岁），下诏大赦，取消皇帝称号，自己贬称“平民天王”（庶人天王）。

2 北魏帝国（首都平城〔山西省大同市〕）材官将军和跋，袭击辽西郡（河北省卢龙县）叛将卢溥（卢溥归附后燕帝国事，参考去年〔三九九〕八月）。

正月七日，攻陷辽西城，擒获卢溥和他的儿子卢焕，送到平城

（山西省大同市），用五马分尸的车裂酷刑处死。

后燕帝国平民天王慕容盛，派广威将军孟广平援救卢溥，已来不及，斩北魏帝国新任命的辽西郡郡长和所属县长而回。

3 正月二十四日，晋帝国（首都建康〔江苏省南京市〕）大赦。

4 西秦王国（首都西城〔甘肃省靖远县西〕）国王（二任武元王）乞伏乾归，迁都苑川（甘肃省榆中县东北）。

5 南凉王国（首都西平〔青海省西宁市〕）首领（二任康王）、武威王秃发利鹿孤，下令大赦，改年号建和（之前是太初四年，之后是建和元年）。

6 高句骊王国（首都丸都〔吉林省集安市〕）国王（十九任广开土王）高安，对后燕帝国（首都龙城）的态度，逐渐傲慢。

二月十五日，后燕帝国平民天王慕容盛，亲率三万大军，发动袭击，骠骑大将军慕容熙当前锋司令，一连攻克新城（辽宁省新宾县）、南苏（辽宁省抚顺市境）二城，扩充疆土七百余华里，把当地居民五千余户人家，强迫迁回国内，班师。慕容熙勇猛冠于三军，慕容盛说："叔父英雄气概，有世祖（一任帝慕容垂）之风，只是在谋略上，稍稍不如。"

7 最初，北魏帝（一任道武帝）拓跋珪（本年三十岁），收纳匈奴部落酋长刘头眷（参考三八四年十月）的女儿当小老婆，宠爱超过后宫所有美女，生儿子拓跋嗣。后来，拓跋珪攻陷中山（后燕故都 · 河北省定州市，参考三九七年十月），俘获后燕帝国二任帝（惠愍帝）慕容宝最幼的女儿。

拓跋珪计划在小老婆群中，遴选一位皇后，依照拓跋部落古老传统，命入围的美女，各自用手去铸金人（铸成金人表示天神喜爱，铸不成金人表示天神不悦）。刘女士铸不成金人，而慕容女士则把金人铸成。

三月八日，正式封慕容女士当皇后。

8 晋帝国江州（州政府设夏口〔湖北省武汉市〕）州长（刺史）桓玄，既攻克荆州（州政府设江陵〔湖北省江陵县〕）、雍州（州政府设襄阳〔湖北省襄阳市〕），遂上疏中央，要求兼管荆（湖北省及湖南省）、江（江西省及福建省）二州。晋帝（十六任安帝）司马德宗（本年十九岁）下诏（司马元显诏）：任命桓玄当荆司雍秦梁益宁军区司令长官（都督荆司雍秦梁益宁七州诸军事）、荆州州长（刺史）；任命中央军事总监（中护军）桓修当江州州长（刺史）。

桓玄上疏坚持兼管江州，中央遂命桓玄所辖军区，加上江州，共有八州，再加上扬州、豫州的八个郡，并恢复江州（州政府夏口）州长（刺史）原职。桓玄直接任命老哥桓伟当雍州（州政府襄阳）州长（刺史），中央政府不敢拒绝。桓玄遂再任命侄儿桓振当淮南郡（安徽省寿县）郡长（晋帝国精华地区，全都置于桓玄控制之下）。

9 后凉王国（首都姑臧〔甘肃省武威市〕）天王（三任灵帝）吕纂，因最高指挥官（大司马）吕弘，功劳既高，地位又尊，有一种沉重压力，内心深感畏惧。而吕弘也疑心自己受到猜忌，十分不安，遂率领东苑（姑臧东城）的部队叛变，攻击天王吕纂。吕纂命他的部将焦辨迎战。东苑军溃散，吕弘逃走。吕纂放任他的官兵，就在首都姑臧

（甘肃省武威市）奸淫烧杀，大肆掠夺，并且把东苑所有妇女，都赏赐给士卒，吕弘的妻子女儿，也在其中。吕纂得意洋洋，教文武官员说："今天这一仗，如何！"高级咨询官（侍中）房晷回答说："上天使灾祸降临王国，忧患不断，先帝（一任天王吕光）刚刚去世，隐王（二任天王吕绍）被罢黜，皇家墓园刚刚安葬完毕，最高指挥官（大司马吕弘）起兵作乱，京师（首都姑臧）流血，骨肉厮杀。吕弘虽然自取灭亡，但也由于陛下（吕纂）缺少兄弟之情，不应该高兴，而应该责备自己，向人民道歉。想不到，反而放纵官兵大掠，囚禁官员，奸淫妇女。错误是吕弘一人造成，人民有什么罪？而且，吕弘的妻子，是陛下的弟妇；吕弘的女儿，是陛下的侄女，为什么教那些地痞无赖，把她们当作小老婆或婢女，加以侮辱。天地神灵，怎么忍心看到这种惨局。"唏嘘落泪，悲不自胜。吕纂马上改变态度，向他道歉，召回吕弘的妻子儿女，安置东宫，宽厚相待。

吕弘打算投奔南凉王国（首都西平〔青海省西宁市〕），路过广武（甘肃省永登县），探望征东将军吕方，吕方看到吕弘，大哭说："天下之大，你为什么偏偏跑到这里？"逮捕吕弘，羁押监狱。吕纂派武士康龙，到广武用击断胸骨的酷刑，处死吕弘。

吕纂封他的正妻杨女士当皇后，任命杨皇后的老爹杨桓当国务院左执行长（尚书左仆射）、首都姑臧市长（凉都尹）。

10 三月辛卯日（三月辛亥朔，没有辛卯），后燕帝国襄平（辽宁省辽阳市）县长段登等叛变，被诛杀。

11 后凉王国（首都姑臧）天王吕纂，准备攻击南凉王国（首都西平）首领（二任康王）、武威王秃发利鹿孤；立法院最高立法长（中书令）

杨颖劝阻说："秃发利鹿孤上下一条心，部属都能忠实执行命令，而又没有可以被我们利用的机会，不应该行动。"吕纂不接受。

秃发利鹿孤命老弟秃发傉檀率军抵御。

夏季，四月，秃发傉檀在三堆（青海省海东市乐都区北）击败后凉兵团，杀二千余人。

12 最初，陇西郡（甘肃省陇西县）人李暠（音gǎo〔稿〕），喜爱文学，有美好的名声。曾经跟有预言能力的郭黁，以及异父同母老弟、敦煌郡（甘肃省敦煌市）人宋繇，同住在一起，郭黁对宋繇说："你的官位，可以到人臣高峰。但你的老哥，最后一定会建立一个独立王国。等到母马生下白额小马时，预言就会应验。"后来，孟敏当沙州（州政府设敦煌〔甘肃省敦煌市〕）州长（参考前年〔三九八〕四月），任命李暠当效谷（甘肃省敦煌市西）县长；而宋繇在北凉王国（首都张掖〔甘肃省张掖市〕）国王（一任）段业手下，当初级国务侍从官（中散常侍）。孟敏逝世，敦煌军事总监（敦煌护军）、冯翊郡（陕西省大荔县）人郭谦，跟沙州州政府人事官（治中）敦煌郡人索仙等，因李暠性情温和，无论为人施政，都受到好评，遂公推他当敦煌郡郡长。李暠最初觉得很为难，正巧，宋繇从京师（首都张掖）回家，对老哥说："段业没有远程谋略，最后一定失败。你难道忘记郭黁的话？白额小马，现在已经来到人间！"李暠遂接受，派人向北凉王（一任）段业请求承认，段业遂发表任命。

首都西区卫戍司令（右卫将军）敦煌郡（甘肃省敦煌市）人索嗣，警告北凉王段业说："不可以让李暠留在敦煌！"段业即命索嗣出任敦煌郡郡长，派五百人骑兵部队，护送索嗣前往到差。索嗣在距敦煌二十华里地方，用公文书通知李暠，要李暠前来迎接。李暠惊疑，打算遵命。效谷（甘肃省敦煌市西）县长张邈和宋繇，一齐阻止，说：“段王（段业）昏庸懦弱，正是英雄扬眉吐气之日。你已经拥有可以建立一个独立政府的现成基础，为什么双手送给别人？索嗣所仗恃的，不过认为他是本郡人，人心一定归向于他，绝料不到你会向他突击！你如果突击，就可以一战成功。”李暠同意。于是，先派宋繇前往晋见索嗣，态度恭敬，言语顺服。宋繇回来，对李暠说：“索嗣意满志盈，兵力又弱，容易对付。”李暠遂派张邈、宋繇，跟两个儿子李歆、李让，对索嗣迎头痛击；索嗣大败，逃回首都张掖（甘肃省张掖市）。李暠跟索嗣是老友至交，感情最好，所以对索嗣所扮演的角色，非常痛恨。上疏北凉王段业要求诛杀索嗣。辅国将军沮渠男成，一向厌恶索嗣，也劝段业诛杀索嗣，安抚李暠；段业遂斩索嗣，派人向李暠道歉，擢升李暠当凉兴郡（甘肃省瓜州县西南万佛峡）以西军区司令长官（都督凉兴以西诸军事）、镇西将军。

13 吐谷浑汗国（青海省）可汗（六任）慕容视罴逝世，世子慕容树洛干，年方九岁，于是老弟慕容乌纥堤继位（七任可汗），娶慕容树洛干的娘亲念女士，又生二子：慕容慕璝、慕容慕延（游牧民族，老爹死，儿子有义务娶老爹的小老婆；老哥死，老弟有义务娶嫂；如果不娶，将受唾弃，目的在保护幼小的下一代生存）。

慕容乌纥堤懦弱而荒淫，不能治理国家；国事都由念女士主持，念女士有胆量、有智略，国人对她既畏惧又佩服。

14 后燕帝国（首都龙城〔辽宁省朝阳市〕）前将军段玑，是皇太后段女士的侄儿，在襄平（辽宁省辽阳市）县长段登叛乱案中，受到牵连。段玑恐慌。

五月三日，段玑逃亡到辽西郡（河北省卢龙县）。

15 五月十七日，晋帝国（首都建康）首都卫戍司令（卫将军）、东亭侯（献侯）王珣逝世（年五十二岁）。

16 五月二十日，北魏帝拓跋珪，东到涿鹿（河北省涿鹿县），西到马邑（山西省朔州市），观看灅水（黄水河）发源地（灅水，今名黄水河，又名治水，发源于山西省朔州市南累头山，下游注入桑干河）。

17 五月二十九日，后燕帝国逃到辽西郡（河北省卢龙县）的前将军段玑，又回到京师（首都龙城）自首认罪；平民天王慕容盛赦免他，赐号思悔侯；把公主嫁给他为妻，入宫担任侍卫。

18 晋帝国会稽郡（浙江省绍兴市）郡长谢琰，因有高贵的门第世家之故，才获得这个官职。可是他实际上并没有才干，既不会安抚人民，又不会整顿武备。将领们都提出建议："盗贼（指孙恩）近在海边，日夜窥探我们虚实，应该采用宽大政策，给他们一条自新回头之路。"谢琰不同意，说："苻坚（前秦帝国三任宣昭帝）有百万大军，还送死淮南（指淝水之战，参考三八三年十一月）。孙恩不过一个小小盗贼，失败后逃到大海，怎么可能再回到陆地？如果他真的回到陆地，那可是上天存心杀他！"

可是，不久，孙恩变民军攻击浃口（浙江省宁波市东北甬江口），深入余姚（浙江省余姚市），攻破上虞（浙江省绍兴市上虞区），进军到邢浦（浙江省绍兴市西十五公里）。谢琰派军事参议官（参军）刘宣之迎战，把变民军击败，孙恩撤退。过了几天，孙恩再攻击邢浦，政府军失利，孙恩变民军乘胜追击。

五月三十日，孙恩抵达会稽郡（浙江省绍兴市），谢琰还没有进餐，宣布说："等把这个盗贼消灭了再吃饭。"跨马出战，大败；作战司令官（帐下都督）张猛阵前叛变，斩谢琰。吴兴郡（浙江省湖州市）郡长庾桓，恐怕人民再响应孙恩，遂用大屠杀镇压，杀男女数千人。孙恩掉转方向，攻击临海郡（浙江省台州市西北章安街道）。

中央政府震动，派冠军将军桓不才、辅国将军孙无终、宁朔将军高雅之迎战。

19 后秦帝国（首都长安〔陕西省西安市〕）征西大将军、陇西公姚硕德，率军五千人，向西秦王国（首都宛川〔甘肃省榆中县东北〕）发动攻击，从南安峡（甘肃省秦安县南）侵入。西秦王（二任武元王）乞伏乾归率各将领拒抗，在陇西郡（甘肃省陇西县）筑营。

20 南凉王国（首都西平〔青海省西宁市〕）将军杨轨、田玄明，阴谋杀害首领（二任康王）、武威王秃发利鹿孤，被处死（杨轨归降南凉王国事，参考前年〔三九八〕九月）。

21 六月一日，日蚀。

22 晋帝国擢升琅邪王府"王师"何澄（晋帝国亲王属官中，设"王傅""王友""教育〔文学〕"三人。后来，"王傅"改称"王师"），当国务院左执行长（左仆射）。何澄，是何准的儿子（何准事，参考三五七年八月）。

23 六月甲子日（六月庚辰朔，没有甲子），后燕帝国（首都龙城〔辽宁省朝阳市〕）大赦。

24 后凉王国（首都姑臧〔甘肃省武威市〕）天王吕纂，打算讨伐叛将建立的北凉王国（首都张掖〔甘肃省张掖市〕），国务院执行官（尚书）姜纪劝告说："盛夏时候，农田正需要耕作，最好是停军事行动，让年轻人留在田间。现在远征岭西（岭，指海拔三千公尺的洪池岭〔乌鞘岭〕，在甘肃省天祝县西北，是河西走廊最高点），万一秃发家（南凉王国）乘机攻击空虚的京师（首都姑臧），我们有什么办法？"吕纂不理，大军出发，遂包围张掖（甘肃省张掖市），更向西挺进到建康（甘肃省酒泉市东南），大肆抢掠。

南凉王国（首都西平）车骑大将军秃发傉檀得到消息，率一万骑兵，袭击姑臧（甘肃省武威市）；吕纂老弟陇西公吕纬，登上北城守卫。秃发傉檀在朱明门（姑臧南门）城楼上，摆下筵席饮酒，敲钟击鼓，扩大犒赏将士；在青阳门（姑臧东门）举行阅兵大典，展示武力，裹挟八千余户人家而返。吕纂得到消息，急行回军。

25 秋季，七月四日，晋帝国太皇太后（孝武文太后）李陵容（十五任帝司马昌明娘亲）逝世。

七月十九日，晋帝国大赦。

26 西秦王（首都苑川〔甘肃省榆中县东北〕）乞伏乾归抗拒后秦帝国（首都长安）军入侵，派武卫将军慕兀等驻守沿边重要据点，后秦入侵军补给线，全被切断。后秦天王（二任文桓帝）姚兴（本年三十五岁）秘密出动援救，消息泄露，乞伏乾归接到情报后，派慕兀率中翼军二万人，进驻柏杨（甘肃省清水县西南）；镇军将军罗敦，率外翼军四万人，进驻侯辰谷（清水县境）。乞伏乾归率轻装备骑兵数千人，亲往前方侦察后秦兵团虚实。不料暴风突起，大雾弥漫，跟中翼军失去联络，受到后秦兵团骑兵追击，进入外翼军防地。第二天天亮，跟后秦兵团会战，西秦军大败，乞伏乾归逃回苑川（甘肃省榆中县东北），所有部众三万六千人，都投降后秦兵团。后秦天王姚兴，进军枹罕。

乞伏乾归再奔金城（甘肃省兰州市），情绪沮丧，对各将领各酋长说："我自问没有能力，却勉强称帝称王，已超过一纪（一纪十二年），而今失败到如此地步，已无法跟敌人对抗，我打算到西边据守允吾（甘肃省永靖县西北）；可是，如果全体人马，都集合到那里，敌人必然攻击，大家不免一死。现在，你们都留下来，各人率领各人的部众，归附姚家（后秦帝国），用来保全家族，不要再追随我！"大家都说："无论生死，都愿意跟从陛下。"乞伏乾归说："我现在要到别人那里讨饭吃，怎么能带这么多人，上天如果无意使我灭亡，或许还有一天，大业中兴，再跟各位相见，追随我一同去死，对谁都没有益处。"悲痛大哭，辞别（西秦王国政府倾覆，国土并入后秦帝国。此时，中国境内，八国并立：晋帝国、后燕帝国、后秦帝国、北魏帝国、后凉王国、南凉王国、北凉王国、南燕帝国）。

乞伏乾归单人匹马，只带数百名骑兵，前往允吾（甘肃省永靖县西北），向南凉王国（首都西平〔青海省西宁市〕）投降。南凉首领（二任康王）、武威王秃发利鹿孤，派广武公秃发傉檀，前往允吾迎接，安置在晋兴（青海省民和县），用贵宾的礼节招待。镇北将军秃发俱延对秃发利鹿孤说："乞伏部落，本是我们的部属，因天下大乱，自己称王（乞伏家臣属于秃发家，或在秃发树机能时代，参考二七〇年四月）。现在形势窘迫，前来归附听命，并不是出自他的真心。如果再投奔姚家（后秦帝国），势将为我国带来灾难，不如把他放逐到乙弗部落（青海湖西），使他想逃都逃不掉。”秃发利鹿孤说：“他走投无路，向我们归附，我们却用恶意猜测他的心思，将用什么鼓励后来的人效法？”秃发俱延，是秃发利鹿孤的老弟。

后秦兵团既班师返京（首都长安），南羌部落酋长梁戈等，秘密召请乞伏乾归回去，乞伏乾归打算答应；他的部将屋引阿洛（屋引，复姓），报告南凉王国晋兴郡（青海省民和县）郡长阴畅，阴畅派快马飞报秃发利鹿孤，秃发利鹿孤派老弟秃发吐雷，率骑兵三千人，进驻扪天岭（甘肃省兰州市西）监视。乞伏乾归恐怕被秃发利鹿孤诛杀，对太子乞伏炽磐说：“我们父子住在这里，秃发利鹿孤不会放心。现在，姚家（后秦帝国）正强，我想前往投靠，如果全家出发，定被追捕的骑兵追上，我想把你们兄弟跟你们娘亲，留下来当作人质，他们定不起疑。我身在长安（后秦首都·陕西省西安市），他们也不敢对你们加害。”遂把乞伏炽磐等送到首都西平（南凉首都·青海省西宁市）。

八月，乞伏乾归向南逃到枹罕，投降后秦帝国。

27 八月九日，晋帝国国务院右执行长（尚书右仆射）王雅逝世（年六十七岁）。

28 九月六日，地震（不知什么地方地震）。

29 后凉王国（首都姑臧〔甘肃省武威市〕）镇守广武（甘肃省永登县）的征东将军吕方（天王吕纂叔父）出奔，投降后秦帝国（首都长安）。广武居民三千余户人家，投靠南凉王国（首都西平）。

30 冬季，十一月，晋帝国宁朔将军高雅之，跟变民首领孙

五世纪·四〇〇年七月　西秦亡国·八国并立

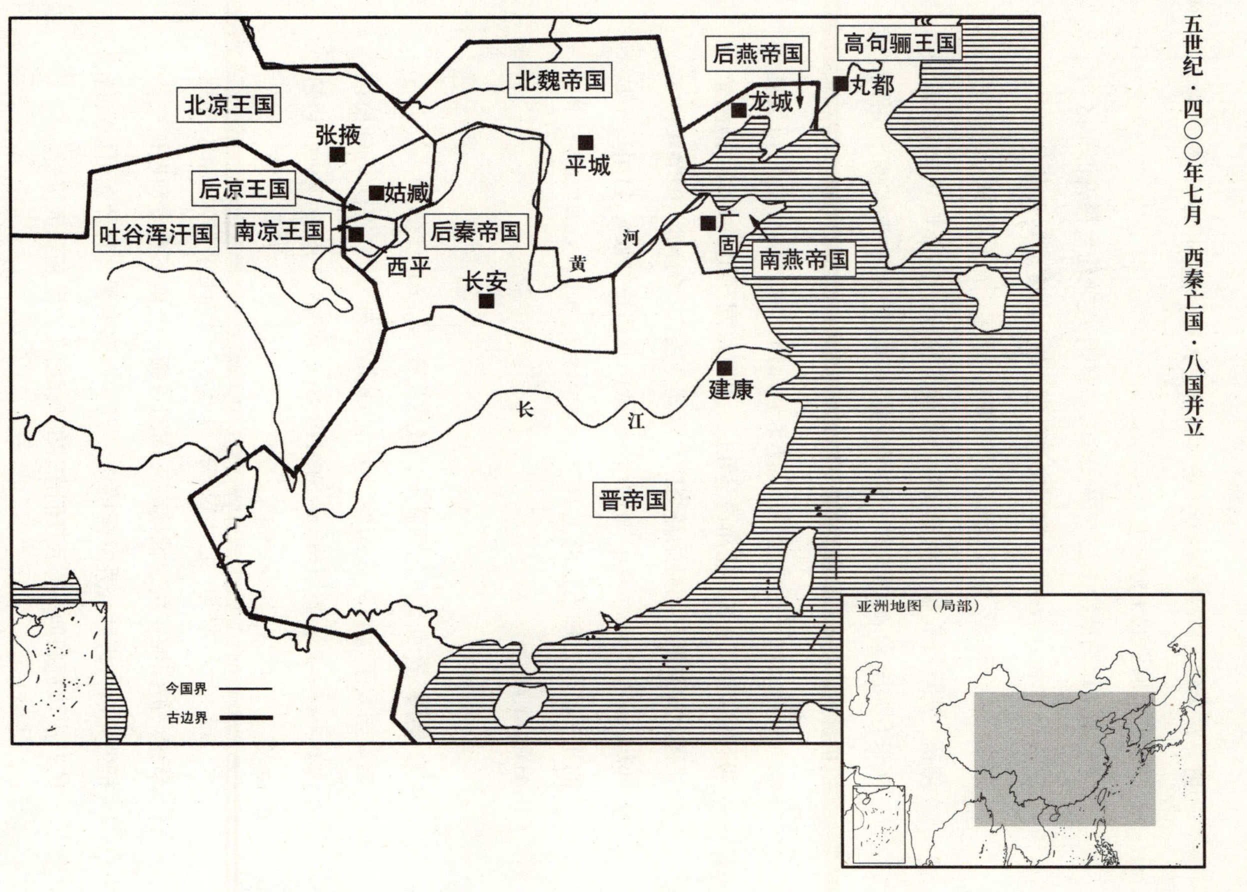

恩，在余姚（浙江省余姚市）会战，高雅之大败，逃向山阴（浙江省绍兴市），士卒被杀的十分之七八。

晋帝司马德宗下诏（司马元显诏），命刘牢之兼任会稽五郡军区司令长官（都督会稽等五郡），率军攻击孙恩，孙恩再度退回大海（舟山岛）。刘牢之向东推进，驻防上虞（浙江省绍兴市上虞区），命军事参议官（参军）刘裕，驻防句章（浙江省宁波市南）。吴国（江苏省苏州市）郡长（内史）袁崧，在东方沪渎（上海市青浦区），兴筑城垒（满布竹签于水中的阻御阵地），用以拒抗孙恩。袁崧，是袁乔的孙儿（袁乔事，参考三四六、三四七年）。

会稽王世子司马元显，请求兼管徐州（州政府京口）。晋帝司马德宗下诏（司马元显诏），任命司马元显：开府仪同三司（宰相级）、扬豫徐兖青幽冀并荆江司雍梁益交广军区司令长官（都督扬豫徐兖青幽冀并荆江司雍梁益交广十六州诸军事），兼徐州（州政府京口）州长（刺史）。封司马元显的儿子司马彦璋当东海王（司马元显本年十九岁，即令十六七岁早婚得子，司马彦璋也不过两三岁）。

31 故西秦王乞伏乾归，抵达长安（后秦首都·陕西省西安市），后秦帝国大王姚兴，任命他当河南（甘肃省兰州市以南）军区司令长官（都督河南诸军事），兼河州（州政府设枹罕〔甘肃省临夏市〕）州长（刺史），封归义侯。

过了一段时间，乞伏炽磐打算逃走，投奔老爹（乞伏乾归）；逃到半途，被南凉王国追捕擒获。南凉首领、武威王秃发利鹿孤准备把他处决，广武公秃发傉檀说："儿子归附老爹，有什么可以责备的？应该宽恕他，显示我们宏伟的气度。"秃发利鹿孤接受。

32 后秦帝国天王姚兴，把俘虏晋帝国（首都建康）的将领刘嵩等二百余人（洛阳陷落时被俘，参考去年〔三九九〕十月），送回晋帝国。

33 北凉王国（首都张掖）晋昌郡（甘肃省瓜州县）郡长唐瑶叛变，向六郡发出政治号召（六郡：敦煌郡〔甘肃省敦煌市〕、酒泉郡〔甘肃省酒泉市〕、凉兴郡〔甘肃省瓜州县西南万佛峡〕、建康郡〔甘肃省酒泉市东南〕、西海郡〔内蒙古额济纳旗〕、高昌郡〔新疆吐鲁番市东〕），推举镇西将军李暠，当冠军大将军、沙州（州政府设敦煌）州长（刺史）、凉公，兼敦煌郡郡长。李暠（本年五十岁）赦免他辖区里的罪犯，改年号庚子（五胡乱华十九国中，第十六个短命王国兴起，史称“西凉”。此时，中国境内，九国并立：晋帝国、后燕帝国、后秦帝国、北魏帝国、后凉王国、南凉王国、北凉王国、南燕帝国、西凉王国）。李暠任命唐瑶当征东将军、郭谦当参谋主任（军咨祭酒）、索仙当左秘书长（左长史）、张邈当右秘书长（右长史）、尹建兴当左军政官（左司马）、张体顺当右军政官（右司马）。派参谋指挥官（从事中郎）宋繇，向东攻击凉兴郡，同时攻击玉门关（甘肃省敦煌市西北）以西（西域·新疆及中亚东部）各城，全都攻克。

酒泉郡（甘肃省酒泉市）郡长王德，背叛北凉王国，自称河州州长（刺史）。北凉王段业，派镇西将军沮渠蒙逊讨伐。王德纵火焚毁城池，率领私人军队，投奔唐瑶，沮渠蒙逊追到沙头（甘肃省玉门市西南），大破王德军，俘虏王德的妻子儿女和部落，班师。

34 十二月二日，孛星出现在天际九星之旁。晋帝国（首都建康）会稽王世子司马元显，因天际星象变化，解除“主管政府机要”（录尚书事）职务，不过不久又加授国务院总理（尚书令）。国务院文官部长（吏部尚书）车胤，因司马元显骄傲狂暴，不可一世；遂晋见会稽王司马道子，请老爹出面，加以抑制。司马元显听说车胤晋见老爹，不知道内情，就问老爹说：“车胤把别人打发走，跟你密谈些

五世纪·四〇〇年十一月 西凉兴起·九国并立

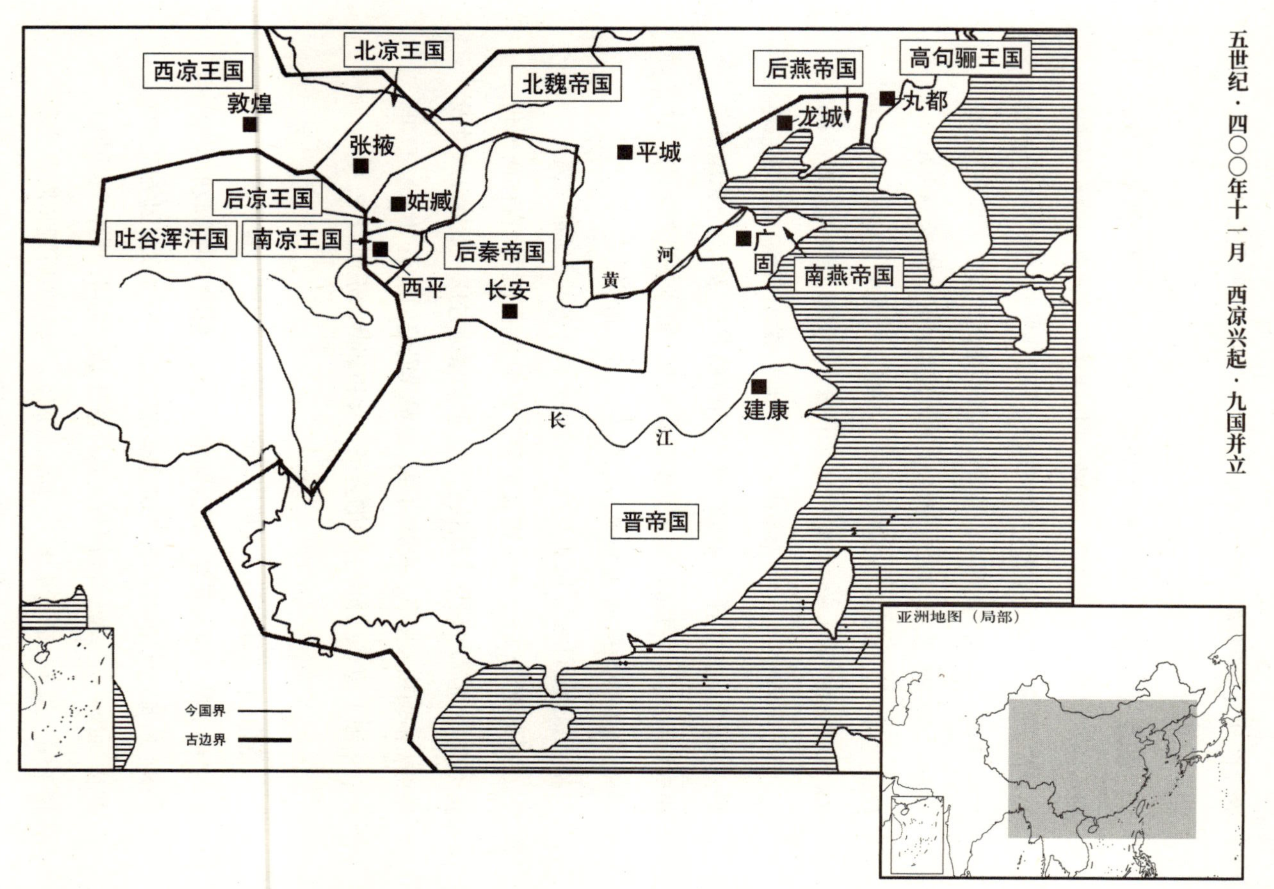

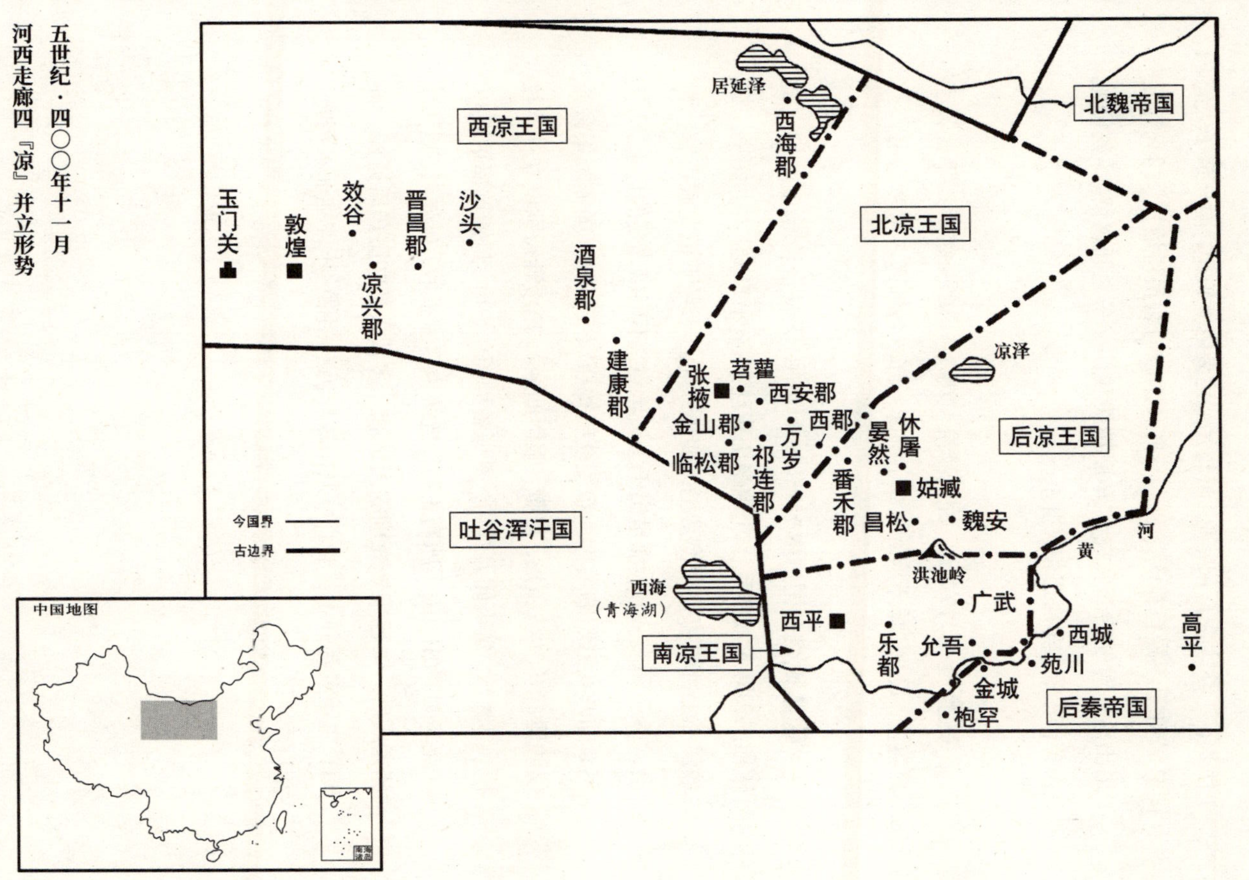

五世纪·四〇〇年十一月

河西走廊四『凉』并立形势

什么？”司马道子不回答，司马元显定要老爹说出，司马道子大怒说：“你是不是打算囚禁我，不准我跟政府官员讲话！”司马元显退出后，对他的部属说：“车胤挑拨我们父子之间感情。”秘密派人警告车胤，车胤恐惧，自杀。

35 十二月六日，后燕帝国（首都龙城〔辽宁省朝阳市〕）平民天王慕容盛，设立“单于府”（燕台），统御各部落各地区各种类蛮夷。

36 北魏帝国（首都平城〔山西省大同市〕）天文台长（太史令）屡次上疏指出天际星辰错乱。北魏帝拓跋珪亲自阅读算卦占卜图书，多数图书上都说将要改换帝王，变更政府。于是下诏文武百官，指出：“帝王承受大权，都是出于上天旨意，不可以愚妄的追求。”又不断的改变官职的名称，希望能够镇压灾变怪异。国务院集会礼仪助理官（仪曹郎）董谧，呈献《服饵仙经》；拓跋珪特别设立神学教授（仙人博士），建筑仙人牌坊，煮炼各种药草；下令封锁首都平城（山西省大同市）西山，山上所有木材，统统由皇家征收，供作煮药之用。药煮成后，命已判处死刑的人试服，多数人都在服药后死掉，证明长生不老药并不灵验。可是拓跋珪仍然相信，不停地征求药方、药材。

拓跋珪对于后燕帝国一任帝（武成帝）慕容垂的儿子们，各据一方，以致中央权柄下移，最后失败覆亡（此时后燕帝国仍在，只是退出中原而已），印象至为深刻，认为是一项错误的决策。国立大学教授（博士）公孙表迎合他的想法，呈献《韩非子》一书，建议拓跋珪用严法统御部下。左将军李栗性情傲慢，平常对拓跋珪态度随便，不太恭敬，在拓跋珪面前，随意咳嗽吐痰；拓跋珪追查他过去的过失，遂斩李栗；群臣大为惊恐。

37 十二月二十一日，后燕帝国（首都龙城〔辽宁省朝阳市〕）平民天王慕容盛，尊娘亲献庄皇后丁女士当皇太后；封皇子辽西公慕容定当皇太子；大赦。

38 本年（四〇〇），南燕帝国（首都广固〔山东省青州市〕）国王（一任献武帝）慕容德（本年六十五岁），在广固（山东省青州市）登位，改称皇帝，大赦，改年号建平（之前是燕王三年，之后是建平元年）。自己改名慕容备德，用来便利官民避讳；追尊前燕帝国三任帝慕容[illegible]号幽皇帝；任命北地王慕容钟当宰相（司徒），慕舆拔当最高监察长（司空），封孚当国务院左执行长（左仆射），慕舆护当国务院右执行长（右仆射）；封王妃段女士当皇后。

四〇一年 辛丑

晋	隆安	五年
后燕	长乐	三年
	光始	元年
后秦	弘始	三年
北魏	天兴	四年
后凉	咸宁	三年
	神鼎	元年
南凉	建和	二年
北凉	天玺	三年
	永安	元年
南燕	建平	二年
西凉	庚子	二年

1 春季，正月，南凉王国（首都西平〔青海省西宁市〕）首领（二任康王）、武威王秃发利鹿孤，打算改称皇帝，文武百官一致热烈劝进。只安国将军鍮勿崘反对（鍮，姓。音tōu〔偷〕），说："我们自从前世以来，都披散头发，衣裳左边开襟，从来没有冠帽腰带之类的装饰，追逐水草，四处流浪。也从来没有城廓房舍之类的牵制，所以才能纵横沙漠，跟中国（当时指的是中原）抗衡。而今，高举皇帝尊号，诚然是为了顺应人民的盼望。然而，一旦建城立市，遇到变化，很难躲避逃

走，积蓄全存仓库之中，也容易引起敌人野心。我认为最好是让汉人居住城廓，督促勉励他们耕田养蚕，用粮食和绸缎，供应国家。而我们鲜卑人，则一心一意加强战斗训练。邻国衰弱，就把它吞并；邻国强大，我们就远远迁移，这是长程计划。没有实质的虚名，只会成为世界上的刀砧箭靶，有什么用？”秃发利鹿孤说：“安国将军说得对。”遂只改称河西王（武威只一郡，河西指河西走廊〔甘肃省中部西部〕）。任命广武公秃发傉檀当全国各军区总司令长官（都督中外诸军事）、凉州全权州长（牧）、主管政府机要（录尚书事）。

2 二月一日，晋帝国（首都建康〔江苏省南京市〕）变民首领孙恩，从浃口（浙江省宁波市东北甬江口）进攻句章（浙江省宁波市南），不能攻克。晋帝国镇西将军刘牢之反击，孙恩再退回东海（舟山岛）。

3 后秦帝国（首都长安〔陕西省西安市〕）天王（二任文桓帝）姚兴（本年三十六岁），派乞伏乾归返回他的故都苑川（甘肃省榆中县东北）镇守，把他原来所有被俘的部众，全数配属给他（前秦帝国时代，天王苻坚总是派原部落首领，率军去攻击原部落的叛变，结果徒增加叛徒实力。而今，姚兴竟把部众交还乞伏乾归，教他回去镇守老根据地，乞伏乾归纵是做白日梦，也梦不到会有这种奇遇。姚兴此举，比苻坚当初，更不可思议）。

4 后凉王国（首都姑臧〔甘肃省武威市〕）天王（三任灵帝）吕纂，喜爱饮酒，又喜爱打猎。祭祀部长（太常）杨颖劝告说：“陛下承受天命，登上宝座，应该用正道把它守住；而今，疆土一天比一天萎缩（比起一任天王吕光初期，疆域不及当时十分之一），局促在二岭之间的狭小地带（二岭：东南方洪池岭〔乌鞘岭〕、西北方焉支山〔龙首山〕）。陛下不兢兢业业，早晚警惕，图谋恢复祖先的大业，反而沉迷游乐狩猎，毫不想到国事，我内心认为危险万状。”吕纂向他谦恭的道歉，但不能改过。

番禾郡（甘肃省永昌县）郡长吕超，擅自攻击鲜卑部落酋长思盘；思盘派老弟乞珍，向天王吕纂控诉，吕纂命吕超跟思盘同时进京（首都姑臧）。吕超大为紧张，到姑臧（甘肃省武威市）后，千方百计结交宫廷事务管理官（殿中监）杜尚。吕纂召见吕超，警告说：“你仗恃你们兄弟结成一帮，竟欺负到我头上，看我斩下你的人头，天下才会平安。”吕超叩头认罪。吕纂目的也只在压压吕超的威风，加以恐吓，本没有诛杀的意思。遂招待吕超、思盘，以及文武百官，在内殿欢宴（为吕超及思盘和解）。筵席上，吕超老哥中央禁军总监（中领军）吕隆，不断向吕纂敬酒，吕纂饮得酩酊大醉，乘坐人力推动的辇车，引导吕超等，游览皇宫。走到琨华堂东阁，因有门槛之故，辇车不能通过。吕纂亲信将领窦川、骆腾，把佩剑靠在墙上，推车过阁。刹那间，吕超夺到佩剑，直刺吕纂，吕纂赤手空拳，跳下辇车，扑向吕超，吕超一剑下去，洞穿吕纂前胸后背。窦川、骆腾联手跟吕超格斗，二人都被吕超击斩。

吕纂正妻杨皇后，下令禁军攻击吕超，杜尚出面禁止，禁军遂抛弃武器，拒绝作战。将军魏益多进来，砍下吕纂人头（年龄不详），杨皇后说：“人已死亡，尸体跟土木一样，没有知觉，何至忍心再伤害形骸？”魏益多向杨皇后诟骂，把吕纂人头送到外面示众，说：“吕纂违背先帝（吕光）遗命，谋杀太子（吕绍），自立当王，荒淫暴虐。番禾郡（甘肃省永昌县）郡长吕超，顺应民心，把他铲除，用以安定皇家祭庙。全国所有知识分子和平民，应一起庆祝！”

吕纂叔父巴西公吕佗、老弟陇西公吕纬，都在北城。有人游说吕纬说：“吕超大逆不道，你以老弟的亲情，高举大义旗帜讨伐，姜纪、焦辨在南城，杨桓、田诚在东城，都是我们的死党，难道担心不成功！”吕纬遂即动员戒严，打算跟吕佗一同攻击吕超。吕佗的妻子梁女士阻止说：“吕纬、吕超，都是侄儿，为什么舍弃吕超，帮助吕纬，自己当内战的祸首！”吕佗遂对吕纬说：“吕超政变，已经成功，占领军械库，掌握精兵，攻击他十分困难。而且，我年纪已老，不能有什么作为。”吕超的老弟吕邈，受吕纬的宠爱，因向吕纬建议说：“吕纂谋杀兄弟（二任隐王吕绍，参考前年〔三九九〕十二月），吕隆、吕超，顺应民心，起兵讨伐，目的就是要拥戴你继承王位，你是先帝（一任懿武帝吕光）现存的长子，依情依法依理，自应由你主持政府，人们没有第二个愿望，有什么可以怀疑？”吕纬相信，就跟吕隆、吕超对天盟誓，互推心腹；吕纬遂单人匹马进城，吕超立即逮捕吕纬，斩首。

吕超把天王宝座让给老哥吕隆，吕隆脸上露出为难的表情，吕超说：“今天好像骑龙上天，半路怎么能下！”吕隆遂登天王宝座（四任），大赦，改年号神鼎（之前是咸宁三年，之后是神鼎元年）。尊娘亲卫女士当皇太后，正妻杨女士当皇后。任命吕超当全国各军区总司令长官（都督中外诸军事）、辅国大将军，主管政府机要（录尚书事）；封安定公。定吕纂绰号灵皇帝。

吕纂正妻杨皇后，将搬出皇宫，吕超恐怕她夹带奇珍异宝，命人向她索取。杨皇后说：“你们兄弟不仁不义，亲手屠杀亲人，我早晚一死，要宝物干什么？”吕超又问玉玺在哪里。杨皇后说：“早把它销毁。”杨皇后貌美如花，吕超打算娶她，警告她老爹国务院右执行长（右仆射）杨桓说：“皇后如果自杀，大祸临到你们全族。”杨桓告诉杨皇后。杨皇后说：“老爹当初把女儿卖给氐蛮（吕家是氐人），为的是谋求荣华富贵。卖一次已够了，怎么可以再卖！”遂自杀，绰号穆皇后。

杨桓投奔南凉王国（首都西平〔青海省西宁市〕），南凉首领（二任康王）、河西王秃发利鹿孤，任命杨桓当左军政官（左司马）。

5 三月，晋帝国（首都建康）变民首领孙恩，向北直扑海盐（浙江省海盐县），军事参议官刘裕尾随追击，在海盐故城（浙江省平湖市东南乍浦镇。二城相距二十公里）构筑阵地。孙恩不久即行攻城，刘裕把他击破，斩变民军将领姚盛。城中军队太少，不能抵抗，刘裕在夜晚把军旗收起，把精锐部队全部藏匿埋伏。第二天，大开城门，派年纪大或有病在身的老弱残兵数人，登上城墙。变民军遥问："刘裕在哪里？"城上回答说："昨夜已经逃走！"变民军相信，一拥入城，刘裕发动埋伏，大破变民军。孙恩知道一时不可能攻克，遂放弃海盐，向北推进，攻击沪渎（上海市青浦区）。刘裕也放弃海盐，尾随追击。

海盐县县长鲍陋，派儿子鲍嗣之，率东吴（太湖流域及钱塘江流域）士卒一千人，请求当前锋。刘裕婉拒说："贼寇（变民集团）军队，十分精锐，东吴人民不习惯作战，如果前锋失利，将影响我们的主力部队，你最好担任殿后，负责造成声势。"鲍嗣之不接受。刘裕沿途埋伏大量军旗和战鼓；前锋既投入战斗，埋伏全部发动，刘裕高举军旗，战鼓雷鸣，变民军认为已陷入四面八方的重重包围，即行撤退。鲍嗣之追击，战死；变民军乘机反攻，刘裕且战且退，所率领的部队几乎全部伤亡，退到当初接战的地方，刘裕命左右去剥战死者的衣服，表示从容不迫。变民军怀疑有什么诡计，不敢进逼。刘裕突然大声呐喊，全军反攻，变民军恐惧，急行撤退；刘裕才脱离战场。

6 南凉王国（首都西平〔青海省西宁市〕）首领、河西王秃发利鹿孤，攻击后凉王国（首都姑臧〔甘肃省武威市〕），跟后凉天王吕隆会战，大破后凉兵团，强迫迁移二千余户人家而回。

7 夏季，四月十七日，北魏帝国（首都平城〔山西省大同市〕）撤销邺城（河北省临漳县西南邺城镇）特遣政府（行台。三九八年正月设）；所属六郡，另行设置相州（州政府设邺城），任命庾岳当州长（刺史）。

8 后秦帝国归义侯乞伏乾归，回到苑川（甘肃省榆中县东北），任命边芮当秘书长（长史），王松寿当军政官（司马）；原来西秦王国时代的三公，和部长级官员，以及将帅等，都降级成佐理官和低级军官。

9 北凉王国（首都张掖）国王（一任）段业，对首都张掖市长（张掖太守）沮渠蒙逊的勇敢善战，和计谋层出不穷，暗暗畏惧，打算把他送得越远越好。沮渠蒙逊也了解自己的处境，尽量忍受委屈，不对外多作接触。段业任命禁宫咨询官（门下侍郎）马权，接替沮渠蒙逊的首都张掖市长（张掖太守）。马权为人豪放幽默，段业对他很是亲信敬重，但马权对沮渠蒙逊却一向都看不起，常常当面给他侮辱。沮渠蒙逊遂向段业打小报告，陷害马权，说："天下没有一件事可以担心，可是大王要担心马权。"段业遂斩马权。沮渠蒙逊遂对老哥、辅国将军沮渠男成说："段公没有鉴赏能力，也没有决断能力，不是平息灾难的领袖人才。从前，我们顾忌的只有索嗣（参考去年〔四〇〇〕四月）、马权，现在全都诛杀，段业已失去爪牙，我打算把他除掉，拥戴老哥，你认为如何？"沮渠男成说："段业本是一个孤独的外乡人（段业原籍京兆郡〔陕西省西安市〕），是我们沮渠家拥戴他登上王位，依靠我们兄弟，好像鱼依靠水。要知道，别人对我们亲信，而我们反过来谋害他，是一件凶事。”沮渠蒙逊遂请求当西安郡（甘肃省山丹县西）郡长，段业高兴他离开京师（首都姑臧），立刻批准。

沮渠蒙逊邀请沮渠男成，一块前往祭祀兰门山（甘肃省山丹县西南四十公里），却暗中命军政官（司马）许咸，向段业告密说：“沮渠男成打算在休假日发动政变，如果有一天他忽然请求祭祀兰门山，我的话就应验了。”到时候，沮渠男成果然向段业请求祭祀兰门山。段业立即逮捕沮渠男成，命他自杀。沮渠男成说：“很显然的，这是我老弟沮渠蒙逊的计划：他先跟我密商，要我叛变，我因手足情深，不愿检举。只因有我在，恐怕部众不听他指挥，所以约我一同祭祀兰门山，用来诬陷，他就是要借大王之手，把我杀掉。我建议大王，不妨假装宣布我已被处决，公开我的罪状，届时沮渠蒙逊一定叛变，然后我奉大王之命，前往讨伐，就可以克制。”段业不准，斩沮渠男成。沮渠蒙逊果然向部众悲哀流泪，说：“我老哥对段业忠心耿耿，而段业竟无缘无故，冤枉诛杀，各位能不能起来报仇？当初开始时，大家共同拥护段业，为的是安定人心，现在，遍地烽火，证明他的能力不足以救我们渡过灾难。”沮渠男成一向受人民爱戴，所以群情激愤，遂向首都张掖进军，走到氐池县（甘肃省张掖市东），已集结一万余人。镇军将军臧莫孩率领他的军队迎降，羌人、胡人（匈奴人），很多人起兵响应，沮渠蒙逊进逼侯坞（甘肃省张掖市东）。

段业起先怀疑右将军田昂不忠，把他囚禁监狱。现在情况紧急，段业召见田昂，向他道歉，并且释放，命他跟武卫将军梁中庸，共同讨伐沮渠蒙逊。别动部队将领王丰孙警告段业说：“西平郡（青海省西宁市）田家，每个世代都出叛徒（如田玄明生擒郡长郭幸，投降南凉，参考三九八年九月）。田昂外貌恭敬谨慎，内心很阴险，不可信赖。”段业说：“我早疑心他，但除了田昂，没有人能讨伐沮渠蒙逊。”田昂抵达侯坞，率骑兵五百人，投降沮渠蒙逊，政府军霎时瓦解；梁中庸也向沮渠蒙逊投降。

危疑反侧的时候，判断哪个建议案正确，最难；而判断哪个部属仍然忠贞，更难。当此之际，除非有聪明远略，做精确选择，绝对无法渡过险滩。

五月，沮渠蒙逊大军抵达张掖城下，田昂的侄儿田承爱，砍开城门迎降，段业左右官员侍卫，全都逃散。沮渠蒙逊入城，段业向沮渠蒙逊哀求说：“我单身一人，无依无靠，被你们家推举，不得不占居高位。请你赦免我有生之年，使我能回到东方，跟妻子儿女团聚。”沮渠蒙逊遂斩段业（年龄不详）。

段业，是一个儒家学派的忠厚长者，不会权术，没有谋略，政令不能推行，部下各自作威作福；段业又信任算卦、占卜、巫术，所以最后失败。

沮渠男成的老弟沮渠富占、将军沮渠俱傫，率五百户人家，投降南凉王国（首都西平〔青海省西宁市〕）。沮渠俱傫，是沮渠俱石子的儿子（沮渠俱石子是前秦帝国右将军，参考三八五年二月）。

10 晋帝国变民首领孙恩，攻陷沪渎（上海市青浦区），斩吴国（江苏省苏州市）郡长（内史）袁崧，杀四千人。

11 后凉王国（首都姑臧）天王（四任）吕隆，大肆诛杀有声望的豪门强族，用以建立自己的权威；内外议论纷纷，每人都不能自保平安。魏安郡（甘肃省古浪县东）人焦朗，派人游说后秦帝国（首都长安）陇西公姚硕德说："吕家班自从吕光（后凉一任懿武帝）去世，兄弟自相残杀，政府法纪不能建立，一个比一个暴虐；人民饥馑，饿死的超过一半。现在应该乘他们正在争夺之际，消灭他们，比把手掌翻过来还要容易，机会不可丧失。"姚硕德报告天王姚兴，率步骑兵六万人，向后凉王国发动灭国性总攻击；归义侯乞伏乾归，率骑兵七千人一同出征。

12 六月一日，晋帝国变民首领孙恩，从海上进入长江，突击丹徒（江苏省镇江市东丹徒区），战士十余万，战舰千余艘，首都建康（江苏省南京市）惊骇震恐。

六月二日，中央及地方全部进入戒严状态，文武百官日夜办公，住进国务院（省内）。冠军将军高素等，驻防石头（建康城西北）；辅国将军刘袭，用木栅切断淮口（秦淮河注入长江口）；首都建康市长（丹阳尹）司马恢之，在长江南岸布防；冠军将军（不知道怎么又有一个冠军将军）桓谦等，驻守白石（安徽省当涂县西南），首都东区卫戍司令（左卫将军）王嘏等保护宫廷。征召豫州（州政府设历阳〔安徽省和县〕）州长（刺史）谯王司马尚之，返京（首都建康）协防。

镇北将军刘牢之从山阴（浙江省绍兴市）出发，率军阻截，还没有赶到，而孙恩的变民军已经过去。刘牢之遂命刘裕从海盐（浙江省海盐县）紧急入援。刘裕的兵力不满一千人，加倍速度，强行军日夜前进，遂跟孙恩同时抵达丹徒（江苏省镇江市东丹徒区）。刘裕人数既少，而长途赶路，士卒疲劳，体力不继；丹徒守军，更没有斗志，形势岌岌可危。孙恩率军擂鼓呐喊，登上蒜山（镇江市西四公里金山）。当地居民，肩上荷着扁担，站在一旁观看两军厮杀。刘裕挥军奔驰攻击，大破变民军。变民军溃散，从岸上投到水里淹死的很多，孙恩狼狈回船，仅仅逃出一命。但孙恩仗恃人数上的优势，稍加整顿，不久又直扑首都建康（江苏省南京市）。后将军司马元显率军抵抗，不断战败。会稽王司马道子没有其他办法，唯一的谋略是每天到“蒋侯庙”祈祷（“蒋侯庙”在蒋山，蒋山在建康城东。东汉王朝末年，秣陵〔江苏省南京市江宁区南秣陵街道〕民兵司令〔尉〕蒋子文，追击匪徒，在山下战死。东吴帝国一任帝孙权在山上为他盖庙祭祀。官员或平民所有祈祷，往往应验）。孙恩一天比一天迫近，人民恐惧惊慌。谯王司马尚之率精锐部队抵达，驻防宫城积弩堂。变民军战舰高大笨重，逆风而上，不能迅速前进，几天之后，才到白石（此白石应不是安徽省当涂县白石）。孙恩本来认为政府军分散各地，兵力不能集中，打算乘政府军没有戒备，发动突击。不久就知道司马尚之已入京师（首都建康）；又接到报告：刘牢之已经回军，驻防新洲（江苏省南京市北长江中小岛），不敢继续前进，遂向东撤退，由海道北上，直扑郁洲（江苏省连云港市东沉积小岛）。

孙恩别动部队将领，攻陷广陵（江苏省扬州市），杀三千人。宁朔将军、广陵郡郡长（相）高雅之追击到郁洲（江苏省连云港市东沉积小岛），被孙恩变民军生擒。

荆州（州政府设江陵〔湖北省江陵县〕）州长（刺史）桓玄，磨利武器，训练兵马，严密注视中央政情变化；听到孙恩逼近京师（首都建康），立即竖起军旗，建立大营，上奏要求出兵东下讨伐，司马元显大为恐惧。正巧孙恩退走，司马元显用皇帝名义下诏阻止，桓玄才解除戒严。

13 北凉王国（首都张掖）武卫将军梁中庸等，一致推举临池侯

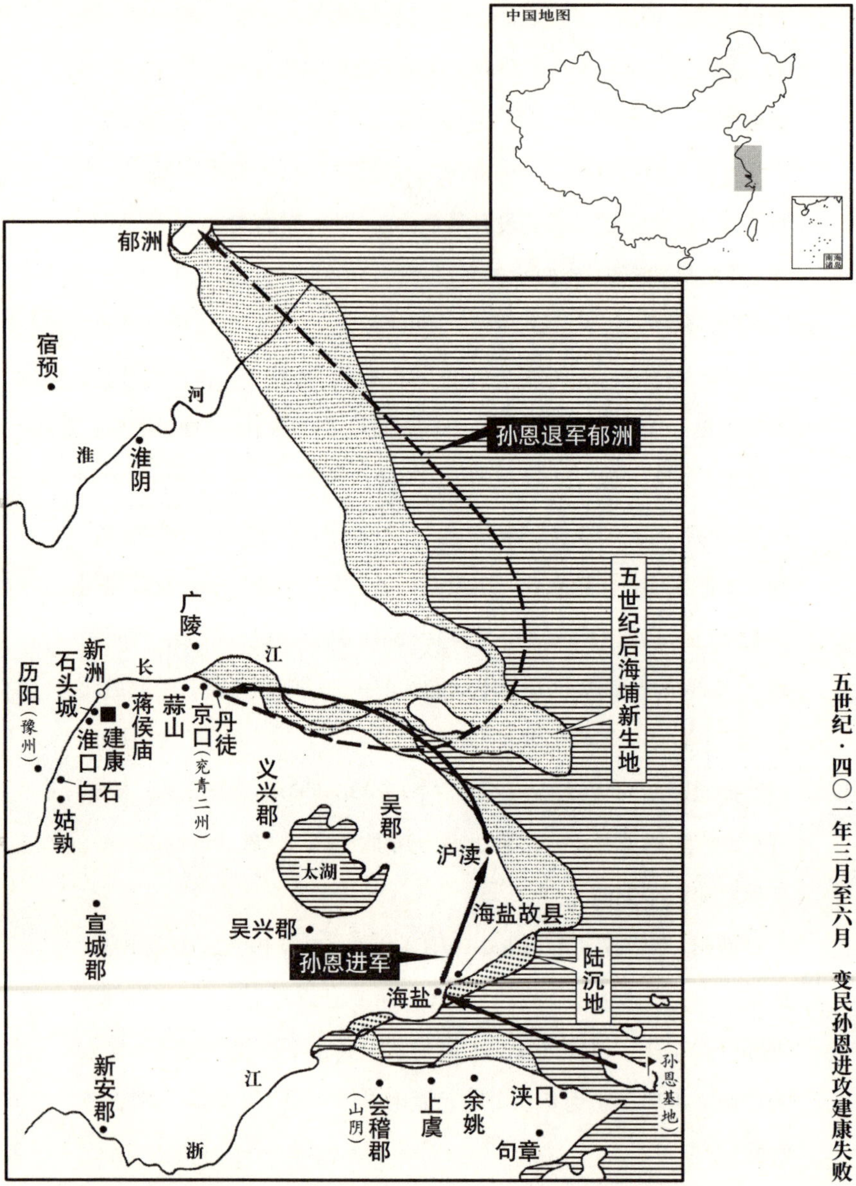

五世纪·四〇一年三月至六月　变民孙恩进攻建康失败

中国地图
南海诸岛
郁洲
宿预
河
淮
淮阴
孙恩退军郁洲
五世纪后海埔新生地
广陵
江
长
新洲
历阳（豫州）
石头城
建康
蒋侯庙
蒜山
京口（兖青二州）
丹徒
淮口
白石
姑孰
义兴郡
吴郡
太湖
沪渎
海盐故县
吴兴郡
宣城郡
孙恩进军
陆沉地
海盐
（孙恩基地）
新安郡
江
浙
会稽郡（山阴）
上虞
余姚
浃口
句章

沮渠蒙逊：当总司令官（大都督）、最高统帅（大将军）、凉州全权州长（牧）、张掖公（二任首领武宣王）；赦免境内罪犯，改年号永安（之前是天玺三年，之后是永安元年）。

沮渠蒙逊（本年三十四岁）任命堂兄沮渠伏奴当首都张掖市长（张掖太守），封和平侯；老弟沮渠挐当建忠将军（挐，音ㄖㄨˊ〔如〕），封都谷侯。任命田昂当西郡（甘肃省永昌县西北）郡长，臧莫孩当辅国将军，房晷当左秘书长（左长史），梁中庸当右秘书长（右长史），张骘当左军政官（左司马），谢正礼当右军政官（右司马）。擢升或委派的都是有能力的贤才，文武官员无不喜悦。

14 南凉王国（首都西平〔青海省西宁市〕）首领（二任康王）、河西王秃发利鹿孤，命群臣尽量批评中央施政的得失，行政参谋官（西曹从事）史暠说："陛下每次派将领出征，所向无敌。可是却没有把安抚人民当作优先任务，反而全心全意强迫他们迁移。人民喜爱安定的生活，恐惧陌生的地方，所以很多人叛变离散，这正是虽然我们不断击斩敌人大将、夺取敌人城池，而国土却看不见扩张的原因。"秃发利鹿孤认为他的话有充分理由。

15 秋季，七月，北魏帝国（首都平城〔山西省大同市〕）兖州（州政府滑台〔河南省滑县〕）州长（刺史）长孙肥，率步骑兵二万人，南下夺取晋帝国（首都建康）的许昌（河南省许昌市东），挺进到东方彭城（江苏省徐州市），晋帝国将军刘该投降（刘该任徐州州长，参考三九六年五月十三日）。

16 后秦帝国（首都长安）远征后凉王国（首都姑臧）的大军，继续推进陇西公姚硕德从金城（甘肃省兰州市）渡过黄河，直指广武（甘肃省永登县）。南凉王国（首都西平）首领（二任康王）、河西王秃发利鹿孤，急令广武守军撤退，避开后秦的攻击。后秦远征军遂抵达姑臧（甘肃省武威市）。后凉天王（四任）吕隆派辅国大将军吕超、龙骧将军吕邈等迎战。姚硕德大败后凉军，生擒吕邈，俘虏及斩杀以一万人为单位计算。吕隆登城固守，巴西公吕佗，率东城部众二万五千人，投降姚硕德。西凉王国（首都敦煌）首领（一任武昭王）、凉公李暠；南凉王国首领、河西王秃发利鹿孤；北凉王国（首都张掖）首领（二任武宣王）、张掖公沮渠蒙逊；每人都派使节，呈递奏章，向后秦天王姚兴进贡。

最初，后凉王国国务院执行官（尚书）姜纪，投降南凉王国（姜纪应在本年〔四〇一〕二月后凉政变时投奔），广武公秃发傉檀跟他谈论战略兵法，对姜纪至为亲信及敬重，坐则坐在一起，出则同乘一车，每次谈论，白天谈不完，晚上继续。南凉首领、河西王秃发利鹿孤对老弟秃发傉檀说："姜纪实在有很高的才华，但他的眼界太高，不会满意我们这个狭小的局面，绝不可能久留，一旦进入秦国（后秦帝国），定会带来灾难，不如诛杀。"秃发傉檀说："我以平民的身份，真诚心意，跟他相交，我保证他不会辜负。"

八月，姜纪率数十人骑兵，投奔后秦帝国长征大军，向统帅姚硕德建议说："吕隆固守一座孤城，没有外援，阁下（姚硕德）用大军施加压力，大势所趋，他一定投降。只是，那不过是表面投降，并不是真正的心服口服。请配给我步骑兵三千人，跟将军王松怱合作，利用凉国（后凉王国）归降将领焦朗、华纯的军队，在旁严密监视，等待机会，就不必再担心吕隆。不然的话，秃发（南凉王国）身在南方，国家富有，武力强大，如果夺取姑臧（甘肃省武威市），入城据守，威势当更强大，沮渠蒙逊（北凉王国）、李暠（西凉王国），都无力拒抗，势必归附。如果那样，将成为帝国的大敌。"姚硕德上疏推荐姜纪当武威郡（郡政府姑臧）郡长（空头官衔），交付给他战士两千人，进驻晏然（武威市北三十公里）。

天王姚兴听说杨桓贤明而有才干，征召他前往京师（首都长安）。南凉首领、河西王秃发利鹿孤不敢挽留。

17 晋帝（十六任安帝）司马德宗（本年二十岁）下诏（司马元显诏），任命刘裕当下邳郡（侨郡·在江苏省淮河以南）郡长，前往郁洲（江苏省连云港市东沉积小岛），讨伐变民首领孙恩；连战连胜，大破变民军。孙恩开始衰弱，遂沿海岸南下；刘裕也尾随追击。

18 后燕帝国（首都龙城〔辽宁省朝阳市〕）平民天王（三任昭武帝）慕容盛（本年二十九岁），鉴于老爹慕容宝（二任惠愍帝）过度懦弱，招来国破身亡，所以竭力改正，建立绝对威严，刑罚凌厉而残忍；而又自以为十分聪明，对很多人都心怀敌意，造成无穷无尽的猜忌。文武官员们只要有一小点嫌疑，就不由分说，立即诛杀。因此，包括家族、元老、功臣在内，人人都不能自保。

慕容宝失败的原因，在于他昏庸，不在于他懦弱。慕容盛检讨老爹失败的原因时，竟然检讨出来在于过度懦弱。犹如一个人中风死亡，检查的结果竟说是因为脚趾长癣一样，结论奇异。

有一种检讨永远得不到正确答案，那就是主持检讨的人，无法承受正确答案的打击，慕容盛先天受到限制，他不能抨击老爹低能，所以只好胡扯，根据这个胡扯出来的病状，诊断治疗，当然开错药方。不但治不好病，反而越治使病越重。

八月十五日，左将军慕容国，跟殿中将军秦舆、段赞，阴谋率军袭击慕容盛；事情泄露，诛杀五百余人。

八月二十日，深夜，前将军段玑，跟秦舆的儿子秦兴、段赞的儿子段泰，秘密进宫，擂鼓呐喊；慕容盛听到兵变消息，率左右卫士出战，变兵溃散。段玑受伤，躲在廊下房舍之内。而就在秩序稍稍恢复正常之时，刹那间，一个变民从暗中闪电出击，直刺慕容盛，慕容盛身受重伤，坐轿登上前殿，指挥禁卫军布置警戒，等到一切安定，才气绝身死（年二十九岁）。

中垒将军慕容拔、禁宫护卫执行官（冗从仆射）郭仲，报告丁太后（慕容盛娘亲），说明国家正面对太多灾难，应该拥戴一个年纪大的人当君王。这时，政府官员一致倾心于慕容盛的老弟、宰相（司徒）、国务院总理（尚书令）、平原公慕容元。可是，河间公慕容熙，一向受丁太后的宠爱，丁太后遂罢黜皇太子慕容定，而把丈夫（二任帝慕容宝）的老弟慕容熙，秘密迎接进宫。第二天早晨，文武百官到金銮宝殿时，才发现事情发生变化，只好顺水推舟，上疏给慕容熙，请求更进一步当皇帝（劝进）。慕容熙让给侄儿慕容元，慕容元不敢接受。

八月二十一日，慕容熙（本年十七岁）登天王宝座（四任昭文帝），捕获段玑等，全都屠杀三族。

八月二十二日，大赦全国。

八月二十四日，平原公慕容元，因有叛乱嫌疑，天王慕容熙命他自杀。

闰八月十九日，把慕容盛安葬在兴平陵（今地不详），绰号昭武皇帝，祭庙称中宗。丁太后送儿子的灵柩到墓地，还没有回城，中央禁军总监（中领军）慕容提、步兵指挥官张佛等，阴谋共同拥戴故太子慕容定，事情被发觉，全体伏诛，慕容熙下诏，命慕容定自杀。

闰八月二十四日，大赦，改年号光始（之前是长乐三年，之后是光始元年）。

19 后秦帝国陇西公姚硕德，包围姑臧（后凉首都·甘肃省武威市）两个月，围城中的东方人（中原人），很多想要叛变逃走，将军魏益多又在其中煽风点火，阴谋诛杀天王吕隆跟安定公吕超，事情被发觉，受到牵连而斩首的有三百余家。姚硕德招徕安抚夷人、汉人，分别派定郡长、县长，减缩饮食，聚集粮秣，准备长久包围。

后凉王国群臣，请求跟后秦帝国和解，天王吕隆拒绝。安定公吕超说："现在，城里粮食储存，已经一空，上下饥饿难忍，空喊'嗷嗷'，即令张良、陈平再生，也束手无策。陛下应考虑到权宜变通的办法，能屈能伸。为什么把一封信看得那么重要，而不肯派出使节，说几句卑微的话，用来击退强敌？等到强敌撤退之后，我们再力行德政，使人民获得休养。如果国家的命运没有走到尽头，何用担忧旧有的大业，不能复兴？如果上天的宠爱已经成为过去，至少也可以保全家族。不然的话，坐对穷困，结局会是什么！"吕隆采纳。

九月，派使臣到后秦长征军大营，投降。姚硕德上疏推荐吕隆当镇西大将军、凉州州长（刺史）、建康公。吕隆派侄儿，和开国元老慕容筑、杨颖等五十余家，到后秦首都长安（陕西省西安市）充当人质。姚硕德大军，纪律严明，秋毫无犯，祭祀从前的贤人，礼聘现存的知名之士，西方（河西走廊）人民，十分欢悦。

北凉王国（首都张掖）首领、张掖公沮渠蒙逊所属的酒泉（甘肃省酒泉市）、凉宁（甘肃省酒泉市东北）二郡叛变，归降西凉王国（首都敦煌）；又听说吕家（后凉王国）投降后秦帝国，大为恐惧，派他的老弟建忠将军沮渠挐、州政府秘书长（牧府长史）张潜，前往姑臧（后凉首都·甘肃省武威市）城外，晋见姚硕德，请求准许他率领所有部众，迁到东方。姚硕德大喜，任命张潜当张掖郡（甘肃省张掖市）郡长、沮渠挐当建康郡（甘肃省酒泉市东南）郡长。回来后，张潜劝沮渠蒙逊东迁，但沮渠挐秘密告诉沮渠蒙逊说："姚硕德还没有攻克姑臧，吕家（后凉王国）仍然存在。姚硕德军粮快要吃完，不能长久停留，为什么自己抛弃疆土，去受别人控制！"辅国将军臧莫孩也认为如此（《晋书·沮渠蒙逊》载记：沮渠蒙逊接受二人建议，诛杀张潜）。

沮渠蒙逊送他的儿子沮渠奚念，到南凉王国（首都西平）首领、河西王秃发利鹿孤那里，充当人质。秃发利鹿孤不接受，说："沮渠奚念年纪太轻，请换沮渠挐。"

冬季，十月，沮渠蒙逊再派使节，上疏秃发利鹿孤，说："我前些时曾派我儿子沮渠奚念，前往呈献忠诚。陛下颁下圣旨，可能误会，所以征召我的老弟沮渠挐。我内心认为，只要是真正的诚信，儿子的分量并不轻；如果不诚不信，则老弟也不重要。而今仇敌还没有平定，不敢遵奉诏书，请求陛下原谅。"秃发利鹿孤受到冒犯，大为愤怒，派张松侯秃发俱延、兴城侯秃发文支，率骑兵一万人，袭击北凉王国，军锋抵达万岁（甘肃省山丹县东南）、临松（甘肃省张掖市东南），生擒沮渠蒙逊堂弟沮渠鄯善苟子，掳掠居民六千余户人家。沮渠蒙逊屈服，派堂叔沮渠孔遮，前往首都西平（青海省西宁市）晋见秃发利鹿孤，承诺送沮渠挐当人质。秃发利鹿孤才把掳掠的居民释返，召回秃发俱延等。秃发文支，是秃发利鹿孤的老弟。

20 南燕帝国（首都广固〔山东省青州市〕）皇帝（一任献武帝）慕容德（本年六十六岁），在延贤堂设筵，大宴群臣，酒酣耳热之际，问大家说："我可以比古代哪一等君王？"青州州长（刺史）鞠仲说："陛下属于中兴君王，跟姒少康（夏王朝八任帝）、刘秀（东汉王朝一任帝）一样。"慕容德吩咐左右侍从，赏赐鞠仲绸缎一千匹；鞠仲对这么多的赏赐，大为惊喜，赶忙辞让。慕容德说："你可以开我的玩笑，我为什么不可以开你的玩笑？你的话不是实话，所以我也不说实话，教你空欢喜。"韩范说："天子不能说玩笑的话，今天的事，君臣都不对。"慕容德大为高兴，赏赐韩范绸缎五十匹。

慕容德的娘亲，跟老哥慕容纳，都留在长安（陕西省西安市），慕容德派平原郡（山东省平原县）人杜弘前去探访。杜弘说："我到长安，如果找不到太后，当西上前往张掖郡（甘肃省张掖市。前秦帝国时，慕容德当张掖郡郡长，参考三七〇年十二月。老哥慕容纳就在张掖安家落户），尽力完成使命，不死不止。我老爹杜雄，虽然年过六十岁，但仍请赐给他一份本县俸禄，回报对我的养育之恩。"立法院最高立法长（中书令）张华说："杜弘还没有出发，就向皇上请求俸禄，要挟君王，罪大恶极。"慕容德说："杜弘替君王迎接娘亲，替老爹请求俸禄，忠孝双全，有什么罪？"任命杜雄当平原（平原郡郡政府所在县）县长。

柏杨曰

杜弘的行为只有一个，张华抨击他要挟君王，罪大恶极；慕容德则认为他恰恰忠孝双全。这正是中国人的悲哀，永远被人从两个极端评估，谁的权大，谁的评估就正确。

慕容德虽然是干上了皇帝，还多少有点人性，知道除了自己有父母外，别人也有父母，对方索取报酬是合理的。张华人性已失（他只不过希望慕容德听了他的马屁话，升他的官而已），认为无权无势的小民，应该无条件为有权有势的大家伙牺牲。这种奴才根性，流毒到二十世纪之后，终于受到批判。

杜弘走到张掖郡（甘肃省张掖市），被盗贼杀害。

21 十一月，晋帝国下邳郡（侨郡）郡长刘裕，追击变民首领孙恩，追到沪渎（上海市青浦区）、海盐（浙江省海盐县），再度击破变民军，斩杀及俘虏的变民，以一万为单位计算。孙恩遂从浃口（浙江省宁波市东北甬江口）逃回大海（舟山岛）。

22 十二月十一日，北魏帝国（首都平城〔山西省大同市〕）皇帝（一任道武帝）拓跋珪（本年三十一岁），派常山王拓跋遵、定陵公和跋，率五万人兵团，攻击后秦帝国（首都长安）车骑将军没弈干据守的高平（宁夏固原市）。

十二月十五日，北魏虎威将军宿沓干（沓，音tà〔榻〕），讨伐已被驱逐到东北一角的后燕帝国（首都龙城），攻击令支（河北省迁安市）。

十二月二十五日，后燕中央禁军总监（中领军）宇文拔，率军南下救援。

十二月壬午日（十二月辛丑朔，没有壬午），宿沓干攻陷令支，筑营驻守。

23 后凉王国（首都姑臧〔甘肃省武威市〕）安定公吕超，攻击后秦帝国（首都长安）委派的武威郡郡长姜纪驻守的晏然（武威市北三十公里），不能攻克，遂改攻另一叛将焦朗驻守的魏安（甘肃省古浪县东）。焦朗送他的侄儿焦嵩到南凉王国（首都西平〔青海省西宁市〕）当人质，请求南凉首领、河西王秃发利鹿孤派军迎接部众归降。秃发利鹿孤命车骑将军秃发傉檀，出军迎接，到达魏安时，后凉兵团已经撤退，焦朗却紧闭城门，拒抗迎接他的南凉军。秃发傉檀大怒，打算攻城。

镇北将军秃发俱延劝阻说："安于故土，不愿迁移，是人之常情，焦朗困守一个孤城，没有粮食，今年不投降，后年也会投降，何必多杀害士卒，非用武力夺取不可！万一攻城攻不下，他一定转而投降别人（后秦帝国或后凉王国），放弃境域内的知识分子和住民，驱使他们去帮助敌人，不是上等计策，不如改用好言安慰。"秃发傉檀遂跟焦朗联盟，进军后凉王国首都姑臧（甘肃省武威市），在城外举行盛大检阅，炫耀兵力；遂在胡阬（武威市西）筑营。

秃发傉檀知道后凉王国安定公吕超，一定会发动猛烈夜袭，遂准备好火把，严阵以待。果然，吕超命中垒将军王集，率精锐部队二千人，夜砍秃发傉檀大营。秃发傉檀不作反应，等到王集率军全部冲入，秃发傉檀一声号令，火把齐举，光明照耀，如同白昼，遂挥军反击，杀王集跟士卒三百余人。身为天王的吕隆，大为恐惧，向秃发傉檀请求和解，并请在姑臧城中，起誓结盟。秃发傉檀派秃发俱延作代表，秃发俱延疑心后凉有诈，特别凿开城墙进去，吕超果然发动伏兵攻击，秃发俱延战马死亡，只好步战；凌江将军郭祖竭力奋击，才救出秃发俱延。秃发傉檀怒不可遏，攻击后凉王国昌松郡郡长孟祎据守的显美（甘肃省永昌县东南）。吕隆派广武将军荀安国、宁远将军石可，率骑兵五百人前往救援，荀安国等畏惧秃发傉檀的强大，逃回（用五百人救一个城池，是把五百人投入虎口，畏惧之情，理所当然）。

24 晋帝国荆州（州政府设江陵〔湖北省江陵县〕）州长（刺史）桓玄，上疏推荐他的老哥桓伟，当江州（江西省及福建省）州长（刺史），镇守夏口（湖北省武汉市）；军政官（司马）刁畅，当辅国将军、八郡军区司令官（督八郡军事。此八郡应是沔水〔汉水〕中游八郡），镇守襄阳（湖北省襄阳市）。另派将领皇甫敷、冯该，驻防湓口（江西省九江市〔寻阳东〕）。把沮水、漳水一带蛮夷二千户人家（漳水注入沮水，沮水在湖北省江陵县西，注入长江），强迫迁到长江以南，设置武宁郡（湖北省荆门市北）。更招徕流亡难民，设立绥安郡（湖北省荆门市）。晋帝司马德宗下诏（司马元显诏），召见广州（州政府设番禺〔广东省广州市〕）州长（刺史）刁逵、豫章郡（江西省南昌市）郡长郭昶之回京（首都建康），桓玄把二人留住，不准动身。

桓玄认为晋帝国的疆土，自己拥有三分之二，野心顿起，不断教人向他呈献祥瑞吉兆，打算迷惑人民。又写信给会稽王司马道子，说："盗贼（指孙恩）逼到京师（首都建康）城外，因受到逆向风势的阻挠，不能前进；又因受到连绵大雨的影响，不能纵火；而且粮秣吃完，不得不退，并不是力竭战败。从前，王国宝死后，王恭并没有乘着威势，到京师（首都建康）接管政府（参考三九七年四月），足以证明他对阁下并没有丝毫欺凌之意，而你竟指控他不忠。而今，位居要津的心腹亲信，人望美誉双全的，有谁？并不是再没有这种人，而只因为你不能信任这种人。冰冻三尺，非一日之寒，终于铸成今天的大祸。政府官员，都怕受到报复，不敢多言。我幸好在遥远的地方供职，所以敢于发掘事实真相。"司马元显看到，魂飞天外。

智囊张法顺对司马元显说："桓玄继承几个世代留下来的影

响力，这个人一向又有豪迈之气。既吞并殷仲堪（荆州）、杨佺期（雍州），独霸荆楚（故楚王国旧疆），阁下所能控制的地区，不过三吴（太湖流域及钱塘江流域）。孙恩叛变，东方土地，一片荒凉，政府和私人，都陷于贫乏穷困，桓玄一定会利用中央的弱点，放纵他的奸恶凶暴，我心中忧虑不止。”司马元显说：“我们怎么办？”张法顺说：“桓玄刚得到荆州（湖北省及湖南省），人心还没有完全归附，正在努力安抚结纳，来不及去打远方的主意。如果乘此机会，命刘牢之（兖、青二州〔州政府京口〕州长）当先锋，而阁下率大军随后前进，可以把桓玄捕获。”司马元显完全同意。

正好，武昌郡（湖北省鄂州市）郡长庾楷，认为桓玄跟中央决裂，恐怕将来万一失败，灾祸定落到自己头上（庾楷投奔桓玄事，参考三九八年九月）。派出密使，向司马元显投靠，说：“桓玄严重的丧失人心，部众不肯听命，如果政府派军讨伐，我可以作为内应。”司马元显大喜过望，派张法顺到京口（江苏省镇江市），跟镇北将军、兖青二州（州政府京口）州长（刺史）刘牢之密谈。刘牢之对讨伐桓玄，认为有重大困难。张法顺回来，对司马元显说：“观察刘牢之的神色，将来定会背叛。最好是把他召到京师（首都建康）诛杀。不然的话，将破坏大事。”司马元显不能接受。于是，大肆整顿海军，征求战士，建立舰队，准备对桓玄采取军事行动。

四〇二年 壬寅

晋	元兴	元年
	隆安	六年
	大亨	元年
后燕	光始	二年
后秦	弘始	四年
北魏	天兴	五年
后凉	神鼎	二年
南凉	建和	三年
	弘昌	元年
北凉	永安	二年
南燕	建平	三年
西凉	庚子	三年

1 春季，正月一日，晋帝国（首都建康〔江苏省南京市〕）皇帝（十六任安帝）司马德宗（本年二十一岁）下诏（司马元显诏）：宣布南郡公、荆州（州政府设江陵〔湖北省江陵县〕）州长（刺史）桓玄罪状；任命国务院总理（尚书令）司马元显（本年二十一岁），当骠骑大将军、全国征剿总司令官（征讨大都督）、全国各军区总司令长官（都督十八州诸军事。此时晋帝国疆域，包括侨州在内，共十八州：扬徐兖青冀幽并司豫江荆雍秦梁益宁交广），加授皇帝诛杀时专用的铜斧（假黄钺）；再任命镇北将军、兖青二州（州政府设京口〔江苏省

镇江市〕）州长（刺史）刘牢之当前锋司令官（前锋都督），前将军、豫州（州政府设历阳〔安徽省和县〕）州长（刺史）谯王司马尚之担任后卫。遂大赦，改年号（元兴），中外戒严。晋升会稽王司马道子当太傅（上三公之二）。

司马元显打算把留在京师（首都建康）所有桓家的人全部诛杀。中央军事总监（中护军）桓修，是骠骑将军府秘书长（骠骑长史）王诞的外甥，王诞深受司马元显的宠信，因之保证桓修跟桓玄志趣，完全不同；司马元显才停止行动。王诞，是王导的曾孙（王导，参考三〇四年八月）。

智囊张法顺警告司马元显说："骠骑将军府军政官（骠骑司马）桓谦兄弟，虽然身在京师（首都建康），可是却一直做长江上游（指桓玄）的耳目，刺探消息，打听军情，应该先行处斩，杜绝奸邪阴谋。而且，大事能否成功，关键在于前锋，刘牢之反复无常，万一发生变化，大祸立刻来临。不妨命刘牢之诛杀桓谦兄弟，表示忠心；刘牢之如果不肯如此，应该在大祸来临之前，迅速因应。"司马元显说："今天，除非是刘牢之，没有第二个人可以跟桓玄为敌。而且，军事行动刚刚开始，就诛杀大将，人情不安，军心可能大乱。"张法顺再三坚持，司马元显再三拒绝。又因桓家几世以来，都受荆州（湖北省及湖南省）人民尊敬，桓冲尤其留下使人民怀念的恩德；而桓谦，正是桓冲的儿子（桓冲，参考三七三年七月）。司马元显遂擢升桓谦当荆益宁梁军区司令长官（都督荆益宁梁四州诸军事）、荆州州长（刺史），打算收买西方人心。

2 正月八日，后燕帝国（首都龙城〔辽宁省朝阳市〕）中垒将军慕容拔反攻陷入北魏帝国（首都平城〔山西省大同市〕）之手的令支（河北省迁安市），攻克，守将宿沓干逃走。慕容拔俘虏北魏政府派任的辽西郡郡长那颉（那，姓）。后燕政府命慕容拔当幽州州长（刺史），镇守令支（河北省迁安市）。命中坚将军、辽西郡（河北省卢龙县）人阳豪，当辽西郡郡长。

正月十八日，任命章武公慕容渊当国务院总理（尚书令）、博陵公慕容虔当国务院左执行长（尚书左仆射）、国务院执行官（尚书）王腾当国务院右执行长（右仆射）。

3 正月十九日，北魏帝国（首都平城〔山西省大同市〕）材官将军和突攻击黜弗、素古延等部落，大破各部落军（不知道黜弗部落和素古延部落在什么地方，传统史学家缺少地理观念，往往如此）。

最初，北魏帝（一任道武帝）拓跋珪（本年三十二岁），派北部总监（北部大人）贺狄干，进贡战马一千匹，向后秦帝国（首都长安〔陕西省西安市〕）求婚，后秦天王（二任文桓帝）姚兴（本年三十七岁），听说拓跋珪已有慕容女士当皇后（参考前年〔四〇〇〕三月），遂软禁贺狄干，拒绝。而没弈干、黜弗、素古延，又都是后秦的臣属，北魏却不断攻击；两国遂开始猜忌，感情破裂。

正月二十一日，拓跋珪举行盛大阅兵大典，下令并州（山西省中部）各郡，在平阳郡（山西省临汾市）的乾壁（山西省襄汾县东南），积存粮秣，防御后秦帝国进攻。

4 柔然部落（瀚海沙漠群）酋长郁久闾社仑（郁久闾，三字姓），跟后秦帝国的邦交，正在敦睦，派军救援黜弗、素古延等部落。

正月二十二日，北魏帝国材官将军和突，率军迎战，大破柔然军，郁久闾社仑率所有部众，逃向瀚海沙漠以北，夺取高车部落（蒙古国北部）的牧地，霸占定居。斛律部落酋长斛律倍侯利，袭击郁久闾社仑，大败，斛律倍侯利遂投奔北魏。于是，郁久闾社仑向西北攻击匈奴民族的后裔日拔也鸡部落，大破匈奴军，吞并附近各部落；战士众多，战马强壮，柔然遂雄踞北方。它的疆土，西到焉耆王国（新疆焉耆县），东接朝鲜（高句骊王国〔首都丸都 · 吉林省集安市〕），南抵瀚海沙漠群北部边缘，相邻的一些小国小部落，都被征服。郁久闾社仑自称豆代可汗（一任），开始建立制度：一千人称“团”（“军”），团有将领；一百人称“连”（“幢”），连有指挥。作战攻击时，勇敢争先的，赏赐给他所俘获的战利品；懦弱的，用石块把他的头敲碎（新兴的柔然汗国兴起）。

5 南凉王国（首都西平〔青海省西宁市〕）车骑将军秃发傉檀，攻陷显美（甘肃省永昌县东南），俘虏后凉王国（首都姑臧〔甘肃省武威市〕）昌松郡（甘肃省武威市南）郡长孟祎，质问孟祎为什么不早投降（去年〔四〇一〕十二月围攻，历时二月攻克）。孟祎说：“我受吕家的厚恩，赐给虎符，命我守卫疆土。如果你大军刚到，我看见军旗，就开城门投降，恐怕你也会降罪。”秃发傉檀释放他，用礼相待，把居民二千余户人家强行迁到南凉王国，班师。

南凉王国任命孟祎当左军政官（左司马）。孟祎辞让说：“吕家（后凉王国）快要覆亡，圣明的贵国政府，一定会取得河右（河西走廊），无论聪明的人或愚笨的人，都看得出这个结局。可是，我为人家守城却守不住，更享受敌人的高官贵爵，内心实在不安。如果蒙你恩待，使我能回去，在姑臧接受敝国诛杀，身虽死而名不朽。”秃发傉檀被他的道义感动，放他回国。

6 晋帝国东境疆域，因受变民首领孙恩挑起战乱的影响，

五世纪·四〇二年　柔然汗国崛起漠北

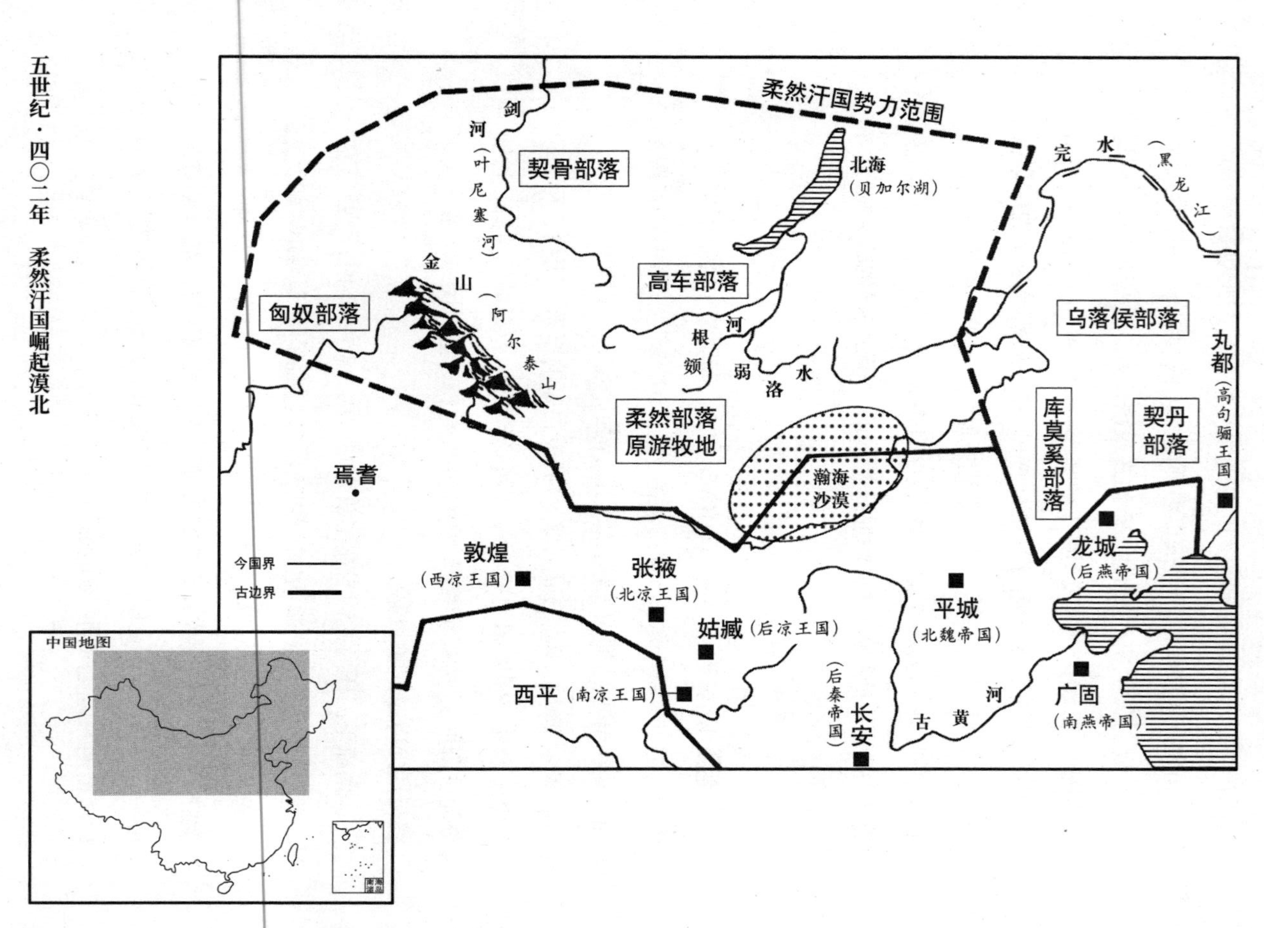

发生大饥馑，水运粮食，又无法供应。中央政府讨伐令既下，桓玄（荆州〔州政府江陵〕州长）封锁长江，商贩旅客，全部断绝，政府和民间，物资都陷于极端缺乏；军粮也不能维持，用谷皮、橡果，发给士卒果腹。最初，桓玄判断：中央有太多的严重问题，不可能有时间对付自己，满可以坐在一旁，养精蓄锐，等待时机。想不到讨伐令突然发布，堂兄、太傅府秘书长（太傅长史。时司马道子任太傅〔上三公之二〕）桓石生，写信秘密通知。桓玄大吃一惊，打算坚守江陵（荆州州政府所在县·湖北省江陵县）；秘书长（长史）卞范之说："阁下英明威武，传播远近。司马元显口中还有吃奶的臭味，刘牢之（兖青二州〔州政府京口〕州长）早已失去民心，我们大军如果能挺进到京畿，把祸福二途，明白指出，可以立即看到他们土崩瓦解。怎么会有诱敌深入心脏，自找穷困的想法？"桓玄同意，命桓伟（江州〔州政府夏口〕州长）留守江陵，一面上疏抗辩，一面发出政治号召，指控司马元显罪行，动员武装部队，顺长江东下。司马元显看到奏章，大为惊恐。

二月七日，晋帝司马德宗在宫城西池，设筵为即将出征的司马元显饯行。司马元显登上军舰，但不出发。（胡三省原注："司马元显畏惧桓玄，不敢西上。"）

7 二月十四日，北魏帝国常山王拓跋遵等，袭击没弈干（参考去年〔四〇一〕十二月），抵达高平（宁夏固原市）；没弈干惊慌失措，放弃他的部众，率数千骑兵，跟女婿刘勃勃（刘卫辰的儿子，参考三九一年十二月）逃奔秦州（州政府设上邽〔甘肃省天水市〕），北魏军追到瓦亭（宁夏西吉县东南），没有追上，班师，把没弈干所有的储蓄：马四万余匹、家畜九万余头，以及来不及逃跑的部众，全部强迫迁到首都平城（山西省大同市）。没弈干所属的其他部落，分崩离析，四散无主。北魏平阳

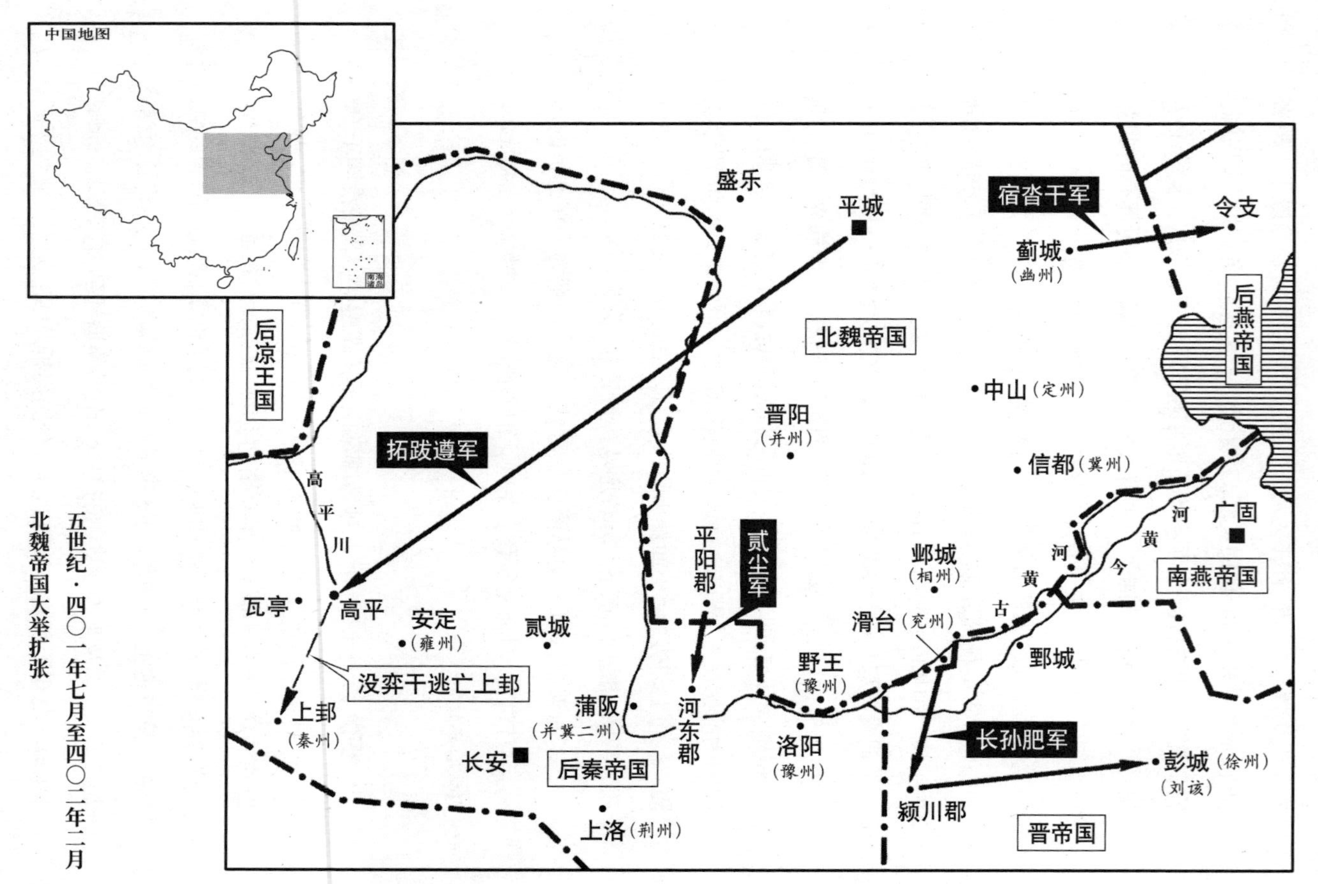

五世纪·四〇一年七月至四〇二年二月
北魏帝国大举扩张

郡（山西省临汾市）郡长贰尘（贰，姓），再侵入后秦帝国的河东郡（山西省夏县），后秦首都长安（陕西省西安市）大为震动。关中（陕西省中部）各城，白天紧闭城门，后秦帝国遂遴选精锐武士，加强士卒训练，准备远征北魏帝国。

8 后秦帝国天王（二任文桓帝）姚兴，封皇子姚泓（本年十五岁）当太子，大赦。姚泓性情孝顺，重视兄弟之情，待人宽厚，喜爱艺术，也喜爱谈文作诗，但性格懦弱，身体多病；姚兴早就打算指定他当合法继承人，一直狐疑不决，很久之后，才决定由他当太子。

9 后凉王国首都姑臧（甘肃省武威市），严重饥馑，一斗稻米值钱五千，人们互相吞食，饿死十余万人（人间惨事）。城门白天关闭，连砍柴的道路都被切断。每天都有数百人，请求出城当蛮夷的奴隶或婢女。天王（四任王）吕隆认为这种行为，打击人民对政府的信心，于是，把他们全部活埋坑杀，沿途堆满尸体（悠悠苍天）。

北凉王国（首都张掖）首领（二任武宣王）、张掖公沮渠蒙逊（本年三十五岁），率军攻击姑臧，后凉天王（四任王）吕隆派人向南凉王国（首都西平）首领（二任康王）、河西王秃发利鹿孤求救。秃发利鹿孤命广武公秃发傉檀，率骑兵一万人赴援。还没有到，吕隆已击破沮渠蒙逊军。沮渠蒙逊请求吕隆解仇结盟，和平共存，留下米谷一万余斛，赠送吕隆，然后撤退。秃发傉檀大军进到昌松（甘肃省武威市南），听说北凉军已退，遂把凉泽（甘肃省民勤县东北）、段冢（今地不详）居民五百余家，强迫迁回本国，班师。

散骑侍从宦官（中散骑常侍）张融，向秃发利鹿孤报告说：“焦朗兄弟盘踞魏安（参考去年〔四〇一〕十二月），暗中跟姚家（后秦帝国）勾结，反反复复，从中取利，现在不消灭他，将来一定成为政府忧患。”秃发利鹿孤命秃发傉檀再作讨伐，焦朗自己绑住双手，出城投降。秃发傉檀把他送到首都西平（青海省西宁市），强迫居民迁到乐都（青海省海东市乐都区）。

10 晋帝国南郡公、荆州（州政府江陵）州长（刺史）桓玄，从江陵（湖北省江陵县）出发，深怕事情不能成功，所以时常兴起回军的念头。等到过了寻阳（江西省九江市），还看不见中央大军，大为欢喜，士气也跟着振奋。庾楷的阴谋泄露，桓玄把他囚禁（庾楷暗中投靠司马元显，参考去年〔四〇一〕十二月）。

二月十八日，晋帝司马德宗下诏（司马元显诏），派齐王司马柔之携带“驺虞幡”，前往阻止正顺流东下的荆、江二州水陆联军，命他们复员解散（“驺虞幡”威力，参考二九一年六月）；桓玄前锋司令，斩司马柔之。司马柔之，是南顿王司马宗的儿子（司马宗之死，参考三二六年十月）。

二月二十八日，桓玄军抵姑孰（安徽省当涂县），命他的将领冯该等，攻击历阳（豫州州政府所在县·安徽省和县）。襄城郡（侨郡·安徽省芜湖市繁昌区）郡长司马休之，登城固守。桓玄军切断洞浦（安徽省和县东南长江渡口）对外交通线，焚毁豫州州政府舰队。豫州（州政府历阳）州长（刺史）谯王司马尚之，率步兵九千人，在洞浦列阵，派武都郡（侨郡）郡长杨秋，驻军横江（安徽省和县东南长江渡口）；而杨秋投降桓玄，司马尚之部众溃散，司马尚之逃到涂中（滁河流域，安徽省滁州市一带），被桓玄军捕获。司马休之出城应战，大败，放弃城池，落荒而逃。

镇北将军、兖青二州（州政府京口）州长（刺史）刘牢之，一向厌恶骠骑大将军司马元显，深怕桓玄一旦覆灭，司马元显将更骄傲任性；同时，也恐怕自己的功劳越高，威名越盛，司马元显越不可能容忍。而且，刘牢之仗恃自己勇敢无敌，手拥当时最强兵力（就是举世闻名百战百胜的“北府军团”），打算借桓玄之手，铲除当权官员，再利用桓玄的弱点，而由自己夺取政权。所以，对于讨伐桓玄，并不热心。而大军统帅司马元显，更在那里日夜饮酒，不过问军国大事；任命刘牢之当前锋司令，刘牢之有一次没有事先约定时间，就去晋见，司马元显正在大醉，以致无法相晤。等到晋帝司马德宗给司马元显饯行，二人仅在大庭广众中见过一面。

刘牢之驻军溧洲（江苏省南京市西南长江中小岛。溧，音l〔利〕），军事参议官（参军）刘裕请进攻桓玄，刘牢之不准。桓玄派刘牢之的堂舅何穆，游说刘牢之：“自古以来，一个人臣，如果手握连君王都心生恐惧的权威，又建立连君王都无法再赏的伟大功勋，而仍能保住性命的，有谁？越王国的文种（参考前四七二年）、秦王国的白起（参考前二五七年）、西汉王朝的韩信（参考前一九六年），事奉的都是英明的领袖，并竭尽忠心。可是，大事成功之日，仍免不了受到诛灭屠杀，何况你现在的顶头上司，既凶恶而又愚昧！你今天如果战胜，家族全毁；如果战败，家族全亡；请问你将如何选择？假如能彻底改变立场，就可以长保荣华富贵。古人有射中带钩，砍断衣襟之事，仍照样可以当国家辅佐大臣（管仲暗杀姜小白，射中带钩事，参考二五八年十月注。前七世纪四〇年代，春秋时代的晋国，夺嫡斗争爆发〔参考二五〇年注〕，太子姬申生自杀，二弟姬重耳逃到蒲邑〔山西省隰县北〕，三弟姬夷吾逃到屈邑〔山西省吉县〕。老爹姬诡诸〔十九任国君献公〕及晚娘骊姬，继续追杀。前六五五年，派宦官勃鞮对付姬重耳，派将军贾华对付姬夷吾。勃鞮到蒲邑后，姬重耳翻墙逃跑，勃鞮跳上去抓住姬重耳衣襟，举剑就砍，没有砍到人，却把衣襟砍断，姬重耳逃出一命。贾华暗自通知姬夷吾逃走，也空手而回。前六三六年，姬重耳回国登位〔第二十四任国君文公〕，大将吕饴甥、郤芮，阴谋政变，邀勃鞮参与；勃鞮反而把消息报告姬重耳，姬重耳得以免掉一死），何况，桓玄跟你又没有深仇旧怨？”这时，谯王司马尚之（豫州〔州政府历阳〕州长）已军败被擒，人心惶恐。刘牢之对何穆的话，印象深刻，遂跟桓玄保持联络。东海国（侨郡·江苏省镇江市）首府警备区司令（中尉）、东海郡（侨郡·江苏省镇江市）人何无忌，是刘牢之的外甥，跟刘裕的意见相同，竭力劝阻，刘牢之拒不采纳。刘牢之的儿子骠骑将军府参谋指挥官（骠骑从事中郎）刘敬宣也反对，说：“现在，国家衰弱，天下治乱的关键，在老爹跟桓玄掌握。桓玄靠着老爹（桓温）跟叔父（桓冲）留下的权位声望，盘踞古楚王国疆域，事实上，帝国的三分之二土地，都被他割据，一旦放纵他凌辱中央，他的威望就会更高，恐怕对他再也无可奈何。董卓事件（参考一八九年八月），将在今天重演。”刘牢之大发雷霆说：“你说的那一点普通常识，我难道不知？今天处理桓玄，易如反掌。问题是，平定桓玄之后，教我如何对付司马元显！”

三月一日，刘牢之派刘敬宣晋见桓玄投降。桓玄心里已决定大事，成功之后，首先铲除刘牢之，但表面上仍摆设酒宴，招待刘敬宣，陈列著名书法绘画，陪同刘敬宣一一参观，用来安抚并向他取悦。刘敬宣对这种暗中藏刀的笑容，丝毫没有警觉，只桓玄左右官员心里有数，互相点头暗笑。桓玄权宜任命刘敬宣当首席军事参议官（咨议参军）。

司马元显将要出发，听说桓玄已从陆路抵达新亭（建康城西南），立即放弃旗舰，上岸回京（首都建康），进驻国立大学（国子学）。

三月三日，司马元显再出城在宣阳门（建康城〔都城〕南门）外扎营，构筑阵地。这时，人情震恐，军心已乱，纷纷传言桓玄已到朱雀桥，司马元显打算率军返回皇宫。桓玄派出的突击部队，已经逼近，举刀大喊："放下武器！"政府军霎时崩溃。司马元显乘马投奔老爹司马道子平常门前可以捉住麻雀的"东府"（参考三九九年十二月），只有张法顺一个人跟随。司马元显问老爹有什么办法，司马道子面对儿子，只有流泪哭泣。桓玄派太傅府参谋指挥官（太傅从事中郎）毛泰，逮捕司马元显，押解到新亭（建康城西南），桓玄把司马元显绑到船头栏杆上，一条条宣布他的罪状，司马元显说："我被王诞、张法顺引入歧途！"

三月四日，恢复隆安年号（之前是元兴元年，之后是隆安六年）。晋帝司马德宗派高级咨询官（侍中），到安乐渚（今地不详）慰劳桓玄。桓玄遂入京师（首都建康），宣称奉皇帝诏书，解除戒严；诏书遂即任命桓玄总管文武百官、全国各军区总司令长官（都督中外诸军事。谨就《资治通鉴》记载，晋帝国自建康政府建立之后，至本年为止，仅任命五人领此官衔：王导〔参考三一七年三月〕、王敦〔参考三二二年三月〕、桓温〔参考三六三年五月〕、司马道子〔参考三八五年八月〕，桓玄是第五人），兼丞相、主管政府机要（录尚书事）、京畿总卫戍司令（扬州牧），兼徐、荆、江三州州长（刺史），加授皇帝诛杀时专用的铜斧（假黄钺）。桓玄命桓伟当荆州（州政府江陵）州长（刺史），桓谦当国务院左执行长（尚书左仆射），桓修当徐、兖二州（州政府京口）州长（自司马道子任徐州州长，以至后来的谢琰、司马元显，州长其人一直留在京师〔首都建康〕，京口的徐州州政府形同虚设〔因被"北府军团"盘踞〕。直到桓修，才到京口就任），桓石生当江州（州政府寻阳。从夏口迁回原地）州长（刺史），卞范之当首都建康市长（丹阳尹）。

最初，桓玄起兵时，高级咨询官（侍中）王谧，曾到江陵（湖北省江陵县）送达皇帝诏书给桓玄，桓玄亲自招待他，十分礼敬。等到桓玄在中央掌握权柄，遂任命王谧当立法院最高立法长（中书令）。王谧，是王导的孙儿（王导，参考三〇四年八月）。新安郡（浙江省淳安县）郡长殷仲文，是殷觊的老弟（殷觊事，参考三九七年四月）；桓玄的姐姐，嫁给殷仲文为妻。殷仲文听到桓玄进攻京师（首都建康）消息，放弃郡长位置，投奔桓玄，桓玄命他当首席军事参议官（咨议参军）。刘迈晋见桓玄（刘迈指责桓玄事，参考三九二年十一月），桓玄说："你不怕死呀，还敢来见我？"刘迈说："管仲射中带钩，勃鞮砍断衣襟，加上我刘迈，正好三个人。"桓玄高兴，任命他当军事参议官（参军）。

三月五日，有关单位向皇帝提出奏章，弹劾会稽王司马道子：酗酒、不孝，应绑赴刑场，斩首示众。晋帝司马德宗下诏（桓玄诏），把司马道子贬逐到安成郡（江西省安福县）；斩司马元显，以及东海王司马彦璋（司马元显的儿子）、谯王司马尚之、庾楷、张法顺、毛泰等，都绑到首都建康街市，砍下人头。桓修为王诞竭力请求，仅把王诞贬逐到岭南（南岭以南）。

司马元显临死时，不过一个二十一岁、少不更事的花花公子，他的儿子司马彦璋，可能还是吃奶的婴儿。是无限权力的封建政治害了这对年轻父子，也是无限权力的封建政治害了中国人。无限权力这种滤过性病毒，连历尽人生艰难的老将都挡不住，何况一个小娃！

桓玄突然任命刘牢之当会稽郡（浙江省绍兴市）郡长（内史）。刘牢之既惊又怒，说："一开始就剥夺我的兵权（指把自己调离"北府军团"总部京口），大祸就会来临。"留在首都建康（江苏省南京市）的刘敬宣，请求回京口（江苏省镇江市）劝告老爹接受命令，桓玄允许。刘敬宣建议刘牢之袭击桓玄，刘牢之犹豫，不敢决定，只把大营移到班渎（江苏省南京市北），秘密告诉刘裕说："我想率军北上，跟驻防广陵（江苏省扬州市）的高雅之会合（去年〔四〇一〕六月，高雅之被孙恩俘虏，不知何时脱险），起兵安定国家，你能不能跟我前往？”刘裕说：“将军率数万人的精锐部队，望风迎降，归附桓玄，他的名望已达巅峰，声威震动天下，无论政府民间，对他一致顺服，广陵（江苏省扬州市）虽近，岂容你走到？我当脱下军服，恢复平民身份，返回京口（江苏省镇江市）！”何无忌问刘裕说：“我怎么办？”刘裕说：“依我观察，你舅父（刘牢之）难逃毒手，你不妨随我去京口，桓玄如果遵守臣属的节操，我们就事奉他。不然，我们再想办法对付。”

刘牢之决心叛变，集合各将领以及僚属，讨论如何据守长江北岸，讨伐桓玄。军事参议官（参军）刘袭说：“有一种绝对不可以去做的事，就是谋反。将军几年前反王恭（参考三九八年九月），近些日子反司马元显，现在又要反桓玄。一个人一连三次谋反，怎么还能立在天地之间？”说罢，站起来就走，在座的其他将领和部属，很多人也纷纷离座，一哄而散。刘牢之知道他对军队已失去控制，命刘敬宣去京口（江苏省镇江市）迎接家眷。不知道什么原因，耽误了归程，约定的日期已到，却没有回来。刘牢之认为阴谋已经泄露，全家已被桓玄屠杀，遂率领他的私人军队，向北逃走，经过新洲（江苏省南京市北长江中小岛），精神崩溃，上吊而死。死后，刘敬宣才到，不敢停下来向老爹一哭，立即飞船渡江，投奔广陵（江苏省扬州市），属下将领们共同装殓刘牢之，把灵柩运回丹徒（江苏省镇江市东丹徒区）。桓玄下令剖开棺木，砍下刘牢之尸体上的人头，把尸体拖到街市上，由民众观看。

11 晋帝国大赦，改年号大亨（之前是隆安六年，之后是大亨元年）。

桓玄让出丞相，荆（江陵）、江（寻阳）、徐（京口）三州州长（刺史）职位，改任全国武装部队总司令（太尉）、全国各军区总司令长官（都督中外诸军事）、京畿总卫戍司令（扬州牧），兼豫州（州政府历阳）州长（刺史）、文武百官总管。另外任命琅邪王司马德文当太宰（上三公之一）。

12 晋帝国将领司马休之（司马尚之老弟）、刘敬宣、高雅之，一齐投奔洛阳（河南省洛阳市东白马寺东，时属后秦帝国），各人派各人的儿子或老弟，到后秦帝国（首都长安〔陕西省西安市〕）请求救援。后秦天王姚兴发给证明文件，使他们到关中（陕西省中部）招募士卒，最后，招募到数千人，再回到关西（函谷关以西），驻防彭城（江苏省徐州市）一带。

13 晋帝国变民首领孙恩，攻击临海郡（浙江省台州市西北章安街道），临海郡郡长辛景，击败变民军，大肆屠杀，变民军所裹挟的三吴（太湖流域及钱塘江流域）男女老幼，几乎死尽。孙恩恐怕被俘，投海而死。他的门徒党羽，以及小老婆群、歌女、舞女，一同自杀的，有数百人；因为死于投水，所以死者被称“水仙”—— 借水而成神仙。残余部众仍有数千人，拥举孙恩的妹夫卢循当盟主。卢循，是卢谌的曾孙（卢谌，参考三五一年三月），神采清秀，多才多艺。小时候，佛教和尚惠远曾经对他说：“你虽然有一种儒雅的气质，可是心里一直不想走正道，怎么办？”

全国武装部队总司令（太尉）桓玄，打算用安抚手段，使东部恢复平静，遂任用卢循当永嘉郡（浙江省温州市）郡长。卢循虽然接受政府委派，但对人民仍继续凶暴劫掠。

14 三月六日，后燕帝国（首都龙城〔辽宁省朝阳市〕）大赦。

15 南凉王国（首都西平〔青海省西宁市〕）首领（二任康王）、河西王秃发利鹿孤患病，遗嘱吩咐把国事交付给老弟秃发傉檀。

最初，老爹秃发思复鞬，非常喜爱和看重秃发傉檀，对儿子们说："傉檀的气度见识，你们都赶不上。"所以老哥们都不传子而传弟（一任武王秃发乌孤逝世前的遗嘱便强调此点，参考三九九年八月）。秃发利鹿孤登位后，并不负实际政治责任，军国大事，全由秃发傉檀决定。秃发利鹿孤逝世（年龄不详），秃发傉檀（本年三十八岁）继位，改称凉王（南凉王·三任景王）；改年号弘昌（之前是建和三年，之后是弘昌元年），迁都到乐都（青海省海东市乐都区），定秃发利鹿孤绰号康王。

16 夏季，四月，晋帝国全国武装部队总司令（太尉）桓玄，出京（首都建康）进驻姑孰（安徽省当涂县，不久，豫州州政府更从历阳〔安徽省和县〕迁至此），请求辞让主管政府机要（录尚书事）官职；晋帝司马德宗下诏（桓玄诏）批准，但国家大计方针，都要到姑孰（安徽省当涂县）向他请示，其他小事，则由国务院总理（尚书令）桓谦，跟首都建康市长（丹阳尹）卞范之决定。

自从司马德宗登极（三九六年九月）以来，全国人民对不断的灾难战乱，深感厌倦。桓玄刚到之时，罢黜奸佞，擢升贤才，京师（首都建康）一片欢腾，都希望政局安定。想不到不久，桓玄奢侈豪华，放纵享乐，法令不断改变，党派纷起，凌辱皇家，减少皇家车马轿舆的供应，连晋帝司马德宗都几乎挨饿受冻，人民大为失望。

三吴（太湖流域及钱塘江流域）发生大饥馑（太湖流域及钱塘江流域是中国农产品最富庶地区），人民饿死或逃亡的占原人口的一半，户口也相对减少一半。其中也有程度差异，会稽郡（浙江省绍兴市）户口减少十分之三四，临海郡（浙江省台州市西北章安街道）及永嘉郡（浙江省温州市）人民，几乎死尽。富豪之家，身穿绫罗绸缎，怀裹金玉奇宝，关闭大门，在家中活活饿死（人间至惨）。

17 被留在南凉王国（首都乐都）的乞伏炽磐，终于从西平（青海省西宁市）逃回后秦帝国苑川（甘肃省榆中县东北），南凉王秃发傉檀把他的妻子儿女，随后送回（乞伏炽磐在西平当人质事，参考前年〔四〇〇〕十一月）。老爹乞伏乾归命乞伏炽磐到首都长安（陕西省西安市）朝见后秦天王姚兴，姚兴命乞伏炽磐当兴晋郡（甘肃省临夏市）郡长。

18 五月，晋帝国变民首领卢循，自临海郡（浙江省台州市西北章安街道）进入东阳郡（浙江省金华市），全国武装部队总司令（太尉）桓玄，派抚军将军府大营军事参议官（抚军中兵参军）刘裕，率军攻击，卢循战败，退回永嘉郡（浙江省温州市）。

19 高句骊王国（首都丸都〔吉林省集安市〕）攻击后燕帝国（首都龙城）宿军城（辽宁省北镇市）；后燕平州（州政府宿军）州长（刺史）慕容归，放弃城池，逃走。

20 后秦帝国（首都长安）天王姚兴，命国务院总理（尚书令）姚晃，辅佐太子姚泓，留守首都长安；车骑将军没弈干暂时镇守上邽（甘肃省天水市）、广陵公姚钦镇守洛阳（河南省洛阳市东白马寺东）。动员大军，派义阳公姚平、国务院右执行长（右仆射）狄伯支等，率步骑兵四万人庞大兵团，攻击北魏帝国（首都平城〔山西省大同市〕），姚兴亲率主力大军，随后继进。姚平攻击乾壁（山西省襄汾县东南），六十余日，攻克。

秋季，七月，北魏帝拓跋珪，派毗陵王拓跋顺，及豫州（州政府设野王〔河南省沁阳市〕）州长（刺史）长孙肥等率六万骑兵，作为前锋；而亲率大军，尾随进发，对后秦军迎头痛击。

21 八月，晋帝国全国武装部队总司令（太尉）桓玄，用暗示和压力，命中央政府用平定司马元显有功理由，封桓玄当豫章公；用平定殷仲堪、杨佺期有功（参考三九九年十二月）理由，再封桓玄当桂阳公；本封南郡公仍然保持。桓玄把豫章公转让给儿子桓升，把桂阳公转让给侄儿桓俊。

22 北魏帝拓跋珪，抵达永安（山西省霍州市），后秦帝国义阳公姚平，派勇将率精锐骑兵二百人，侦察北魏军团虚实动静，北魏长孙肥迎战，把二百人全部俘虏。姚平即行撤退，拓跋珪追击。

八月九日，在柴壁（山西省临汾市西南三十公里）追到，姚平登城固守，北魏军把城池团团围住。后秦天王姚兴，亲自率军四万七千人救援，打算进军天渡（柴壁在汾水东，天渡在汾水西），运粮接济姚平。北魏国立大学教授（博士）李先说："《兵法》：'居于高处，将被敌人围困；居于低处，将被敌人囚禁。'秦国（后秦帝国）同时犯了这两项错误。应在姚兴未到之前，我们先派突击部队，占领天渡，柴壁可以不战而得。"拓跋珪下令兴筑重重长墙，加强包围圈的纵深，对内阻止姚平军出围，对外防止姚兴军入围。广武将军安同，向拓跋珪建议说："汾水之东，有一个地方叫蒙坑（山西省襄汾县南），东西三百余华里，没有道路可通。姚兴大军必然沿汾水北进，直逼柴壁，如此，盗匪（后秦军）的声势互相接应，重围即令再为坚固，对他们也不能制伏。不如搭起浮桥，进到汾水西岸，兴筑长墙拒抗，盗匪（后秦军）就是逼近，也毫无办法。”拓跋珪采纳。姚兴抵达蒲阪（山西省永济市），对强大的北魏军团，深感畏惧，不敢前进，很久之后，才向前推进。 654

八月二十八日，拓跋珪率步骑兵三万人混合兵团，在蒙坑（山西省襄汾县南）之南，迎战姚兴，杀一千余人。姚兴撤退四十余里；姚平也不敢出城。拓跋珪分别派出部队，据守险要，使后秦军不能接近柴壁。姚兴遂渡汾水西岸，倚靠山岭山谷，兴筑营寨，砍伐柏树，从汾水上游投入，顺流而下，希望撞毁北魏所建的浮桥，北魏军从水中捞起，劈柴煮饭。

冬季，十月，姚平粮食吃完，箭矢用尽。深夜，率所有战斗部队，大开南城门，向西南突围。姚兴大营紧靠汾水西岸，燃起烽火，擂动战鼓，高声呐喊，支援姚平的突围军。姚兴希望姚平力战逃命，而姚平则希望姚兴向北魏围城军发动攻击接应，双方只在那里互相呼叫，却都不敢强攻围城军长墙阵地。姚平无法突围，智谋枯竭，力量已尽，无可奈何，遂率部下投入汾水求死，诸将领很多人追随姚平，也投入汾水；拓跋珪派蛙人下水搜捕，没有一个人逃脱。俘虏狄伯支，及南越兵团指挥官（越骑校尉）唐小方等四十余人；留在岸上的二万余人，全都束手被擒。姚兴在汾水西岸，眼睁睁看到他们走投无路，投水被俘，而竟没有一点力量拯救，全军大哭，悲声震动山谷。姚兴几次派使节请求和解，拓跋珪拒绝，并乘胜进攻蒲阪（山西省永济市），后秦守将晋公姚绪（时任并冀二州〔政府蒲阪〕全权州长），坚强守卫，不出城应战。正巧，柔然汗国（翰海沙漠群）打算攻击北魏帝国，拓跋珪得到消息。

十月十三日，拓跋珪撤退。

有人指控天文台长（太史令）晁崇，及老弟禁宫咨询官（黄门侍

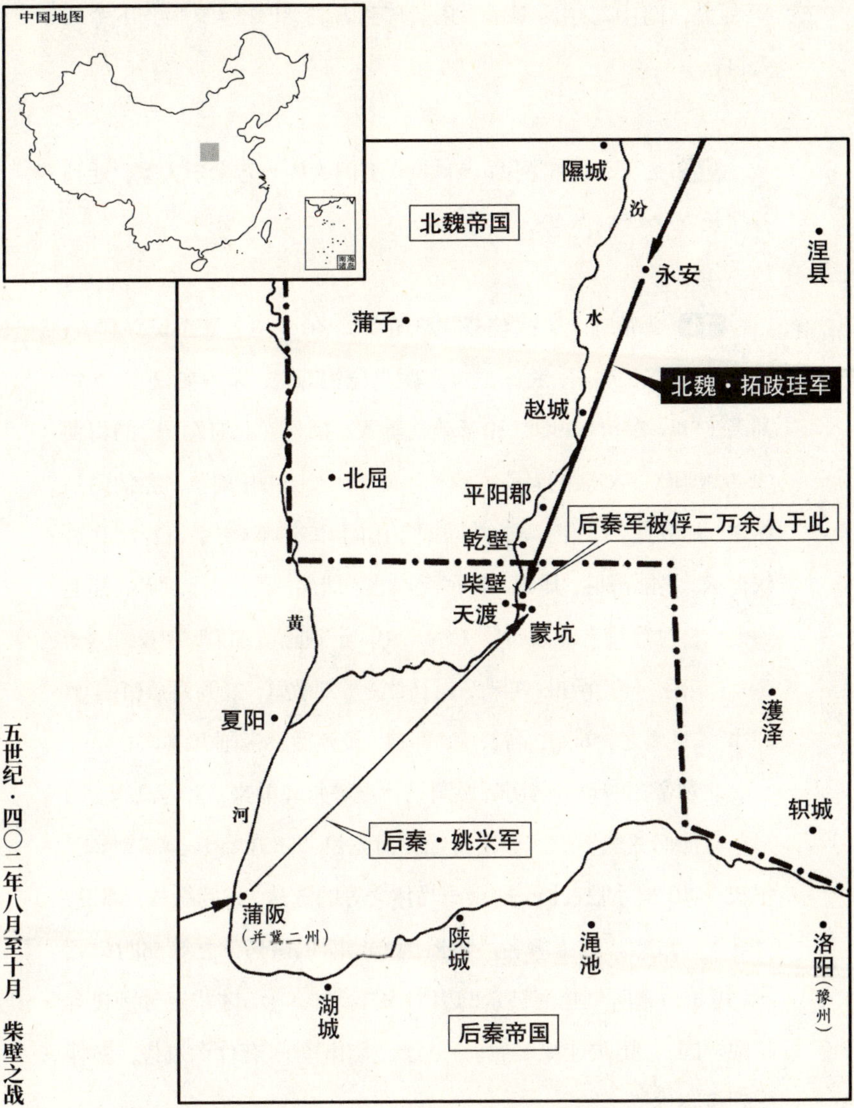

五世纪·四〇二年八月至十月　柴壁之战

中国地图

南海诸岛

北魏帝国

隰城

汾

水

永安

涅县

蒲子

北魏·拓跋珪军

赵城

北屈

平阳郡

后秦军被俘二万余人于此

乾壁

柴壁

天渡

蒙坑

黄

河

夏阳

濩泽

轵城

后秦·姚兴军

蒲阪
（并冀二州）

陕城

渑池

洛阳
（豫州）

湖城

后秦帝国

郎）晁懿，暗中勾结后秦军。拓跋珪到晋阳（山西省太原市），下令二人自杀。

23 后秦帝国把河西（河西走廊）豪门大族一万余户人家，迁到首都长安（陕西省西安市）。

24 晋帝国全国武装部队总司令（太尉）桓玄，诛杀吴兴郡（浙江省湖州市）郡长高素、将军竺谦之跟堂兄竺朗之、军事参议官（参军）刘袭（不知刘袭为什么不见容）和老弟刘季武，都是“北府军团”的将领（刘牢之的旧部）。刘袭的老哥、冀州（侨州）州长（刺史）刘轨，邀请司马休之、刘敬宣、高雅之等，共同据守山阳（江苏省淮安市），打算起兵讨伐桓玄，不能战胜，撤退。将军袁虔之、刘寿、高长庆、郭恭，都追随他们，打算投奔北魏帝国（首都平城）。走到陈留郡（此应是侨郡·安徽省亳州市）南，分为两批：刘轨、司马休之、刘敬宣，投奔南燕帝国（首都广固）。袁虔之、刘寿、高长庆、郭恭，投奔后秦帝国（首都长安）。

北魏帝拓跋珪，最初听说司马休之等打算前来，大为高兴。后来，对他们竟然不来，非常奇怪。命兖州（州政府设滑台〔河南省滑县〕）州长（刺史）长孙肥查访，捕获司马休之等的随从，询问缘故，都说：“魏国（北魏帝国）威望声名，传播远方，所以司马休之等都盼望归附。可是后来听到崔逞被杀的事（参考三九九年八月），才决定分别投奔其他两国。”拓跋珪深感后悔。从此，知识分子有什么过失，多能受到包容优待。

25 南凉王（首都乐都〔青海省海东市乐都区〕）秃发傉檀，攻击后凉天王（首都姑臧）吕隆据守的姑臧（甘肃省武威市）。

26 后燕帝国（首都龙城）天王（四任昭文帝）慕容熙（本年十八岁），收纳故首都中山市长（中山尹）苻谟的两个女儿当小老婆（苻谟死于慕容详之手，参考三九七年五月）；大女儿苻娀娥当贵人；小女儿苻训英当贵嫔；苻训英尤被宠爱。丁太后因受到冷落，怨恨入骨，遂跟侄儿国务院执行官（尚书）丁信，阴谋罢黜慕容熙，另行拥立章武公慕容渊；消息外泄，慕容熙逼令丁太后自杀，但仍用皇后的礼节安葬，绰号献幽皇后。

十一月三日，斩慕容渊及丁信。

十一月六日，慕容熙在北原（首都龙城〔辽宁省辽阳市〕北郊）打猎，石城（辽宁省建昌县西）县长高和，跟皇家御库房卫队（尚方兵），在京师（首都龙城）叛变，斩京畿总卫戍司令（司隶校尉）张显，大掠宫廷，取出军械库的武器，胁迫军营官府，紧闭城门，登城拒守。慕容熙得到消息，立刻奔回，城上的人都放下武器，大开城门，把参与叛变的人，全部诛杀；只有高和逃走。

十一月九日，大赦。

27 北魏帝国（首都平城）任命庾岳当最高监察长（司空）。

十二月十七日，北魏帝拓跋珪返云中（当时，云中地区〔内蒙古呼和浩特市以南、山西省北界以北一带〕，最重要的城池，分别是云中城〔内蒙古托克托县〕和盛乐城〔内蒙古和林格尔县〕；云中城在西，盛乐城在东，二地相距四十五公里。自三九八年七月，北魏帝国把首都自盛乐城迁到平城〔山西省大同市〕之后，在故都盛乐城设置云中郡，后来又设置云中镇〔相当于州级的地方军事单位〕，故宫称云中故宫或盛乐宫；而在云中城附近〔托克托县〕，则另行兴建云中宫。所以《资治通鉴》中出现多次的“云中”，指的到底是云中城、云中郡、云中镇，还是云中宫，必须自己判断。此处所指当是云中城〔托克托县〕）。

柔然汗国（瀚海沙漠群）豆代可汗（一任）郁久闾社仑，听说拓跋珪攻击后秦帝国（首都长安），遂南下，穿过参合陂（此参合陂在今内蒙古凉城县东），军锋直到豺山（山西省右玉县北）跟善无（山西省右玉县）北方的草泽地带，才向北撤退。北魏常山王拓跋遵率一万骑兵追击，没有追到，班师。

28 晋帝国全国武装部队总司令（太尉）桓玄，派监察官（御史）杜林，前往安成郡（江西省安福县）保护会稽王（文孝王）司马道子。杜林依照桓玄暗示，用毒酒把司马道子毒死（司马道子年三十九岁）。

29 北凉王国（首都张掖）首领（二任武宣王）、张掖公沮渠蒙逊任命的西郡（甘肃省永昌县西北）郡长梁中庸叛变，投奔西凉王国（首都敦煌）。沮渠蒙逊得到消息，笑说：“我待梁中庸，恩同骨肉，他却不相信我，是他自己辜负自己，我岂在乎一个人！”把梁中庸的妻子儿女，全都送走。

西凉首领（一任武昭王）、凉公李暠（本年五十二岁），问梁中庸说：“我比索嗣怎么样？”梁中庸说：“不能相比。”李暠说：“索嗣的才能如果高过我，我怎么能在千里之外，用长绳绞住他的脖颈？”（索嗣被杀，参考前年〔四〇〇〕四月。）梁中庸说：“一个人的智慧谋略，有时成功，有时失败。一个人的命运，有时顺利，有时不顺利。殿下跟索嗣，成功失败的详细情形，我不知道。可是，如果仅以生死作为判断，身死的智慧谋略都差，胜利的智慧谋略都高，那么，公孙瓒的贤能，难道压过刘虞？”（公孙瓒杀刘虞事，参考一九三年。）李暠沉默不语。

30 晋帝国逃亡将领袁虔之等，抵达长安（后秦首都·陕西省西安市），后秦天王姚兴问说：“桓玄才能比他老爹（桓温）怎么样？最后能不能成功？”袁虔之回答说：“桓玄利用政府衰弱混乱的机会，盗取宰相高位，猜忌成性，而又刻薄残忍，刑罚赏赐，都不公平。以我的看法，他跟他老爹相差太远。而且，桓玄已掌握大权，大势所趋，非篡夺政权不可，那可是为别人开道，替别人扫除路上障碍！”姚兴认为他分析深入，命袁虔之当广州州长（空头官衔）。

31 本年（四〇二），后秦帝国天王姚兴，封昭仪张女士当皇后；又封儿子姚懿、姚弼、姚洸、姚宣、姚谌、姚愔、姚璞、姚质、姚逵、姚裕、姚国儿，都当公爵。派使节任命秃发傉檀（南凉王国三任景王）当车骑将军、广武公，沮渠蒙逊（北凉王国二任武宣王）当镇西将军、沙州州长（刺史）、西海侯，李暠（西凉王国一任武昭王）当安西将军、高昌侯。

后秦帝国镇远将军赵曜，率军二万人，驻防西疆的金城（甘肃省兰州市），建节将军王松怱，率军帮助吕隆（后凉王国四任天王）协防姑臧（甘肃省武威市）。王松怱经过魏安（甘肃省古浪县东）时，南凉王秃发傉檀的老弟秃发文真，发动突击，生擒王松怱。秃发傉檀大怒，把王松怱送回长安（后秦首都·陕西省西安市），上疏深自责备（后秦帝国威震西方）。

王始帝国

导读

中国历史上没有王始帝国，但事实上却有王始帝国，我们不知道它什么时候兴起，只知道它于四〇三年灭亡。君王和皇后，都被绑赴刑场，砍下人头。事实上不仅有一个王始帝国，而是有很多王始帝国，至少“五胡乱华十九国”，就是一群王始帝国，首领人物以王始先生的大无畏精神，在一块豆腐干一般小的地方上，拳打脚踢，既去笑人，又被人笑。

“既去笑人，又被人笑。”是王始帝国群的特征，短命的固是如此，长命的也是如此，而另一特征是结局悲惨，因为王始先生的结局，正是下台君王的模式。

柏杨　一九八五·一二·一五

目录

- ◉ 后凉王国亡。
- ◉ 晋帝国政变，桓玄篡位被杀。
- ◉ 西蜀王国兴起。
- ◉ 胡夏帝国兴起。
- ◉ 北燕帝国兴起。
- ◉ 北魏帝拓跋珪被杀。

- ◉ 汪达尔部落侵入西罗马属地西班牙境。

四〇三年 癸卯

晋	元兴	二年
后燕	光始	三年
后秦	弘始	五年
北魏	天兴	六年
后凉	神鼎	三年
南凉	弘昌	二年
北凉	永安	三年
南燕	建平	四年
西凉	庚子	四年

（太平皇帝王始元年）

（楚帝桓玄永始元年）

1 春季，正月，晋帝国（首都建康〔江苏省南京市〕）变民首领卢循，派军政官（司马）徐道覆，攻击东阳郡（浙江省金华市）。

二月八日，晋帝国建武将军刘裕，击破徐道覆变民军。徐道覆，是卢循的姐夫。

2 二月二十二日，晋政府擢升全国武装部队总司令（太尉）桓玄当最高指挥官（大司马）。

二月二十四日，桓玄斩冀州（侨州）州长（刺史）孙无终（孙无终也是“北府军团”将领，刘牢之旧部）。

桓玄上疏晋帝（十六任安帝）司马德宗（本年二十二岁），请允许率领大军北伐，扫平关中（陕西省中部）、河洛（中原）。但接着用暗示和压力，又命司马德宗下诏（桓玄诏）批驳。桓玄遂宣传说：“遵照诏书指示，不得不停止。”桓玄开始时，还装腔作势，整理行装；但是，却先下令建造轻便快艇，满装绸缎衣服、稀世奇宝、名人书画。有人问他为什么，桓玄说：“兵凶战危，万一有三长两短，发生意外，吃水浅的船只，容易逃走。”大家忍不住失笑。

胡三省曰

桓玄的心理状态，始终如此。而当时的人，误以为他是英雄豪杰，心存畏惧，所以碰到他的无不失败。后来，峥嵘洲之战，刘道规看穿了他的底细，发动突击，锲而不舍（参考明年〔四〇四〕五月），桓玄遂一败而不能复振。

3 夏季，四月一日，日蚀。

4 南燕帝国（首都广固〔山东省青州市〕）皇帝（一任献武帝）慕容德（本年六十八岁）的旧日部属赵融，从长安（后秦首都 · 陕西省西安市）来，才得到娘亲及老哥已死的消息；慕容德哀号痛哭，口吐鲜血，遂卧病在床。

京畿总卫戍司令（司隶校尉）慕容达谋反，派营门官（牙门）皇璆（皇，姓），攻击皇宫端门；宫殿禁卫指挥官（殿中帅）侯赤眉，开门响应；禁宫高级侍从宦官（中黄门）孙进，扶住慕容德，翻墙逃出宫城，躲在孙进私宅。部将段宏等听到宫廷政变消息，紧急集结三军，严守广固四面城门。慕容德率军入宫反击，诛杀侯赤眉等；慕容达逃奔北魏帝国（首都平城）。

慕容德优待从远处被强迫迁移到帝国的移民，长期免除他们的田赋捐税和差役劳役。人民遂不停的冒名顶替，有的一个户口中竟有一百家，有的一个户籍里竟有一千人，目的都在逃避赋税差役。国务院执行官（尚书）韩谆（音zhuó〔啄〕），请求考核清查；慕容德批准。命韩谆巡视各郡县，查出违法户口五万八千家。

5 南燕帝国泰山郡（山东省泰安市东）变民首领王始，集结部众数万人，自称太平皇帝，设立三公、部长级文武官员。桂林王慕容镇率军讨伐，生擒王始；绑赴刑场，执行死刑时，有人问王始：老爹跟老哥老弟在什么地方？王始说："太上皇（老爹王固）蒙尘流亡在外，征东将军（老哥王林）、征西将军（老弟王泰），被叛军谋害。"他的妻子大怒，诟骂说："你就因为这张嘴巴，才落得如此下场，为什么还要如此！"王始说："皇后有所不知，自古以来，岂有不亡之国！朕宁可驾崩，正统不可更改。"

柏杨曰

中国历史上改朝换代的运转法则，始终如一，自从有纪事之后的四千年来，一直停留在野蛮部落为争夺酋长而作殊死斗阶段。疆场战胜，大义是他的，正统是他的。一旦战败，大义就成了别人的，正统也成了别人的。王始自称皇帝，既有政府组织，又有武装部队，恐怕为时少则一年，多则数年或十数年。史书上说：南燕帝慕容德曾嗤之以鼻，对左右失笑说："这个疯子，狂言狂语，怎么能不诛杀！"慕容德认为王始精神失常，不知道天高地厚。事实上，王始的毛病出在枪杆不够多而已！只不过七年之后，慕容德一族，包括皇后老奶、“征东将军”“征西将军”，全被绑赴刑场斩首。这是一个绝大的讽刺，假设黄泉路上，王始脚步稍慢，慕容一族的阴魂从背后赶上，不知道露出什么嘴脸！

王始过瘾，慕容德对他失笑；慕容德过瘾，建康人对他也失笑。执政稍微长一点的君王，一旦枪杆从他屁股下面抽出，他就也会立刻一个倒栽下来，栽到法场。大多数亡国君王，不过一堆笑料。王始建立的是个具体而微的迷你政权，如果要研究中国帝王，他是一个样板。

王始演出的，不过一幕闹剧，慕容德演出的，也不过一幕闹剧，岂止二人如此，历史上又有多少帝王，不是在演闹剧，既使人嗤之以鼻，又使人扼腕悲痛。

我们盼望这种闹剧永远消失，像传统文化中缠足、宦官永远消失一样，把政治斗争提高到民主层面，不再依靠杀戮。王始、慕容德之类人物，才不至霸住舞台不放，一直在那里笑别人和被别人笑。

6 五月，后燕帝国（首都龙城〔辽宁省朝阳市〕）天王（四任昭文帝）慕容熙（本年十九岁），兴筑御花园龙腾苑，面积十余平方华里，从事苦工的差役民夫二万人；在龙腾苑中，再兴筑景云山，地基广五百步，山峰高一百七十尺。

7 秋季，七月二十七日，北魏帝国（首都平城〔山西省大同市〕）皇帝（一任道武帝）拓跋珪（本年三十三岁），向北巡查，在豺山（山西省右玉县北）兴筑行宫。

平原郡（山东省平原县）郡长和跋，奢侈豪华，爱好名声，拓跋珪讨厌他，下令诛杀。执行死刑前，命和跋的老弟和毗等，前去跟他告别。和跋说：“灅水（桑干河上游）北岸，土地贫瘠，你们可迁到南岸，勉强维持生活。”又命和毗等背对自己，说：“你怎么忍心眼睁睁看着我死！”和毗等了解他的暗示，遂假冒政府使节，逃奔后秦帝国（首都长安）。拓跋珪大发雷霆，屠灭和姓全家。中垒将军邓渊的堂弟、国务院执行官（尚书）邓晖，跟和跋感情很好，于是有人向拓跋珪打小报告，诬陷说：“和毗逃亡，邓晖秘密送行。”拓跋珪疑心邓渊知道这项阴谋，而竟然包庇，下令邓渊自杀（没有记载对邓晖如何处置，但可想象非死不可）。

8 南凉王国（首都乐都〔青海省海东市乐都区〕）国王（三任景王）秃发傉檀（本年三十九岁），及北凉王国（首都张掖〔甘肃省张掖市〕）首领（二任武宣王）、张掖公沮渠蒙逊（本年三十六岁），轮流出兵攻击后凉王国（首都姑臧〔甘肃省武威市〕）天王（四任）吕隆，吕隆忧心如焚。后秦帝国（首都长安〔陕西省西安市〕）的智囊，警告天王（二任文桓帝）姚兴（本年三十八岁）说：“吕隆依靠祖先留下来的基业，控制河西走廊（甘肃省中部西部）。现在不过一时饥饿穷困，仍然可以勉强支持。如果将来一旦丰收，国力富足，势必脱离我们而去。凉州（河西走廊）地势险要，隔绝一方，土壤十分肥沃（此指姑臧等大城而言），不如乘他们处境危险，接管到手。”姚兴遂派使节前往，征召吕超到京师（首都长安）供职。吕隆考虑的结果，认为姑臧（甘肃省武威市）到最后仍然难以保全，遂决定结束这场灾难，于是，透过吕超，请求后秦政府派军迎接。这是姚兴梦想不到的天大喜事，就派国务院左执行长（尚书左仆射）齐难、镇西将军姚诘、左贤王乞伏乾归、镇远将军赵曜，率步骑兵四万人混合兵团，前往河西（河西走廊），迎接吕隆。南凉王秃发傉檀，下令撤退驻防昌松（甘肃省武威市南）、魏安（甘肃省古浪县东）的边防军，让出一条道路给后秦兵团通过（此时的所谓后凉王国，只剩下姑臧〔甘肃省武威市〕一座孤城，城东是南凉军，城西是北凉军，重重包围。后秦武装受降，南凉军如果不让出一条道路，非爆发战争不可，而目前，后秦显然仍是一个强权）。

八月，齐难等抵达姑臧（甘肃省武威市），吕隆乘坐白马驾的朴素车辆，在路旁恭候。为了报复北凉王国的逼迫，吕隆劝齐难攻击沮渠蒙逊。齐难向西推进，沮渠蒙逊派辅国将军臧莫孩拒战，击败齐难的前锋；齐难遂跟沮渠蒙逊缔结盟誓，沮渠蒙逊派他的老弟沮渠挐，到首都长安（陕西省西安市）进贡。齐难命他的军政官（司马）王尚，代理凉州州长（刺史），交付给他武装部队三千人，镇守姑臧（甘肃省武威市）；命将军阎松当昌松郡郡长；郭将当番禾郡（甘肃省永昌县）郡长；分别派军到两地驻防。把吕隆的家族、官属，以及居民一万户，全体迁到长安。姚兴任命吕隆当散骑侍从官（散骑常侍），吕超当安定郡（甘肃省镇原县东南屯字镇）郡长；以下文武百官，都依照各人才能，分别录用（在五胡乱华十九国中，后凉王国是第十二个兴起，第九个灭亡的短命王国，立国十八年〔三八六年至四〇三年〕，共历四任君王。后凉亡后，中国境内，八国并立：晋帝国、后燕帝国、后秦帝国、北魏帝国、南凉王国、北凉王国、南燕帝国、西凉王国）。

天地之间最神圣的责任，是抚育生命；圣人贤才最尊贵的珍宝，是国家领袖所居的高位。不是那种材料，却偏偏坐在那个高位之上，大祸一定迅速来临。坐在那个高位之上，却忘了他爱护人民的责任，灾难也一定把他抓住。上天给我们的镜子，就在眼前。

五世纪·四〇三年八月　后凉亡国·八国并立

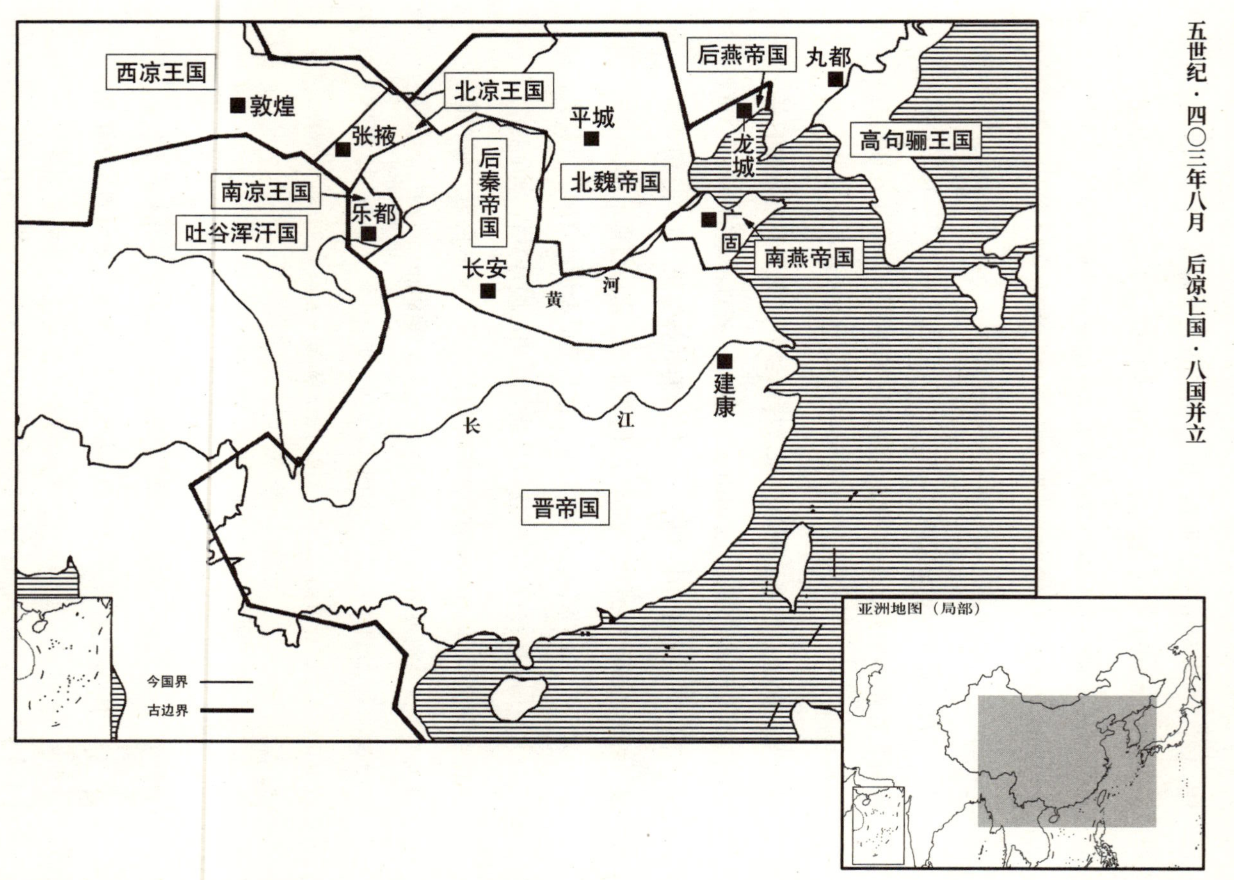

吕隆临行之前，派使节向马上就要被铲成平地的一任天王吕光祭庙，告别说："陛下运用神奇的谋略，在中国西方，建立基业，恩德推广到全体人民，声威震动远近。可是，枝叶后嗣，不能振作，一连串篡夺谋杀；而又受到两个盗匪集团（指南凉王国和北凉王国）的轮流逼迫。我们马上要回到东方京师（后秦帝国首都长安），就在这里，跟陛下永诀。"悲痛流泪，在旁护送的后秦受降兵团，都被感动。

赌徒扫地出门时的心理状态，和狼狈模样，倍觉可怜，但当初他们诛杀豪门立威，活埋甘愿当蛮族奴婢的饥民，却那么凶恶无比（参考四〇一年五月）。我们不应该被他们的眼泪欺骗，更不能对把家产输光后发出悲啼的顽劣之辈同情。

最初，郭黁（原任后凉王国祭祀部长〔太常〕，参考三九七年八月）常说："接替吕家班的，姓王。"所以聚众起兵时，先拥护国务院执行长（仆射）王详，后来又拥护田胡部落酋长王乞基。现在，后凉王国覆灭，吕隆迁往东方，王尚以凉州州长（刺史）身份，果然继吕隆之后，镇守姑臧（甘肃省武威市）。郭黁追随乞伏乾归，一同投降后秦帝国。现在，郭黁又看出：后秦帝国将被晋帝国（首都建康）灭亡，于是再叛，打算投奔晋帝国；后秦军追赶捕获，诛杀。

北凉王国（首都张掖）首领、张掖公沮渠蒙逊的伯父、屯垦军事总监（中田护军）沮渠亲信（时驻临松）、临松郡（甘肃省张掖市南）郡长沮渠孔笃，都骄傲狂暴，纵情任性，给人民带来灾祸。沮渠蒙逊说："扰乱我法令的，就是这二位伯父。"逼迫二人自杀。

后秦帝国（首都长安）使节梁构，抵达张掖，沮渠蒙逊问说："秃发傉檀（南凉王国现任王景王）封公爵（广武公），我却只封侯爵（西海侯），为什么要有差别？”梁构说：“秃发傉檀凶暴狡狯，对政府（后秦政府）的忠诚，并不是十分真心真意，所以政府用空头的尊贵爵位，把他拴住。你的忠诚程度，可贯穿太阳，应该到中央帮助皇家政府，怎么可以用虚假的态度待你！在我们圣洁的政府中，爵位一定跟功劳对等，像尹纬、姚晃，都是当初辅佐的功臣，像齐难、徐洛，也都是一时闻名的猛将，不过只封侯爵、伯爵，你为什么想超过他们！从前，窦融谨慎小心，不愿意官位比旧日臣僚们高（参考三七年），想不到你会问这些！”沮渠蒙逊说：“中央为什么不封我张掖侯，而封西海侯？”梁构说：“张掖郡（甘肃省张掖市），已经是你的了。所以远远的把你封到西海郡（内蒙古额济纳旗，时属西凉王国），只是打算扩大你采邑的版图。”沮渠蒙逊大为高兴，接受任命。

9 晋帝国荆州（州政府设江陵〔湖北省江陵县〕）州长（刺史）桓伟逝世，最高统帅（大将军）桓玄，命桓修接任。参谋指挥官（从事中郎）曹靖之警告桓玄说：“桓谦、桓修兄弟，一个在内，一个在外，都手握大权，力量太大。”桓玄遂擢升南郡（湖北省江陵县）郡长（相）桓石康，当荆州州长（刺史）。桓石康，是桓豁的儿子（桓豁，是桓温的三弟，参考三六五年二月）。

10 晋帝国建武将军刘裕，在永嘉郡（浙江省温州市）击败变民军首领卢循，追赶到晋安郡（福建省福州市），接着一连串战役，每战必胜，卢循遂乘船舰，逃向台湾海峡，举帆南下。

何无忌（刘牢之外甥）秘密晋见刘裕，劝刘裕在山阴（会稽郡郡政府所在县·浙江省绍兴市）起兵，讨伐桓玄。刘裕跟当地豪杰孔靖商量，孔靖说：“山阴距首都（建康·江苏省南京市），道路太远（两地航空距离二百九十

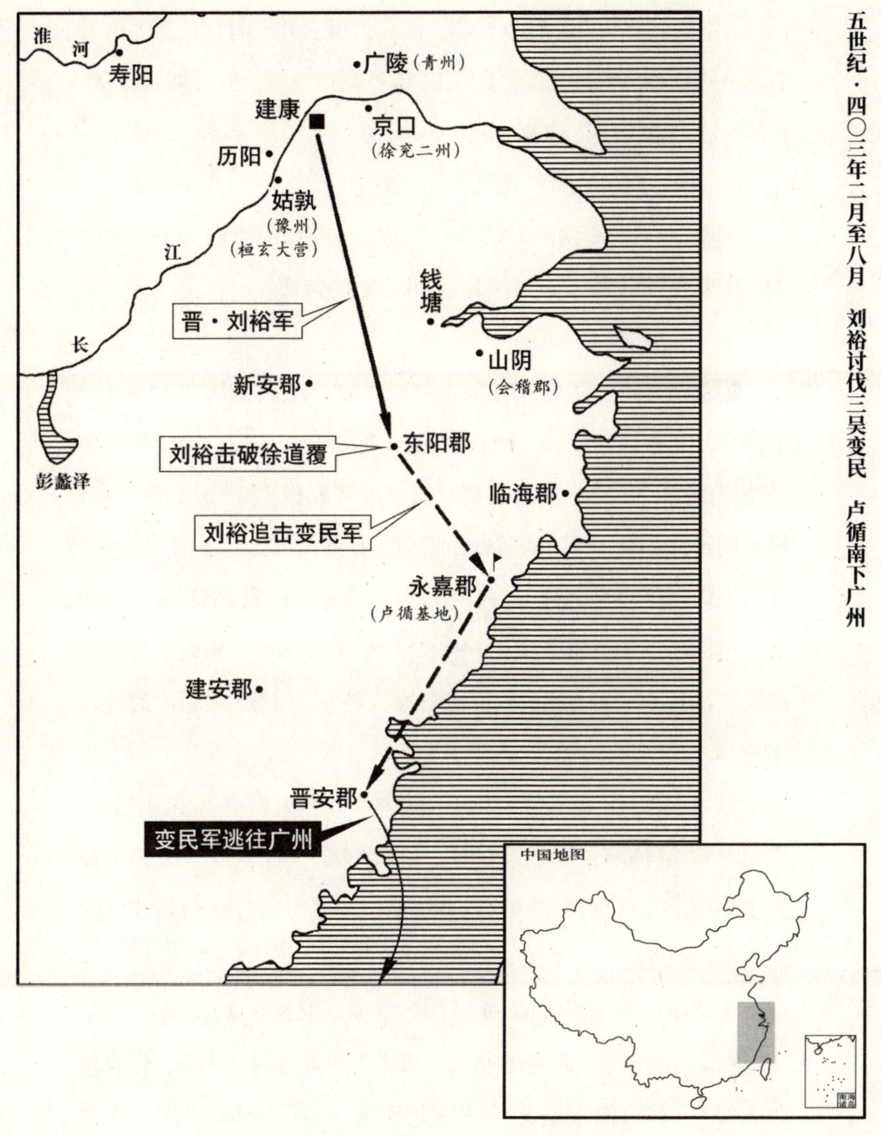

五世纪·四〇三年二月至八月　刘裕讨伐三吴变民　卢循南下广州

公里)，如果武装叛变，难以成功。而且，桓玄并没有篡位，师出无名。不如等他篡位，我们再在京口(江苏省镇江市)发动。”刘裕听从。孔靖，是孔愉的孙儿(孔愉，参考三一三年八月)。

11 九月，北魏帝(首都平城)拓跋珪，前往南平城(山西省山阴县北)，计划在灅水(桑干河上游)以南，另建新的首都。

12 晋帝国高级咨询官(侍中)殷仲文、散骑侍从官(散骑常侍)卞范之，劝告最高统帅(大将军)桓玄，尽快夺取政权，接受晋帝司马德宗的禅让；并且早已秘密写妥“加授九锡”和“让位”文告。桓玄同意，于是，一切依照顺序进行。晋帝司马德宗下诏(桓玄诏)：任命桓谦当高级咨询官(侍中)、开府(宰相级)、主管政府机要(录尚书事)；王谧当立法院总立法长(中书监)，兼宰相(司徒)；桓胤当立法院最高立法长(中书令)；加授桓修当抚军大将军。桓胤，是桓冲的孙儿(桓冲，参考三六〇年十一月)。

九月十六日，司马德宗再下诏(桓玄诏)：擢升桓玄当相国、文武百官总管，封楚王，采邑十个郡，加授九锡(九锡，参考四年)。楚国设置丞相以下文武百官(篡夺列车一次就闯过“九锡”“封王”两关，已无人可以阻挡，下一站就是终点——皇帝宝座)。

桓谦暗中询问彭城郡(侨郡·江苏省镇江市)郡长(内史)刘裕说：“楚王(桓玄)勋高德重，政府的心意，都认为应该有禅让大典，你觉得怎么样？”刘裕说：“楚王(桓玄)，是南郡(宣武)公(桓温)的儿子，功勋恩德，超过当世，晋政府以及司马皇家，已经衰微，民心早已改变，在上天安排下，接受禅让，有什么不可以？”桓谦说：“你认为可以，那就一定可以。”

新野郡（河南省新野县）人庾仄，是殷仲堪的党羽。听见荆州（州政府江陵）州长（刺史）桓伟逝世消息，利用桓石康还没有到职前的空当，集结武装部队，袭击雍州州长（刺史）冯该驻地襄阳（湖北省襄阳市），把冯该逐走。庾仄部众有七千人，设立祭坛，祭祀司马皇族的七代祖庙，宣称："准备讨伐桓玄！"江陵（湖北省江陵县）大为震动。桓石康到职之后，出军攻击襄阳；庾仄战败，投奔后秦帝国（首都长安）。

13 高雅之（投奔南燕帝国事，参考去年〔四〇二〕十月）上疏南燕帝国（首都广固〔山东省青州市〕）皇帝（一任献武帝）慕容德，请求讨伐桓玄，说："即令不能平定吴会（太湖流域及钱塘江流域），至少也可以平定长江以北。"立法院主任立法官（中书侍郎）韩范也上疏说："晋国（晋帝国）衰弱混乱，长江及淮河南北，农村凋蔽，户口所剩寥寥无几，防卫力量十分单薄。再加上桓玄犯上作乱，上下离心离德，以陛下的神武，出动步骑兵一万人，南下征战，对方一定土崩瓦解，士兵都会逃亡。得到土地，并入我国版图，秦国（后秦帝国）、魏国（北魏帝国），便不再是我们的强敌。开疆拓土，建立功业，就在今朝。机会只敲门一次，如果不即时抓住，等到英雄豪杰诛杀桓玄之后，重新推行德政，岂止建康（晋首都·江苏省南京市）得不到，连长江以北也没有希望。"慕容德说："我因为故国覆没（故国，指后燕帝国。此指后燕中山政府陷落，参考三九七年十月二十日），所以一直准备先行平定中原，再去扫荡荆州、扬州（指晋帝国），因之从没有考虑到南征；这件事交给高阶层官员讨论。"遂在城西举行阅兵大典，出动步兵三十七万人、骑兵五万三千人、战车一万七千辆。但高阶层官员都认为桓玄正在巅峰，不可以冒险。高雅之建议的军事行动，遂停止进行。

14 冬季，十月，晋帝国楚王桓玄，上疏请求准他返回他的封国，奏章递上后，立即命晋帝司马德宗亲笔写下诏书（桓玄诏），坚决批驳。摇尾系统已把禅让运动发动得如火如荼，遂制造谣言，说钱塘（浙江省杭州市）临平湖（浙江省杭州市余杭区）湖水，忽然满盈（三国时代东吴帝国在湖中捞出宝鼎，遂改年号宝鼎〔参考二六六年〕。此湖自东汉王朝末年干枯，只剩下衰草。东吴帝国末任帝孙皓时，湖水突然满盈，人称“湖开”〔参考二七六年七月〕，而孙皓被擒，全国统一。下世纪〔六〕，南北朝的陈帝国时，湖水再度满盈，而陈帝国亡，全国再度统一。所以父老相传：“湖水干枯天下乱，湖水满盈天下平”），江州（江西省及福建省）又降下甘露。桓玄命文武百官，集体道贺，作为自己接收政府的祥瑞预兆。又因为从前改朝换代时，总是出现名声很高的隐士，桓玄认为此时如果没有隐士的话，将是一件遗憾，于是查出三世纪末晋王朝（建都洛阳）时代隐士、安定郡（甘肃省镇原县东南屯字镇）人皇甫谧的六世孙儿皇甫希之，付给他薪俸，命他到山中隐居，然后教司马德宗下诏（桓玄诏），征召皇甫希之担任国史编撰官（著作郎）；然后命皇甫希之坚决辞让，拒绝就职；然后再命司马德宗下诏（桓玄诏）褒扬，称皇甫希之是“高士”。但当时世人都称皇甫希之是“冒牌货”（充隐）。桓玄又打算废除钱币，改用谷米和绸缎布匹，作为交易工具。又打算恢复肉刑（墨刑〔脸上刺字〕、劓刑〔割鼻〕、刖刑〔砍脚〕、宫刑〔割男人生殖器〕），议论纷纷，法令草案也跟着拟订了再拟订，可是，桓玄并没有一定目标，只是翻来覆去，最后什么都不去施行。桓玄性情贪婪，格调卑鄙，别人有好书法或好绘画、好庄园别墅，或好家宅，他一定跟对方赌博，把他赢为己有。尤其喜爱珍珠宝玉，手中从不曾离开过这些东西。

15 十月二十五日，北魏帝拓跋珪，封皇子拓跋嗣当齐王，加授相国；拓跋绍当清河王，加授征南大将军；拓跋熙当阳平王；拓跋曜当河南王。

十月二十七日，将军伊谓率骑兵二万人，袭击高车（蒙古国北部）残余的袁纥部落、乌频部落。

十一月十一日，大破二部落。

16 晋帝国楚王桓玄，顺利篡登帝位。晋帝（十六任安帝）司马德宗下诏（桓玄诏），命桓玄使用天子礼仪和乐队，王妃改称王后，世子改称太子。

十一月十八日，散骑侍从官（散骑常侍）卞范之，写妥禅让诏书，命临川王司马宝，强迫司马德宗亲笔书写。司马宝，是司马晞的曾孙（司马晞事，参考三七一年十一月）。

十一月二十一日，司马德宗御驾亲登宝殿，派兼太保（上三公之三）、兼宰相（领司徒）王谧，把传国玉玺呈献桓玄，传位给楚王（桓玄）。

十一月二十三日，司马德宗搬出皇城，暂住皇城外永安宫。

十一月二十四日，把司马皇家祭庙历任皇帝的牌位，迁到琅邪国（侨国·首府金城〔江苏省句容市北〕）。穆章皇后何法倪（十一任穆帝司马聃正妻，司马德宗的堂嫂），及琅邪王司马德文（司马德宗老弟），都迁进宰相府（司徒府）。文武百官一齐前往姑孰（安徽省当涂县）劝进——劝桓玄更进一步当皇帝。

十二月一日，桓玄在九井山（安徽省当涂县南五公里）北麓，兴筑高台。

十二月三日，桓玄在高台上正式登极，坐上皇帝宝座（本年，桓玄三十五岁）。就职文告中，对晋帝国有很多抨击，有人劝止，桓玄说："禅让这码子事，只可以用来向人民宣传，怎么能认为真的如此，岂可欺骗上苍！”大赦，改年号永始（晋帝国亡，楚帝国兴）。指定南康郡平固县（江西省兴国县南）作为采邑，封司马德宗当平固王；穆章皇后何法倪降封零陵县君，琅邪王司马德文降封石阳县公，武陵王司马遵降封彭泽县侯。追尊老爹桓温绰号宣武皇帝，祭庙称太祖；娘亲南康公主司马兴男称宣皇后。封皇子桓升当豫章王。任命会稽郡（浙江省绍兴市）郡长（内史）王愉当国务院执行长（尚书仆射），王愉的儿子、相国府左秘书长（相国左长史）王绥当立法院最高立法长（中书令）。王绥，是桓家的外甥。

十二月九日，桓玄住进建康皇宫，坐上御座，可是御座忽然塌陷，群臣脸色大变，桓玄的姐夫殷仲文说：“这只是因为皇上（桓玄）的恩德太重，大地都难以承担。”桓玄大为高兴。故晋帝国梁王司马珍之的官属孔朴，带着司马珍之，逃奔寿阳（安徽省寿县）。司马珍之，是司马晞的曾孙。

17 十二月十九日，后燕帝国（首都龙城〔辽宁省朝阳市〕）天王（四任昭文帝）慕容熙，尊老爹一任帝（武成帝）慕容垂的小老婆段贵嫔，当皇太后。段贵嫔，是慕容熙的娘亲。

十二月二十日，慕容熙封贵嫔（小老婆群第一级）苻训英当皇后；

大赦。

18 十二月二十二日，新篡位的楚帝桓玄，把故晋帝司马德宗迁到寻阳（江西省九江市）。

19 后燕帝国任命皇城保安司令（卫尉）悦真，当青州州长（刺史），镇守新城（徒河新城·辽宁省义县境）；特级国务官（光禄大夫）卫驹，当并州州长（刺史），镇守凡城（河北省平泉市南）。

20 十二月二十四日，楚帝（首都建康）桓玄，把老爹桓温的牌位，送进皇家祭庙。

桓玄亲自到华林园听讼观，审查囚犯。不管罪的轻重，多数都被原谅或被释放。有人在道路上向皇帝御驾投诉哀求，也常常得到救济。桓玄好用小动作使人感谢，往往如此。

21 本年（四〇三），北魏帝拓跋珪开始命有关机关，制定官员服装，以官阶大小划分等级。然而法令规章，草草制定，很多地方都跟古制不合。

四〇四年 甲辰

晋	元兴	三年
后燕	光始	四年
后秦	弘始	六年
北魏	天兴	七年
	天赐	元年
南凉	弘始	六年
北凉	永安	四年
南燕	建平	五年
西凉	庚子	五年

（楚帝桓玄永始二年）

1 春季，正月，新建立的楚帝国（首都建康〔江苏省南京市〕）皇帝（一任帝）桓玄，封他的正妻刘女士当皇后。刘皇后，是刘乔的曾孙女（刘乔死于苦县之役，参考三一一年四月）。桓玄认为他祖父桓彝以上的祖先，地位声望，都很卑微，所以不再追加他们尊贵的绰号，也不再建立祭庙。散骑侍从官（散骑常侍）徐广提醒桓玄："'尊敬老爹，做儿子的，自然高兴。'（《孝经》："敬其父则子悦。"）请依照前例，建立祖先七代祭庙。"桓玄说："礼教规定，开创基业的'太祖'祭庙，面向东方。北边有一排门向南开的祭庙，称'昭'；南边有一排门向北开的祭庙，称'穆'。晋王朝开国时，建立七座皇家祭庙，可是司马懿却不能面向东方（司马懿庙号高祖，小儿子司马昭庙号却是太祖），怎么能够效法！”皇家图书馆长（秘书监）卞承之对徐广说：“如果皇家祭庙的祭祀，竟然不祭祀祖先，就可以看出楚国（楚帝国）的好运不长。”徐广，是徐邈的老弟（徐邈，参考三九五年三月）。

桓玄自当了皇帝，心神一直不安。

二月一日，深夜，长江波浪滔天，冲进石头（建康城西北）城门，淹死和卷走很多居民，哀号呼喊以及怒涛澎湃的声音，震动大地。桓玄听到，大为恐惧，说：“那些奴才要大干了！”

桓玄性情苛刻琐碎，喜爱炫耀他的能力和才干，主管官员的报告，只要有一个字写错或笔误，或一句话修辞不十分恰当，他就如获至宝，立即指出纠正，用以表示他的聪明和认真，不同凡品。国务院回答诏书，把“春蒐”误写成“春菟”，桓玄立刻下令严厉查办，自左秘书长（左丞）王纳之以下，凡是经过手、签过字的官员，全被降级或免职。桓玄有时亲自指派入宫值日官，有时亲自指派最底层官员，诏书命令，纷乱如麻，主管官员把所有时间，用来回答诏书，都不够用。所以政令败坏，公文积压，桓玄却全不知道。他又喜爱游玩打猎，有时候一天之内，出宫好几次。后来迁到太子宫（东宫）暂住，重新修建皇宫宝殿，大兴土木，督促严厉，时限短促，政府官员和市井小民，乱成一团。盼望变天的人，越来越多。

桓玄派使节加授益州（州政府设成都〔四川省成都市〕）州长（刺史）毛璩散骑侍从官（散骑常侍）、左将军。毛璩逮捕使节，拒绝接受。毛璩，是毛宝的孙儿（毛宝战死，参考三三九年九月）。桓玄任命桓熙当梁州州长（刺史），分派各将领驻防三巴（三巴：巴郡〔重庆市〕、巴东郡〔重庆市奉节县东〕、巴西郡〔四川省阆中市〕），严密防守。毛璩向远近散发文告，一条条列出桓玄罪状，派巴东郡郡长柳约之、建平郡（重庆市巫山县）郡长罗述、征虏将军府军政官（征虏司马）甄季之，击破桓熙的围堵，率大军东下，进驻白帝（重庆市奉节县东）。

刘裕跟随徐、兖二州（州政府设京口〔江苏省镇江市〕）州长（刺史）、安成王桓修进京（首都建康）朝见。桓玄对王谧（音mì〔蜜〕）说："刘裕的风度和骨气，不同平常，是一个人杰。"每次出游或集会，对刘裕一定亲切招待，赏赐很厚。刘皇后对人有评鉴能力，她告诉桓玄说："刘裕龙行虎步，双目有神，不是凡人，恐怕不会长久当人的部属，不如早日把他除掉。"桓玄说："我正要平定中原，除了刘裕，没有人可以使用。等关河（北中国）肃清之后，再作商议。"

桓玄任命桓弘当青州州长（刺史），镇守广陵（江苏省扬州市）；刁逵当豫州州长（刺史），镇守历阳（安徽省和县）。桓弘，是桓修的老弟；刁逵，是刁彝的儿子（刁彝，参考三七二年四月）。

刘裕跟何无忌，同船返回京口（江苏省镇江市），阴谋复兴晋帝国政权。首席军事参议官（咨议参军）刘迈的老弟刘毅（刘迈事，参考前年〔四〇二〕三月），家在京口（江苏省镇江市），也跟何无忌磋商讨伐桓玄事宜。何无忌说："桓家强大，有什么办法对付！"刘毅说："天下事情，有强有弱，假定不能掌握形势，虽然强大，也会变成弱小，只是难以找到一个英明的领导人！"何无忌说："荒草乱湖之间，并不是没有英雄。"刘毅说："我所看到的，只有刘裕。"何无忌微笑不作回答。回去后告诉刘裕，三人遂同心合谋。

最初，晋帝国太原郡（山西省太原市）人王元德，及老弟王仲德，响应前秦帝国号召，聚众起兵，攻击叛将慕容垂，不能取胜，遂投奔晋帝国；晋帝国政府任命王元德当弘农郡（河南省灵宝市东北）郡长。王仲德看到桓玄夺取皇帝宝座，对人说："自古以来，革命的人不只一个，然而，今天革命的这位，恐怕难以承当这件大事。"

平昌郡（山东省诸城市西北）人孟昶（音chǎng〔场〕），当青州州政府主任秘书（主簿），青州（州政府广陵）州长（刺史）桓弘，派孟昶前往建康（江苏省南京市），桓玄接见他，交谈之下，大为欣赏，对刘迈说："在平民中我发现一位国务院助理官（尚书郎），跟你同州同城（二人都侨居京口），你可认识他？"刘迈对孟昶素来很不友善，回答说："我在京口（江苏省镇江市）时，从没有听说过孟昶有什么特别才能，只听说他们父子之间，互相写诗相赠。"桓玄大笑，打消擢升孟昶的念头。孟昶听到消息，深恨刘迈，等回到京口，刘裕对孟昶说："草莽中当有英雄崛起，你有没有听到一点什么消息？"孟昶说："今天的英雄还能是谁？正是你！"

于是，刘裕、刘毅、何无忌、王元德、王仲德、孟昶，以及刘裕的老弟刘道规，任城郡（山东省济宁市东南）人魏咏之，高平郡（山东省巨野县东南大谢集镇）人檀凭之，琅邪郡（侨郡·江苏省句容市北）人诸葛长民，河内郡（侨郡）郡长、陇西郡（甘肃省陇西县）人辛扈兴，振威将军、东莞郡（侨郡·江苏省镇江市南）人童厚之，秘密结合，阴谋起兵。刘道规当青州（州政府广陵）州长（刺史）桓弘的大营军事参议官（中兵参军），刘裕命刘毅去长江北岸会合刘道规、孟昶，共同击杀桓弘，夺取广陵（江苏省扬州市）。诸葛长民是豫州（州政府历阳）州长（刺史）刁逵的军事参议官（参军），刘裕命诸葛长民击杀刁逵，夺取历阳（安徽省和县）。王元德、辛扈兴、童厚之都在建康（江苏省南京市），刘裕命他们集结武装群众，攻击桓玄，作为内应。约定日期，一同发动。

孟昶的妻子周女士，家产万贯，孟昶对她说："刘迈在桓玄面前，百般诽谤中伤，使我一生全毁，再不能升迁，我决定当一个叛徒。你最好早早跟我离婚，免得受到牵累，万一我得到富贵，再去接你回来不晚。"周女士说："你的老爹和娘亲，双双在世，却打算采取非常行动，岂是我一个女人所能劝阻！事情如果不能成功，也当在奴工营奉养公婆，大义上，我不回娘家。”孟昶怅然若失，坐了很久，起身出去，周女士追出来，教他回坐，说：“看你的作为，不是凡事都向妇女商量的那种人；你所以告诉我，不过需要经济支援！”遂指怀抱中的儿子告诉孟昶：“他如果可以卖钱，我也不珍惜。”就把全部家财卖掉，交给孟昶。孟昶老弟孟顗的妻子，是周女士的堂妹；周女士对她说：“昨晚做了一个噩梦，请你把家里所有的红布都给我，作为镇魔之用。”堂妹相信堂姐的话，把红布都给了堂姐，周女士把它们全缝制成军士战袍。

何无忌深夜藏在屏风后，撰写勤王文告；他的娘亲，是刘牢之的姐姐，踏到凳子上偷看儿子的行动，感动悲泣，说：“我不如东海（山东省郯城县）吕母（吕母事，参考一七年。但吕母当时是琅邪郡〔山东省诸城市〕人），使我惭愧。你能够这么做，我还有什么遗恨！”问同党是谁，何无忌说：“刘裕！”娘亲更是欢喜，向儿子分析桓玄一定失败，勤王军一定成功的道理，多方勉励。

二月二十七日，刘裕宣称打猎，跟何无忌到京口（江苏省镇江市），城外集结部众，有一百余人。

二月二十八日，天色微明，京口（江苏省镇江市）城门打开，何无忌身穿皇家信差衣服（传诏服），声称是皇家信差（敕使），在前面领导，部众跟随在后，一齐进城，遂击斩徐、兖二州（州政府京口）州长（刺史）桓修，砍下人头示众。桓修的军政官（司马）刁弘，得到事变消息，率州政府文武官员，前来处理。刘裕站到城头上，对他们说：“江州（州政府设寻阳〔江西省九江市〕）州长（刺史）郭昶之，早拥戴皇上（司马德宗）在寻阳（江西省九江市）反正复位；我们同时接到皇上（司马德宗）秘密诏书，诛杀叛逆。今天，匪徒桓玄的人头已悬挂大航（朱雀桥）之上。各位难道不是晋国（晋帝国）臣民？到这里干什么！”刁弘等相信，率领文武官员退走。

刘裕问何无忌说：“我们急需要一位主任秘书（主簿），能请到谁？”何无忌说：“最好的人选是刘道民。”刘道民，是东莞郡（侨郡·江苏省镇江市南）人刘穆之的别名。刘裕说：“我也认识他。”派人飞马送信邀请。当时，刘穆之听到京口（江苏省镇江市）人声喧哗，早上起来，到街头观望情势，正好跟送信的人相遇。看了邀请信后，刘穆之两眼发直，呆呆的站在那里，不言不语，思考了很久，转身回家，把布衣撕破，作为裹腿布（武装），遂晋见刘裕。刘裕说；“义军刚刚发动，一切从头开始，十分艰难。我们急需一位有文字功力的宣传人才，你看谁最合适？”刘穆之说：“司令部建立之初，文宣人员，必须真才实学，匆忙之中，恐怕没有人比得上我。”刘裕笑说：“你肯委屈担任这个职位，我的大事就能成功。”就在座位上，任命刘穆之当主任秘书（主簿）。

孟昶在广陵（江苏省扬州市），劝青州（州政府广陵）州长（刺史）桓弘出城打猎，天色还没有亮，城门即行打开，放打猎的人出城。而孟昶、刘毅、刘道规，率武士数十人，乘机进入州政府，桓弘正在吃早餐稀粥，就在餐桌上击斩桓弘；遂集结部众，渡长江南下。刘裕又派刘毅，前往击斩桓修的军政官（司马）刁弘。

在此之前，刘裕派同党周安穆，去首都建康（江苏省南京市），秘密报告刘迈。刘迈虽然敷衍答应，可是心里深怀畏惧，神智不宁。周安穆恐怕事情发生变化，即行奔回。恰恰这时候，桓玄任命刘迈当竟陵郡（湖北省钟祥市）郡长；刘迈急于离开京师（首都建康），早日接事。而就在当天夜间，桓玄送来一信，说：“北府（京口·江苏省镇江市）情形怎么样，你最近看到刘裕，说些什么话？”刘迈认为阴谋已经泄露，遂于第二天一早，把阴谋事项，报告桓玄。桓玄大吃一惊，封刘迈当重安侯。可是不久又忽然想起刘迈没有立刻逮捕周安穆，而使周安穆逃走，于是，斩刘迈；把王元德、辛扈兴、童厚之等，一并诛杀。

大家推举刘裕当盟主，总管徐州（州政府设京口〔江苏省镇江市〕）全州事务；任命孟昶当秘书长（长史），镇守京口；檀凭之当军政官（司马）。彭城郡（侨郡 · 江苏省镇江市）人投效当兵的，刘裕命彭城郡郡政府秘书官（郡主簿）刘钟，负责统率。

二月二十九日，刘裕率徐、兖二州（州政府京口）的部众（北府军团）一千七百人，驻扎竹里（江苏省句容市北），向远近发布号令，声称：益州（州政府设成都〔四川省成都市〕）州长（刺史）毛璩，已平定荆楚（湖北省）；江州（州政府设寻阳〔江西省九江市〕）州长（刺史）郭昶之，已在寻阳拥戴皇上（司马德宗）复位；镇北将军府军事参议官（镇北参军）王元德等，一同率领私家军队，据守石头（建康城西北）；扬武将军诸葛长民；已夺取历阳（安徽省和县）。

桓玄从太子宫搬回皇宫，命侍从官属都住进国务院。加授京畿总卫戍司令（扬州刺史）、新野王桓谦，当全国征剿司令官（征讨都督）；命殷仲文接替桓修，当徐、兖二州（州政府京口）州长（刺史）。桓谦等请求迅速派军攻击刘裕。桓玄说："刘裕的兵势，锐不可当，因为他们知道命运是万死一生，所以势将力战。而我们大军万一意外失误，他们的气势就成，我们的大势就去。不如把大军集结覆舟山（建康城东北），严阵以待，他们一路直前，空跑二百里，什么都没有碰到，锐气已经挫折，而忽然发现大军挡路，一定大为惊骇。我们按兵不动，不跟他们交锋，他们求战而不得战，最后必定一哄而散，这是上等策略。"桓谦坚决主张攻击，桓玄遂派顿丘郡（侨郡 · 安徽省滁州市）郡长吴甫之、首都西区卫戍司令（右卫将军）皇甫敷，向京

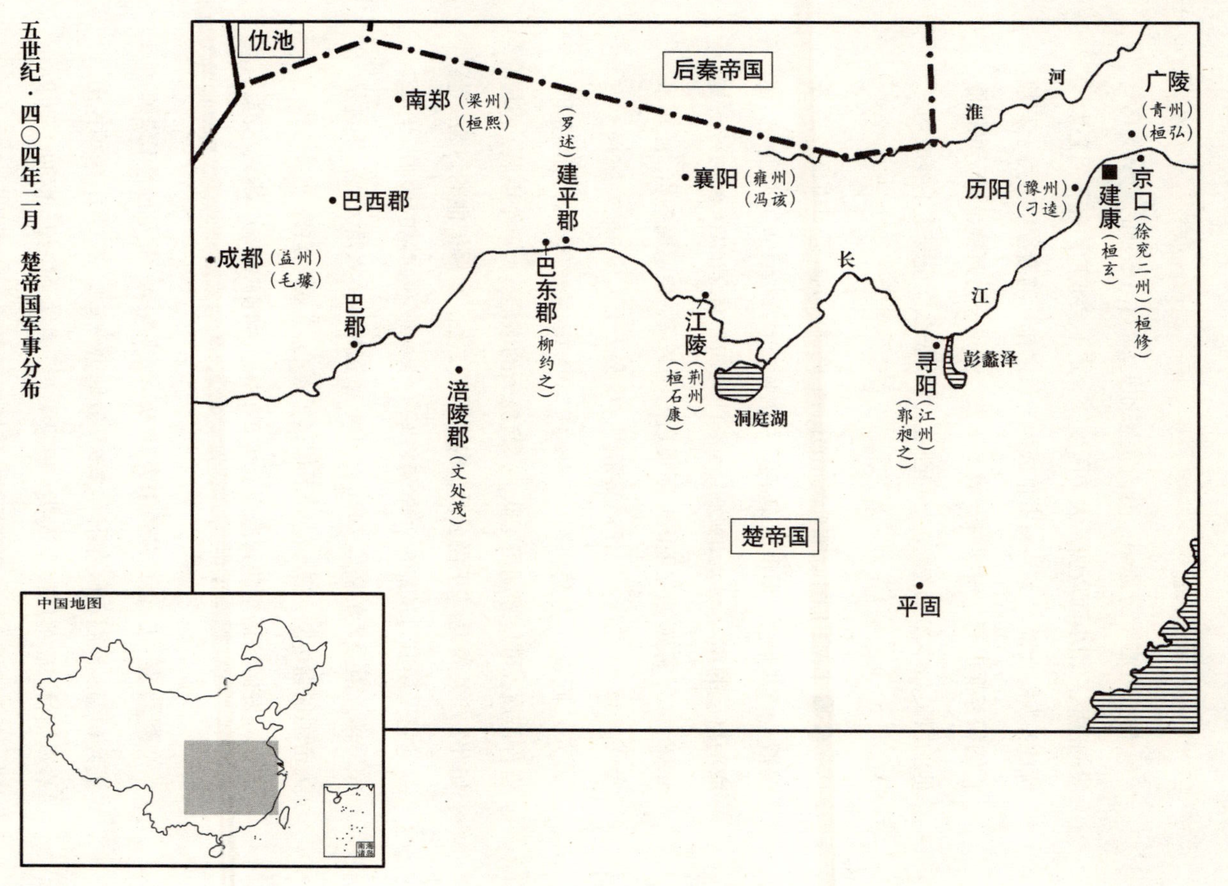

五世纪·四〇四年二月　楚帝国军事分布

口（江苏省镇江市）进发。

桓玄内心十分恐惧，有人宽慰他说：“刘裕率领的是一支乌鸦般的部队，微小而衰弱，大势所趋，一定不会成功，陛下何必太过忧虑？”桓玄说：“刘裕有资格成为一代之雄；刘毅家里穷得一石粮食的积存都没有，赌博时一骰子下去，就是一百万钱；何无忌很像他的舅父（刘牢之）；这些人一同创立大业，怎么能说一定不能成功。”

2 南凉王国（首都乐都〔青海省海东市乐都区〕）国王（三任景王）秃发傉檀（本年四十岁），畏惧后秦帝国（首都长安〔陕西省西安市〕）的强大，遂取消自己的年号（本年〔四〇四〕，南凉王国是弘昌三年；改用后秦帝国年号后，则是弘始六年），撤销独立王国时所设置的国务院，和所属各官，派军事参议官（参军）关尚，出使后秦帝国，后秦天王（二任文桓帝）姚兴（本年三十九岁）问说：“车骑将军（后秦任命秃发傉檀当车骑将军）贡献当地特产，自称臣属，可是却动员军队，兴筑庞大的城池，当一个臣属，岂应如此？”关尚说：“王爵公爵，构筑军事工程，来保护他的封国，是从前君王所制订的制度。车骑将军（秃发傉檀）在偏僻的边疆，作国家屏藩，跟强大的盗寇（指吐谷浑汗国）紧紧相邻，兴筑大城，不过是为帝国加强边防，想不到陛下却起了疑心。”姚兴嘉许。

秃发傉檀请求兼管凉州（州政府设姑臧〔甘肃省武威市〕），姚兴不准。

3 最初，袁真诛杀朱宪（参考三七〇年正月），朱宪的老弟朱绰，逃奔桓温。桓温攻破寿阳（安徽省寿县）时（参考三七一年正月），朱绰挖出袁真棺材，砍下尸体上人头。桓温大怒，要诛杀朱绰；桓冲代他求情，才免一死。朱绰侍奉桓冲，犹如侍奉老爹。桓冲逝世（参考三八四年二月），朱绰吐血而死。刘裕攻克京口（江苏省镇江市）后，任命朱绰的儿子朱龄石当建武将军府军事参议官（刘裕是建武将军）。

三月一日，刘裕的晋帝国勤王军，跟吴甫之的楚帝国政府军，在江乘（江苏省南京市东北）遭遇，会战将要开始，朱龄石报告刘裕说："我家几世都受桓家厚恩，不打算用刀枪相对，愿当后卫。"刘裕嘉许他的道义，同意。吴甫之，是楚帝国的勇将，士气高昂。刘裕手拿长刀，大声呼喊，向前冲锋，楚军不能抵抗，刘裕遂斩吴甫之，挺进到罗落桥（江乘城西）。皇甫敷率数千人迎击，刘裕部属宁远将军檀凭之战死，而刘裕攻势越发猛烈，皇甫敷把刘裕重重包围，刘裕背靠大树，单独苦战，皇甫敷大呼："你想怎么死！"拔戟直刺，刘裕怒目诟骂，皇甫敷一时不敢进逼，而刘裕同党就在这时候赶来救援。流箭四射，一箭正射中皇甫敷前额，从马上栽下。刘裕提刀直上，皇甫敷说："你有上天帮助，我把子孙托付给你。"刘裕斩皇甫敷，但对皇甫敷的子女，抚恤很厚。刘裕把檀凭之所属的部众，交给军事参议官（参军）檀祗。檀祗，是檀凭之的侄儿。

桓玄得到两位猛将阵亡消息，魂不附体，召请巫法师推算前途命运，并用法术镇压勤王军。询问文武百官说："我难道就要失败？"国务院文官部文官司助理官（吏部郎）曹靖之说："人民怨恨，神灵愤怒，我深切感到不安。"桓玄说："人民或许可能怨恨，神灵为什么愤怒？"曹靖之说："晋国（晋帝国）皇家祭庙牌位，东迁西移，而今流落在长江之滨（先迁琅邪国，后来又迁寻阳）。而大楚帝国皇家祭庙，连祖父都不包括在内，他们怎不愤怒？"桓玄说："你为什么不早说？"曹靖之说："政府高阶层官员们，都认为当今正是伊祁放勋（尧）、姚重华（舜）之世，我怎么敢说话！"桓玄沉默不语。派桓谦及游击将军何澹之，进驻东陵（覆舟山东北）；高级咨询官（侍中）、后将军卞范之，进驻覆舟山（建康城北）之西；共率武装部队二万人。

三月二日，刘裕军进餐之后，抛弃所有剩下来的粮食，挺进到覆舟山之东，派老弱残兵攀登上山，布置旌旗疑阵，分兵几路，边走边插，于是，勤王军旌旗不久就布满山谷。楚军斥候回去报告，说：“叛军塞满四方，不知道多少！”桓玄越发忧愁恐惧，派武卫将军庾赜之，率精锐部队补充支援各军。桓谦等所统军队，很多是北府军团旧人，对刘裕一向畏惧佩服，而今面对刘裕，遂没有斗志。刘裕跟刘毅等分别挺进，攻击桓谦阵地，刘裕身冒敌人刀枪，带头冲锋，将士追随在后，都拼死一战，全都以一当百，呼声呐喊，震动天地。当时东北风正烈，刘裕顺风纵火，火焰烟屑，弥漫云际，战鼓厮杀之声，传到京口（江苏省镇江市）。不久，桓谦等军，一齐崩溃。

桓玄虽然遣兵调将，对付刘裕，事实上心里早已决定逃走。暗中派遣中央禁军总监（领军将军）殷仲文，在石头城（建康城西北）秘密准备船舶。等到前方传来桓谦等失败消息，立即率亲信数千人，宣称亲赴前线督战，就带着皇子桓升、皇侄桓濬（桓伟的儿子），出建康南掖门。途中遇到前相国府军事参议官（相国参军）胡藩，拦住马头，抓住马口勒，劝阻说：“现在，羽林禁卫军射击手，仍有八百人，都是对他们有恩义的旧部，西部人民接受桓家几世的恩惠，不驱使他们作一次战斗，而竟舍弃京师（首都建康），陛下准备往哪里去？”桓玄不回答，只举起马鞭，指指上天，遂挥鞭打马，向西奔往石头（建康城西北），跟姐夫殷仲文等会合上船，逆江南下。桓玄在船上心情沉重，整天不吃东西，左右端上粗劣的饭菜，更是不能下咽。皇子桓升抱着老爹的胸脯，抚摸安慰，桓玄悲哀痛哭，无法承担。

刘裕进入首都建康，王仲德抱着王元德的幼子王方回，站在路边等候，刘裕在马上抱过王方回，跟王仲德相对大哭；追赠王元德御前监督官（给事中），任命王仲德当大营军事参议官（中兵参军）。刘裕进驻桓谦的大营，派刘钟接收国务院（东府）。

三月三日，刘裕移驻石头城（建康城西北），设立留守政府，恢复文武官位，把楚帝国皇家祖庙中桓温的牌位，在宣阳门外，用火焚烧。另行制造司马皇家祖先的新牌位，送到晋帝国皇家祖庙之中。派各将领追击桓玄，命国务院执行官（尚书）王嘏，率领文武百官，前往寻阳（江西省九江市）迎接被放逐到那里的晋帝司马德宗；同时诛杀仍留在建康（江苏省南京市）的桓玄所有的家族。刘裕命臧熹到皇宫收拾图书、宝物，查封宫廷和政府仓库；其中有不少金银首饰和乐器，刘裕问臧熹说："你是不是想得到它？"臧熹严肃的说："皇上（司马德宗）被幽禁迫害，流亡到不是他应该到的地方。你首先倡导大义，为皇家辛劳，我虽然不能像你一样，但也实在无心享乐。"刘裕笑说："我开你的玩笑而已。"臧熹，是臧焘的老弟（臧焘，参考三九四年六月）。

三月五日，楚帝国宰相（司徒）王谧，跟各级官员讨论，决定推举刘裕当京畿总卫戍司令部执行官（领扬州），刘裕坚决辞让，反过来任命王谧当晋帝国高级咨询官（侍中）、兼宰相（领司徒）、京畿总卫戍司令（扬州刺史），主管政府机要（刘裕是用什么身份，作此任命？传统史书，往往说不清楚）。王谧遂推举刘裕"使持节"（一级权力）、扬徐兖豫青冀幽并军区司令长官（都督扬徐兖豫青冀幽并八州诸军事），兼徐州（州政府设京口〔江苏省镇江市〕）州长（刺史）；刘毅当青州（州政府设广陵〔江苏省扬州市〕）州长（刺史）；何无忌当琅邪郡（侨郡·江苏省句容市北）郡长（内史）；孟昶当首都建康市长（丹阳尹）；刘道规当义昌郡（安徽省寿县西）郡长。

刘裕刚进建康（江苏省南京市）时，重大事件的决定和执行，全交给刘穆之，刘穆之仓猝之间，裁决指挥，没有一件不十分恰当，刘裕遂把他当作最亲密的心腹，一切行动，都征求他的意见。刘穆之也竭尽忠心，没有任何隐藏。当时，晋帝国的政治法律，非常松弛，纪律破坏，没有人遵守；豪门强族，放纵凶暴，人民穷苦屈辱，哭诉无路；再加上会稽王世子司马元显把政令当作儿戏，遂更加一团混乱。桓玄虽然也想到加以整顿，可是各种规章，多如牛毛，官民无所适从。刘穆之针对当时环境，随时矫正；而刘裕以身作则，先用严刑峻法，管束内外，文武百官都谨慎小心的在职位上工作，不满十天，风俗一变。

最初，诸葛长民前往豫州（州政府设历阳〔安徽省和县〕），误了约定起事的日期，不能发动，而事情泄露。豫州州长（刺史）刁逵，逮捕诸葛长民，装进囚车，押解建康（江苏省南京市），呈献桓玄。囚车走到当利浦（安徽省和县东金河口），而桓玄出奔，押解囚车的卫士遂打破囚车，放出诸葛长民，重回历阳（安徽省和县）。刁逵放弃城池逃亡，被他的部下生擒，送到建康（江苏省南京市），绑赴石头城（建康城西北）斩首，儿子、侄儿，一家男女，不论老幼，一律处死，而只赦免他的小弟、御前监督官（给事中）刁骋。刁逵的旧属把刁逵的侄儿刁雍，藏匿起来，秘密送到后秦帝国（首都长安）所属的洛阳（河南省洛阳市东白马寺东）。后秦帝国天王姚兴，任命刁雍当太子宫顾问官（太子中庶子）。刘裕任命魏咏之当豫州州长（刺史），镇守历阳（安徽省和县）；诸葛长民当宣城郡（安徽省宣城市宣州区）郡长（内史）。

最初，刘裕的名望很小，官位很低，而性情又轻浮狡狯，品行卑下，社会高阶层人士，都不肯跟他来往。只有王谧对他另眼看待，认为他将来定会富贵，对刘裕说：“你，可是当代英雄！”刘裕曾跟刁逵一起赌博，赌输了没有钱还赌债，刁逵就把刘裕绑到拴马桩上。正好王谧看见，责备刁逵不应该这样，把刘裕释放，代他

桓家班世系表

<table>
<tr><th>父辈</th><th>第一代</th><th>第二代</th><th>第三代</th></tr>
<tr><td rowspan="25">桓彝
万宁县男</td><td rowspan="7">桓温
南郡公</td><td>桓熙</td><td></td></tr>
<tr><td>桓济
临贺公</td><td>桓亮</td></tr>
<tr><td>桓歆
·临贺王</td><td></td></tr>
<tr><td>桓祎
·富阳王</td><td></td></tr>
<tr><td rowspan="2">桓伟
西昌侯</td><td>桓濬
·义兴王</td></tr>
<tr><td>桓邈
·西昌王</td></tr>
<tr><td>桓玄
·楚帝</td><td>桓升
·豫章王</td></tr>
<tr><td rowspan="2">桓云
万宁县男</td><td>桓序
万宁县男</td><td></td></tr>
<tr><td></td><td>桓放之
·宁都王</td></tr>
<tr><td rowspan="8">桓豁
梁州刺史</td><td rowspan="3">桓石虔
豫州刺史</td><td>桓洪
襄城太守</td></tr>
<tr><td>桓振
·荆州刺史</td></tr>
<tr><td>桓诞
作塘侯</td></tr>
<tr><td>桓石秀
江州刺史</td><td>桓稚玉
·临沅王</td></tr>
<tr><td>桓石民
左 将军</td><td></td></tr>
<tr><td>桓石生
·江州刺史</td><td></td></tr>
<tr><td>桓石绥
·左卫将军</td><td></td></tr>
<tr><td>桓石康
·武陵王</td><td></td></tr>
<tr><td>桓秘
散骑常侍</td><td>桓蔚
·醴陵王</td><td></td></tr>
<tr><td rowspan="7">桓冲
丰城公</td><td>桓嗣
江夏相</td><td>桓胤
·吏部尚书</td></tr>
<tr><td>桓谦
·新安王</td><td></td></tr>
<tr><td>桓修
·安成王</td><td></td></tr>
<tr><td>桓崇</td><td></td></tr>
<tr><td>桓弘</td><td></td></tr>
<tr><td>桓羡</td><td></td></tr>
<tr><td>桓怡</td><td></td></tr>
</table>

·楚帝国官爵

偿还赌债。因此，刘裕感激王谧，而把刁逵怨恨入骨。

蛟龙在海底潜伏的时候，小鱼小虾对他都会欺凌戏弄。刘邦赦免雍齿（参考前一九六年），曹操赦免梁鹄（东汉王朝十二帝灵帝刘宏在位时，梁鹄是宫廷秘书署考选主管〔选部尚书〕，曹操想当洛阳县长，梁鹄不同意，而只任命曹操当北区警察长〔北部尉〕。董卓之乱，梁鹄投奔荆州州长〔刺史〕刘表。二〇八年，曹操攻破荆州〔州政府设襄阳·湖北省襄阳市〕，梁鹄魂飞天外，自己捆绑双手，到大营自首；曹操命他管理皇家图书）。怎么可以因平民时的怨恨，而用帝王的庞大威力报复？现在，王谧居三公高位，而刁逵家族屠灭；恩怨如此分明，气量何等狭小！

恩怨分明，稍稍报复过去所受的迫害和侮辱，是英雄气概，但不能超过公道，否则，不仅是气量狭小而已，更泄露了自己的素质卑鄙。事实证明，刘裕果然不是善类。

4 晋帝国国务院左执行长（尚书左仆射）王愉，跟儿子荆州（湖北省及湖南省）州长（刺史）王绥（桓家外甥，参考去年〔四〇三〕十二月），打算袭击刘裕；阴谋泄露，全族被屠。王绥的侄儿王慧龙，被名叫彬（姓不详）的和尚藏匿，得逃一死（王慧龙后来投奔后秦帝国，再投奔北魏帝国）。

5 北魏帝国（首都平城〔山西省大同市〕）政府，认为中原（指黄河北大平原）人民凋零，一片萧条，北魏帝（一任道武帝）拓跋珪（本年三十四岁）下诏：撤销户口不足一百家的县份。

6 三月十日，晋帝国徐州（州政府京口）州长（刺史）刘裕，返回东府（即北府京口〔江苏省镇江市〕）镇守。

7 楚帝桓玄抵达寻阳（江西省九江市），江州（州政府寻阳）州长（刺史）郭昶之，供应桓玄军用辎重，补充兵力。

三月十四日，桓玄挟持被罢黜的晋帝（十六任安帝）司马德宗一同西上。勤王军西征兵团统帅刘毅，率何无忌、刘道规等各军，西上追击。桓玄命龙骧将军何澹之、前将军郭铨，会合郭昶之一同防守湓口（江西省九江市〔寻阳东〕）。桓玄则在途中自己撰写《起居注》（周王朝时，有“左史官”“右史官”，左史官记载君王的言谈，右史官记载君王的行事。西汉王朝七任帝刘彻时，有《禁中起居注》，从此成为定例，历届皇帝都有此项设施，由女官负责。东汉王朝之后，才由左右男性侍从负责），叙述讨伐叛徒刘裕战史，强调自己的战略战术，已尽善尽美；只是各军不能遵守他的指挥，才被击败逃亡。桓玄把心思全部投到著作上，没有时间跟部属讨论局势。《起居注》完成后，公开颁布，使远近的人全都知道。

三月二十九日，晋帝国勤王军首领刘裕，声称接到晋帝司马德宗的秘密诏书，任命武陵王司马遵代行皇帝职权（承制），管理文武百官，加授高级咨询官（侍中）、最高统帅（大将军）。大赦，只桓玄一族不赦。

8 投奔南燕帝国（首都广固〔山东省青州市〕）的刘敬宣、高雅之（投奔南燕事，参考前年〔四〇二〕十月），秘密结交青州（山东省北部）地方豪门强族，以及鲜卑部落有力量的酋长，阴谋刺杀南燕帝（一任献武帝）慕容德（本年六十九岁），推举司马休之（原晋帝国襄城郡郡长）继位。当初，这批晋帝国流亡客逃到南燕帝国之后，慕容德任命刘轨（原晋帝国冀州〔侨州〕州长〔刺史〕）当最高监察长（司空），非常宠爱信任。高雅之打

五世纪·四〇四年三月　刘裕收复建康

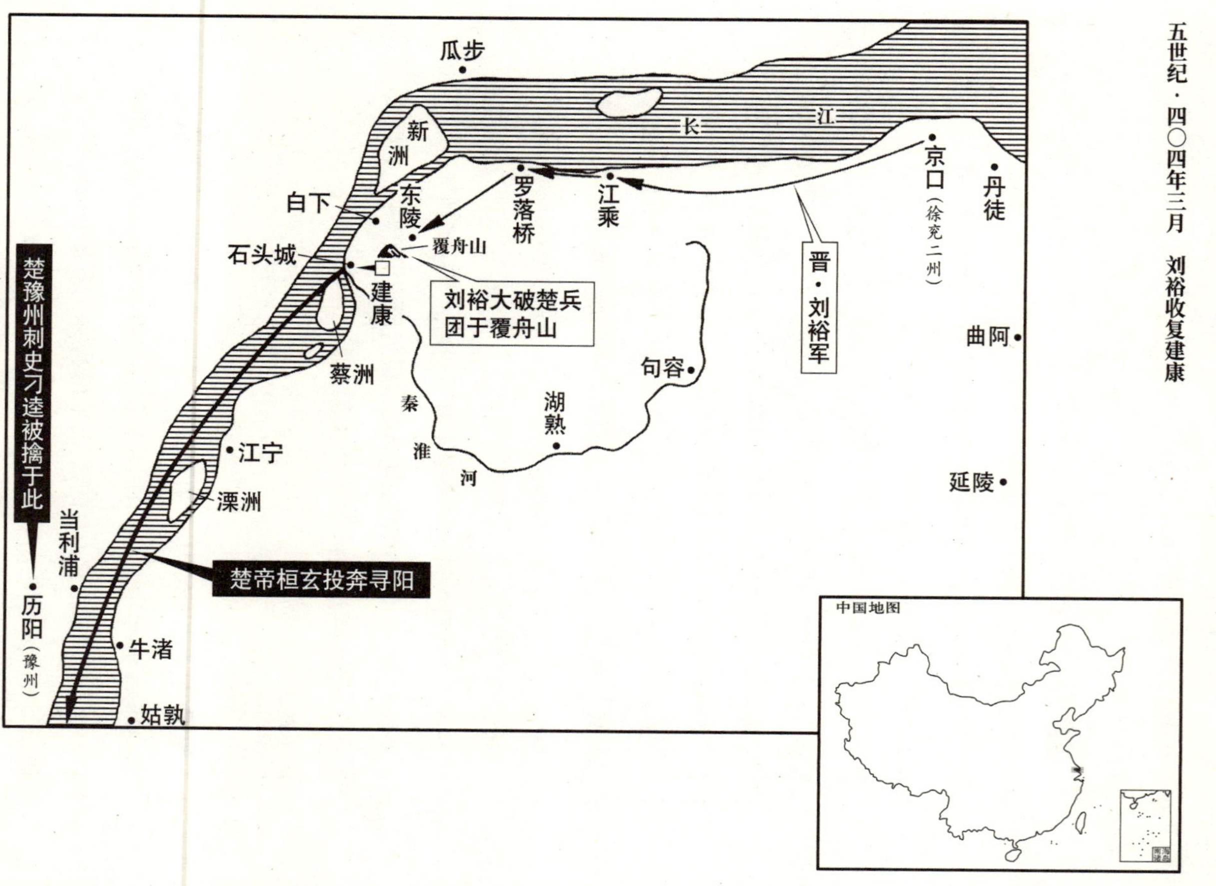

算邀请刘轨参与这项政变，刘敬宣说：“刘轨年纪已老，有在这里终其天年的愿望，不可以告诉他。”高雅之认为并不如此，所以仍是告诉刘轨，刘轨果然拒绝。而阴谋泄露，刘敬宣等南下逃命，南燕帝国逮捕刘轨，斩首；派人追赶，捕获高雅之，也斩首。刘敬宣、司马休之逃到淮河、泗水之间，听到桓玄失败消息，遂回晋帝国。

刘裕任命刘敬宣当晋陵郡（江苏省镇江市）郡长。

9 南燕帝慕容德，得到桓玄失败情报，命北地王慕容钟等动员，打算夺取长江南岸；不巧，慕容德患病，行动停止。

10 夏季，四月二日，晋帝国武陵王司马遵搬到太子宫（东宫）居住，接受政府及民间最高礼敬；任免文武官员的人事命令，称“制书”（表示跟“诏书”略微不同），普通行政命令的公文书，称“令书”。任命司马休之当荆益梁宁秦雍军区司令（监荆益梁宁秦雍六州诸军事），兼荆州（湖北省及湖南省）州长（刺史）。

四月三日，桓玄挟持司马德宗一同抵达江陵（湖北省江陵县），荆州（州政府江陵）州长（刺史）桓石康迎接。桓玄重新部署文武百官，命卞范之当国务院执行长（尚书仆射）。自从建康（江苏省南京市）溃败，狼狈西奔之后，桓玄恐怕被人轻视，担心命令不能贯彻，于是变本加厉，刑罚更为加重，用以重建声威，而大家越发怨恨，离心离德。殷仲文劝告，桓玄大怒说：“各将领作战不力，天际星辰变异，对我们不利，所以才回到楚帝国故都（春秋战国时代，楚王国首都就在江陵，当时称郢都）。而一些别有居心的宵小之辈，竟然发出奇异怪诞的议论。正应用激烈的手段，予以无情的制裁，绝不可姑息养奸。”荆州（湖北省及湖南省）、江州（江西省及福建省）各郡郡长，听到桓玄向西撤退消息，有人上疏向桓玄问候，祝福皇上起居平安，桓玄一律不接受，更命他们重递奏章，恭贺迁移新都（胡三省原注："唐王朝谚语说：'难用一个人的手，掩住所有天下人的眼睛。'桓玄却认为他有这个本领。"历史上这种桓玄人物，多如牛毛，总认为别人都傻，天下只有他一个人聪明）。

最初，王谧是桓玄的开国功臣，桓玄接受禅让时，王谧亲手把司马德宗携带在身上的玉玺解下。等到桓玄失败，舆论一致认为王谧罪大恶极，应该诛杀，刘裕特别出面保全。有一次会议厅上，青州（州政府设广陵〔江苏省扬州市〕）州长（刺史）刘毅，偶尔问起玉玺在哪里，王谧大为恐惧，逃到曲阿（江苏省丹阳市）。刘裕上书给武陵王司马遵，把王谧再接回来，恢复宰相（司徒）官位。

11 楚帝桓玄的侄儿桓歆，引导氐民族部落酋长杨秋，攻击历阳（安徽省和县）。晋帝国豫州（州政府设历阳〔安徽省和县〕）州长（刺史）魏咏之，率诸葛长民、刘敬宣、刘钟，共同迎击，大破氐军，追到练固（和县北），斩杨秋。

桓玄命武卫将军庾稚祖、江夏郡（湖北省安陆市）郡长桓道恭，率数千人增援龙骧将军何澹之，加强湓口（江西省九江市〔寻阳东〕）防御。何无忌、刘道规率勤王军西征兵团挺进到桑落洲（江西省九江市北长江中小岛）。

四月二十三日，何澹之等率舰队迎战，他平常所坐的旗舰，装潢仪仗，都豪华盛大，何无忌说："盗贼头目（指何澹之）一定不在旗舰，只是用来引诱我们作错误的判断。我们应该急攻，把它夺到手。"大家说："何澹之既不在上面，夺到手有什么用处？"何无忌说："我们的兵力少，敌人的兵力多，很难取得决定性胜利。何澹之既不在旗舰，防御力量一定薄弱，我们用重兵攻击，一定可以夺取，只要夺取到旗舰，他们士气马上就会低落，我们士气势必倍增。节节前逼，非破贼不可。”刘道规说：“好极。”遂夺得旗舰，乘势互相传话，大喊：“已经活捉何澹之。”楚军大为震动困扰，晋帝国勤王军却信以为真，勇气百倍，乘胜进击，大破楚军。何无忌等攻克湓口（江西省九江市〔寻阳东〕），占领寻阳（江西省九江市），派遣专使，把司马皇家祭庙的牌位，以及装牌位的石匣，送回京师（首都建康）。中央政府加授刘裕：江州军区司令长官（都督江州诸军事。刘裕的军区增加至九个州）。

桑落洲之战，楚帝国将领胡藩（桓玄当相国时的军事参议官，参考四〇四年三月二日）所乘的战舰，被晋帝国勤王军纵火焚烧，胡藩身穿铠甲，投入长江，在水中潜行三十余步，才爬上岸，当时通往楚帝国首都江陵（湖北省江陵县）的道路，全被切断，胡藩不能前往，遂回豫章（江西省南昌市）。刘裕听说胡藩这个人忠良正直，任命他当中央禁军总监部军事参议官（参领军军事）。

桓玄征召荆州（湖北省及湖南省）武装部队，重组兵团，不到三十天，就集结二万人，战舰武器齐备，阵容壮观。

四月二十七日，桓玄率各军，挟持司马德宗，乘舰东下。命苻宏兼任梁州（州政府设南郑〔陕西省汉中市〕）州长（刺史），当前锋司令。又派散骑侍从官（散骑常侍）徐放先行出发，游说刘裕等：“如果能够向后撤退，把军队解散，定会给他们一个自新的机会，加授他们官职，不会使人失望。”（历史上确实有“痴人说梦”之事）

刘裕任命诸葛长民当淮河北军区司令长官（都督淮北诸军事），镇守山阳（江苏省淮安市）；命刘敬宣当江州（江西省及福建省）州长（刺史）。

12 柔然汗国（瀚海沙漠群）可汗（一任豆代可汗）郁久闾社仑的堂

弟郁久闾悦代大那，阴谋杀害郁久闾社仑，事情失败，郁久闾悦代大那投奔北魏帝国（首都平城）。

13 后燕帝国（首都龙城〔辽宁省朝阳市〕）天王（四任昭文帝）慕容熙（本年二十岁），在御花园龙腾苑，兴筑逍遥宫，房舍一连数百间，又开凿曲光海，天气正逢炎夏，士卒艰苦赶工，不能休息，热死的超过大半（在专制封建政治制度之下，中国人无往而不死：渴死、饿死、淹死、冻死、酷刑而死，现在又多一项热死，而竟毫无反抗，可悲可耻）。

14 西凉王国（首都敦煌〔甘肃省敦煌市〕）首领（一任武昭王）、凉公李暠（本年五十四岁）的世子李谭逝世。

15 晋帝国勤王军西征兵团将领刘毅、何无忌、刘道规，以及下邳郡（江苏省睢宁县北古邳镇）郡长、平昌郡（山东省诸城市西北）人孟怀玉，率军自寻阳（江西省九江市）西上。

五月十七日，跟桓玄御驾东征的大军，在峥嵘洲（湖北省鄂州市西北三十公里）遭遇。刘毅等勤王军不满一万人，而桓玄战士高达数万。勤王军感到畏惧，打算退回寻阳（江西省九江市）。刘道规说："不行，他们兵多，我们兵少，强弱的形势，完全不同；如果我们胆小，不敢攻击，定被他们追杀。就是回到寻阳，又怎么能够自保？桓玄虽然名满天下，被认为是一世英雄豪杰，实际上他内心卑怯，胆小如鼠。再加上他刚刚从京师（首都建康）逃亡回来，部众的斗志并不坚定，肉搏上阵，短兵器相接，将领勇猛的一方获胜，不在人数多少。"遂率军挺进，刘毅等在后追随。桓玄常坐一艘快速小艇，泊在旗舰旁边，准备一旦战败，就可以早早逃走。因此，军心离散，没有斗志。刘毅顺着风势纵火，勤王军西征兵团全部投入战场，争先恐后，桓玄舰队崩溃，焚烧辎重粮秣，乘夜开溜。前将军郭铨，投降晋帝国勤王军西征兵团。

桓玄旧部刘统、冯稚等，聚众四百人，袭破寻阳（江西省九江市）。刘毅命建威将军刘怀肃，出军讨伐平定。刘怀肃，是刘怀敬的老弟（刘怀敬娘亲喂养刘裕，参考三九九年十二月）。

桓玄带着司马德宗，乘一只舰艇向西逃走，把永安皇后何法倪（十一任穆帝司马聃正妻），及司马德宗的皇后王神爱，留在巴陵（湖南省岳阳市）。桓玄姐夫殷仲文，正在桓玄舰上，发现大势已去，请求乘另外的船只出去招收残兵败将。但离船之后，即行背叛，护送两位皇后，投奔夏口（湖北省武汉市），转回建康（江苏省南京市）。

五月二十三日，桓玄跟司马德宗回到江陵（楚首都·湖北省江陵县）。部将冯该促使他再率军东下，再作一次决战，桓玄不接受，却打算投奔镇守汉中（陕西省汉中市）的梁州州长（刺史）桓熙，可是，众叛亲离，人心已经全变，号令无人执行。

五月二十四日，深夜，桓玄准备妥当，打算出发，城里已经大乱。桓玄率亲信心腹一百余人，乘马出城，向西逃走。经过城门时，天黑城暗，左右亲信中突然有人向桓玄出击，举刀照桓玄头上猛砍，没有砍中，于是卫士互相攻杀，前后都是尸体。桓玄狼狈奔跑，仅能跑到码头上船，这时左右官员，已经星散，只剩下卞范之还在身旁。

五月二十五日，荆州（州政府江陵）州政府总务官（别驾）王康产，找到被留下来的晋帝司马德宗，迎接到南郡（郡政府同设江陵）郡政府官舍。郡长王腾之率文武官员，担任侍卫。

桓玄准备逃往汉中（陕西省汉中市）；骑兵指挥官（屯骑校尉）毛修

之，是益州（州政府设成都〔四川省成都市〕）州长毛璩的侄儿，引诱桓玄前往巴蜀（四川省），桓玄同意。宁州（州政府设滇池〔云南省昆明市晋宁区东晋城街道〕）州长（刺史）毛璠，是毛璩的老弟，在职逝世。毛璩派侄孙毛祐之，跟军事参议官（参军）费恬，率卫士数百人，护送毛璠的灵柩返回原籍江陵（湖北省江陵县）。

五月二十六日，护送灵柩的船只，走到枚回洲（江陵县西南三十里），跟桓玄坐舰相遇，毛祐之、费恬，立即发动攻击，箭如雨下，桓玄所宠爱的弄臣丁仙期、万盖等，用身体保护桓玄，都被射死。益州军事总监（益州督护）、汉嘉郡（四川省雅安市名山区北）人冯迁，抽出佩刀，跳上桓玄坐舰，直砍桓玄，桓玄急拔下头上的“玉导”（璧玉做的发夹之类头饰）交给冯迁，说：“你是什么人，怎么敢杀皇上？”冯迁说：“我杀皇上的叛徒！”遂斩桓玄（年三十六岁）。又斩桓石康、桓濬、庾赜之。逮捕桓升，送到江陵，绑到街市斩首（这孩子年才六岁，枚回洲之战，桓玄每中一箭，孩子在旁，就拔去一箭。老爹死后，桓升说：“我是豫章王，各位不要杀我，”被送到江陵处决。六岁的孩子，还不知道此时的“豫章王”，正是勾命索）。被罢黜的晋帝司马德宗在江陵（湖北省江陵县）正式复位，晋帝国再建，任命毛修之当骁骑将军。

五月二十八日，晋帝国大赦。凡是被胁迫参与叛乱集团（楚帝国）的，一概不再追究。

五月二十二日（日期明显有误），把司马皇家祖先牌位，送进皇家祖庙。刘毅把桓玄的人头送到建康（江苏省南京市），悬挂大桁（朱雀桥）示众。

刘毅等既然在峥嵘洲（湖北省鄂州市西北三十公里）战胜，认为大势已定，没有乘胜急追，恰恰又遇到西风，舰队无法前进，所以，桓玄死亡已经十天，各军都还没有抵达江陵，而楚帝国新野王桓谦，藏匿在沮中（沮水流域），扬武将军桓振，藏匿在华容浦（湖北省监利市北）。楚帝国故将王稚徽，驻防巴陵（湖南省岳阳市），派人报告桓振说："桓歆已攻克京口（江苏省镇江市），冯稚（原楚帝国雍州州长）已攻克寻阳（江西省九江市），刘毅各军，都在中途溃败。"桓振大喜，集结党徒二百人，袭击江陵；桓谦也集结群众响应。

闰五月三日，攻陷江陵，诛杀王康产、王腾之。桓振到行宫探望司马德宗，骑马闯到阶下，飞舞长矛，厉声问说："桓升在哪里？"听到桓升已被诛杀噩耗时，对司马德宗怒目说："我们桓家有什么地方对不起晋国（晋帝国），而竟被屠灭成这个样子！"（此问甚妙，桓家用暴力消灭晋帝国，而竟认为并没有对不起晋帝国！这是顽劣之徒的典型思考方式，只想自己，不想别人。）琅邪王司马德文，跳下榻榻米，解释说："处死桓升，岂是我们兄弟的意思？"桓振就要杀司马德宗，桓谦苦苦劝止。桓振才勉强下马，怒气稍微平息，敬礼告辞。

闰五月六日，桓振发布桓玄逝世消息，举行哀悼仪式，定桓玄绰号武悼皇帝。

闰五月七日，桓谦等率领文武百官，把玉玺奉还给司马德宗，说："陛下效法伊祁放勋（尧），把宝座禅让给姚重华（舜），而今，楚国（楚帝国）福分终结，民心再回归晋国（晋帝国）。"司马德宗下诏（桓谦诏）：任命琅邪王司马德文，兼徐州州长（刺史）；桓振当八郡军区司令长官（都督八郡诸军事），兼荆州州长（刺史）；桓谦恢复原职：高级咨询官（侍中）、首都卫戍司令（卫将军），加授江、豫两州州长（刺史）。司马德宗左右侍从仆役，全是桓振的心腹亲信。

桓振从小就是一个问题少年，行为不端。桓玄对他十分厌恶，不把他当作自己的侄儿。现在，桓振叹息说：叔父从前不早一点用我，才使大局溃败。如果叔父（桓玄）仍在，我当先锋司令，天下可以

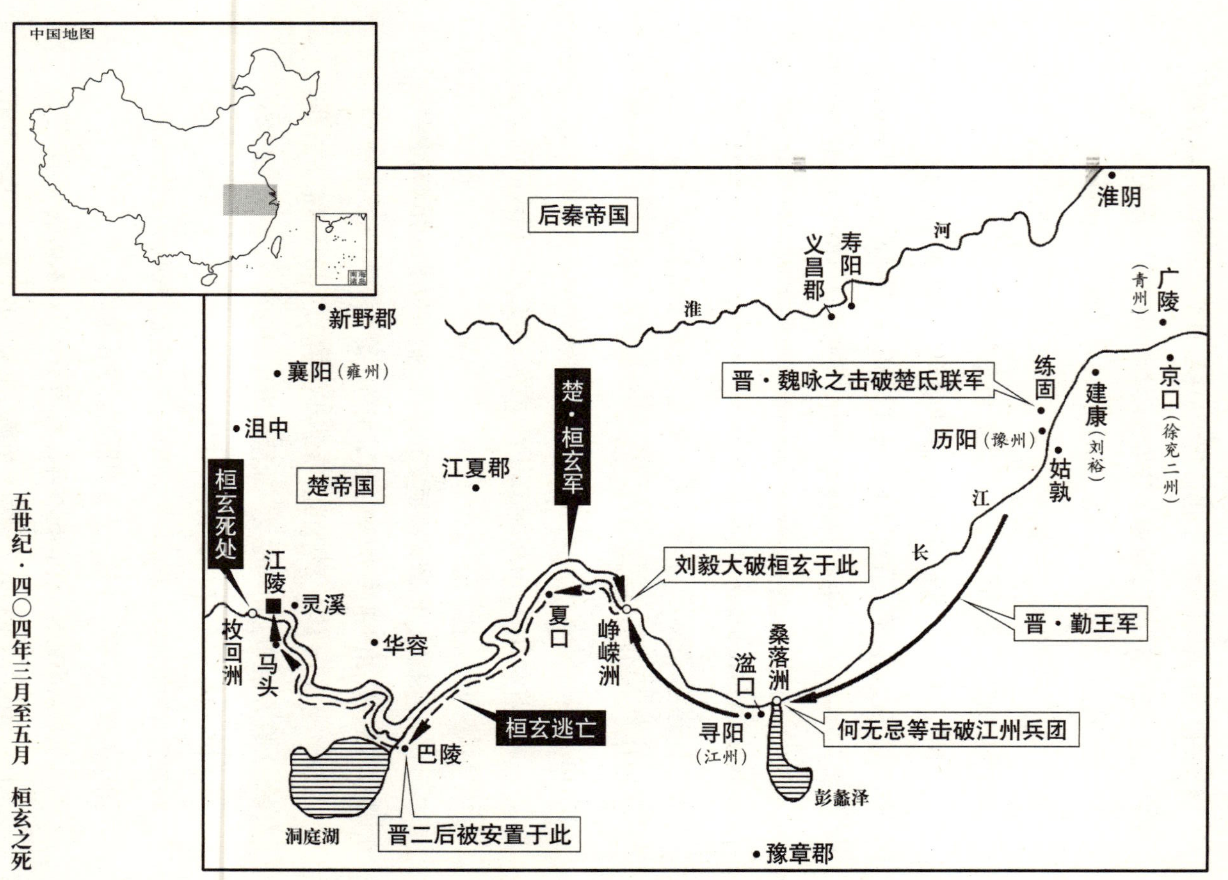

五世纪・四〇四年三月至五月　桓玄之死

很容易平定。现在我单独挑战，哪里是我的归宿！”遂纵情任性，拼命饮酒及玩弄女色，毫无忌惮的大肆诛杀。桓谦劝桓振率军东下，由自己镇守江陵（湖北省江陵县）。桓振一向看不起桓谦，拒绝接受。

勤王军西征兵团统帅、冠军将军刘毅，进抵巴陵（湖南省岳阳市），斩王稚徽。何无忌、刘道规，进攻桓谦驻守的马头（湖北省公安县东北）、桓蔚驻守的龙泉（今地不详），全都击破。桓蔚，是桓秘的儿子（桓秘事，参考三七三年七月）。

何无忌打算乘胜直指江陵（湖北省江陵县），刘道规说：“《兵法》指出，顺利和不顺利，都有一定的条件，不可以心存侥幸。桓家几代下来，住在故楚王国西部（湖北省西部），人民对他们效忠，已成习惯。桓振的英勇，冠于三军，很难在战场夺取胜利。应该养精蓄锐，慢慢用计谋控制他，不担心不会攻克。”何无忌不接受。桓振在灵溪（湖北省江陵县东）迎战，冯该率军会师；勤王军西征兵团大败，被杀千余人，退回寻阳（江西省九江市），跟刘毅等，上书刘裕，请求处罚。刘裕因刘毅是统帅的缘故，因之免除刘毅的青州（州政府设广陵〔江苏省扬州市〕）州长（刺史）职务。桓振则任命桓蔚当雍州州长（刺史），镇守襄阳（湖北省襄阳市）。

巴东郡（重庆市奉节县东）郡长柳约之、建平郡（重庆市巫山县）郡长罗述、征虏将军府军政官（征虏司马）甄季之，听到桓玄死亡消息，率舰队从白帝（巴东郡郡政府所在城·重庆市奉节县东）东下，抵达枝江（湖北省宜都市）。可是又听到何无忌等在灵溪（江陵县东）战败噩耗，只好向后撤退。不久，罗述、甄季之，都患上疾病。柳约之向桓振诈降，打算在内部袭击桓振；阴谋泄露，桓振斩柳约之。柳约之的军政官（司马）时延祖（时，姓）、涪陵郡（重庆市彭水县）郡长文处茂，集结残兵败将，退保涪陵。

六月，益州（州政府设成都〔四川省成都市〕）州长（刺史）毛璩，派将领攻击汉中（陕西省南部），斩桓玄任命的梁州（州政府设南郑〔陕西省汉中市〕）州长（刺史）桓熙。毛璩自兼梁州州长（刺史）。

16 秋季，七月二十三日，晋帝国永安皇后（十一任帝穆帝司马聃正妻）何法倪逝世（年六十六岁）。

17 后燕帝国（首都龙城〔辽宁省朝阳市〕）昭仪（小老婆群第一级）苻娀娥患病，龙城人王荣，表示可以使她痊愈，而结果竟不能使她痊愈，苻娀娥终于死亡。天王（四任昭文帝）慕容熙把王荣绑到皇宫公车门外，用五马分尸酷刑处死，然后焚烧尸体。

18 八月十九日，晋帝国把永安皇后何法倪，安葬永平陵（十一任帝司马聃墓·建康城北幕府山南）。

19 北魏帝国（首都平城〔山西省大同市〕）设立六个“谒官”，比照古代的“六卿”（部长）。

20 九月，晋帝国御前监督官（给事中）刁骋谋反，被诛杀，刁家到此全部屠灭（刁逵之死，只赦免刁骋，今又处死。但刁家仍有一脉——刁逵的侄儿刁雍，北逃洛阳，参考本年〔四〇四〕三月五日）。刁家十分富有，奴仆宾客，横行霸道，控制和垄断山丘上和湖泊中的物产，政府不能过问，成为京口（江苏省镇江市）人民的一大祸害。刘裕把刁家财产全部散发，命人尽自己的力量，能拿多少就拿多少，一整天都拿不完。当时地方上正在饥馑困顿，人民靠着刁家的财产，得以渡过难关。

21 后秦帝国（首都长安）归义侯乞伏乾归（时驻苑川〔甘肃省榆中县东北〕），跟“氐王”（首府仇池〔甘肃省西和县南〕）杨盛，在竹岭（甘肃省天水市西南）会战，被杨盛击败。

22 西凉王国（首都敦煌）首领（一任武昭王）、凉公李暠，封他的儿子李歆当世子（合法继承人）。

23 北魏帝拓跋珪，驾临昭阳殿，遴选及调迁文武百官，亲自接见，评定等级，依他们的才能，任命官职。爵位分四等：王爵封大郡、公爵封小郡、侯爵封大县、伯爵封小县。官位分九品（等），一品最高，九品最低。一品到四品，旧有部属中有功劳而没有爵位的，依照顺序追任。血缘疏远的皇族，以及异姓（非皇族）有爵位者的后裔，一律降低爵位。另设置普通官等，由五品到九品；文官才能优秀，武官有担任将帅希望的，也列入五品到九品范围；政府官员有缺额时，就在其中遴选补充。不用两汉王朝和曹魏帝国时代的传统官名，而仿效上古“龙官”“鸟官”前例（“太昊”伏羲氏〔“五氏”第三氏〕时代，春官称青龙官、夏官称赤龙官、秋官称白龙官、冬官称黑龙官、中官称黄龙官。“少昊”己挚〔黄帝王朝二任帝〕时代，管历法的称凤凰官、管开门的称青鸟官、管关门的称丹鸟官、管民政的称祝鸠官、管军事的称鹍鸠官、管治安的称爽鸠官），国务院各单位的信差，称“凫鸭官”（凫，音fú〔扶〕），取飞得快之意；担任前方侦察工作的斥候，称“白鹭官”，取伸长脖子眺望远方之意。其他官名，都跟这一样。

24 晋帝国变民首领卢循，进攻南海郡（广东省广州市。卢循南下事，参考去年〔四〇三〕八月），攻击番禺（广州州政府及南海郡郡政府所在县），广州（广东及广西）州长（刺史）、濮阳郡（河南省濮阳市西南）人吴隐之，登城抵抗一百余日。

冬季，十月九日，深夜，卢循猛烈袭击，攻陷城池，生擒吴隐之，焚烧官舍民宅，全城化成一片焦土。卢循自称平南将军，主持广州州政府事务。把尸体、骨骸，聚集在一起火化，在小岛上建立一个庞大的坟墓安葬，仅人头髑髅就有三万多个。又命徐道覆进攻始兴郡（广东省韶关市），生擒始兴郡郡长（相）阮腆之。

25 晋帝国勤王军首领、镇军将军刘裕，兼青州（州政府设广陵〔江苏省扬州市〕）州长（刺史）。

晋陵郡（江苏省镇江市）郡长刘敬宣率军驻防寻阳（江西省九江市），聚集粮秣，修建船舰，没有一件事没有准备，所以何无忌等虽然败退，都因后勤的补充迅速，得以重振军威。桓玄的侄儿桓亮自称江州州长（刺史），攻击豫章（江西省南昌市），刘敬宣击破桓亮军。

刘毅、何无忌、刘道规，再度从寻阳（江西省九江市）出发西上，抵达夏口（湖北省武汉市）。荆州（州政府江陵）州长（刺史）桓振派镇东将军冯该，据守长江东岸（武汉市西）；扬武将军孟山图，据守鲁山城（湖北省武汉市汉水南岸）；辅国将军桓仙客，据守偃月垒（湖北省武汉市西南）；军队共有一万人，水陆呼应。刘毅攻击鲁山城，刘道规攻击偃月垒，何无忌监视长江中游；从早晨激战到中午，鲁山城和偃月垒崩溃，勤王军西征兵团生擒孟山图、桓仙客；冯该逃奔石城（湖北省钟祥市）。

26 十月二十八日，北魏帝国大赦，改年号天赐（之前是天兴七年，之后是天赐元年）。兴筑西宫。

十一月，北魏帝拓跋珪前往西宫，命皇族设立最高考选官（宗师)；八个贵族部落，以部落大小，分别设立大考选官（大师）、小考选官（小师）。州郡也同时设立考选官（师），负责辨别人民的隶属关系，和遴选贤能人才，情形如同曹魏帝国和晋帝国时代的“中正”（考选官）。

27 后燕帝国天王慕容熙，跟皇后苻训英游玩打猎，向北攀登白鹿山（辽宁省喀喇沁左翼县西南白狼山之东），向东越过青岭（首都龙城〔辽宁省朝阳市〕东南二百公里青陉），向南走到海阳城（河北省滦州市西南），然后回京（首都龙城）。士卒被老虎豺狼咬死，和被严寒冻死的，有五千余人（人间惨事）！

28 十二月，晋帝国勤王军西征兵团统帅、冠军将军刘毅等，攻克巴陵（湖南省岳阳市）。刘毅号令严明，军纪整齐，所经过的地方，人民安居欢乐。勤王军首领、镇军将军刘裕，任命刘毅当兖州（州政府设京口〔江苏省镇江市〕）州长（刺史）。

荆州（州政府江陵）州长（刺史）桓振，任命桓放之（桓云孙，桓玄堂侄）当益州州长（刺史），驻军西陵（湖北省宜昌市）。涪陵郡（重庆市彭水县）郡长文处茂击败桓放之，桓放之逃回江陵（湖北省江陵县）。

29 高句骊王国（首都丸都〔吉林省集安市〕），攻击后燕帝国（首都龙城）。

30 十二月十六日，北魏帝拓跋珪，前往豺山宫（山西省右玉县北）。

31 本年（四〇四），晋帝国人民，躲避桓玄所引起的混乱和灾难，扶老携幼，逃到淮河以北，路上连接不绝。

四〇五年 乙巳

晋	元兴	四年
	义熙	元年
后燕	光始	五年
后秦	弘始	七年
北魏	天赐	二年
南凉	弘始	七年
北凉	永安	五年
南燕	建平	六年
	太上	元年
西凉	庚子	六年
	建初	元年
西蜀	蜀王	元年

1 春季，正月，晋帝国（首都建康〔江苏省南京市〕）南阳郡（河南省南阳市）郡长、扶风郡（陕西省眉县）人鲁宗之，集结军队，袭击襄阳（湖北省襄阳市）；雍州（州政府襄阳）州长（刺史）桓蔚逃回江陵（湖北省江陵县）。

正月七日，勤王军西征兵团统帅、冠军将军刘毅等各军，挺进到马头（湖北省公安县东北）。荆州（州政府江陵）州长（刺史）桓振，挟持晋帝（十六任安帝）司马德宗（本年二十四岁），出江陵城，进驻江津（江陵县东南十公里），派使节晋见刘毅，表示愿意把皇帝送还，但条件是割让江（江西省及福建省）、荆（湖北省及湖南省）二州；刘毅等拒绝。

正月九日，鲁宗之在柞溪（江陵县北十公里）击败桓家班将领温楷，进军纪南（江陵县北五公里纪南城）。桓振命桓谦、冯该，留守江陵，而自率大军攻击鲁宗之，大破鲁宗之军；然而也就在这时候，刘毅等在豫章口（江陵县东十公里长江口岸），大破冯该军。桓谦心胆俱裂，放弃江陵城，逃走。刘毅等进入江陵，逮捕卞范之等，斩首。桓振战胜回军，途中望见江陵火光冲天，知道城垣已经陷落，军心瓦解，一哄而散。桓振逃到涢川（涢，音yún〔云〕。涢水，在湖北省汉川市注入汉水。涢川，涢水流域）。

正月十三日，晋帝（十六任安帝）司马德宗下诏：帝国重大事件的处理，授权冠军将军刘毅裁决。

正月十六日，晋帝国政府大赦天下，改年号（之前是元兴四年，之后是义熙元年），只有桓家不在大赦之列。但念及桓冲尽忠皇家（参考三七三年七月），所以特别赦免他的孙儿桓胤一人。任命鲁宗之当雍州（州政府设襄阳〔湖北省襄阳市〕）州长（刺史）；毛璩（益州〔州政府成都〕州长）当征西将军、益梁秦凉宁军区司令长官（都督益梁秦凉宁五州诸军事）；毛璩老弟毛瑾当梁、秦二州（州政府设南郑〔陕西省汉中市〕）州长（刺史）；毛瑗当宁州（州政府设滇池〔云南省昆明市晋宁区东晋城街道〕）州长（刺史）。建威将军刘怀肃，追捕冯该，追到石城（湖北省钟祥市），斩冯该。桓家班桓谦、桓怡、桓蔚、桓谧、何澹之、温楷，都投奔后秦帝国（首都长安〔陕西省西安市〕）。桓怡，是桓弘的老弟（桓弘死事，参考去年〔四〇四〕二月）。

2 后燕帝国（首都龙城〔辽宁省朝阳市〕）天王（四任昭文帝）慕容熙（本年二十一岁），侵入高句骊王国（首都丸都〔吉林省集安市〕）。

正月二十六日，攻击辽东郡（辽宁省辽阳市），城池眼看就要陷落，慕容熙下令将士："不要抢先攀登，等把城墙铲成平地后，我跟皇后（苻训英）坐在辇车上，一同进城。"延误之下，城中高句骊守军利用机会，重整战备，遂无法攻克；慕容熙只好撤退回国。

3 后秦帝国（首都长安）天王（二任文桓帝）姚兴（本年四十岁），尊奉高僧鸠摩罗什当“国师”，把他尊为神仙一样供奉，亲自率领文武百官、佛教和尚，听鸠摩罗什讲解佛教经典。又请鸠摩罗什把从西域（新疆及中亚东部）传来的“佛经”“佛论”三百余卷，译成中文（鸠摩罗什事，参考三八五年三月）。姚兴又大量兴筑佛塔、寺庙；佛教和尚静坐修行的很多，常常以一千人为单位计算。三公、部长级高官以下，都信奉佛教，州郡都被感化，全国人民，十家之中，九家信佛。

4 后秦帝国归义侯乞伏乾归，攻击吐谷浑汗国（青海省）可汗（七任）慕容乌纥堤（慕容大孩），大破吐谷浑军，俘虏一万余人而回。慕容乌纥堤逃亡，死在胡园（今地不详）。六任可汗（吐谷浑王）慕容视罴的儿子慕容树洛干，率领残余部众数千家，逃往莫何川（青海省同德县西倾山〔青海省和甘肃省最南方界山〕西北），自称车骑大将军、大单于、吐谷浑王。

慕容树洛干减低人民的赋税和差役，赏罚分明，叶谷浑汗国再度兴盛。沙川（青海省贵德县西南）、漒川（洮河流域）一带各蛮夷部落，都向他归附。

5 西凉王国（首都敦煌〔甘肃省敦煌市〕）首领（一任武昭王）、凉公李暠（本年五十五岁），自称最高统帅（大将军）、总司令官（大都督），兼秦、凉二州全权州长（牧），大赦，改年号建初（之前是庚子六年，之后是建初元年）。派随从官（舍人）黄始、梁兴，走荒僻的道路，携带奏章，前往晋帝国首都建康（江苏省南京市）。

6 二月五日，晋帝国首都建康（江苏省南京市）留守政府，派出皇帝专用的法驾仪仗，前往江陵（湖北省江陵县），迎接司马德宗。

五世纪·四〇四年十月至四〇五年正月

晋军收复江陵

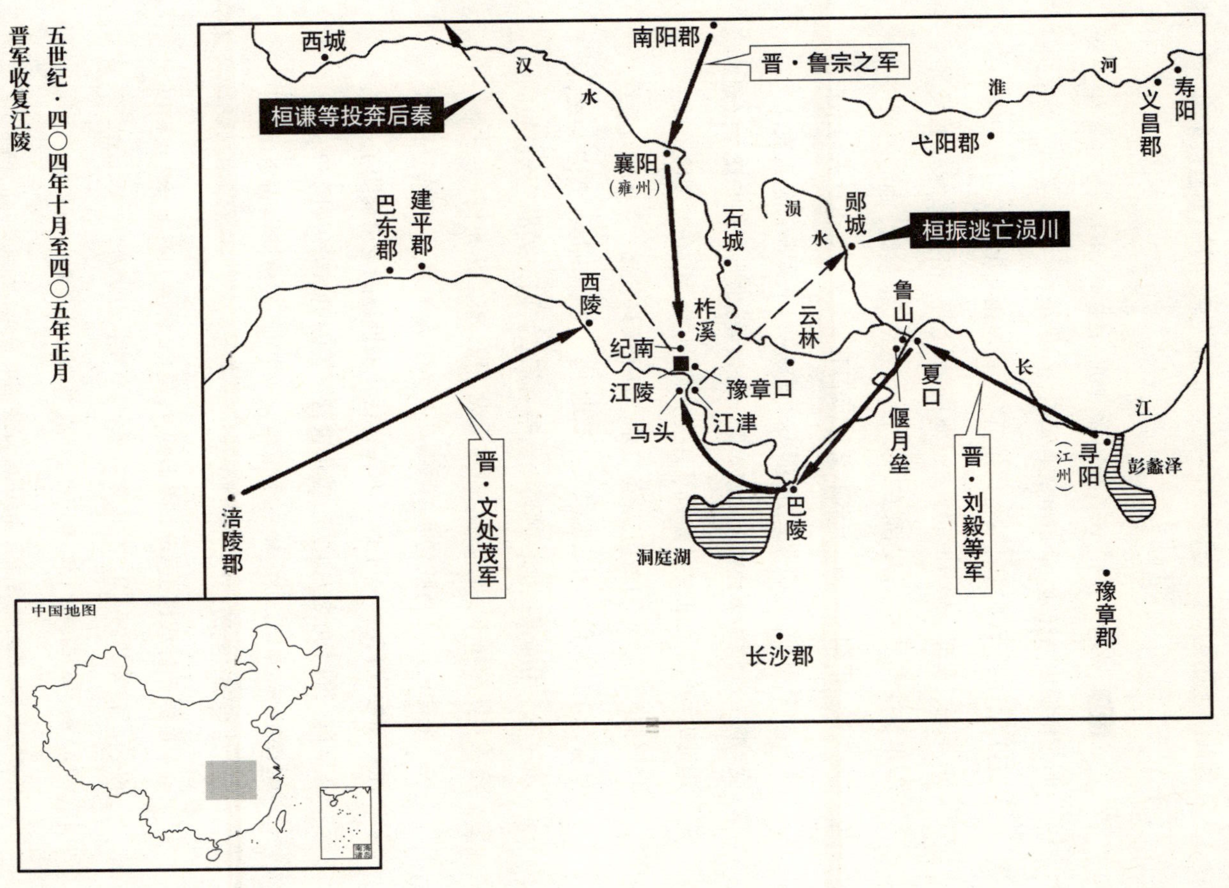

刘毅、刘道规，驻军夏口（湖北省武汉市）；何无忌陪同司马德宗东返。 714

7 最初，益州（州政府设成都〔四川省成都市〕）州长（刺史）毛璩，听到桓振攻陷江陵（湖北省江陵县）消息（参考去年〔四〇四〕闰五月），率军三万人，顺长江东下，准备讨伐桓振。命老弟西夷保安司令（西夷校尉）毛瑾、蜀郡（郡政府与州政府同设成都）郡长毛瑗，沿外水（岷江）进发。军事参议官（参军）、巴西郡（四川省阆中市）人谯纵、侯晖，则沿内水（涪江）进发。巴蜀（四川省）士卒不愿意远征千里之外，等抵达五城水口（四川省中江县）时，侯晖跟巴西郡（四川省阆中市〕人阳昧，密谋发动兵变。谯纵性情和蔼谨慎，大家对他十分敬爱，侯晖、阳昧遂共同逼迫谯纵当他们的盟主。谯纵不肯接受，拔腿就跑，在发现摆不掉变兵追捕时，他纵身投江，准备自杀，但被变兵救出，变兵把刀架到他脖子上，命他上轿。谯纵又扑到地上，向人家叩头，坚决拒绝，侯晖下令用绳索把他绑到轿上；带着部队折回，袭击毛瑾驻屯的涪城（四川省绵阳市），斩毛瑾。推举谯纵当梁、秦二州州长（刺史）。

毛璩已抵达略城（四川省盐亭县），得到兵变消息，立即奔还成都，派军事参议官（参军）王琼，率军讨伐，被谯纵的老弟谯明子击败，军队阵亡的十分之八、九。益州大营军管囚犯（营户）李腾（人民犯罪，被判决发配军营看管及当差，称“营户”），打开城门，迎接谯纵的变兵。于是，斩毛璩、毛瑗，屠灭他们全家。

谯纵遂称成都王（五胡乱华十九国中，第十七个短命王国兴起。此时还未有正式国号，迟至四〇九年正月，才由后秦帝国册封为“蜀”，史称西蜀王国。《资治通鉴》及《晋书·谯纵传》对谯纵的记载，都很简略。本年〔四〇五〕，中国境内，九国并立：晋帝国、后燕帝国、后秦帝国、北魏帝国、南凉王国、北凉王国、南燕帝国、西凉王国、西蜀王国）。谯纵任命堂弟谯洪当益州（州政府成都）州长（刺史）；老弟谯明子当巴

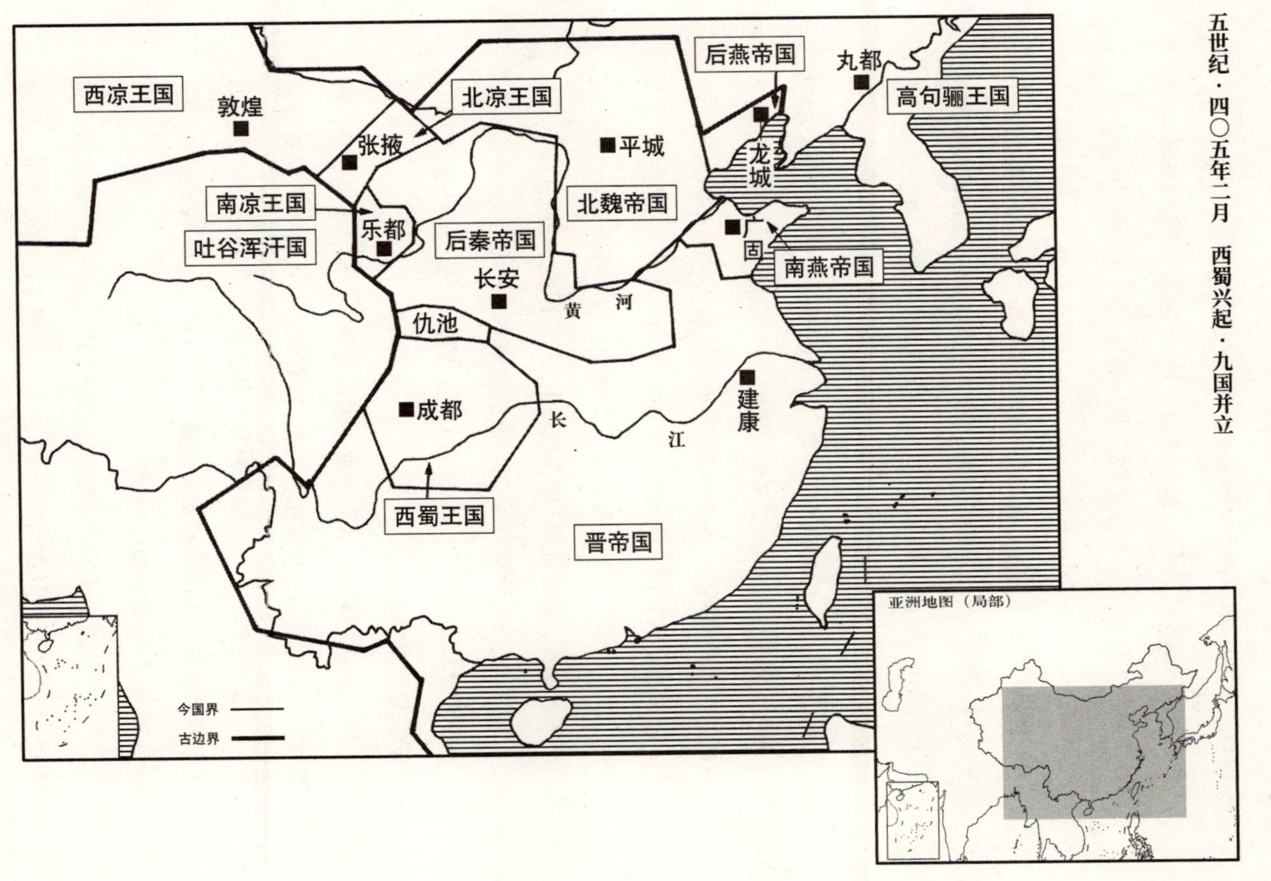

五世纪·四〇五年二月 西蜀兴起·九国并立

州州长（刺史），镇守白帝（重庆市奉节县东）。巴蜀（四川省）大乱，汉中（陕西省汉中市）空虚，“氐王”（首府仇池〔甘肃省西和县南〕）杨盛（北魏帝国封仇池王，参考三九八年十二月），派他的侄儿平南将军杨抚，占领汉中。

8 二月十一日，北魏帝国（首都平城〔山西省大同市〕）皇帝（一任道武帝）拓跋珪（本年三十五岁）从豺山宫（山西省右玉县北）回京（首都平城），撤销国务院（尚书）三十六司（北魏设三十六司〔曹〕事，参考三九七年二月）。

9 三月，晋帝国逃亡到涢水流域的桓振，从郧城（湖北省安陆市）出发，袭击江陵（湖北省江陵县）。荆州（州政府江陵）州长（刺史）司马休之战败，逃往襄阳（湖北省襄阳市）。桓振自称荆州（州政府江陵）州长（刺史）。建威将军刘怀肃，从云杜（湖北省仙桃市西）率军出击，在沙桥（江陵县城北）跟桓振会战；勤王军西征兵团统帅、冠军将军刘毅，派广武将军唐兴增援，恰好赶到，就在战场上，击斩桓振，夺回江陵。

三月十三日，晋帝司马德宗抵达建康（江苏省南京市）。

三月十四日，文武百官前往宫门，请求处分。司马德宗下诏：大家恢复原来官职。

国务院执行官（尚书）殷仲文，因政府音乐设施，不够完备，报告刘裕，请求重建。刘裕说：“现在没有时间做这件事，而且我也不懂。”殷仲文说：“你如果喜爱它，自然就懂。”刘裕说：“正因为懂了就会喜爱，所以我根本不去碰。”（音乐是精致文化，而刘裕还停留在原始的蛮荒层面，只知道阴谋诡计，夺权杀人。）

三月十九日，晋帝国政府任命琅邪王司马德文当最高指挥官（大司马）；武陵王司马遵当太保（上三公之三）；勤王军首领刘裕，当高级咨询官（侍中）、车骑将军、全国各军区总司令长官（都督中外诸军事）；

徐（州政府京口）、青（州政府广陵）二州州长（刺史）官位，仍然保留。刘毅当左将军；何无忌当右将军、豫州及扬州五郡军区司令官（督豫州、扬州五郡军事）、豫州（州政府自历阳迁至姑孰〔安徽省当涂县〕）州长（刺史）；刘道规当辅国将军、淮河北军区司令官（督淮北诸军事）、并州（侨州·州政府设义昌郡〔安徽省寿县西〕）州长（刺史）；魏咏之当征虏将军、吴国（江苏省苏州市）郡长（内史）。刘裕坚决辞让，拒绝接受；政府再颁诏书，加授他：主管政府机要（录尚书事），刘裕再拒绝，不断请求返回防地（京口·江苏省镇江市）。司马德宗下诏，命文武百官出面，诚恳劝阻；司马德宗更御驾亲到刘裕私宅，向刘裕说服（司马德宗是一个哑巴，如何开口？只是做给人看而已）。刘裕有点恐惧，再亲到宫门，陈述理由，最后终于准刘裕返回基地（京口·江苏省镇江市）。任命魏咏之当荆州（州政府设江陵〔湖北省江陵县〕）州长（刺史），接替战败逃走的司马休之。

最初，刘敬宣当宁朔将军时，刘毅曾在他手下当军事参议官（宁朔参军），当时有人赞扬刘毅是一代英雄豪杰，刘敬宣说："非常的人才，应有非常的胸襟，这位先生怎么能称得上是英雄豪杰？他的性情，外表上看起来，豪情千丈，待人宽厚，实际上内心却狭小猜忌，自视很高，总想压过别人。一旦掌握权势，准会因为冒犯上级长官，而大祸临头。"刘毅听到之后，对刘敬宣十分怨恨（泡沫人物对批评的反应，都是一样，没有能力检讨批评对不对，而只会老羞成怒）。等到中央任命刘敬宣当江州（州政府设寻阳〔江西省九江市〕）州长（刺史），刘敬宣认为他没有功劳，不应该在刘毅得到官位之前，先得到官位，诚恳辞让；但刘裕坚持。刘毅果然报复，请人告诉刘裕说："刘敬宣当初并没有参与勤王军起义行动。现在，正在整理勇敢将士和智谋部属们的功劳，报请中央奖励。像刘敬宣这种半途投入的人，应该稍后办理。如果阁下不忘过去的友谊（刘裕最初当刘牢之的军事参议官），不妨给他一个编制外的散骑侍从官（员外常侍）之类。听说教他担任郡长（晋陵郡郡长），已经够优待的了；再去主持江州（州政府设寻阳〔江西省九江市〕），更使人惊骇惋惜。”刘敬宣内心越发不安，径自上疏辞职，中央遂征召刘敬宣回京（首都建康），改命他当宣城郡（安徽省宣城市宣州区）郡长（内史）。

夏季，四月，勤王军首领、镇军将军刘裕，返回京口（江苏省镇江市）镇守；改任荆司等十六州军区司令长官（都督荆司等十六州诸军事。刘裕军区原辖九州，如今增加荆司梁益宁雍凉七州）；加授：兼兖州（州政府设京口〔江苏省镇江市〕）州长（刺史）。

10 晋帝国变民首领卢循（时驻广州，参考去年〔四〇四〕十月），派人到首都建康（江苏省南京市）进贡；当时，政局精略稳定，政府还没有能力讨伐叛乱。

四月二十一日，晋帝国政府任命卢循当广州（州政府设番禺〔广东省广州市〕）州长（刺史），徐道覆当始兴郡（广东省韶关市）郡长（相）。卢循送给刘裕“益智粽”，刘裕回赠卢循“续命汤”（增加智慧的粽子，和延续性命的汤羹，小动作针锋相对）。

卢循任命前琅邪郡（侨郡·江苏省句容市北）郡长（内史）王诞（桓玄放逐王诞事，参考四〇二年三月），当平南将军府秘书长（平南长史。卢循自称平南将军）。王诞游说卢循：“我并不是军旅出身，留在这里，没有用处。刘裕对我一向很好，我如果回到北方（建康在番禺之北），一定会委派官职，于公于私，如果遇有机会，自会报答你的大恩。”卢循认为有理。而刘裕写信给卢循，命他遣送前广州州长（刺史）吴隐之回京（首都建康），卢循拒绝。王诞再对卢循说：“你今天扣留吴隐之，公私两方，都是失策。孙策难道不想扣留华歆？只是一山不容二虎！”（华歃事，参考一九九年十二月。）于是，卢循把吴隐之、王诞，同时送还。

11 最初，南燕帝国（首都广固〔山东省青州市〕）皇帝（一任献武帝）慕容德，在前秦帝国时代，当张掖郡（甘肃省张掖市）郡长（参考三七〇年十二月十四日）；老哥慕容纳，跟娘亲公孙女士，一起定居张掖（参考四〇一年十月注）。不久，慕容德被征调参加天王苻坚大军，进攻晋帝国（指淝水之战，参考三八三年），临走时，留下一把金刀，作为见证，向娘亲告别。后来，慕容德跟后燕王慕容垂在山东（崤山以东）武装叛变，张掖郡郡长苻昌，逮捕慕容纳跟慕容德所有的儿子，一齐诛杀，只有公孙女士，因年纪太老，特别赦免。慕容纳正妻段女士，怀孕在身，羁押监狱，留待生产后处决。监狱看守员呼延平，是慕容德旧日部属，秘密把公孙女士和段女士盗运出狱，逃到西羌地区；就在那里，段女士生下慕容超。慕容超十岁时，祖母公孙女士患病，临死前，把金刀交给慕容超，吩咐说："你有一天回到东方，这柄金刀，交还叔父！"呼延平又带着慕容超母子，投奔后凉王国。等到后凉天王（四任）吕隆投降后秦帝国，慕容超随着被强制迁徙的移民，再到长安（后秦强行移民事，参考前年〔四〇三〕八月）。呼延平逝世，段女士命慕容超娶呼延平的女儿为妻。

柏杨曰

凡是大义，必有深情，一片尔虞我诈，反复残杀的苦海中，呼延平是人性的圣火，引导人类善良的心，航抵彼岸。

呼延平付出的代价是沉重的，不是一个庸碌之辈所能承受，所以不应要求每个人都能如此，但可以用来评估自己，当自己无法做到呼延平做到的事时，对侠情义行，就会充满尊敬。

慕容超唯恐自己身份暴露，被后秦帝国扣留当作人质，于是假装精神失常，到街上讨饭。后秦官员把他当作贱民。只有东平公姚绍，看见他后，感觉到这个疯子有点奇怪，对天王姚兴说："慕容超虎臂熊腰，身体十分健壮，恐怕不是真疯（真正疯子，往往瘦弱），陛下最好给他一个小官微爵，来稳住他。"姚兴召见慕容超，跟他谈话，慕容超故意作出错误的回答，或者对姚兴的问题不作回答。姚兴对姚绍说："俗话说：'漂亮的皮肉不会包笨骨头'，看起来是胡说八道。"打发慕容超出去。

慕容德听说老哥慕容纳有遗腹子流落在后秦帝国，派济阴郡（山东省菏泽市东北）人吴辩，前往调查。吴辩有一位同乡宗正谦，在长安（陕西省西安市）依靠占卜算卦为生；吴辩通过宗正谦，跟慕容超秘密取得联络，告诉真相。慕容超不敢告诉娘亲和妻子，就跟宗正谦改名换姓，逃回南燕帝国，走到梁父（山东省泰安市东南），镇南将军府秘书长（镇南长史）悦寿，报告兖州（州政府设梁父）州长（刺史）慕容法。慕容法说："从前，有个卜卦先生冒充太子（冒充戾太子刘据事，参考前八二年），现在怎么知道不是一个模子浇出来的？"对慕容超并不尊敬，慕容超从此跟慕容法结下怨恨。

慕容德（本年七十岁）听到慕容超抵达国门消息，大喜过望，派三百人的骑兵部队，南下迎接。慕容超到了首都广固（山东省青州市），把金刀呈献给慕容德，慕容德哀恸痛哭，肝肠如裂。封慕容超当北海王，任命他当高级咨询官（侍中）、骠骑大将军、京畿总卫戍司令（司隶校尉）、开府（宰相级）；细心遴选当时贤才，作慕容超的左右助手。慕容德没有儿子，打算由慕容超作继承人。慕容超进宫侍奉叔父，使叔父神情愉快；出宫礼贤下士，虚心待人。因为这个缘故，政府民间，对他一致归心（慕容德千方百计把灭国杀手，接回国门；慕容超不至，南燕帝国不亡。人生奥秘，使人震撼）。

12 五月，晋帝国（首都建康）桂阳郡（湖南省郴州市）郡长、章武王司马秀，以及益州（侨州·州政府所在不详）州长（刺史）司马轨之谋反，被诛杀。司马秀的妻子，是桓振的妹妹，疑心可能受到牵连，所以先行起兵。

桓家班的余党桓亮、苻宏等，仍手握武装部队，不断出击，被侵扰的郡县，以十作为单位计算。左将军刘毅、辅国将军刘道规、军事参议官（参军）檀祗等，分别出击，把二人消灭。荆州（湖北省及湖南省）、湘州（此时没有湘州）、江州（江西省及福建省）、豫州（湖北省东北部及河南省东南部），全都平定。晋帝司马德宗下诏：命刘毅当淮南五郡军区司令长官（都督淮南等五郡军事），兼豫州（州政府设姑孰〔安徽省当涂县〕）州长（刺史）；何无忌当江东（浙江〔钱塘江〕以东）五郡军区司令长官（都督江东五郡军事），兼会稽郡（浙江省绍兴市）郡长（内史）。

13 晋帝国北青州（州政府所在不详）州长（刺史）刘该（曾降北魏，参考四〇一年七月）叛变，依靠北魏帝国（首都平城）作为外援，清河、阳平二郡（侨郡·二郡郡政府均设安徽省灵璧县）郡长孙全，集结部众响应。

六月，北魏帝国（首都平城）豫州（州政府所在不详）州长（刺史）索度真、大将斛斯兰（斛斯，姓），攻击晋帝国所属的徐州（江苏省长江以北），包围彭城（江苏省徐州市）。晋帝国勤王军首领、镇军将军刘裕，派他的老弟、南彭城郡（侨郡·江苏省镇江市）郡长（内史）刘道怜、东海郡（山东省郯城县）郡长孟龙符，率军援救；斩刘该、孙全；北魏军败退。孟龙符，是孟怀玉的老弟（孟怀玉，参考去年〔四〇四〕四月）。

14 后秦帝国（首都长安〔陕西省西安市〕）陇西公姚硕德，攻击仇池（甘肃省西和县南），不断击败北魏帝国封仇池王的杨盛；将军敛俱（敛，姓），攻击杨盛占领的汉中郡（陕西省汉中市），夺取成固（陕西省城固县），把逃亡到那里的难民三千余家，强迫迁移到关中（陕西省中部）。

秋季，七月，杨盛向后秦帝国投降；后秦帝国任命杨盛当益宁军区司令长官（都督益宁二州诸军事）、征南大将军、益州全权州长（牧）。

15 晋帝国勤王军首领、镇军将军刘裕，派人到后秦帝国，寻求和解，并要求归还南乡（河南省淅川县）各郡，后秦天王姚兴允许。群臣都认为不可以，姚兴说："只要是善行，什么地方都是善行。刘裕从最卑贱的低阶层崛起，能够诛杀桓玄，复兴晋国（晋帝国），对内改革政治，对外整顿疆土，我又何必爱惜几个郡，而不去成全他的美事？"遂割南乡郡、顺阳郡（河南省淅川县东）、新野郡（河南省新野县）、舞阴郡（河南省泌阳县北）等十二郡给晋帝国（晋帝国内乱时，淮河、汉水以北郡县，很多归附后秦帝国。参考三九九年十月）。

16 八月，后燕帝国（首都龙城〔辽宁省朝阳市〕）辽西郡（河北省卢龙县）郡长邵颜，被指控有罪，逃亡，改当强盗。

九月，寝殿侍奉宦官（中常侍）郭仲讨伐，斩邵颜。

17 南燕帝国境内，汝水（女水，流经山东省淄博市东南）干枯。南燕帝慕容德至为厌恶，不久，卧病在床；北海王慕容超请求祈祷祭祀，慕容德说："人主生命的长短，是上天决定，汝水没有能力影响。"慕容超坚决请求，慕容德坚决不准。

九月戊午日（九月己卯朔，没有戊午），慕容德在东阳殿接见文武百官，讨论立慕容超当太子。突然间，地震，大家惊骇惶恐，慕容德内心也不平安，遂回宫。当夜，病势突转沉重，双眼紧闭，不能说话。段皇后大声呼喊："现在召见立法官（中书）写诏书，封慕容超当太子，可以不可以？"慕容德勉强睁开眼，微微点头。遂封慕容超当皇太子，大赦，不久，慕容德逝世（年七十岁）。当时，共制造十余口棺木，就在深夜，分别从四方城门抬出，秘密埋葬山谷之中。

九月己未日（九月没有己未），慕容超（本年二十一岁）登极继任皇帝（二任），大赦，改年号太上（之前是建平六年，之后是太上元年）。尊段皇后当皇太后，任命北地王慕容钟，当全国各军区总司令长官（都督中外诸军）、主管政府机要（录尚书事）；慕容法当征南大将军、徐兖扬南兖军区司令长官（都督徐兖扬南兖四州诸军事）；加授慕容镇开府仪同三司（宰相级）。命国务院总理（尚书令）封孚当全国武装部队总司令（太尉），鞠仲当最高监察长（司空），封嵩当国务院左执行长（尚书左仆射）。

九月癸亥日（九月没有癸亥），在东阳陵（东阳，在广固城东）安葬没有慕容德尸体的空棺，定慕容德绰号献武皇帝，祭庙称世宗。

慕容超把他过去的亲信公孙五楼，当作心腹，立刻成为中央政府重心。慕容德留下的重要高级官员：北地王慕容钟、段宏等，内心不安，请求离开中央，到外地任职。慕容超遂命慕容钟当青州（州政府设东莱〔山东省莱州市〕）全权州长（牧），段宏当徐州（州政府设莒县〔山东省莒县〕）州长（刺史）。另命公孙五楼当武卫将军，兼骑兵指挥官（屯骑校尉），并参与中央政府决策。封孚劝阻说："我听说：不应该把亲信放逐到外地，不应该把旅客接待到卧室（《左传》申无宇劝芈围〔楚王国十任王灵王〕语）。慕容钟，是皇族的重臣，帝国的倚靠；段宏，在皇亲中有美好的声望，人民对他十敬重，都应该协助文武百官，辅佐陛下，不应该到远方镇守。如今，慕容钟等在外，公孙五楼在内，我私下深感不安。"慕容超不理。慕容钟、段宏，十分愤慨，互相说："黄狗皮恐怕终于用来补狐裘大衣。"（《史记》："邹忌当齐王国宰相，淳于髡警告说：'狐裘大衣虽然破烂，不可以用黄狗皮补。'邹忌说：'接受你的指教，我会谨慎的遴选官员，不允许败类进身。'"慕容钟、段宏二人的话，表示一种感慨。）公孙五楼听到，深为痛恨。

18 晋帝国荆州（州政府设江陵〔湖北省江陵县〕）州长（刺史）魏咏之逝世；江陵县长罗修，打算发动兵变，夺取城池，拥护王慧龙当盟主（王慧龙逃亡事，参考去年〔四〇四〕三月）。镇军将军刘裕命并州（侨州·州政府设义昌郡〔安徽省寿县西〕）州长（刺史）刘道规，当荆宁六州军区司令长官（都督荆宁等六州诸军事。六州：荆宁秦益梁雍）、荆州（州政府江陵）州长（刺史）。

罗修来不及发动，遂随同王慧龙投奔后秦帝国（首都长安）。

19 后秦帝国归义侯乞伏乾归（根据地苑川），攻击仇池（甘肃省西和县南），被"氐王"（首府仇池）杨盛击败（杨盛刚刚投降后秦帝国，并接受官爵，便受到乞伏乾归攻击，说明后秦帝国对西方的控制力量已经衰退）。

20 西凉王国（首都敦煌〔甘肃省敦煌市〕）首领（一任武昭王）、凉公李暠，跟秘书长（长史）张邈商议迁都酒泉（甘肃省酒泉市），用以压迫北凉王国（首都张掖〔甘肃省张掖市〕）首领（二任武宣王）、西海侯沮渠蒙逊（本年三十八岁。敦煌距张掖航空距离五百公里，酒泉距张掖，航空距离只一百八十公里）。遂任命张体顺当建康郡（甘肃省酒泉市东南）郡长，镇守乐涫（建康郡郡政府所在县）；宋繇当敦煌军事总监（护军），跟他儿子、敦煌郡郡长宋让，镇守敦煌（甘肃省敦煌市）。于是，迁都酒泉（甘肃省酒泉市）。

李暠亲笔写信，告诫他所有的儿子，说："从事政治的人，对奖赏和处罚，应该特别慎重，不可以被喜爱或憎恨的情绪控制。接近忠良正直，疏远邪恶奸佞，不要使左右亲近的人，暗中窃弄权威。对你的诽谤，和对你的称誉，都要一一检查它的真假。审理诉讼，要和颜悦色，判断曲直，要尽情尽理；千万不可以先行认定对方心怀奸诈，也千万不可以还没有经过多方面调查，就下结论。言谈和神色，要尽量温和。务必听取很多人的意见，不要自命不凡，专断独行。我主持政府，已经五年，虽然不能使人民安息，然而，我能尽量包容别人的缺点，所以早上还是仇人，晚上可能成为知心好友。大体上，对旧友新知，都没有对不起的地方。处理事情，一定力求公平、心情坦荡、没有偏爱。最初，这样做还觉得十分勉强，难免愤愤不平。从眼前的利益来看，可能受到损失，可是往远处瞻望，受用无穷。希望在古圣先贤面前，无羞无愧。”

李暠所说的道理，是人生一条正当道路，用来作为自我训练的教材；启发性很大。可是，用来教育一个不受约束的权势人物，效果便等于零。像“接近忠良正直，疏远邪恶奸佞”，这一类话，哪个不知，哪个不晓？诸葛亮先生前后《出师表》，所有知识分子都曾经读过，“亲贤臣，远小人”，声震屋瓦！问题在于忠良和奸邪不容易分辨，即令可以分辨，有权大爷往往就是爱看别人不停摇尾，任何人对他都束手无策。

我们不能盼望人们都是智者圣贤，也绝不相信在没有刹车设施之下，智者圣贤有能力刹车，现代人需要的是权力制衡。

21 十二月，后燕帝国（首都龙城〔辽宁省朝阳市〕）天王（四任昭文帝）慕容熙，袭击北方的契丹部落（内蒙古西辽河上游）。

四〇六年 丙午

晋	义熙	二年
后燕	光始	六年
后秦	弘始	八年
北魏	天赐	三年
南凉	弘始	八年
北凉	永安	六年
南燕	太上	二年
西凉	建初	二年
西蜀	蜀王	二年

1 春季，正月八日，北魏帝国（首都平城〔山西省大同市〕）皇帝（一任道武帝）拓跋珪（本年三十六岁），前往豺山宫（山西省右玉县北）。

北魏政府下令，每州设置三个州长（刺史），每郡设置三个郡长（太守），每县设立三个县长（令长）。州长（刺史）前往各州，县长前往各县；郡长则不直接管理人民。功臣当州长（刺史）或全权州长（牧）的，全都调回京师（首都平城），保持原来的爵位，返回私宅。

2 晋帝国（首都建康〔江苏省南京市〕）益州（侨州·州政府所在地不详）州长（刺史）司马荣期，攻击西蜀王国（首都成都〔四川省成都市〕）巴州州长（刺史）谯明子驻守的白帝（重庆市奉节县东），击败西蜀军。

3 后燕帝国（首都龙城〔辽宁省朝阳市〕）天王（四任昭文帝）慕容熙（本年二十二岁），率军袭击契丹部落（内蒙古西辽河上游），北上越过陉北（今地不详），畏惧契丹部落强大，不敢前进，打算回军；可是皇后苻训英坚持要亲自观赏一场战争。

正月戊申日（正月丁丑朔，没有戊申），慕容熙下令放弃辎重粮秣，用轻装备部队，南下袭击高句骊王国（首都丸都〔吉林省集安市〕）。

4 南燕帝国（首都广固〔山东省青州市〕）皇帝（二任）慕容超（本年二十二岁）猜忌暴虐，一天比一天严重，大权被宠信的摇尾分子掌握，慕容超沉迷在打猎游乐的安逸生活中。全国武装部队总司令（太尉）封孚、国务院执行长（仆射）韩谆，屡次进言劝告，慕容超一概不理。慕容超曾经在金殿之上，问封孚说："我可以跟前世哪种君王相比？"封孚说："姒履癸（桀）、子受辛（纣）。"慕容超既惭愧又愤怒，封孚慢慢走出去，神色毫不改变。最高监察长（司空）鞠仲，警告封孚说："对天子讲话，怎么可以这样？应该回去道歉。"封孚说："我年纪快要七十，只盼望死得恰当。"拒绝道歉。慕容超因封孚当时声望太高，也特别宽容。

5 晋帝国桓玄之乱，河间王司马昙的儿子司马国璠、司马叔璠，投奔南燕帝国（首都广固。桓振的妹夫章武王司马秀，是司马国璠的堂兄弟）。

二月二十八日，司马国璠等，攻陷弋阳郡（河南省潢川县）。

6 后燕帝国（首都龙城〔辽宁省朝阳市〕）攻击高句骊王国（首都丸都〔吉林省集安市〕）大军挺进三千余里，士卒马匹，疲倦寒冷，死亡的尸体，沿路前后相接。攻高句骊王国所属木底城（辽宁省新宾县西），不能攻克，回军。

夕阳公慕容云（高云）身受箭伤，而且畏惧天王（四任昭文帝）慕容熙的凶暴残忍，遂称病辞职。

7 三月二十五日，北魏帝拓跋珪，返首都平城（山西省大同市）。

夏季，四月十五日，拓跋珪再往豺山宫（山西省右玉县北）。

四月二十九日（原文“甲午”，据《北史·魏太祖纪》改）拓跋珪返首都平城（山西省大同市）。

8 柔然汗国（瀚海沙漠群）可汗（一任豆代可汗）郁久间社仑，侵略北魏帝国（首都平城）边疆。

9 五月，后燕帝国（首都龙城）又有诛杀：二任帝（惠愍帝）慕容宝的儿子博陵公慕容虔、上党公慕容昭，因被指控阴谋叛乱，受逼自尽。

10 六月，后秦帝国（首都长安〔陕西省西安市〕）陇西公姚硕德，从上邽（秦州州政府所在县·甘肃省天水市）到首都长安朝见。天王（二任文桓帝）姚兴（本年四十一岁），为了欢迎这位建立大功的叔父，下诏大赦。姚硕德返回任所时，姚兴亲自送到雍城（陕西省宝鸡市凤翔区）才回。姚兴对待晋公姚绪，以及另一位叔父姚硕德，都用家人的礼节，车马、衣服、珍玩，最好的都先行呈献二位叔父，而自己留用次一级的。国家大事，先跟他们磋商之后，才去实施。

11 南凉王国（首都乐都〔青海省海东市乐都区〕）首领（三任景王）、广武公秃发傉檀（本年四十二岁），攻击北凉王国（首都张掖〔甘肃省张掖市〕）首领（二任武宣王）、张掖公沮渠蒙逊（本年三十九岁），沮渠蒙逊登城坚守。秃发傉檀率军挺进到赤泉（甘肃省民乐县北），撤退；向后秦帝国进贡马三千匹、羊三万头。后秦天王姚兴大为感动，认为秃发傉檀忠心耿耿；遂下诏任命秃发傉檀当河西军区司令长官（都督河右诸军事）、车骑大将军、凉州州长（刺史），镇守姑臧（甘肃省武威市）；征召原凉州州长（刺史）王尚回京（首都长安）。凉州人申屠英等，派州政府主任秘书（主簿）胡威，前往长安，请求留下王尚，姚兴不准。胡威晋见姚兴，痛哭流涕说："我们凉州，遵从君王的教化，至今已有五年（四〇一年吕隆投降），地方偏僻，距京师（首都长安）又十分遥远，中央力量，不能充分保护，官吏人民，卧薪尝胆，抚伤拭血，同心合力，共守这座孤城（后凉王国到了最后，事实上只剩下一座姑臧〔甘肃省武威市〕，所以后秦兵团攻击姑臧时，驻防昌松、魏安的南凉兵团，必须撤出让路〔参考四〇三年八月〕。后秦帝国虽接收姑臧，因秃发家是一个独立王国的实体，所以，姑臧的孤立情形，没有变化）。仰仗陛下的恩德和州长的贤明，才能自求保全，维持到今天。陛下怎么可以把凉州人民，交换三千匹马、三万头羊！不看重人而看重牲畜，无论如何，都不可以。如果军方需要马匹，只要国务院（尚书）送来一份公文就够了，我们凉州人民三千余家（指姑臧一城户数），每家捐出一匹，公文早上到达，晚上就可办到，有什么困难！从前，刘彻（西汉王朝七任武帝）搜刮天下所有的资源，开辟河西（河西走廊）

疆土，砍断匈奴汗国的右臂（设置河西四郡，参考前一一五、前一一一年）。而
今，陛下无缘无故，抛弃五郡土地上的忠良人民（五郡，指西汉王朝凉州所辖的五郡：武威郡〔甘肃省武威市〕、张掖郡〔甘肃省张掖市〕、敦煌郡〔甘肃省敦煌市〕、酒泉郡〔甘肃省酒泉市〕，及黄河南岸的金城郡〔甘肃省兰州市〕），送给凶暴的外邦。岂止我们凉州人民，坠入炭火苦境，恐怕更增加帝国将来的忧患。”姚兴后悔，派西平郡（青海省西宁市）人车普，飞马前往止住王尚，一面派人通知秃发傉檀。而这时，秃发傉檀率步骑兵三万人，正驻屯五涧（武威市南），车普先将诏令内容，透露给秃发傉檀；秃发傉檀自不愿把已吞到口中的美味再吐出来，于是逼迫王尚。王尚从青阳门（姑臧东门）出城，秃发傉檀从凉风门（姑臧南门）入城。

州政府总务官（别驾）宗敞，护送王尚返首都长安，秃发傉檀对宗敞说：“我虽然得到凉州三千余户人家，但心中向往的，只你一人，你怎么舍我而去？”宗敞说：“我护送旧日的长官，正是忠于殿下！”秃发傉檀说：“我刚刚接管贵州，怀柔远方，安抚近土，应该用什么方法？”宗敞说：“凉州（甘肃省中部西部）虽然穷困，却是地势重要，殿下对人民要施予恩惠，延揽贤才俊杰，共同开创大业，建立功名，有什么不能办到！”遂推荐本州知名的文武人士十余人，秃发傉檀嘉许他的推荐，分别任用。王尚回到长安，姚兴命他当国务院执行官（尚书）。

秃发傉檀在宣德堂，设宴款待他的文武百官，抬头凝视雄伟的建筑，叹息说：“古人有言：‘盖屋的人，自己不住；住屋的人，自己不盖！’果真如此。”武威郡（郡政府姑臧）人孟祎说：“从前，张骏（前凉王国二任王文王）兴建这个堂殿，到今天将近一百年（张骏兴建五宫殿，参考三三五年十二月，迄今不过七十一年），已历经了十二个主人（一、张骏，二、张重华，三、张曜灵，四、张祚，五、张玄靓，六、张天锡〔以上前凉王国首领〕，

七、梁熙〔前秦帝国凉州州长〕，八、吕光，九、吕绍，十、吕纂，十一、吕隆〔以上后凉王国首领〕，十二、王尚〔后秦帝国凉州州长〕），只有诚信相待，顺应民心的人，才能长久的住下去。”秃发傉檀同意。

12 北魏帝拓跋珪，规划建设首都平城（山西省大同市），扩大兴筑宫殿，打算使规模跟邺城（河北省临漳县西南邺城镇）、洛阳（河南省洛阳市东白马寺东）、长安（陕西省西安市）等名都相比。因济阳郡（河南省兰考县东北堌阳镇）郡长莫题，是一个有巧思的土木工程专家，拓跋珪召见他，讨论设计图样和施工进度。莫题在皇帝身旁一久，稍微有点懈怠，拓跋珪大怒，命莫题自杀。莫题，是莫含的孙儿（莫含事，参考三一五年二月）。

于是，开始兴工（大概仍用莫题的蓝图），征发八方面部落，和五百华里之内所有男子，不管老少，全部投入，兴筑灅南宫，宫门高十余丈，挖掘水沟池塘，开辟花卉园林，饲养奇禽异兽。再兴筑外城（平民区），方圆二十里，分别列出街道市区，共三十天完成（三十日完成上述的庞大工程，做工的人数再多，也不可能，想只是完成第一期奠基工程，先使征发的民工回家）。

13 秋季，七月，北魏帝国全国武装部队总司令（太尉）、宜都公（丁公）穆崇逝世。

14 八月，南凉首领、广武公秃发傉檀，留下兴城侯秃发文支，镇守姑臧（甘肃省武威市）。自己返首都乐都（青海省海东市乐都区）。

秃发傉檀虽然臣属后秦帝国，接受后秦帝国的官爵（后秦封秃发傉檀广武公，参考四〇二年十二月），但事实上，车马轿舆，以及各种仪式礼节，都跟君王一样。

15 八月一日，北魏帝拓跋珪，再去犲山宫（山西省右玉县北），然后前往石沙漠（阴山以北的瀚海沙漠群中，有白沙漠、黑沙漠、石沙漠）。

九月，拓跋珪渡过石沙漠，向北进发。

九月二十日，南返，回到长川城（内蒙古兴和县境）。

16 晋帝国勤王军首领、镇军将军刘裕，听到谯纵叛变、宣布独立（西蜀王国）消息，遂派龙骧将军毛修之，会同益州（州政府设巴东郡〔重庆市奉节县东〕）州长（刺史）司马荣期、涪陵郡（重庆市彭水县）郡长文处茂、巴东郡（重庆市奉节县东）郡政府军政官（司马）时延祖等，共同出兵讨伐。毛修之抵达宕渠（四川省渠县东北三汇镇），想不到司马荣期被他的军事参议官（参军）杨承祖诛杀；杨承祖自称巴州州长（刺史）；毛修之不能再进，退回白帝城（巴东郡郡政府所在城）。

17 南凉王国（首都东都〔青海省海东市乐都区〕）首领、广武公秃发傉檀向西凉王国（首都酒泉〔甘肃省酒泉市〕）首领（一任武昭王）、凉公李暠（本年五十六岁），要求和好；李暠同意。

18 北凉王国（首都张掖〔甘肃省张掖市〕）首领、张掖公沮渠蒙逊，袭击西凉王国首都酒泉（甘肃省酒泉市），大军推进到安弥（酒泉市东）。李暠迎战，失败，退回酒泉，登城守卫。沮渠蒙逊班师。

19 南燕帝国（首都广固〔山东省青州市〕）内斗爆发，武卫将军公孙五楼为了独揽大权，开始排除绊脚石。于是，向皇帝（二任）慕容超诬告北地王、青州（州政府设东莱〔山东省莱州市〕）州长（刺史）慕容钟，请求处死。一任帝（献武帝）慕容德逝世时，兖州（州政府设梁父〔山东省泰安市东南〕）州长（刺史）慕容法没有到京师（首都广固）奔丧，慕容超派人向他责备，诘问原因；慕容法大为恐惧，遂跟慕容钟以及段宏，阴谋叛变。慕容超得到消息，下诏征召慕容钟，慕容钟声称身上有病，不能行动。慕容超遂逮捕慕容钟同党、高级咨询官（侍中）慕容统等，斩首。征南将军（慕容法）府军政官（征南司马）卜珍，检举国务院左执行长（左仆射）封嵩，很多次跟慕容法来往，可能有什么阴谋。慕容超逮捕封嵩下狱。皇太后段女士恐惧哭泣，告诉慕容超说："封嵩不断派禁宫侍从宦官总管（黄门令）牟常，来对我说：'皇帝不是太后的亲生之子，恐怕三九六年的杀母惨剧重演（指后燕帝国二任帝慕容宝杀母事，参考三九六年五月二十三日）。'我是一个妇女，没有见识，恐怕被杀，遂即告诉慕容法。慕容法设计如何因应，被他引入歧途，现在虽然知道，又有什么话可说。"慕容超下令用五马分尸的车裂酷刑，处死封嵩。西翼警卫指挥官（西中郎将）封融，投奔北魏帝国（首都平城）。

慕容超派慕容镇攻击青州（州政府东莱），慕容昱攻击徐州（州政府设莒城〔山东省莒县〕），国务院右执行长（右仆射）、济阳王慕容凝，会同韩范，攻击兖州（州政府梁父）。

慕容昱攻陷莒城（山东省莒县），徐州（州政府莒城）州长（刺史）段宏，逃往北魏帝国（首都平城）。封融率领变民军袭击石塞城（山东省济南市长清区西南），斩镇西大将军余郁，全国震恐。济阳王慕容凝，打算诛杀韩范，回军袭击广固（南燕首都·山东省青州市）；韩范得到消息，集中军队反击慕容凝，慕容凝投奔梁父（山东省泰安市东南）。韩范合并慕容凝的部众，攻击梁父，攻克。兖州（州政府梁父）州长（刺史）慕容法逃往北魏帝国（首都平城），慕容凝逃往后秦帝国（首都长安）。慕容镇攻克青州（州政府东莱）；青州州长（刺史）慕容钟，屠杀慕容镇留在青州的妻子儿女，挖凿地道逃出，跟高都公慕容始，投奔后秦帝国（首都长安）。后秦政府任命慕容钟当始平郡（陕西省兴平市）郡长，慕容凝当高级咨询官（侍中）。

慕容超喜爱改变旧有制度，政府或民间，都不高兴，慕容超更打算恢复肉刑（墨刑〔面上刺字〕、劓刑〔割鼻〕、刖刑〔断脚〕、宫刑〔割男人生殖器〕），更打算增加“烹刑”（把人放到锅中煮死）、“轘刑”（五马分尸〔车裂〕），文武百官都表反对，才算停止。

冬季，十月，全同武装部队总司令（大尉）封孚逝世。

20 晋帝国国务院（尚书）评定勤王军功劳，奏报晋帝司马德宗（本年二十五岁）；司马德宗批准：封刘裕当豫章郡公、刘毅当南平郡公、何无忌当安成郡公；其他有功官员，依照等级，分别封爵或赏赐。

21 晋帝国梁州（州政府设魏兴〔陕西省安康市〕）州长（刺史）刘稚，起兵叛变。（去年〔四〇五〕二月，汉中〔陕西省汉中市〕被“氐王”杨盛夺去，晋帝国遂把梁州州政府迁至魏兴）。左将军刘毅派将领讨伐，生擒刘稚。

22 十月十八日，北魏帝拓跋珪，返首都平城（山西省大同市）。

23 十月乙亥日（十月癸卯朔，没有乙亥），晋帝国任命左将军孔安国当国务院左执行长（尚书左仆射）。

24 十一月，南凉王国首领、广武公秃发傉檀，把首都从乐都（青海省海东市乐都区）迁到姑臧（甘肃省武威市）。

25 后秦帝国归义侯乞伏乾归（时驻苑川〔甘肃省榆中县东北〕），到首都长安，朝见天王姚兴。

26 十二月，晋帝国任命何无忌当荆江豫所属八郡军区司令长官（都督荆江豫三州八郡军事），兼江州（州政府设寻阳〔江西省九江市〕）州长（刺史）。

27 本年（四〇六），晋帝国桓家班残余桓石绥，以及司马国璠、陈袭，在胡桃山（安徽省和县北）集结，反抗政府。左将军刘毅派军政官（司马）刘怀肃讨伐，击败桓石绥军。桓石绥，是桓石生的老弟（桓石生，参考四〇二年正月）。

五世纪·四〇六年　南凉极盛时形势

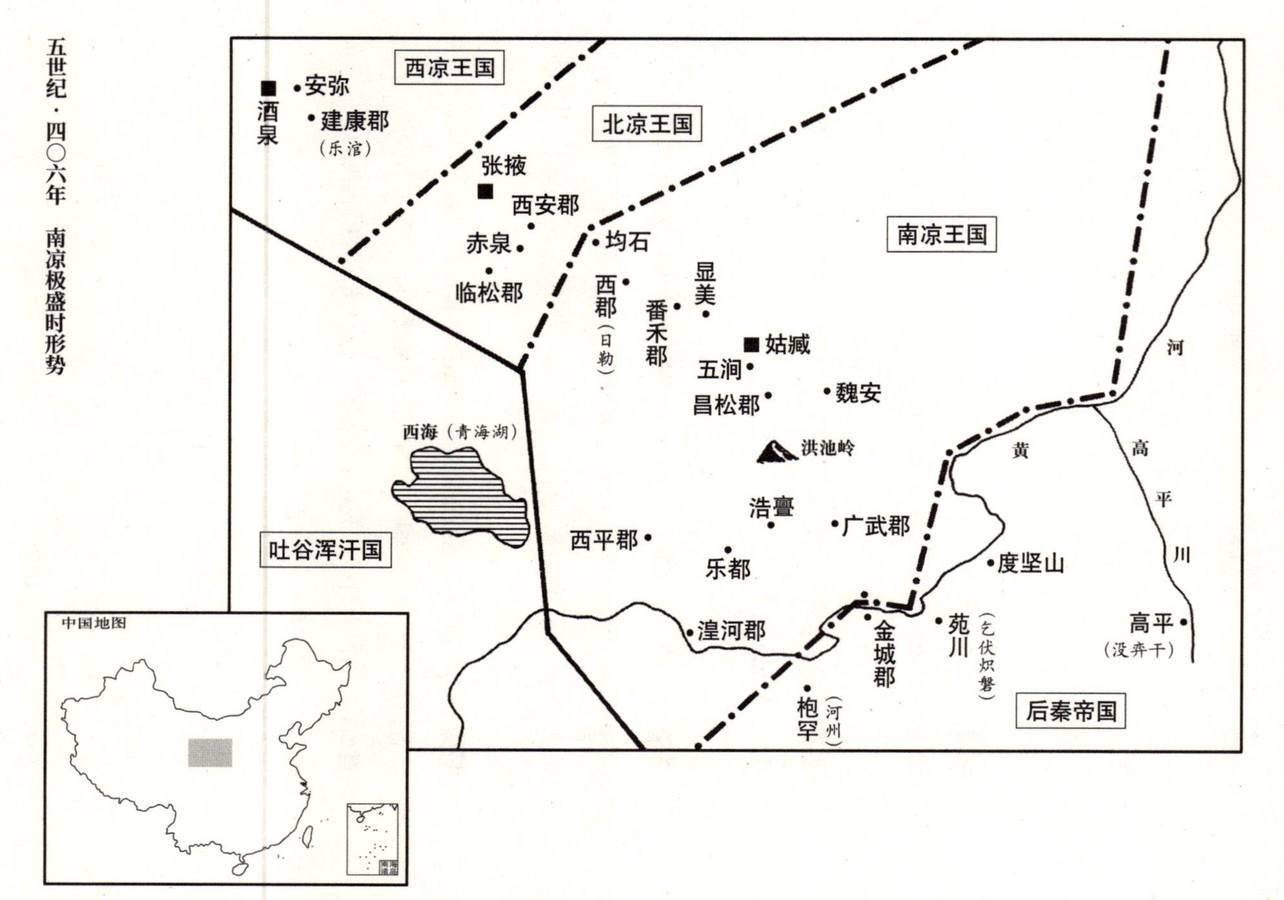

四〇七年 丁未

晋	义熙	三年
后燕	建始	元年
后秦	弘始	九年
北魏	天赐	四年
南凉	弘始	九年
北凉	永安	七年
南燕	太上	三年
西凉	建初	三年
西蜀	蜀王	三年
胡夏	龙升	元年
北燕	正始	元年

1 春季，正月一日，后燕帝国（首都龙城〔辽宁省朝阳市〕）大赦，改年号建始。

2 后秦帝国（首都长安〔陕西省西安市〕）天王（二任文桓帝）姚兴（本年四十二岁），认为归义侯乞伏乾归（时驻苑川〔甘肃省榆中县东北〕）逐渐强大，难以控制，遂乘他到京师（首都长安）朝见的机会，不放他回去，留下来当国务院外交部长（主客尚书）。命他的世子乞伏炽磐，当西夷保安司令部执行官（行西夷校尉），统率老爹的部众。

3 二月九日，晋帝国（首都建康〔江苏省南京市〕）勤王军首领、镇军将军刘裕，自丹徒（江苏省镇江市东丹徒区）前往首都建康，坚决辞让最近任命他的官职，还准备前往司法监狱（廷尉）投案。晋帝（十六任安帝）司马德宗（本年二十六岁）下诏，批准刘裕辞职的请求，刘裕才回丹徒。

4 北魏帝国（首都平城〔山西省大同市〕）皇帝（一任道武帝）拓跋珪（本年三十七岁），封儿子拓跋修当河间王、拓跋处文当长乐王、拓跋连当广平王、拓跋黎当京兆王。

5 晋帝国国务院执行官（尚书）殷仲文，一向有才华声望，自认应该执掌国政，所以一直烦闷不乐。后来，出去担任东阳郡（浙江省金华市）郡长，就更愤愤不平。何无忌素来仰慕殷仲文，而东阳郡，又是何无忌的辖区（何无忌是江东五郡军区司令长官，参考前年〔四〇五〕五月。东阳郡，五郡中的一郡），殷仲文答应顺道拜访。何无忌大为欢喜，谨慎恭敬的准备招待。可是殷仲文因为官场失意的缘故，精神恍惚，有一次虽然顺道，却没有前往拜访，何无忌认为这是表示轻视，勃然大怒。正巧，南燕帝国（首都广固〔山东省青州市〕）扰乱边界，何无忌警告刘裕说：“桓胤、殷仲文，是心窝上的疾病，可随时置人于死地，北方强蛮，不必挂心。”

闰二月，镇军将军府部将骆冰，阴谋叛变，事情发觉，镇军将军刘裕斩骆冰。遂对外宣称，骆冰跟他的同党：殷仲文、桓石松、曹靖之、卞承之、刘延祖，秘密结合，打算拥戴桓胤当盟主；于是，屠灭各人家族。

殷仲文不过是一个伶俐乖巧的小政客，这位桓玄的姐夫，一看桓玄势大，立刻投靠，在桓家班中，简直只有他忠心耿耿，万世不变。然而，一看桓玄势衰，又立刻开溜，运载两位皇娘返宫（参考四〇四年五月），证据确凿的大义灭亲。

假如他能一直保持他伶俐乖巧的程度，拍上新贵何无忌的马屁，仍有享不完的荣华富贵。然而，政客的主要特质是势利眼，而殷仲文也就死在势利眼上，严重而敏锐的看待得失，对方一失意就立刻翻脸，自己一失意自然魂不守舍。殷仲文真正谋反的罪行，成为他升官的阶梯；并没有谋反时，却硬被认为谋反，人生之难以预料如此。

势利眼对别人是一种刺激，可以刺激人们发愤上进，但对自己却是一帖毒药，轻则伤害自己心灵，重则就成了殷仲文，惹火上身。

6 后燕帝国（首都龙城〔辽宁省朝阳市〕）天王（四任昭文帝）慕容熙（本年二十三岁）为他的皇后苻训英，兴筑承华殿，从乡下把土运送到北门，土价跟粮价相等，宿军（辽宁省北镇市）禁军司令（典军）杜静，带着棺木，前往宫门上疏劝止；慕容熙斩杜静。

苻训英在盛夏时候，忽然想吃冻鱼（冻鱼，现代语文称“鱼冻”，天气冷度不够，煎鱼的汤汁就无法凝结。二十世纪后，有冰箱、冷库，易如反掌。从前纯靠自然，无能为力），在严冬时候，忽然想吃“生地黄”（中药房可买得到）。慕容熙命有关官员呈献，因无法呈献，慕容熙斩有关官员。

夏季，四月癸丑日（四月庚午朔，没有癸丑），苻训英逝世（苻训英是一个被宠坏了而又没有头脑的小女人，依照迷信说法，她是为报仇而生，这位苻家的女儿，终于把后燕帝国搞亡）。慕容熙悲哀过度，痛哭不止，甚至昏迷很久，才告苏醒，好像死了父母一样；穿上为父母才穿的最重的孝服——斩衰（麻衣不缝边），不进饮食，只吃稀粥。在皇宫之中，设下文武百官的位置，命他们到位置上哭泣。派人检查各人的眼睛，对没有眼泪的人，一律处罚，大家只好口含辣椒，刺激流泪。高阳王慕容隆的王妃张女士，是慕容熙的亲嫂，美丽而思想灵活，慕容熙想命她殉葬，于是拆开她特为送丧而缝制的靴子，发现垫有旧的毛毡，遂指控那是一种大不敬，命她自杀。国务院右执行长（右仆射）韦璆等，恐怕殉葬，每天都洗澡换衣，等候命令。三公、部长级官员以下，直到士兵和平民，家家户户都参加修筑苻训英坟墓工程，国库消耗一空。苻训英坟墓周围长达数华里，慕容熙对监工说："好好的工作，我随后就来。"

四月二十八日，段太后除去"太后"尊号，出宫居住。（段太后是慕容熙的娘亲，不知什么缘故，忽然有此一举。）

7 半独立状态的"氐王"（首府仇池〔甘肃省西和县南〕）杨盛（北魏帝国封他仇池王），任命平北将军苻宣，当梁州大营指挥官（督护），率军侵入汉中（陕西省南部）。后秦帝国梁州（州政府设南郑〔陕西省汉中市〕）总务官（别驾）吕莹等起兵响应；州长（刺史）王敏出兵讨伐。吕莹等向"氐王"杨盛请求援救，杨盛派军抵达浕口（陕西省勉县西），王敏退到武兴（陕西省略阳县）。杨盛领土再度跟晋帝国（首都建康）接壤，因而恢复交通。

晋帝国任命杨盛当陇右（陇山以西）军区司令长官（都督陇右诸军事）、征西大将军、开府仪同三司（宰相级）。杨盛任命苻宣代理梁州（州政府南郑）州长。

8 五月丙戌日（五月己亥朔，没有丙戌），后燕帝国国务院助理官

（尚书郎）苻进，阴谋叛变，伏诛。苻进，是苻定的儿子（苻定归后燕封侯事，参考三八六年六月）。

9 北魏帝拓跋珪向北巡察，走到濡源（濡水〔闪电河〕源头·河北省沽源县）。常山王拓跋遵，因为犯罪，拓跋珪命他自杀。（《魏书·拓跋遵传》：拓跋遵酩酊大醉，对太原公主无礼。）

10 最初，北魏帝拓跋珪，击灭匈奴部落酋长刘卫辰（当时驻马邑〔山西省朔州市〕）。他的幼儿刘勃勃逃往后秦帝国，后秦帝国高平公没弈干（时驻高平〔宁夏固原市〕）把女儿嫁给他（参考三九一年十二月）。刘勃勃身体魁梧，仪容高贵，聪明善辩，反应迅速。后秦帝国天王姚兴看到他，大为惊异，叹为天下奇才。跟他谈论政治军事方面大事，对他的宠爱和恩赐，超过其他旧日功臣。姚兴的老弟姚邕劝阻说："刘勃勃这种人，不可以接近。"姚兴说："刘勃勃有救国救民的才能，我正要依靠他平定天下，为什么先疑心他奸诈，加以猜忌？"打算任命刘勃勃当安远将军，协助岳父没弈干，镇守高平（宁夏固原市）；又要把三城（陕西省延安市）、朔方（内蒙古杭锦旗北黄河南岸）各种蛮夷部落，以及老爹刘卫辰旧部三万（不知是三万人或三万户），全数配属刘勃勃，用以严密监视北魏帝国的行动。姚邕坚决反对，姚兴说："你怎么知道他的为人？"姚邕说："刘勃勃对长官长辈，态度傲慢；对部将部属，手段残酷；贪婪、狡猾，没有爱心，对友情毫不重视，说翻脸就翻脸，说离弃就离弃。对这种人，宠爱信任如果过分，终于要造成外患。"姚兴才中止。可是，刘勃勃的才华太使姚兴动心，终于，姚兴仍是任命刘勃勃当安北将军，封五原公，把三交（陕西省榆林市境）的鲜卑族五个部落，以及其他各夷族部落二万余篷帐，拨付给刘勃勃，使他镇守朔方（内蒙古杭锦旗北黄河南岸）。

北魏帝拓跋珪，把俘虏的后秦帝国将领唐小方，送还后秦。后秦天王姚兴表示，愿归还被后秦扣留的北魏使节贺狄干（参考四〇二年正月），并送良马一千匹，请求赎回狄伯支（唐小方、狄伯支，都在柴壁战役被俘。参考四〇二年十月）。拓跋珪同意。

刘勃勃得到后秦帝国跟北魏帝国和解消息，大为愤怒，阴谋背叛。正巧，柔然汗国（瀚海沙漠群）可汗（一任）郁久闾社仑（郁久闾，三字姓），向后秦帝国进贡马八千匹，走到大城（内蒙古杭锦旗东南），刘勃勃把马匹全部抢夺掠取。集结所可能集结的部众，共三万余人，假装打猎，向高平川（高平平原·宁夏南部清水河流域）移动，于是，袭击高平（宁夏固原市），斩高平公没弈干，吞并没弈干部众。

柏杨曰

没弈干为了保护刘勃勃，被北魏帝国大张挞伐，受尽苦难。四〇二年，北魏常山王拓跋遵，千里突击，没弈干带着刘勃勃逃亡。当时，因为拓跋遵是敌人，敌人入侵，全境都惊，没弈干得以趁乱脱身。而四〇七年这一次，刘勃勃入侵则不然，他打的旗号是还乡省亲，跟四五三年刘劭刺死南宋帝国三任帝刘义隆一样，都居于不被怀疑的地位。一位是女婿、一位是儿子，身为岳父和老爹的当事人，遂不得不死。

刘勃勃第一击的对象便是恩主，他宣称他之所以背叛，是后秦帝国跟北魏帝国和解的缘故。那么，他应该恨北魏帝国入骨才对。可是根据以后的发展，他对北魏帝国却畏惧如虎，碰都不敢碰，而只敢对恩重如山的后秦帝国，屡施毒手。忘恩负义之辈，不管他是干什么的，模式都千篇一律：口里说的是一套，笔下写的是一套，做的又是一套。

刘勃勃自称他是夏王朝一任帝（禹帝）姒文命的后裔（这并不是刘勃勃自己往脸上抹粉，《史记》《汉书》，都说匈奴民族是姒文命的后裔。传统史学家，包括史学之父司马迁在内，都认为每一个蛮夷部落酋长的祖先，都是中国帝王）。

六月，刘勃勃（本年二十七岁）自称大夏天王（一任武烈帝）、大单于，大赦，改年号龙升，设立文武百官。任命老哥刘右地代当丞相，封代公；刘力俟提当最高统帅（大将军），封魏公；刘叱于阿利当总监察官（御史大夫），封梁公；老弟刘阿利罗引当京畿总卫戍司令（司隶校尉），刘若门当国务院总理（尚书令），刘叱以鞬当国务院左执行长（左仆射），刘乙斗当国务院右执行长（右仆射。五胡乱华十九国中，第十八个短命王国兴起，历史上称夏的国度有四，刘勃勃的夏只好加上花草，改称胡夏；本年〔四〇七〕，中国境内，十国并立：晋帝国、后燕帝国、后秦帝国、北魏帝国、南凉王国、北凉王国、南燕帝国、西凉王国、西蜀王国、胡夏帝国）。

贺狄干长期羁留长安（五年之久），因为是软禁之故（"软禁"，或囚庭院，或囚军营，院内营中，可以自由活动，但不能走出大门），就利用空暇时间，学习儒家学派的经典，或其他史书；举止言谈，都像儒家学派的知识分子。等回到祖国（北魏帝国），北魏帝拓跋珪看他言语衣裳，竟都跟后秦帝国的人一样，认为他崇洋媚外，大怒，连同他的老弟贺狄归，一齐斩首。

11 后秦帝国天王姚兴，命太子姚泓主管政府机要（录尚书事）。

12 秋季，七月一日，日蚀。

13 晋帝国汝南王司马遵之，被指控犯法，诛杀。司马遵之，是司马亮的五世孙（司马亮，"八王之乱"的第一王，参考二九一年）。

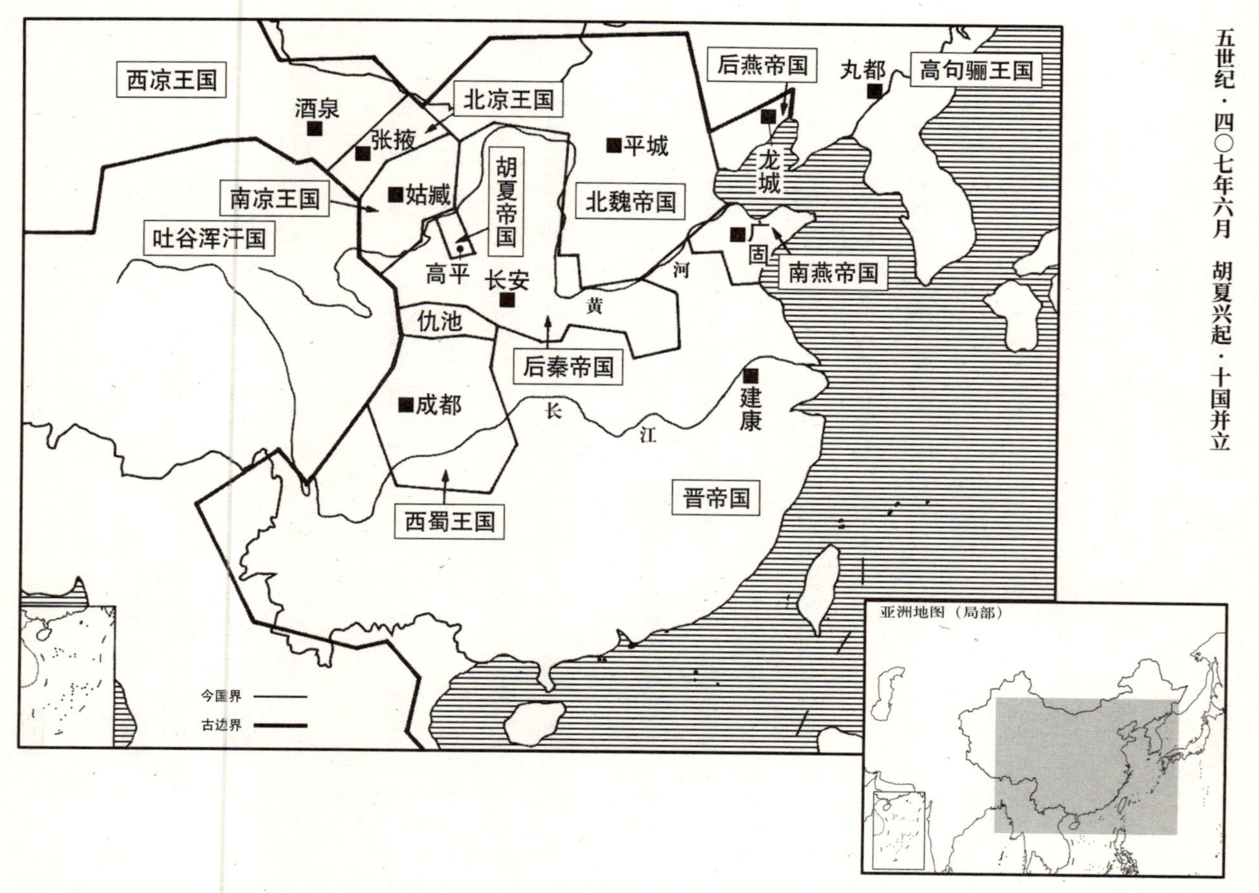

五世纪·四〇七年六月　胡夏兴起·十国并立

14 七月二十六日，后燕帝国天王慕容熙，把皇后苻训英安葬徽平陵（龙城西）。运灵柩的丧车，太过高大，首都龙城（辽宁省朝阳市）城门较为低窄，无法出去，于是，拆毁龙城北门。慕容熙披头散发，脱下鞋袜，赤着双脚，跟在后面，步行二十余里。

七月二十七日，后燕帝国大赦。

当初，中卫将军冯跋，跟老弟执法助理监察官（侍御郎）冯素弗，都被慕容熙指控有罪（不知道什么罪），打算诛杀二人，冯跋逃亡到深山荒野。慕容熙征收田赋捐税，人民无力负担。冯跋、冯素弗，跟堂弟冯万泥，秘密讨论："我们已无路可走，不如乘着人民怨恨，发动政变，可以建立公爵侯爵之类大业。事情失败，再死不晚。"遂乘坐由妇女驾驶的普通车辆，暗中混进龙城，躲藏在北部军政官（北部司马）孙护之家里。等到慕容熙出去送他妻子的灵柩安葬时，冯跋等跟左卫将军张兴，以及苻进的余党，乘机起事。冯跋和夕阳公慕容云（高云）感情一向亲密，遂推举慕容云（高云）当盟主。慕容云（高云）因箭伤没有痊愈，辞让不肯。冯跋说："慕容熙淫乱暴虐，人神共同愤怒，正是上天灭亡他的时候，你是高家名门，为什么姓人家的姓，当人家的义子（参考三九七年四月），却抛弃难以得到的好运？"把慕容云（高云）扶出前庭。冯跋的老弟冯乳陈等，率军攻击宫城弘光门，呐喊前进，皇家禁卫军全都逃走。冯跋军遂进入宫城，打开军械库，取出武器，分发使用；登上城墙，关闭城门，严密防守。禁宫高级侍从宦官（中黄门）赵洛生逃出，飞奔报告慕容熙，慕容熙说："阴沟里一群老鼠，有什么作为！我现在就回去把他们杀光。"把皇后苻训英的灵柩，暂时放在南花园，束起头发，披上铠甲，回军奔赴灾难。当天夜晚，抵达龙城，立即攻击北门，不能攻克，就在北门外安营。

七月二十八日，慕容云（高云）在城内登上天王宝座（一任惠懿帝），大赦，改年号正始（五胡乱华十九国中，第十九国北燕帝国兴起。它没有变更国号，而仍称“燕”，但统治阶级完全改换，已是另一个崭新的国度）。

慕容熙退到龙腾苑（御花园），皇家御库房警卫兵（尚方兵）褚头，翻出城墙，投奔慕容熙，声称警备营全体官兵，仍效忠皇上，只等皇家部队攻击，愿作为内应。慕容熙听到这个报告，不但没有兴奋喜悦，反而突然之间，大为震恐，跑出营门，左右将领不敢向他走近。慕容熙逃出大营后，顺着水沟狂奔；很久，左右卫士奇怪皇上为什么还不回来，出发分数路寻找，却只寻找到他穿戴的龙袍龙帽，独不见人踪（已换平民衣裳）。中央禁军总监（中领军）慕容拔，对寝殿侍奉宦官（中常侍）郭仲说：“当此马上就可以胜利之际，皇上却无缘无故，自己先行惊慌，十分奇怪。然而城里忠义之士，正在盼望，只要前往，一定成功，不可以延误太久。我现在先去攻城，你们留在这里，等候皇上回来。只要皇上回来，马上出动。假设皇上不能回来，我如果一切顺利，就安抚人心，以后再迎驾不晚。”于是跟各将领分别率武士两千余人攻击北城。守城将士认为慕容熙亲自指挥，纷纷放下武器投降。可是，慕容熙一直不能现身，慕容拔大军没有后继，军心开始怀疑，又纷纷从城墙下来，退回龙腾苑；退回龙腾苑后，仍看不到慕容熙，遂立即瓦解。慕容拔也被城中守军击斩。

七月二十九日，慕容熙身穿平民衣服，一个人躲藏在树林之中，被人发现生擒，送给慕容云（高云），慕容云（高云）一桩桩、一件件诘问他的罪状，斩首（年二十三岁）；又杀慕容熙所有的儿子（后燕帝国是五胡乱华十九国中，第八个兴起、第十个覆亡的短命王国；立国二十四年〔三八四至四〇七〕，共四任君王。因是北燕帝国取而代之的缘故，中国境内，仍是十国并立：晋帝国、后秦帝国、北魏帝国、南凉王国、北凉王国、南燕帝国、西凉王国、西蜀王国、胡夏帝国、北燕帝国)。

15 北燕帝国(首都和龙城〔辽宁省朝阳市〕)天王(一任惠懿帝)慕容云(高云),恢复本姓——高(高云改姓慕容事,参考三九七年四月)。

故后燕帝国幽州州长(刺史)上庸公慕容懿,献出令支城(幽州州政府所在县·河北省迁安市),投降北魏帝国,北魏任命慕容懿当平州(州政府仍设令支)全权州长(牧),封昌黎王。慕容懿,是慕容评的孙儿(前燕帝国亡于慕容评之手,参考三七〇年)。

16 北魏帝拓跋珪,从濡源(濡水〔闪电河〕源头·河北省沽源县)向西巡视,抵达参合陂(山西省阳高县东北),始返首都平城(山西省大同市)。

17 南凉王国(首都姑臧〔甘肃省武威市〕)首领(三任景王)、广武公秃发傉檀(本年四十三岁),背叛后秦帝国(首都长安),派人前往苑川(甘肃省榆中县东北)游说西夷保安司令部执行官(行西夷校尉)乞伏炽磐。乞伏炽磐斩使节,把人头送到长安,呈献天王姚兴。

18 南燕帝国(首都广固〔山东省青州市〕)皇帝(二任)慕容超(本年二十三岁)的娘亲和妻子,仍留在后秦帝国(首都长安)。慕容超派总监察官(御史中丞)封恺,出使后秦,请求接回。天王姚兴说:"从前,苻家班垮台(前秦帝国覆亡),皇家御用声乐各种有关技术,都被带进燕国(指西燕帝国离开长安时,席卷而去〔参考三八六年三月〕;西燕亡,入于后燕帝国〔参考三九四年八月〕,后燕首都中山陷落时,人才投奔邺城〔参考三九七年三月十四日〕),燕国(南燕帝国)今天既然愿当臣属,应送来音乐师或送东吴(晋帝国)人民一千人,所提出的请求,才可以批准。"

五世纪・四〇七年七月 北燕代后燕・十国并立

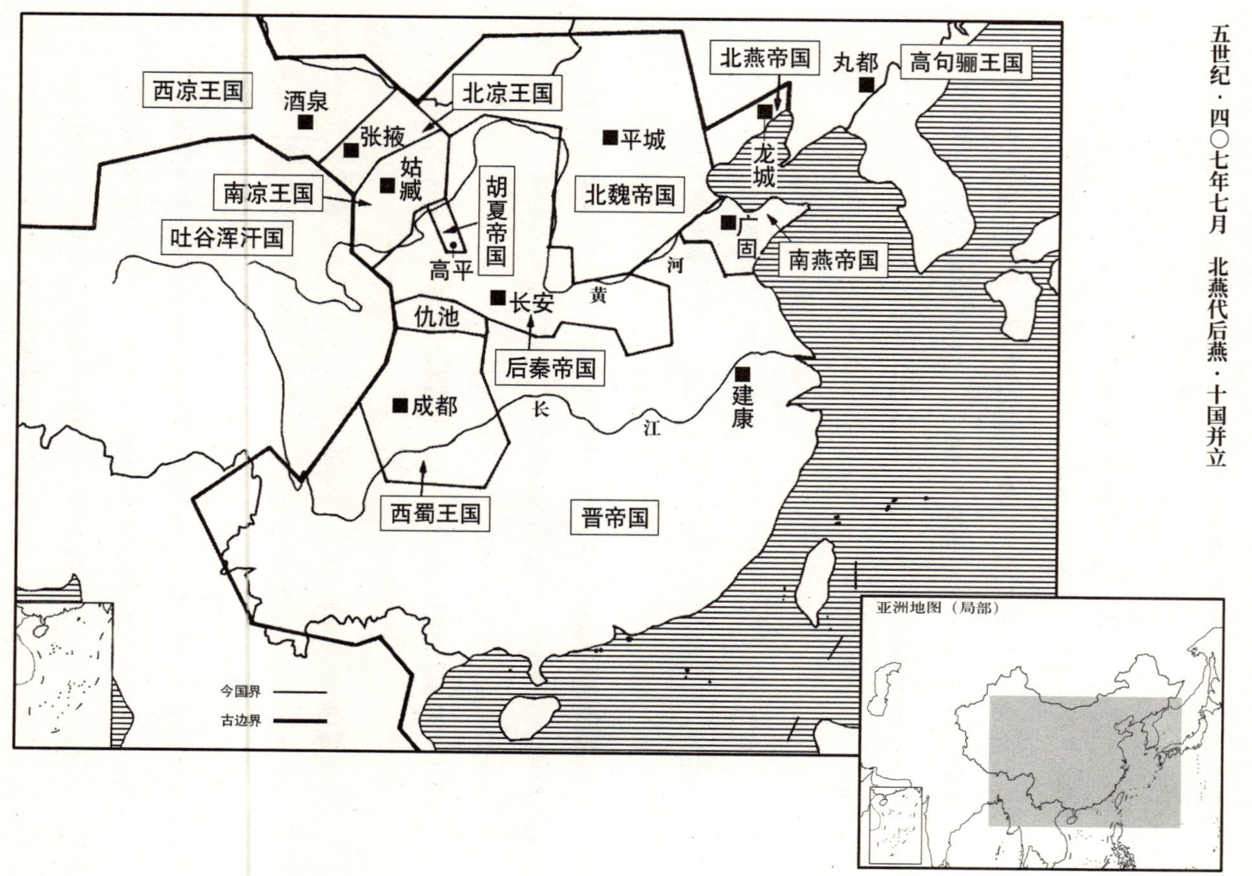

慕容超跟文武百官讨论因应之道，国务院左执行长（左仆射）段晖说："陛下继承帝国大业，不应因个人亲情的缘故，降低尊贵的称号，而且，皇家音乐是历代祖先留下来的遗音。不可以送给别人，不如派军到东吴（晋帝国）掳掠他们的人民，交付秦国（后秦帝国）。"国务院执行官（尚书）张华说："侵略邻居（晋帝国），掳掠人民，恐怕从此兵连祸结。我们既可以前往，他们当然也可以前来，一往一来，不是帝国之福。陛下娘亲在别人掌握之中，怎么可以看重虚名，不肯委曲求全？立法院最高立法长（中书令）韩范，曾经跟秦国（后秦帝国）天王姚兴，同时当过苻家（前秦帝国）太子随从官（太子舍人），如果派他前往，一定能得到满意的答复。"慕容超同意，派韩范前往后秦帝国访问，呈递奏章，自称藩属。

高级咨询官（侍中）慕容凝向姚兴建议："慕容超一旦得到老母妻子，便不可能再当藩属，应教他先送乐队。"姚兴遂对韩范说："我一定会送回燕王（慕容超）的家属，但现在天气实在炎热，等到秋凉时节起程。"

八月，后秦帝国派编制外散骑侍从官（员外散骑常侍）韦宗，前往南燕帝国聘问，慕容超跟文武百官讨论接待韦宗的礼节，国务院执行官（尚书）张华说："陛下在此之前，既然呈递奏章，现在自应面向北方，恭接诏书。"封逞说："大燕帝国拥有七代圣贤的光辉（七代，不知哪七代？如指辈分，从慕容廆起到慕容超止，不过四世。如指君王数目，前燕帝国三人，后燕帝国四人，西燕帝国五人，南燕帝国二人；无论单独或相加，都不是"七"），为什么一下子向那个无赖小丑低头？"慕容超说："我为我的娘亲屈膝，各位不必多言。"遂面向北方，接受后秦帝国诏书。

19 晋帝国龙骧将军毛修之，会同汉嘉郡（四川省雅安市名山区北）

郡长冯迁，联合进击叛将杨承祖（杨承祖事，参考去年〔四〇六〕八月），斩杨承祖。

毛修之打算乘势攻击西蜀王国（首都成都〔四川省成都市〕），益州（州政府设巴东郡〔重庆市奉节县东〕）州长（刺史）鲍陋，认为时机还没有成熟。毛修之上疏说："人之所以看重他的生命，是因为生命可贵。我现在所处的地位，生命已无意义（老爹毛瑾、伯父毛璩，全被西蜀王国屠灭；参考前年〔四〇五〕二月），仍然苟且的活在人世，只不过盼望有一天仗恃上天威灵，诛杀仇人叛徒。现在不断有可以出军讨伐的机会，偏偏鲍陋总是破坏约定，不肯会师。我虽然愿在强盗巢穴，一死报国，可是后援断绝，怎么可能成功。"

勤王军首领、镇军将军刘裕，上疏推荐襄城郡（侨郡·安徽省芜湖市繁昌区）郡长刘敬宣，率军五千人，攻击西蜀王国；任命刘道规当西征军司令官（征蜀都督）。

20 北魏帝拓跋珪，前往豺山宫（山西省右玉县北）。特勤侦察官（候官）报告："最高监察长（司空）庾岳，衣服装饰，鲜艳华丽，行为举止，言论态度，都像君王。"拓跋珪逮捕庾岳，斩首。

21 北燕帝国（首都和龙城）天王高云，任命冯跋当全国各军区总司令长官（都督中外诸军事）、开府仪同三司（宰相级）、主管政府机要（录尚书事）；冯万泥当国务院总理（尚书令）；冯素弗当首都龙城市长（昌黎尹）；冯弘当征东大将军；孙护当国务院左执行长（尚书左仆射）；张兴当辅国大将军。冯弘，是冯跋的老弟。

22 九月，西蜀王国（首都成都）首领（一任）、成都王谯纵，归降后秦帝国（首都长安），自称藩属。

23 南凉王国（首都姑臧）首领（三任景王）、广武公秃发傉檀，率五万余人，攻击北凉王国（首都张掖〔甘肃省张掖市〕）首领（二任武宣王）、张掖公沮渠蒙逊（本年四十岁）。沮渠蒙逊在均石（甘肃省山丹县西）迎战，击败南凉军，乘势进攻南凉西郡（甘肃省永昌县西北）郡长杨统所在地日勒（西郡郡政府所在县），杨统投降。

24 冬季，十月，后秦帝国河州（州政府设枹罕〔甘肃省临夏市〕）州长（刺史）彭奚念，起兵叛变，投降南凉王国（首都姑臧）。后秦帝国任命西夷保安司令（西夷校尉）乞伏炽磐（时驻苑川）代理河州州长（刺史）。

25 南燕帝慕容超，派国务院左执行长（左仆射）张华、御前监督官（给事中）宗正元，呈献皇家乐队一百二十人给后秦帝国（首都长安）。后秦天王姚兴，遂归还慕容超的亲娘段女士和妻子呼延女士；致赠厚重的礼物，送她们上路。慕容超率领文武百官，亲到马耳关（山东省五莲县东）迎接。

26 胡夏帝国（首都未定）天王刘勃勃，一连击破鲜卑人薛干等三个部落，部众投降的数目以万为计算单位。刘勃勃遂进攻后秦帝国三城（陕西省延安市）以北各地边防要塞，斩后秦将领杨丕、姚石生等。刘勃勃的部属建议说："陛下打算夺取关中（陕西省中部），最好是先行巩固根本，使人们有一个效忠仰望的京师。高平（宁夏固原市）有高山大河，地势险要，土地肥沃，可以作为皇家首都。"刘勃勃说："你们只考虑到这一方面，没有考虑到另一方面。我的大业不过刚刚开始，部众不多。姚兴也是一代英雄，将领们都听从命令，关中（陕西省中部）之地，不容易到手。我如果把全副精力坚守一个城池，他们一定倾全国之力对付，人数上既比他们少，立刻就会灭亡，不如采取游击战术，战马驰骋，来去如风，乘对方不注意的时候，他们救前，我们击后；他们救后，我们向前；他们不停奔跑，疲于奔命，而我们到处猎取食物，悠闲自在。用不了十年，岭北（岭，指九嵕山〔陕西省礼泉县北〕）河东（山西省西南部），都会全归我们所有。等到姚兴死亡，继承人（姚泓）愚昧懦弱，再慢慢夺取长安（后秦首都・陕西省西安市），都在我计划之中。”于是抢劫岭北（九嵕山以北）各郡县。岭北各城城门，白天都紧紧关闭。姚兴这时候叹息说：“我后悔没有听姚邕的话，才弄到今天这个样子。”

刘勃勃向南凉王国首领、广武公秃发傉檀，请求结成亲家，秃发傉檀拒绝。刘勃勃老羞成怒，立即报复。

十一月，刘勃勃率二万人的骑兵，攻击南凉王国，前锋挺进到支阳（甘肃省永登县南），屠杀一万余人，掳掠二万七千余人，以及牛马羊数十万头，班师。秃发傉檀率军追击，焦朗劝阻说：“刘勃勃堂堂一表，雄心不凡，统御军队，严肃整齐，不可以把他看扁。我建议从温围县（甘肃省皋兰县）向北渡河，直指万斛堆（甘肃省靖远县），依仗山川险要，扎营布阵，扼住刘勃勃的咽喉，这是百战百胜的谋略。”另一将领贺连大怒说：“刘勃勃不过是一个家破国亡的残余分子，率领一群像乌鸦般临时集合在一起的部众。为什么远远躲开，显示我们的弱点？应该急追！”秃发傉檀接受。刘勃勃得到消息，在阳武下峡（甘肃省靖远县境）凿开黄河冰封，用冰块和军中所有车辆，堵死峡口，然后挥军返击，大破南凉军，追击八十余里，杀伤一万余人，南凉王国著名的大臣和勇猛的将领，丧生的

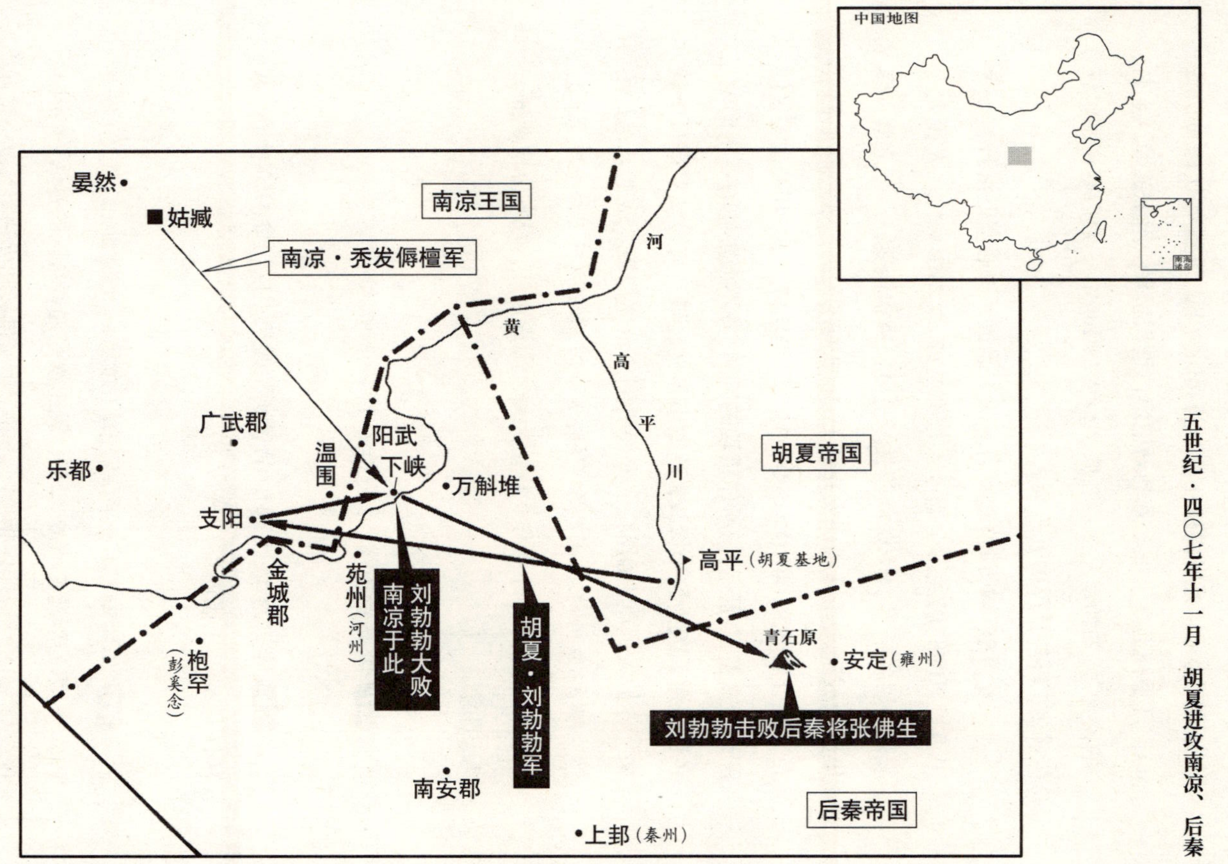

五世纪・四〇七年十一月　胡夏进攻南凉、后秦

十分之六、七。秃发傉檀在几个骑兵保护下，逃到南山（泛指南方之山），几乎被追兵生擒。刘勃勃把尸首堆积起来，用土覆埋，定名“髑髅台”。刘勃勃又在青石原（甘肃省镇原县西南）击败后秦帝国将领张佛生，斩杀及俘虏五千余人。

秃发傉檀对刘勃勃的威力，深为恐惧，决心坚壁清野；下令三百里以内的居民，全都迁入首都姑臧（甘肃省武威市）。人民大为震恐，屠各部落（匈奴贵族）酋长成七儿，乘机叛变，一夜之间，聚集部众数千人。宫殿保安指挥官（殿中都尉）张猛，大声向他们宣布：“主上阳武（甘肃省靖远县境）之败，只是仗恃人多，粗心大意。他深切地责备自己，后悔所作错误的判断；并不损害他的英明形象，各位难道就因为这个缘故，竟做出不义之事？宫殿禁卫军马上就来，你们大祸就在眼前。”变民听到，全体溃散。成七儿逃往晏然（甘肃省武威市西北），南凉军追捕，斩首。参谋主任（军咨祭酒）梁裒、辅国将军府军政官（辅国司马）边宪等，阴谋叛变，秃发傉檀逮捕二人，诛杀。

27 北魏帝拓跋珪，返首都平城（山西省大同市）。

28 十二月二十三日，晋帝国京畿总卫戍司令（扬州刺史）、武冈侯（文恭侯）王谧逝世（年四十八岁）。

29 本年（四〇七），西凉王国（首都酒泉〔甘肃省酒泉市〕）首领（一任武昭王）、凉公李暠（本年五十七岁），因上次呈递晋帝国的奏章（参考前年〔四〇五〕九月），没有得到回答；于是，再派佛教和尚法泉，走小路便道，带上奏章，前往建康（晋首都·江苏省南京市）。

四〇八年 戊申

晋	义熙	四年
后秦	弘始	十年
北魏	天赐	五年
南凉	嘉平	元年
北凉	永安	八年
南燕	太上	四年
西凉	建初	四年
西蜀	蜀王	四年
胡夏	龙升	二年
北燕	正始	二年

1 春季，正月九日，晋帝国（首都建康〔江苏省南京市〕）政府任命琅邪王司马德文当宰相（司徒）。

左将军刘毅，不愿意让勤王军首领、镇军将军刘裕，留在中央；因而提议任命中央禁军总监（中领军）谢混，当京畿总卫戍司令（扬州刺史。因王谧逝世出缺），或者由刘裕仍留在丹徒（江苏省镇江市东丹徒区），遥兼京畿总卫戍司令（领扬州），而由孟昶负实际责任。特派国务院右秘书长（尚书右丞）皮沈，带着两项方案，送给刘裕咨询意见。皮沈先晋见刘裕的机要军事参议官（记室录事参军）刘穆之，把政府讨论的情形，作一简报。刘穆之立刻起身，假装去洗手间，就在洗手间秘密写一字条给刘裕：“皮沈说的话，不可同意。”刘裕出来接见皮沈，寒暄后送他先回宾馆。然后叫来刘穆之询问，刘穆之说："晋王朝的政治力量，早已失去，上天对它的爱心，也早已转移。你复兴皇家，功勋太高，地位太尊。今天这种形势，怎么可以谦让，而以作一个地方性普通将领，就心满意足？刘毅、孟昶二位，跟你原都是一介平民，共同起义，谋取富贵。举事的时候，有先有后，所以暂时推举你当盟主，并不是心服口服，献身效忠，原来就有君臣上下名分。力量既然相敌，权势又复相等，最后一定互相吞噬。京畿（扬州）是根本之地，不可以交给别人。从前，任命王谧担任（参考四〇四年三月五日），不过是一时变通办法，权宜之计。现在再交给别人，就自然会被别人控制。一旦失去权柄，便再没有方法可以得到；将来的危险，难以想象。政府议论如此，你最好乘机表明态度。一定说你自己想干，未免难以开口，不妨说：'神州（中央）是国家基础，宰相级官员，地位重要。所示知的事体太大，没有办法遥遥讨论，最近我可能前往京师（首都建康），容我们当面交换意见。'你既到首都，他们就绝对不敢越过你，去委派别人。"刘裕完全接受。

于是，中央征召刘裕当高级咨询官（侍中）、车骑将军、开府仪同三司（宰相级）、京畿总卫戍司令（扬州刺史）、主管政府机要（录尚书事），仍兼徐、兖二州（州政府设京口〔江苏省镇江市〕）州长（刺史）。刘裕上疏辞让兖州州长（刺史），另任命诸葛长民当青州州长（刺史），镇守丹徒（江苏省镇江市东丹徒区。京口、丹徒二城东西相连，以后，京口没落，丹徒代之出现史册），刘道怜当并州（侨州 · 州政府设义昌郡〔安徽省寿县西〕）州长（刺史），镇守石头（建康城西北）。

2 正月二十五日，晋帝国武陵王（忠敬王）司马遵逝世（年三十五岁）。

3 北魏帝国（首都平城〔山西省大同市〕）皇帝（一任道武帝）拓跋珪（本年三十八岁），前往犲山宫（山西省右玉县北），转往宁川（河北省张家口市境）。

4 南燕帝国（首都广固〔山东省青州市〕）皇帝（二任）慕容超（本年二十四岁），尊娘亲段女士为皇太后，正妻呼延女士为皇后。

慕容超前往南郊祭祀天神，有一只浑身红毛，形状像老鼠，但体积却庞大得像一匹马的怪物，不知道从什么地方出来，一直走到祭坛旁边。刹那之间，飞沙走石，狂风大作，白天如同黑夜，伸手不见五指，皇家仪仗和坛上帷帐，全都裂毁。慕容超心中恐惧，询问天文台长（太史令）成公绥，成公绥回答说："陛下信任奸邪，诛杀忠良，田赋捐税太重，民间劳役不断，才使得上天震怒。"慕容超下诏大赦，罢黜公孙五楼等，逐出政府。可是，没有多久，又把他们找回来当官。

5 北燕帝国（首都和龙城〔辽宁省朝阳市〕）天王（一任惠懿帝）高云，封正妻李女士当皇后，儿子高彭城当太子。

三月二十六日，把故后燕帝国末任天王（四任）慕容熙、皇后苻训英，安葬在徽平陵（龙城西）；定慕容熙绰号昭文皇帝。

高句骊王国（首都丸都〔吉林省集安市〕）派使节到北燕帝国聘问，并就两国皇家血统，确定关系位置（高云是高句骊王国皇家的后裔，参考三九七年四月）。高云派执法监察官（侍御史）李拔，前往高句骊王国报聘。

6 夏季，四月，晋帝国（首都建康）国务院左执行长（尚书左仆射）孔安国逝世。

四月甲午日（四月甲子朔，没有甲午。《建康实录》作"丙午"，但四月也没有丙午），擢升文官部长（吏部尚书）孟昶接替。

7 北燕帝国大赦。

8 五月，北燕帝国任命国务院总理（尚书令）冯万泥，当幽、冀二州全权州长（牧），镇守肥如（河北省迁安市东北）；中军将军冯乳陈，当并州全权州长（牧），镇守白狼（辽宁省喀喇沁左翼县西南）；抚军大将军冯素弗，当京畿总卫戍司令（司隶校尉）；原京畿总卫戍司令（司隶校尉）务银提（务，姓），当国务院总理（尚书令）。

9 西蜀王国（首都成都〔四川省成都市〕）首领（一任）、成都王谯纵，派人到后秦帝国（首都成都）晋见，自称臣属；又跟晋帝国广州（州政府番禺）州长（刺史）卢循，秘密来往。

谯纵上疏后秦天王（二任文桓帝）姚兴（本年四十三岁），请指派桓谦南下，打算跟桓谦联合攻击晋帝国（桓谦投奔后秦，参考四〇五年正月）。姚兴询问桓谦意见，桓谦说："我们桓家几代以来，对荆楚（湖北省）人民，都有恩德。如果能运用巴蜀（西蜀王国）的力量，顺长江而下，各阶层人民势必纷纷响应。"姚兴说："小河沟里，容纳不了大鱼。谯纵的才能如果可以办到，就不会依靠你当他的鳞甲和翅膀，你可要自己保重自己。"遂送桓谦南下。

桓谦到成都，谦卑虚心，接待各方人士；谯纵忽然兴起猜忌，把他软禁在龙格（四川省成都市华阳街道境），派军看守。桓谦失去行动自由，向诸兄弟流泪说："天王（姚兴）真是料事如神！"

10 后秦帝国（首都长安〔陕西省西安市〕）天王姚兴，认为南凉王国（首都姑臧〔甘肃省武威市〕）正陷于严重的内忧外患（外有阳武之败，内有梁裒、边宪之叛），打算利用机会，把南凉王国消灭。派国务院助理官（尚书郎）韦宗，前去侦察。南凉首领（三任景王）、广武公秃发傉檀（本年四十四岁），跟韦宗谈论天下大事，探讨分析，头头是道。韦宗告辞后，叹息说："奇才异能，英雄气概，不一定只中国（指中原）才有，聪明智慧，反应迅速，见识卓越，不一定非读很多书不可。我到今天才知道九州（古中国）之外，儒家学派'五经'之外，仍有伟大人物。"回来后，对姚兴说："凉州（南凉王国）虽然凋零贫苦，可是秃发傉檀诡诈超过常人，不可以对他轻估。"姚兴说："刘勃勃（胡夏帝国）所率领的，不过是一群乌鸦群众，还能把他击破，何况我把全国的兵力加到他头上？"韦宗说："不然，形势不断变迁，反反复复，千头万绪，但主要的是：仗势欺人的人，容易失败，谨慎戒备的人，不容易攻取。秃发傉檀所以被刘勃勃击溃，是秃发傉檀对刘勃勃心存轻视的缘故。而今，我们大军压境，他必定恐惧，只求保全。暗中观察，我们文武百官之中，没有人能比得上秃发傉檀，即令陛下天威亲征，也不敢保证一定胜利。"姚兴不理，派皇子中军将军广平公姚弼、后军将军敛成、镇远将军乞伏乾归，率步骑兵三万人的混合兵团，袭击南凉王国；另派国务院左执行长（左仆射）齐难，率骑兵二万人，讨伐刘勃勃。国务院文官部长（吏部尚书）尹昭劝告说："秃发傉檀仗着道路遥远，地势险要，才敢于违背中央，不如下诏命沮渠蒙逊（北凉王国）、李暠（西凉王国）讨伐。使他们之间，互相斗殴，自行穷困，不必劳动中国（后秦帝国）的兵力。"姚兴仍不理。

姚兴写信给秃发傉檀说："现在派齐难讨伐刘勃勃，恐怕刘勃勃向西逃亡，所以命姚弼到河西（河西走廊）截击。"秃发傉檀相信，没有防备；姚弼遂从金城（甘肃省兰州市）渡过黄河。智囊姜纪对姚弼说：“现在，政府军宣称讨伐刘勃勃，秃发傉檀心里正犹豫不决，戒备一定不太严密，请给我轻装备骑兵五千人，径行突袭姑臧（南凉首都·甘肃省武威市），直到城门之下，则城外所有居民，都会站在我们这一边。秃发傉檀只剩下一座孤城，又没有援军，我们可以坐在凳子上把他制伏。”姚弼不准。大军推进到漠口（甘肃省永登县西南），昌松（甘肃省武威市南）郡长苏霸，关闭城门抗拒，姚弼派人劝他投降，苏霸说：“你们抛弃信义，违背誓言，攻击我们国家，我只有一死而已，说什么投降？”姚弼进攻，斩苏霸，长驱直入，进抵姑臧（南凉首都·甘肃省武威市）。秃发傉檀登城坚守，出奇兵攻击姚弼，击破姚弼西征军，姚弼退守西苑（姑臧西城）。姑臧城中居民王钟等，阴谋作姚弼的内应，事情泄露，秃发傉檀打算诛杀首领，而赦免其余的随从分子，前军将军伊力延侯说：“强大的盗寇（指姚弼军）正在城外，奸人却在城内企图暴动，危险的程度，至为可怕，如果不全部坑杀，如何能阻吓后人效尤。”秃发傉檀同意，活埋五千余人。秃发傉檀命郡县政府把牛羊等，全部放逐到原野，后秦帝国后军将军敛成，果然派军出来抢夺；秃发傉檀命镇北大将军秃发俱延、镇军将军秃发敬归等，联合进击。后秦西征军大败，阵亡七千余人；姚弼下令坚守营垒，拒绝出战；秃发傉檀攻击，不能攻克。 760

秋季，七月，姚兴派卫大将军常山公姚显，率骑兵二万人，作为各军支援，进到高平（宁夏固原市），得到姚弼兵败消息，加倍速度，急行军前进。姚显派神射手孟钦等五人，在姑臧（南凉首都·甘肃省武威市）凉风门挑战，还没有拉开弓弦，南凉材官将军宋益等迎头痛击，斩孟钦等。姚显内心畏惧，遂把挑衅罪状，全都推到敛成头上，派人向秃发傉檀道歉，宣慰河西（河西走廊）一带人民，率军撤退。秃发傉檀也派使节徐宿，前往首都长安（陕西省西安市）请求宽恕。

胡夏帝国（首都未定）天王（一任武烈帝）刘勃勃（本年二十八岁），听到后秦帝国北征军就要抵达消息，向后撤退到河曲（黄河北流转向东流处）。齐难认为刘勃勃远远逃走，遂放纵士卒四出抢劫，没有戒备。刘勃勃秘密回军袭击，俘虏及斩杀七千余人。齐难撤退，刘勃勃追到木城（陕西省榆林市），生擒齐难，再俘虏将领士卒一万三千人。于是岭北（岭，指九嵕山〔陕西省礼泉县北〕）所有夷族和汉人，归附胡夏帝国的以万为单位计算；刘勃勃分别为他们设立郡长、县长，安抚管理（阳城之败，秃发傉檀不过自保；木城之败，后秦帝国从此国不成国。当初姚苌如何对付前秦帝国，现在刘勃勃如法炮制；历史重演的轨迹，有时暧昧，有时明显）。

11 晋帝国叛将司马叔璠（参考前年〔四〇六〕正月），自蕃城（山东省滕州市）攻击邹山（山东省邹城市东南）；鲁郡（山东省曲阜市）郡长徐邕，放弃城池逃走；车骑将军府秘书长（车骑长史）刘钟，击退司马叔璠。

12 北燕帝国（首都和龙城）天王高云，封慕容归当辽东公，命他负责燕帝国（前燕、后燕）皇家祖庙的祭祀。

13 晋帝国（首都建康）西征军前锋司令刘敬宣，率讨伐西蜀王国（首都成都）大军，进入三峡（西陵峡、巫峡、瞿塘峡），派巴东郡（重庆市奉节县东）郡长温祚，率二千人，从外水（岷江）进军，亲自率益州（州政府巴东郡）州长（刺史）鲍陋、辅国将军文处茂、龙骧将军时延祖，由内水（垫江〔涪江〕）转战而前。西蜀王国首领、成都王谯纵，向后秦帝国（首都长安）求救，后秦天王姚兴，派平西将军姚赏、南梁州（州政府设武兴〔陕西省略阳县〕）州长（刺史）王敏，率军二万人救援。

刘敬宣大军进到黄虎（四川省射洪市），距西蜀王国首都成都只五百里（航空距离一百三十公里）。西蜀王国辅国将军谯道福，集中全部兵力抗拒，僵持六十余日，刘敬宣无法前进，而粮秣已经吃完，瘟疫流行，死亡的有一半以上，只好撤退。刘敬宣受到指控，免职，削除封爵采邑的三分之一；荆州（州政府设江陵〔湖北省江陵县〕）州长（刺史）刘道规，因是西征军司令官（征蜀都督）之故，贬降为建威将军。

九月，车骑将军刘裕，因刘敬宣战场失利，请求准许自己辞去本兼各职。晋帝司马德宗下诏，命刘裕降级当中军将军，开府（宰相级）依旧。左将军刘毅，打算用重刑惩处刘敬宣，刘裕在中央备加保护。何无忌警告刘毅说："怎么能够因私人恩怨，伤害天下的大公。"刘毅才算停止。

14 后秦帝国河州（州政府设苑川〔甘肃省榆中县东北〕）州长（刺史）乞伏炽磐，看出后秦帝国国力日渐衰退，为了以后打算，同时也畏惧后秦政府军的袭击。

冬季，十月，乞伏炽磐征召各部落二万余人，在嵻崀山（甘肃省榆中县南马衔山）筑城，迁居作为基地。

15 十一月，南凉王国（首都姑臧）首领、广武公秃发傉檀再称凉王（南凉王。后秦帝国封秃发傉檀为广武公，参考前年〔四〇六〕八月），大赦，改年号嘉平（之前是弘始十年，之后是嘉平元年），恢复文武百官，封正妻折掘女士当王后，世子秃发虎台当太子，主管政府机要（录尚书事）。左秘书长（左长史）赵晁、右秘书长（右长史）郭倖，分别当国务院左右执行长（尚书左、右仆射）。任命昌松侯秃发俱延，当全国武装部队总司令（太尉）。

16 南燕帝国汝水（女水，流经山东省淄博市东南）干枯，所有河川，全都结冰，只渑水不结冰（渑水，发源于山东省淄博市东临淄区，西北注入小清河）。南燕帝慕容超心里厌恶，询问李宣，李宣说："渑水所以没有结冰，只因流过京师（首都广固），跟日月（指皇帝）太近。"慕容超大为高兴，赏赐给李宣官服一套。

17 十二月，后秦帝国河州（州政府苑川）州长（刺史）乞伏炽磐，攻击据守枹罕（甘肃省临夏市）的叛将彭奚念（参考去年〔四〇七〕十月）；被彭奚念击败，回军。

18 本年（四〇八），北魏帝拓跋珪，诛杀高邑公莫题。当初，拓跋窟咄攻击拓跋珪时（参考三八六年八月），莫题因拓跋珪年纪太小（三八六年时，拓跋珪十六岁），暗中跟拓跋窟咄联络，送一支箭作为信誓，说："三岁大的小牛，怎么拉得动重车！"拓跋珪心里衔恨，一直不忘。现在，有人控告莫题在平常日子，高傲简慢，架子大得好像君王。拓跋珪派人把当初那支箭送给莫题，并对他说："三岁大的小牛结果如何！"莫题父子相对哭泣。第二天天亮，逮捕令下，斩首。

二十年前顺口一句话，拓跋珪隐忍不发，因为权力还没有稳固。一旦稳固，旧账立刻清算，而在这二十年的漫长岁月中，莫题父子认为大人物一定有大度量，为了回报这份包容，立下不少汗马功劳。

不要盼望一个掌握权柄的人，会有宽恕的美德。因之，也只有掌握权柄的人对人宽恕，才是真正的高品质人格。而一个人在自以为得意时，也应该千万记住，不要随便送出你的箭。

四〇九年 己酉

晋	义熙	五年
后秦	弘始	十一年
西秦	更始	元年
北魏	天赐	六年
	永兴	元年
南凉	嘉平	二年
北凉	永安	九年
南燕	太上	五年
西凉	建初	五年
西蜀	蜀王	五年
胡夏	龙升	三年
北燕	正始	三年
	太平	元年

1 春季，正月一日，南燕帝国（首都广固〔山东省青州市〕）皇帝（二任）慕容超（本年二十五岁），在金銮宝殿，接受文武百官朝贺，叹息皇家音乐，残缺不全（乐队精英，都送到后秦帝国）。讨论俘虏晋帝国（首都建康〔江苏省南京市〕）人民递补。中央禁军总监（领军将军）韩谆说："先帝（一任帝慕容德）因故都（后燕故都中山·河北省定州市）陷落敌手，退守三齐（山东半岛），陛下不计划使士卒人民，得到休养，严密注视魏国（北魏帝国）的局势，恢复祖先的大业，反而向南方侵犯邻居，去制造仇

敌，怎么可以！”慕容超说：“我已经决定，不跟你多说。”

2 正月二日，晋帝国（首都建康〔江苏省南京市〕）大赦。

3 正月二十一日，晋帝国政府任命刘毅当首都卫戍司令（卫将军）、开府仪同三司（宰相级）。刘毅敬重有才能的人，热爱朋友，当世的知名人士，全都聚集在他左右。只有京畿总卫戍司令部主任秘书（扬州主簿）、吴郡（江苏省苏州市）人张邵，不肯前往。有人问他什么缘故，张邵说：“主公（刘裕）是应运而生的人中豪杰，还用多问？”（刘裕此时是京畿总卫戍司令〔扬州刺史〕，所以张邵称主公。）

4 后秦帝国（首都长安〔陕西省西安市〕）天王（二任文桓帝）姚兴（本年四十四岁），派他的老弟平北将军姚冲、征虏将军狄伯支等，率骑兵四万人，北上攻击胡夏帝国（首都未定）天王（一任武烈帝）刘勃勃。姚冲到岭北（岭，指九嵕山〔陕西省礼泉县北〕），阴谋回军袭击长安，狄伯支拒绝，姚冲只好停止，用毒酒毒死狄伯支灭口。

5 后秦帝国天王姚兴，派使臣前往西蜀王国（首都成都〔四川省成都市〕），任命西蜀首领（一任）成都王谯纵当总司令官（大都督）、相国，封蜀王（西蜀王），加授九锡（参考四年），代表皇帝，直接任官封爵；其他礼仪全都如同帝王。

6 二月，南燕帝国（首都广固）将领慕容兴宗、斛谷提、公孙归等，率骑兵侵入晋帝国（首都建康）边境，攻击宿豫（江苏省宿迁市），攻克，大肆抢劫掳掠而去，挑选男女二千五百人，交付音乐管理署（太乐），教授他们演奏。公孙归，是公孙五楼的老哥。这时，公孙五楼当高级咨询官（侍中）、国务院执行官（尚书），兼首都东区卫戍司令（左卫将军）；中央政府权柄，握在他一人之手，公孙家宗族亲属，一个个身居显要高官。亲王公爵、政府内外大臣，没有人不十分畏惧。

南燕帝慕容超奖赏宿豫（江苏省宿迁市）大捷，封斛谷提等，都当郡级采邑或县级采邑的公爵。桂阳王慕容镇劝告说："这几个人，劳师动众，为帝国在境外制造怨仇，有什么功劳，竟受封赏？"慕容超大怒，拒绝回答。国务院见习助理官（都令史）王俨，巴结公孙五楼，几年来一直不断升迁，直升到国务院左秘书长（左丞）。民间遂流传说："要想封侯，事奉公孙五楼。"慕容超再派公孙归等攻击晋帝国所属的济南郡（侨郡），俘虏男女一千余人而回。自彭城（江苏省徐州市）以南，晋帝国人民都兴筑堡寨，集结在堡寨中自保。

晋帝（十六任安帝）司马德宗（本年二十八岁）下诏（刘裕诏），命并州（侨州·州政府设义昌郡〔安徽省寿县西〕）州长（刺史）刘道怜，驻防淮阴（江苏省淮安市淮阴区），戒备再一次的突击（刘道怜原驻石头城〔建康城西北〕，参考去年〔四〇八〕正月）。

7 后秦帝国河州（州政府设苑川〔甘肃省榆中县东北〕）州长（刺史）乞伏炽磐，到上邽（秦州州政府所在县·甘肃省天水市）晋见太原公姚懿；叛将彭奚念（参考前年〔四〇七〕十月），乘乞伏炽磐后方空虚，攻击苑川（甘肃省榆中县东北）。乞伏炽磐得到消息，怒不可遏，不向姚懿辞行，即行返回，迎击彭奚念，击破彭奚念军，遂包围彭奚念根据地枹罕（甘肃省临夏市）。乞伏炽磐的老爹、镇远将军乞伏乾归，随从天王姚兴，巡视平凉（甘肃省华亭市）；乞伏炽磐攻克枹罕，派人禀告乞伏乾归；乞伏乾归遂私自逃回苑川（甘肃省榆中县东北）。

冯翊郡（陕西省大荔县）人刘厥，集结群众数千人，占领万年（陕西省西安市临潼区），叛变。太子姚泓，派镇军将军彭白狼，率太子宫（东宫）禁卫军讨伐，斩刘厥，赦免他的党羽。各将领请求把这项胜利，公开宣布，上疏夸张战果，增加诛杀人数。姚泓不准，说："主上把后方的事交给我负责，我不能预防叛乱，应该自己请求处罚，怎么敢骄傲谎骗，认为自己有功！"

天王姚兴从平凉（甘肃省华亭市）前往朝那（宁夏彭阳县西古城镇），发觉姚冲企图回军袭击首都长安的阴谋，命姚冲自杀。

8 三月，晋帝国（首都建康）中军将军刘裕上疏晋帝司马德宗，要求讨伐南燕帝国（首都广固）；高级官员议论纷纷，都认为绝不可以。只有国务院左执行长（左仆射）孟昶、车骑将军府军政官（车骑司马）谢裕、军事参议官（参军）臧熹，认为一定胜利，鼓励刘裕出征。刘裕任命孟昶负责主持中军将军府京师（首都建康）留守司令部。谢裕，是谢安老哥的孙儿（谢安，参考三八五年八月）。

最初，前秦帝国瓦解时，王猛（参考三七五年七月）的孙儿王镇恶，逃到晋帝国，晋帝国政府任命他当临澧（湖南省桑植县）县长。王镇恶不善于骑马，也不善于拉弓射箭；但胸有谋略，对杂乱的形势，能迅速而果敢的下达判断，喜爱谈论国家大事。有人把王镇恶推荐给刘裕，刘裕跟他长谈，大为高兴，当晚就留他住下。第二天早上，刘裕对参谋官员说："我听说：名将家门，仍出名将；在王镇恶身上，应验证实。"命王镇恶当中军将军府军事参议官（中军参军）。

9 恒山（北岳·河北省曲阳县北）山崩。

10 夏季，四月，后秦帝国镇远将军乞伏乾归从苑川（甘肃省榆中县东北）前往枹罕（甘肃省临夏市），留世子乞伏炽磐镇守枹罕，自己集结部队，有二万人，遂把根据地迁回度坚山（甘肃省靖远县西）。

11 北魏帝国（首都平城〔山西省大同市〕），天际忽然发出霹雳，击毁皇宫天安殿东墙。北魏帝（一任道武帝）拓跋珪（本年三十九岁）心中厌恶，命劳工营（左校）用攻城用的"冲车"，撞击东墙和西墙，全部摧毁。

最初，拓跋珪服用"寒食散"（参考三九七年四月），药毒长期累积，毒性逐渐发作，性情暴躁，喜怒无常。本年（四〇九），病势更为严重。加上灾变异象，又不断出现，卜卦先生多数都指称：手肘之旁，会发生巨变。拓跋珪更忧虑愤怒，心情不安。有时一连几天不进饮食，有时一夜不睡觉，回想过去的成败得失，口中喃喃不停的自言自语。怀疑所有部属，认为没有一个人可以信赖。每天，文武官员报告国家大事时，走到面前，拓跋珪忽然想起过去的怨恨，就会立即报复，诛杀。其他的人，或者脸色有点不对，或者呼吸不太均匀，或者走路时脚步不稳，或者言辞有点差错，拓跋珪都会认为他们心中恶念，流露于外；往往亲自动手击毙。尸首陈列在皇宫天安殿之前，政府内外，人人不能自保。文武官员因循苟安，只求无事，对谁都不肯监督。强盗小偷，公开作案，京师（首都平城）大街小巷，人烟稀少。

拓跋珪也知道社会反映，说："这是我故意纵容他们这个样子，等灾难的年岁过去后，自当重新整顿。"当时，文武官员恐怕惹祸，很多人不敢跟拓跋珪接近，只有国史编撰官（著作郎）崔浩，谨慎勤劳，始终没有懈怠，有时留在宫中，整天不回家。崔浩，是国务院文官部长（吏部尚书）崔宏的儿子。崔宏对拓跋珪从不冒犯，但也从不拍马屁；所以只有崔宏父子，没有受到谴责。

12 胡夏帝国（首都未定）天王（一任武烈帝）刘勃勃（本年二十九岁），率骑兵二万人，攻击后秦帝国（首都长安），俘虏平凉（甘肃省华亭市）蛮夷部落七千余户，进驻依力川（华亭市南）。

13 四月十一日，晋帝国中军将军刘裕亲率北伐兵团出发，离开首都建康（江苏省南京市），带领舰队，从淮河进入泗水。

五月，北伐兵团舰队抵达下邳（江苏省睢宁县北古邳镇），将士下舰登陆，留下辎重，徒步行军，直指琅邪（山东省临沂市），所经过的地方，都兴筑城堡，留军守卫。有人对刘裕说：“敌人如果堵住大岘山险要（大岘山，山东省临朐县南沂山。岘，音xiàn〔县〕）或者坚壁清野，我们大军深入敌人国土，不但不能收功，恐怕连家都回不去，怎么善后？”刘裕说：“我已考虑周详，鲜卑人贪图近利，没有远大眼光。前进时盼望多多掳掠抢夺，后退时又爱惜田中庄稼，认为我们孤军深入，势不能持久。他们（南燕帝国）最多在临朐（山东省临朐县）布防，或者退守他们的首都广固（山东省青州市），一定不会控制险要，撤退原野居民，我敢向各位立下保证。”

南燕帝慕容超，听到晋帝国北伐兵团出发消息，举行御前会议。征虏将军公孙五楼说：“晋军轻快果断，利在速战速决，不可以在疆场上跟他们争锋。我们应该据守大岘险要，扼住咽喉，使晋军不能进入我们心脏。拖延时间，打击他们的旺盛士气，然后挑选精锐骑兵二千人，沿着海岸南下，切断他们的粮道。另行命令段晖（兖州〔州政府设梁父·山东省泰安市东南〕州长）率兖州部队，沿梁父山东下；

对晋军发动腹背夹击，这是上等策略。如果教各郡长各县长，依靠险要，严守城池，除了自己所需的粮食外，多余的全部焚毁；再把田里的庄稼割光，使敌人抢不到手，他们是外国部队，求吃饱没有粮食，求作战没有人应战；十天半月之间，可以坐在这里，把他们克制，这是中等策略。至于放任盗贼（晋军）进入大岘，我们再出城迎击，可是下等策略。”慕容超说：“本年（四〇九）的福星正笼罩三齐（山东省），以上天运转的轨迹推断，用不着战斗，就会胜利。客人和主人的情势，恰恰相反，以人世间的道理推断，他们远道跋涉，士卒疲惫，势不能久停。我们据守五个州的疆土（南燕帝国不过原青州一州之地，但在建国后分为五州：青州州政府设东莱〔山东省莱州市〕，幽州州政府设开阳〔山东省临沂市〕，徐州州政府设莒县〔山东省莒县〕，兖州州政府设梁父〔山东省泰安市东南〕，并州州政府设阴平〔江苏省沭阳县〕），人民富庶，铁甲骑兵有数万人，一望无际的田野，全是青葱禾苗，为什么要强迫人民迁往险处，割光庄稼烧掉，先行削弱自己！不如放他们进入大岘，我们纵出精锐骑兵，冲锋陷阵，践踏蹂躏，何必担心不胜！”辅国将军、广宁王慕容贺赖卢，苦苦劝阻，慕容超不肯接受。慕容贺赖卢退出后，对公孙五楼说：“一定要那样，国亡家破，就在今天。”全国武装部队总司令（太尉）、桂林王慕容镇说：“陛下一定认为平地是骑兵最好的战场，也应该从大岘出击，到山南迎战，万一不能胜利，还可以退守大岘，不可以让敌人大摇大摆走到大岘山（沂山）北，自己放弃险要防卫。”慕容超不理。慕容镇出来，对韩谆说：“主上既不能迎头痛击，打败强敌；又不肯迁移居民，清除田野；却引导敌人进入我们心脏地带，坐在城里等候围攻，不过刘璋第二（刘璋事，参考二一三年五月）。今年（四〇九），帝国必亡，我只有一死，你本是中国（中原）人士，以后却不得不断发文身！”（中国自有历史记载之日起，把长江以南，看作蛮荒，蛮族特征是：头发截断〔不像汉人“束发”〕，身上刺青，晋帝国虽然以中国“正统”自居，但在当时中国〔中原〕人看来，不过断发纹身之地，所以慕容镇有此感叹。）

慕容超听到这话，大怒若狂，逮捕慕容镇下狱。下令撤退莒城（山东省莒县）、梁父（山东省泰安市东南）二地驻军，加强首都广固（山东省青州市）防御工程，遴选将士兵马，严阵以待。

南燕帝国的局势，不仅当时的人有一种无力感，就是一千五百年后的读者，无力感仍然存在。不过最痛苦的还是当时明智的爱国志士，他们清楚的看到危机，却无法阻止这个伶牙俐齿的半吊子头目，向死谷英勇迈进。

无力感虽然不一定会覆亡一个国家，但一个国家在覆亡之前，人民一定会有强烈的无力感，眼睁睁的看着大厦瓦解，只能叹息。

刘裕率晋帝国北伐兵团，沿途一直没有遇到南燕帝国的阻截。等到越过大岘山（沂山），刘裕举手上指，感谢苍天，掩饰不住脸上的喜悦。左右人士说：“你还没有看到敌人，就先乐成这个样子，为什么？”刘裕说：“大军已通过险地，士卒没有退路，心怀死战豪情。粮食大量储存田亩，大军粮秣不愁缺乏（慕容超拒绝坚壁清野，庄稼仍在）。盗匪（指南燕帝国）完全在我们掌握之中。”

六月十二日，刘裕北伐兵团挺进到东莞县（山东省沂水县东北）。慕容超先派公孙五楼、慕容贺赖卢，及左将军段晖等，率步骑兵五万人，驻防临朐（山东省临朐县）。听到晋军已过大岘山，慕容超遂亲自率步骑兵四万人，前往临朐增援，命公孙五楼率骑兵进驻巨蔑水（流经临朐县南）。晋帝国北伐兵团前锋司令官孟龙符，发动攻击，大破南燕军，公孙五楼撤退。刘裕出动战车四千辆，两车相并，在左右两翼展开，掩护步骑兵，缓慢而坚定地向前推进。就在临朐之南，跟南燕军接触，立即大战，直到日过中午，仍难决定胜负。晋帝国军事参议官（参军）胡藩向刘裕建议：“燕国（南燕帝国）把所有兵力，都投入战场，临朐城防卫力量，一定薄弱，我愿率骑兵从小路向城垣发动突袭，这是韩信击破赵王国的计谋（参考前二〇四年十月）。”刘裕派胡藩，跟首席军事参议官（咨议参军）檀韶，建威将军、河内郡（河南省沁阳市）人向弥，秘密出动，绕到南燕军背后，进攻临朐，声称他们是海上增援而来的晋帝国远征部队。向弥身披铠甲，首先攀城而上，遂夺取临朐。在城中静候捷报的慕容超，大为惊骇，单人匹马出城，逃奔正在城南战场酣战的兖州州长（刺史）段晖。刘裕下令全军猛攻，南燕军大败，晋军斩段晖等高级将领十余人。慕容超逃回广固（山东省青州市）。晋军夺得慕容超的皇帝玉玺、御用辇车（“法驾”三十六辆），以及在辇车后面高悬、象征威严的豹尾。刘裕乘胜追击，直到广固。

六月十九日，攻克广固外城。慕容超集结残余部众，退保内城。刘裕兴筑长墙，密密包围，墙高三丈，挖掘深沟三道，招纳安抚归降的人，选拔贤能才俊，无论蛮夷或汉人，都十分欢乐。于是征收当地粮食草料，停止长江、淮河的后勤补给。

慕容超派国务院助理官（尚书郎）张纲，前往后秦帝国，请求救援；赦免桂阳王慕容镇，命他担任主管政府机要（录尚书事）、全国各军区总司令长官（都督中外诸军事）；慕容超接见慕容镇，向慕容镇道歉，询问救国之道。慕容镇说：“万众民心，维系在元首一人身上。陛下亲率大军出征，失败而回，文武官员已有离散的心意，民心士气，全都丧失。听说秦国（后秦帝国）正有内患（指刘勃勃），恐怕没有能力拨出一部分军队拯救别人。四散逃亡，回归大营的，还有数万人，应该拿出金银财宝，作为悬赏，跟敌人再作一次决战。如果上天相助，定可击破敌人；如果失败，一死也是美事，比关着门等待大祸临头要好。”宰相（司徒）乐浪王慕容惠说：“不然，晋军在大胜之后，声势上干霄汉，我们用残兵败将，跟他对抗，岂不困难。秦国（后秦帝国）虽然跟刘勃勃（胡夏帝国）对峙，但不是根本灾难。而且，秦国（后秦帝国）跟我国分别割据中原，形势如同牙齿跟嘴唇，怎么能不来救援？问题在于，如果不派出大臣，就得不到重兵。国务院总理（尚书令）韩范，受到两国的尊重（参考前年〔四〇七〕七月），最好是派他前往求救。”慕容超批准。

秋季，七月，晋帝国政府加授刘裕北青州、冀州州长（空头官衔）。

南燕帝国国务院执行官（尚书）略阳郡（甘肃省天水市东）人垣尊，跟老弟、京兆郡（侨郡）郡长（太守）垣苗，跳出城墙，投降晋帝国北伐兵团。刘裕命垣尊当副军事参议官（行参军）。垣尊、垣苗，都是慕容超最信任依赖的心腹。

有人对刘裕说：“张纲有机械头脑，如果命他制造攻城武器，广固（南燕首都·山东省青州市）一定可以攻克。”正巧，张纲从长安回来报命，晋帝国泰山郡（山东省泰安市东）郡长申宣，把他生擒，送给刘裕。刘裕把张纲放到攻城武器“楼车”（古代称“巢车”）上，升到城头，命他绕城宣告：“刘勃勃（胡夏帝国）大破秦国（后秦帝国）军队，救兵没有希望。”城中人脸色大变。晋帝国每次增援部队或政府使节到达广固，刘裕都秘密派出军队，在夜间南下，暗中会合；第二天，军旗招展，战鼓如雷，虚张声势，堂皇而至。广固之北的民众，携带武器、粮秣，归附晋帝国北伐兵团的，每天以千为单位计算；对广固的围攻，越发猛烈。南燕帝国重臣张华、封恺，都被晋军生擒。慕容超请求割让大岘山（沂山）以南土地，降为藩臣，刘裕拒绝。

后秦帝国天王姚兴，派使节对刘裕说："慕容家（南燕帝国）跟我们是邻居，而且互相友好，而晋国（晋帝国）围攻如此急迫，我们已派出铁骑十万人，进驻洛阳（晋王朝故都·河南省洛阳市东白马寺东）；你如果还不回去，我们就长驱直入。"刘裕把后秦使节，叫到面前，对他说："告诉你们的姚兴，我征服燕国（南燕帝国）之后，休兵三年，当夺取关中（陕西省中部）、洛阳。你们今天如果要送上大门，送得越快越好。"机要军事参议官（记室录事参军）刘穆之，听到刘裕接见后秦使节，急行晋见，而后秦使节，已经离开。刘裕把他的这番话告诉刘穆之，刘穆之抱怨说："平常时候，事情没有大小，你都先跟我商议之后，再做决定。这件事应该仔细考虑，怎么可以脱口而出，仓猝回答？这些话并不能使敌人畏惧，反而会刺激敌人老羞成怒。如果广固不能攻下，而羌贼（姚兴是羌人）发动突击，不知道用什么抵挡？"刘裕笑说："这是军事上的谋略，超出你了解的范围，所以没有找你商量。两军交战，看谁的行动迅速，他们如果有力量援救，一定怕我们知道，哪有先派人事先通知之理！非常明显，不过是一番大话空话。我国军队，长期以来，没有出过国境，羌人看到我们讨伐三齐（南燕帝国），心里已经恐惧，连自己老命都保不住，有什么能力救人！"

14 后秦帝国镇远将军乞伏乾归（时驻度坚山〔甘肃省靖远县西〕），宣布独立，再称秦王（西秦王），大赦，改年号更始；三公、部长级以下官员，都恢复原位（西秦王国于亡国八年〔参考四〇〇年七月〕之后，本年〔四〇九〕复国。后秦帝国自柴壁之战〔参考四〇二年十月〕，国势日弱，南凉王国首先脱幅，西秦王国继起中兴。中国境内，十一国并立：晋帝国、后秦帝国、西秦王国、北魏帝国、南

五世纪·四〇九年七月 西秦复国·十一国并立

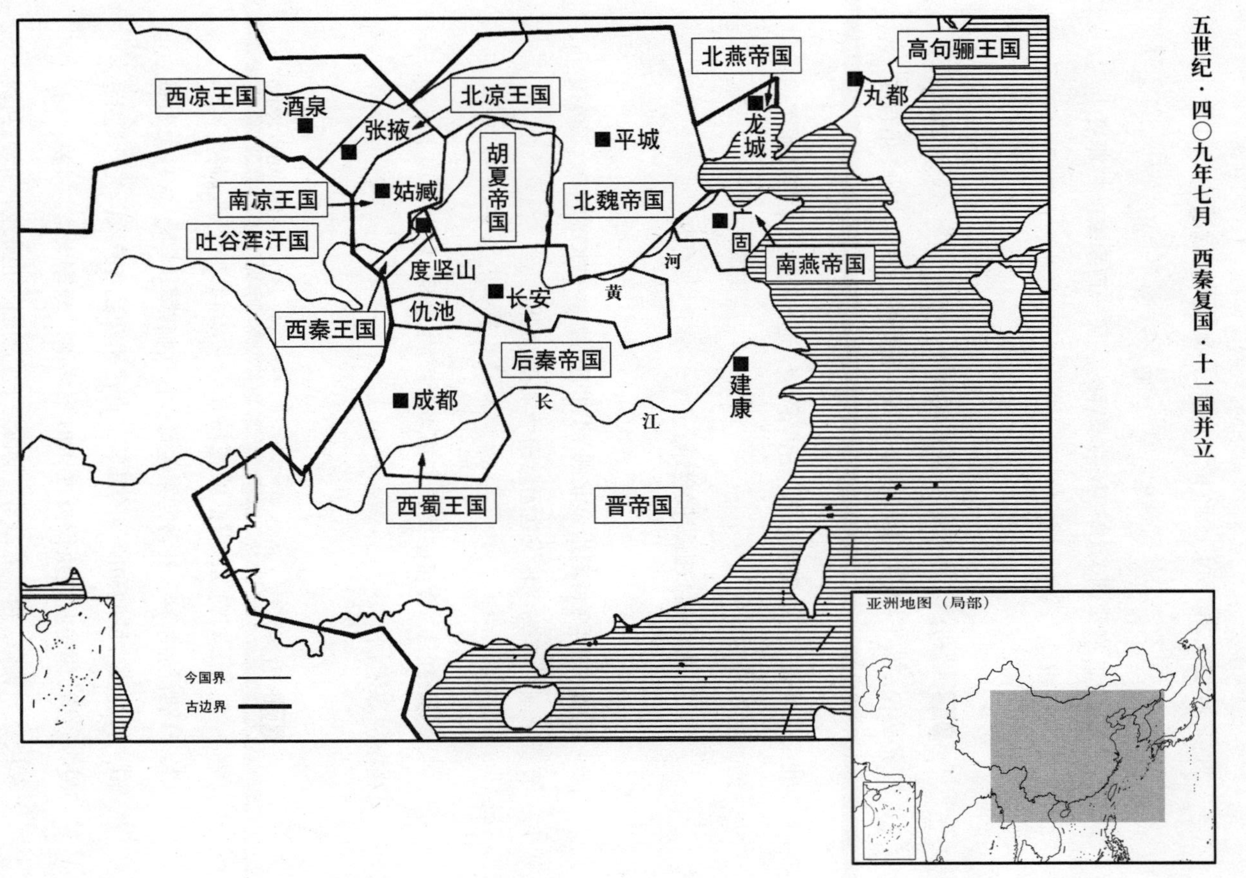

凉王国、北凉王国、南燕帝国、西凉王国、西蜀王国、胡夏帝国、北燕帝国)。

15 北魏帝国(首都平城)姓慕容的居民一百余家,打算逃走,北魏帝拓跋珪下令全部屠杀。

16 最初,北魏帝国全国武装部队总司令(太尉)穆崇,跟卫王拓跋仪,布下埋伏,准备谋杀北魏帝拓跋珪,没有成功。拓跋珪念及二人的功劳,一直保守秘密,不去追查。等到拓跋珪患病,大批诛杀重臣,拓跋仪疑心自己已陷险境,遂即逃亡。拓跋珪派军追捕,生擒。

八月,拓跋珪命拓跋仪自杀。

17 由南燕帝国投奔北魏帝国的封融(参考四〇六年九月),再投奔晋帝国(首都建康)北伐兵团总司令刘裕,归降。

18 九月,晋帝国擢升刘裕当全国武装部队总司令(太尉);刘裕坚决辞让。

19 后秦帝国(首都长安)天王姚兴,御驾亲征,讨伐胡夏帝国(首都未定)天王刘勃勃,进抵贰城(陕西省黄陵县西北),派安远将军姚详等,分别督运粮秣。刘勃勃乘虚奇袭,兵临贰城城下,姚兴大为恐惧,打算放弃城池和所带的部队,自己率轻装备骑兵,先行逃走,投奔姚详;国务院右执行长(右仆射)韦华说:“皇家大驾,只要一动,军民立刻震恐,用不着战斗,部众就自行崩溃,也未必就能逃到姚详大营。”姚兴遂跟刘勃勃接战,后秦军大败,将军姚榆生,被胡夏军生擒；幸而左将军姚文崇等拼命死战，才把刘勃勃击走。姚兴也撤退，返首都长安（陕西省长安市）。刘勃勃乘胜再攻击后秦所属的敕奇堡（今地不详）、黄石固（甘肃省平凉市北）、我罗城（今地不详），全部攻克。把居民七千余家，强迫迁到大城（内蒙古杭锦旗东南）；命丞相刘右地代，兼幽州全权州长（牧），镇守大城。

最初，姚兴派首都卫戍司令（卫将军）姚强，率步骑兵一万人，随南燕帝国国务院总理（尚书令）韩范，前往洛阳（河南省洛阳市东白马寺东），跟后秦帝国东平公姚绍会师，东下援救南燕。可是，不久，姚兴被刘勃勃击败，姚兴命姚强回军长安，韩范叹息说："上天要燕国（南燕帝国）灭亡！"南燕国务院执行官（尚书）张俊，从长安返国，中途投降刘裕，建议说："燕国（南燕帝国）所仗恃的，认为韩范一定会带领秦国（后秦帝国）援军归来，如果能俘虏韩范，教他们看到援军无望，南燕一定投降。"刘裕一面上疏中央，推荐韩范当散骑侍从官（散骑常侍），一面写信给韩范，邀请归降。后秦帝国外籍兵团指挥官（长水校尉）王蒲，劝韩范就留在后秦，韩范说："刘裕不过一介小民，平地崛起，消灭桓玄，复兴晋国（晋帝国），而今讨伐燕国（南燕帝国），大军所指的地方，无不瓦解。大概是天意如此，不是人力所能办到。而且，燕国（南燕帝国）灭亡，下一次就是秦国（后秦帝国），我不可以受两次投降的侮辱（蜀汉帝国谯周也有类似言论，参考二六三年十月）。"遂向刘裕投降。刘裕带着韩范绕城一周，城中人心沮丧离散。有人建议皇帝慕容超诛杀韩范全家，慕容超认为韩范老弟韩谆尽忠皇室，没有二心，遂连韩范的家属也都赦免。

冬季，十月，从南燕帝国投奔北魏帝国的段宏（参考四〇六年九月），从北魏再投奔刘裕。

张纲为刘裕制造攻城武器，没有一件不精密巧妙。慕容超大怒，把张纲的娘亲，倒挂到城墙上，活活砍下四肢及人头。

20 西秦王（首都度坚山〔甘肃省靖远县西〕）乞伏乾归，封正妻边女士当皇后，世子乞伏炽磐当太子，兼全国各军区总司令长官（都督中外诸军事）、主管政府机要（录尚书事）。任命屋引破光（屋引，复姓）当河州州长（刺史），镇守枹罕（甘肃省临夏市）；南安郡（甘肃省陇西县东南）人焦遗，当太子太师（太子三师之一），参与国家决策。乞伏乾归说："焦先生不仅是著名的高级知识分子，而且是辅佐帝王的奇才。"对乞伏炽磐说："你事奉焦先生，要跟事奉我一样。"乞伏炽磐就在焦遗所坐的床前，下跪叩头。焦遗的儿子焦华，十分孝顺，乞伏乾归打算把女儿嫁给他，焦华推辞说："一个人娶妻的目的，在于跟她共同事奉爹娘双亲（这就是传统的孝道）。可是，公主的身份尊贵，一旦下嫁给住在茅屋里的贫贱之士，实在不相匹配，我恐怕她可能无心主持家务，这不是我所盼望的事。"乞伏乾归说："你所做的决定，只有古人才有这样的高洁，我不能勉强把女儿嫁给你。"遂任命焦华当国务院民政助理官（尚书民部郎）。

21 北燕帝国（首都龙城〔辽宁省朝阳市〕）天王（一任惠懿帝）高云，了解他自己对人民并没有特别恩德，对建国也没有特别功劳，却高坐元首尊位，常有一种危险恐惧的感觉。于是，经常选用武士，在身旁保护，作为自己的心腹亲信和行动爪牙。最受宠爱的弄臣离班、桃仁（离、桃，姓），专门负责宫廷和帝王安全工作，高云对他们的赏赐，有万万之多，二人的衣食住行，都跟天王一样。可是，离班、桃仁贪得无厌，仍不满意。

十月十三日，高云前往东堂，离班、桃仁，身挂佩剑，手里拿着一部通俗书籍走进来，声称有事当面报告；等接近高云时，离班抽出佩剑，直刺高云，高云举起茶几挡住。桃仁拔剑再从侧面进击，高云遂中剑而死（年龄不详）。

全国各军区总司令长官（都督中外诸军事）冯跋，登上宫城洪光门，等候尘埃落定。作战官（帐下督）张泰、李桑，对冯跋说："这两个瘪三，想闹到什么程度？我替你砍下他们的人头！"抽出佩剑，跳下洪光门；李桑在西门斩离班，张泰在庭院中斩桃仁。大家一致推举冯跋登上宝座。冯跋让给老弟范阳公冯素弗，冯素弗拒绝。冯跋遂在昌黎（和龙城·辽宁省朝阳市）自称天王（二任文成帝），大赦；下诏说："陈家代替姜家，并不更改'齐国'国名（春秋时代的齐国，本由姜姓担任国君。前三九一年，陈姓家族族长田和〔田和的祖先姓陈〕，取得政权，仍称齐国）。所以我们也不更改，仍称'燕国'（北燕帝国）。"改年号太平（之前是正始三年，之后是太平元年），高云绰号称惠懿皇帝。

冯跋尊称娘亲张女士当太后，封正妻孙女士当王后，儿子冯永当太子。任命范阳公冯素弗，当车骑大将军、主管政府机要（录尚书事）；孙护当国务院总理（尚书令）；张兴当国务院左执行长（左仆射）；汲郡公冯弘当国务院右执行长（右仆射）；广川公冯万泥，当幽（州政府设令支〔河北省迁安市〕，时被北魏占领）、平（州政府设宿军〔辽宁省北镇市〕二州全权州长〔牧〕）；上谷公冯乳陈，当并（州政府设白狼〔辽宁省喀喇沁左翼县西南〕）、青（州政府设营丘〔辽宁省凌海市境〕）二州全权州长（牧）。

冯素弗从小豪放侠义，行为放荡，不受世俗拘束，曾经向国务院左秘书长（左丞）韩业求亲，韩业拒绝。冯素弗后来担任宰相，对韩业尤其优待。冯素弗喜爱提拔故旧部属，态度谦虚恭敬，勤俭节约，凡事自己先做，作为部下的榜样。文武百官对他十分敬畏，赞扬他有宰相的器度。

22 北魏帝拓跋珪，将要封齐王拓跋嗣当太子。北魏帝国从部落时代起就有一种残忍的风俗：指定合法继承人时，同时也诛杀合法继承人的娘亲（这是预防母后专政最野蛮的办法，但杀母制度事实上软弱无力，因为娘亲虽死，褓母代兴）。既封拓跋嗣当太子，遂强迫他娘亲刘贵人自杀。拓跋珪把拓跋嗣找来，向他解释说："刘彻（西汉王朝七任帝）杀赵钩弋（参考前八八年），目的在预防母后干涉政治，和预防舅父或外祖父作乱。你就要继承大统，所以我效法古人，只不过为帝国长久之计。"拓跋嗣性情至为孝顺，悲哀号泣，不能控制自己。拓跋珪大为恼怒，拓跋嗣强忍而出，回到太子宫，日夜悲号流泪，拓跋珪得到报告，命他进宫；拓跋嗣左右官员警告他说："皇上愤怒得简直发狂，一旦进宫，大祸难以预测，不如暂时逃避，等皇上怒气稍稍平息，再进宫不迟。"拓跋嗣遂逃出京师（首都平城〔山西省大同市〕），只有属下、拓跋部落人车路头（此时还没有改姓，应是车焜路头〔车焜，复姓〕）、京兆郡（陕西省西安市）人王洛儿二人随从。

当初，有一次，拓跋珪前往娘亲所属的贺兰部落（内蒙古阴山山脉北），见到娘亲贺太后的妹妹，美艳绝伦，就向娘亲要求给他当小老婆，娘亲说："不行。太美丽的东西，一定有毒。而且她已有丈夫，不可以强夺。"拓跋珪瞒住娘亲，秘密派人刺死那个倒霉的丈夫，收纳这位姨母，生下一子拓跋绍，封清河王。拓跋绍凶暴无赖，喜爱换上平民衣服，游逛大街小巷，又常常抢劫行人旅客，剥光他们的衣服，认为是无上欢乐。拓跋珪大怒，捉住他把他头下脚上，颠倒悬挂在水井里，直挂到快要断气，才拉出来。身为老哥的齐王拓跋嗣屡次教训他，拓跋绍遂怨恨拓跋嗣。

十月十三日（北燕帝国一任天王高云被刺之日），拓跋珪诟骂贺夫人，把她囚禁，打算杀她；正好天已黄昏，犹豫不决。贺夫人秘密派人通知她儿子拓跋绍说：“你怎么救我？”拓跋珪性情残暴，服侍左右的官员，人人恐惧。拓跋绍本年十六岁，血气方刚，入夜，跟手下武士、宦官、宫女共数人，阴谋定计，跳墙进宫，直奔天安殿，左右呼喊：“有贼！”拓跋珪惊醒，从床上跳起来，急找弓刀武器，却找不到。拓跋绍遂斩老爹拓跋珪（年三十九岁）。

暴君被杀，使人欢呼；但老爹死于一个未成年的儿子之手，天伦巨变，却使人心情沉重。太美丽的东西，往往有毒，有它的道理，那位倒霉的丈夫就因为妻子太漂亮，而被人在胸膛上插刀。但生下的儿子刺死老爹，却跟娘亲太美丽无关。历史上很多这种例证，在探索原因时，却用几行文字，把真相掩住，而随便抓个其他理由充数。

拓跋珪之横死，他自己要负全责，倒悬入井，岂是教子之法？厌恶儿子，怎能迁怒儿子的娘，竟要杀人？至爱的太子一听召唤，便惊恐而逃，说明拓跋珪兽性发作时的可怖，兽性之所以可怖，是因为他手中的权力无限，假使权力有限，就不会有这场家庭悲剧。

十月十四日（事变次日），皇宫城门到中午仍然不开。拓跋绍声称皇帝有诏令下达，命文武百官集合端门（正南门）之前，面向北方肃立。拓跋绍从门缝里询问说：“我有叔父，也有兄长，你们拥护谁？”对这句没头没脑的话，大家惊愕，没有人回答。很久之后，南平公长孙嵩说：“拥护大王！”大家这才醒悟过来拓跋珪已死，可是又不知道拓跋珪怎么突然亡故；全都不敢出声，只阴平公拓跋烈放声大哭，转身而去。拓跋烈，是拓跋仪的老弟（拓跋仪本年八月被逼自杀）。于是政府与民间，一片骚动，人心沸腾，谣言四起。肥如侯贺护，在安阳城（河北省蔚县西北）北，燃起告警烽火。贺兰部落的人，都到安阳城聚合，其他各部落也分别集结。拓跋绍听说人情不安，遂拿出大量布匹绸缎，赏赐王爵公爵以下官员，只崔宏一个人，拒绝接受。

太子拓跋嗣听到事变消息，立即动身返回京师（首都平城），白天藏匿深山，晚上住在王洛儿家。王洛儿邻居李道，暗中供应拓跋嗣日常用品，民间知道的人越来越多，高兴得奔走相告。拓跋绍得到消息，逮捕李道，斩首；并悬出赏格，寻找拓跋嗣，打算诛杀。狩猎助理官（猎郎）叔孙俊，跟血缘疏远的皇族拓跋磨浑，声称他们知道拓跋嗣在什么地方。拓跋绍派手下武士二人，随他们前往。叔孙俊、拓跋磨浑才得以出城，出城后立即把两位武士生擒，晋见拓跋嗣，砍下二人人头。叔孙俊，是叔孙建的儿子（叔孙建，参考三八六年正月）。王洛儿充当拓跋嗣的信差，来往首都平城（山西省大同市）之间，跟各重要官员，取得联系。当天（十四日）夜晚，通知安远将军安同等，大家才知道拓跋嗣消息，全体响应，争着出城迎接。拓跋嗣抵达城西，皇宫里的卫士，已经逮捕拓跋绍，呈献给拓跋嗣。拓跋嗣诛杀拓跋绍，和拓跋绍的娘亲贺夫人，同时诛杀拓跋绍手下官属，以及当内应的宦官、宫女等十余人。最先动手刺死拓跋珪的人，文武百官把他的尸体剁成肉酱，吞食下肚。

十月十七日，拓跋嗣（本年十八岁）登上皇帝宝座（二任明元帝），大赦，改年号永兴（之前是天赐六年，之后是永兴元年）。追尊娘亲刘贵人绰号宣穆皇后，以前被免职回家，不参与决策的三公、部长级官员，全都召回政府。下诏命南平公长孙嵩，跟北新侯安同、山阳侯奚斤、白马侯崔宏、元城侯拓跋屈等八人，在皇城止车门（皇亲国戚和文武百官，到此门都下马下车，步行入宫）设立座位，共同处理政府业务，时人称为“八公”。拓跋屈，是拓跋磨浑的老爹。拓跋嗣因为国务院执行官（尚书）燕凤，一直事奉自己祖父拓跋什翼犍（参考三三八年十一月），命他跟中央部族政务总监（都坐大官）封懿等，进宫给皇帝讲解经书，出宫则主持政府运转。任命王洛儿、车路头，当散骑侍从官（散骑常侍）；叔孙俊当首都卫戍司令（卫将军）；拓跋磨浑当国务院执行官（尚书）；一律封郡级或县级公爵。拓跋嗣询问旧有的臣属，老爹拓跋珪最亲信的有谁。王洛儿指出李先（李先，西燕帝国七任帝慕容永的智囊，西燕亡，迁到中山〔后燕首都 · 河北省定州市〕；后燕亡，归附北魏帝国。参考三九六年十月）。拓跋嗣召见李先，问说：“你有什么样的才能？有什么样的功劳？受到先帝（拓跋珪）的知遇之恩？”李先说：“我既没有才能，又没有功劳，而是我的忠良和正直，先帝（拓跋珪）所深知。”拓跋嗣下诏，任命李先当安东将军；常在皇宫中留宿过夜，准备回答皇帝随时提出的问题。

朱提王拓跋悦，是拓跋虔的儿子（拓跋虔守平城，败死；参考三九六年闰三月）犯罪（不知道什么罪），自己猜疑恐惧。

闰十月三日，拓跋悦身上暗藏匕首，进宫值班，打算顺便对拓跋嗣发动攻击。叔孙俊发觉他的举止有点奇异，拉住他的手，从怀中搜出匕首，遂斩拓跋悦。

23 十二月二十二日，太白金星侵犯虚星座和危星座。

南燕帝国（首都广固）御用天文台台长（灵台令）张光，建议南燕帝慕容超投降；慕容超亲自下手把他诛杀。

24 柔然汗国（瀚海沙漠群）侵略北魏帝国（首都盛乐）。

四一〇—四一四年

一〇年代

五世纪

晋帝国

- ◎ 南燕帝国亡。
- ◎ 晋变民首领卢循攻建康。
- ◎ 胡夏帝国筑统万城。
- ◎ 西蜀王国亡。
- ◎ 南凉王国亡。

- ◎ 西哥德部落酋长阿拉力克，再攻陷罗马城，除基督教会以外，屠杀抢劫一空。
- ◎ 西罗马帝国为救内难，撤出驻不列颠军团。盎格鲁等部落侵入，建立七小国。
- ◎ 中国高僧法显印度返国。

四一〇年 庚戌

晋	义熙	六年
后秦	弘始	十二年
西秦	更始	二年
北魏	永兴	二年
南凉	嘉平	三年
北凉	永安	十年
南燕	太上	六年
西凉	建初	六年
西蜀	蜀王	六年
胡夏	龙升	四年
北燕	太平	二年

1 春季，正月一日，南燕帝国（首都广固〔山东省青州市〕）皇帝（二任）慕容超（本年二十六岁），登内城天门（南门），在城上接受文武官员新年朝贺。

正月二日，慕容超和他最宠爱的小老婆魏夫人，再登城楼，看到晋帝国（首都建康〔江苏省南京市〕）北伐兵团的强大，忧心如焚，互相握住对方的手，哭泣流泪。中央禁军总监（领军将军）韩谆劝解说：

“陛下受厄运的考验，正应该努力团结，振奋人心，怎么反而跟小儿女一样，那么软弱！”慕容超擦去眼泪，道歉。

国务院总理（尚书令）董诜，建议慕容超出降，慕容超大为愤怒，逮捕董诜，囚禁。

2 北魏帝国（首都平城〔山西省大同市〕）南平公长孙嵩，率军攻击柔然汗国（瀚海沙漠群）。

3 北魏帝（二任明元帝）拓跋嗣（本年十九岁），因各郡县土豪劣绅，多数成为人民的祸害，于是用措辞温和的诏书，强行征调他们集中京师（首都平城）。土豪劣绅依恋故土，不愿意迁移，郡长县长强迫执行，于是少年人和无赖汉，纷纷逃亡，到山窝草泽之中相聚，干起抢劫生涯，遍地都是强盗。拓跋嗣召见“八公”（参考去年〔四〇九〕十月），共同研究如何处理，说：“我的本意是为人民除害，而郡长县长不但不能安抚，反而制造混乱。现今，犯法的人既如此之多，不可能全部诛杀，我打算颁布大赦令，使他们安心，怎么样！”元城侯拓跋屈说：“人民抗命逃亡，去当强盗，不治罪却去赦免，是在上位的人，向在下位的人低头，不如诛杀领头的元凶，而只赦免附和的党羽。”白马侯崔宏说：“圣明君王统御人民，主要任务是使人民安定，不是跟人民较量胜负。赦免虽不是正道，但可以通权达变。拓跋屈打算先杀后赦，是‘杀’和‘赦’分两次实施，难道不知道，只‘赦’一次，就可安定？赦免他们，他们仍不肯放下武器，再诛杀不晚。”拓跋嗣同意。

二月一日，派将军于栗䃅，率骑兵一万人，讨伐抗拒赦免令的人，所到之处，全部平定。

4 南燕帝国广宁王慕容贺赖卢、征虏将军公孙五楼，挖掘地道，出城攻击晋帝国围城的北伐兵团，不能取胜。而首都广固（山东省青州市）内城被围太久，城中男男女女，大半患严重的软脚病，前后相接，出城投降。慕容超乘辇车登上城楼，国务院执行官（尚书）悦寿，劝慕容超说："而今，上天帮助盗贼（指晋军）作恶，我们战士凋零疲惫，单独困守一座孤城，外援的希望完全断绝，天时、人事，一切可以预知。假定上天注定皇家的命运，已到尽头，连伊祁放勋（尧）、姚重华（舜）都得让位，陛下难道不考虑一个变通的办法？"慕容超叹息说："兴起、覆亡，都是天命。我宁可战斗而死，也不口衔璧玉，投降求生。"

二月五日，刘裕投入全部兵力，向广固（山东省青州市）发动强烈攻击，有人警告刘裕说："今天是'往亡日'（胡三省原注："《历书》：二月惊蛰后第十四日，是往亡日。"前往必亡），对军事行动，非常不利。"刘裕说："我往，他亡，怎么会不利？"四面八方，同时进攻。悦寿私自打开城门，迎接晋军。慕容超率左右数十骑兵，突围逃走，晋军追捕，生擒，刘裕责备他拒不投降之罪，慕容超神色不变，不发一言，而只把娘亲托付给刘敬宣而已（刘敬宣在桓玄时，曾投奔南燕帝国〔参考四〇二年十月〕，应在那时候跟慕容超建立友谊）。

刘裕愤恨广固（山东省青州市）久不投降，打算把所有军民，全部活埋坑杀，而把妇女赏赐给将士。散骑侍从官（散骑常侍）韩范（故南燕帝国国务院总理〔尚书令〕）劝阻说："当初，晋政府迁到长江以南，中原混乱不安，人民无依无靠，遇到强有力的首领，只好归附于他，希望得到保护。既建立君臣关系，做臣民的当然要为君王效忠尽力。广固人民，都是高阶层古老的官宦世家，先帝（晋帝国历代皇帝）遗留下来的人民。帝国的皇家军队，为了拯救水深火热中的人民、铲除罪恶，才发动战争，结果却把他们全都活埋坑杀，那么，人民将往哪里去？我认为，从此之后，西北方面人民（指后秦帝国），便永远没有盼望。”刘裕面色严肃，向他道歉。然而，仍斩贵族王爵、公爵以下三千人，没收的家属有一万余人（既是王爵、公爵，大多数应是鲜卑人），拆除广固城墙。

把慕容超送回首都建康（江苏省南京市），绑赴刑场，斩首（年二十六岁。南燕帝国在五胡乱华十九国中，第十五个兴起，第十一个灭亡，立国十三年〔三九八至四一〇〕，共二任君王。南燕亡后，中国境内，十国并立：晋帝国、后秦帝国、西秦王国、北魏帝国、南凉王国、北凉王国、西凉王国、西蜀王国、胡夏帝国、北燕帝国）。

司马光曰

晋政府自从南渡长江，国势不振，蛮族横行，像猛虎一样，吞食中原。到了刘裕，才开始率领王师，铲平山东半岛。不在这个时候，礼贤下士，招揽才俊，安抚疲惫的居民，培养谦让祥和的风气，洗刷残暴污秽的政治，使所有知识分子都望风响应，使所有遗民都提起脚跟盼望；反而变本加厉，随意杀戮；只为了发泄一时的愤怒。考查刘裕的战地政务，连苻家班（前秦帝国）、姚家班（后秦帝国）都不如，难怪他不能荡平四海，成功一项美好伟大事业！岂不是虽然有智勇，却缺少仁义的缘故！

柏杨曰

慕容超一生遭遇，好像一出传奇戏剧，如果我们不知道这是真实历史，定会对作者幻想力的丰富，大为惊叹。先是前燕帝国灭亡，接着边城落户，金刀赠别，再接着，老爹参与军事叛变，大逮捕下，全家被屠，黑狱逃生，妻子生下遗腹之子，流亡万里。于是，突然间，乞丐变成白马王子、白马王子变成英明国王。欧洲童话中才有的故事，在五世纪的中国政治舞台

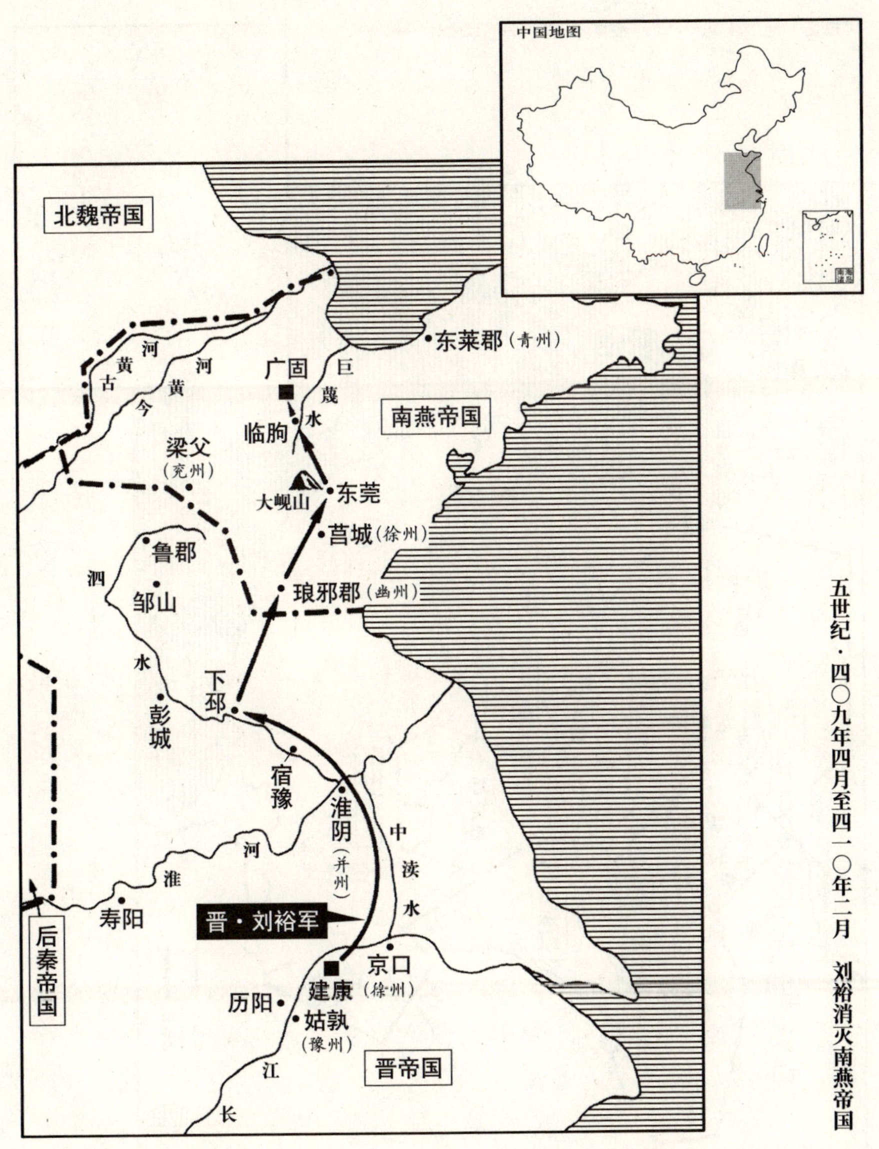

五世纪·四〇九年四月至四一〇年二月　刘裕消灭南燕帝国

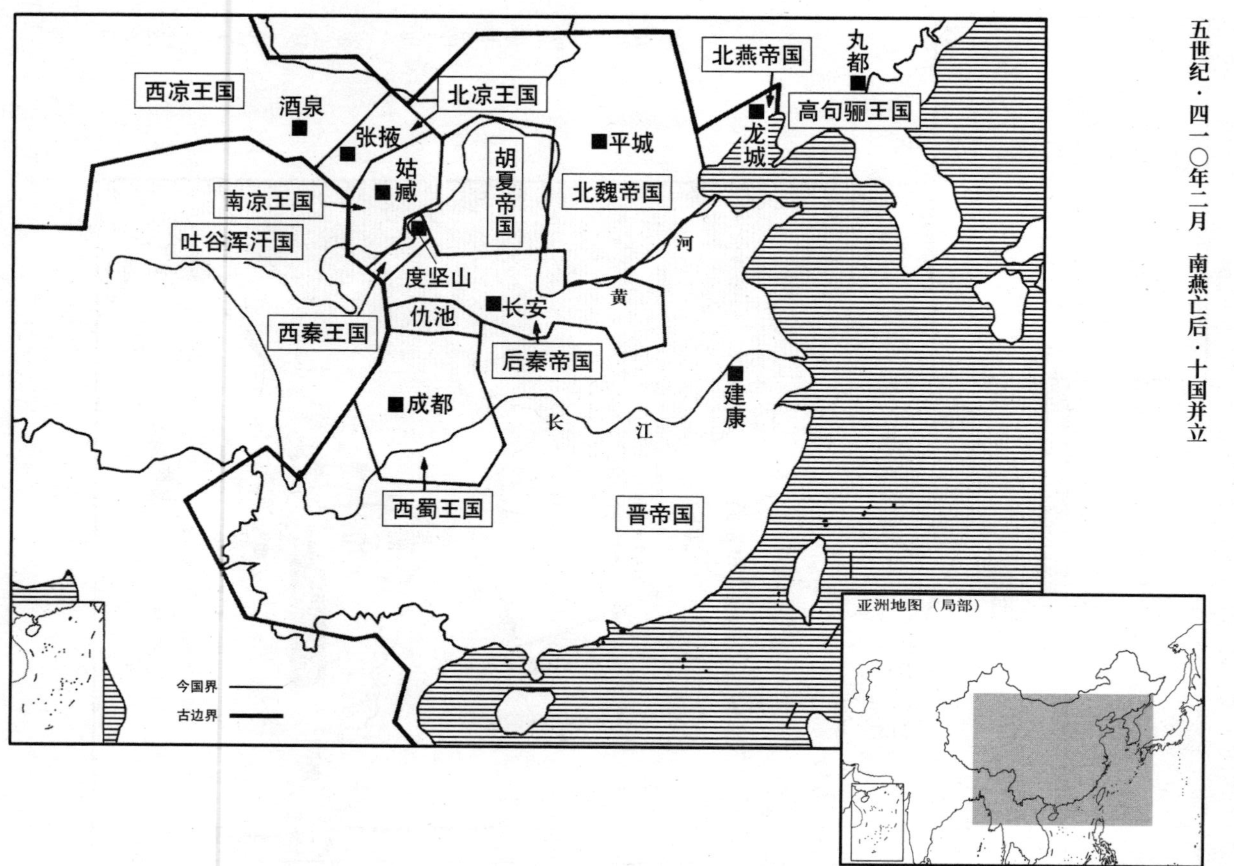

五世纪·四一〇年二月　南燕亡后·十国并立

上，竟真的实现，而以慕容超亲到马耳关（山东省五莲县东）迎接娘亲妻子，达到高峰。历史脚步如果停在高峰该多好，可是结局却如此悲惨，又是突然间，白马王子从宝座上跌下来，被当作江洋大盗，绑到刑场，砍下人头！心肠稍软的作家，都不忍心写下这种结局，但历史却会。

慕容超跟很多亡国之君一样，而他的坎坷遭遇，使他的罪恶，更为具体而明显。他从乞丐跳上宝座，立刻就忘了他是谁——世界上确实有很多人，能把过去忘得一干二净，不留痕迹。南燕帝国跟慕容超何干？当别人血战建国时，慕容超还在街头流浪，一旦掌权，就好像他原来就是白马王子、英明国王。刚愎自用，妄自尊大，自以为英明无比。他对别人的建议只有两种反应，一是严厉拒绝，一是诛杀。尤其不可原谅的，是他横挑强邻。南燕帝国活生生被他埋葬，可是从被俘到处决，他却面不改色，看起来是条英雄好汉，实际上正是死不认错，冥顽不灵，脑筋僵硬得像千年化石。

假使那时候的南燕帝国是一个民主国家，国会和舆论群起阻止慕容超施展他的聪明，岂不是不但救了帝国，也救了他自己，救了那么多战死的士卒，更救了被处决的三千男女！

5 最初，晋帝国始兴郡（广东省韶关市）郡长（相）徐道覆，听到刘裕北伐消息，劝告广州（广东及广西）州长（刺史）卢循（卢循接受政府官职事，参考四〇五年四月），乘虚袭击首都建康（江苏省南京市），卢循不同意。徐道覆亲自到番禺（广州州政府所在县 · 广东省广州市），向卢循分析说：“我们住在岭外（南岭以南），难道你认为能够顺理成章，把它传给子孙？只因为刘裕强大，很难跟他为敌，才不得不如此。现在，刘裕被吸引在坚城之下，没有回来的期限！我们手下，全是盼望回家的敢死武士（变民都是太湖流域及钱塘江流域居民），我们用这批思归之士，突击何无忌、刘毅之辈，易如反掌。不乘着此一良机，却苟且的安于现状，只求快乐一天是一天，事实上中央一直把你看作一颗心头毒瘤。如果刘裕击灭三齐（山东省·南燕帝国故地）之后，休息一两年，然后由皇帝下诏，征召你前往京师（首都建康），刘裕亲自进驻豫章（江西省南昌市），命手下将领率精锐部队，越过南岭南下，就是以将军的英明神武，恐怕也不能抵挡。今天的机会，万万不可失去。如果能先把建康（江苏省南京市）夺到手中，摧毁帝国的根基，刘裕即令回军，已无能为力。你如果不同意，我就自己率始兴郡（广东省韶关市）的部众，攻击寻阳（江西省九江市）。”卢循确实不愿意发动，但又没有理由说服徐道覆，只好同意。

最初，徐道覆派人在南康山（五岭〔南岭〕之一的大庾岭）砍伐可以造船的木材，运到始兴郡（广东省韶关市），廉价出售，居民争相购买，于是，造船木材大量聚积，却引不起人的疑心。现在，全部征收，建造船舰，十余日即行完成。卢循自始兴郡（广东省韶关市）攻击长沙郡（湖南省长沙市）；徐道覆自始兴郡（广东省韶关市）攻击南康郡（江西省赣州市）、庐陵郡（江西省吉水县）、豫章郡（江西省南昌市），各郡县首长都弃城逃走。徐道覆舰队从赣江顺流而下，阵容盛大。当时，消灭南燕帝国的捷报，还没有传回，中央急行征召刘裕班师，刘裕正在考虑留在下邳（江苏省睢宁县北古邳镇），策划收复司州（河南省中部）、雍州（陕西省中部。当时二州都是后秦帝国疆域），忽然得到紧急诏书，遂命韩范当青州八郡军区司令长官（都督八郡军事。此青州指古青州，即南燕帝国故土，等于南燕帝国时代的全国各军区总司令长官〔都督中外诸军事〕），兼燕郡（南燕帝国故都·山东省青州市）郡长；封融当勃海郡（侨郡）郡长、檀韶当琅邪郡（山东省临沂市）郡长。

二月二十六日，刘裕回军。檀韶，是檀祇的老哥（檀祇，参考四〇四年三月一日）。

后来，刘穆之诬陷韩范、封融谋反，诛杀。

6 晋帝国江州（州政府设寻阳〔江西省九江市〕）州长（刺史）、安成公（忠肃公）何无忌，从寻阳（江西省九江市）率军南下迎击。秘书长（长史）邓潜之劝阻说："帝国的安危，就看这一次会战，听说叛军船舰坚利，而又位于赣江上游，最好是决开南塘堤防，然后坚守豫章（江西省南昌市）、寻阳（江西省九江市）二城，严阵以待，他们绝不敢绕过我们前进（《水经注》："豫章〔江西省南昌市〕城东有大湖，十华里二百二十六步，北端跟城相齐，南端到南塘，本来是赣江的吞吐湖，一世纪九〇年代，东汉王朝豫章郡郡长张躬，把它阻塞。"如果挖掘使之畅通，赣江水位就会下降，徐道覆船舰势将搁浅）。我们养精蓄锐，等待他们筋疲力尽，然后攻击，这是万全之策。而今，把胜负决定于一次会战的成败上，万一失利，后悔已来不及。"军事参议官（参军）殷阐说："卢循部众，都是三吴（太湖流域及钱塘江流域）从前的老贼（指变民首领孙恩部众），身经百战。而在始兴郡（广东省韶关市）招募的流民，敏捷好斗；都不可以轻视。将军应留在豫章郡（江西省南昌市），征调各地军队，等各路大军集结之后，再行会战，不能算晚。如果仅用现有的兵力，轻率前进，恐怕要做出后悔的事。"何无忌全不接受。

三月二十日，何无忌军跟徐道覆军，在豫章郡（江西省南昌市）相遇。徐道覆派强弓射手数百人，攀登西岸小山，向何无忌船舰发箭。而就在这个时候，突然刮起西风，把何无忌作为旗舰的小艇，吹到东岸。徐道覆军乘着风势，用大舰向政府军小舰猛撞，政府军遂完全崩溃。何无忌厉声高叫："把苏武节给我！"（此"节"应是显示皇帝授权的符节，何以名“苏武节”，原因不明，或许形容情如苏武〔参考前一〇〇年〕，至死不屈。）符节递给他后，何无忌紧握符节督战。变民军四面八方向他攻击，他言辞神色，毫不气馁，死时，符节仍然在手。何无忌被杀消息传到首都建康（江苏省南京市），中外震动惊骇，政府官员议论纷纷，打算带着晋帝（十六任安帝）司马德宗（本年二十九岁）向北逃走，投奔刘裕。不久，发现变民军还远得很，混乱才停。

7 西秦王（首都度坚山〔甘肃省靖远县西〕）乞伏乾归，攻击后秦帝国（首都长安〔陕西省西安市〕）所属的金城郡（甘肃省兰州市），攻克。

8 胡夏帝国（首都未定）天王（一任武烈帝）刘勃勃（本年三十岁），派国务院执行官（尚书）胡金纂，攻击平凉（甘肃省华亭市）。后秦帝国天王（二任文桓帝）姚兴（本年四十五岁），亲自率军救援，击败胡夏军，斩胡金纂。刘勃勃再派侄儿左将军刘罗提，攻取定阳（陕西省宜川县西北），活埋所俘虏的后秦将士四千余人。后秦将领曹炽、曹云、王肆佛等，各率部众数千户人家，向内迁移；姚兴把他们安置在湟山（今地不详）、陈仓（陕西省宝鸡市东陈仓镇）。刘勃勃攻击陇右（陇山以西），击破白崖堡（今地不详），直指清水（甘肃省清水县）。略阳郡（甘肃省天水市东）郡长姚寿都，放弃城池逃走，刘勃勃把居民一万六千户，强迫迁到大城（内蒙古杭锦旗东南）。姚兴从后追击，追到寿渠川（今地不详），追不到而返。

9 最初，南凉王国（首都姑臧〔甘肃省武威市〕）国王（三任景王）秃发傉檀（本年四十六岁），派左将军枯木等，攻击北凉王国（首都张掖），裹挟临松郡（甘肃省张掖市南）居民一千余家，回军。北凉首领（二任武宣王)、张掖公沮渠蒙逊(本年四十三岁)报复，攻击南凉王国，进军到显美(甘肃省武威市西北)，把居民数千家掳掠而去。南凉全国武装部队总司令(太尉)秃发俱延，再对北凉作第二次攻击，大败，撤退。

三月，秃发傉檀亲自率五万人骑兵，第三次攻击北凉王国，在穷泉(今地不详)会战，秃发傉檀大败，五万人四散逃命，只剩下秃发傉檀，单人匹马奔回。沮渠蒙逊乘胜包围姑臧(南凉首都·甘肃省武威市)。姑臧城里居民想起王钟案牵连诛杀的残酷(参考前年〔四〇八〕五月)，惊惶失措，忽然崩溃，无论蛮夷和汉人，一万余户，投降沮渠蒙逊。秃发傉檀发现人民竟对他如此背弃，大为恐惧，派京畿总卫戍司令(司隶校尉)敬归，跟儿子敬佗当人质，请求和解，沮渠蒙逊允许。可是敬归走到胡阬(今地不详)，仓皇逃回，敬佗却被北凉军追到俘获。沮渠蒙逊把占领区居民八千余家，强行掳走。

南凉王国首都东区卫戍司令(右卫将军)折屈奇镇(折屈，复姓)，据守石驴山(甘肃省武威市西南)叛变。秃发傉檀既畏惧沮渠蒙逊的威胁，又恐怕折屈奇镇征服全部岭南(岭，指洪池岭〔甘肃省天祝县西北乌鞘岭〕)，于是，把首都从姑臧再迁回乐都(青海省海东市乐都区)；而留农林部长(大司农)成公绪，保卫姑臧。秃发傉檀刚刚出城，魏安(甘肃省古浪县东)人侯谌等，立刻关闭城门叛变，集结三千余家，占领南城，推举焦朗当总司令官(大都督)、龙骧大将军；侯谌自称凉州州长(刺史)，归降北凉王国。

10 晋帝国北伐兵团总司令、中军将军刘裕，班师到达下邳(江苏省睢宁县北古邳镇)，用船舰运输粮秣辎重，以正常速度南下，而亲率精锐部队，由陆路步行，奔赴首都建康(江苏省南京市)。到了山阳(江苏省淮安市)，听到何无忌战败阵亡消息，担心京师(首都建康)失

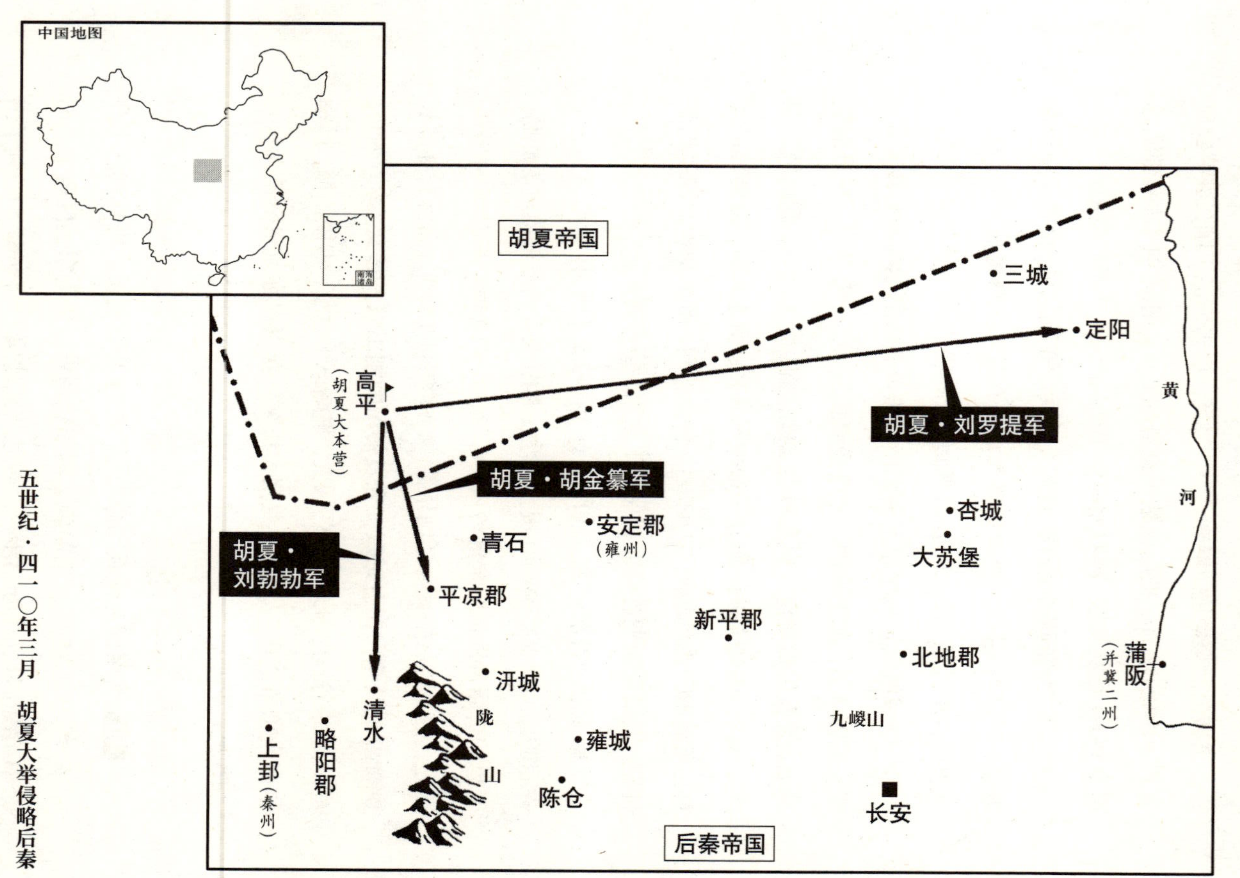

五世纪・四一〇年三月　胡夏大举侵略后秦

守，下令官兵，脱下铠甲，加倍速度，强行军赶路，刘裕先率数十人到长江北岸，向行旅探听政府消息，行旅说："卢循还没有到，如果刘裕回来，就没有问题。"刘裕大喜，立刻渡江，而风势强烈，大家心中恐惧。刘裕说："如果上天仍有意帮助帝国，风势会自动平息。否则，淹死有什么关系！"下令开船，船刚离岸，大风即行停止。过江之后，抵达京口（江苏省镇江市），人心大为安定。

夏季，四月二日，刘裕抵达首都建康（江苏省南京市）；因江州（州政府设寻阳〔江西省九江市〕）沦陷，上疏缴回印信（辞职），晋帝（十六任安帝）司马德宗（本年二十九岁）下诏不许。

青州（侨州·州政府设丹徒〔江苏省镇江市东丹徒区〕）州长诸葛长民、兖州（州政府设广陵〔江苏省扬州市〕。刘裕不兼兖州州长后，州政府又自京口搬回广陵）州长刘藩、并州（侨州·州政府设淮阴〔江苏省淮安市淮阴区〕）州长刘道怜，各率军勤王，进入京师（首都建康）协防。刘藩，是豫州（州政府设姑孰〔安徽省当涂县〕）州长刘毅的堂弟。刘毅听到卢循大军北攻消息，正准备出军阻截，却忽然生病；等病势痊愈，将要出发，刘裕写信给刘毅说："我从前攻击妖贼（指卢循），知道他们的千变万化。他们刚获得邪恶的胜利，锐气不容易抵挡。现在船舰刚刚修完，自当跟你一同出动。告捷之日，长江上游的重大责任，全部委托给你。"又派刘藩前去劝止。刘毅大怒，对刘藩说："当初起义，不过暂时推举他当盟主，你就认为我真的不如刘裕！"把信投掷到地上，率舰队和水上武装部队二万人，从姑孰（安徽省当涂县）出发西上，迎战变民军。

卢循从广州（州政府设番禺〔广东省广州市〕）出发时，使徐道覆攻击寻阳（江州州政府所在城·江西省九江市），而自己攻击湘中（湖南省）各郡。晋帝国荆州（州政府设江陵〔湖北省江陵县〕）州长刘道规，派军到长沙（湖南省长沙市）迎战，大败。卢循遂进抵巴陵（湖南省岳阳市），打算西上攻击江陵（湖北省江陵县）。徐道覆听到刘毅大军即将来到消息，派人奔往卢循处报告说："刘毅军容强大，是成是败，只看这次决战，我们应同心合力，把他摧毁。如果击败刘毅，江陵（刘道规）不值得挂心。"卢循立即从巴陵（湖南省岳阳市）出发，跟徐道覆会师，顺流而下。

五月七日，刘毅军跟卢循军，在桑落洲（鄱阳湖口长江江心小岛）大战，刘毅军溃败，士卒放弃数百艘船舰，跳到岸上逃生，来不及上岸逃生的，全被卢循俘虏，失落的辎重，堆积如山。

最初，卢循到寻阳（江西省九江市），听到刘裕已回京师（首都建康），仍不相信，既击破刘毅，从俘虏口中，证实这项消息；跟他的左右亲信，互相观望，脸色苍白。卢循主张退回寻阳（江西省九江市），攻陷江陵（湖北省江陵县），据守荆州（州政府江陵）、江州（州政府寻阳），跟中央对抗；徐道覆认为应乘胜前进，坚持这项建议。卢循一连数天犹豫不决，但最后仍然采纳。

五月八日，中央政府大赦。刘裕扩大募兵，所作的赏赐，跟当年（四〇四）讨伐桓玄时，对勤王军所作的赏赐相同（参考四〇六年十月。讨伐桓玄的勤王军赏赐至厚，轰动一时）；征调民众修筑石头城（建康城西北）。有人建议派军分别把守各重要关口，刘裕说："盗贼（指变民军）人数多，政府军人数少。如果把兵力分散，进驻各个要塞，容易被人看出虚实。而且，只要有一个地方失利，就能使三军沮丧。现在我们集中石头城（建康城西北），依照情势需要，相机使用，既可以使敌人无法判断我们有多少人，又可以使力量集中。如果各地征调的军队，都能辗转集结，当另作别论。"

中央政府接到刘毅战败的消息，人心慌乱恐惧。这时，北伐兵团才班师回京（首都建康），将领士卒，多半不是身负重伤，就是染上疾病。而首都建康（江苏省南京市）原来留下来的武装部队，不超过数千人。卢循既一连击破两个军区（江州、豫州），战士十余万，水上船舰、陆地车马，络绎不绝一百华里；主力船舰，舰桥高十二丈，政府军的残兵败将，互相传播变民军的强盛。国务院左执行长（左仆射）孟昶、青州（州政府丹徒）州长诸葛长民，打算放弃建康（江苏省南京市），带着晋帝司马德宗，过江逃避，刘裕拒绝（长江以北，没有一个城池可守。建康如果陷落，广陵〔江苏省扬州市〕、历阳〔安徽省和县〕、淮阴〔江苏省淮安市淮阴区〕、彭城〔江苏省徐州市〕，不过一片枯叶）。最初，何无忌、刘毅讨伐变民军时，孟昶预测一定失败，而二人果然失败。这时候，孟昶又预测刘裕一定不能抵抗卢循，大家自然相信。只龙骧将军、东海郡（侨郡·江苏省镇江市）人虞丘进（虞丘，复姓），在金銮宝殿会议上，驳斥孟昶，认为恰恰相反。大营军事参议官（中兵参军）王仲德，向刘裕建议说："阁下应上天之命，作帝国辅佐，新近又建立大功（指灭南燕帝国），声威震动天下，妖贼（指变民军）乘虚侵犯，听到你凯旋而归，自会奔逃溃散。我们如果先行逃亡，则跟一个平民匹夫一样。平民匹夫发号施令，谁听他的！离开京师（首都建康）的计划如果批准，我先告辞。"刘裕大为高兴。而孟昶坚持他的意见，刘裕说："现在，帝国重要兵力，在外挫败倾覆；强大的盗匪（指变民军），节节向内紧逼，人心恐惧，情势危急，没有一点信心。皇家一旦移动，立刻土崩瓦解，长江以北虽近，岂能到达？即令到达，也不过拖延岁月而已。现在我们军队虽少，但仍足可一战。如果胜利，君臣同时庆幸；假定厄运当头，我也要死到皇家祭庙门口，完成我平生忠心报国的志愿，绝不逃窜躲藏到荒草堆里，苟延残喘，只求活命。决心已定，你不要再说。"孟昶痛恨刘裕不采纳他的建议，而且认为结局一定失败，遂请求刘裕先把他处决，刘裕暴跳如雷说："你等着瞧我打这一仗，再死不晚。”孟昶发现刘裕无论如何都不可能采纳他的策略，遂上疏表白自己的立场，说：“刘裕北伐，文武百官都不同意，只有我竭力赞成，以致使盗匪（指变民军）利用机会，帝国濒临灭亡，都是我的罪恶，现在承认我的罪恶，向天下道歉。”把奏章装进信套，封口完毕后，服毒自杀。 800

五月十四日，卢循军抵达淮口（秦淮河注入长江处），首都建康（江苏省南京市）内外戒严。琅邪王司马德文，当皇城防卫军区司令长官（都督宫城诸军事），驻军中堂殿亭，刘裕驻军石头城（建康城西北），各将领各有防守。刘裕的儿子刘义隆，只有四岁，刘裕命首席军事参议官（咨议参军）刘粹当辅佐，镇守京口（江苏省镇江市）。刘粹，是刘毅的族弟。

刘裕看到人民站到江边，向江心变民军眺望，感觉奇怪，问军事参议官（参军）张劭是怎么回事，张劭说：“如果你还没有回来，人民奔走逃命都来不及，怎么敢站在那里看热闹，现在他们已不再害怕。”刘裕对他左右的将领说：“盗贼（指变民军）如果从新亭（建康城西南）一直向前推进，锋不可挡，我们不妨躲开，谁胜谁负，难以预料。如果停泊到西岸（蔡洲·江苏省南京市西南长江中小岛），可是一条死路。”

徐道覆请求在通向新亭（建康城西南）的白石（今地不详）焚毁船舰，全军登陆，数道并进，攻击刘裕。卢循却不肯冒险，而希望万无一失，他对徐道覆说：“我们的大军还没有到，孟昶就吓得望风自杀，以大势分析，对方就在最近几天，内部会发生变化。现在把胜负决定于一次会战上，不断追求战场上的胜利，既没有绝对把握一定克复，而又杀伤太多士卒，不如按兵不动。”徐道覆因卢循猜忌心重，又没有决断能力，遂叹息说：“我终于受卢公牵连，事情一定不会成功，假如有一位英雄人物领导，纵横奔走，不担心不能平定天下。”

刘裕登石头城（建康城西南），眺望长江变民军船舰，最初看见驶向新亭（建康城西南），回头看看左右，脸色大变。不久，发现变民军船舰回航停泊蔡洲（江苏省南京市西南长江中小岛），不禁大为高兴，于是各路兵马，转向石头城（建康城西北）集合。刘裕恐怕卢循突袭，采用虞丘进的建议，砍伐树木，把石头城（建康城西北）和淮口（秦淮河注入长江处），全部用木栅封锁。修理越城（建康城南），兴筑查浦、药园、廷尉三个堡寨（都在淮口附近），派军驻防。

刘毅战败后，落荒而逃，穿过生蛮、熟蛮地区，仅逃出一命，随从的人饥饿疲惫，死亡十分之七、八。

五月十五日，刘毅终于抵达首都建康（江苏省南京市），等候判罪。刘裕慰勉他，命他当全国各军区总司令长官部留守总监（知中外留事）。刘毅自请贬谪，皇帝下诏降级后将军。

11 北魏帝国（首都盛乐）南平公长孙嵩讨伐柔然汗国（瀚海沙漠群），挺进到瀚海沙漠之北，班师。柔然军追击，把长孙嵩包围在牛川（内蒙古兴和县西）。

五月二十一日，北魏帝拓跋嗣率军北上攻击柔然军。柔然可汗（一任豆代可汗）郁久闾社仑得到消息，急撤退逃走，中途逝世。儿子郁久闾度拔，年纪还小，部众拥护郁久闾社仑的老弟郁久闾斛律，称蔼豆盖可汗（二任）。拓跋嗣率军返参合陂（内蒙古凉城县东）。

12 晋帝国变民首领卢循在淮口（秦淮河注入长江处）以南，沿岸布置伏兵，命老弱将士的船舰，攻击白石（今地不详），声称大军将在白石登陆作战。刘裕命军事参议官（参军）沈林子、徐赤特，驻防长江南岸，切断通往查浦（石头城西南）的道路；严格规定，只可死守，不可应战。刘裕跟刘毅，以及诸葛长民，率军从石头城（建康城西北）北上抵抗。沈林子说：“妖贼（指变民军）这样宣传，虽然不一定这样干，但也应该严加防备。”刘裕说：“石头城地势险要，淮口（秦淮河注入长江处）工事坚固，留你在那里，足可以守得住。”沈林子，是沈穆夫的儿子（沈穆夫是孙恩委任的余姚县县长，参考三九九年十二月）。

五月二十九日，卢循纵火焚烧查浦（石头城西南），挺进到张侯桥（今地不详）。徐赤特打算迎战，沈林子说：“妖贼（指变民军）声言要攻击白石，却不断攻击我们，可看出他的用心。我们人少，他们人多，寡不敌众，不如坚守，等待大军。”徐赤特不同意，遂出军攻击；变民军埋伏突起，徐赤特大败，乘坐一艘小艇，逃往秦淮河北岸。沈林子和将军刘钟，据守木栅工事，奋力作战，等朱龄石率援军抵达，变民军才向后撤退。卢循率大量精锐部队增援，抵达首都建康市（丹阳郡城，在秦淮河南岸），刘裕立即从江边回军石头城（建康城西北），斩徐赤特。得到充分休息后，南下渡秦淮河，筑垒布阵。

13 六月，晋帝国政府任命刘裕当全国武装部队总司令（太尉）、立法院总立法长（中书监），加授皇帝诛杀时专用的铜斧（假黄钺）。刘裕接受铜斧，其他官职坚决推辞。又任命车骑将军府、中军将军府军政官（车骑中军司马）庾悦，当江州（州政府设寻阳〔江西省九江市〕）州长（刺史）。庾悦，是庾准的儿子（庾准，是庾亮的孙儿）。

14 晋帝国叛将司马国璠，跟老弟司马叔璠、司马叔道，再

五世纪·四一〇年二月至五月　三吴变民进攻首都建康

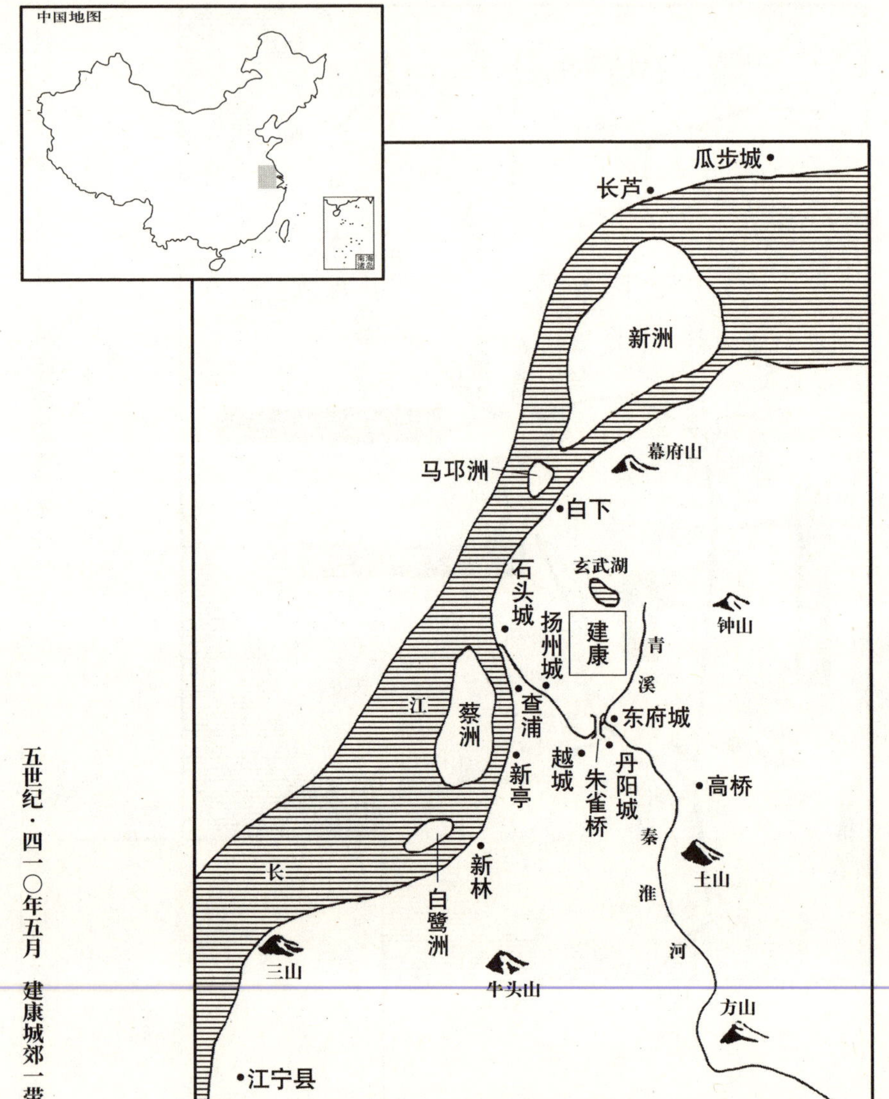

五世纪·四一〇年五月　建康城郊一带

投奔后秦帝国（三人出奔南燕帝国事，参考四〇六年二月；南燕亡，再出奔后秦）。后秦帝国天王姚兴说："刘裕诛杀桓玄（参考四〇四年五月），辅佐皇家，你们为什么还要逃亡？"司马国璠等回答说："刘裕不是辅佐皇家，而是削弱皇家，皇家中稍微有点才干的，刘裕就动手铲除，对帝国的伤害，比桓玄更严重。"

姚兴任命司马国璠当扬州州长（空头官衔），司马叔道当交州州长（空头官衔）。

15 晋帝国变民首领卢循，在首都建康（江苏省南京市）附近各郡县，抢夺不到粮食，对徐道覆说："军队已经疲惫不堪，不如回到寻阳（江州州政府所在城·江西省九江市），全力攻取荆州（州政府设江陵〔湖北省江陵县〕），掌握天下三分之二的疆域，以后慢慢跟建康（江苏省南京市）较量。"

秋季，七月十日，卢循开始撤退，从蔡洲（江苏省南京市西南长江中小岛）西上，回军寻阳（江西省九江市），留下他的大将范崇民，率五千人，驻守南陵（安徽省池州市贵池区）。

七月十四日，刘裕派辅国将军王仲德、广川郡（侨郡）郡长（太守）刘钟、河间郡（侨郡）郡长（内史）兰陵郡（侨郡·江苏省常州市西北）人蒯恩、中军将军府首席军事参议官（中军咨议参军）孟怀玉等，率军追击卢循。

16 七月十五日，北魏帝拓跋嗣，返首都平城（山西省大同市）。

17 西秦王（首都度坚山）乞伏乾归，讨伐越质屈机（时驻成纪〔甘肃省静宁县西南〕）等十余部落（越质屈机〔越质诘归〕叛西秦，降后秦，被封平襄公事，参考三九六年十二月。胡三省原注："屈机是诘归的另一译文。"），降服他们部众二万五千人，强行迁到苑川（甘肃省榆中县东北）。

八月，乞伏乾归再定都苑川。

18 北凉王国（首都张掖〔甘肃省张掖市〕）首领（二任武宣王）、张掖公沮渠蒙逊，攻击西凉王国（首都酒泉〔甘肃省酒泉市〕），在马庙（今地不详），击败西凉世子李歆，生擒西凉将领朱元虎，班师。西凉首领（一任武昭王）、凉公李暠（本年六十岁），用白银二千斤、黄金二千两，赎回朱元虎。沮渠蒙逊送回朱元虎，遂跟李暠和解结盟而返。

19 晋帝国中军将军刘裕，返回东府（京口·江苏省镇江市），积极建造船舰。派建威将军会稽郡（浙江省绍兴市）人孙处、振武将军沈田子率海军舰队三千人，从台湾海峡南下，袭击番禺（广东省广州市）。沈田子，是沈林子的老哥（沈林子，参考本年〔四一〇〕五月二十一日）。大家都认为："大海之上，波浪滔天，遥远艰难，而且分散现有的兵力；夺取广州（州政府番禺），并不是当前的急务。"刘裕不理，下令给孙处说："政府大军在十二月之初，一定击破妖贼（指变民军），你到番禺（广东省广州市）时，首先捣毁巢穴，使他们逃走时无家可归。"

20 西蜀王国（首都成都〔四川省成都市〕）国王（一任）谯纵，派高级咨询官（侍中）谯良等，到后秦帝国京师（首都长安）晋见天王姚兴，请派军讨伐晋帝国。谯纵命桓谦当荆州州长（刺史），谯道福当梁州州长（刺史），率军二万，东下攻击晋帝国的荆州（州政府设江陵〔湖北省江陵县〕）。姚兴派前将军苟林，率骑兵南下会师。

江陵（湖北省江陵县）自从卢循东下之后，就再得不到中央政府的消息，各地强盗，纷纷涌起。荆州（州政府江陵）州长（刺史）刘道规派军政官（司马）王镇之，率天门郡（湖南省石门县）郡长檀道济、广武将军彭城郡（江苏省徐州市）人到彦之，东下救援首都建康（江苏省南京市）。檀道济，是檀祇的老弟（檀祇，参考四〇四年三月一日）。

军政官（司马）王镇之军抵达寻阳（江西省九江市），被后秦帝国前将军苟林击败。卢循得到消息，任命苟林当南蛮保安司令（南蛮校尉），配属给他一部分军队，命他乘胜攻击江陵（湖北省江陵县），宣称：徐道覆已攻陷建康（晋首都·江苏省南京市）。桓谦在中途招集过去恩义相结的旧部，人民归附的达二万人，于是，进驻枝江（湖北省枝江市），苟林进驻江津（湖北省江陵县东南），两支武装部队像螃蟹的双螯一样，钳住江陵，城中人士纷纷盼望变天。刘道规集合将士，宣告说："桓谦就在附近，听说各位长辈有离开的意思，随我从东方来江陵的文武官员，足可以应付变局。如果有人要走，我不禁止。"于是彻夜打开城门，到天亮都不关闭。大家畏惧佩服，没有人离去。

雍州（州政府襄阳）州长（刺史）鲁宗之，率部众数千人，从襄阳（湖北省襄阳市）前往江陵（湖北省江陵县）。有人指出，鲁宗之的立场难以预测，刘道规单人匹马，前去迎接，鲁宗之既感动又喜悦。刘道规请鲁宗之留守江陵，当作亲信，而自己率军出城攻击桓谦。各将领都说："现在出城讨伐桓谦，并没有胜利的绝对把握。苟林就在江津（江陵县东南），近在咫尺，监视我们动静，假如乘虚攻城，鲁宗之未必能守得住。万一发生意外，大势就去了。"刘道规说："苟林愚蠢而又胆小如鼠（这种将领，后秦竟派他出国，其他将领的能力可知），没有其他计谋；他认为我离城不远，一定不敢攻城。我这次攻击桓谦，大军一经抵达，马上就可取得胜利。苟林还在那里沉吟犹豫，我已经凯旋。桓谦失败，则苟林的胆都吓破，怎么敢来？而且，鲁宗之守城，难道几天都支持不住！”

于是，刘道规对桓谦发动攻击，水陆两军同时并进。桓谦等出动所有船舰，以及步骑兵混合兵团，在枝江（湖北省枝江市）会战。晋军天门郡（湖南省石门县）郡长檀道济，奋不顾身，领先冲锋陷阵，桓谦等大败。桓谦乘小艇逃走，打算投奔苟林，刘道规追及，斩首。刘道规班师，到达涌口（湖北省监利市。涌水连接长江与夏水的小河），攻击苟林，苟林也逃走；刘道规派首席军事参议官（咨议参军）临淮郡（江苏省盱眙县）人刘遵，率军追击。

最初，桓谦在枝江（湖北省枝江市），江陵（湖北省江陵县）城内知识分子和平民很多人写信给桓谦，透露城中虚实动静，打算充当内应。刘道规既击破桓谦，在桓谦大营中检查到这些信件，刘道规下令全部焚烧，一封信也不看，民心才归于安定。

21 晋帝国江州（州政府设寻阳〔江西省九江市〕）州长（刺史）庾悦，命鄱阳郡（江西省鄱阳县）郡长虞丘进当前锋司令，不断击败卢循的部队，遂进驻豫章郡（江西省南昌市），切断卢循从番禺（广东省广州市）运输粮秣的补给线。

九月，刘遵追到巴陵郡（湖南省岳阳市），斩苟林。

桓石绥（参考四〇六年十二月）利用卢循军事行动，在洛口（洛谷水注入汉水处·陕西省洋县）聚众起兵，自称荆州州长（刺史）；微阳（湖北省竹山县西北）县长王天恩，自称梁州州长（刺史），袭击西城（魏兴郡·陕西省安康市）。晋帝国梁州（州政府魏兴）州长（刺史）傅韶，派他的儿子、魏兴郡（陕西省安康市）郡长傅弘之，讨伐桓石绥等，全部斩首。桓姓家族，遂被屠灭。傅韶，是傅畅的孙儿（傅畅，参考三一一年十月）。

柏杨曰

桓姓家族的社会地位，居于最高阶层，权势和财富交集，盘根错节，除非叛变失败，其他任何方法，都不能使他们灭绝。

专制封建社会里，最危险的行为，就是夺取政权，王始属于典型代表。这种走马灯式的循环，永无止境的屠杀，对中国人而言，完全没有能力解决。直到西方民主政治传入，清王朝皇族爱新觉罗家属才总算保住性命，没有一个人砍头。所谓五千年的传统文化，每一位开国的所谓“英明领袖”，“太祖”“太宗”之类，都不过在那里玩命。

我们对王始帝国的公卿将相，深表哀悼。失败，当然灭九族；即令成功——再大的成功，最后仍是一团血腥（自古没有不亡之国），也同样付出九族。我们盼望终有一天，任何夺权的有志之士，都不必付出屠灭的代价，而大小当权派官员，也不必用杀戮保卫自己，大家都能快快乐乐的上坐，平平安安的下台。枪杆办不到这些，公正的选举可以办到。

22 西秦王乞伏乾归，攻击后秦帝国的略阳（甘肃省天水市东）、南安（甘肃省陇西县东南）、陇西（甘肃省陇西县）各郡，全都攻克，把居民二万五千户人家，强迫迁移到首都苑川（甘肃省榆中县东北）及枹罕（甘肃省临夏市）。

23 九月五日，北魏帝国把一任帝（太祖道武帝）拓跋珪，安葬在故都盛乐（内蒙古和林格尔县）金陵（盛乐城西北），绰号称宣武皇

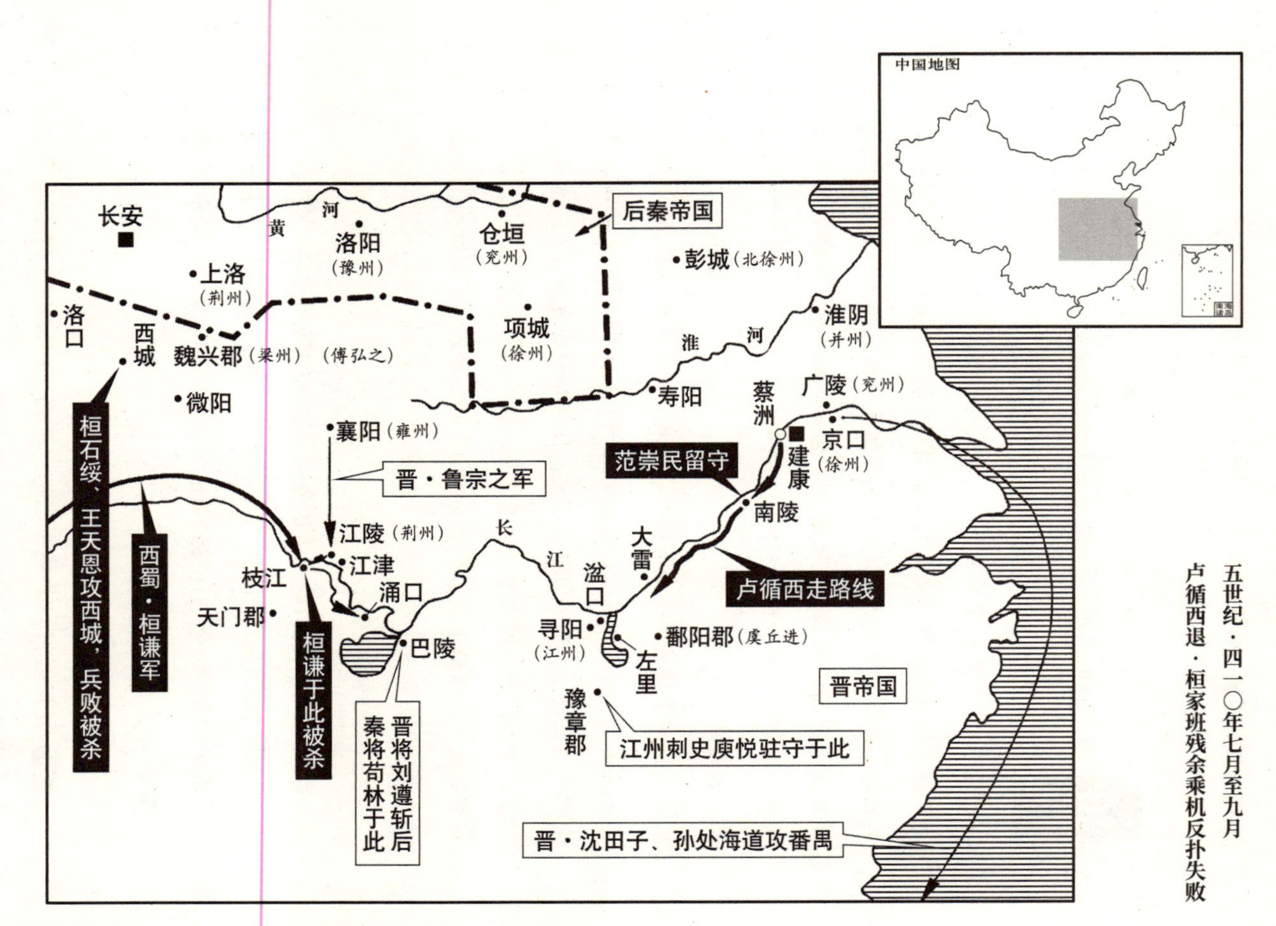

五世纪·四一〇年七月至九月
卢循西退·桓家班残余乘机反扑失败

帝，祭庙称烈祖（四二〇年五月，绰号改称道武皇帝，四九一年七月，祭庙改称太祖）。

24 晋帝国后将军刘毅，坚决请求率军讨伐卢循。秘书长（长史）王诞向刘裕秘密警告说："刘毅既然丧师败军，最好是不要他再去建立功劳。"刘裕接受。

冬季，十月，刘裕率兖州（州政府设广陵〔江苏省扬州市〕）州长（刺史）刘藩、宁朔将军檀韶、冠军将军刘敬宣等，西上攻击卢循。命刘毅当全国武装部队司令部留守总监（监太尉留府），后方所有事情，完全托付。

十月十四日，刘裕大军从首都建康（江苏省南京市）出发。

25 晋帝国变民军首领徐道覆，率部众三万人，攻击江陵（湖北省江陵县），突然在破冢（江陵县东南）出现。这时鲁宗之（雍州〔州政府襄阳〕州长）已返襄阳（湖北省襄阳市），刘道规急派人追他回来，已来不及，于是全城震动，人民恐慌。有人传播消息说：卢循已夺取京师（首都建康），派徐道覆来当州长（刺史）。但江汉（湖北省）知识分子和平民，感激刘道规焚毁书信，不再追究的恩德，不再有三心二意。刘道规派首席军事参议官（咨议参军）刘遵，出城率领别动部队，游击作战；而自己到豫章口（湖北省江陵县东南）拒抗徐道覆的主力；前锋被变民军击退，但刘遵军对变民军拦腰攻入，遂大破徐道覆，格杀一万余人，其他的人投入长江，几乎死光。徐道覆乘一艘小艇，逃回湓口（江西省九江市〔寻阳东〕）。

最初，刘道规派刘遵担任别动部队，大家都认为：强大的敌人正在面前，自己部众只会嫌少，不应该再分割一部分出去，放到毫无用处的位置。等到击败徐道覆，全靠别动部队的力量，大家才万分佩服。

26 鲜卑民族仆浑部落，羌民族句岂部落、输报部落、邓若部落等，二万户人家，归降西秦王国（首都苑川。这四个部落在哪里，没有说清楚）。

27 晋帝国辅国将军王仲德等，听到刘裕征讨大军就要到达，遂进攻变民军将领范崇民据守的南陵（安徽省池州市贵池区）。范崇民船舰紧夹长江，分别停泊南北岸。

十一月，广川郡（侨郡）郡长刘钟，自动侦察敌情，大雾弥漫，变民军用铁钩钩住刘钟乘坐的小艇。刘钟跟左右武士乘势攻击变民军船舰甲板，变民军紧急关闭舰桥拒抗，刘钟才从容回营，跟王仲德联合向范崇民发动总攻，范崇民撤退。

28 晋帝国变民军根据地广州（州政府设番禺〔广东省广州市〕）留守部队，认为敌人绝不可能从海上攻击，所以毫无戒备。

十一月二日，晋帝国建威将军孙处的海军舰队，出其不意的突然出现，正巧天降大雾，孙处包围广州，四面八方进攻，当天即行攻克。安抚原有住民，诛杀卢循的亲友党羽，全军备战，严密防守；一面派振武将军沈田子等，攻击岭南（南岭以南）地区各郡县。

29 十一月五日，晋帝国益州（州政府设巴东郡〔重庆市奉节县东〕）州（刺史）长鲍陋逝世。西蜀王国（首都成都〔四川省成都市〕）辅国将军谯道福，攻陷晋帝国的巴东郡（重庆市奉节县东），斩巴东郡郡长温祚、龙骧将军时延祖（温祚退守巴东郡，参考前年〔四〇八〕七月）。

30 晋帝国中军将军刘裕，驻军雷池（安徽省宿松县东南大官湖）。变民军首领卢循宣称：绝不向雷池进攻，而要再度顺流东下，进攻首都建康（江苏省南京市）。刘裕知道卢循要作一次决战。

十二月一日，刘裕移军大雷（安徽省望江县）。

十二月二日，卢循、徐道覆，率变民军数万人，顺江而下，长江之上，塞满船舰，先头看不到后尾。刘裕出动所有轻量级船舰，各路大军，一齐进击；事先，在南岸布置步骑兵混合部队，准备纵火工具。然后在北岸用强弓射击变民军船舰，而西风又起，变民军船舰遂被逼向南岸。岸上政府军开始火攻，火球如雨，投向变民军船舰，火焰冲天，烟屑四塞，变民军遂全部崩溃。卢循率残余返回寻阳（江西省九江市），打算南下豫章（江西省南昌市），于是在左里（江西省都昌县北）全力构筑防御工事，封锁航道，企图阻止政府军追击。

十二月十八日，政府军抵达左里（江西省都昌县北），不能前进。刘裕指挥大军攻击，手中指挥旗的旗杆，却忽然折断，指挥旗落到水中，左右人士大为惊骇恐惧，认为是一种不祥之兆。刘裕笑说："当年，覆舟山之役（讨伐桓玄时，在覆舟山击败桓谦。参考四〇四年三月二日），指挥旗旗杆也这样折断！现在历史重演，一定消灭妖贼（指变民军）。"果然攻破阻挠工事，向前挺进。变民军誓死拒战，但无法阻止政府军。最后，变民军瓦解，卢循乘小艇逃走，变民军被杀及投江淹死的有一万余人。政府军收容投降的变民，宽恕被裹挟强迫参与的人；派刘藩、孟怀玉率轻装备部队追击。卢循收拾残兵败将，集结数千人，一直返回番禺（广州州政府所在县·广东省广州市），徐道覆则逃往始兴郡（广东省韶关市）。

刘裕自行任命（版授）建威将军褚裕之，代理广州（州政府番禺）州长（刺史）。褚裕之，是褚裒的曾孙（褚裒，参考三三四年六月）。

刘裕返首都建康（江苏省南京市），后将军刘毅讨厌刘穆之，每次，在气氛融洽的时候，总是警告刘裕：刘穆之的权力太大。但刘裕反而对刘穆之更为信任。

31 北燕帝国（首都和龙城〔辽宁省朝阳市〕）广川公冯万泥、上谷公冯乳陈，自以为身属皇族，建立创业大功，应该留在中央政府，担任三公辅佐高官。可是天王（二任文成帝）冯跋，却认为二人镇守的城池，是帝国最重要的基地，责任重大，所以很久没有征召二人回京（首都和龙城），二人至为怨恨（冯万泥是幽州州长〔刺史〕，镇守肥如〔河北省卢龙县东北〕。冯乳陈是并州州长〔刺史〕，镇守白狼〔辽宁省喀喇沁左翼县西南〕）。

本年（四一〇），冯乳陈秘密派人报告冯万泥，说："我有精密的计划，打算跟叔父共同实施（冯乳陈是冯跋亲弟，冯万泥是冯跋堂弟，参考四〇七年七月；不知何以变成叔侄）。"冯万泥遂奔往白狼（辽宁省喀喇沁左翼县西南），跟冯乳陈一同叛变。冯跋命汲郡公冯弘，及将领张兴，率步骑兵二万人讨伐。冯弘先派人向他们分析祸福，冯万泥打算投降，冯乳陈拒绝。张兴对冯弘说："叛军声言明天出战，今晚一定发动夜袭，应早早戒备。"冯弘秘密下令：每人采摘野草十束，准备好火种，布置埋伏，严阵以待。入夜，冯乳陈果然派敢死队一千余人，用大刀巨斧，砍营而入。霎时间政府军火把齐举，照耀得如同白昼，伏兵突起，从背后攻击，俘虏及斩杀无数。冯万泥、冯乳陈恐惧，出城投降；冯弘把二人斩首。

冯跋命范阳公冯素弗当最高指挥官（大司马），改封辽西公；冯弘当骠骑大将军，改封中山公。

四一一年 辛亥

晋	义熙	七年
后秦	弘始	十三年
西秦	更始	三年
北魏	永兴	三年
南凉	嘉平	四年
北凉	永安	十一年
西凉	建初	七年
西蜀	蜀王	七年
胡夏	龙升	五年
北燕	太平	三年

1 春季，正月十二日，晋帝国（首都建康〔江苏省南京市〕）中军将军刘裕，返首都建康。

2 后秦帝国（首都长安〔陕西省西安市〕）广平公姚弼，深受老爹、天王（二任文桓帝）姚兴（本年四十六岁）的宠爱，当雍州州长（刺史），镇守安定（甘肃省镇原县东南屯字镇）。智囊姜纪（由后凉王国投奔南凉王国，再由南凉王国投奔后秦帝国；参考四〇一年八月），用谄媚攀附上进，建议姚弼结交姚兴左右当权人物，希望调回中央。姚兴果然征召姚弼返京（首都长安），当国务院总理（尚书令）、高级咨询官（侍中）、最高统帅（大将军）。姚弼遂礼贤下士，跟中央文武官员建立友谊，树立名誉，增加声势，目的在颠覆太子姚泓；政府官员都厌恶他这种企图。正巧，西北地区叛乱层出不穷，姚兴打算派有分量的将军前往镇压安抚；陇东郡（甘肃省平凉市西北）郡长郭播，请求选派姚弼；姚兴不肯，而擢升祭祀部长（太常）索棱，当全国武装部队总司令（太尉），兼陇西郡（甘肃省陇西县）郡长（内史），命他怀柔招抚西秦王国。

西秦王国（首都苑川〔甘肃省榆中县东北〕）国王（二任武元王）乞伏乾归，派使节送回过去所掳掠的郡长、县长，表示道歉，请求投降。姚兴派藩属事务部长（鸿胪）前往任命乞伏乾归当陇西岭北各夷族部落军区司令长官（都督陇西，岭北〔九嵕山以北〕、杂胡诸军事）、征西大将军、河州（州政府设枹罕〔甘肃省临夏市〕）全权州长（牧）、单于，封河南王；太子乞伏炽磐当镇西将军、左贤王，封平昌公。

姚兴下令文武官员：调查推荐贤能。国务院右执行长（右仆射）梁喜说："我屡次接到诏书，而始终没有发现适当人选，可以说世上缺少人才。"姚兴说："自古以来，帝王兴起，从不在古人行列里挑选宰相，也从不等待还没有出生的人来当大将。随时随地，都有人才，能使国家治理。你自己没有见识，头脑不清，怎么可以信口开河，诬称四海无人！"文武官员十分欢悦。

姚兴的话，十分精彩。然而，对人的观察，不能看他说什么，还应看他做什么；如果只看他说什么，近代大众传播媒体，充塞每个角落，一旦控制在当权分子之手，暴君全都成了可爱的小白兔！

姚兴不是一个坏人，但也绝对谈不到智慧，偶尔说了两句聪明的话，也到此为止，并没有能力实行。有些人就是这样，在言论上是一个明白的人，在行动上是一个糊涂蛋。

3 后秦帝国安远将军姚详，驻防杏城（陕西省黄陵县），受到胡夏帝国（首都未定）天王（一任武烈帝）刘勃勃（本年三十一岁）的压力，向南撤退到大苏堡（杏城南）；刘勃勃派平东将军鹿弈干追击，斩姚详，俘虏所有的部众。

刘勃勃再攻击安定（甘肃省镇原县东南屯字镇），在青石北原（安定东），击破后秦帝国国务院执行官（尚书）杨佛嵩，接受后秦官兵四万五千人投降；遂再进攻东乡（安定东），攻克，把居民三千余家，强迫迁到贰城（陕西省黄陵县西北）。

后秦帝国镇北将军府军事参议官（镇北参军）王买德，投奔胡夏帝国，天王刘勃勃问他消灭后秦的策略，王买德说："秦国（后秦帝国）国势虽然衰败，但各军区的战斗实力，仍然保持。现在只有累积自己的力量，等待时机。"刘勃勃任命王买德当警卫参谋指挥官（军师中郎将）。后秦天王姚兴，派卫大将军、常山公姚显，迎接姚详，已来不及，遂留驻杏城（陕西省黄陵县）。

4 晋帝国兖州（州政府设广陵〔江苏省扬州市〕）州长（刺史）刘藩，率孟怀玉等各将领，追击变民首领卢循，到达岭南（南岭以南）。

二月五日，孟怀玉攻克始兴郡（广东省韶关市），斩徐道覆。

5 西秦王国（首都苑川〔甘肃省榆中县东北〕）首领（二任武元王）、河南王乞伏乾归，把鲜卑民族仆浑部落三千余家，强迫迁到故都度坚城（度坚山·甘肃省靖远县西）。任命儿子乞伏敕勃当秦兴郡（郡政府设度坚山）郡长，镇压安抚。

6 南凉王国（首都乐都〔青海省海东市乐都区〕）将军焦朗，仍占领姑臧（甘肃省武威市。焦朗夺取姑臧事，参考去年〔四一〇〕三月）。北凉王国（首都张掖〔甘肃省张掖市〕）首领（二任武宣王）、张掖公沮渠蒙逊（本年四十四岁）攻陷姑臧，俘虏焦朗，但宽恕不杀。沮渠蒙逊命老弟沮渠挐，当秦州州长（刺史），镇守姑臧。遂攻击南凉王国，包围南凉首都乐都（青海省海东市乐都区），一个月不能攻克。南凉王（三任景王）秃发傉檀（本年四十七岁），派他的儿子秃发安周当人质，向沮渠蒙逊要求和解，沮渠蒙逊才撤退。

7 吐谷浑汗国（青海省）可汗（八任）慕容树洛干，攻击南凉王国，击败南凉太子秃发虎台（南凉王国步上后凉王国〔吕家班〕后尘，国势衰颓之后，四邻都来瓜分）。

8 南凉王（首都乐都）秃发傉檀，打算向北凉王国（首都张掖）复仇，邯川（青海省化隆县）军事总监（护军）孟恺劝阻说：“沮渠蒙逊新近吞并姑臧（南凉故都·甘肃省武威市），声势正盛，不可以挑战。”秃发傉檀不相信，大军分为五路，同时并进，到达番禾（甘肃省永登县）、苕藋（甘肃省张掖市东），掳掠居民五千余家而还。将军屈右说：“既然获得胜利，就应该加倍速度撤退，早一天脱离险境。沮渠蒙逊精于军事谋略，如果派轻装备骑兵追击，大军在外逼近，掳掠的居民在内叛变，危险万状。”皇城保安司令（卫尉）伊力延说：“他们是步兵，我们是骑兵，怎么追也不会追上。我们加速撤退，正显示我们脆弱，而且要抛弃很多辎重财产，不是好办法。”不久，天色黄昏，大雾，狂风暴雨，沮渠蒙逊的追兵从后大量涌到，秃发傉檀败走。沮渠蒙逊再度包围乐都（青海省海东市乐都区），秃发傉檀登城固守。

最后，秃发傉檀派儿子秃发染干当人质，请求和解，沮渠蒙逊始行班师。

9 三月，晋帝国（首都建康）中军将军刘裕，终于接受全国武装部队总司令（太尉）、立法院总立法长（中书监）的官职。任命刘穆之当全国武装部队总司令部军政官（太尉司马），陈郡（河南省周口市淮阳区）人殷景仁当副军事参议官（行参军）。刘裕问刘穆之说：“孟昶左右幕僚，有谁可以延聘到我们这里来？”刘穆之推荐前建威将军府大营军事参议官（建威中兵参军）谢晦。谢晦，是谢安老哥谢据的曾孙（谢安，参考三八五年八月），刘裕即任命谢晦当军事参议官（参军）。

刘裕曾经亲自审问囚犯，当天早上，刑法军事参议官（刑狱参军）恰巧生病，就教谢晦代理。谢晦前往公堂途中，在车上把所有诉状口供，大略看过一遍，立刻就能裁定判决。宰相府（指刘裕总部）事务繁多，讼案更堆积如山。谢晦随同主持人审问处理，从没有发生过错误，刘裕大为惊奇，当天就任命他当刑法助理官（刑狱贼曹）。谢晦，风度优美，喜爱谈笑，博学强记；刘裕深为宠信。

10 晋帝国变民军首领卢循，一面撤退，一面集结散兵游勇，抵达已被政府军收复了的番禺（广州州政府所在县·广东省广州市。收复番禺，参考去年〔四一〇〕十一月），把番禺包围。政府军建威将军孙处，据守二十余日，在外的振武将军沈田子警告兖州（州政府广陵）州长（刺史）刘藩说：“番禺城池虽然坚固，但它原来却是妖贼（指变民军）的巢穴。现在陷于卢循的包围，或许会引发城里的变化。而且孙处的部队人数太少，力量不够，不能长期支持。如果使妖贼（指变民军）再度盘踞广州（广东及广西），凶恶的势力，会第二次兴起。”

夏季，四月，沈田子率军救援番禺（广东省广州市），攻击卢循，大破变民军，杀一万余人。卢循逃走，沈田子跟孙处，联合追击，又在苍梧郡（广西梧州市）、郁林郡（广西桂平市）、宁浦郡（广西横州市），节节胜利。然而，孙处患病，不能前进；卢循得到缓冲时间，率变民军奔向交州（州政府设龙编〔越南河内市东北北宁省〕）。

最初，九真郡（越南清化市）郡长李逊，起兵叛变，交州州长（刺史）、交趾郡（郡政府龙编）人杜瑗讨伐，斩李逊。杜瑗逝世，中央任命他的儿子杜慧度当交州州长（刺史）。皇帝诏书还没有到达，而卢循已攻破合浦郡（广西合浦县东北），直扑交州（州政府龙编）。杜慧度率州政府文武官员迎战，在石碕（河内市东南）大破变民军。卢循残余的部众，仍有三千人，李逊党羽李脱等，集结俚獠蛮族五千余人，响应卢循。

四月二十四日，凌晨，卢循进抵龙编（越南河内市东北北宁省）南郊渡口，杜慧度把家中所有财产，全都散发给将士，跟卢循交战。杜慧度投掷特制的“野鸡尾火箭”（雉尾炬），焚烧变民军船舰，杜慧度更令两岸步兵，乱箭夹击，变民军所有船舰一霎时全都燃烧，士卒遂彻底崩溃。卢循知道不能逃脱，先用毒酒把正妻毒死，再把所有小老婆、歌妓，叫到面前，问说：“谁能跟我死在一起？”多数都说：“麻雀老鼠，都希望活下去，一同去死，实在艰难。”但也有人说：“官人（对丈夫尊称）都要死了，我也不愿偷生。”卢循把表示不愿殉死的美女，全部诛杀，然后自己投河而死。杜慧度捞出他的尸体，砍下人头，连同他的老爹，和他的四个儿子，以及李脱等，一

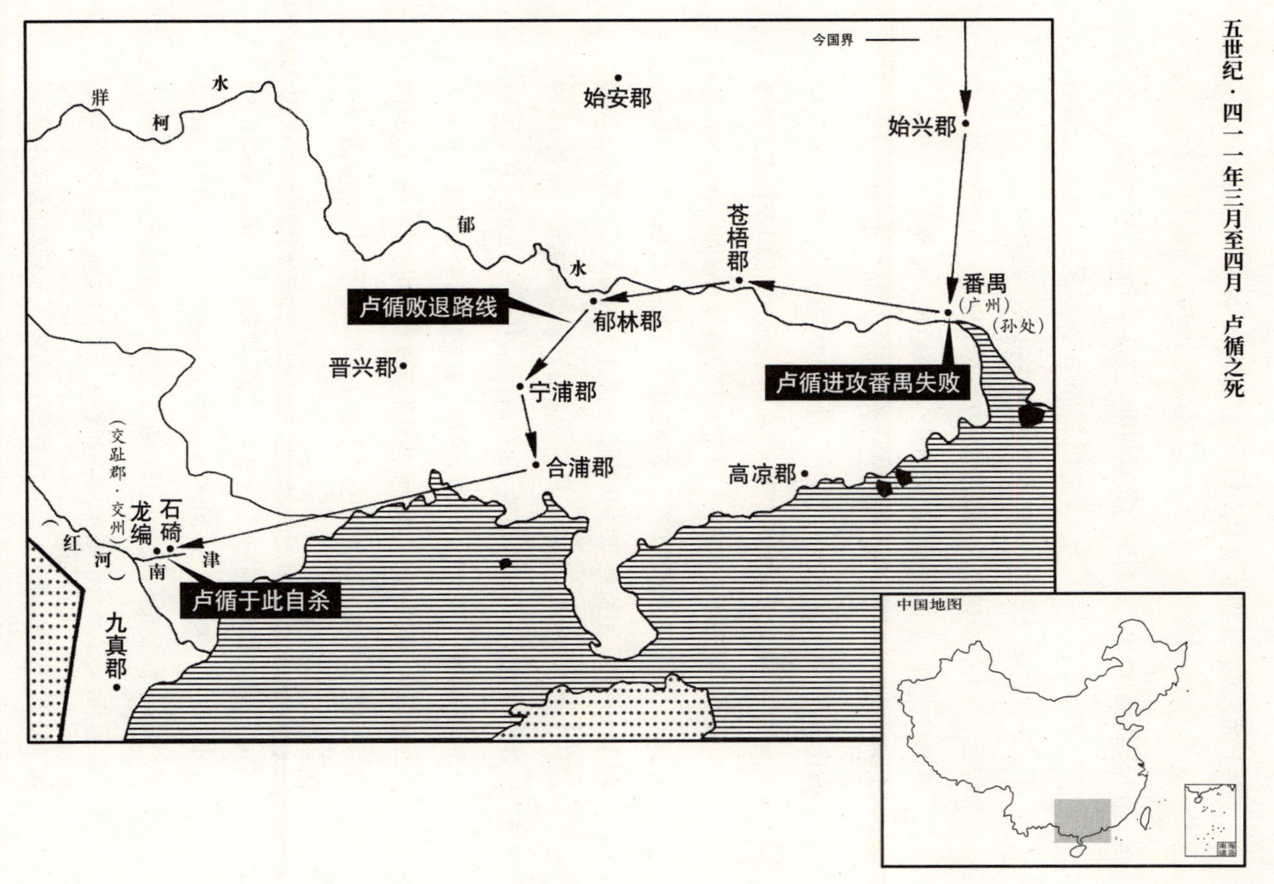

五世纪·四一一年三月至四月　卢循之死

共七颗人头，装到木匣里，送往首都建康（江苏省南京市）。

11 最初，晋帝国后将军刘毅，还是平民时，家住京口（江苏省镇江市），生活贫苦。有一天，跟亲友们在东演武厅（东堂），比赛射箭。庾悦当时已是宰相府右秘书长（司徒右长史），随后才到，命仆人传话，要用射击场地；大家畏惧权势，纷纷逃走，只刘毅不走。庾悦携带厨师，烹饪野餐，山珍海味，大摆筵席，庾悦坐下大嚼，却不理会旁边的刘毅。刘毅向他索取一只小鹅烤吃，庾悦对这个穷汉的冒犯，大为恼怒，一口拒绝，刘毅记恨在心。

现在，刘毅要求兼任江州（江西省及福建省）军区司令长官，晋帝（十六任安帝）司马德宗（本年三十岁）批准，而庾悦当江州（州政府寻阳）州长（刺史），恰好是刘毅的部下。刘毅因而上疏说："江州（江西省及福建省）属于腹地，州长（刺史）的责任，主要在于治理人民，不应该再兼武职，设立司令部，浪费人民税金。最好是立刻撤销，州长（刺史）恢复纯粹的地方行政官原貌，州政府自寻阳（江西省九江市）迁到豫章（江西省南昌市）。寻阳跟蛮族地区接壤，就把原司令部所属一千余人的武装部队，移交出来，加强寻阳郡郡政府的防务。"司马德宗同意。于是，解除庾悦军方职务，不再统御军队，而以单纯的江州州长（刺史）身份，随同州政府迁到豫章（江西省南昌市。四世纪初，晋王朝州长〔刺史〕或全权州长〔牧〕，必须带"节"——假节、持节、使持节，才有身价。后来，更必须是"军区司令"——都督诸军事、督诸军事、监诸军事，才有身价，行之一百余年。庾悦原职是"车骑将军府及中军将军府军政官"〔车骑中军司马〕，地位崇高；参考去年〔四一〇〕六月。诏书既下，这项武职，即行解除）。刘毅任命亲信将领赵恢，率一千人驻守寻阳（江西省九江市）。庾悦司令部文武官员三千人，全部并入刘毅司令部。刘毅对庾悦不断下达严峻凌辱的命令，庾悦知道他要为他当年的傲慢，付出代价，既气愤又恐惧，到豫章郡（江西省南昌市）后，背上生出毒疮，逝世。

12 西秦王国（首都苑川〔甘肃省榆中县东北〕）首领（二任武元王）、河南王乞伏乾归，把羌民族句岂等部落部众五千余户人家，强迫迁到叠兰城（甘肃省和政县），成立兴国郡（郡政府设叠兰城），命侄儿乞伏阿柴当兴国郡郡长镇守。

五月，再任命儿子乞伏木弈干当武威郡（甘肃省武威市）郡长，镇守嵻峎城（甘肃省榆中县南）。

13 五月二十二日，北魏帝国（首都平城〔山西省大同市〕）皇帝（二任明元帝）拓跋嗣（本年二十岁），晋谒金陵（故都盛乐〔内蒙古和林格尔县〕拓跋皇族祖先坟墓）；命山阳侯奚斤，留守京师（首都平城）。

昌黎王慕容伯儿谋反。

五月二十四日，奚斤逮捕慕容伯儿，连同他的同党，一并斩首。

14 秋季，七月，北燕帝国（首都和龙城〔辽宁省朝阳市〕）天王（二任文成帝）冯跋，命太子冯永，兼大单于，设置四位辅政大臣（自汉赵帝国开始，太子常兼单于，用以镇抚匈奴人和其他蛮族。当初，单于府只设“左辅”“右辅”〔参考三一四年正月〕；冯跋更增“前辅”“后辅”）。

柔然汗国（瀚海沙漠群）可汗（二任蔼豆盖可汗）郁久闾斛律，派人向北燕帝国进贡马三千匹，请求娶冯跋的女儿乐浪公主；冯跋命文武官员讨论。辽西公冯素弗说：“从前的君王，都用皇族的女儿嫁给蛮族，所以应该把姬妾（小老婆群）生的女儿送去；乐浪公主不适合嫁给跟我们不一样的异类（冯家是汉人）。”冯跋说：“我正在使蛮荒地区人士产生信心，怎么能够欺骗？”遂把乐浪公主嫁给郁久闾斛律。

冯跋用高度效率治理国家，劝勉人民耕田种桑，免除人民劳役差遣，减少田赋捐税。每次派出郡长县长，冯跋都要亲自接见，询问他们施政的要领，用以考查他们的能力。全国人民，十分庆幸。

15 西秦王国（首都苑川）首领、河南王乞伏乾归，派平昌公乞伏炽磐，及中军将军乞伏审虔，讨伐南凉王国（首都乐都〔青海省海东市乐都区〕）。乞伏审虔，是乞伏乾归的儿子。

八月，乞伏炽磐大军渡河（金城河），南凉王（三任景王）秃发傉檀派太子秃发虎台，在岭南（洪池岭〔甘肃省天祝县西北乌鞘岭〕以南）迎战，南凉军大败，西秦军掳掠南凉牛马十余万头而回。

16 北凉王国（首都张掖〔甘肃省张掖市〕）首领（二任武宣王）、张掖公沮渠蒙逊，率轻装备骑兵，袭击西凉王国（首都酒泉〔甘肃省酒泉市〕）。西凉首领（一任武昭王）、凉公李暠（本年六十一岁）说：“军事行动，有用不着疆场相见，便可击败敌人的，那就是摧毁他的锐气。沮渠蒙逊最近才跟我们结盟，却向我们发动偷袭。我们紧闭城门，不作任何反应，等他锐气丧失，再行攻击，没有不成功之理。”不久，沮渠蒙逊军粮食吃完，撤退；李暠派世子李歆，率七千人骑兵部队，拦腰狙击，沮渠蒙逊大败。西凉军生擒北凉军将领沮渠百年。

17 西秦王国首领、河南王乞伏乾归，攻击后秦帝国略阳郡郡长姚龙据守的柏阳堡（甘肃省天水市东南），攻克。

冬季，十一月，再进攻后秦帝国南平郡郡长王憬据守的水洛城（甘肃省庄浪县），也攻克，把居民三千余家，强迫迁到谭郊（甘肃省临夏市西北）；派乞伏审虔率军二万人，筑谭郊城。

十二月，西羌部落酋长彭利发，袭击枹罕（甘肃省临夏市），攻克；自称最高统帅（大将军）、河州全权州长（牧）。乞伏乾归反攻，不能取胜。

18 本年（四一一），晋帝国并州（侨州·州政府设淮阴〔江苏省淮安市淮阴区〕）州长（刺史）刘道怜，调任北徐州州长（刺史），镇守彭城（江苏省徐州市）。

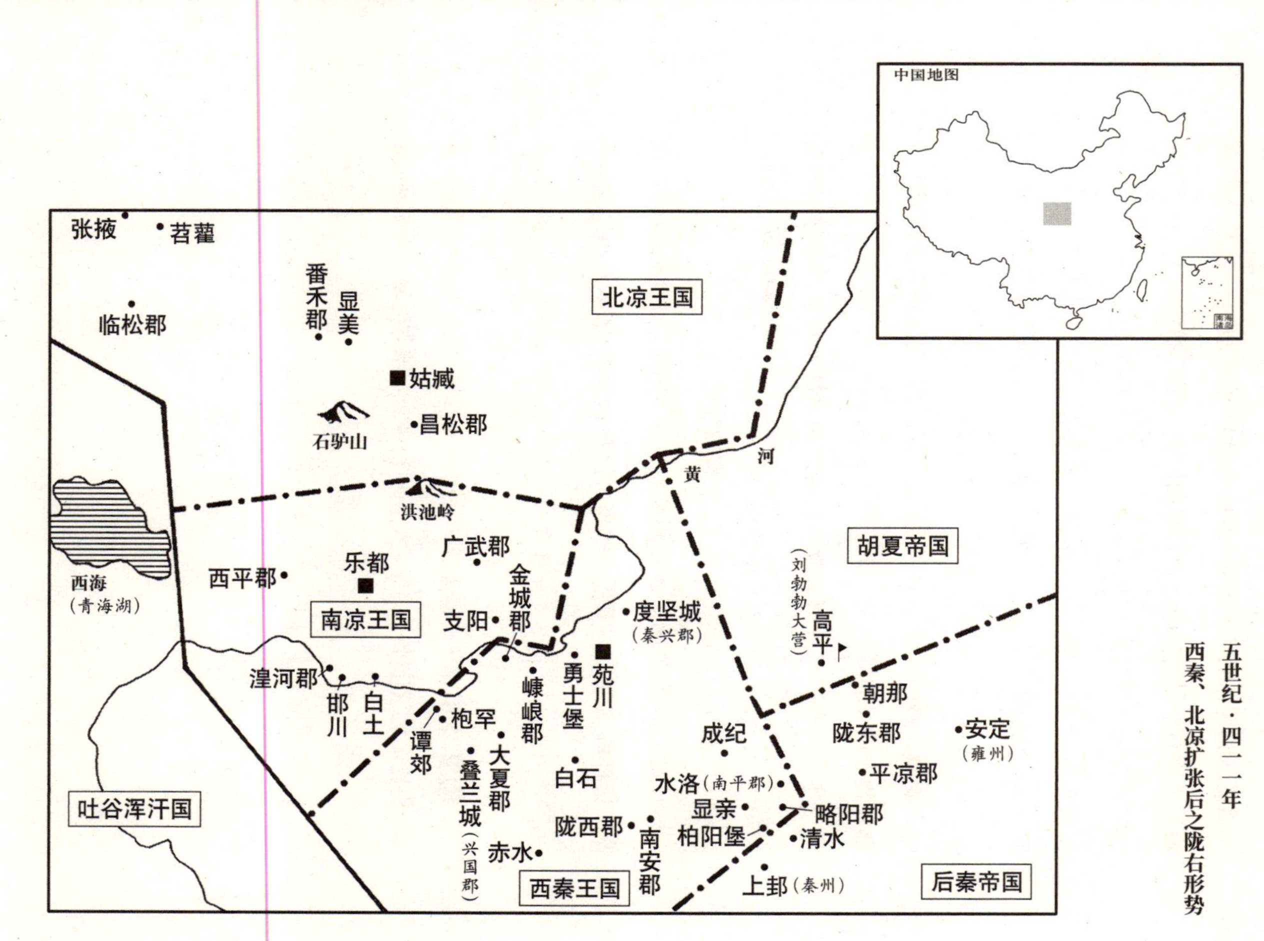

五世纪・四一一年
西秦、北凉扩张后之陇右形势

四一二年 壬子

晋	义熙	八年
后秦	弘始	十四年
西秦	更始	四年
	永康	元年
北魏	永兴	四年
南凉	嘉平	五年
北凉	永安	十二年
	玄始	元年
西凉	建初	八年
西蜀	蜀王	八年
胡夏	龙升	六年
北燕	太平	四年

1 春季，正月，西秦王国（首都苑川〔甘肃省榆中县东北〕）首领（二任武元王）、河南王乞伏乾归，对西羌部落酋长彭利发，再度攻击，军队挺进到奴葵谷（今地不详）。彭利发放弃城池和他的部众，向南逃走。乞伏乾归派振威将军乞伏公府，追击到清水（甘肃省清水县），斩彭利发；俘虏西羌部落一万三千家；遂任命乞伏审虔当河州州长（刺史），镇守枹罕（甘肃省临夏市），然后班师。

2 二月五日，晋帝国（首都建康〔江苏省南京市〕）政府擢升吴兴郡（浙江省湖州市）郡长孔靖，当国务院右执行长（尚书右仆射）。

3 西秦王国首领、河南王乞伏乾归，迁都谭郊（甘肃省临夏市西北）。命平昌公乞伏炽磐，镇守故都苑川（甘肃省榆中县东北）。

乞伏乾归攻击吐谷浑汗国（青海省）所属旁支部落酋长阿若干据守的赤水（甘肃省岷县北），阿若干投降。

4 夏季，四月，晋帝国荆州（湖北省及湖南省）州长（刺史）刘道规，因身患重病，请求退休回京（首都建康），中央批准。刘道规在荆州（州政府设江陵〔湖北省江陵县〕）很多年（四〇五至本年），没有一点侵犯掠夺，一直到辞职回京，政府仓库和住宅房舍，充实整齐，跟他新接事时一样。随从中有两位卫士，把一条草席带到船上，刘道规把二人在街市上斩首（清廉使人起敬，但过分的处罚仍是暴虐）。

晋政府任命后将军、豫州（州政府设姑孰〔安徽省当涂县〕）州长（刺史）刘毅，当首都卫戍司令（卫将军）、荆宁秦雍军区司令长官（都督荆宁秦雍四州诸军事），兼荆州（州政府江陵）州长（刺史）。刘毅对首都东区卫戍司令（左卫将军）刘敬宣说："我荣幸的身负西方重任，打算委屈你当南蛮保安司令部秘书长（南蛮长史），你可有意助我一臂之力？"刘敬宣大为恐惧，告诉全国武装部队总司令（太尉）刘裕，刘裕笑说："我保证老哥平安，不要忧虑。"

刘毅性情刚愎，认为当年起义勤王的功劳，跟刘裕相等，自己对自己十分满意，虽然帝国大权大事都尊重刘裕，但并不服气。等到独当一面，成为重要的地方政府首长，经常心里发酸，闷闷不乐，认为大材小用。刘裕一直采取低姿态，用软功夫对付他；刘毅越发骄傲，不可一世，曾经说："恨不得遇到刘邦（西汉王朝一任帝）、项羽（西楚王国一任王），跟他们争夺中原。”后来，桑落洲之役，被卢循击败（参考前年〔四一〇〕五月），知道大家对他已不再高估，就更恼怒激愤。刘裕是个没有读过书的粗人，而刘毅却是一个高级知识分子，所以政府中有声望的官员，多数倾心刘毅。刘毅也跟国务院执行长（尚书仆射）谢混、首都建康市长（丹阳尹）郗僧施，深切结交，互相援助。郗僧施，是郗超的侄儿（郗超，是桓温的智囊，参考三六三年五月）。刘毅既然据守长江上游，暗中有倾覆刘裕的打算，要求兼任交广二州军区司令长官，刘裕同意。刘毅又奏请：任命郗僧施当南蛮保安司令（南蛮校尉），兼后军将军府军政官（后军司马）；毛修之当南郡（湖北省江陵县）郡长，刘裕也都同意，遂命刘穆之接任首都建康市长（丹阳尹）。刘毅上疏请求回京口（江苏省镇江市）向祖先坟墓辞行。刘裕前往倪塘（建康城东南），跟刘毅会面。宁远将军胡藩，质问刘裕说：“你认为刘毅会不会有一天心甘情愿的终于成为你的部下？”刘裕沉默不语，停了很久，反问说：“你有什么看法？”胡藩说：“统御百万大军，攻必胜，战必克，刘毅佩服你。但是阅读群书，谈吐纵横，吟诗作赋，他却自己称许自己是天下英雄；所以豪杰绅士，和一些面孔白白的知识分子，纷纷归附于他。恐怕到了最后，仍不愿位在你下，不如乘着这次会晤，当场逮捕。”刘裕说：“我跟刘毅同时有复兴帝国之功，他的罪恶还没有公开显露，不可以自相残杀。”

5 西秦王国（首都谭郊）平昌公乞伏炽磐，进攻南凉王国（首都乐都〔青海省海东市乐都区〕）三河郡（青海省循化县）郡长吴阴据守的白土（三河郡郡政府所在县），攻克；任命乞伏出累继任郡长。

六月，西秦王国流血政变。振威将军乞伏公府，谋杀首领（二任武元王）、河南王乞伏乾归（年龄不详），并斩乞伏乾归的十余个儿子

（一任宣烈王乞伏国仁逝世，儿子乞伏公府年幼，国家领导人公推乞伏国仁的老弟乞伏乾归嗣位；参考三八八年六月。迄今二十五载，乞伏公府已长大成人）。乞伏公府既杀老叔，遂退保大夏（甘肃省广河县）。平昌公乞伏炽磐，派老弟广武将军乞伏智达、扬武将军乞伏木弈干，率骑兵三千人讨伐。又命老弟乞伏昙达当镇东将军，镇守谭郊（甘肃省临夏市西北）；骁骑将军乞伏娄机，镇守苑川（甘肃省榆中县东北）。乞伏炽磐率文武百官及平民二万余家，迁都枹罕（甘肃省临夏市）。

后秦帝国（首都长安〔陕西省西安市〕）很多官员，建议天王（二任文桓帝）姚兴（本年四十七岁），乘西秦王国内乱，消灭乞伏炽磐，姚兴说："乘别人有丧事时攻击，不合礼义。"胡夏帝国（首都未定）天王（一任武烈帝）刘勃勃（本年三十二岁），打算攻击西秦王国，参谋警卫指挥官（军师中郎将）王买德劝阻说："乞伏家（西秦王国）是我们的盟邦，现在国内发生凶杀，一团混乱，我们不能帮助援救，反而仗恃人多力强，加以攻击，连一介匹夫，都不肯做这种事，何况天子？"刘勃勃停止。

6 闰六月一日，晋帝国南郡公（烈武公）刘道规逝世（年四十三岁）。

7 秋季，七月一日，北魏帝（二任明元帝）拓跋嗣（本年二十一岁）向东巡察；设置四方面大将、十二方面小将；命山阳侯奚斤，代理左丞相，元城侯拓跋屈，代理右丞相。

七月二十二日，拓跋嗣到达濡源（濡水〔闪电河〕源头·河北省沽源县），巡视西北诸部落。

8 西秦王国广武将军乞伏智达等，击破据守大夏（甘肃省广河县）的乞伏公府。乞伏公府逃到叠兰城（甘肃省临夏市东南），投奔老弟乞伏阿柴；乞伏智达等攻破城池，斩乞伏阿柴父子五人。乞伏公府逃往嵻崀南山（甘肃省榆中县南马衔山），乞伏智达追捕，生擒，连同他的四个儿子，在谭郊（甘肃省临夏市西北）剁下四肢（轘刑），用酷刑诛杀。

八月，乞伏炽磐自称最高统帅（大将军）、河南王，大赦；改年号永康（之前是更始四年，之后是永康元年）。把老爹乞伏乾归安葬在枹罕（甘肃省临夏市），绰号称武元王，庙号称高祖。

9 晋帝（十六任安帝）司马德宗（本年三十一岁）正妻王神爱逝世（年二十九岁）。

10 八月十二日，北魏帝拓跋嗣，返首都平城（山西省大同市）。

11 九月，西秦王国首领（三任文昭王）、河南王乞伏炽磐，任命国务院总理（尚书令）、武始郡（甘肃省临洮县）人翟勍，担任相国；高级咨询官（侍中）、太子宫总管（太子詹事）赵景，担任总监察官（御史大夫）。撤除国务院总理（令）、执行长（仆），以及国务院六部、高级咨询官（侍中）等官位。

12 九月六日，晋帝国把皇后王神爱，安葬休平陵（晋帝司马德宗预设墓地·建康城东蒋山西南）。

13 晋帝国荆州（州政府设江陵〔湖北省江陵县〕）州长（刺史）刘毅，抵达江陵任所，大批更换郡长县长，抽调豫州（州政府设姑孰〔安徽省当涂县〕）文武官员，江州（州政府设豫章〔江西省南昌市〕）武装民兵·万余人，跟随自己。正好刘毅病势沉重，郗僧施等恐怕刘毅逝世后，党羽将受到清算，遂劝刘毅请求堂弟兖州（州政府设广陵〔江苏省扬州市〕）州长（刺史）刘藩，作为自己的助手，全国武装部队总司令（大尉）刘裕满口承诺。刘藩从广陵（江苏省扬州市），前往京师（首都建康）朝见。

九月十二日，刘裕用晋帝司马德宗名义，发布诏书，宣布刘毅罪状，指控刘毅跟刘藩，以及谢混，共同阴谋叛乱。于是，逮捕刘藩、谢混，命他们自杀。

最初，谢混跟刘毅感情亲密，谢混堂兄谢澹，常为这件事担忧，因而逐渐跟谢混疏远，对老弟谢璞跟侄儿谢瞻说："谢混的个性，终于会家破人亡。"谢澹，是谢安的孙儿（谢安，参考三八五年八月）。

九月十三日，晋帝司马德宗下诏（刘裕诏），大赦，任命前会稽郡（浙江省绍兴市）郡长（内史）司马休之，当荆雍梁秦宁益军区司令长官（都督荆雍梁秦宁益六州诸军事），兼荆州（州政府江陵）州长（刺史）；北徐州（州政府设彭城〔江苏省徐州市〕）州长（刺史）刘道怜，当兖、青二州州长（刺史），镇守京口（江苏省镇江市。州政府自广陵迁至此）。命豫州（州政府设姑孰〔安徽省当涂县〕）州长（刺史）诸葛长民，当全国武装部队总司令部留守总监（监太尉留府事）。刘裕疑心诸葛长民难以单独担负重任，再加授刘穆之建武将军，设建武将军府，遴选参谋官员，配备军队，防范意外。

九月十五日，刘裕率各路大军从首都建康（江苏省南京市）出发，军事参议官（参军）王镇恶，请求拨付一百艘轻型舰艇，作为先锋。

九月二十九日，刘裕抵达姑孰（安徽省当涂县），命王镇恶当振武将军，跟龙骧将军蒯恩，率一百艘舰艇，在主力舰队前，先行出发。刘裕吩咐二人说："如果对盗贼（指刘毅）可以攻击，就发动攻击；如果不可以攻击，就焚毁他们的船舰，停泊岸边等我。"于是王镇恶轻型舰队不分昼夜，逆江前进，扩大宣传说：他们是刘藩，现在西上荆州（州政府江陵）。

冬季，十月二十二日，王镇恶抵达豫章口（湖北省江陵县东南），距江陵（湖北省江陵县）二十华里，放弃船舰，登陆。蒯恩军在前，王镇恶军在后。每艘舰艇只留下一两个人，岸上树立六七面旗帜，旗帜下设置战鼓，吩咐留守将士："预计我们快到江陵城时，就擂起战鼓，好像后面还有大军。"又派人前往江津（江陵县东南十公里）水上要塞，焚烧荆州船舰。王镇恶直接袭击城池，告诉前导将士："有人问的时候，只说我们是兖州州长（刺史刘藩）的部队。"果然，沿途岗哨守卫，以及民间，都不疑心。距城五六华里时，遇到刘毅亲信将领朱显之，要去江津，因问："刘藩在哪里？"士卒说："在后面。"朱显之到后队，看不到刘藩，却看到士卒携带攻击性武器；而江津水上要塞，烟火冲天，沿江战鼓，如同雷鸣，明白绝不是刘藩，立即掉转马头，飞奔回城，打算禀告刘毅关闭城门。王镇恶也紧随在后，飞马追赶，城门还来不及关闭，王镇恶军已经冲进城中，首都卫戍司令部秘书长（卫军长史）谢纯，从刘毅那里出来，听到中央军入城消息，左右驾车就要回家，谢纯呵责说："我，是人家的部属，往哪里逃？"加速返回州政府。谢纯，是谢安老哥谢据的孙儿（谢安，参考三八五年八月）。王镇恶跟城里守军战斗，攻击牙城。自中午十二时，直到下午四时，守军失败，溃散。王镇恶在牙门凿开洞穴，进入内城；派人把晋帝司马德宗的诏书赦书，以及刘裕的亲笔函件，送给刘毅，刘毅把它们全都烧掉，看也不看，而只跟军政官（司马）毛修之等，督促将士竭力抵抗。这时，城里守军仍不相信刘裕亲临；可是刘毅从东方带来的部队官兵，跟王镇恶所率的政府军官兵，有很多是表兄表弟亲戚关系，一面战斗，一面对话，发现刘裕果然亲征，军心震恐。等到晚上，刘毅办公大厅前的卫士，逃走一空，中央军斩刘毅的勇将赵蔡；但刘毅左右亲军，仍紧闭东西两阁拒战。王镇恶恐怕黑暗之中，自己人错杀自己人，遂率军退出内城，只包围牙城，而在南方，留出供敌逃亡的缺口。刘毅疑心南方可能设有伏兵，夜半时分，率左右三百余人，开北门突围。毛修之对谢纯说："你只管跟我走。"谢纯拒绝，遂被诛杀。

刘毅在深夜中投奔牛牧寺（湖北省江陵县北）。最初，桓蔚溃败时（参考四〇五年正月十六日），投奔牛牧寺和尚释昌，释昌把桓蔚藏匿，刘毅遂把释昌斩首；如今，牛牧寺拒绝刘毅投宿，说："从前，我那已亡故的师傅，收容桓蔚，被刘毅杀掉，今天实在不敢开门接受外人。"刘毅叹息说："自己制定执法标准，自己伤害自己，竟到这种地步！"遂上吊自杀。第二天（十月二十三日），当地居民报案，王镇恶遂把尸体拖到街市，砍下人头，连同刘毅的儿子、侄儿，全都诛杀。刘毅的老哥刘模，投奔襄阳（湖北省襄阳市）；雍州（州政府襄阳）州长（刺史）鲁宗之斩刘模，把人头送到建康（江苏省南京市）。

刘毅刚强凶猛，多谋善断，但他却专心于赌狠使气。跟刘裕共成大业，而一味沾沾自喜，对刘裕从不肯推崇。刘毅每看史书，看到蔺相如向廉颇屈膝（参考前二七九年），都掩卷长叹，认为不可能有这种事！众人都厌恶他态度傲慢，言谈粗暴，最后终于失败。

当初，公孙鞅失败逃亡，旅馆拒绝他投宿，他叹息说："作法自毙，一至于此！"现在，刘毅失败逃亡，庙宇拒绝他投宿，他也叹息说："作法自毙，一至于此！"我们不知道这两句话是不是真的出于二人之口，还是儒家学派为了证明法治的弊端，故意捏造出来，作为恐吓！而只知道，这两句话，对读者有误导作用。

公孙鞅的失败，失败于新君要报宿怨。刘毅的失败，失败于他自己暴戾斗狠的个性。跟执法不执法，沾不上边。难道公孙鞅逃出关卡，刘毅在庙中睡了一觉，二人的灾难就可消灭？

时至二十世纪，已没有人再反对严格执法，不过，历史上偏有这么多和稀泥之士，辛辛苦苦的把所有罪恶都归于严格执法，而中国知识分子，竟也接受这种反理性、反逻辑的推论，实在可惊。

最初，刘毅的叔父刘镇之，在京口（江苏省镇江市）赋闲，不接受政府延聘，常对刘毅、刘藩说：“你们的才能，足可以干出一番大事，只是恐怕不能保持长久。我不透过你们谋求财富官位，也不跟你们一同受累受罪。”每次看见刘毅、刘藩的前导仪仗队和卫士抵达门前，就向他们诟骂。刘毅对他尊敬畏惧，每次总在距家宅数百步，就把仪仗队卫士，全部停在一旁，只跟穿着平民服装的左右数人，一同回家。等到刘毅被杀，全国武装部队总司令（太尉）刘裕，上疏皇帝：征召刘镇之当散骑侍从官（散骑常侍）、特级国务官（光禄大夫）。刘镇之坚决辞让，不肯到职。

14 半独立状态“氐王”（首府仇池〔甘肃省西和县南〕）、被后秦帝国（首都长安）封仇池公的杨盛，背叛后秦帝国，侵略祁山（甘肃省礼县东北）。后秦天王（二任文桓帝）姚兴，派建威将军赵琨当前锋司令官，立节将军姚伯寿当后继部队，前将军姚恢穿过鹫峡（甘肃省成县西北），秦州（州政府设上邽〔甘肃省天水市〕）州长（刺史）姚嵩穿过羊头峡（今地不详），首都西区卫戍司令（右卫将军）胡翼度穿过汧城（今地不详），讨伐杨盛。姚兴亲统主力，从雍城（陕西省宝鸡市凤翔区）出发支援，跟各将领在陇口（陇山山口，甘肃省清水县东）会师。

天水郡（甘肃省天水市）郡长王松忽对姚嵩说："先帝（一任帝姚苌）神明的谋略，千变万化，没有人可以预测。徐洛生又何等英雄，第二次攻击仇池（甘肃省西和县南）时，没有立下功劳，空手而回（徐洛生事，史书缺少记载）。并不是杨家班智勇双全，而是地势险要，坚固非常。而今，虽然投入赵琨的庞大部队，连同阁下的威望，但比起先帝（一任姚苌）时代，实在不可能成功。阁下全盘了解形势如此，为什么不报告皇上？"姚嵩不肯。

杨盛率部众跟赵琨拒抗，姚伯寿恐惧畏缩，不敢前进。赵琨人数少，不能抵挡，被杨盛击败。姚兴于是斩姚伯寿，回军。

姚兴任命杨佛嵩当雍州（州政府设安定〔甘肃省镇原县东南屯字镇〕）州长（刺史），率岭北（九嵕山以北）现有的武装部队，攻击胡夏帝国（首都未定）。大军出发好几天，姚兴对文武官员说："杨佛嵩每次看到敌人，勇猛得简直无法自己克制，我平常配属他军队，总不超过五千人。这一次配给他这么多，遇到敌人，一定失败。大军走得太远，追他回来，已来不及，怎么办？"杨佛嵩跟胡复帝国天王刘勃勃会战，果然大败，被刘勃勃生擒，杨佛嵩自己扼住咽喉，自杀。

15 后秦帝国天王姚兴，封昭仪（小老婆群第一级）齐女士当皇后。

16 北凉王国（首都张掖〔甘肃省张掖市〕）首领（二任武宣王）、张掖公沮渠蒙逊（本年四十五岁），把首都迁到姑臧（甘肃省武威市）。

17 十一月十三日，晋帝国全国武装部队总司令（太尉）刘裕，抵达江陵（湖北省江陵县），斩南蛮保安司令（南蛮校尉）及后军将军府军政官（后军司马）郗僧施。

最初，毛修之虽然是刘毅的部属幕僚，但平时却跟刘裕友情深厚，所以刘裕特别赦免毛修之。

封王镇恶当汉寿子爵。

刘裕问刘毅旧属首席军事参议官（咨议参军）申永说："今天怎么做才好？"申永说："化解往日的仇恨，加倍的赐下恩德，依照门第高下给他们官位（三世纪二〇年代之后，门第观念，越演越烈），公开的擢升有才能人士，这就够了。"刘裕采纳。下令减少田赋捐税，减少人民差役，放宽刑法处罚，礼聘有知名度的人士。荆州（湖北省及湖南省）人民，大为欢悦。

18 晋帝国豫州（州政府设姑孰〔安徽省当涂县〕）州长（刺史）兼全国武装部队总司令部留守总监（监太尉留府事）诸葛长民，骄傲任性，贪污奢侈，所作所为多数都违法乱纪，成为人民的大患。诸葛长民一直害怕全国武装部队总司令（太尉）刘裕把他治罪。等到刘毅自缢，诸葛长民对他的亲信说："前年杀彭越，今年杀韩信，大祸就要临头。"把左右侍从摒开，问首都建康市长（丹阳尹）刘穆之，说："大家异口同声，都说总司令（太尉刘裕）对我不满，怎么会发生这种情形？"刘穆之说："刘公（刘裕）逆江而上，西征叛徒，把年老的娘亲和稚龄的幼子，托付给你，假使有一点点不信任，怎么能够如此！"诸葛长民心情稍微安定。

诸葛长民老弟、辅国大将军诸葛黎民，游说他的老哥说："刘毅家覆灭，使诸葛家恐惧，应该乘刘裕还没有回京（首都建康）之前，先下手为强。"诸葛长民犹豫不决，稍后，叹息说："贫贱的时候，渴望有朝一日，荣华富贵。可是，荣华富贵埋伏着重重危机，今天，要想再回到丹徒（江苏省镇江市东丹徒区。诸葛长民任青州州长〔刺史〕时的驻地，参考四〇八年正月）当一介平民，又怎么能够！”写信给冀州（侨州·州政府设东阳城〔山东省青州市〕）州长（刺史）刘敬宣说：“刘毅狠恶暴戾，专权任性，自找全族屠灭。怀有背叛思想的人，快要杀完，天下已经太平，荣华富贵的事情，应共同享有。”刘敬宣回信说：“我自从四〇五年以来，曾当过三个州的州长、七个郡的郡长，一直恐惧福气成为过去，灾难继之而生，常想躲开满盈，宁愿吃亏受损。所指示的荣华富贵，实不敢当。”并且把来往信件，呈送给刘裕。刘裕说：“阿寿（对刘敬宣昵称）当然不辜负我！”

刘穆之一直忧虑诸葛长民发动政变，曾摒退左右，秘密询问全国武装部队总司令部副军事参议官（大尉行参军）、东海郡（侨郡·江苏省镇江市）人何承天说：“总司令（太尉刘裕）这次出征，能不能成功？”何承天说：“不必担心荆州（湖北省及湖南省）不马上平定，值得担心的是另外一件事。刘公（刘裕）当年左里（鄱阳湖畔·江西省都昌县北）大捷（参考前年〔四一〇〕十二月）后，返回石头（建康城西北），轻松愉快。而这一次回来，应该特别戒备。”刘穆之说：“不是你，听不到这番话。”

刘裕在江陵（湖北省江陵县），辅国将军王诞报告刘裕，要求先东下返回京师（首都建康），刘裕说：“诸葛长民好像已有疑心，你怎么敢随便前往？”王诞说：“诸葛长民知道我一向受你的垂爱照顾，而今一个人轻装回去，当可使他认为：你对他没有误会，心意稍安。”刘裕笑说：“你的勇气超过王贲、孟育！”准他先走。

19 北凉王国（首都姑臧〔甘肃省武威市〕）首领（二任武宣王）、张掖公沮渠蒙逊，改称河西王，大赦，改年号玄始（之前是永安十二年，之后是玄始元年)。设立文武百官，一切依照后凉王国天王(一任懿武帝)吕光当三河王时前例(吕光称三河王事，参考三八九年二月)。

20 晋帝国全国武装部队总司令(太尉)刘裕，打算攻击西蜀王国(首都成都〔四川省成都市〕)，但元帅一职，却一时找不到适当人选。西阳郡(湖北省黄冈市黄州区)郡长朱龄石，既有军事谋略，又熟悉文武职务，打算起用。大家都认为朱龄石年纪既轻(本年三十四岁)、资历又浅、官位也低，难以担当这项重大责任；但刘裕坚持自己的看法。

十二月，任命朱龄石当益州(州政府设巴东郡〔重庆市奉节县东〕)州长(刺史)，率宁朔将军臧熹、河间郡(侨郡)郡长蒯恩、下邳郡(江苏省睢宁县北古邳镇)郡长刘钟等，向西蜀王国发动灭国性大规模攻击。把西征刘毅的大军，分出一半——约二万人，配给朱龄石。臧熹是刘裕正妻的老弟，官位比朱龄石要高，但也成为朱龄石部属。

刘裕跟朱龄石秘密讨论进军计划，刘裕说："刘敬宣当年攻到黄虎(四川省射洪市)，不能成功，只好撤退(参考四〇八年七月)。盗贼(西蜀王国)判断：我们今年非改从外水(岷江)进军不可。因而认为：我们一定会出其不意，仍然攻击内水(涪江)，所以，盗贼(西蜀王国)的重兵，一定集中涪城(四川省绵阳市)，严守内水(涪江)。我们如果攻击黄虎(四川省射洪市)，正好投入罗网。现在，大军应顺外水(岷江)，直扑成都，而派别动部队，进入内水(涪江)，扰乱敌人的决策，这是克制敌人的奇计。"但为了防范这项高度军事机密泄露，使西蜀王国得以戒备，对外特别宣称：另有秘密军令交付朱龄石，信封上写："到白帝(巴东郡・重庆市奉节县东)拆封。"所以，大军出发后，没有人知道进军路线。

毛修之坚持随大军出发，但刘裕考虑到毛修之到巴蜀（四川省）后，因血海深仇，定将大肆屠杀。而当地人民跟毛家有怨恨的，也将誓死固守，所以不肯应许。

21 晋帝国割出荆州（湖北省及湖南省）的十个郡，设立湘州（湖南省。三二九年二月，撤销湘州，并入荆州；本年〔四一二〕恢复。据《宋书·武帝纪》，新设的湘州，划入刘裕的军区）。

22 晋帝国政府加授全国武装部队总司令（太尉）刘裕太傅（上三公之二）、京畿总卫戍司令（扬州牧）。

23 十二月二十一日，北魏帝拓跋嗣，出巡北方，到长城而返。

四一三年 癸丑

晋	义熙	九年
后秦	弘始	十五年
西秦	永康	二年
北魏	永兴	五年
南凉	嘉平	六年
北凉	玄始	二年
西凉	建初	九年
西蜀	蜀王	九年
胡夏	龙升	七年
	凤翔	元年
北燕	太平	五年

1 春季，二月十五日，北魏帝国（首都平城〔山西省大同市〕）皇帝（二任明元帝）拓跋嗣（本年二十二岁），前往高柳川（山西省阳高县境）。

二月十九日，拓跋嗣回宫。

2 晋帝国（首都建康〔江苏省南京市〕）全国武装部队总司令（太尉）刘裕，自江陵（湖北省江陵县）东下返京（首都建康），先行把辎重用加倍速度，陆续运送，可是，跟首都建康（江苏省南京市）预定的到达日期，却屡次延误，不能准时，以致诸葛长民跟三公、部长级官员，每天到新亭（建康城西南）迎接，都因为阴错阳差的缘故，每天都迎接不到。

二月三十日，入夜，刘裕乘快速小艇，抵达东府（建康城南·国务院所在）。

三月一日，早晨，诸葛长民才得到消息，大吃一惊，急往晋见。刘裕命力士丁旿埋伏停当，然后接待诸葛长民入座，摒除左右，只留下刘裕跟诸葛长民二人，闲话家常，凡是过去所没有谈到的话，都一一谈到，至为亲密友好，诸葛长民认为误会已经消除，大为欢欣。而丁旿却从背后帷帐中窜出，在座位上抓住诸葛长民，击断他的肋骨，号叫中惨死。刘裕命把诸葛长民的尸体，抬到司法部（廷尉），审判定罪。逮捕他老弟诸葛黎民，诸葛黎民雄健骁勇，挥刀格斗抵抗，战死。刘裕又杀他的幼弟、最高指挥部军事参议官（大司马参军）诸葛幼民、堂弟宁朔将军诸葛秀之。

3 三月五日，后秦帝国（首都长安〔陕西省西安市〕）天王（二任文桓帝）姚兴（本年四十八岁），派使节到北魏帝国（首都平城）和解。

4 晋帝国全国武装部队总司令（太尉）刘裕，上疏皇帝（十六任安帝）司马德宗（本年三十二岁），说："从前，最高指挥官（大司马）桓温，因'人民的住所不能固定，对社会安定，有大的伤害'。所以曾经颁布《庚戌诏书》（参考三六四年三月），重新整理户籍，流亡在江南（长江以南）的北方侨民，一律以现在所住的住所，作为新的籍贯。后来民间宽裕，国家富有，原因在此。可是从那个时候起，实行到今天，法令逐渐松弛，请重新强调前令。"

于是，依居民现住的住所，作为标准，再定籍贯。但徐州、兖州、青州居住晋陵郡（京口·江苏省镇江市）的人，不在此限（徐、青、兖三州州政府，经常设在晋陵郡〔京口〕，如果居民全改籍贯，三州州政府便悬空），各侨郡侨县，很多合并或撤销。

三月十三日，晋帝国政府加授刘裕兼豫州（州政府设姑孰〔安徽省当涂县〕）州长（刺史）。刘裕坚决辞让太傅（上三公之二），和京畿总卫戍司令（扬州牧）。

5 南方林邑王国（越南中部）国王范胡达，攻击晋帝国所属的九真郡（越南清化市）。晋帝国交州（州政府设龙编〔越南河内市东北北宁省〕）州长（刺史）杜慧度，击斩范胡达。

6 西秦王国（首都枹罕〔甘肃省临夏市〕）首领（三任文昭王）、河南王乞伏炽磐，派镇东将军乞伏昙达、平东将军王松寿，率军向东攻击休官部落酋长权小郎、吕破胡所据守的白石川（《资治通鉴》原文到此空白，缺四十六字），大破休官部落，掳掠男女一万余人，占领白石城（甘肃省渭源县西北）、但显亲（甘肃省秦安县西北）。但休官部落另一酋长权小成、吕奴迦等，二万余家不服，据守白阬（今地不详），继续抵抗。乞伏昙达进攻，斩二人。陇右（陇山以西）休官各部落，全都投降。

后秦帝国全国武装部队总司令（太尉）索棱，献出他所据守的陇西郡（甘肃省陇西县），投降西秦王国，乞伏炽磐命索棱当太傅（上三公之二）。

7 胡夏帝国（首都未定）天王（一任武烈帝）刘勃勃（本年三十三岁），下诏大赦，改年号凤翔（之前是龙升七年，之后是凤翔元年）。任命叱干阿利兼工程总监（将作大匠），征发岭北（九嵕山〔陕西省礼泉县北〕以北）蛮夷、汉族十万人，在朔方水（无定河，流经陕西省北部，于陕西省清涧县注入黄河）

之北、黑水（细河，无定河支流）之南，兴筑新的首都。刘勃勃说："我正要统一天下，当万邦的君王，这个新兴的城池，应名统万。"叱干阿利性情乖巧伶俐，但凶暴残忍。城墙用的土，都在笼中蒸过。对城墙常加试验，铁锥如果插进一寸，诛杀兴筑那一段的泥工，把尸体填入城墙。刘勃勃认为叱干阿利忠心耿耿，特别授给他全权。武器制成之后，呈请验收时，工程师中一定有人被杀：用箭射击铠甲，射不进去则斩制造弓箭的人，射进去则斩制造铠甲的人。又用铜铸成大鼓，风神（飞廉）、铜人（翁仲）、铜骆驼、铜龙、铜虎等巨像，用黄金作为装饰，陈列在宫殿前面（仿效曹魏帝国二任帝曹叡，参考二三七年十月）。前后共计诛杀工程人员数千人。因之，所有的武器或其他工具，无不精密锋利。

刘勃勃自认为他的祖先姓娘亲的姓——刘，不合礼教（匈奴汗国皇族由姓挛鞮改姓刘，已一百五六十年之久；参考二五一年八月）。因鉴于古人姓什么并没有一定的常规，于是，刘勃勃下令：改姓赫连，意思是：帝王是上天的儿子，他的伟大，赫然跟天相连（"赫连"也可能只是匈奴语发音，表示荣耀和权力）。非皇家直系亲族的其他疏远贵族，则改姓铁伐，形容他们刚强锐利，像钢铁一样，处处可以攻击别人（刘勃勃的胡夏帝国，在短命王国群中，凶恶愚昧，集于一身，此时刘勃勃不过只拥有一支飘忽不定的军队而已，纵是最盛时，领土也不过陕西省的一部和甘肃省的一部，便发烧得花样百出）。

8 夏季，四月二十一日，北魏帝国（首都平城）皇帝拓跋嗣，向西巡查，命都兵将军奚斤、鸿飞将军尉古真、大将（都将）闾大肥等，攻击越勤部落据守的跋那山（内蒙古乌拉特前旗东乌拉山）。闾大肥，是柔然汗国（瀚海沙漠群）人（胡三省原注："柔然皇家三字姓郁久闾，现在改称一字姓闾，为的是方便简化"）。

9 西秦王国（首都枹罕）首领、河南王乞伏炽磐，派安北将军乌地延、冠军将军翟绍，攻击吐谷浑汗国（青海省）所属疏远部落酋长句旁据守的泣勤川（应为“泾勒川”，今地不详），大败句旁军。

10 北凉王国（首都姑臧〔甘肃省武威市〕）首领（二任武宣王）、河西王沮渠蒙逊（本年四十六岁），封儿子沮渠政德当世子，加授镇卫大将军、主管政府机要（录尚书事）。

11 南凉王国（首都乐都〔青海省海东市乐都区〕）国王（三任景王）秃发傉檀（本年四十九岁），攻击北凉王国（首都姑臧）；北凉首领、河西王沮渠蒙逊在若厚坞（今地不详），击败南凉军，在若凉（今地不详）再度击败南凉军，遂包围南凉首都乐都（青海省海东市乐都区），进攻二十天，不能攻克。

南凉王国湟河郡（青海省化隆县）郡长秃发文支，献出郡城，投降沮渠蒙逊。沮渠蒙逊任命秃发文支当广武郡（甘肃省永登县）郡长。于是，沮渠蒙逊再度攻击南凉王国，秃发傉檀只好命全国武装部队总司令（太尉）秃发俱延去北凉王国当人质，北凉军才撤退。

沮渠蒙逊向西巡察，前往苕藋（甘肃省张掖市东），派冠军将军伏恩，率骑兵一万人，袭击卑和部落、乌啼部落（时住居延海〔内蒙古额济纳旗嘎顺诺尔湖〕附近），大破二部落，俘虏二千余帐，返回。

沮渠蒙逊在皇宫新台睡觉；宦官王怀祖向他突击，但仅伤到沮渠蒙逊的脚部，沮渠蒙逊的正妻孟女士，生擒王怀祖，斩首（王怀祖攻击沮渠蒙逊的原因不明，但王怀祖居于成也死、不成也死的地位，而仍出手，应是满腹怨怒，无处可伸。举剑一击，便成唯一管道）。

沮渠蒙逊的娘亲车女士逝世。

12 五月十一日，北魏帝拓跋嗣，前往云中旧宫（盛乐宫·内蒙古和林格尔县）。

五月十二日，北魏政府大赦。西河（山西省西部）蛮夷酋长张外等，聚集部众，四出抢劫。

五月十五日，拓跋嗣派会稽公、长乐郡（河北省衡水市冀州区）人刘絜等驻军西河郡（山西省吕梁市离石区），招降讨伐，同时并行。

六月，拓跋嗣前往五原（内蒙古包头市）。

13 晋帝国进攻西蜀王国（首都成都〔四川省成都市〕）的远征军，抵达白帝（重庆市奉节县东），朱龄石拆开全国武装部队总司令（太尉）刘裕的密令，上面写："大军全部从外水（岷江）北上，夺取成都；臧熹从中水（绵阳河·内水〔涪江〕支流）夺取广汉（四川省广汉市）；剩下的老弱官兵，乘大型军舰十余艘，从内水（涪江）夺取黄虎（四川省射洪市）。"三路大军，加倍速度，向前推进。西蜀王（一任）谯纵，果然命辅国将军谯道福，率重兵镇守涪城（四川省绵阳市），防备内水（涪江）。

晋帝国远征军总司令朱龄石，进抵平模（四川省眉山市彭山区南），距成都只二百华里。西蜀王谯纵派秦州州长（刺史）侯晖、国务院执行长（尚书仆射）谯诜，率军一万余人，驻防平模（四川省眉山市彭山区南），在岷江两岸兴筑城堡拒抗。朱龄石问刘钟说："现在天气，正热不可耐，而盗贼（指西蜀王国）戒严守险，发动攻击，未必可以攻克，徒增加士卒的疲惫；我想培养士气，暂时采取守势，等待有隙可乘，你意下如何？"刘钟说："不然。在此之前，我们扬言攻击内水（涪江），所以谯道福不敢离开涪城（四川省绵阳市）。而今主力忽然在这里出现，大出他们意外，侯晖之辈早已吓破了胆。盗贼（指侯晖军）所以挡住去路，把守险要，正说明他们恐惧，不敢战场相见。乘他们正恐惧不安之时，我们投入所有精锐，全力攻击，一定可以攻克。攻克平模后（四川省眉山市彭山区南），就可以擂动战鼓，奋勇直前，成都绝对无法据守。如果行动稍稍缓慢，敌人势将摸清我们底细。谯道福率涪城（四川省绵阳市）主力，前来赴援，跟守军并肩作战，军心安定，良将（指谯道福等）集结，那时候，求战而不得战，粮食又没有供应，远征军二万余人，就要全成他们的俘虏。”朱龄石采纳。

各将领最初认为，岷江北城，地势险要，兵力雄厚，打算先行攻击岷江南城。朱龄石说：“屠灭南城，不影响北城的存在，如果倾全力攻陷北城，南城用不着举起军旗，就会自动星散。”

秋季，七月，朱龄石率诸军猛烈攻击北城，北城陷落，朱龄石斩侯晖、谯诜；率军回头攻击南城，南城果然自行崩溃。朱龄石舍弃船舰，徒步前进，直指成都（西蜀首都）。西蜀王国大将谯抚之，驻防牛鞞（四川省简阳市），谯小苟驻防打鼻（四川省眉州市彭山区南）。臧熹攻击牛鞞，斩谯抚之；谯小苟得到消息，士卒四散逃亡，于是晋帝国远征军所到之处，西蜀王国军营，望风瓦解。

七月五日，西蜀王谯纵放弃首都成都逃走，国务院总理（尚书令）马耽，封存国库，等候晋军接收。

七月九日，朱龄石进入成都，凡是跟谯纵同一个祖父的家族，全都诛杀；其他的人都安居如常，完全恢复正常生活。谯纵逃出首都成都，先往祖先坟墓上告辞，他的女儿说：“我们一定逃不掉，只会受到更多的侮辱，同样是死，为什么不死到祖先坟墓上！”谯纵不接受。辅国将军谯道福听到平模（四川省眉山市彭山区南）失守，自涪城（四川省绵阳市）率军入援，谯纵前往投奔，谯道福看到谯纵，悲怒交加，斥责说：“大丈夫有这么美好的基业，而竟白白抛弃，你要往哪里逃？人，哪一个不死，为什么怕成这个样子？”抽出佩

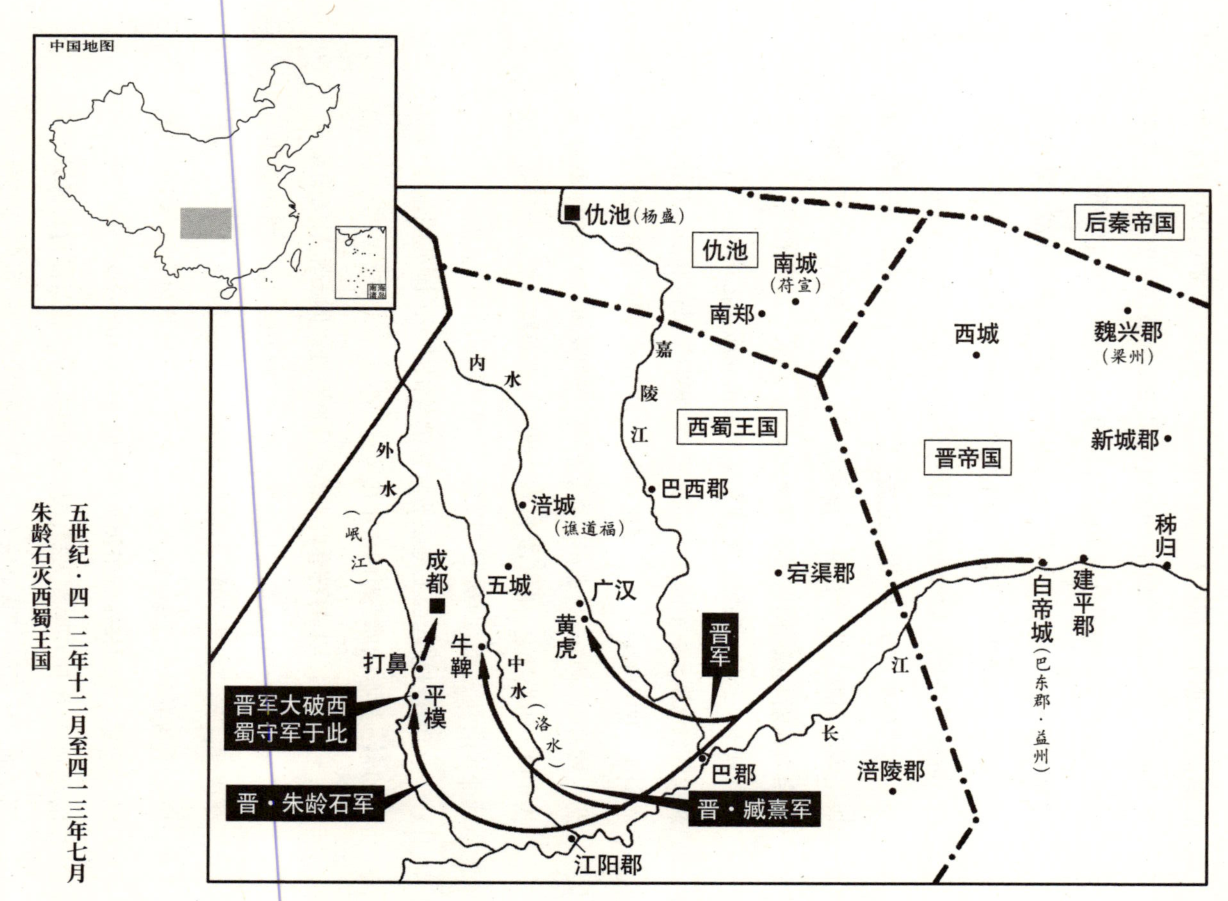

五世纪·四一二年十二月至四一三年七月

朱龄石灭西蜀王国

五世纪·四一三年七月　西蜀亡国·九国并立

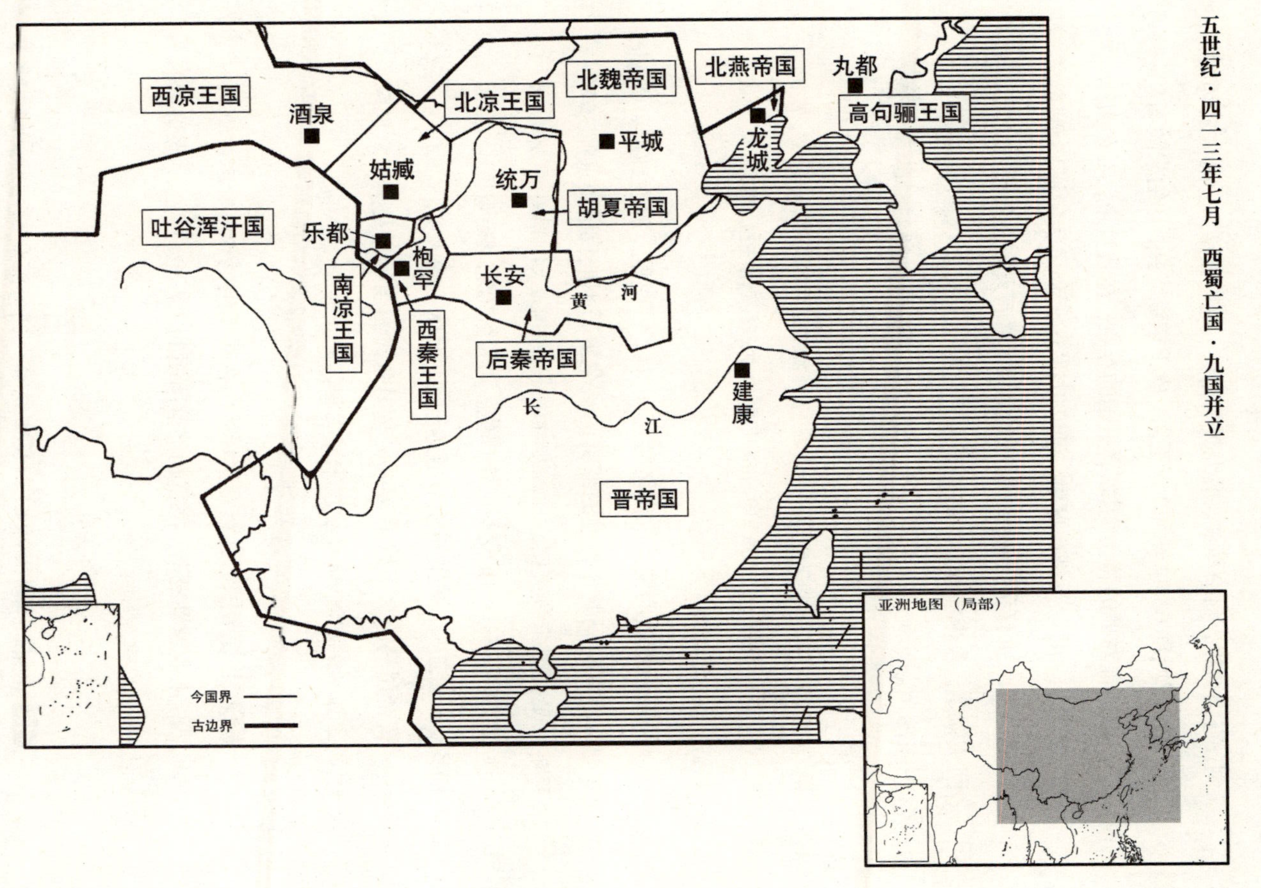

剑，直指谯纵，刺中马鞍。谯纵拨马再逃，走投无路，上吊自杀（年龄不详）。巴西郡（四川省阆中市）人王志，砍下谯纵人头，送给朱龄石。

谯道福对他的将士们说："王国的存亡，在我身上，不在大王（谯纵）身上。而今我仍在这里，足可以拼个死活。"大家满口承诺。谯道福拿出所有金银财宝，赏赐给大家；然而大家在接受了之后，回头就走，各奔前程。谯道福无奈，投奔獠人部落（嘉陵江流域一带）。巴西郡（四川省阆中市）人杜瑾生擒谯道福，送给朱龄石，就在军营门前，斩首（西蜀王国是五胡乱华十九国中，第十七个兴起、第十二个灭亡的短命王国，立国九年〔四〇五至四一三〕，共一任君王。西蜀亡后，中国境内，九国并立：晋帝国、后秦帝国、西秦王国、北魏帝国、南凉王国、北凉王国、西凉王国、胡夏帝国、北燕帝国）。

朱龄石把故西蜀王国国务院总理（尚书令）马耽，放逐到越巂郡（四川省会理市），马耽告诉他的部属说："朱龄石不把我送到京师（首都建康），是打算杀我灭口，（胡三省原注："指朱龄石盗取太多国库财宝，必须杀掉马耽，才可以消灭人证。"），我不可能逃生。"沐浴盥洗，躺到床上，自缢而死。一会工夫，朱龄石使节抵达，砍下尸体上的人头。

晋帝司马德宗下诏（刘裕诏），擢升朱龄石当梁州及秦州六郡军区司令（监梁秦州六郡诸军事），封丰城县侯。

14 北魏帝国都兵将军奚斤等，在跋那山（内蒙古乌拉特前旗东乌拉山）西，击败越勤部落，把越勤部落所属的二万余户人家，强迫迁到大宁（河北省张家口市）。

15 河西（山西省西南部）酋长曹龙等，拥有部众二万人，侵入蒲子（山西省隰县）。西河（山西省西部）部落酋长张外投降，推举曹龙当大单于。

16 七月二十三日，北魏帝拓跋嗣，前往定襄郡（两汉王朝时代的定襄郡）大洛城（内蒙古清水河县）。

17 西秦王国（首都枹罕）首领、河南王乞伏炽磐，攻击吐谷浑汗国（青海省）酋长支旁的牧地长柳川（青海省东南境），俘虏支旁跟他的部落五千余家，班师。

18 八月十一日，北魏帝拓跋嗣，返首都平城（山西省大同市）。

19 被推为大单于的曹龙，向北魏帝国投降；生擒张外送到北魏，北魏斩张外。

20 八月丁丑日（八月癸巳朔，没有丁丑），北魏帝拓跋嗣，前往豺山宫（山西省右玉县北）。八月癸未日（八月也没有癸未），拓跋嗣返首都平城（山西省大同市）。

21 九月，晋帝国（首都建康）再擢升全国武装部队总司令（太尉）刘裕，当太傅（上三公之二）、京畿总卫戍司令（扬州牧），刘裕坚决辞让。

22 西秦王国首领、河南王乞伏炽磐，攻击吐谷浑汗国（青海省）部落酋长掘逵的牧地渴浑川（甘肃省靖远县西南一百公里），大破掘逵部落，掳掠男女二万三千人而去。

冬季，十月，掘逵率残余的部众，投降西秦王国。

23 吐京（山西省石楼县）部族，和离石（山西省吕梁市离石区）酋长出以眷背叛北魏帝国，北魏帝拓跋嗣派元城侯拓跋屈，率会稽公刘絜、永安侯魏勤讨伐。

十月二十六日，出以眷引导胡夏帝国（首都统万）军队，拦腰狙击刘絜军，生擒刘絜，献俘给胡夏帝国；魏勤战死。拓跋嗣因拓跋屈失去两位大将，打算斩拓跋屈，但不久又加以赦免，命他摄理并州（山西省中部）州长（摄并州刺史）。

拓跋屈到并州（州政府设晋阳〔山西省太原市〕）任所，每天酗酒，荒废公务，耽误正事。拓跋嗣累积他前后罪恶，用囚车把他押回京师（首都平城），斩首。

24 十一月，北魏帝拓跋嗣，派使节前往后秦帝国（首都长安），向后秦天王姚兴求亲，姚兴允许。

25 本年（四一三），晋帝国（首都建康）任命敦煌郡（甘肃省敦煌市）人索邈，当梁州（州政府设魏兴〔陕西省安康市〕）州长（刺史）。“氐王”杨盛任命的梁州（州政府设南城〔四川省汉中市南郑区南〕）大营指挥官（梁州督护）苻宣，仍回仇池（甘肃省西和县南。苻宣事，参考四〇七年四月）。

最初，索邈旅居汉川（汉水流域），跟梁州州政府总务官（别驾）姜显结下怨仇，历时十五年，而索邈当上汉川（汉水流域）的主人，姜显大为恐惧，脱去上衣，露出手臂，亲到路旁迎接拜见，听候处罚。索邈脸上没有丝毫不高兴的神色，待姜显比待其他人更为宽厚。退回私宅，对人说：“我从前流亡此地，多少年来都不如意，如果在姜显身上泄愤，惊恐的人，一定不少。只要他能口服就够了，何必一定要逞心快意，报复得淋漓尽致！”州境之内，一片欢悦。

四一四年 甲寅

晋	义熙	十年
后秦	弘始	十六年
西秦	永康	三年
北魏	神瑞	元年
南凉	嘉平	七年
北凉	玄始	三年
西凉	建初	十年
胡夏	凤翔	二年
北燕	太平	六年

（晋王司马顺宰元年）

1 春季，正月一日，北魏帝国（首都平城〔山西省大同市〕）大赦，改年号神瑞。

正月二十一日，北魏帝（二任明元帝）拓跋嗣（本年二十三岁），前往繁畤（山西省浑源县西南）。

二月九日，拓跋嗣返首都平城。

2 胡夏帝国（首都统万〔陕西省靖边县北白城则村〕）天王（一任武烈帝）

赫连勃勃（本年三十四岁），侵入北魏帝国所属的河东郡（山西省夏县）蒲子（山西省隰县）。

3 二月二十一日，北魏帝拓跋嗣，前往豺山宫（山西省右玉县北）。

4 北魏帝国并州（州政府设晋阳〔山西省太原市〕）州长（刺史）娄伏连，袭斩胡夏帝国驻防吐京（山西省石楼县）的军事总监（护军）跟守卫军队（去年〔四一三〕十月，胡夏击破拓跋屈，占领吐京）。

5 晋帝国（首都建康〔江苏省南京市〕）荆州（湖北省）州长（刺史）司马休之，镇守江陵（湖北省江陵县），很得长江、汉水间的民心。他的长子谯王司马文思，留在首都建康，性情凶恶暴戾，喜爱结交江湖豪杰；全国武装部队总司令（太尉）刘裕，对他十分厌恶。

三月，有关机关弹劾司马文思：擅自诛杀封国（谯国）官员。晋帝（十六任安帝）司马德宗（本年三十三岁）下诏，诛杀他的同党，而饶恕司马文思。司马休之上疏请求处罚，并请求辞职，中央批驳。刘裕把司马文思押送给司马休之，命司马休之好好管教，真正的意思是希望司马休之把这个儿子处死。司马休之却仅只上疏请求罢黜司马文思的王爵，同时写信给刘裕道歉，并加以解释；刘裕大不愉快。任命江州（州政府设寻阳〔江西省九江市〕。州政府迁至豫章，参考四一一年四月。刘毅死后，州政府返回原地）州长（刺史）孟怀玉，兼任豫州六郡军区司令官（督豫州六郡），加强对司马休之的戒备。

6 夏季，五月三日，北魏帝拓跋嗣，返首都平城（山西省大同市）。

7 后秦帝国（首都长安〔陕西省西安市〕）后将军敛成，讨伐叛变的羌部落，被羌部落击败。敛成恐怕受到处罚，逃亡，投奔胡夏帝国（首都统万）。

8 后秦帝国天王（二任文桓帝）姚兴（本年四十九岁）患病；变民首领李弘，跟氐部落酋长仇常，在贰城（陕西省黄陵县西北）聚众起兵，背叛后秦，姚兴坐在轿上，带病亲自出征，斩仇常，生擒李弘，班师。

9 后秦帝国左将军姚文宗，受太子姚泓的宠信；而广平公姚弼，却讨厌姚文宗，诬称姚文宗口发怨言；天王姚兴大为愤怒，命姚文宗自杀。于是，文武百官，畏惧姚弼，连正眼都不敢看他。姚弼所作任何建议，姚兴全都听从。于是，姚弼的亲信、天水郡（甘肃省天水市）人尹冲，当禁宫咨询官（给事黄门侍郎）；另一亲信唐盛，当诉讼监察官（治书侍御史）；姚兴左右负责管理机要的人，全是姚弼的党羽。

国务院右执行长（右仆射）梁喜、高级咨询官（侍中）任谦、首都长安市长（京兆尹）尹昭，在一个适当的机会，对姚兴说："父子之间的事情，外人难以插嘴建议。然而，君臣之间的大义，不低于父子，所以我们不愿保持沉默。广平公（姚弼）有夺嫡（夺取合法继承人）阴谋，陛下对他太过宠爱，赐给他权力，造成他的威势。挑拨是非，急于往上爬的奸诈危险之辈，在四周团团把他包围。外间传言纷纷，都说陛下就要更换太子，是不是如此？"姚兴说："怎么会有这种事！"梁喜等说："假定没有这种事，则陛下之爱姚弼，恰恰是害姚弼。盼望能削减他左右官员的数目，减少他所拥有的权势。这样做，不仅仅保护姚弼平安，更可以保护皇家祭庙和国家平安。”姚兴不作声。而农林部长（大司农）窦温、宰相府左秘书长（司徒左长史）王弼，却呈递秘密奏章，劝姚兴改封姚弼当太子；姚兴虽不接受，但也不责备。

姚兴患病，越发沉重，姚弼暗中聚集数千人，准备政变。姚弼老弟姚裕，派使节把姚弼叛乱阴谋，通知外地方面大员的各位老哥。于是，并州（州政府蒲阪）全权州长（牧）姚懿，在蒲阪（山西省永济市）动员；镇东将军、豫州（州政府洛阳）全权州长（牧）姚洸，在洛阳（河南省洛阳市东白马寺东）动员；平西将军姚谌，在雍城（陕西省宝鸡市凤翔区）动员；都准备向首都长安进军，讨伐姚弼。正巧，姚兴病势好转，接见文武百官，征虏将军刘羌，哭泣不止，把动乱情形，报告姚兴。梁喜、尹昭要求诛杀姚弼，警告说：“假如陛下不忍心处决他，也应剥夺他的权力。”姚兴不得已，免除姚弼国务院总理（尚书令），但仍保持最高统帅（大将军）、广平公头衔，返回私宅。姚懿等接到消息，才下令复员。

姚兴的儿子们：姚懿、姚洸、姚谌、姚宣，同时到首都长安，教姚裕进宫报告老爹，要求召见，姚兴说：“他们不过是谈论姚弼的事，我已经知道。”姚裕说：“姚弼的事，假定有谈论的价值，陛下就应该听一听。如果姚懿等的谈论不是事实，就应该对姚懿等严重处罚，为什么逆料他们谈论的内容，先行拒绝？”于是，教姚懿等到咨议堂。姚宣悲痛流泪，直言无隐；姚兴说：“我自会处理，这不是你们应该忧虑的事。”抚军将军府人事助理官（抚军东曹属）姜虬，上疏说：“广平公姚弼，灾祸已成，叛逆已清楚呈现，连路上行人，都知道是怎么回事。从前，姬昌（周王朝一任王〔文王〕姬发的老爹）的教化，先要求自己的妻子做榜样。（《诗经·思齐》“刑于寡妻，至于兄弟！”)。而今，帝国的变乱，在陛下心爱的儿子身上发生，虽然陛下包容隐忍，掩饰遮蔽。可是，逆党的煽动和蛊惑，并没有停止。姚弼叛乱之心，怎么可能消失？最好是驱逐包围在姚弼四周的凶徒恶棍，用以杜绝祸端。”姚兴把奏章拿给国务院右执行长（右仆射）梁喜说：“天下人把所有罪恶，都推到我儿身上，我将怎么处理？”梁喜说：“假如姜虬的话是真的，陛下应早早裁定。”姚兴不回答。

10 南凉王国（首都乐都〔青海省海东市乐都区〕）所属唾契汗部落，和乙弗部落（青海湖西）等，都背叛南凉。南凉王（三任景王）秃发傉檀（本年五十岁），打算讨伐。邯川（海东市乐都区西南）军事总监（护军）孟恺进言说：“现在，一连几年，庄稼不收，发生饥馑。南面受乞伏炽磐（西秦王国）压迫，北方受沮渠蒙逊（北凉王国）压迫，民心不安。发动远征，虽然可以战胜攻取，可是，一定有无穷后患。不如跟乞伏炽磐（西秦王国）缔结同盟，互通粮食贸易，安抚各个蛮夷部落，等到粮食充足，武器磨利，时机成熟，再采取行动。”秃发傉檀不理，对太子秃发虎台说：“沮渠蒙逊不久之前，才从我们国土上撤退（参考去年〔四一三〕四月），不可能发动突击。所以使人忧虑的，只有乞伏炽磐（西秦王国），然而，他人少力弱，你要谨慎防守乐都（南凉首都 · 青海省海东市乐都区），最多不过一月，我一定返回。”遂率骑兵七千人，袭击乙弗部落，大破乙弗军，掳掠马牛羊共四十余万头。

西秦王国（首都枹罕〔甘肃省临夏市〕）首领（三任文昭王）、河南王乞伏炽磐得到秃发傉檀出击消息，打算袭击南凉王国首都乐都（青海省海东市乐都区），文武官员都认为不可以，王府主任秘书（太府主簿）焦袭说：“秃发傉檀不管眼前马上就要爆发的灾难，而去贪图远利。我们现在大举讨伐，先切断乐都西方的交通线，使秃发傉檀无法回军援救，只剩下秃发虎台，独守孤城，我们坐在这里，就可以捉住他。这是上天灭亡他们的时候，不要错过。”乞伏炽磐采纳，率步骑兵二万人，袭击乐都。秃发虎台登城固守，乞伏炽磐四面围攻。

南凉王国抚军将军府参谋指挥官（抚军从事中郎）尉肃，向太子秃发虎台建议：“外城太大，难以防御，殿下不如集结国人（鲜卑族），退守内城（秃发家是鲜卑族，所以称鲜卑族“国人”），而由我集结汉人，在外城拒战，虽然不一定可以传出捷报，但总可以自保。”秃发虎台说：“乞伏炽磐不过一小撮毛贼，早晚就要逃走，你怎么会这般担心！”秃发虎台对汉人概不信任，于是把汉族所有豪门望族，有谋略勇气的人，全召入内城软禁。孟恺流泪说：“乞伏炽磐利用我们空虚，侵略侮辱，王国危险，像摞起来的鸡蛋。我们进一步想报答国恩，退一步也想保全自己的妻子儿女，人人都想献出性命，可是殿下竟对我们如此猜忌！”秃发虎台说：“我怎么会不知道你的忠心，只是恐怕别人发生意外，要你们产生安定力量。”

一天晚上，乐都（青海省海东市乐都区）城防崩溃，乞伏炽磐进入乐都，派平远将军乞伏捷虔，率骑兵五千人，迎击秃发傉檀；任命镇南将军乞伏谦屯，当河右（青海省东北部）军区司令长官（都督河右诸军事）、凉州州长（刺史），镇守乐都；秃发赴单当西平郡郡长，镇守西平（青海省西宁市）；赵恢当广武郡郡长，镇守广武（甘肃省永登县）；曜武将军王基，当晋兴郡郡长，镇守浩亹（音mén〔门〕。甘肃省永登县西南），把被生擒的秃发虎台跟他的文武百官，一万余家，强迫迁到枹罕（甘肃省临夏市）。秃发赴单，是南凉王国一任王（武王）秃发乌孤的儿子。

11 河间郡（河北省献县）人褚匡，向北燕帝国（首都和龙城〔辽宁省朝阳市〕）天王（二任文成帝）冯跋建议："陛下真龙天子，在辽碣（辽西走廊）登上天子宝座，家乡本族和故旧亲友，都抬头望向初升的太阳（指冯跋），度过一日，如同度过一年；请准许我去迎接他们。"冯跋说："两地相隔数千里，道路遥远（冯跋原籍长乐郡信都县〔河北省衡水市冀州区〕，跟和龙城航空距离六百二十公里），更分属两个国家（长乐郡属北魏帝国），又如何能请他们前来？"褚匡说："章武郡（河北省大城县）东方紧邻渤海（章武郡跟长乐郡相邻），船舶可以航行，先从陆路到辽西郡临渝县（河北省秦皇岛市抚宁区东榆关镇），并不困难。"冯跋允许，任命褚匡当游击将军、立法院主任立法官（中书侍郎），给他一笔丰厚的经费，派他前往。

褚匡跟冯跋的堂兄冯买、堂弟冯睹，从长乐郡（河北省衡水市冀州区）率五千余家，回到龙城（北燕首都·辽宁省朝阳市）。契丹、库莫奚部落（内蒙古西拉木伦河上游），归降北燕帝国；冯跋封他们的酋长归善王。

冯跋的老弟冯丕逃难到高句骊王国（首都丸都〔吉林省集安市〕），冯跋找回他，任命他当国务院左执行长（左仆射），封常山公。

12 柔然汗国（瀚海沙漠群）可汗（二任蔼豆盖可汗）郁久闾斛律，将要把女儿嫁给北燕帝国天王冯跋；郁久闾斛律的侄儿郁久闾步鹿真，建议说："幼女远嫁异国，使人忧虑思念；最好是命大臣树黎等的女儿，作为陪嫁小老婆。"郁久闾斛律拒绝。郁久闾步鹿真出

五世纪·四一四年五月 西秦趁虚消灭南凉

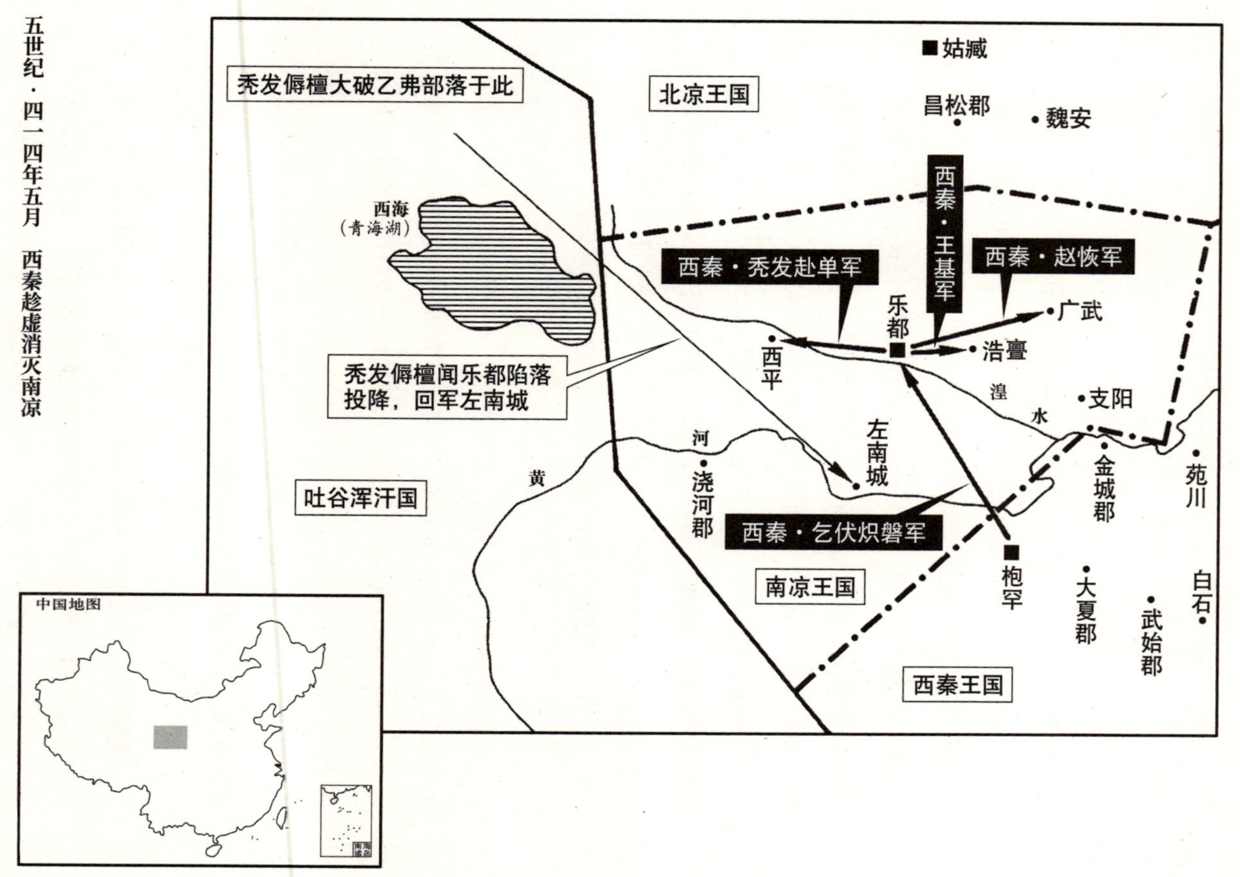

来，对树黎等高级官员说："可汗打算教你们的女儿当陪嫁小老婆，远去他乡！"树黎大为恐慌，跟郁久闾步鹿真暗中商定，派出武士，乘黑夜埋伏在可汗篷帐附近，等郁久闾斛律出来，把他劫持，连同他的女儿，一起送到北燕帝国（首都和龙城）。于是，拥戴郁久闾步鹿真当可汗（三任）；树黎担任宰相。

最初，一任可汗（豆代可汗）郁久闾社仑，把高车部落驱走，占领高车部落故地（蒙古国北部，瀚海沙漠群北。参考四〇二年正月），高车人叱洛侯充当向导，而且利用外患机会，吞并其他部落。郁久闾社仑感激他，任命他当高车部落总监（大人）。

而现在，郁久闾步鹿真跟郁久闾社仑的儿子郁久闾社拔，一起到叱洛侯家，奸淫叱洛侯年轻的妻子，这位年轻妻子告诉郁久闾步鹿真说："叱洛侯打算拥戴郁久闾大檀当可汗。"郁久闾大檀，是郁久闾社仑叔父郁久闾仆浑的儿子，正率领他的部众，驻防汗国的西境，一向得到人民爱戴。郁久闾步鹿真回去后，调动大军包围叱洛侯，叱洛侯自杀。郁久闾步鹿真遂攻击郁久闾大檀，郁久闾大檀迎头痛击，大破中央军，生擒郁久闾步鹿真及郁久闾社拔，斩首。郁久闾大檀遂自称可汗（四任），号牟汗纥升盖可汗（鲜卑语意思是"胜利可汗"）。

郁久闾斛律被送到和龙（辽宁省朝阳市），北燕帝国天王冯跋，封他上谷侯，安顿住在辽东郡（辽宁省辽阳市）定居，当作客人招待；娶他的女儿当昭仪（小老婆群第一级）。郁久闾斛律上书冯跋，要求送他回国。冯跋说："而今，你跟祖国有万里之遥，而又没有内应。如果出动大军护送，粮秣辎重，供应困难；如果只出动少数兵力，则不能夺取胜利；怎么平安回去！"郁久闾斛律坚决请求，说："不需要大军，只要给我三百名骑兵，把我送到敕勒部落（蒙古国北部），我的部属会高兴前来迎接。”冯跋遂派“单于前辅官”万陵，率骑兵三百人护送。万陵对这项远途跋涉，大为恐惧；送到黑山（内蒙古呼和浩特市境），击斩郁久闾斛律，径自返回（辽东郡〔辽宁省辽阳市〕至贝加尔湖南，航空距离一千七百公里。郁久闾斛律提出这项要求，未免过分。然而万陵下手就要灭口，也太恶毒，没有听说他受到什么处分，深为不解）。

郁久闾大檀派使节向北燕帝国进贡马三千匹、羊一万只。

13 六月，晋帝国（首都建康）泰山郡（山东省泰安市东）郡长刘研等，率流亡难民七千余家；河西匈奴部落酋长刘遮等，率部众一万余家；先后投降北魏帝国（首都平城）。

14 六月二十日，北魏帝拓跋嗣，前往豺山宫（山西省右玉县北）。六月丁亥日（六月己丑朔，没有丁亥），返首都平城（山西省大同市）。

15 南凉王国首都乐都（青海省海东市乐都区）陷落时，安西将军秃发樊尼，从西平郡（青海省西宁市）逃出，报告正在胜利返国途中的南凉王秃发傉檀。秃发傉檀对他的部众说：“现在，妻子儿女，全落到乞伏炽磐之手，我们就是想退一步，都没有地方可退。你们能不能帮助我，利用我们这次俘虏乙弗部落的人力，再去攻取唾契汗部落，用唾契汗部落的财富，赎回我们的妻子儿女？”遂回军西进，可是军心已变，士卒纷纷逃亡。秃发傉檀派镇北将军段苟追捕，段苟也乘机一去不返。于是，全军瓦解，只有秃发樊尼跟中军将军秃发纥勃、后军将军秃发洛肱、散骑顾问官（散骑侍郎）阴利鹿，仍留在左右。秃发傉檀说：“沮渠蒙逊（北凉王国）、乞伏炽磐（西秦王国），从前都是我的臣属（沮渠蒙逊称臣事，参考四〇一年九月；乞伏炽磐投降事，参考四〇〇年七月），而今反过来要我向他们屈膝，岂不可耻。四海之内，大地万里，却没有我容身之处，内心何等悲痛。与其聚集在一起死，不如四散分开，或许还可以保住性命。秃发樊尼，是我大哥（一任王秃发乌孤）的儿子，部众唯一希望；我们这个部落在北方还有将近一万户，沮渠蒙逊正在招徕安抚知识分子、广大人民，和扶助快要灭亡断绝的部落，使他们能够延续生存！你可以前往投奔。秃发纥勃、秃发洛肱，应跟秃发樊尼一致行动。我年纪已老，去任何地方，都不会有人收容，宁愿见到妻子儿女之后再死。”遂投降西秦王国，只有阴利鹿跟随。秃发傉檀对阴利鹿说：“我的亲人和部属，全都走散，你为什么单独留下来？”阴利鹿说：“家有娘亲，并不是不想回去。然而既然献身作为臣属，忠孝难以两全。我没有才干，没有能力为陛下哭泣出血，向邻国乞求救兵（楚王国国务官〔大夫〕申包胥向秦国哭求救兵事，参考前五〇五年），但怎么敢离开左右！”秃发傉檀叹息说：“了解一个人，实在不容易。大臣、亲戚，都抛下我，四散逃亡，直到今天，忠义始终如一，没有亏欠的，只有你一个人而已。”

南凉王国（此时无首都）所属各地，都投降西秦王国，只尉贤政驻防浩亹（甘肃省永登县西南），坚守城池，拒绝放下武器。西秦首领、河南王乞伏炽磐派人质问说：“乐都（青海省海东市乐都区）已经陷落，你的妻子儿女，都在我这里，你独自守一座孤城，有什么打算？”尉贤政说：“身受凉王（秃发傉檀）厚恩，作为王国的屏藩，虽然知道乐都（青海省海东市乐都区）已经陷落，妻子儿女已经被擒；先投降的有赏，后投降的诛杀，然而，我还不知道主上（秃发傉檀）的存亡，不敢归附。妻子儿女，都是小事，怎么能使我动心。如果只贪图一时小利，而忘记自己身负的重责大任，大王（乞伏炽磐）要这种人干什么？”乞伏炽磐又教秃发虎台，写信给尉贤政，尉贤政说：“你身为太子，王国的储君，不能尽忠职守，而竟捆绑双手，向敌人投降，抛弃老爹，遗忘君王，摧毁王国万世的基业！我是义士，怎么能效法你！”后来，听说秃发傉檀已到左南城（青海省化隆县南），才开城门投降。

西秦首领、河南王乞伏炽磐听说秃发傉檀就要抵达，派使节到郊外迎接，用上宾的礼节招待他。

秋季，七月，乞伏炽磐任命秃发傉檀当骠骑大将军，封左南公。南凉王国文武官员，依照他们的才干等级，分别任用（南凉王国在五胡乱华十九国中，是第十三个兴起、第十三个覆灭的短命王国，立国十八年〔三九七至四一四〕，共三任君王。南凉亡后，中国境内，八国并立：晋帝国、后秦帝国、西秦王国、北魏帝国、北凉王国、西凉王国、胡夏帝国、北燕帝国）。一年之后（四一五），乞伏炽磐派人用毒酒谋杀秃发傉檀，秃发傉檀中毒后，左右请医生配药解救，秃发傉檀说：“我这个病，岂是治得好的！”遂被毒死（年五十一岁），绰号景王；太子秃发虎台，也被乞伏炽磐诛杀。秃发傉檀的其他儿子秃发保周、秃发贺，秃发俱延的儿子秃发覆龙，二任王（康王）秃发利鹿孤的孙儿秃发副周，一任王（武王）秃发乌孤的孙儿秃发承钵，都投奔北凉王国（首都姑臧），过了一段时候，再投奔北魏帝国（首都平城）。

北魏帝国封秃发保周当张掖王，秃发覆龙当酒泉公，秃发贺当西平公，秃发副周当永平公，秃发承钵当昌松公。北魏帝拓跋嗣喜爱秃发贺的才华，对他说：“你的祖先跟我的祖先，同一个源流，你就改姓源！”（秃发傉檀的后裔，在北魏帝国开始昌盛。）

16 八月一日，北魏帝拓跋嗣，派马邑侯陋孙，出使后秦帝国。

五世纪·四一四年七月 南凉亡后·八国并立

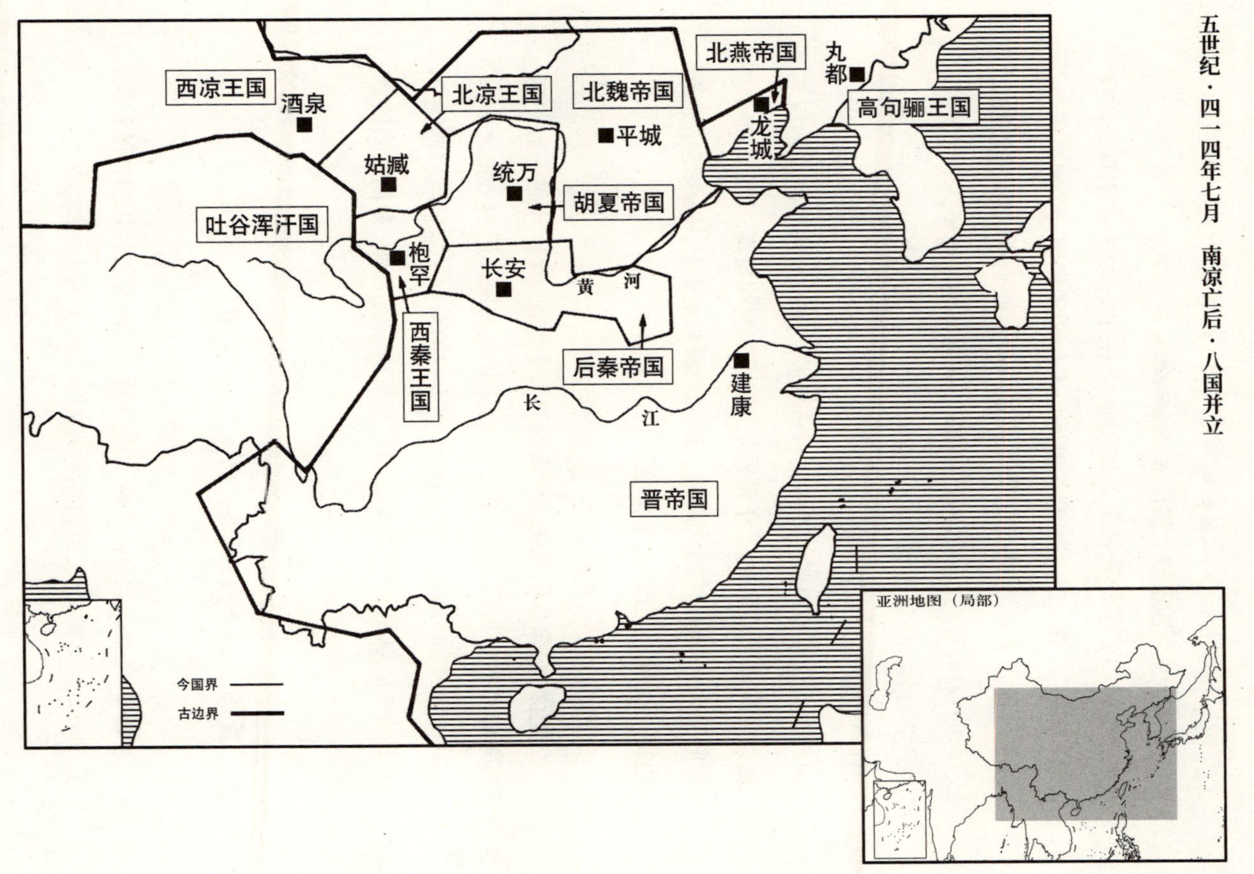

八月十四日，又派皇家礼宾官（谒者）于什门，出使北燕帝国（首都和龙城）；悦力延出使柔然汗国（瀚海沙漠群）。

于什门到了北燕帝国首都和龙城（辽宁省朝阳市），不肯进宫拜见，说："大魏（北魏帝国）皇帝颁下诏书，必须你们天王出来接受，然后才敢进去。"北燕帝国天王冯跋，命人把于什门强迫拉进去，于什门看到冯跋，不肯跪拜，冯跋使人强按他的脖子，于什门说："天王（冯跋）叩拜诏书，我自会用宾主的礼节致敬，何苦这般相逼！"冯跋大怒，下令把于什门软禁，不放他回国。再以后，于什门几次当众羞辱冯跋，冯跋左右请求斩于什门，冯跋说："他只不过为了效忠他的主人。"于是软禁于什门，要他投降，于什门拒绝。时间一久，衣服冠帽全都破旧，而且长满跳蚤虱子；冯跋送给他新的衣服冠帽，于什门全不接受。

17 北魏帝拓跋嗣，任命国立大学教授（博士）王谅，当平南将军府军事参议官（平南参军），教他用平南将军、相州（州政府设邺城〔河北省临漳县西南邺城镇〕）州长（刺史）尉太真的名义，写信给晋帝国全国武装部队总司令（太尉）刘裕，问候安好。尉太真，是尉古真的老弟（尉古真，参考三八五年八月）。

18 九月一日，日蚀。

19 冬季，十月，西秦王国首领、河南王乞伏炽磐，改称秦王（西秦王），设立文武百官（因吞并南凉王国之故，力量已够强大）。

20 北燕帝国天王冯跋，跟胡夏帝国（首都统万〔陕西省靖边县北白城则村〕）建立邦交。胡夏帝国天王（一任武烈帝）赫连勃勃，派总监察官（御史中丞）乌洛孤，前往北燕帝国缔约盟誓。

21 十一月二十七日，北魏帝拓跋嗣派钦差到各州巡察，检查核对郡长县长身家财产，凡不是从家里带出来的东西，一律当作赃物登记。

22 西秦王乞伏炽磐，封正妻秃发女士（秃发傉檀的女儿）当王后。

23 十二月一日，柔然汗国（瀚海沙漠群）可汗（四任纥升盖可汗）郁久闾大檀，侵入北魏帝国（首都平城）。

十二月十一日，北魏帝拓跋嗣向北攻击，郁久闾大檀逃走。拓跋嗣派左丞相奚斤等追击，遇到狂风大雪，气温下降，士卒冻死的和手指被冻掉的，占十分之二三。

24 北魏帝国河内郡（河南省沁阳市）人司马顺宰，自称晋王。北魏政府讨伐，不能攻克。

25 北燕帝国（首都和龙城）辽西公冯素弗逝世，在安葬之前，天王冯跋七次到灵前哀悼致祭（古代大臣逝世，在安葬前君王最多到灵前哀悼致祭三次）。

26 本年（四一四），叛离晋帝国的皇家官员司马国璠兄弟（参考四〇六年正月），聚集部众数百人，秘密渡淮河南下，利用黑夜掩护，突击广陵城（江苏省扬州市）。晋帝国青州（州政府广陵）州长（刺史）檀祗，兼广陵郡郡长（相）。司马国璠军一直攻入大厅，檀祗听到消息，震惊之下，出来探视，打算指挥部众抗拒，被乱箭射伤，只好退回，吩咐左右说：“盗贼（指司马国璠）乘夜进城，就是要乘我们没有戒备。现在教值夜警卫人员立刻敲出五更（五更时天已拂晓，鼓声五响），他们恐怕天亮后脱不了身，一定撤退。”左右传下命令，司马国璠军果然逃走。

27 北魏帝国国立大学主任教授（博士祭酒）崔浩，给北魏帝拓跋嗣讲解《易经》《洪范》。拓跋嗣因之向崔浩请教天文、占卜；崔浩所做的预测，很多应验。因为这个缘故，崔浩受到拓跋嗣的宠信，凡是帝国政治军事大事，都跟崔浩商量。

28 胡夏帝国（首都统万）天王赫连勃勃，封正妻梁女士当王后，儿子赫连璝当太子、赫连延当阳平公、赫连昌当太原公、赫连伦当酒泉公、赫连定当平原公、赫连满当河南公、赫连安当中山公。